ATLAS GÉOPOLITIQUE MONDIAL 2022

Direction éditoriale
Alexis Bautzmann

Coordination éditoriale
Guillaume Fourmont

Auteurs
Myriam Ababsa, David Amsellem, Georgina André, Fabrice Balanche, Camille Braccini, Matthieu Brun, Jean-Paul Burdy, Julien Camy, Théotime Chabre, Corentin Cnudde, Thibault Courcelle, Jérémy Denieulle, Hugo Estecahandy, Arthur Fouchère, Guillaume Fourmont, Elsa Galland, Sébastien Guez, Lauric Henneton, Éric Janin, David Lagarde, Clara Loïzzo, Charlotte Recoquillon, Marie Redon, Nashidil Rouiaï, Rémi Scoccimarro, Marion Soller, Hervé Théry, Dominique Vidal, Tigrane Yégavian

Conception et réalisation cartographique
Laura Margueritte, Dario Ingiusto et Légendes Cartographie

Mise en page et corrections
Mélanie Billard

Fonds cartographiques
Geoatlas (sauf mention contraire)

Couverture
Jean-Nicolas Bruel et Mélanie Billard
Illustration © ktsdesign

Les analyses ici publiées ont été rédigées
entre septembre 2019 et juin 2021

Dépôt légal : août 2021
ISBN 978-2-268-10586-4
Imprimé en Europe (Jelgavas Tipografija)

www.editionsdurocher.fr / www.areion24.news

SOUS LA DIRECTION DE
Alexis BAUTZMANN

COORDINATION ÉDITORIALE
Guillaume FOURMONT

ATLAS GÉOPOLITIQUE MONDIAL 2022

CARTOGRAPHIE
Laura MARGUERITTE,
Dario INGIUSTO
et
Légendes Cartographie

éditions du ROCHER en association avec Areion™ group

SOMMAIRE

ASIE

AMÉRIQUES

ENJEUX INTERNATIONAUX

PRÉFACE

Notre monde est-il en train de redevenir bipolaire ? C'est ce que semble prophétiser le politologue américain Graham T. Allison, qui a popularisé, avec un certain succès médiatique, l'expression « piège de Thucydide » dans le contexte de la rivalité géopolitique naissante entre les États-Unis et la Chine. En se référant à un passage de *La Guerre du Péloponnèse* de Thucydide, dans lequel l'historien et stratège attribue le déclenchement du conflit entre Athènes et Sparte (au Ve siècle avant Jésus-Christ) à l'impérialisme athénien et à la peur qu'il suscita chez la puissance spartiate qu'il cherchait à concurrencer, Graham T. Allison y décèle le moteur géopolitique systémique de nombreux conflits à travers les âges. Pour le chercheur de Harvard, les États-Unis et la Chine se retrouvent dans une situation analogue. Le développement économique fulgurant de la République populaire depuis vingt ans et ses nouvelles ambitions géopolitiques en mer de Chine méridionale, à travers les nouvelles routes de la soie, ou sur le continent africain, précipiteraient ainsi les deux pays vers une confrontation militaire inévitable pour le leadership mondial.

L'époque est en effet à l'affrontement entre les deux grandes puissances du moment. La Chine, qui sort renforcée de la crise de la Covid-19 et ne cache plus ses ambitions tant régionales que mondiales, et les États-Unis, qui anticipent une nouvelle guerre froide avec Pékin et tentent de tout mettre en œuvre pour en sortir victorieux. La tournée européenne du président américain Joe Biden, en juin 2021, résulte de cette dynamique en tentant de ressouder des liens abîmés par l'ancien locataire de la Maison Blanche, Donald Trump (2017-2021), avec une vielle Europe qui doute de son allié américain.

Cette vision du monde et de la conflictualité à venir entre ces deux géants n'est cependant pas neutre. Au-delà de sa brillante carrière universitaire à Harvard, Graham T. Allison fut durant plusieurs décennies l'un des plus influents conseillers du Pentagone. Or, depuis la fin de la guerre froide, le complexe militaro-industriel américain se cherche désespérément un adversaire à sa mesure, à même de légitimer le colossal effort budgétaire des États-Unis à destination de leurs forces armées. La « démonstration » de Graham T. Allison lui en offre un sur un plateau. Certes, la Chine est une grande puissance. Elle en a conscience et cherche, souvent maladroitement d'ailleurs, à faire reconnaître son nouveau statut à l'international. Une situation qui ne manque pas de créer des tensions entre les deux rives du Pacifique. Mais les États-Unis ne sont pas Athènes, et la Chine n'est pas Sparte. La mer Égée était un confetti géographique par rapport aux nouveaux théâtres d'affrontements globaux dans lesquels Pékin et Washington déplacent leurs pions (mondialisation, cyberespace, espace extra-atmosphérique…). Toute confrontation armée est devenue extraordinairement compliquée à mettre en œuvre, et le recours éventuel à l'arme atomique rend le basculement vers un conflit majeur encore plus incertain. Au-delà, des puissances tierces, mais dotées d'un poids militaire ou économique difficilement contournable, telles l'Europe, l'Inde ou la Russie, ne peuvent être purement et simplement effacées de l'équation thucydidienne. Car si l'on ne peut écarter tout risque de conflit majeur entre la Chine et les États-Unis, le système international est devenu tellement complexe et interdépendant que le réduire à la volonté de deux seuls acteurs constitue une prouesse de simplification pour le moins osée.

Dans tous les cas, et pour éviter tout risque de prophétie autoréalisatrice, une meilleure connaissance des relations internationales contemporaines, de la réalité des puissances géopolitiques en action et de l'étendue de leurs forces et de leurs faiblesses demeure plus que jamais indispensable. Cette édition 2022 de l'*Atlas géopolitique mondial*, réalisé comme chaque année avec le magazine *Carto*, s'inscrit dans cette démarche.

Alexis Bautzmann

EUROPE

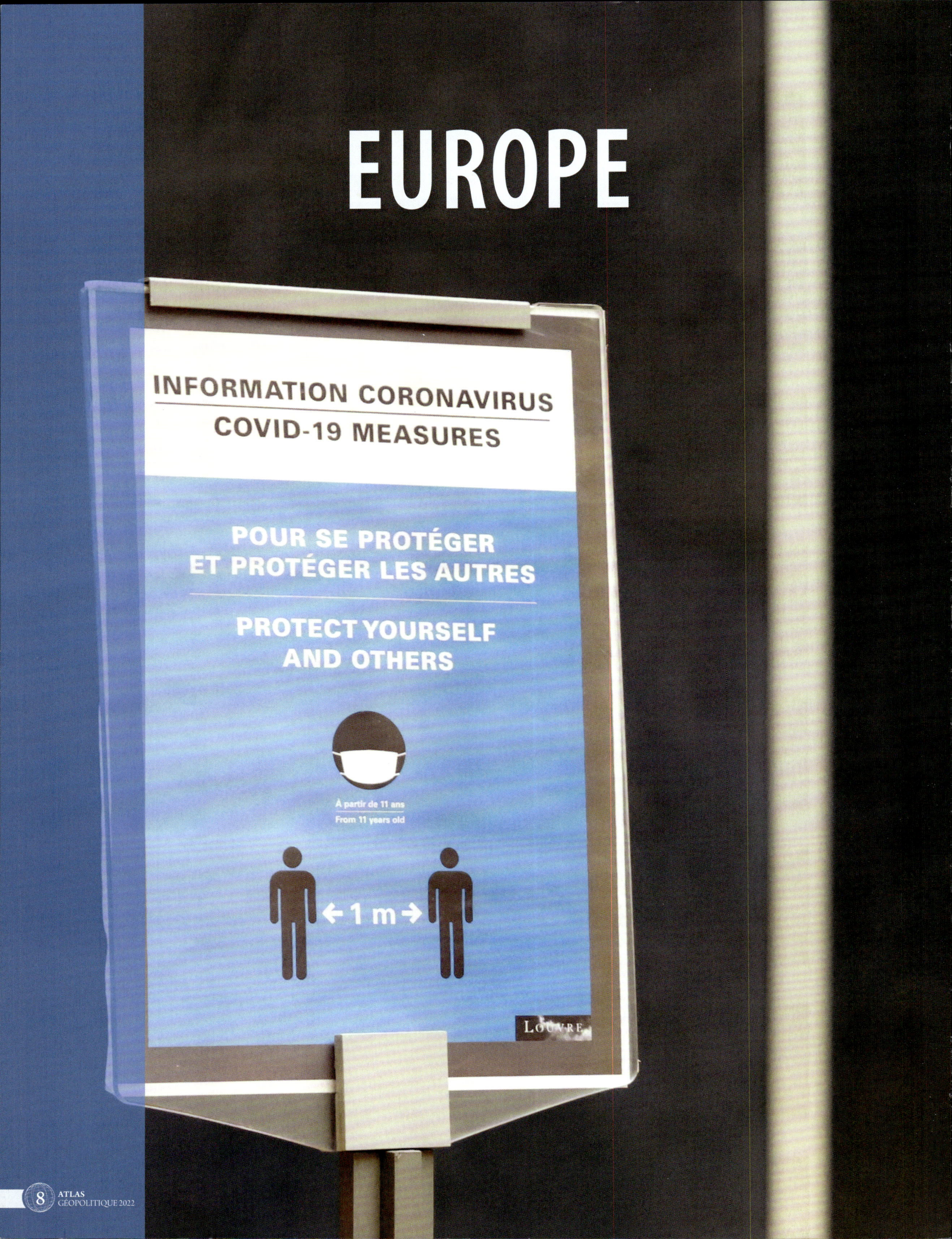
INFORMATION CORONAVIRUS
COVID-19 MEASURES
POUR SE PROTÉGER
ET PROTÉGER LES AUTRES
PROTECT YOURSELF
AND OTHERS
À partir de 11 ans
From 11 years old
1 m
LOUVRE

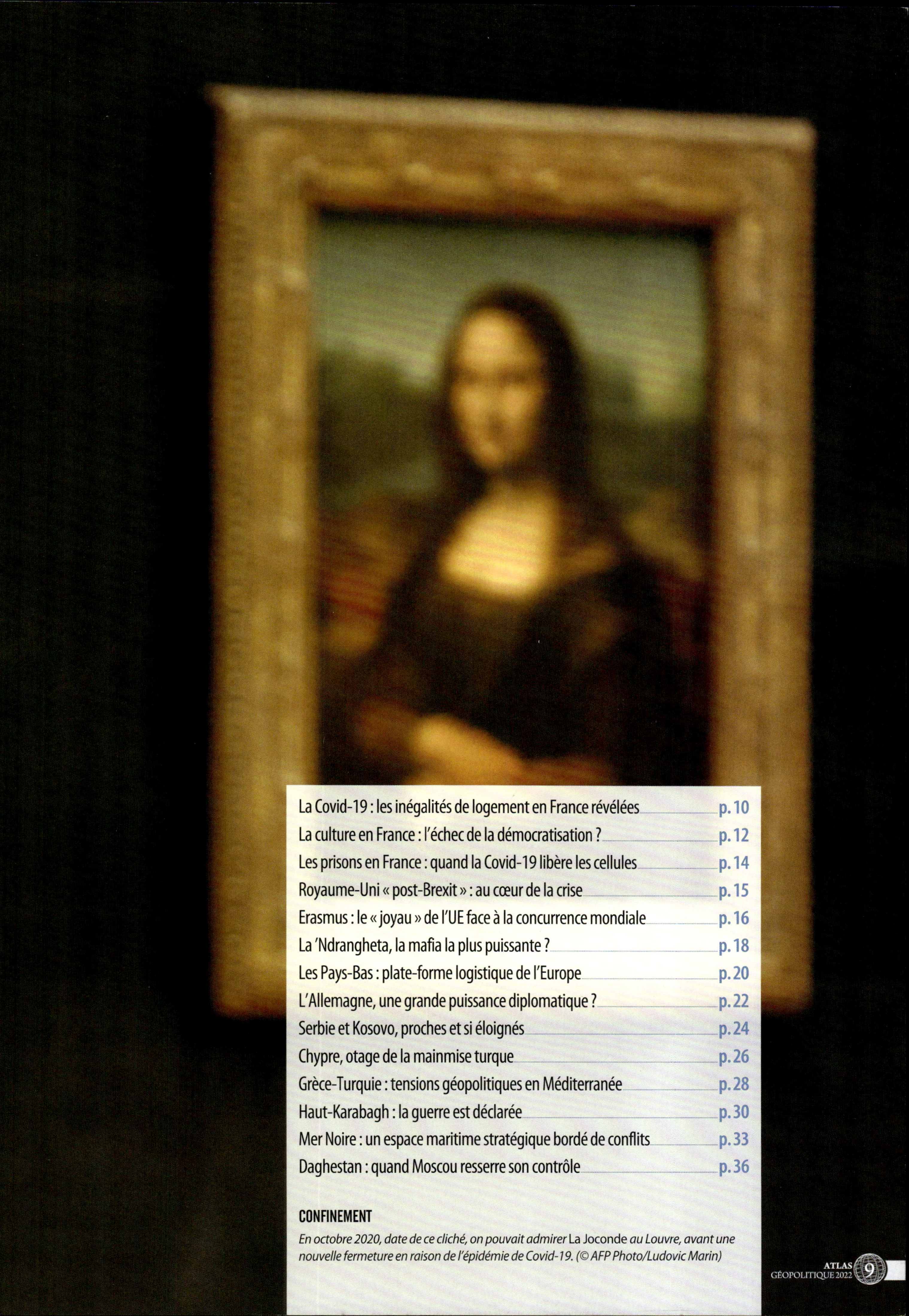

CONFINEMENT

En octobre 2020, date de ce cliché, on pouvait admirer La Joconde *au Louvre, avant une nouvelle fermeture en raison de l'épidémie de Covid-19. (© AFP Photo/Ludovic Marin)*

1 Conditions de vie des personnes âgées en France

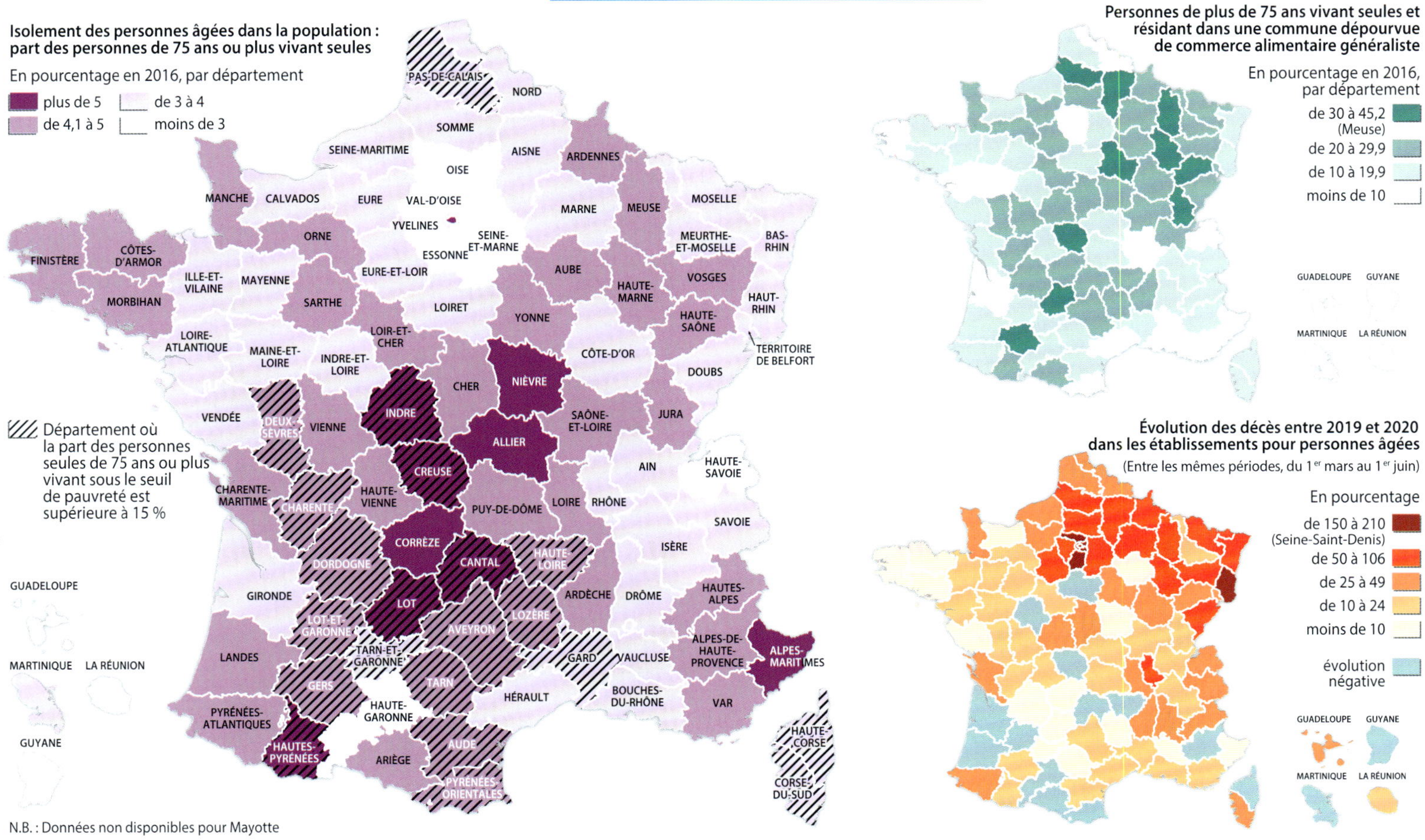

La Covid-19 : les inégalités de

Les mesures du premier confinement en vigueur en France entre le 17 mars et le 11 mai 2020 afin de lutter contre la propagation de la Covid-19 ont permis de mettre en lumière les inégalités sociospatiales en matière de logement parmi la population. L'un des problèmes soulignés est la promiscuité sociale, révélatrice de la suroccupation d'un habitat.

Les ménages français ont-ils vraiment été exposés aux mêmes conditions de confinement dans les 36,6 millions de logements que comptait la France au 1er janvier 2019 ? La qualité de vie proposée au quotidien à leurs occupants diffère selon de nombreuses variables qui dépendent fondamentalement du niveau de revenus des ménages : le type (logement en habitat individuel ou dans des structures collectives), la localisation géographique (centre-ville, espace périurbain ou rural), le caractère juridique (58 % des ménages sont propriétaires de leur bien immobilier, le reste en location), la taille (le nombre de pièces), l'environnement visuel et sonore, la proximité ou non de services (réseau de transport, commerces de proximité, etc.).

DES CONDITIONS DE VIE INÉGALES

Les maisons individuelles (qui représentent 56 % des logements, mais regroupent près des deux tiers de la population) disposent dans 95 % des cas d'un jardin. Elles ont donc généralement constitué des lieux de vie plus agréables que les logements collectifs (44 % du parc pour un tiers de la population) pour lesquels l'accès à l'extérieur est nettement plus limité. En 2013, seules 6,2 % des résidences principales en immeuble collectif possédaient des espaces privatifs (jardin, terrain, cour). La taille moyenne d'un logement est de 91 mètres carrés en France, mais elle n'est que de 59 mètres carrés à Paris, ce qui explique en grande partie le départ massif des habitants de la capitale (environ 600 000 personnes, dont un tiers de Parisiens disposant d'une résidence secondaire ou familiale) au début de la période de confinement.

Le nombre moyen de pièces varie également entre une maison (4,9) et un appartement (2,9). Au total, 5 millions de Français (8,2 % de la population) ont vécu un confinement de promiscuité sociale, car disposant de peu de place et vivant dans un logement suroccupé. Cette situation change aussi selon le type d'habitat : seuls 3,2 % des ménages résidant en maison individuelle sont en situation de suroccupation, contre 16,5 % des ménages en appartement. Cela concerne principalement les foyers monoparentaux (25 %) ainsi que les ménages des

2 Les ménages français et leur habitat

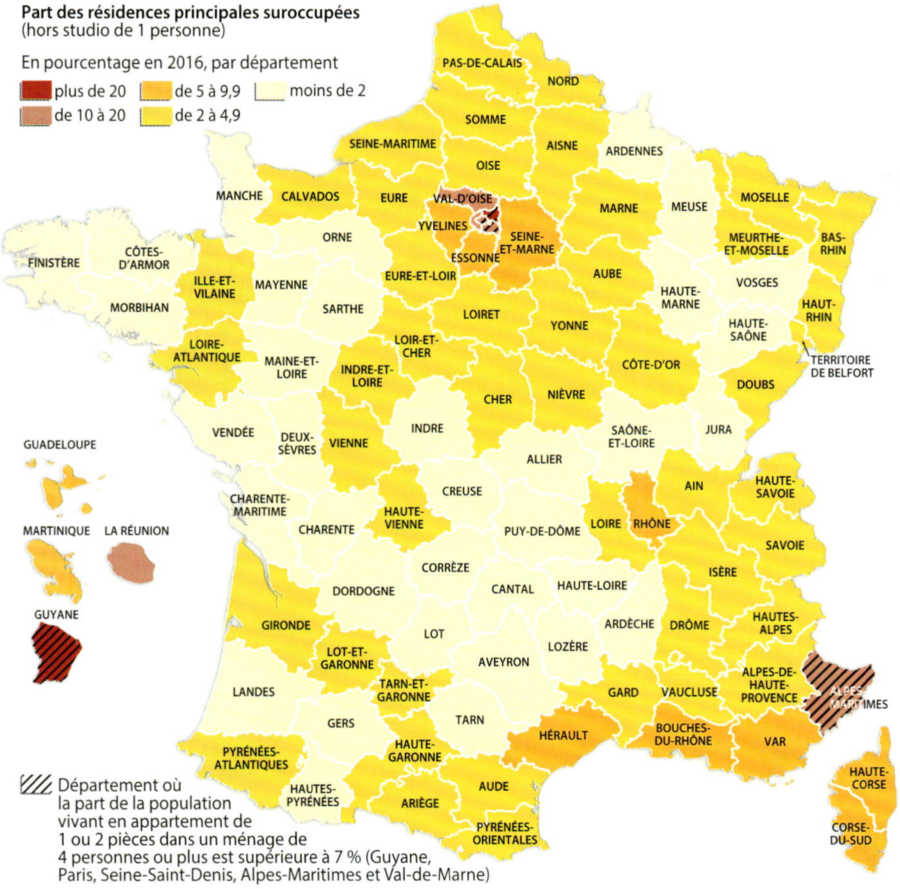

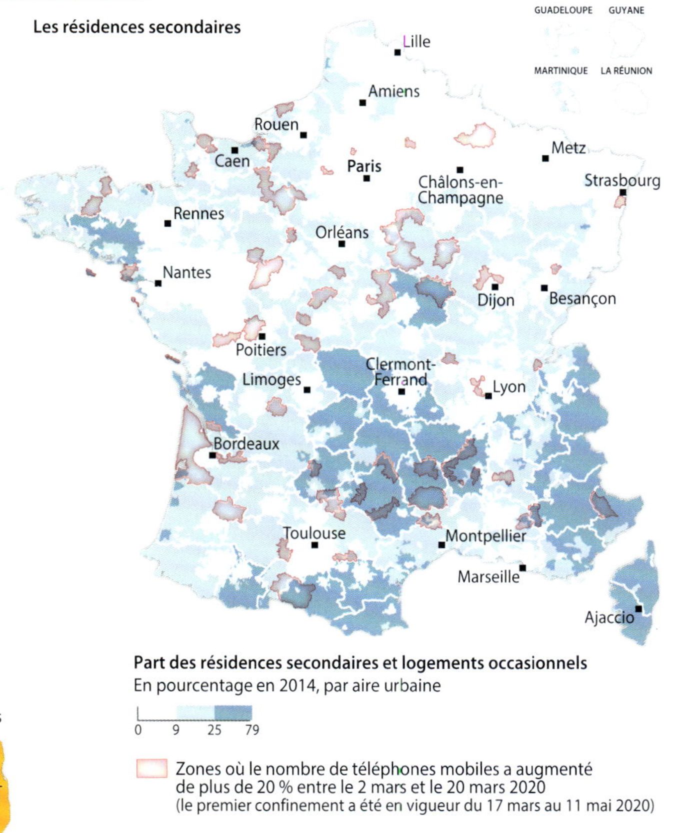

Carto n° 60, 2020 © Areion/Capri

Sources : INSEE, juin 2020 ; « Coronavirus : le grand exode des citadins », in Le Figaro, *27 mars 2020 ; Observatoire des territoires,* Le parc de logements, *novembre 2017*

logement en France révélées

grandes agglomérations : trois ménages sur quatre vivant dans un logement suroccupé se trouvent dans une ville de plus de 100 000 habitants. En Île-de-France, 13,7 % des ménages vivent dans un logement suroccupé. Le phénomène est beaucoup plus fréquent dans les QPV (quartiers prioritaires de la politique de la ville, autrefois appelés zones urbaines sensibles ou ZUS). Il s'agit souvent de personnes de moins de 40 ans, d'étudiants, de populations défavorisées et/ou étrangères, de locataires plutôt que de propriétaires. Les territoires ultramarins sont également concernés par ces indicateurs.

ISOLEMENT ET DÉPENDANCE

Vivre au quotidien dans un logement insalubre est une autre composante de la vulnérabilité des personnes face au confinement qui a contraint plus de 2 millions d'individus à s'exposer toute la journée au risque d'effondrement de leur immeuble, au risque sanitaire (saturnisme, risque de pathologie respiratoire en raison de l'humidité...). On est loin des conditions de vie dans des résidences secondaires (9,8 % des logements en France), 39 % d'entre elles se situant en milieu rural. L'autre problème majeur révélé par le confinement réside dans l'isolement d'une part importante de la population : 10 millions de personnes (16 % des Français) vivent seules, dont 2,4 millions de plus de 75 ans, souvent sous le seuil de pauvreté. L'isolement et la dépendance en période de confinement sont d'autant plus accrus dans certains territoires. Ainsi, 13 % des plus de 75 ans vivent seuls dans une commune ne possédant pas de commerce d'alimentation de proximité. Dans certains départements (Haute-Saône et Meuse), ce nombre peut atteindre 45 %.

Enfin, l'impact du voisinage constitue une variable importante pour la qualité de vie. L'environnement visuel et sonore depuis un logement change selon la localisation géographique du bien et le statut social de ses occupants. Les ménages à bas revenu vivent le plus souvent soit dans un parc social (constitué de barres et de tours), généralement faiblement végétalisé, particulièrement dans les grandes agglomérations, soit à proximité d'un de ces parcs. À l'opposé, 40 % des classes supérieures n'ont pas de voisins immédiats. Les classes populaires sont également plus exposées au bruit (voisinage, proximité d'une ligne de chemin de fer, d'une autoroute, d'un aéroport).

Paradoxalement, et malgré cette inégalité face au confinement, une enquête IFOP/BNP Paribas Real Estate menée en avril 2020 montre que 86 % des personnes interrogées considèrent que leur logement convenait aux conditions de cet isolement imposé (1). •

É. JANIN

NOTE

(1) IFOP et BNP Paribas Real Estate, « Logement, consommation, travail : face au confinement, les Français s'adaptent et en profitent pour revoir leurs habitudes », 18 avril 2020.

La culture en France : l'échec de la démocratisation ?

La crise sanitaire de la Covid-19 a révélé la place de la culture dans le quotidien des Français. Le premier confinement imposé à la population entre le 17 mars et le 11 mai 2020 a surtout confirmé la mutation des pratiques et des consommations ainsi que les inégalités d'accès à la culture en règle générale. Tous les territoires du pays ne sont en effet pas équipés de la même façon, tandis que le numérique prend de plus en plus de place.

Longtemps, la culture n'était accessible qu'à ceux qui se déplaçaient pour aller au cinéma ou à la bibliothèque, au théâtre ou à l'opéra. Désormais, c'est la culture qui se déplace, pénètre dans les foyers et accède aux consommateurs modernes avec les nombreux supports numériques portables (tablettes, *smartphones*, ordinateurs...). Selon le ministère de la Culture, la consommation culturelle des Français ne cesse de croître, et ce quel que soit le profil de l'individu (1). Mais la culture a changé de nature et s'est diversifiée.

VERS UNE FRACTURE CULTURELLE ?

Une fracture semble de plus en plus s'opérer, de manière schématique, entre deux France qui s'opposent. D'un côté, une France de la culture « classique » (littérature, théâtres, musées...), qui révèle une sociologie plus urbaine, plus éduquée, plus féminine, plus âgée également (avec la génération des « *baby boomers* »). De l'autre, une France numérique, plus consommatrice de programmes audiovisuels, de musique en ligne, de jeux vidéo, de *streaming*... ; une France plus jeune, plus masculine, tant urbaine que rurale. Si la première catégorie a tendance à stagner ou à régresser depuis les années 1970, la seconde est, quant à elle, en pleine dynamique, suivant l'essor de l'industrie des nouvelles technologies. Ainsi, 44 % des personnes âgées de 15 ans et plus s'adonnent aux jeux vidéo en 2018, contre 19 % en 1997. Cette mutation pose la question du financement. Car la culture classique est souvent subventionnée, donc coûteuse. Les lieux publics de la culture vont-ils être encore fréquentés dans les prochaines décennies alors que la clientèle jeune semble s'en détourner ?

La culture en France ne relève pas uniquement d'une politique nationale. Les politiques de décentralisation menées depuis le début des années 1980 ont permis de faire des collectivités territoriales des acteurs du monde de la culture, contribuant ainsi au développement des territoires de proximité. Les dépenses culturelles des collectivités territoriales ont atteint 8,7 milliards d'euros en 2017, soit un montant plus de deux fois supérieur aux 3,6 milliards d'euros de budget du ministère de la Culture (2). Il faut y ajouter 4,3 milliards de dépenses à caractère culturel des autres ministères, pour un total d'investissement public de 16,8 milliards en 2019.

Il y a en France, en 2018, plus de 16 000 lieux de lecture publique (médiathèques, bibliothèques, centres de consultation des archives), 440 lieux de spectacle labellisés par le ministère de la Culture, 1 200 musées de France (gérés par l'État) et une quarantaine de musées nationaux (sous tutelle du ministère de la Culture), 400 jardins remarquables, plus de 2 000 cinémas... Mais la culture, ce sont aussi des acteurs privés : des éditeurs de presse, des chaînes de télévision, des groupes multimédias, des propriétaires de salles de cinéma privées... Le poids économique de la culture représente 44,5 milliards d'euros en 2019, soit 2,3 % de l'ensemble de l'économie nationale. La presse, l'achat de livres et la papeterie sont toujours au premier rang des dépenses culturelles des Français avec 15 milliards d'euros, mais ont connu une érosion sensible depuis le début du XXIe siècle (19,9 % en 2000 contre 15 % en 2019). Les services culturels (cinéma, spectacles vivants, musées, abonnements audiovisuels, tirages photo) suivent dans ce classement des dépenses (12,43 milliards), devant celles en télévision, hi-fi, vidéo, produits musicaux... Mais ces résultats cachent la réalité, de plus en plus croissante, de l'accès à une culture gratuite, en ligne, sur différents supports numériques.

UNE ACCESSIBILITÉ INÉGALE

L'accès aux différentes formes de production culturelle « classique » est profondément inégalitaire entre les territoires. Car si la culture numérique peut irriguer l'ensemble des territoires équipés de câbles (en 2019, selon l'INSEE, 12 % des individus âgés de 15 ans et plus ne disposaient d'aucun accès à Internet), certains d'entre eux, même s'ils sont peu nombreux, disposent d'une offre d'équipements moins importante que la moyenne, et peuvent être considérés parfois comme des « zones blanches ».

C'est le cas des espaces hyper-ruraux et périurbains de faible densité de peuplement, bien que la dotation en équipements de proximité (médiathèques, bibliothèques, écoles de musique) ne soit jamais totalement absente. En 2015, le ministère de la Culture avait identifié 86 territoires concernés par cette situation, dont la moitié étaient situés dans neuf départements : quatre métropolitains (Eure, Loiret, Moselle et Vosges) et les cinq d'outre-mer. Les types d'équipements et leur densité demeurent corrélés à la taille des bassins de vie. Ainsi, les équipements et les lieux de création et de diffusion du spectacle vivant (théâtres, salles de spectacle et de concert) sont principalement concentrés en Île-de-France (un tiers) et dans les grandes métropoles. C'est encore plus significatif quand il s'agit des conservatoires de musique, de danse et d'art dramatique majoritairement présents à Paris et en Île-de-France et dans les métropoles régionales. La fracture culturelle des territoires est une réalité. •

É. Janin

NOTES

(1) Philippe Lombardo et Loup Wolff, *Cinquante ans de pratiques culturelles en France, ministère de la Culture*, juillet 2020.

(2) Antoine Karam et Sonia de la Provôté, *Rapport d'information sur les nouveaux territoires de la culture*, Sénat, décembre 2019.

Les professions culturelles en France en 2014

Part des professions culturelles
En pourcentage, par zone d'emploi

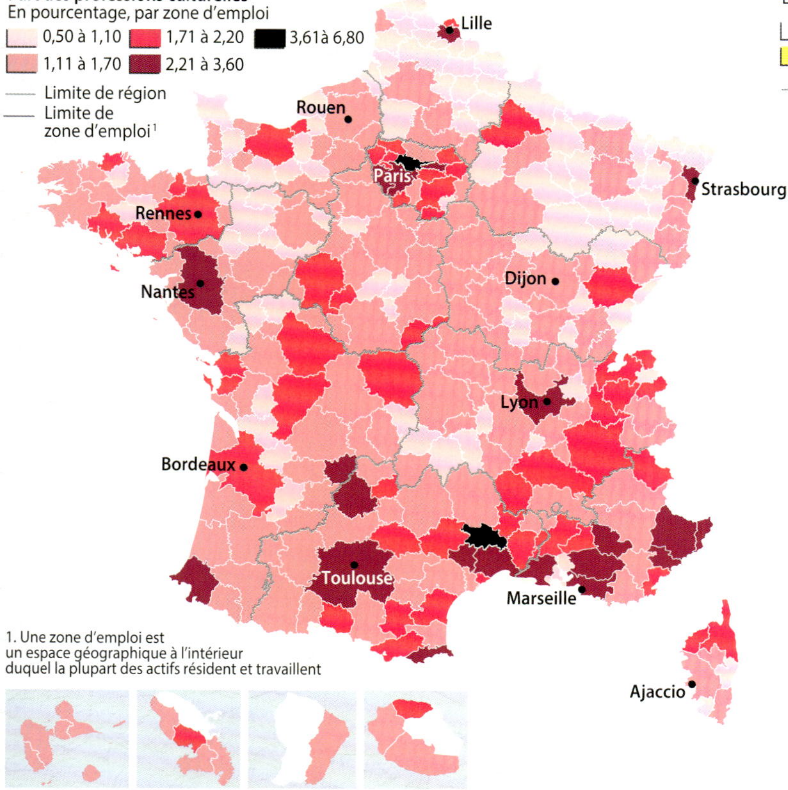

1. Une zone d'emploi est un espace géographique à l'intérieur duquel la plupart des actifs résident et travaillent

N.B. : Données non disponibles pour Mayotte

Les dépenses culturelles des collectivités territoriales en France en 2016

En euros par habitant

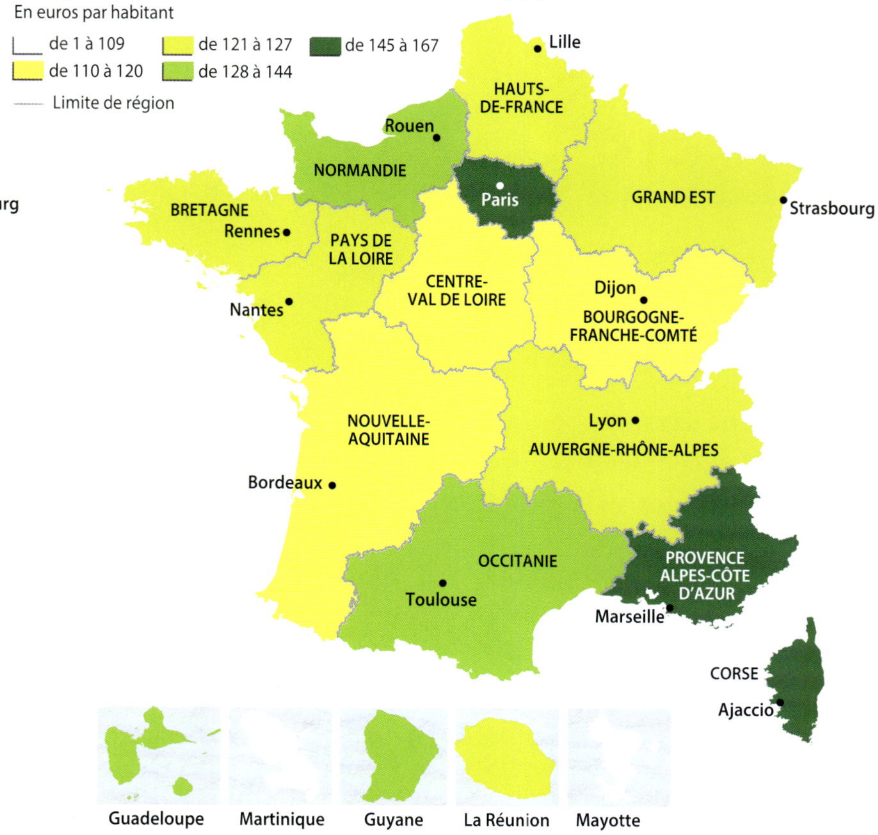

Évolution des dépenses culturelles et de loisirs

En pourcentage de l'ensemble des ménages

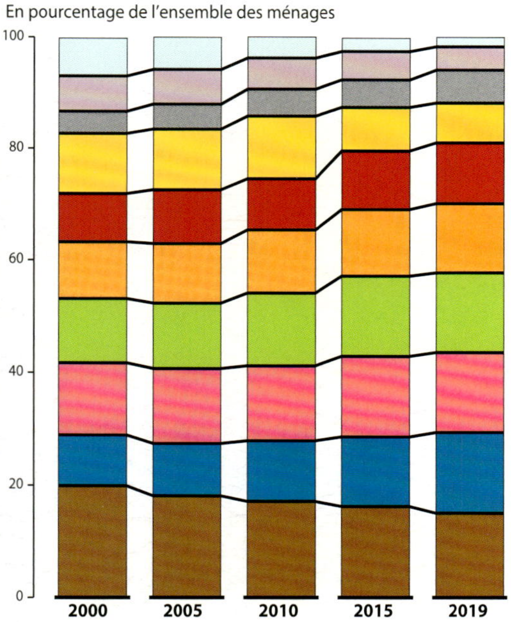

- Presse, livres et papeterie
- Services récréatifs et sportifs[2]
- Jeux, jouets et articles de sport
- Jardinage, animaux de compagnie
- Services culturels[3]
- Jeux de hasard
- Télévision, hi-fi, vidéo et photo
- Autres biens culturels et récréatifs
- Informatique
- Disques, cassettes et pellicules photo

2. Sport, location de matériel sportif, fêtes foraines, parcs d'attractions, voyages à forfait, week-ends, etc.

3. Cinéma, spectacles vivants, musées, abonnements audiovisuels, développement et tirage de photos, etc.

Répartition par secteur des dépenses culturelles des collectivités territoriales en 2017

En pourcentage du total des dépenses culturelles

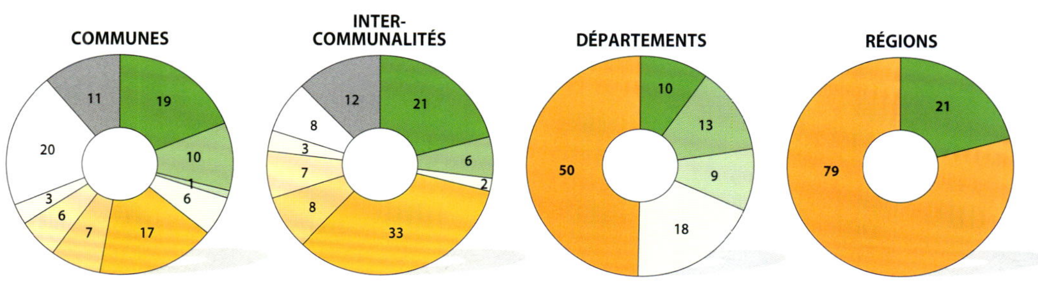

- Conservation et diffusion des patrimoines dont…
  - … bibliothèques et médiathèques
  - … musées
  - … archives
  - … entretien du patrimoine culturel
- Expression artistique et activités culturelles dont…
  - … expression lyrique et chorégraphique
  - … théâtres
  - … cinémas et autres salles de spectacles
  - … arts plastiques et autres activités artistiques
  - … action culturelle
- Autres

Répartition de la dépense culturelle en France en 2017

En millions d'euros

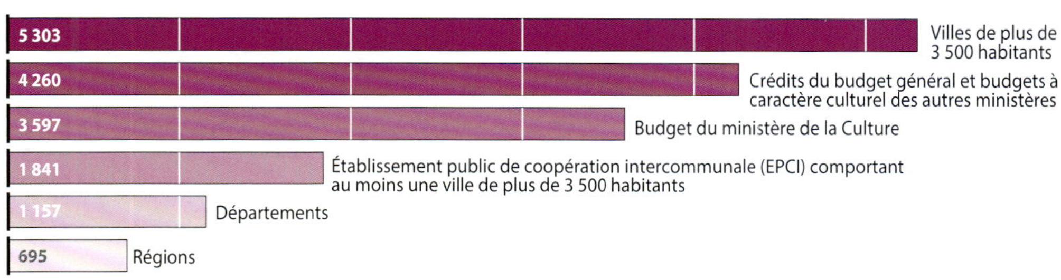

Sources : Antoine Karam et Sonia de la Provôté, Rapport d'information sur les nouveaux territoires de la culture, *Sénat, décembre 2019. ; Ministère de la Culture, Données en ligne, août 2020 et* Atlas régional de la culture, *2018*

Carto n° 61, 2020 © Areion/Capri

Les prisons en France : quand la Covid-19 libère les cellules

L'une des rares bonnes nouvelles en lien avec la Covid-19 est son effet sur les prisons françaises : surpeuplées depuis des décennies, elles présentent un nombre de détenus à la baisse, offrant même plus de places libres que de personnes incarcérées. Si la maladie a en quelque sorte réussi là où l'exécutif échouait, réformer le système carcéral reste un défi.

Les données transmises par le ministère de la Justice parlent d'elles-mêmes : au 1er juillet 2020, il y avait 58 695 individus détenus en France pour 60 592 places disponibles dans les 262 établissements d'enfermement (dont 133 maisons d'arrêt). À la même date en 2019, ils étaient 71 710 pour 61 105. C'est la première fois que nous observons une telle tendance, la hausse du nombre de détenus ayant été constante depuis au moins 2010, sans que de nouvelles places soient créées. En 2020, il y en avait 7 423 de disponibles, contre 3 988 l'année précédente. La densité carcérale globale est passée sous la barre des 100 % (96,9 %), et le taux d'encellulement individuel a atteint 54,2 %. Une situation inédite.

La peur d'une hécatombe due à l'épidémie dans des prisons en mauvais état – la France a été condamnée par la Cour européenne des Droits de l'homme, le 30 janvier 2020, pour « traitements inhumains ou dégradants » dans ses centres pénitenciers – a obligé les autorités à pratiquer une politique de libération de détenus en fin de peine (sauf ceux jugés pour meurtre, terrorisme et violence conjugale), augmentant le flux des sorties, tandis que le ralentissement de l'activité des tribunaux – et de celle des délinquants – depuis le premier confinement (17 mars-11 mai 2020) a généré une baisse des arrivées. De plus, la réforme des peines est entrée en vigueur le 24 mars 2020, prévoyant des alternatives à l'emprisonnement dans le cas de condamnations de courte durée.

Pour de nombreux professionnels du secteur, les réponses du gouvernement ne sont pas suffisantes et une réforme de plus grande ampleur doit être engagée. D'autant que, rappelons-le, la justice est indépendante, les juges d'application des peines pouvant être plus volontaristes selon les régions. Des organismes d'avocats ont demandé des libérations massives et des grâces individuelles, voire collectives (interdites depuis 2008). Car la situation créée par l'urgence de la gestion de la pandémie de Covid-19 a rappelé l'importance du désengorgement des prisons pour tout le système judiciaire français. Les établissements d'enfermement ne sont par ailleurs pas égaux : les grandes structures sont ainsi plus exposées et attendent des changements profonds. Sur les 58 695 personnes détenues au 1er juillet 2020, 10 327 dépendaient de la direction interrégionale de Paris, 7 304 de Rennes, 6 550 de Marseille, 5 925 de Lille et 5 456 de Lyon pour les cinq plus importantes (sur 10), contre 4 098 de Dijon par exemple.

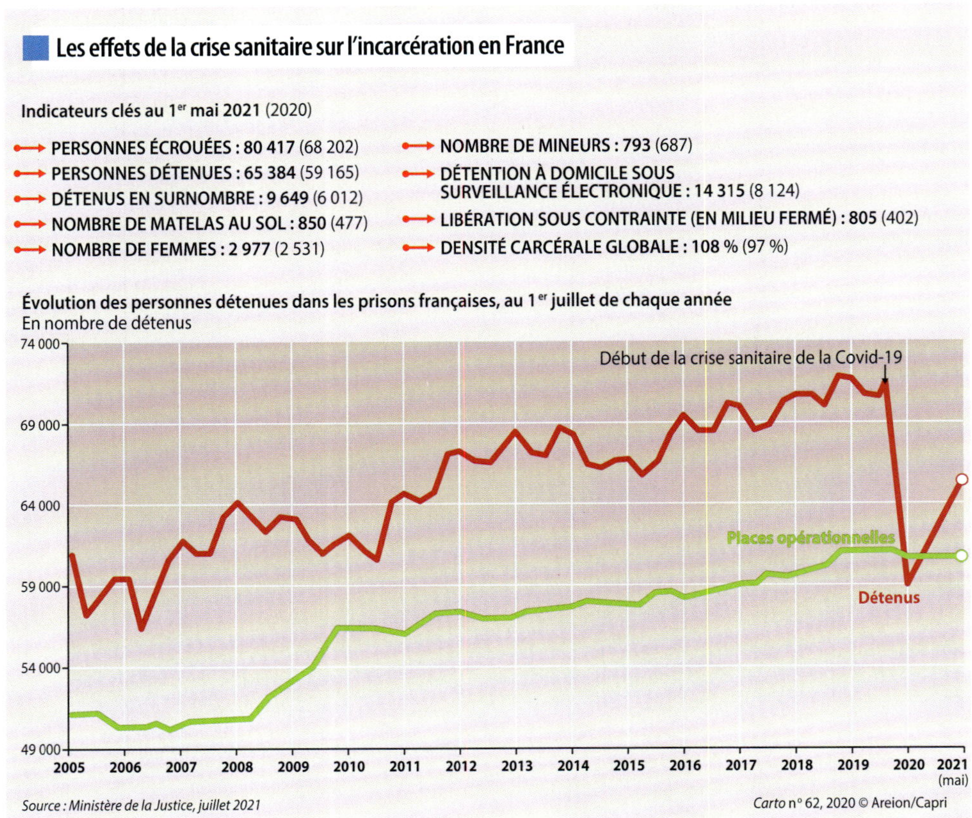

Les prisonniers, obligés de porter le masque en dehors de la cellule et soumis à des conditions strictes pour les visites notamment, ont bénéficié des campagnes de dépistage et de vaccination. Mais, si avocats et responsables de maisons d'arrêt ont appelé à l'application de mesures alternatives, comme un régime de semi-liberté ou le port d'un bracelet électronique, force est de constater que le système est resté figé. Ainsi, en mai 2021, le nombre de détenus est reparti à la hausse (65 384), avec une densité carcérale de 108 %... Celle-ci est particulièrement élevée dans les maisons d'arrêt (125,2 %). ● **G. Fourmont**

Royaume-Uni « post-Brexit » : au cœur de la crise

Le Royaume-Uni subit une crise économique sans précédent, car, avec 4,9 millions de cas et quelque 128 500 décès début juillet 2021, l'impact de l'épidémie de Covid-19 y est plus important que chez ses voisins européens. Cette situation intervient alors que l'accord commercial pour sa sortie de l'Union européenne (UE) a été acté.

La dette publique du Royaume-Uni a dépassé 100 % de son PIB en octobre 2020, un record depuis soixante ans, principale conséquence des mesures d'urgence mises en place par l'État pour aider les entreprises à éviter des licenciements massifs et soutenir les emplois. Son PIB devrait se contracter de 11,2 % en 2020 après un nouveau recul en novembre (- 2,6 %) malgré six mois de hausse. Au plus fort de la crise du printemps, il avait chuté de 19,5 % et n'avait pu rattraper ce retard. Au troisième trimestre, il était à 8,5 % en dessous de son niveau de fin 2019. En parallèle, celui de la France baissait de 4,2 %, celui des États-Unis de 3,5 %. La remontée ne sera pas aussi rapide que la chute puisque le PIB devrait rebondir de 3,4 à 6 % fin 2021, selon les prévisions, restant donc en deçà de son taux d'avant la crise. L'impact sur les emplois est direct. Le chômage est passé de 4 % au premier trimestre 2020 à 4,9 % fin octobre ; il était de 3,8 % à la même période en 2019. Ce point équivaut à 411 000 chômeurs supplémentaires, un pic aussi élevé que lors de la crise de 2008-2009. Le nombre de demandeurs d'emploi pourrait continuer à grossir jusqu'à 7,4 % en 2021, d'après l'OCDE. En juin 2020, 80 % des Britanniques touchant un petit salaire déclaraient avoir vu leurs revenus baisser, 10 % disaient se battre pour « joindre les deux bouts » en fin de mois et 0,7 % affirmaient aller aux banques alimentaires. Certains analystes financiers pensent que le Royaume-Uni ne retrouvera pas son niveau avant 2023.

De plus, le confinement mis en place le 5 novembre 2020 devant la propagation du variant anglais du coronavirus a cassé un élan économique alors que la date fatidique du Brexit approchait. Sa négociation devenait un enjeu primordial pour le Royaume-Uni afin de ne pas faire plonger le pays dans une double crise. Durant la période de transition, du 1er février au 31 décembre 2020, Londres et l'UE ont négocié la nature de leurs nouvelles relations et rencontré de nombreux points d'achoppement sur le secteur de la pêche, les règles de la concurrence ou les questions liées au droit européen. C'est la veille de Noël que le « *deal* » a été acté. Cet accord de libre-échange prend un peu la forme du CETA entre le Canada et l'UE, avec l'absence de droits de douane sur les biens. Il est assorti d'une obligation de respecter des règles en matière d'environnement, de législation du travail, de fiscalité.

Avec la fermeture des frontières entre la plupart des pays européens et le Royaume-Uni durant l'épidémie de Covid-19, les premiers temps du Brexit sont sombres, et il est difficile de déterminer la principale cause de ces files de camions bloqués aux douanes ou de ces étagères de supermarchés vides en Irlande du Nord. Sans doute un mélange de la complexification des déclarations due au Brexit et du ralentissement des échanges pour raisons sanitaires. • **J. Camy**

Les effets économiques de la crise sanitaire et du Brexit au Royaume-Uni

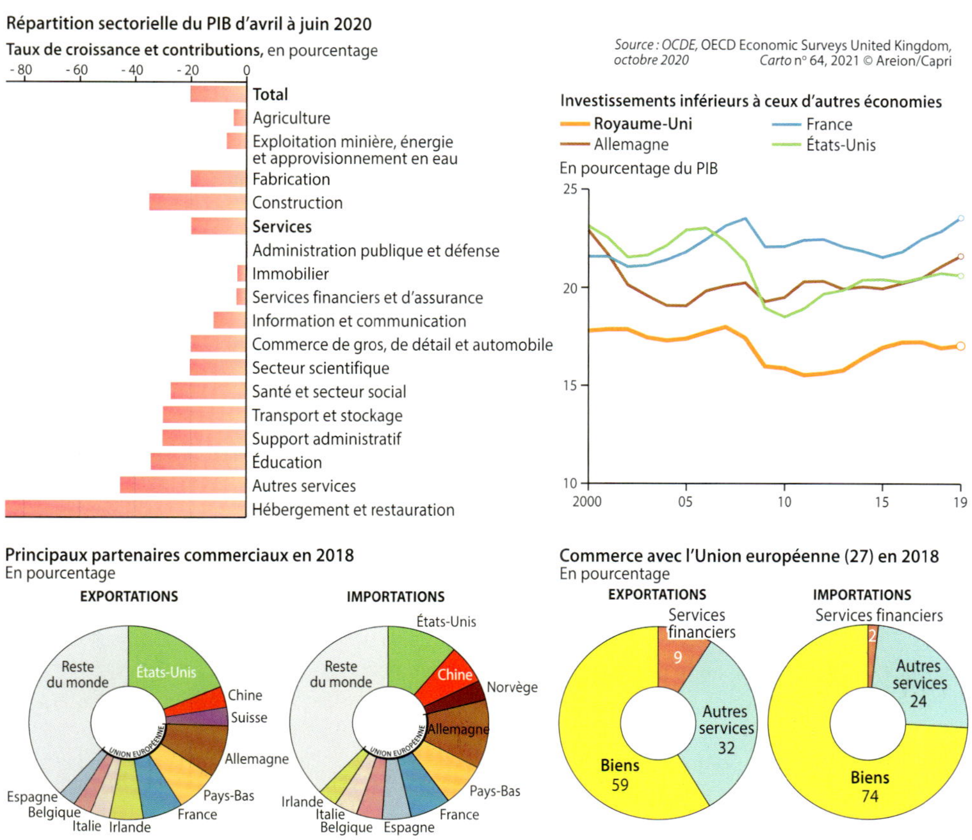

Source : OCDE, OECD Economic Surveys United Kingdom, octobre 2020
Carto n° 64, 2021 © Areion/Capri

Erasmus : le « joyau » de l'UE face à la concurrence mondiale

Alors que l'épidémie de Covid-19 paralyse et bouleverse le monde universitaire, que l'année 2020-2021 a été marquée par l'enseignement à distance, le Royaume-Uni a décidé de ne pas continuer l'aventure Erasmus après son départ de l'Union européenne (UE) le 1er janvier 2021. Retour sur un programme principalement connu pour avoir révolutionné la mobilité estudiantine à l'échelle européenne et qui tente de s'adapter à la course mondiale pour le « marché » de l'enseignement supérieur.

Erasmus, c'est le « joyau de la couronne » d'une UE confrontée à un euroscepticisme croissant dans de nombreux pays du continent. Selon l'Eurobaromètre du printemps 2019, le programme arrive en troisième position des réussites de l'Union après la libre circulation des biens et des personnes, et la paix entre les États membres. Créé en 1987, il vise à faciliter les mobilités courtes des étudiants européens dans l'un des 11 pays signataires, dans le cadre d'une formation, appelées aussi « mobilités pour crédits », sous la forme de cours ou de stages pour une année scolaire maximum. Il est étoffé en 2014 afin de comprendre tous les programmes de mobilité européenne, sous le nom d'Erasmus +. En 2021, il inclut 33 pays, dont les 27 membres de l'UE. Depuis sa création, il a touché 9 millions de bénéficiaires : collégiens, professionnels, associatifs, apprentis, et surtout 4,4 millions d'étudiants. Il a été pensé pour renforcer l'identité européenne, avec un certain succès : 90 % des Européens qui ont bénéficié d'une mobilité étudiante par le biais d'Erasmus + plébiscitent le programme.

UNE MOBILITÉ SÉLECTIVE

Ce volet a toutefois des limites. Il marche mieux dans certains pays, et quelques destinations sont privilégiées. En 2017-2018, on y retrouve trois fois plus d'étudiants français que de Britanniques, et l'Espagne attire trois fois plus d'individus que la Pologne. Par ailleurs, les universités les plus cotées restent plus sélectives ; la mobilité est plus accessible pour certaines disciplines, notamment celles liées à la gestion d'entreprise et aux études de langues, et les catégories sociales favorisées sont surreprésentées parmi les bénéficiaires. Ces derniers ne sont que 1 % de l'ensemble des étudiants des États participants.

L'extension de la mobilité à d'autres publics bénéficiaires est l'un des objectifs de la nouvelle programmation budgétaire communautaire (2021-2027). Avec une enveloppe de 23,4 milliards d'euros, il est en augmentation de 63 %. Mais cela reste loin du doublement promis en mai 2020, alors que le programme est soumis à des tensions inédites.

La première est temporaire : la pandémie de Covid-19 a entraîné un gel des mobilités. En avril 2020, 80 % des étudiants du programme ont dû basculer dans l'enseignement en ligne ou renoncer à leur échange. Les autres tensions tiennent à la démocratisation des mobilités : dans les années 1980, Erasmus a amené une réelle nouveauté. Mais au cours de la dernière décennie, la mobilité pour crédits s'est répandue et dépasse de plus en plus Erasmus +. Les établissements cherchent à se démarquer en proposant notamment des destinations plus « exclusives » (États-Unis, Canada, Australie).

Mais la transformation la plus significative pour le programme est l'attractivité des mobilités de longue durée, dites « diplômantes », en Europe et au-delà. De 2 millions en 2000, les étudiants internationaux de longue durée sont passés à 5,3 millions en 2017, soit 2,4 % des étudiants dans le monde. Ces mobilités sont perçues comme plus intéressantes en matière de valorisation des parcours étudiants. Elles représentent de nouveaux revenus pour les universités, qui disposent de moins en moins de subventions publiques, et pour les territoires d'accueils, qui misent sur le pouvoir d'achat et le dynamisme des étudiants. Et, alors que la dimension culturelle est au cœur d'Erasmus +, la logique des mobilités diplômantes repose majoritairement sur l'offre et la demande, même si certains États y voient un moyen d'améliorer leur influence internationale.

UN PROGRAMME FORCÉ DE S'ADAPTER

L'UE est paradoxalement peu équipée pour aborder la question des mobilités diplômantes. Ce sont les États qui sont à la barre. La France, par exemple, dispose de sa propre agence, Campus France. La coopération existe à l'échelle européenne, mais pas hors de l'UE. Le processus de Bologne, lancé en 1998, qui a donné naissance en 2010 à l'Espace européen de l'enseignement supérieur (EEES), réunit 49 États en 2020, mais n'est pas institutionnellement lié à Bruxelles. Un rapprochement est prévu au cours du mandat de la présidente de la Commission, Ursula von der Leyen (2021-2027), qui ambitionne de rattraper le retard de l'UE sur le sujet. Les universités des pays membres devraient aussi être incitées à améliorer leur attractivité, en favorisant la diversité géographique des profils étudiants. En 2017-2018, 12 731 étudiants non européens sont ainsi venus étudier dans les pays membres grâce à « Erasmus Mundus ».

Mais la concurrence est rude, et le travail collectif ne fait pas l'unanimité : c'est notamment pour renforcer sa position dans le marché de l'enseignement supérieur que le Royaume-Uni, une destination prisée au niveau mondial, a quitté Erasmus +. De plus, si les leaders traditionnels, les États-Unis en tête, sont toujours populaires, une série de nouveaux venus ont commencé à se faire une place dans le « marché mondial de l'enseignement supérieur » : Chine, Inde, Russie, Turquie… Ils attirent surtout des jeunes de classe moyenne des pays en voie de développement, mais certains ne laissent plus totalement indifférents les Européens : selon l'organisation Campus France, le Canada est la première destination des Français partis faire leurs études à l'étranger. •

T. CHABRE

Étudier en voyageant : la richesse d'Erasmus

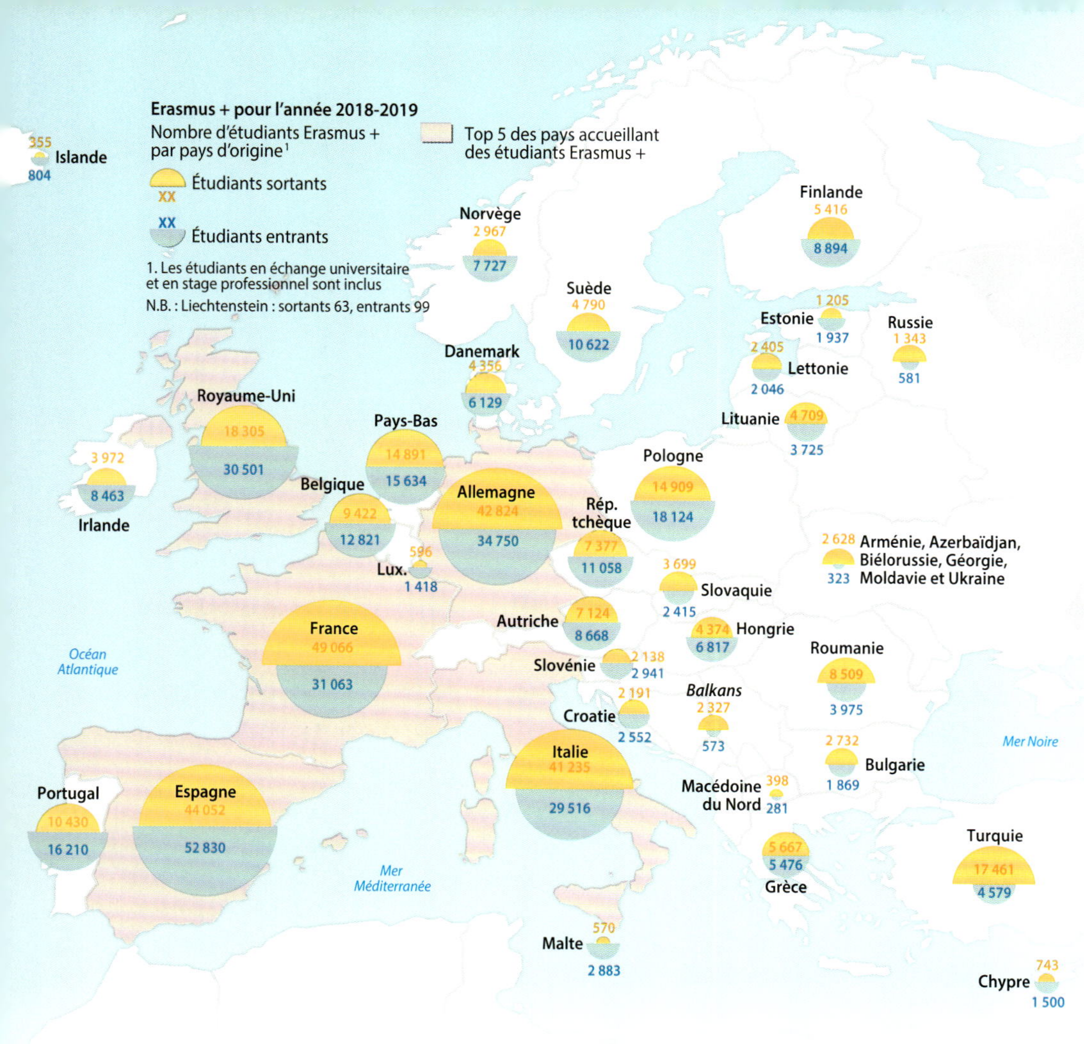

La géographie d'Erasmus + en 2021

Évolution du budget du programme Erasmus +

En milliards d'euros

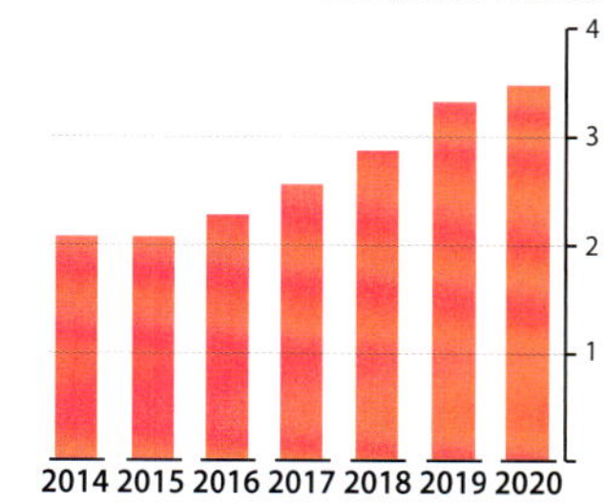

L'Europe, première destination des étudiants internationaux en 2018

Cinq pays européens sont présents en tête du palmarès mondial des pays d'accueil de la mobilité internationale en 2018 : le Royaume-Uni (2e), l'Allemagne (4e), la Russie (5e), la France (6e) et la Turquie (10e)

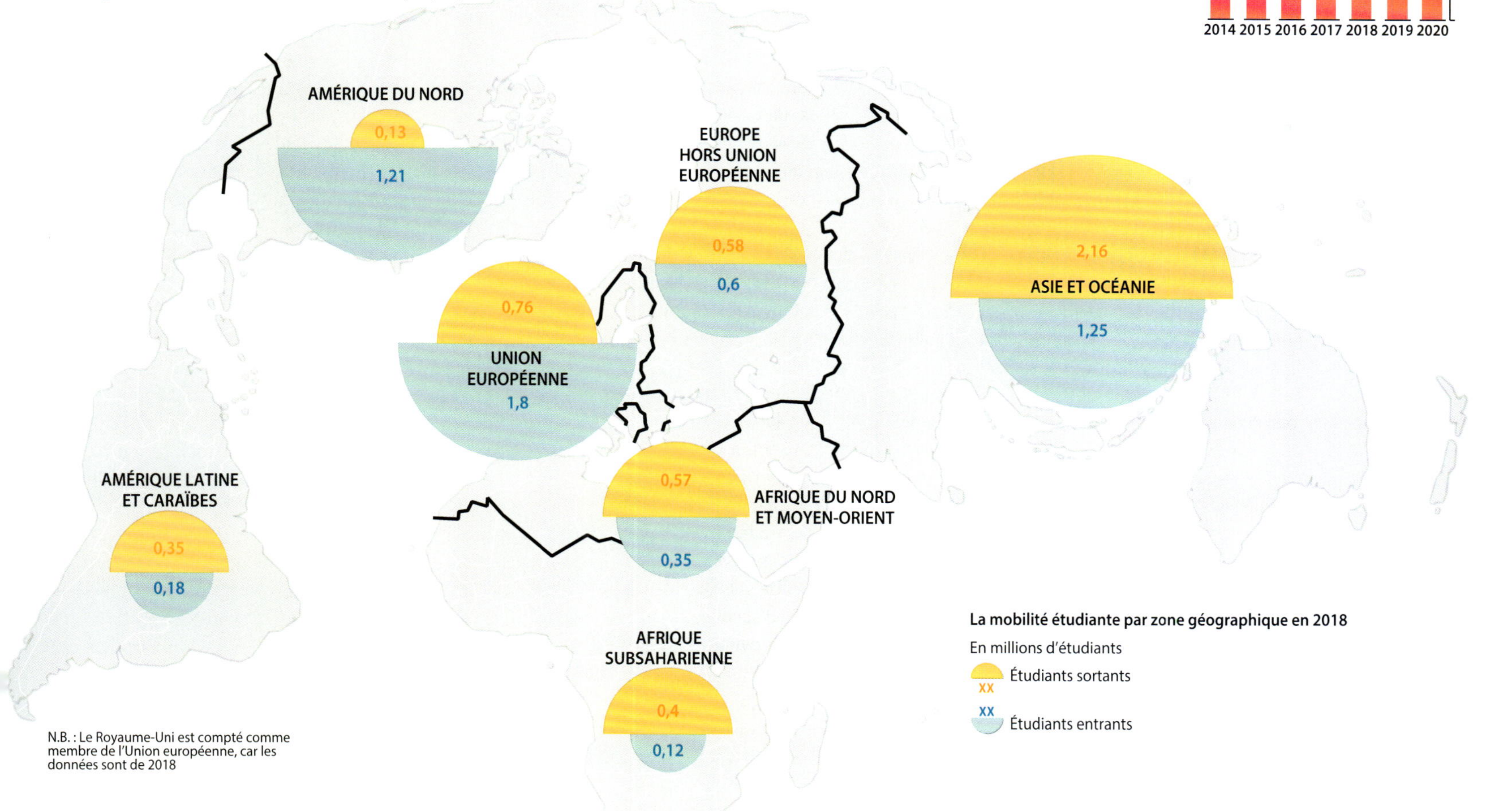

Sources : Campus France, Les grandes tendances de la mobilité étudiante en Europe, *novembre 2020 ; Commission européenne, 2020*

Carto n° 64, 2021 © Areion/Capri

La 'Ndrangheta, la mafia la plus puissante ?

En janvier 2020, l'Italie et Interpol ont lancé une opération mondiale contre la 'Ndrangheta calabraise, présente dans 32 pays, dont 17 européens. Paradoxalement moins connue que Cosa Nostra en Sicile ou la Camorra dans la région napolitaine, la discrète 'Ndrangheta est pourtant considérée comme la plus dangereuse et riche des mafias par les forces de l'ordre italiennes, spécialisée dans le contrôle de marchés publics, de trafic d'armes et de cocaïne.

La 'Ndrangheta trouve son origine dans la seconde moitié du XIXe siècle en Calabre, région à la pointe de la « Botte » à la fois la plus pauvre et l'une des plus éloignées du pouvoir central. Son nom viendrait du grec *andrangathos* (« homme brave ») et la première mention de cette organisation remonte à 1888 dans une lettre anonyme au préfet de la région de Calabre. Ce groupe mafieux n'a, depuis, cessé de se développer en diversifiant ses activités sur un territoire de plus en plus vaste. Le chiffre d'affaires annuel de la 'Ndrangheta, difficile à établir, est estimé à près de 60 milliards d'euros, soit 2,8 % du PIB italien.

Sa structure organisationnelle tire sa force d'un réseau maillé par des clans, les 'Ndrina, chacun reposant sur une base familiale autonome et disposant d'un fort ancrage territorial, avec un respect des règles et des limites communes. Contrairement à d'autres mafias mieux connues, elle compte peu de repentis ou de collaborateurs de justice en son sein en raison de l'importance des liens familiaux, d'où sa relative discrétion malgré sa prédominance et, par conséquent, le manque de connaissances à son sujet.

DES ACTIVITÉS… LÉGALES

La particularité de la 'Ndrangheta est d'être une mafia internationalisée et entrepreneuriale, qui, depuis des décennies, réinvestit l'argent d'activités illégales dans le bâtiment, l'hôtellerie ou les villages touristiques. La criminalité de cette organisation a été remarquée dans les années 1960 à 1980 par l'enlèvement de riches victimes (industriels, enfants de familles bourgeoises) – 150 au total – restituées contre rançons sous la menace de mutilations. Une autre source de revenus initiale est le racket des entreprises et des commerçants du territoire qu'elle contrôle. Si cette activité – le « *pizzo* » – est devenue secondaire dans les profits de la 'Ndrangheta, elle perdure, car elle lui permet de renforcer sa souveraineté locale et d'enfermer des non-mafieux dans le réseau clientéliste mafieux (1).

Le trafic de drogue, en particulier de cocaïne dont elle détient le quasi-monopole en Europe, représente l'activité illégale la plus rentable de l'organisation, générant près des deux tiers de ses revenus illicites, contre un quart pour les autres : racket, usure, trafic de déchets, trafic d'armes et prostitution. La 'Ndrangheta ne cherche pas la confrontation directe avec l'État italien et préfère asseoir son emprise territoriale par l'infiltration de la politique sur le plan local en utilisant des pratiques de collusion et de corruption, notamment pour détourner des marchés publics.

Une partie des revenus générés par ces activités est réinvestie dans l'économie légale, ce qui permet à l'organisation d'engranger des sommes supplémentaires tout en renforçant son assise par le développement économique local dans une région déshéritée. Une bonne part des investissements s'effectue également dans le nord riche de l'Italie, en particulier en Lombardie et au Piémont, dans tous les secteurs de l'économie, dont le bâtiment, la restauration et la finance.

UN RÉSEAU MONDIAL TISSÉ AUTOUR DE LA DIASPORA CALABRAISE

La métaphore la plus souvent utilisée pour représenter l'activité et le réseau des mafias à l'international est généralement celle de la pieuvre, dont le corps est en Italie et dont les tentacules s'étendent sur tous les continents. Cette image convient parfaitement à la 'Ndrangheta qui fonctionne comme une multinationale et compterait, selon les estimations des procureurs italiens, 20 000 membres dans le monde en s'appuyant sur la forte et ancienne émigration calabraise. Cette nécessité de se déployer dès les années 1980 est liée au développement de ses activités dans le narcotrafic, en premier lieu en Amérique latine, où l'organisation possède plusieurs cellules locales pour expédier la drogue vers l'Europe, le Canada et l'Australie. L'Europe centrale et l'Allemagne sont particulièrement prisées et investies pour la mise en place de centres opérationnels européens.

Les services de police italiens ont mené depuis plusieurs années, et avec un succès relatif, de vastes coups de filet contre la 'Ndrangheta. Des opérations récentes ont mobilisé des milliers de carabiniers et permis l'arrestation de 334 suspects en Italie et en Europe le 19 décembre 2019 et de 63 autres le 28 mai 2020. L'Italie cherche à intensifier la pression contre l'organisation mafieuse en finançant, depuis le 30 janvier 2020, le projet Interpol « Coopération contre la 'Ndrangheta » pour tenter de la démanteler à l'échelle européenne et mondiale. Mais bien qu'elle soit membre fondateur de l'Union européenne, elle reste l'un des pays les plus corrompus et les actes de corruption et d'intimidation empêchent les investissements en Calabre, ce qui pousse les jeunes, touchés par le chômage, à se tourner vers la mafia pour trouver du travail. L'organisation cherche même à tirer profit de l'impact de la crise de la Covid-19 sur le secteur du tourisme par l'achat d'entreprises au bord de la faillite ou l'offre de prêts aux restaurants, hôtels ou artisans en difficulté. • **T. Courcelle**

NOTE

(1) Clotilde Champeyrache, « L'économie mafieuse : entre principe de territorialité et extraterritorialité », in *Hérodote* n° 151, 4e trimestre 2013, p. 83-101.

La 'Ndrangheta, une mafia italienne dans le monde

Carto n° 60, 2020 © Areion/Capri

Sources : Direzione Investigativa Antimafia, juin 2020 ; « 'Ndrangheta, la mafia la plus puissante du monde », in Courrier international, *n° 1530, 27 février-4 mars 2020 ; ISTAT, 2019 ; UNODC,* Main cocaine trafficking routes as described by reported seizures, 2013-2017, *2019 ; ISTAT,* L'economia non osservata nei conti nazionali | Anni 2014-2017, *15 octobre 2019 ; « Criminalità organizzata, la mappa della diffusione in Italia », in* Termometro Politico, *20 juillet 2018*

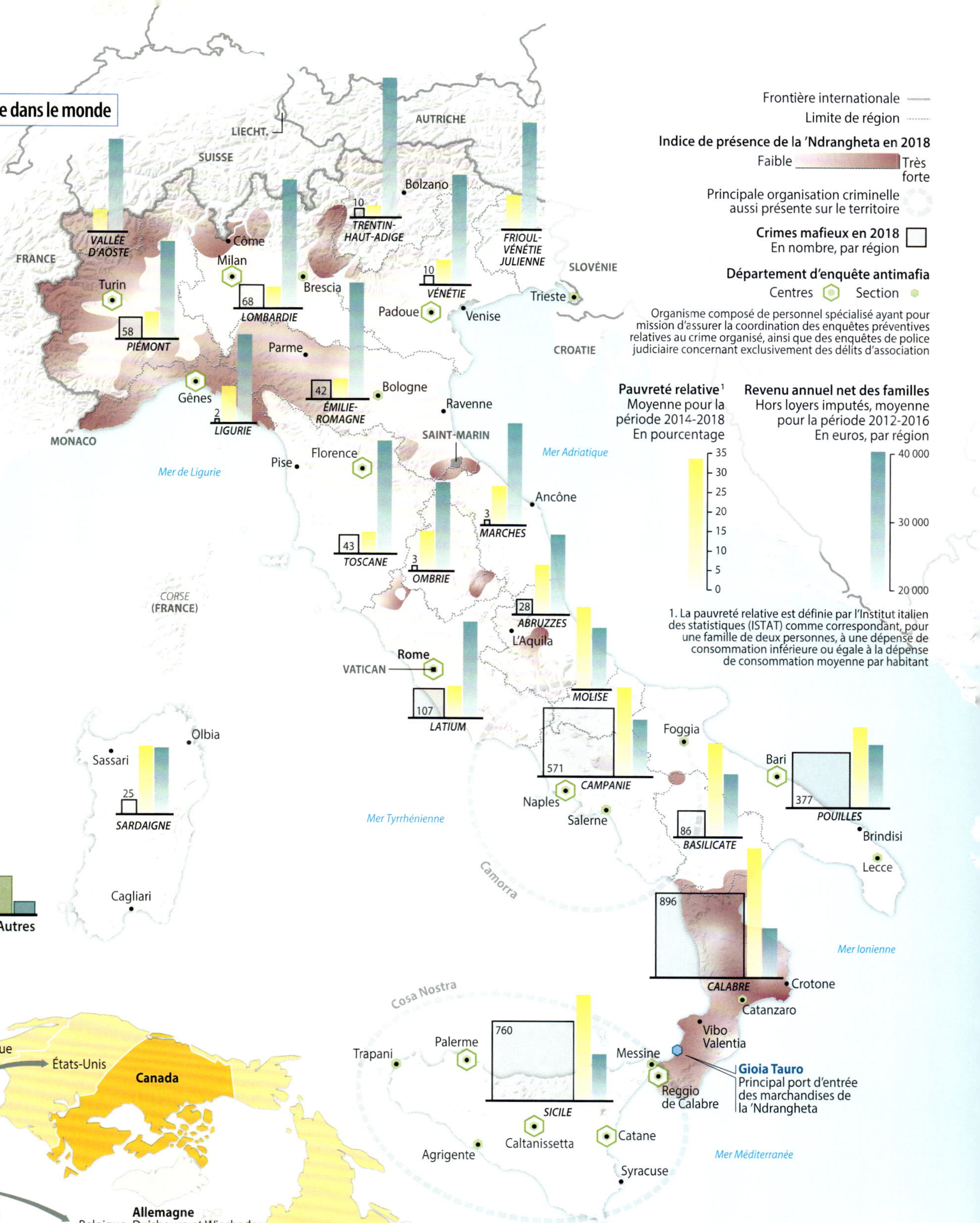

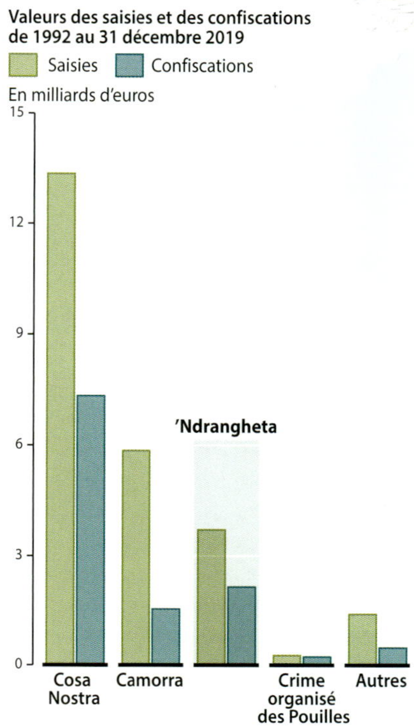

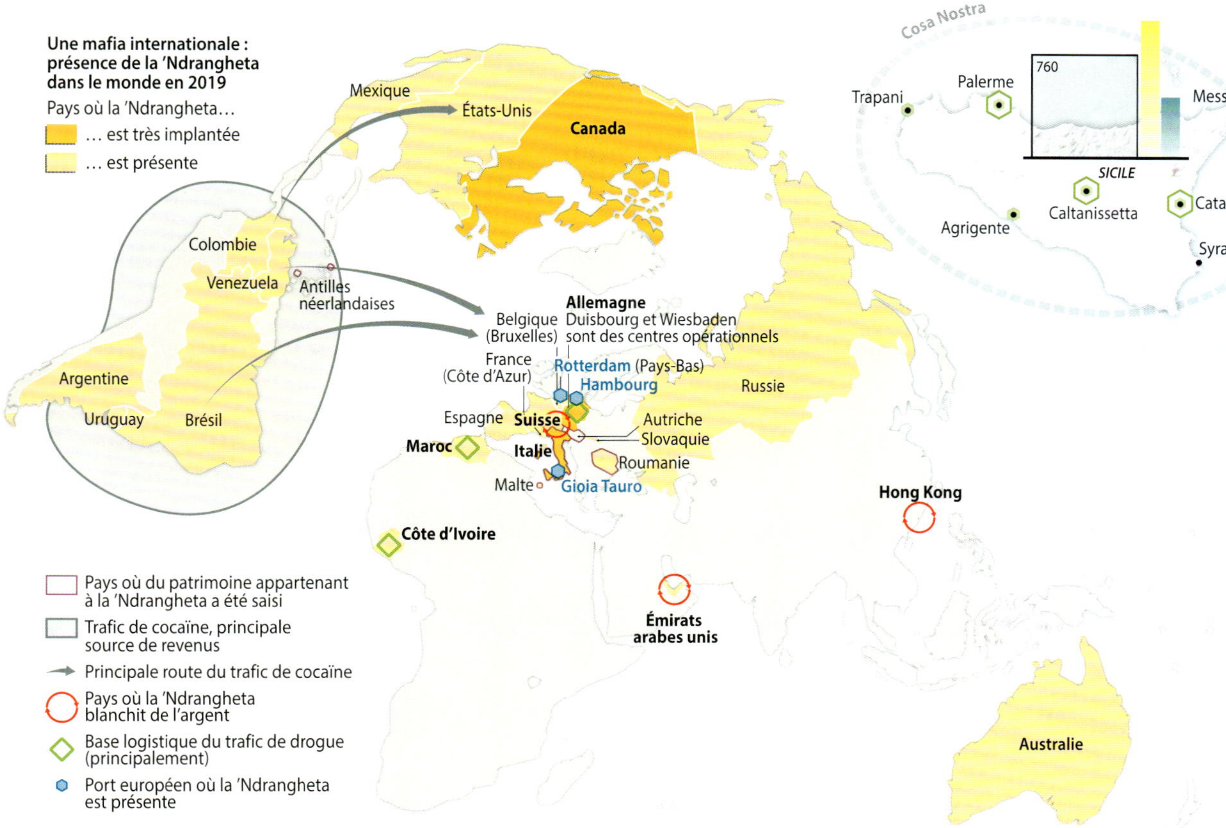

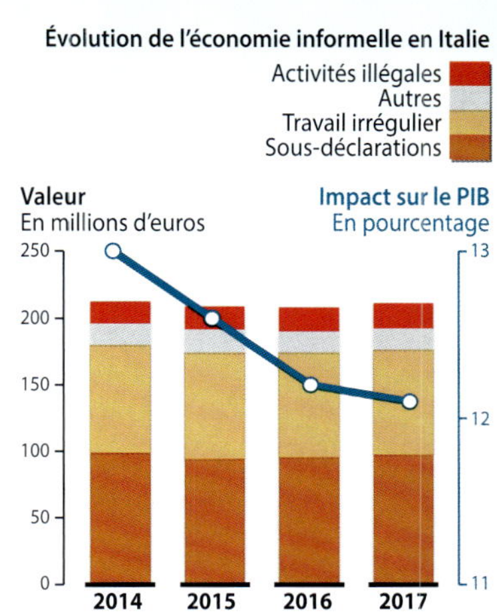

Les Pays-Bas : plate-forme logistique de l'Europe

Le port de Rotterdam est la principale porte d'entrée de l'Europe pour les marchandises venues d'Asie, notamment de Chine. Les deux tiers sont ensuite réexportés. La crise due à la pandémie de Covid-19 a causé une importante baisse d'activité du trafic intercontinental de conteneurs. Cette fragilité démontre à quel point les Pays-Bas se sont imposés comme l'interface commerciale entre l'Europe et le monde.

REPÈRES

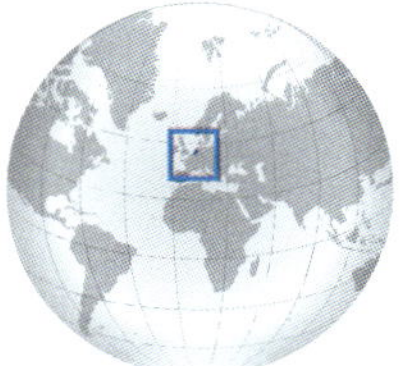

NOM OFFICIEL
Royaume des Pays-Bas

CHEF DE L'ÉTAT
Willem-Alexander (roi depuis 2013)

CHEF DU GOUVERNEMENT
Mark Rutte (Premier ministre depuis 2010)

SUPERFICIE
41 543 km² (135e rang mondial)

LANGUE OFFICIELLE
Néerlandais

CAPITALE
Amsterdam

POPULATION EST. 2019
17,09 millions d'habitants

DENSITÉ
411 hab./km²

MONNAIE
Euro

HISTOIRE
Successivement sous contrôle des couronnes germanique, bourguignonne et espagnole, les Pays-Bas sont l'héritier de la République des Sept Provinces-Unies, indépendante en 1579. Ils intègrent brièvement l'Empire napoléonien avant d'acquérir leur pleine souveraineté sous forme de royaume en 1839

PIB PAR HABITANT EN 2019 (EN PARITÉ DE POUVOIR D'ACHAT)
59 469 dollars internationaux courants

INDICE DE DÉVELOPPEMENT HUMAIN (2019)
0,944 (8e rang)

Les Pays-Bas ont fait du commerce extérieur leur grand atout. En 2018, la balance commerciale du pays présentait un excédent de 97,5 milliards d'euros, soit 11 % du PIB. S'ils exportent beaucoup de marchandises (185 milliards d'euros en 2018), ils en importent aussi énormément (195 milliards d'euros). Cependant, ces achats ne sont pas seulement destinés à la consommation intérieure puisque environ 50 % de ces marchandises sont réexportées. Le transbordement est donc un élément essentiel de la structure économique du pays et s'appuie sur une logistique des plus performantes.

VECTEUR DE PUISSANCE

Le port de Rotterdam est le premier européen et le onzième au niveau mondial en volume (14,51 millions d'équivalents vingt pieds ou EVP en 2018). S'il a réussi à maintenir sa place en dépit de la concurrence des autres ports européens (Anvers en Belgique ou Hambourg en Allemagne), c'est grâce à sa capacité à s'adapter au gré des différentes vagues de mondialisation. Ainsi, au large du port d'origine, plusieurs polders (terres artificielles gagnées sur l'eau) ont été construits successivement, créant un port en eaux profondes capable d'accueillir les plus grands porte-conteneurs. Outre cette plate-forme logistique de premier ordre, les Pays-Bas possèdent également un *hub* aéroportuaire majeur : Amsterdam-Schiphol est le troisième aéroport européen pour le trafic de fret (1,7 million de tonnes de marchandises en 2018) et connaît une croissance importante du fret ces dernières années (+2,6 % en 2016), notamment en provenance d'Asie. En complément de ces deux interfaces logistiques, le royaume dispose de réseaux autoroutiers, ferroviaires et fluviaux de qualité servant à envoyer les marchandises reçues à Rotterdam et à Schiphol vers l'Europe. La majeure partie de l'industrie néerlandaise est liée au transbordement. Les matières premières et les marchandises acheminées jusque dans les *hubs* logistiques du pays sont ensuite soit réexportées directement, soit transformées avant d'être réexpédiées. Ainsi, les grandes industries néerlandaises (chimiques, agroalimentaires, technologiques, etc.) se sont installées au plus proche des plates-formes logistiques : le port de Rotterdam abrite notamment la plus grande zone industrialo-portuaire d'Europe. Outre les entreprises nationales, les Pays-Bas attirent également de nombreuses multinationales étrangères qui profitent de la situation géographique stratégique du pays et de la qualité des infrastructures pour atteindre le marché européen, fort de plus de 500 millions de personnes.

UNE LOCALISATION STRATÉGIQUE

La position privilégiée des Pays-Bas sur le continent est indissociable du fait qu'ils sont nichés au cœur de la mégalopole européenne. Centrée sur l'Europe rhénane, cette zone est le poumon économique de l'Union. Les Pays-Bas y sont reliés par leur réseau fluvial qui se poursuit chez ses voisins belges et allemands (Rhin, Meuse, Escaut, etc.). Le littoral du pays, la Northern Range, est de plus situé sur la principale interface maritime de l'Europe (et la deuxième mondiale). Entre Le Havre et Hambourg, cette côte regroupe les principaux ports européens. Cette position centrale est d'autant plus cruciale que les voisins des Néerlandais constituent aussi leurs grands clients (dans l'ordre l'Allemagne, le Royaume-Uni et la Belgique).

Depuis le Moyen Âge, la région qui deviendra les Pays-Bas est un territoire prospère lié au commerce hanséatique. Les persécutions dans le reste du continent poussent de nombreux protestants et juifs à s'installer dans un État réputé pour sa tolérance religieuse. Le développement économique attire également des marchands venus de toute l'Europe. À partir du XVIIe siècle, grâce à une marine puissante et à des compagnies marchandes devenues des multinationales, le royaume conquiert un immense empire colonial. Les Néerlandais ont alors la main sur une grande partie du commerce international et organisent la naissance d'un véritable capitalisme moderne qui permettra l'enrichissement du pays. Ils sont également à l'origine de l'une des premières phases de la mondialisation, se plaçant déjà comme la plate-forme logistique la plus importante de l'Europe pour le commerce colonial. Malgré un déclin progressif au profit des autres puissances européennes, les Pays-Bas ont su conserver leur position dans les échanges mondiaux jusqu'à nos jours. Conscientes de l'importance du système logistique de leur pays, les autorités ont, au cours des XIXe et XXe siècles, réalisé de grands travaux d'assainissement et d'amélioration des voies de communication sur un territoire pourtant marqué par les contraintes géographiques.

Par la nature de leur économie, les Pays-Bas sont liés à la globalisation et au commerce international. Leur sensibilité aux aléas et aux crises est donc forte. La crise sanitaire mondiale, qui a entraîné le ralentissement des échanges, le démontre. •

M. Brun, J. Denieulle et S. Guez

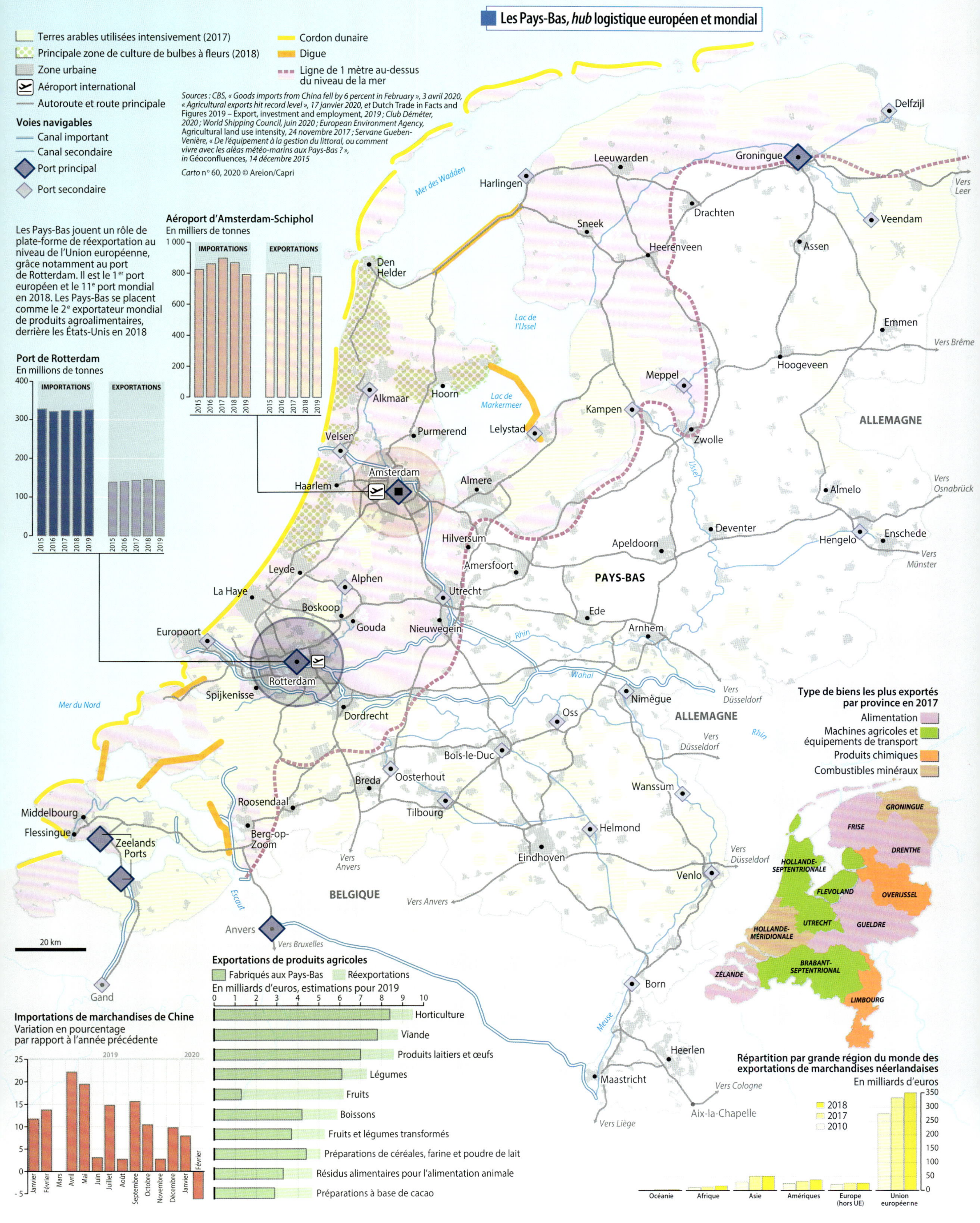
Les Pays-Bas, *hub* logistique européen et mondial
Terres arables utilisées intensivement (2017)
Principale zone de culture de bulbes à fleurs (2018)
Zone urbaine
Aéroport international
Autoroute et route principale
Voies navigables
Canal important
Canal secondaire
Port principal
Port secondaire
Cordon dunaire
Digue
Ligne de 1 mètre au-dessus du niveau de la mer
Sources : CBS, « Goods imports from China fell by 6 percent in February », 3 avril 2020, « Agricultural exports hit record level », 17 janvier 2020, et Dutch Trade in Facts and Figures 2019 – Export, investment and employment, 2019 ; Club Déméter, 2020 ; World Shipping Council, juin 2020 ; European Environment Agency, Agricultural land use intensity, 24 novembre 2017 ; Servane Gueben-Venière, « De l'équipement à la gestion du littoral, ou comment vivre avec les aléas météo-marins aux Pays-Bas ? », in Géoconfluences, 14 décembre 2015
Carto n° 60, 2020 © Areion/Capri
Les Pays-Bas jouent un rôle de plate-forme de réexportation au niveau de l'Union européenne, grâce notamment au port de Rotterdam. Il est le 1er port européen et le 11e port mondial en 2018. Les Pays-Bas se placent comme le 2e exportateur mondial de produits agroalimentaires, derrière les États-Unis en 2018
Aéroport d'Amsterdam-Schiphol
En milliers de tonnes
IMPORTATIONS
EXPORTATIONS
1 000
800
600
400
200
0
2015 2016 2017 2018 2019
Port de Rotterdam
En millions de tonnes
IMPORTATIONS
EXPORTATIONS
400
300
200
100
0
2015 2016 2017 2018 2019
Mer des Wadden
Mer du Nord
Lac de l'IJssel
Lac de Markermeer
Delfzijl
Groningue
Leeuwarden
Harlingen
Drachten
Sneek
Heerenveen
Assen
Veendam
Vers Leer
Den Helder
Emmen
Vers Brême
Meppel
Hoogeveen
Alkmaar
Hoorn
Kampen
Zwolle
Purmerend
Lelystad
Velsen
Amsterdam
Almere
Haarlem
IJssel
Almelo
Vers Osnabrück
Deventer
Hengelo
Enschede
Vers Münster
Hilversum
Apeldoorn
Amersfoort
PAYS-BAS
ALLEMAGNE
Leyde
Alphen
La Haye
Utrecht
Boskoop
Gouda
Nieuwegein
Ede
Arnhem
Europoort
Rhin
Rotterdam
Wahal
Spijkenisse
Dordrecht
Nimègue
Vers Düsseldorf
Oss
Bois-le-Duc
Breda
Oosterhout
Wanssum
Roosendaal
Tilbourg
Middelbourg
Flessingue
Zeelands Ports
Berg-op-Zoom
Helmond
Eindhoven
Vers Anvers
Venlo
BELGIQUE
Escaut
Anvers
Vers Bruxelles
Gand
20 km
Born
Meuse
Heerlen
Maastricht
Vers Cologne
Vers Liège
Aix-la-Chapelle
Type de biens les plus exportés par province en 2017
Alimentation
Machines agricoles et équipements de transport
Produits chimiques
Combustibles minéraux
GRONINGUE
FRISE
DRENTHE
HOLLANDE-SEPTENTRIONALE
FLEVOLAND
OVERIJSSEL
UTRECHT
GUELDRE
HOLLANDE-MÉRIDIONALE
ZÉLANDE
BRABANT-SEPTENTRIONAL
LIMBOURG
Exportations de produits agricoles
Fabriqués aux Pays-Bas
Réexportations
En milliards d'euros, estimations pour 2019
0 1 2 3 4 5 6 7 8 9 10
Horticulture
Viande
Produits laitiers et œufs
Légumes
Fruits
Boissons
Fruits et légumes transformés
Préparations de céréales, farine et poudre de lait
Résidus alimentaires pour l'alimentation animale
Préparations à base de cacao
Importations de marchandises de Chine
Variation en pourcentage par rapport à l'année précédente
2019
2020
25
20
15
10
5
0
-5
Janvier Février Mars Avril Mai Juin Juillet Août Septembre Octobre Novembre Décembre Janvier Février
Répartition par grande région du monde des exportations de marchandises néerlandaises
En milliards d'euros
2018
2017
2010
350
300
250
200
150
100
50
0
Océanie
Afrique
Asie
Amériques
Europe (hors UE)
Union européenne

L'Allemagne, une grande puissance diplomatique ?

Si, au niveau des relations internationales, l'Allemagne apparaît comme une puissance en retrait depuis la fin de la Seconde Guerre mondiale, moins active que la France par exemple, la montée des tensions entre les États-Unis et la Chine et la multiplication des crises géopolitiques changent la donne. Économiquement prospère mais politiquement modeste, Berlin s'engage avec retenue à prendre plus de responsabilités dans les affaires du monde (1).

Le démantèlement du IIIe Reich (1933-1945) à l'issue de la Seconde Guerre mondiale a marqué le développement de l'Allemagne occidentale durant des décennies. Avec une souveraineté restreinte par les forces alliées, une réticence à jouer un rôle militaire après la puissance destructrice nazie, un territoire devenu lieu de tension de la guerre froide (blocus de Berlin en 1948-1949, construction du mur en 1961), la République fédérale d'Allemagne (RFA), créée en 1949, oriente sa politique étrangère vers le développement économique et commercial, dans le cadre d'une intégration européenne et transatlantique.

UNE RÉPUTATION INDUSTRIELLE

La reconstruction économique de l'Allemagne a pu s'appuyer sur un socle industriel développé depuis la fin du XIXe siècle. Le « miracle allemand » durant les Trente Glorieuses tient à une bonne utilisation du plan Marshall (1,39 milliard de dollars attribués à la RFA de 1947 à 1952), à un bon réseau de communication maillant le territoire (autoroutes, voies ferrées et navigables) et à une spécialisation forte sur quelques secteurs, comme la construction automobile (Volkswagen, BMW, Daimler, Opel), l'électrotechnique ou l'industrie chimique. Depuis les années 1970, ce pays est devenu une véritable puissance commerciale considérée comme le cœur industriel de l'Europe et réputée pour ses produits haut de gamme et son investissement dans l'innovation.

Le rôle central de l'Allemagne dès le début de la construction européenne et sa participation à toutes les politiques intégrationnistes ont permis de sécuriser les marchés européens aux producteurs industriels allemands. Elle est ainsi devenue le troisième exportateur de biens au monde avec 8 % de parts de marché en 2018, derrière la Chine (12,8 %) et les États-Unis (8,5 %), devant la France (3 %). C'est également le troisième importateur (6,5 %), après les États-Unis (13,2 %) et la Chine (10,8 %). Ce leadership économique place l'Allemagne en position de force au sein de l'Union européenne (UE) pour mettre en relief ses valeurs d'orthodoxie économique et budgétaire. Berlin a toujours favorisé le renforcement du cadre réglementaire européen et a imposé, en échange de l'abandon du deutsche mark pour l'euro, des critères stricts sur l'endettement et le montant de la dette publique sous peine de sanctions, tout en refusant la mutualisation de la dette et en exigeant des États défaillants une discipline budgétaire renforcée par la mise en place de politiques d'austérité.

GÉANT ÉCONOMIQUE, NAIN POLITIQUE ET DIPLOMATIQUE ?

L'Allemagne s'est longtemps peu préoccupée des questions de *hard power* en s'appuyant sur la protection des États-Unis et de l'OTAN, se matérialisant par la présence sur son territoire de 21 bases américaines, dont certaines sont parmi les plus importantes en Europe (Ramstein, Bad Aibling). Cette alliance s'est notamment exprimée par une intervention modeste au sein des coalitions au Kosovo (1998) et en Afghanistan (2001). Elle s'est depuis détériorée, Berlin refusant de prendre part aux opérations en Irak (2003) et en Libye (2011). Ces dernières années, les liens germano-américains se sont distandus : Donald Trump (2017-2021) avait annoncé le retrait de 12 000 des quelque 35 000 soldats américains stationnés en Allemagne, avant que Joe Biden ne le gèle ; retrait américain en 2018 de l'accord sur le nucléaire iranien défendu par l'UE, désapprobation américaine sur le projet de gazoduc Nord Stream 2 entre l'Allemagne et la Russie. Cette situation géopolitique, ainsi que la guerre commerciale américano-chinoise et l'attaque des politiques commerciales menée par les États-Unis contre les États alliés, dont l'Allemagne, font craindre aux Allemands un monde plus dangereux. Ils sont également préoccupés, en raison des conséquences de la situation sanitaire liée à la Covid-19, par la hausse du coût de la vie et par le fait de devoir payer pour les membres de l'UE surendettés.

Les crises de 2008-2009 et 2020 révèlent les vulnérabilités d'une économie allemande dépendante de ses exportations et donc de la situation économique et géopolitique internationale. S'il est encore difficile de mesurer l'ampleur de la crise actuelle, l'Allemagne cherche à maintenir un cadre multilatéral et libre-échangiste et s'implique davantage pour limiter les perturbations internationales. Dans le contexte du Brexit, de la montée des populismes, y compris en son sein avec le développement de l'extrême droite, et de dégradation de la situation dans des pays proches (Ukraine, Turquie), il semble que l'Allemagne n'ait d'autres choix que de renforcer sa politique extérieure et de s'engager davantage diplomatiquement et militairement, à la mesure de sa puissance civile et commerciale. Alors qu'elle a assumé la présidence du Conseil de l'UE (juillet-décembre 2020), c'est pourtant le manque d'ambition allemande dans ce domaine qui irrite ses partenaires. ●

T. Courcelle

NOTE

(1) Barbara Kunz, Stephan Martens et Hans Stark (dir.), *L'Allemagne sur la scène internationale*, Presses universitaires du Septentrion, 2017 ; Hans Stark, « 30 ans de politique étrangère allemande. Entre volonté de continuité et tiraillement inévitable », in *Allemagne d'aujourd'hui*, n° 232, avril-juin 2020, p. 177-191.

L'Allemagne sur la scène internationale

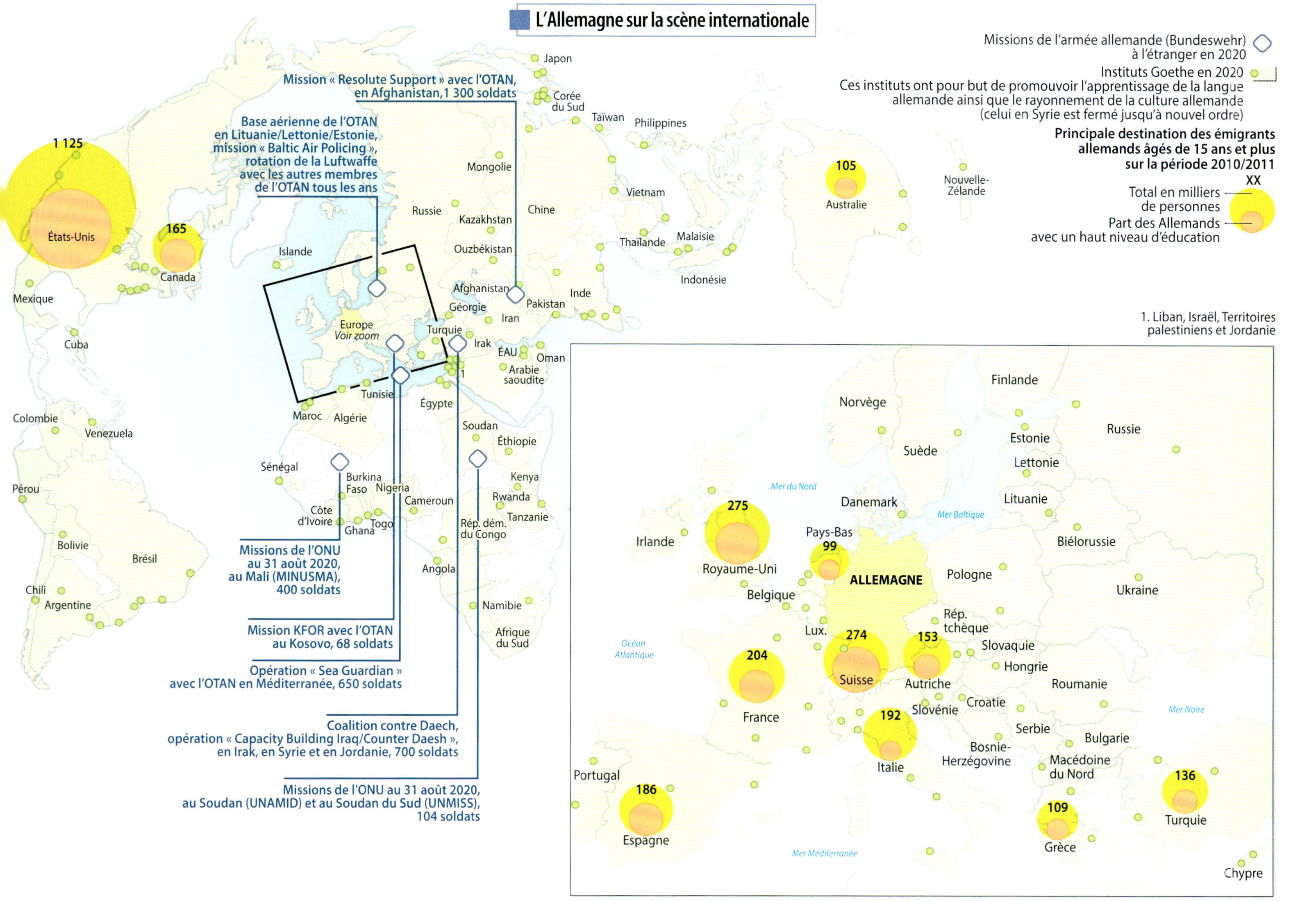

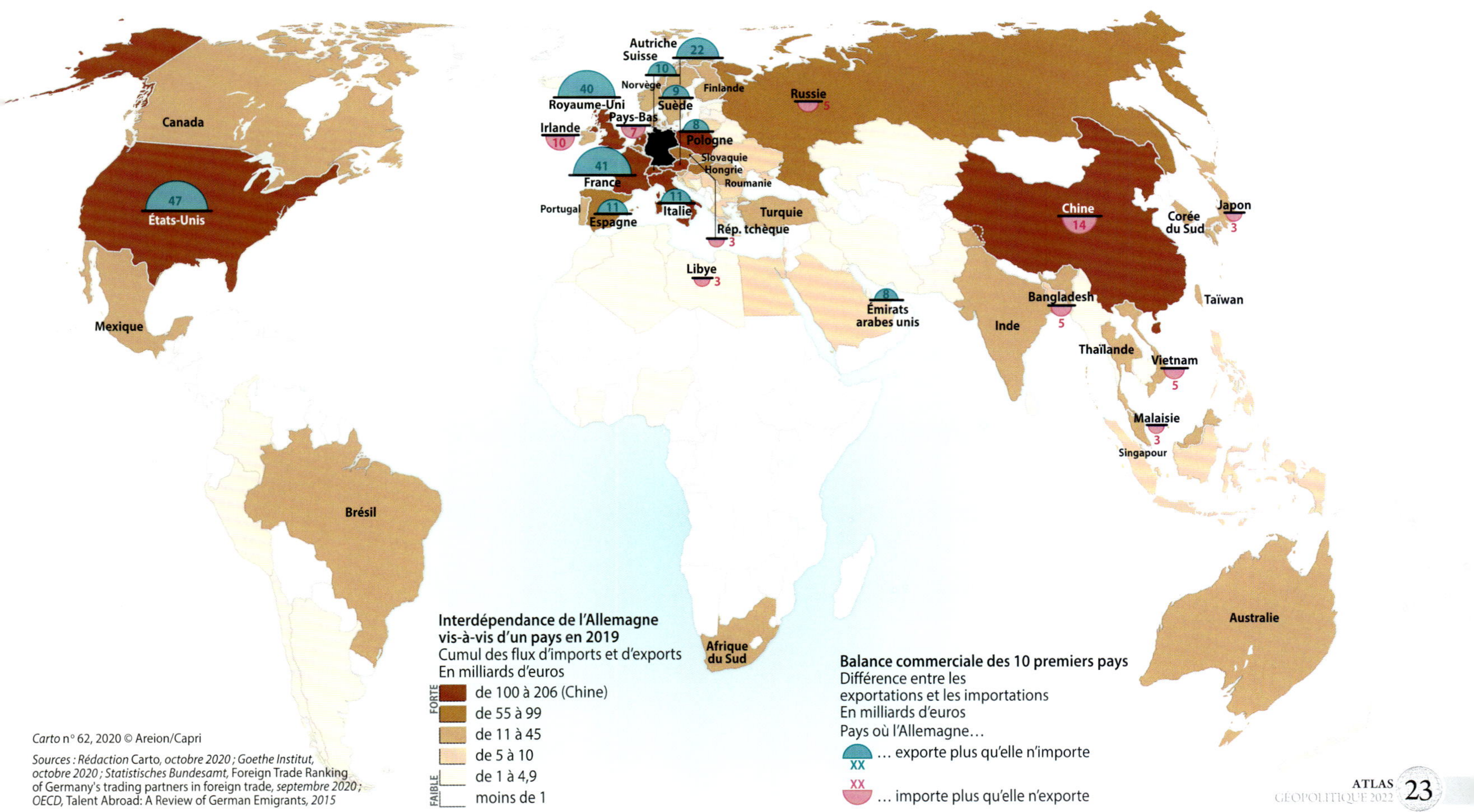

Carto n° 62, 2020 © Areion/Capri

Sources : Rédaction Carto, octobre 2020 ; Goethe Institut, octobre 2020 ; Statistisches Bundesamt, Foreign Trade Ranking of Germany's trading partners in foreign trade, *septembre 2020 ; OECD,* Talent Abroad: A Review of German Emigrants, *2015*

Serbie et Kosovo, proches et si éloignés

En février 2008, l'ancienne province autonome serbe du Kosovo a proclamé unilatéralement son indépendance. Plus de dix ans après, celle-ci n'est toujours pas reconnue par la moitié des États membres de l'ONU, et les négociations d'adhésion de la Serbie à l'Union européenne (UE), commencées en 2012, sont en partie conditionnées à la résolution du différend avec Pristina. Le dialogue entre les deux pays reste bloqué.

REPÈRES

NOM OFFICIEL
République du Kosovo

CHEF DE L'ÉTAT
Vjosa Osmani (présidente depuis 2020)

SUPERFICIE
10 887 km²
(168e rang mondial)

LANGUES OFFICIELLES
Albanais et serbe

CAPITALE
Pristina

POPULATION EST. 2019
1,92 million d'habitants

DENSITÉ
176 hab./km²

MONNAIE
Euro

HISTOIRE
La Serbie et le Kosovo sont liés par une longue histoire commune, depuis le XIIe siècle, quand le second devient un centre spirituel de l'Église orthodoxe. Les Ottomans occupent le territoire de 1389 jusqu'à la fin du XIXe siècle, et l'éclatement de la première guerre balkanique de 1912. Le Kosovo intègre alors le royaume de Serbie puis la Yougoslavie, et déclare son indépendance en 2008

PIB PAR HABITANT EN 2019 (EN PARITÉ DE POUVOIR D'ACHAT)
11 906 dollars internationaux courants

L'indépendance du Monténégro vis-à-vis de ce qui était la Yougoslavie (jusqu'en 2003) puis la Communauté d'États de Serbie-et-Monténégro, proclamée en juin 2006 à la suite d'un référendum d'autodétermination (remporté à 55,4 %), a été internationalement reconnue, y compris par la Serbie. Pour le Kosovo, Belgrade reste opposé à toute souveraineté. Cette différence de traitement tient pour partie au statut qu'avaient ces deux territoires au sein de la Yougoslavie. Si le Monténégro était une république de la fédération au même titre que la Serbie, le Kosovo était un territoire autonome au sein de celle-ci. Pour de nombreux États, reconnaître alors l'indépendance du Kosovo éveille la crainte d'ouvrir une boîte de pandore à toutes les revendications d'indépendance de territoires en leur sein. Par ailleurs, pour la Serbie, le Kosovo ne saurait lui être arraché tant la symbolique est forte.

DES RACINES FORTES

Depuis des siècles, le Kosovo est peuplé d'Albanais et de Serbes, deux peuples qui diffèrent par la langue (non slave avec alphabet latin pour les premiers, slave en cyrillique pour les seconds) et par la religion (musulmans sunnites, chrétiens orthodoxes). Même s'il est peuplé d'Albanais à 91 % (recensement de 2011) – la minorité serbe n'a cessé de baisser, passant de 23,5 % en 1961 à 13,2 % en 1981 et 3,4 % en 2011 –, le Kosovo représente pour les Serbes le berceau historique de leur nation. Conquis au XIIe siècle aux dépens de Byzance, il devient aux XIIIe et XIVe siècles le cœur de l'État serbe et se couvre de monastères. Il est en 1389 le lieu d'affrontement entre Turcs et Serbes lors de la bataille du « champ des merles », remportée par l'Empire ottoman. La reconquête du Kosovo prend alors toute son importance dans la dialectique nationaliste serbe, notamment à partir du XIXe siècle, jusqu'à son intégration à la Serbie lors de la seconde guerre balkanique de 1913. Il a ensuite fait partie des Yougoslavie successives, sauf lorsque les forces de l'Axe l'ont, durant la Seconde Guerre mondiale, incorporé à une « Grande Albanie ». Et vient la guerre de 1998-1999 avec la tentative yougoslave de démanteler l'Armée de libération du Kosovo (UCK) et l'intervention de l'OTAN, qui se sont soldées par plus de 13 500 victimes albanaises et serbes, essentiellement civiles.

Depuis l'obtention du statut de candidat à l'adhésion à l'UE en 2012, les liens économiques entre la Serbie et Bruxelles se sont resserrés. Les exportations serbes vers l'Union ont triplé entre 2007 et 2019 pour atteindre 11,7 milliards d'euros, tandis que les importations depuis l'UE ont doublé et représentent 13,9 milliards. L'UE est destinataire de 66,7 % des exportations serbes, avec comme principaux clients l'Allemagne et l'Italie (automobile, pièces usinées…), et fournit 58,2 % des produits importés. Les autres membres de l'Accord de libre échange centre-européen (CEFTA en anglais : Albanie, Bosnie-Herzégovine, Macédoine du Nord, Moldavie, Monténégro, Kosovo) restent des partenaires commerciaux importants pour la Serbie (16,9 % de ses débouchés). De même, si le Kosovo reste dépendant de l'UE, sa voisine serbe atteint 12,8 % de ses exportations et 14,8 % de ses importations en 2016. Mais la décision kosovare – en représailles à l'activisme diplomatique serbe pour empêcher la reconnaissance de l'indépendance – d'augmenter en 2017 les tarifs douaniers de 100 % sur les produits en provenance de Serbie et de Bosnie-Herzégovine a fait chuter les échanges.

L'ÉCHANGE DE TERRITOIRES, UNE SOLUTION VIABLE ?

L'un des principaux points de tension concerne les territoires du nord du Kosovo, majoritairement peuplés de Serbes refusant la tutelle de Pristina. L'idée d'une redéfinition des frontières par l'échange de terres entre le nord du Kosovo et la vallée du Presevo, dans le sud de la Serbie, a été discutée en 2018 entre présidents serbe et kosovar. Cette solution est difficile à mettre en pratique, car peu populaire auprès des opinions publiques et loin de faire l'unanimité au sein de l'UE en raison de l'effet boule de neige qu'elle pourrait provoquer.

Au Kosovo, les nationalistes comme les partisans d'une cohabitation paisible entre les deux communautés refusent cette option. Avec un taux de chômage supérieur à 30 %, la population est davantage préoccupée par la situation économique, la lutte contre la corruption et le clientélisme, dans un territoire connu pour être au cœur de différents trafics illicites en Europe (cigarettes, drogues, armes, organes…). De plus, la guerre de 1998-1999 n'est pas oubliée ; preuve en est l'inculpation, annoncée le 24 juin 2020, du président Hashim Thaçi (2016-2020) pour crimes contre l'humanité pendant et après le conflit. L'effet a été immédiat : le report du sommet avec la Serbie prévu trois jours plus tard sous l'égide des États-Unis. Tenu en septembre, deux mois après celui organisé par l'UE, il n'apporta aucun débouché. •

T. Courcelle

République fédérale socialiste de Yougoslavie (1945-1991)

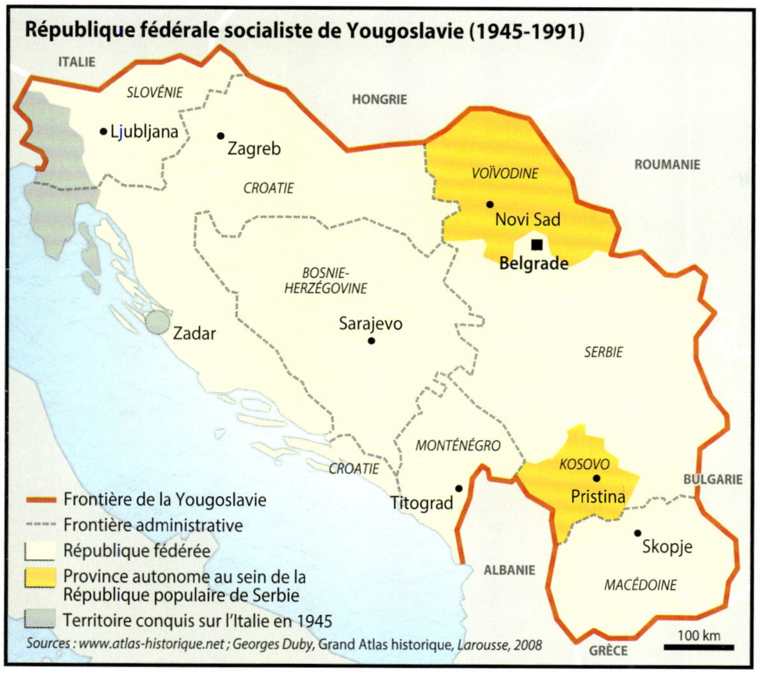

Sources : www.atlas-historique.net ; Georges Duby, Grand Atlas historique, *Larousse, 2008*

Le Kosovo, dernier acte de la dislocation yougoslave

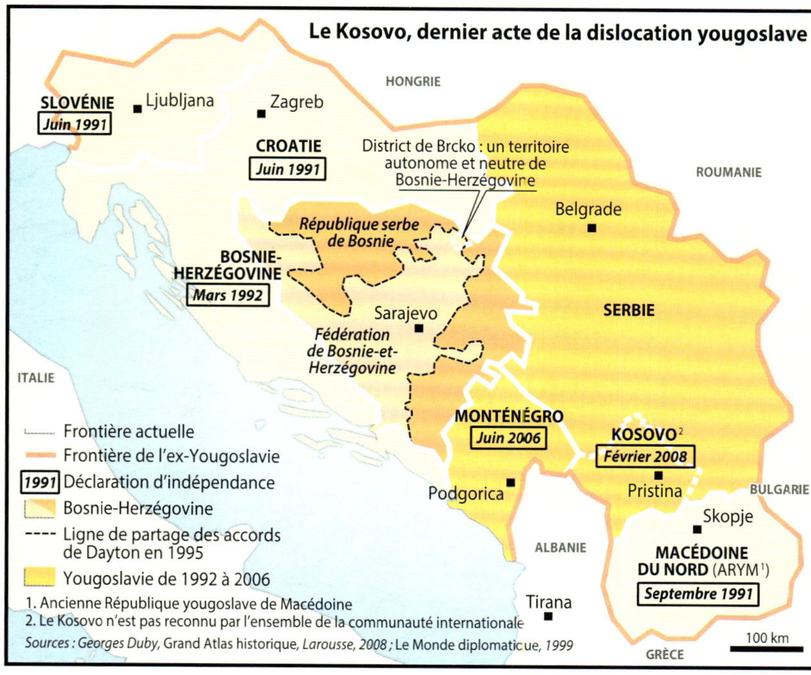

1. Ancienne République yougoslave de Macédoine
2. Le Kosovo n'est pas reconnu par l'ensemble de la communauté internationale

Sources : Georges Duby, Grand Atlas historique, *Larousse, 2008 ; Le Monde diplomatique, 1999*

Territoires et populations au Kosovo « indépendant »

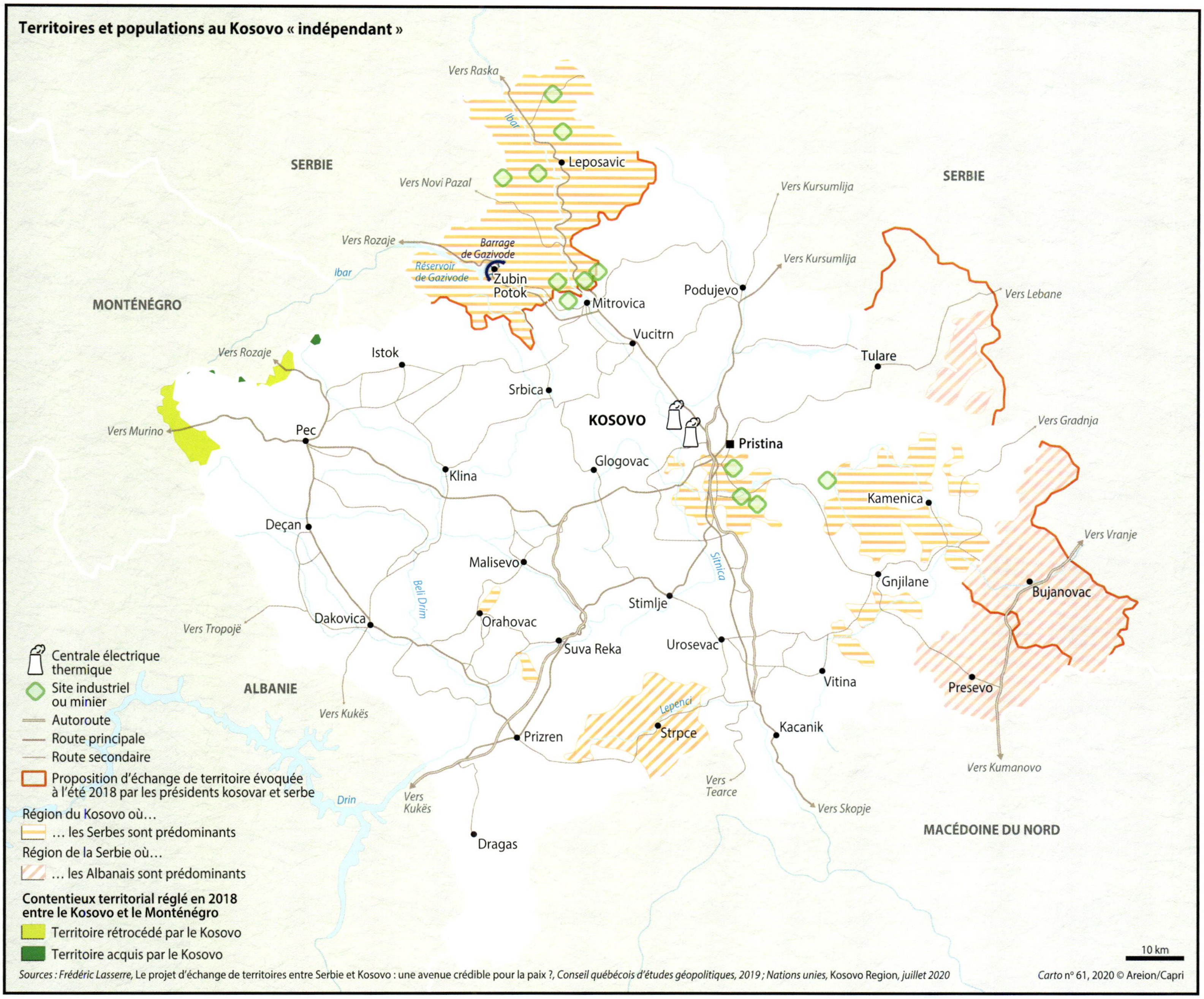

Sources : Frédéric Lasserre, Le projet d'échange de territoires entre Serbie et Kosovo : une avenue crédible pour la paix ?, *Conseil québécois d'études géopolitiques, 2019 ; Nations unies,* Kosovo Region, *juillet 2020*

Carto n° 61, 2020 © Areion/Capri

Chypre, otage de la mainmise turque

Le 18 octobre 2020, Ersin Tatar a été élu président de la République turque de Chypre du Nord (RTCN), territoire non reconnu par la communauté internationale depuis la division de l'île en 1974. Opposé à la réunification, l'homme est nationaliste et bénéficie du soutien de son homologue turc, Recep Tayyip Erdogan (depuis 2014), lui-même lancé dans une politique expansionniste en Méditerranée.

Déjouant les pronostics, Ersin Tatar a remporté 51,74 % des suffrages au second tour, face à son rival et président sortant, le social-démocrate Mustafa Akinci, qui entretenait des relations difficiles avec Recep Tayyip Erdogan. Si celui-ci était partisan d'une réunification de l'île sous la forme d'un État fédéral, Ersin Tatar préconise la création d'entités séparées. Chypre est divisée en deux, la partie nord étant occupée par l'armée turque depuis 1974, en réponse à un coup d'État visant à rattacher l'île à la Grèce des colonels (1967-1974). Ankara fait alors chasser quelque 200 000 Chypriotes grecs, remplacés par des Chypriotes turcs et des colons anatoliens. La RTCN naît officiellement en 1983, mais elle n'est reconnue que par la Turquie. L'île était déjà sous surveillance de l'ONU avec la création, en 1964, dans un contexte de tensions communautaires, d'une force de maintien de la paix (UNFICYP). Avec 1 012 hommes en octobre 2020, elle est déployée le long d'une zone tampon entre la RTCN et la République de Chypre, membre de l'Union européenne (UE) et hôte de deux bases militaires britanniques.

L'INGÉRENCE POLITIQUE DU PRÉSIDENT ERDOGAN

Distante de près de 90 kilomètres des côtes turques, la RTCN est dépendante de la Turquie, qui y exerce un contrôle quasi absolu sur les plans aussi bien politique et sécuritaire qu'économique. Ainsi, depuis 2015, un aqueduc sous-marin achemine de l'eau douce depuis le continent. De son côté, Recep Tayyip Erdogan s'est rendu sur l'île le 15 novembre 2020, en marge de l'anniversaire de la création de la RTCN, effectuant une visite à Varosha. Cette ancienne cité balnéaire, muée en ville fantôme après 1974 et située près de la ligne de cessez-le-feu, avait partiellement rouvert en octobre. Son sort était considéré comme une monnaie d'échange dans les négociations avec la partie sud sur une éventuelle réunification. Ankara entend relancer des pourparlers sur la base de deux États séparés, mais le maintien de troupes turques (environ 20 000 soldats, le chiffre exact restant secret) dans la partie nord bloque les discussions.

Pour la Turquie, le territoire chypriote est un enjeu géostratégique majeur dans le cadre de sa politique d'exploration des hydrocarbures en Méditerranée orientale, en dépit des protestations de la Grèce, de la République de Chypre et de l'UE. Les découvertes de gisements de gaz naturel ont à la fois provoqué une euphorie et exacerbé des problèmes géopolitiques existants. Chypre a par ailleurs délimité sa zone économique exclusive (ZEE) avec l'Égypte, Israël et le Liban sur la base de la Convention des Nations unies du droit de la mer de 1982. La signature, en janvier 2020, d'un accord interétatique entre Israël, Chypre et la Grèce, pour la construction du gazoduc sous-marin EastMed, fait partie des projets ambitieux de cette coopération. Nicosie a accordé des zones de forage et d'exploitation à différentes compagnies (ENI, Total, Kogas, Exxon, Qatar Petroleum).

LES DEUX CHYPRE FACE À DES DÉFIS ÉCONOMIQUES ET SOCIAUX

Si Chypre mise sur les ressources naturelles pour arriver à la réunification de l'île, elle doit composer avec le regain d'agressivité de la Turquie qui ne reconnaît pas le tracé de sa ZEE. L'envoi dans les eaux chypriotes de bateaux de prospection accompagnés de navires de guerre participe à une tactique d'encerclement et de pression qui a poussé Nicosie à se rapprocher de la France, perçue comme un allié de poids. Alors que la perspective d'un règlement s'éloigne, un espoir de paix réside dans l'activisme de la

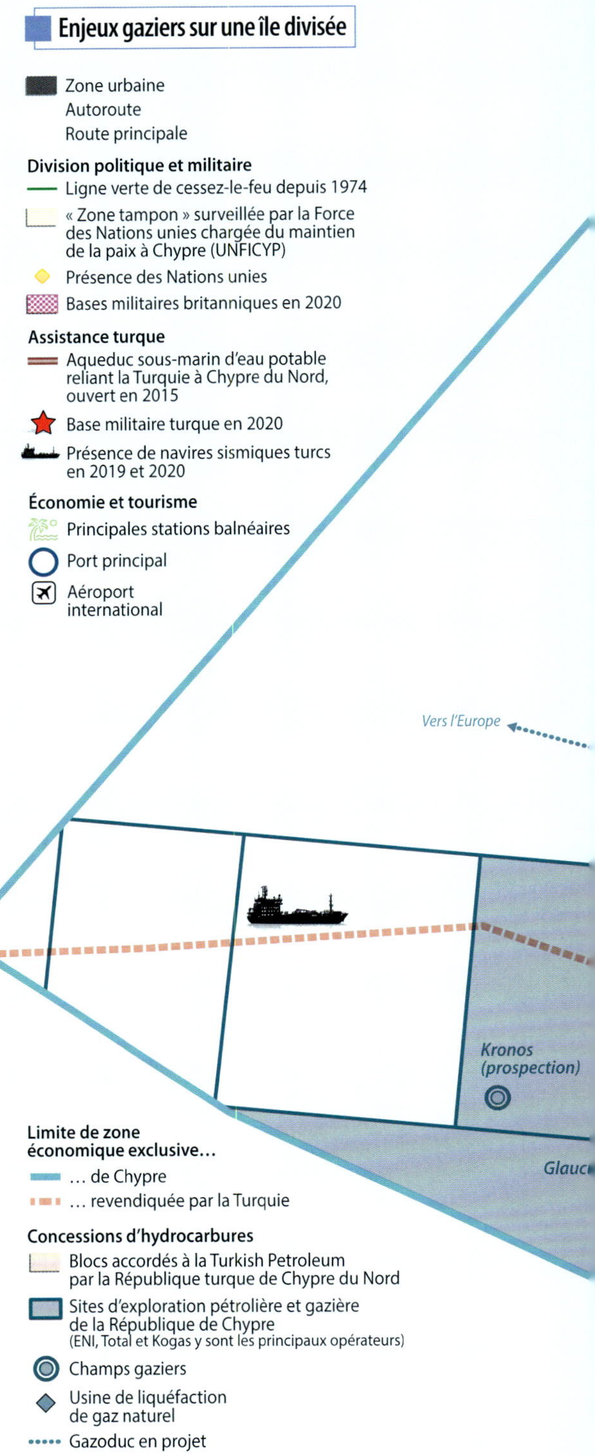

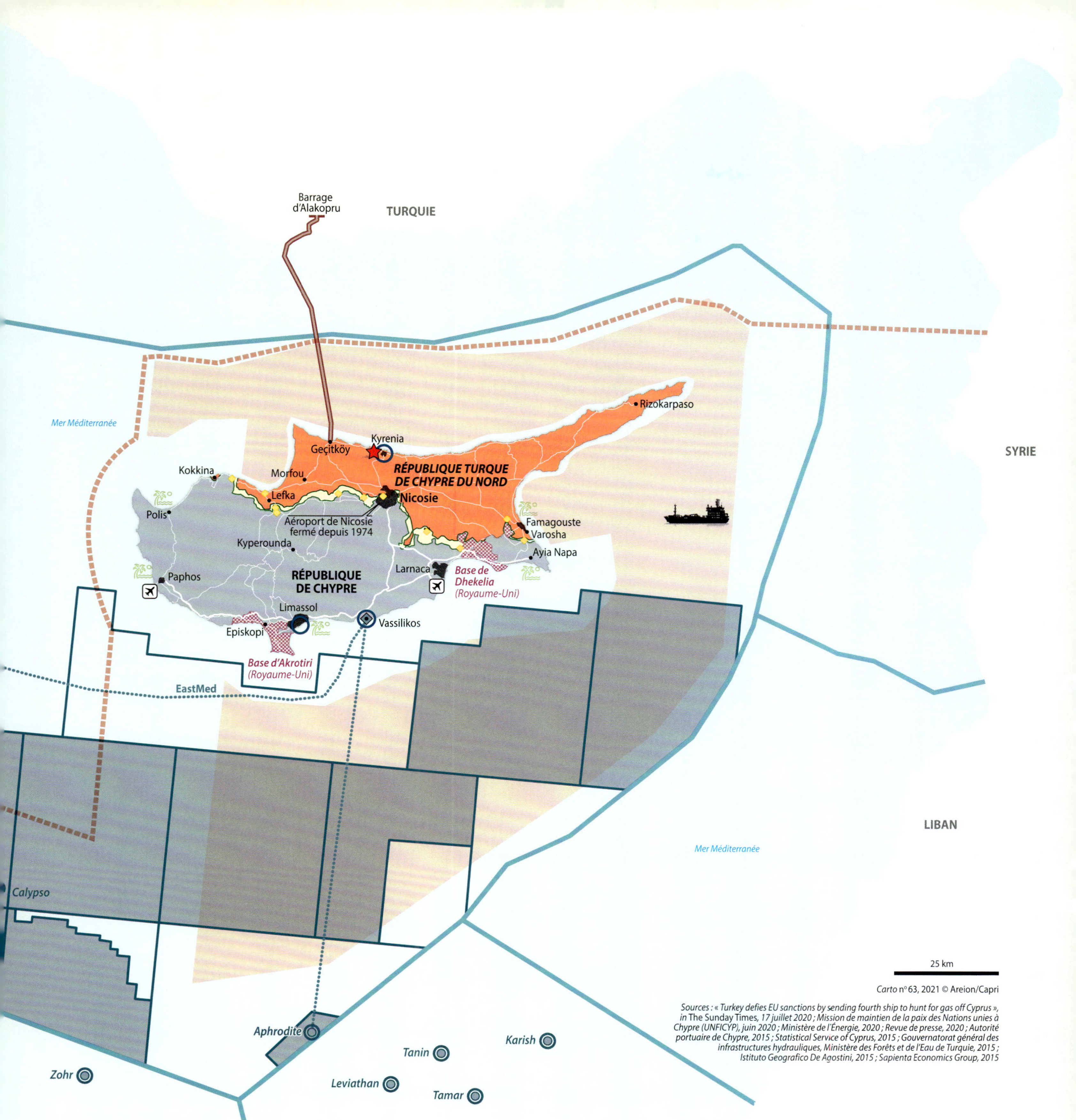

Carto n° 63, 2021 © Areion/Capri

Sources : « Turkey defies EU sanctions by sending fourth ship to hunt for gas off Cyprus », in The Sunday Times, *17 juillet 2020 ; Mission de maintien de la paix des Nations unies à Chypre (UNFICYP), juin 2020 ; Ministère de l'Énergie, 2020 ; Revue de presse, 2020 ; Autorité portuaire de Chypre, 2015 ; Statistical Service of Cyprus, 2015 ; Gouvernatorat général des infrastructures hydrauliques, Ministère des Forêts et de l'Eau de Turquie, 2015 ; Istituto Geografico De Agostini, 2015 ; Sapienta Economics Group, 2015*

société civile chypriote du Nord et l'opposition aux nationalistes pro-Erdogan, qui demandent l'arrêt de l'interventionnisme d'Ankara. Mais leur voix est difficilement audible, car les « autochtones » pèsent peu face aux colons anatoliens, deux fois plus nombreux.

La République de Chypre a été durement touchée par la crise sanitaire mondiale, près de 20 % de son PIB reposant sur le tourisme, et les prévisions sont inquiétantes. La situation n'est guère plus brillante en RTCN, dont l'économie souffre de l'effondrement du pouvoir d'achat en raison de la chute de la livre turque. Car elle est importatrice nette, l'essentiel des biens de première nécessité et de consommation provenant de l'étranger, tandis que les emprunts financiers, l'électroménager ou les loyers sont régulièrement comptabilisés en euros, en livres sterling ou en dollars. L'absence de souveraineté ne permet pas de freiner l'inflation. Les autorités parient sur le développement des jeux d'argent, un point commun avec les Chypriotes du Sud, doivent inaugurer en 2022 le plus grand casino d'Europe. ●

T. Yégavian

Grèce-Turquie : tensions

Les tensions entre la Turquie et la Grèce ont rythmé l'actualité géopolitique à l'été et à l'automne 2020. Si certains aspects de ces tensions font penser à un retour aux crispations des années 1990, la découverte de gaz en Méditerranée orientale et l'Union européenne (UE) changent la donne. Décryptage du passé conflictuel de ces deux États liés

La déliquescence de l'Empire ottoman depuis le XIXe siècle a petit à petit mis fin à la vie commune des populations qui sont devenues, au prisme des révolutions nationales, les Grecs et les Turcs. L'indépendance de la Grèce (1821) marque le début de ce processus, parachevé par la fondation de la République de Turquie et le traité de Lausanne (1923), qui entérine le départ de 1,3 million de Grecs orthodoxes et de 500 000 musulmans de leur foyer. De nos jours, des liens demeurent. Les minorités qui persistent de part et d'autre de la frontière, le patrimoine gastronomique commun, les centaines de Turcs qui achètent des propriétés grecques chaque année, les téléspectateurs grecs qui suivent les séries télévisées turques..., tout cela participe au maintien d'une certaine proximité. En Anatolie, l'héritage grec n'a pas bougé ; le patrimoine antique est l'un des piliers de l'industrie touristique turque, tout comme les vestiges byzantins.

DIFFÉRENDS HISTORIQUES

Mais ces liens ne sont pas suffisants pour empêcher les tensions de rythmer les relations des deux pays tout au long du XXe siècle, plantant les germes de la crise actuelle. L'un des principaux nœuds gordiens se situe à Chypre, ancienne colonie britannique (1878-1960). L'union à la Grèce est longtemps demeurée un objectif national pour la majorité orthodoxe de rite grec et Athènes, mais fortement rejeté par la minorité musulmane et Ankara. En 1974, après deux décennies d'une guerre civile larvée, des militaires soutenus par le régime des colonels (1967-1974) décrètent l'unification à la Grèce. La Turquie envahit alors le nord de l'île, y appuie la fondation d'une entité politique qu'elle est la seule à reconnaître et impose un échange de populations.

En 1996, c'est la question du partage des eaux territoriales qui menace de mener au conflit armé autour de l'îlot d'Imia (Kardak pour les Turcs). Les frontières maritimes entre les deux pays sont difficiles à appliquer du fait de la densité de l'archipel grec, et le potentiel alors hypothétique de ressources en hydrocarbures dans les fonds marins attise les convoitises. Athènes et Ankara entament pourtant un rapprochement inédit à l'été 1999, après l'émotion causée par une série de séismes. La Grèce soutient même la candidature de la Turquie à l'UE. Mais le processus d'adhésion s'enlise et, à partir du coup d'État manqué de juillet 2016, Ankara abandonne progressivement sa politique de rapprochement avec l'UE. Le conflit chypriote stagne lui aussi après les échecs de deux tentatives de réconciliation en 2004 et en 2017. En 2018, plus rien n'empêche la Turquie d'envoyer des bateaux d'exploration gazière dans les eaux réclamées par les deux parties de l'île, puis, à l'été 2020, d'étendre ses recherches aux eaux territoriales revendiquées par la Grèce, autour de Kastellorizo.

TENSIONS TURCO-EUROPÉENNES

Une crise familière donc, mais dans un environnement géostratégique qui a évolué entretemps. Alors que les rivalités gréco-turques étaient principalement confinées à un duel entre les deux membres de l'OTAN, la Grèce et Chypre ont progressivement noué une alliance avec l'Égypte et Israël, qui ont des relations tendues avec la Turquie. D'abord tournée autour du projet du pipeline EastMed, cette alliance s'est renforcée sur des questions de défense. Un acte fort a été l'exercice militaire conjoint « Medusa 10 », qui a pris fin le 6 décembre 2020. Pour la première fois, les Émirats arabes unis et la France, à couteaux tirés avec la Turquie sur plusieurs dossiers, y ont participé.

L'UE a plus de mal à trouver sa place, doutant sur le fait d'adopter des sanctions pour pousser la Turquie à une position moins agressive. Mais la marge de manœuvre est réduite par les intérêts divergents des Vingt-Sept et surtout à cause de l'accord migratoire, que l'UE veut préserver, quitte à renoncer à imposer des sanctions sur le dossier des hydrocarbures. La Turquie n'hésite pas à agiter la menace d'une ouverture des frontières. Avant le confinement du printemps 2020 pour endiguer l'épidémie de Covid-19, elle avait convoyé des milliers de demandeurs d'asile à la frontière grecque, dans un contexte où la Grèce doit gérer le mécontentement croissant des populations locales face aux flux migratoires. Paradoxalement, parmi les arrivants, il y a aussi des Turcs fuyant les purges contre les sympathisants des mouvements kurde et güleniste. • T. Chabre

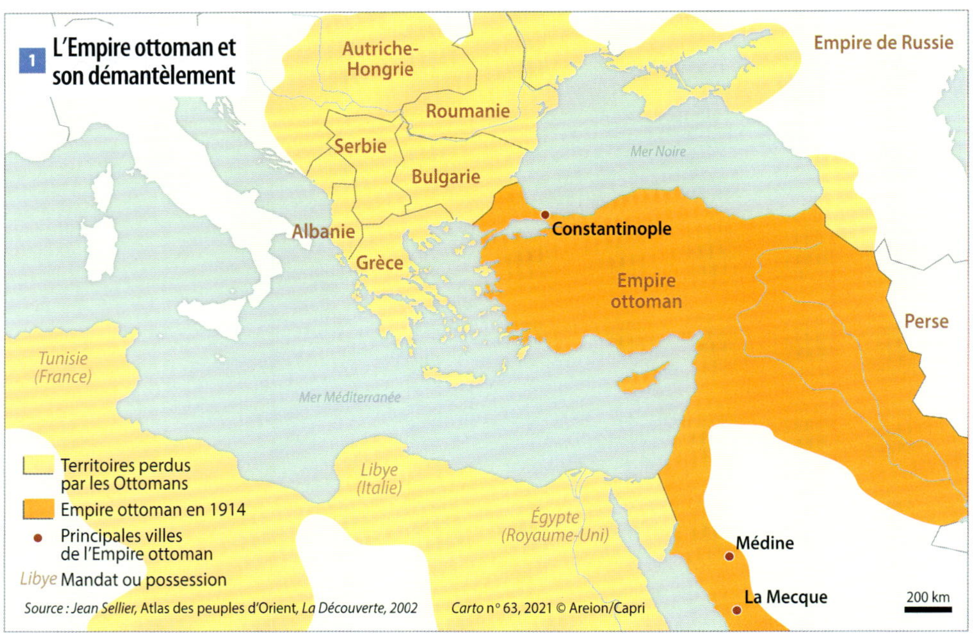

Source : Jean Sellier, Atlas des peuples d'Orient, La Découverte, 2002 — Carto n° 63, 2021 © Areion/Capri

géopolitiques en Méditerranée

2 La frontière maritime entre la Grèce et la Turquie

Sources : UNHCR, décembre 2020 ; Emergency Response Coordination Centre (ERCC), Greece: Migration crisis and Moria camp fires, septembre 2020 ; Université Harvard, The Atlas of Economic Complexity, décembre 2020 ; OpenStreetMap, décembre 2020 ; Delphine Papin, Francesca Fattori et Floriane Picard, « Lesbos, nœud migratoire européen », in Le Monde, 4 octobre 2019 ; Didier Ortolland et Jean-Pierre Pirat, Atlas géopolitique des espaces maritimes, Technip, 2010

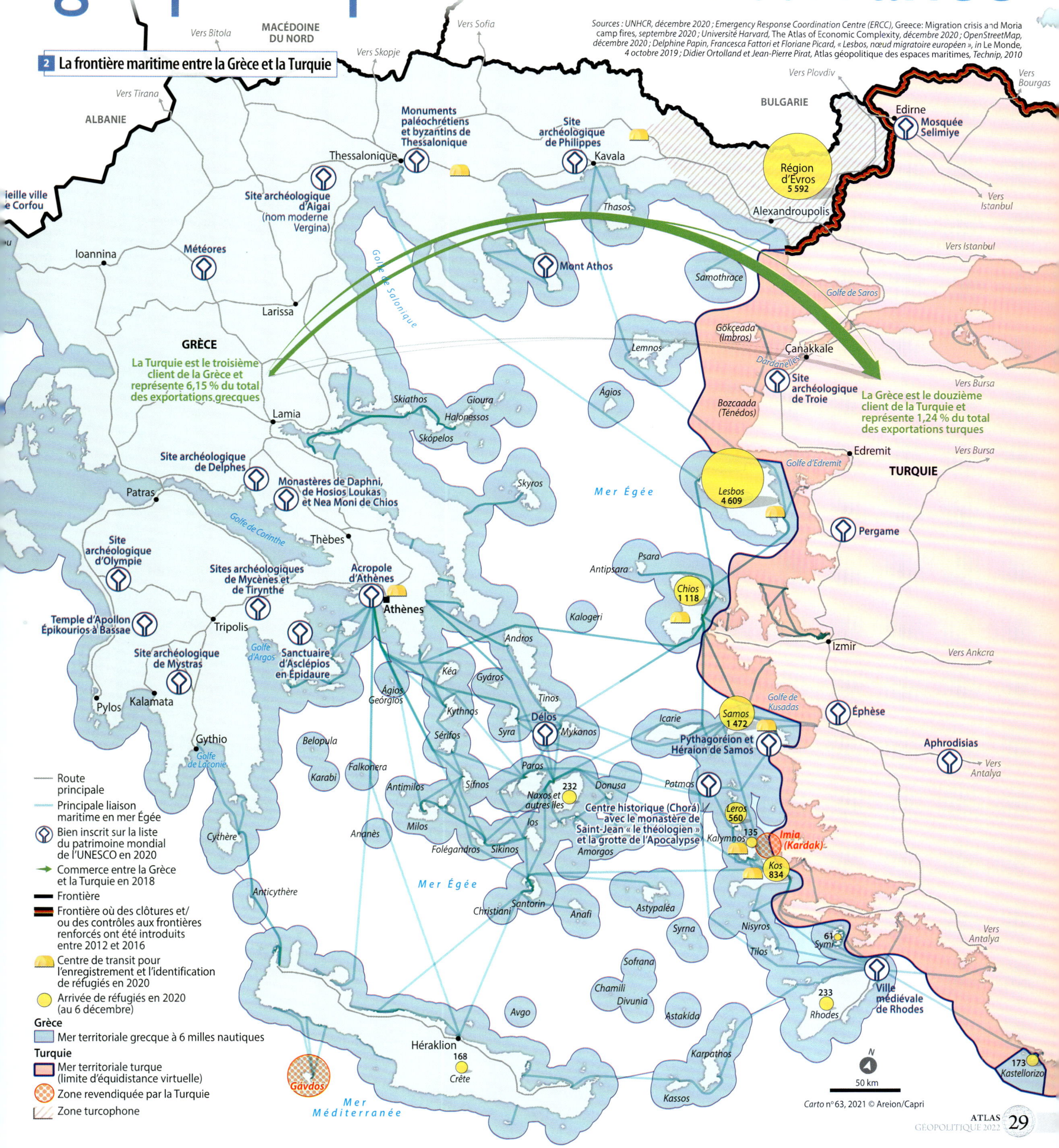

Carto n° 63, 2021 © Areion/Capri

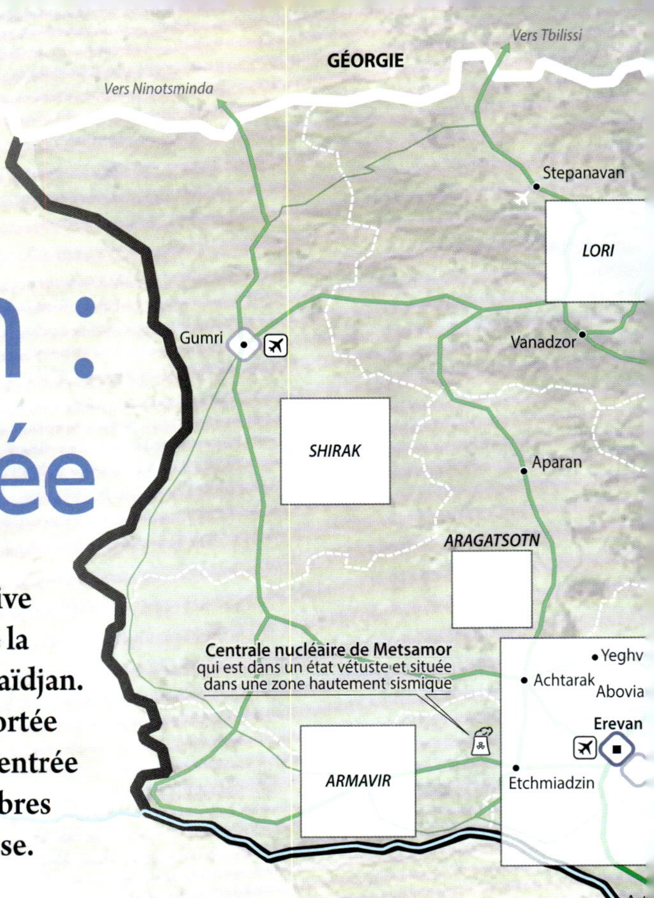

Haut-Karabagh : la guerre est déclarée

Le 27 septembre 2020, l'armée azerbaïdjanaise a lancé une vaste offensive le long des quelque 200 kilomètres de la « ligne de contact » qui sépare la République autoproclamée du Haut-Karabagh (ou Artsakh) de l'Azerbaïdjan. Si le monde a été surpris par l'intensité des combats, cette guerre remportée par Bakou en un mois et quatorze jours crée une nouvelle donne avec l'entrée de la Turquie dans l'échiquier caucasien et bouleverse de fragiles équilibres dans une région considérée traditionnellement comme un pré carré russe.

Situé aux confins du Caucase, le Haut-Karabagh constitue la dixième province historique de l'antique royaume d'Arménie. En 1921, Joseph Staline (1878-1953), alors commissaire des nationalités, décide de détacher cette province au profit de l'Azerbaïdjan turcophone. Une décision lourde de conséquences obéissant à l'adage « diviser pour régner » doublée d'un gage d'amitié envers la Turquie kémaliste. Écrasés par la chape de plomb soviétique, les nationalismes refont surface à la fin des années 1980 à la faveur de la *perestroïka*.

AUX ORIGINES DU CONFLIT

En février 1988, les Arméniens de l'*oblast* du Karabagh réclament leur rattachement à l'Arménie soviétique. Dans la foulée, le pouvoir azerbaïdjanais soviétique opte pour la répression : des pogroms contre les Arméniens ont lieu dans plusieurs villes d'Azerbaïdjan et sont la cause d'un chassé-croisé de populations arméniennes et azéries de part et d'autre des deux républiques. Le Haut-Karabagh proclame alors unilatéralement son indépendance le 2 septembre 1991. Jusqu'à la chute de l'URSS, le conflit oppose l'armée azerbaïdjanaise, appuyée par Moscou, et l'Armée de défense du Karabagh, soutenue par Erevan. Une fois l'Arménie et l'Azerbaïdjan indépendants, le rapport de force s'inverse finalement au profit de la partie arménienne qui obtient des victoires militaires sur le terrain, sécurisant le Haut-Karabagh, établissant une continuité territoriale avec l'Arménie, tout en prenant le contrôle de territoires vidés de leurs populations. En 1994, à la demande de l'Azerbaïdjan, un cessez-le-feu est signé à Bichkek (Kirghizstan).

La guerre entre alors dans sa phase gelée, ponctuée d'escarmouches quasi quotidiennes le long d'une « ligne de contact » faisant office de front. Refusant de reconnaître la légitimité de la République du Haut-Karabagh, qui, au fil du temps, s'est dotée de tous les attributs d'un État, l'Azerbaïdjan demande à l'Arménie de représenter Stepanakert. Depuis 1992, le groupe de Minsk travaille à la résolution pacifique d'un conflit qui oppose le droit à l'autodétermination à celui de l'intégrité territoriale. Conséquence de l'échec de divers plans de paix et du maintien d'un *statu quo* à l'avantage de la partie arménienne, l'Azerbaïdjan prépare sa revanche. De son côté, l'Arménie, qui fait partie d'une alliance militaire avec la Russie, consolide ses défenses, mais souffre de son enclavement et

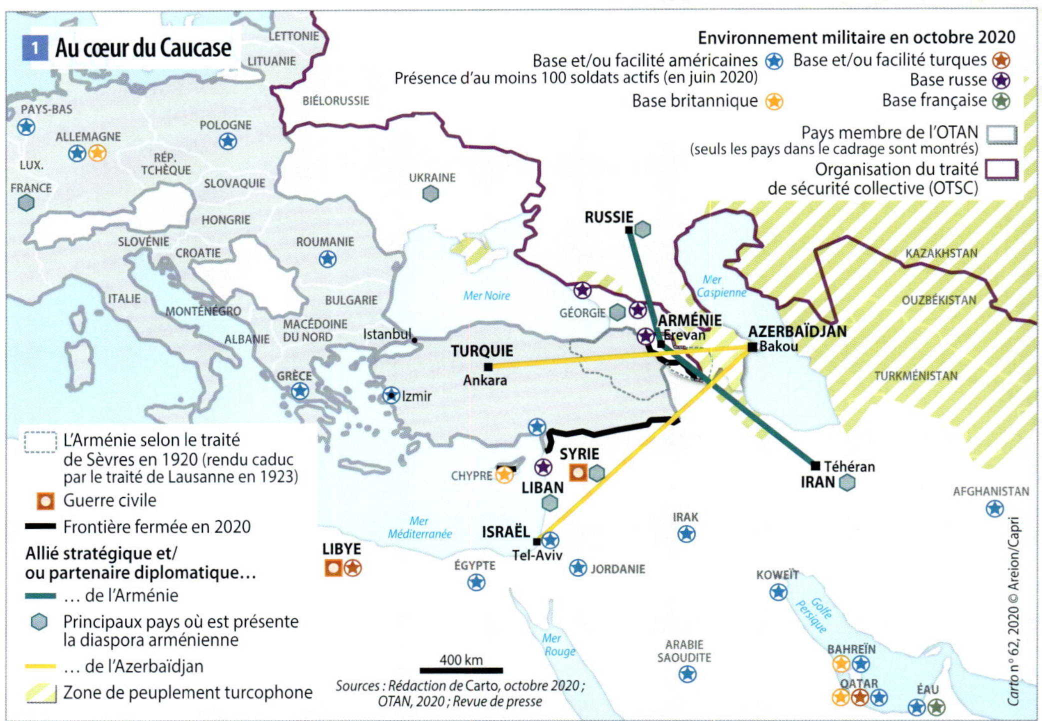

2 Le Haut-Karabagh, territoire disputé en guerre

Sources : Rédaction de Carto, juillet 2021 ; Congressional Research Service, Azerbaijan and Armenia: The Nagorno-Karabakh Conflict, *7 janvier 2021 ; Ministère de la Défense russe, janvier 2021 ; ACLED, base de données en ligne, 4 octobre 2020 ; South Front, octobre 2020 ; « Le conflit du Haut-Karabakh se propage hors de l'enclave », in* Le Monde, *6 octobre 2020 ; « Haut-Karabakh : Ankara souffle sur les braises », in* Le Monde, *1er octobre 2020 ;* The Statistical Committee of the Republic of Azerbaijan, Population of Azerbaijan, *avril 2020 ; The Statistical Committee of the Republic of Armenia,* Population Permanente de la République d'Arménie, *2020 ; Tigrane Yégavian, juin 2016 ; « Haut-Karabakh : le réveil d'un conflit "gelé" », in* Le Monde, *10-11 avril 2016 ; Françoise Ardillier-Carras et Gérard-François Dumont,* Haut-Karabagh : une poudrière méconnue, *Société de géographie, avril 2016 ; Shavarsh Kocharyan,* Why is the Nagorno-Karabakh Conflict still not Resolved?, *Ministère des Affaires étrangères de la République d'Arménie, 2016 ; Jean Radvanyi et Nicolas Beroutchachvili,* Atlas géopolitique du Caucase, *Autrement, 2009*
Fond de carte : NASA Worldview, 2020
Carto n° 62, 2020 © Areion/Capri

- Aéroport principal
- Piste
- Frontière
- Frontière fermée
  Fermée depuis 1993, la frontière arméno-turque est surveillée par l'armée russe du côté arménien, tandis que la Turquie maintient un blocus vers sa voisine
- Ligne de cessez-le-feu de mai 1994
- Frontière fermée depuis novembre 2020
- Limite de *marz* (Arménie) ou de *raion* (Azerbaïdjan)

Tirs et affrontements violents entre l'Arménie et l'Azerbaïdjan[1]

- De juillet à octobre 2020

1. Bombardements arméniens selon les autorités azerbaïdjanaises et/ou bombardements azerbaïdjanais selon les autorités arméniennes

Bases militaires en juin 2021

- Arménienne
- Russe
- Azerbaïdjanaise

Accord du 9 novembre 2020

- Cessez-le-feu
- Échange de prisonniers et de corps
- Retour des territoires entourant le Haut-Karabagh sous contrôle azerbaïdjanais
- Déploiement de près de 2 000 soldats russes dans la zone de conflit
- Création d'un centre de maintien de la paix pour surveiller le cessez-le-feu
- Retrait des forces arméniennes de la région
- Entretien d'un corridor terrestre entre l'Arménie et le Haut-Karabagh
- Retour des personnes déplacées et réfugiés
- Création d'un corridor de transport terrestre à travers l'Arménie et l'enclave azerbaïdjanaise du Nakhitchevan

- Route secondaire
- Route principale
- Route stratégique reliant le Haut-Karabagh à l'Arménie et à l'Iran
- Point de passage fermé

Situation territoriale en juin 2021

- République autoproclamée du Haut-Karabagh le 2 septembre 1991 et qui était sous tutelle arménienne
- Territoire revendiqué par le Haut-Karabagh et sous autorité de l'Azerbaïdjan
- Territoires de l'Azerbaïdjan contrôlés par l'Arménie de 1994 à 2020, repris par Bakou durant le conflit
- Zone arménienne remise à l'Azerbaïdjan après l'accord du 9 novembre 2020

Présence russe

- Zone où les soldats russes sont déployés pour une durée de 5 ans
- Poste d'observation

Population des deux pays
En milliers de personnes, 2019 par *marz* ou *raion*
À noter que les chiffres de la population dans le Haut-Karabagh proviennent du gouvernement azerbaïdjanais

Chronologie d'un conflit

- **1813** - Traité de Golestan entre la Russie et l'Iran avec la cession du khanat du Karabagh à la Russie.
- **1915-1916** - Génocide arménien.
- **1918** - La Turquie reconnaît l'indépendance de l'Arménie par le traité de Batoum le 4 juin. Début des affrontements entre Arméniens et Azéris.
- **1920** - Après la signature du traité de Sèvres du 10 août, le conflit entre la Turquie et l'Arménie reprend. Il prend fin avec le traité d'Alexandropol et se solde, pour l'Arménie, par la perte de 50 % de son territoire.
- **1921 - juillet : sur décision de Staline, le Haut-Karabagh et le Nakhitchevan** (qui comptaient 95 % d'Arméniens) **sont placés sous tutelle de l'Azerbaïdjan, décision entérinée par le traité de Kars** (13 octobre).
- **1988** - 20 février : vote par le Parlement soviet de l'enclave du Haut-Karabagh, pour son rattachement à l'Arménie. Expulsion des populations azéries. En représailles, l'Azerbaïdjan organise des pogroms anti-arméniens.
- **1991** - 31 août : indépendance de l'Azerbaïdjan. 2 septembre : autoproclamation de la République du Haut-Karabagh ou Artsakh. 23 septembre : indépendance de l'Arménie. Novembre : le retrait des troupes russes est la conséquence de nouvelles escalades armées.
- **1994** - 14 mai : signature d'un cessez-le-feu sous l'autorité de la Russie, après une guerre ayant causé au moins 30 000 morts et fait des centaines de milliers de réfugiés azerbaïdjanais.
- **2016** - 2 avril : guerre des Quatre Jours. 5 avril : signature d'un cessez-le-feu, sous l'égide du groupe de Minsk sur le Karabagh (au sein de l'OSCE et coprésidé par la France, les États-Unis et la Russie) qui a la charge de trouver une issue à ce conflit qui dure depuis des décennies.
- **2020** - Juillet : reprise des incidents et des affrontements militaires. Le 27 septembre : début de la guerre. Le cessez-le-feu est signé le 9 novembre, attribuant des territoires du Haut-Karabagh à l'Azerbaïdjan.

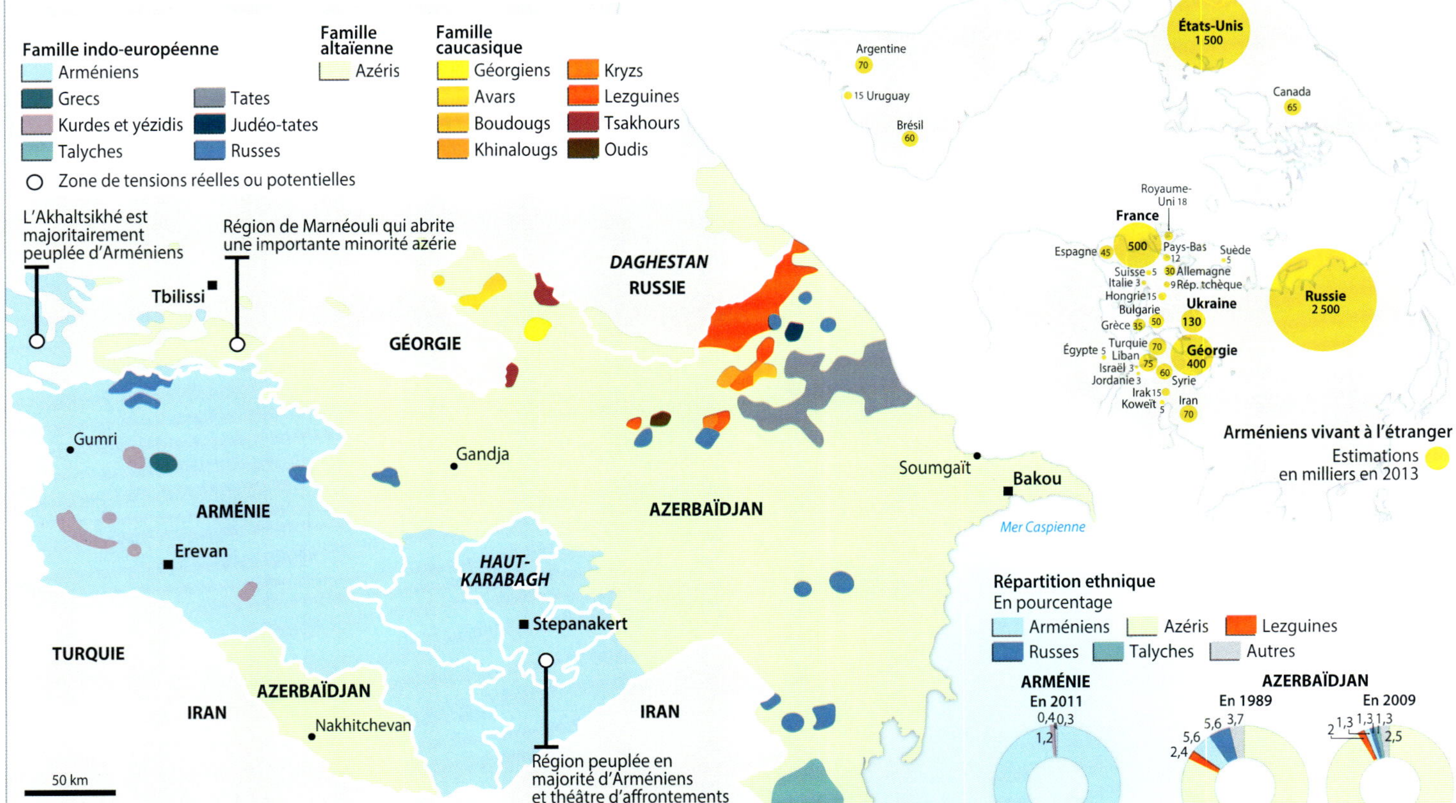

3 Composition ethnique de l'Arménie et de l'Azerbaïdjan au début du XXIe siècle

Carto n° 62, 2020 © Areion/Capri

Source : D'après une carte de Jean Radvanyi, Nicolas Beroutchachvili et Manana Kurtubadze, Atlas géopolitique du Caucase, Autrement, 2009 ; Diaspora, compilation de données par Tigrane Yégavian, 2013 ; Yves Plasseraud et Cécile Marin, Atlas des minorités en Europe, Autrement, 2009

du blocus turc. Les deux armées se dotent de missiles capables d'attaquer des cibles sur le territoire de l'autre partie, ce qui explique l'intensité des affrontements d'octobre 2020.

Le dernier conflit de haute intensité entre Arméniens et Azerbaïdjanais remonte à avril 2016 autour de la « ligne de contact ». L'offensive de Bakou se solde par des gains minimes de territoires pour les Azerbaïdjanais. Du côté arménien, cette guerre de quatre jours est vécue comme un traumatisme, dans la mesure où elle révèle l'impéritie d'une partie de l'état-major et d'un pouvoir honni qui allait tomber à la faveur de la « révolution de velours » deux ans plus tard. Pour sa part, le régime azerbaïdjanais du président Ilham Aliyev (depuis 2003) est de plus en plus fragilisé par les inégalités sociales et la chute des prix des hydrocarbures. Sa rhétorique belliqueuse contre les Arméniens en appelant à la reconquête des territoires perdus en 1994 constitue un moyen de conforter une légitimité politique.

Le dernier acte des préparatifs de cette guerre s'est joué à l'été 2020, en deux temps. En juillet, des affrontements ont lieu entre les armées azerbaïdjanaise et arménienne le long de la frontière internationalement reconnue, à une centaine de kilomètres au nord du Haut-Karabagh. Cela se solde à l'avantage de la partie arménienne et déstabilise le pouvoir azerbaïdjanais ciblé par la colère populaire. En août, des manœuvres conjointes des armées turque et azerbaïdjanaise se déroulent dans l'exclave du Nakhitchevan. Le 27 septembre 2020, tout éclate : en un mois et demi de combats, le bilan est lourd avec près de 7 000 morts. Le cessez-le-feu est signé le 9 novembre, se soldant par la perte de 75 % du territoire contrôlé par les forces arméniennes du Haut-Karabagh et d'un tiers de l'ancien *oblast*. L'Azerbaïdjan n'a pas restitué à l'Arménie tous les prisonniers de guerre et a entrepris un grignotage du territoire arménien.

LE RÔLE DE LA TURQUIE ET D'ISRAËL

Ce conflit a été marqué par le facteur turc. Poursuivant sa fuite en avant nationaliste sur fond de malaise socio-économique, engagée en Méditerranée orientale avec les tensions gazières et la Libye, la Turquie avait un intérêt à allumer un nouveau brasier dans le Caucase sous influence russe afin de pousser Moscou à intervenir aux côtés des Arméniens. Pour le président Recep Tayyip Erdogan (depuis 2014), la question du Haut-Karabagh était, d'une part, une carte à jouer dans le bras de fer turco-russe à une échelle régionale, et, d'autre part, un gage politique donné à ses partenaires ultranationalistes, partisans du panturquisme. Cette idéologie prône l'union des peuples turcophones d'Anatolie et d'Asie centrale et la disparition de l'Arménie.

Israël, allié stratégique de Bakou qui lui importe un tiers de sa consommation d'hydrocarbures et lui fournit en flux continu des armements sophistiqués, a vu cette guerre comme un moyen de serrer davantage l'étau autour de l'Iran, pays certes musulman chiite, comme l'Azerbaïdjan, mais où vit une importante minorité azérie, dans le nord. C'est animé par la crainte de l'irrédentisme azéri que la République islamique a toujours fait preuve de neutralité à l'égard de l'Arménie chrétienne. Ainsi, la question du Haut-Karabagh, qui est avant tout celle d'un peuple aspirant à vivre librement sur son sol, est rattrapée par des enjeux géopolitiques dépassant la dimension locale et ne peut être en aucun cas comparée à une simple guerre de religions. •

T. YÉGAVIAN

Mer Noire : un espace maritime stratégique bordé de conflits

Alors que les combats reprennent dans l'est ukrainien, la région du Donbass apparaît plus que jamais comme l'un des points chauds de la géopolitique européenne. L'Ukraine cherche de nouveaux appuis et renforce son partenariat avec la Turquie, dans un contexte de blocage des négociations diplomatiques. Plus globalement, la mer Noire est une région aux enjeux hautement stratégiques, entre transit énergétique, luttes d'influence et conflits persistants.

Les « bruits de bottes » se font de nouveau entendre dans le Donbass. Selon l'Organisation pour la sécurité et la coopération en Europe (OSCE), les violations du cessez-le-feu signé le 22 juillet 2020 sont de plus en plus nombreuses en 2021 (1). Au printemps, la Russie a massé près de 100 000 soldats le long de la frontière, contribuant à une dangereuse escalade qui inquiète la communauté internationale. Le conflit, qui a commencé en 2014 dans la foulée de la révolution de Maïdan et qui a abouti à la scission du Donbass entre Ukraine et Russie, s'enlise en dépit des efforts du président ukrainien Volodymyr Zelensky (depuis 2019) pour relancer l'accord de Minsk II signé en 2015 sous l'égide de la France et de l'Allemagne. Cette guerre, qui a fait plus de 15 000 morts et 30 000 blessés, pose la question du sort des populations civiles, avec l'exil de 2,5 millions de personnes vers une autre région du pays ou la Russie, alors que l'est ukrainien devient une terre de mines, marquant le territoire pour des années.

1 Le conflit dans l'est de l'Ukraine

Sources : OSCE, juin 2021 ; UNHCR, Going Around The Contact Line, juin 2021 ; Institute for the Study of War, mars 2016 ; G. Lepesant, « Entre européanisation et fragmentation, quel modèle de développement pour le territoire ukrainien ? », Les Études du CERI, n° 212, juin 2015 Carto n° 66, 2021 © Areion/Capri

DIPLOMATIE UKRAINIENNE

L'Ukraine, qui dispose de l'appui des Européens et des États-Unis, cherche également à diversifier ses partenariats diplomatiques. Elle se rapproche ainsi significativement de la Pologne, malgré des différends mémoriels hérités de la Seconde Guerre mondiale. Le grand nombre de travailleurs frontaliers ukrainiens (quelque 2 millions d'Ukrainiens possèdent un permis de travail polonais), une opposition au gazoduc Nord Stream 2 ainsi que d'importantes relations commerciales contribuent à rapprocher les deux pays, de même qu'une méfiance commune à l'égard du puissant voisin russe, facteur qui joue aussi dans le lien avec les pays baltes.

Le président ukrainien s'est également rendu en avril 2021 en Turquie, confirmant un rapprochement déjà esquissé depuis 2019, et visant à approfondir la coopération militaro-industrielle. L'attitude de la Turquie vis-à-vis de la Russie est ambiguë : bien que les deux États se rejoignent sur certains points (intérêts économiques, ton critique à l'égard des pays occidentaux), les tensions existent. Les rivalités sont également fortes en Asie centrale et dans le Caucase, une autre région où les turcophones sont nombreux, que convoite Ankara dans sa stratégie d'affirmation internationale, mais que la Russie considère toujours comme son pré carré dans le contexte postsoviétique. Dans le dossier ukrainien, la Turquie n'a pas reconnu l'annexion de la Crimée par la Russie en 2014, et elle y soutient les Tatars, une minorité musulmane discriminée. L'appui apporté par Ankara à l'Ukraine refroidit un peu plus ces relations turco-russes : Moscou a annoncé dans la foulée la suspension des vols vers la Turquie, officiellement pour des raisons sanitaires.

DÉTROITS STRATÉGIQUES

La crise du Donbass met en évidence les enjeux géopolitiques de la mer Noire. Bordée par la péninsule Anatolienne au sud, le Caucase et la Russie à l'est, l'Ukraine au nord et des pays européens à l'ouest, le Pont-Euxin des Grecs anciens, longtemps sous influence ottomane, est un carrefour stratégique, à l'articulation de l'Europe, du Moyen-Orient et de l'Asie, et a été disputé au cours de l'histoire. Plusieurs acteurs y déploient une lutte d'influence. La Turquie contrôle l'accès à cette mer fermée par le verrou des détroits du Bosphore et des Dardanelles qui sont sous sa souveraineté et dont elle réglemente le passage. Pour la Russie, elle représente la voie vers les mers chaudes par la mer d'Azov et le détroit de Kertch qu'elle contrôle depuis l'annexion de la Crimée, au grand dam de l'Ukraine pour qui c'est un passage commercial indispensable. La Russie a multiplié au printemps 2021 les manœuvres maritimes depuis sa base de Sébastopol, tandis que l'Ukraine et la Géorgie se rapprochent de l'OTAN, et que les États-Unis déploient en juin un destroyer de la VIe flotte, l'*USS Laboon*. La région est fragilisée par de nombreux conflits actifs, enlisés ou gelés, hérités pour une bonne part de la dislocation de l'URSS en 1991. La question de la Transnistrie, territoire russophone de l'est de la Moldavie sécessionniste et désireuse de se rattacher à la Russie, n'est pas réglée. Le Caucase est également déstabilisé, avec la guerre dans le Haut-Karabagh en 2020. Depuis le conflit russo-géorgien de 2008, la situation reste tendue entre la Géorgie et ses deux territoires séparatistes autoproclamés indépendants en 1992, l'Ossétie du Sud (au centre-nord du pays) et l'Abkhazie (à l'ouest, sur la façade maritime). Les régions de conflit sont à l'origine de zones grises propices au développement de divers flux informels et à l'essor du crime organisé. La mer Noire est ainsi une plaque tournante qui voit transiter divers trafics d'armes et de stupéfiants, comme en témoignent les importantes saisies de cocaïne et d'héroïne des dernières années (2).

ENJEUX ÉNERGÉTIQUES ET ENVIRONNEMENTAUX

Sa situation intermédiaire entre les gros consommateurs européens et la Russie, deuxième producteur mondial de gaz naturel, en fait un couloir de transit énergétique majeur. La mer Noire est ainsi traversée par le Blue Stream. Le Turkish Stream, soutenu par le Kremlin, entre Anapa et Kiyikoy, qui permettrait à la Russie de contourner l'Ukraine, a été lancé en janvier 2020 par les présidents Vladimir Poutine (depuis 2012) et Recep Tayyip Erdogan (depuis 2014), au détriment du South Stream, qui devait relier la Russie à la Bulgarie, abandonné en raison des tensions russo-européennes. La Turquie conforte ainsi son rôle majeur dans le transit énergétique, avec l'oléoduc BTC (Bakou-Tbilissi-Ceyhan) et l'inauguration en 2019 du gazoduc TANAP entre la Géorgie et la Grèce. Les annonces turques de septembre 2020 et juin 2021 de gisements de gaz renforcent l'importance stratégique de la mer Noire. De plus, sans être située sur les plus grandes routes mondiales, elle est devenue un point de passage essentiel pour les échanges maritimes. Le trafic qui emprunte les détroits turcs est ainsi particulièrement dense, notamment au niveau du Bosphore.

La région suscite enfin des enjeux environnementaux. Avec 430 400 kilomètres carrés, la mer Noire présente à la fois une grande richesse biologique et une importante fragilité. Très fréquentée et bordée par de nombreuses installations industrielles, elle est soumise à des sources de pollution telles que les rejets fluviaux (Danube, Dniepr, Don), les marées noires, l'accumulation de plastiques ou de mercure, qui affectent des écosystèmes particulièrement remarquables, à l'instar du delta du Danube, et se retrouvent piégés dans cette mer quasi fermée. Le développement rapide de la « morve de mer » depuis la mer de Marmara inquiète les autorités turques et menace gravement la biodiversité côtière en Turquie. Malgré la signature de la convention de Bucarest en 1992 pour protéger la mer Noire, les enjeux environnementaux restent largement au second plan. ●

C. Loïzzo

NOTES

(1) Les violations du cessez-le-feu sont suivies par l'OSCE Special Monitoring Mission to Ukraine, avec des rapports réguliers sur : www.osce.org/special-monitoring-mission-to-ukraine

(2) Ben Crabtree, « Black Sea: A rising tide of illicit business? », Global Initiative against Transnational Organized Crime, 1er avril 2020.

(3) Commission on the Protection of the Black Sea Against Pollution, *Black Sea State of Environment Report 2009-2014/5*, 2019.

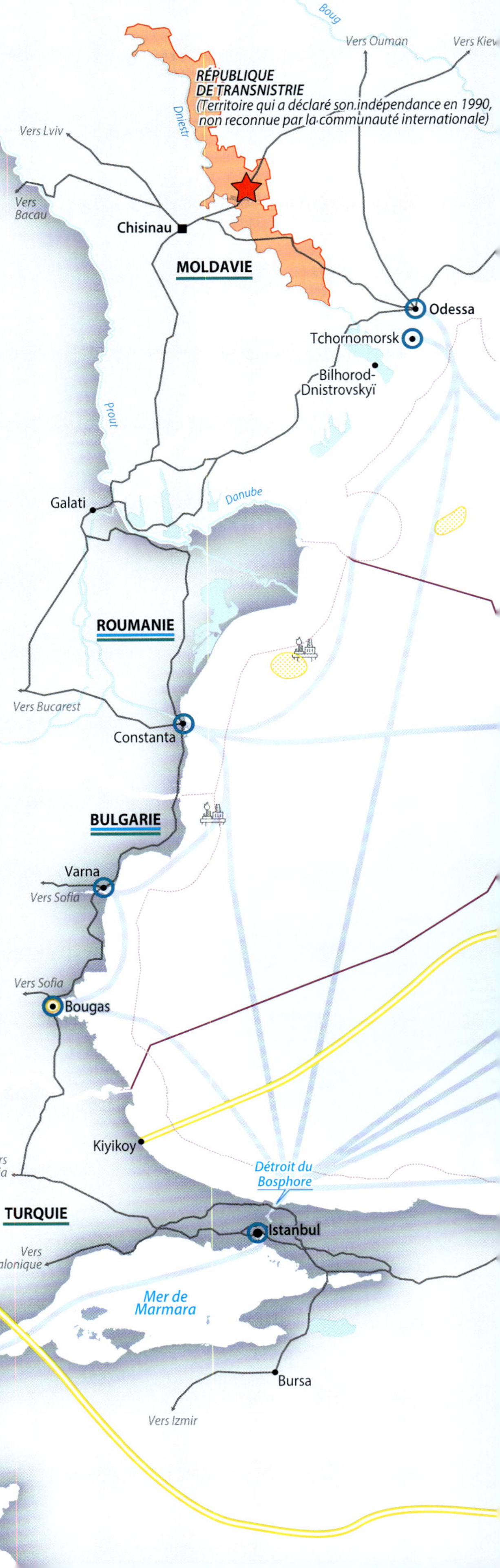

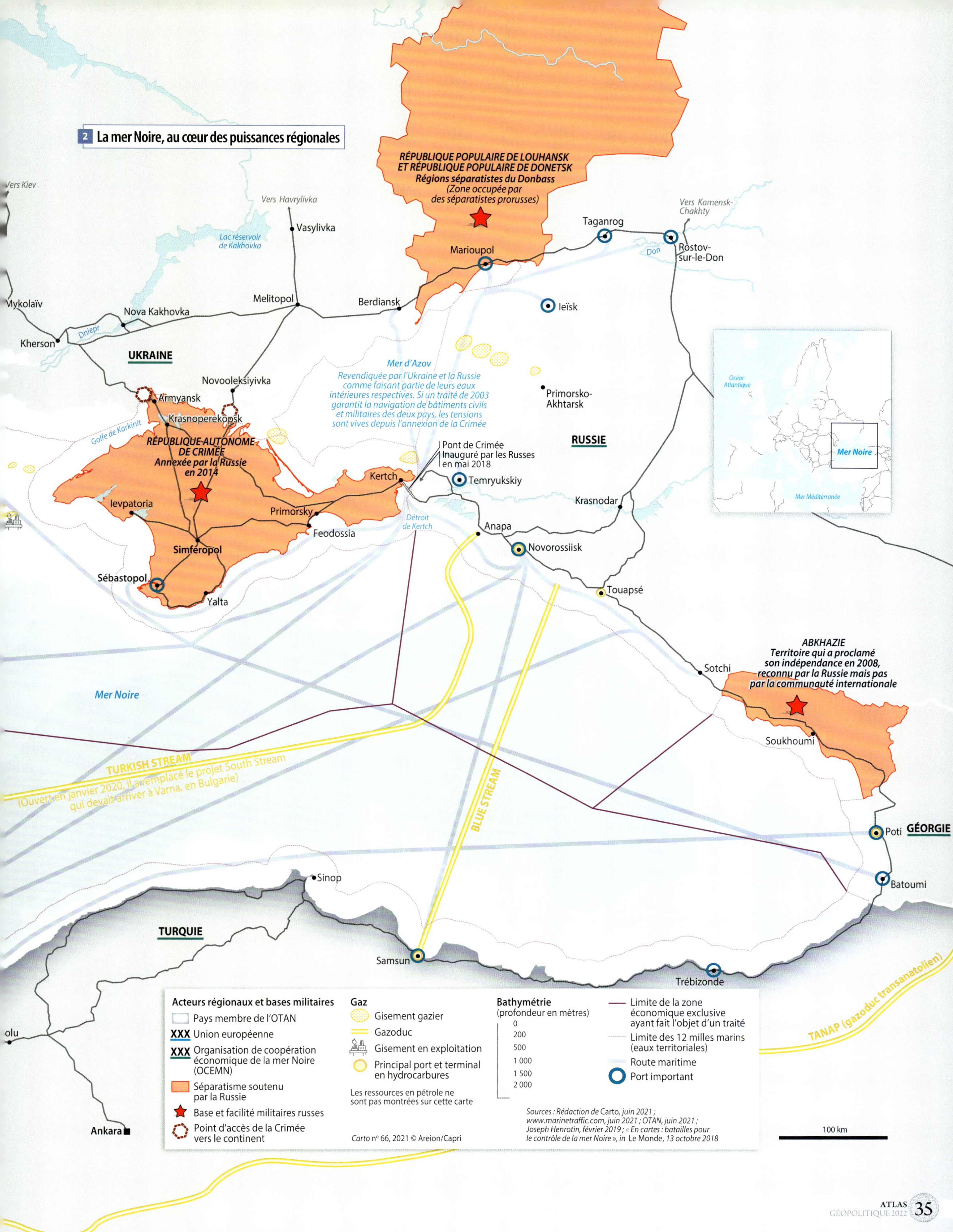
2 La mer Noire, au cœur des puissances régionales
RÉPUBLIQUE POPULAIRE DE LOUHANSK ET RÉPUBLIQUE POPULAIRE DE DONETSK
Régions séparatistes du Donbass
(Zone occupée par des séparatistes prorusses)
Vers Kiev
Vers Havrylivka
Vasylivka
Lac réservoir de Kakhovka
Vers Kamensk-Chakhty
Taganrog
Rostov-sur-le-Don
Don
Marioupol
Mykolaïv
Nova Kakhovka
Melitopol
Berdiansk
Ieïsk
Kherson
Dniepr
UKRAINE
Mer d'Azov
Revendiquée par l'Ukraine et la Russie comme faisant partie de leurs eaux intérieures respectives. Si un traité de 2003 garantit la navigation de bâtiments civils et militaires des deux pays, les tensions sont vives depuis l'annexion de la Crimée
Novooleksiyivka
Primorsko-Akhtarsk
Armyansk
Krasnoperekopsk
Golfe de Karkinit
RÉPUBLIQUE AUTONOME DE CRIMÉE
Annexée par la Russie en 2014
RUSSIE
Pont de Crimée
Inauguré par les Russes en mai 2018
Kertch
Temryukskiy
Ievpatoria
Primorsky
Krasnodar
Feodossia
Détroit de Kertch
Anapa
Simferopol
Novorossiisk
Sébastopol
Yalta
Touapsé
Océan Atlantique
Mer Noire
Mer Méditerranée
ABKHAZIE
Territoire qui a proclamé son indépendance en 2008, reconnu par la Russie mais pas par la communauté internationale
Sotchi
Mer Noire
Soukhoumi
TURKISH STREAM
(Ouvert en janvier 2020, il a remplacé le projet South Stream qui devait arriver à Varna, en Bulgarie)
BLUE STREAM
Poti
GÉORGIE
Batoumi
Sinop
TURQUIE
Samsun
Trébizonde
TANAP (gazoduc transanatolien)
olu
Ankara
Acteurs régionaux et bases militaires
Pays membre de l'OTAN
XXX Union européenne
XXX Organisation de coopération économique de la mer Noire (OCEMN)
Séparatisme soutenu par la Russie
Base et facilité militaires russes
Point d'accès de la Crimée vers le continent
Gaz
Gisement gazier
Gazoduc
Gisement en exploitation
Principal port et terminal en hydrocarbures
Les ressources en pétrole ne sont pas montrées sur cette carte
Bathymétrie
(profondeur en mètres)
0
200
500
1 000
1 500
2 000
Limite de la zone économique exclusive ayant fait l'objet d'un traité
Limite des 12 milles marins (eaux territoriales)
Route maritime
Port important
Sources : Rédaction de Carto, juin 2021 ; www.marinetraffic.com, juin 2021 ; OTAN, juin 2021 ; Joseph Henrotin, février 2019 ; « En cartes : batailles pour le contrôle de la mer Noire », in Le Monde, 13 octobre 2018
Carto n° 66, 2021 © Areion/Capri
100 km

Daghestan : quand Moscou resserre son contrôle

Après en avoir fini avec le terrorisme dit islamiste au Daghestan en 2015, le Kremlin a remanié avec autorité le gouvernement de la république la plus peuplée du Caucase du Nord. Avec, comme enjeux, la sécurisation des voies de transport énergétiques et l'utilisation de la position militaire que lui offre ce territoire.

FÉDÉRATION DE RUSSIE

CHEF DE L'ÉTAT
Vladimir Poutine (président depuis 2012)

SUPERFICIE
17 098 242 km² (1er rang mondial)

LANGUE OFFICIELLE
Russe

CAPITALE
Moscou

POPULATION EST. 2019
145,87 millions d'habitants

DENSITÉ
8 hab./km²

MONNAIE
Rouble

PIB PAR HABITANT EST. 2019 (EN PARITÉ DE POUVOIR D'ACHAT)
29 181 dollars

RÉPUBLIQUE DU DAGHESTAN

CHEF DE LA RÉPUBLIQUE
Sergueï Melikov (depuis octobre 2020)

SUPERFICIE
50 270 km²

CAPITALE
Makhatchkala

POPULATION EST. 2019
3,08 millions d'habitants

DENSITÉ
61 hab./km²

HISTOIRE
Islamisé dès le VIIIe siècle, le Daghestan devient un oblast russe en 1860 puis une république soviétique socialiste en 1921. Celle-ci rejoint la fédération de Russie à la chute de l'URSS en 1991. Son territoire est particulièrement riche en diversités linguistiques et ethniques

Le 2 février 2018, le Kremlin opérait une purge d'envergure (emprisonnements des principaux cadres ministériels) contre le gouvernement de la République du Daghestan. Sujet de la Fédération de Russie jouissant d'une large autonomie de gestion à la chute de l'Union soviétique (1991), le Daghestan, dont l'économie peu diversifiée est victime de la désindustrialisation, repose sur les transferts fédéraux (70 % du budget daghestanais). Dans un contexte de déstabilisation terroriste islamiste (2000-2015) consécutive à la seconde guerre de la Tchétchénie (1999-2009) voisine, de l'émergence de l'« émirat du Caucase » en 2007 et d'une politique antiterroriste répressive, les détournements de fonds publics se sont amplifiés.

UN PÉRIMÈTRE GÉOSTRATÉGIQUE

Peu avant sa réélection en 2018, Vladimir Poutine a placé Vladimir Vassiliev, premier chef depuis 1948 n'étant pas daghestanais (russe-kazakh de confession chrétienne orthodoxe), à la tête de cette république à majorité musulmane sunnite. Membre du parti Russie unie et ancien député de la Douma (2003-2017), il a pour mission de reprendre en main le territoire, surfant sur la lutte contre le terrorisme amorcée par son prédécesseur, Ramazan Abdoulatipov (2013-2017). Ce dernier avait facilité le départ de Daghestanais vers la Syrie, dans les rangs de l'organisation de l'État islamique (EI ou Daech). Mais en octobre 2020, Vassiliev démissionne pour « raisons de santé ».

Le Daghestan constitue un périmètre géostratégique sur le plan militaire, comme en atteste le transfert de la base navale russe d'Astrakhan (dans le delta de la Volga) à Kaspiisk, sur le littoral caspien, non loin de la capitale, Makhatchkala. Si cette délocalisation permet de pallier le gel des eaux navigables, ce rapprochement intervient dans le contexte de la convention sur le statut de la mer Caspienne du 12 août 2018, interdisant la circulation de navires ne battant pas pavillon de l'un des États signataires riverains (Russie, Kazakhstan, Turkménistan, Iran et Azerbaïdjan), renforçant la place de la force navale russe dans la région.

Une situation géographique privilégiée pour de potentielles opérations militaires, à l'instar des tirs de missiles réalisés le 7 octobre 2015 ciblant le territoire syrien depuis un navire de guerre russe stationné en Caspienne. Malgré les tensions existantes sur le cadre juridique de cette zone maritime, ce transfert rapprochera la Russie et l'Iran sur les plans commercial (nouveaux ferries) et militaire.

Le Daghestan est également important pour Moscou s'agissant de ses voies de transit énergétiques. Son territoire est traversé par plusieurs pipelines, comme le gazoduc Mozdok (Ossétie du Nord/Russie)-Makhatchkala-Kazi Magomed (Azerbaïdjan), mais surtout, depuis 1997, par l'oléoduc Bakou-Makhatchkala-Novorossiisk. Moscou y injecte depuis 2010 son pétrole en provenance du gisement offshore Yuri Korchagin, le premier

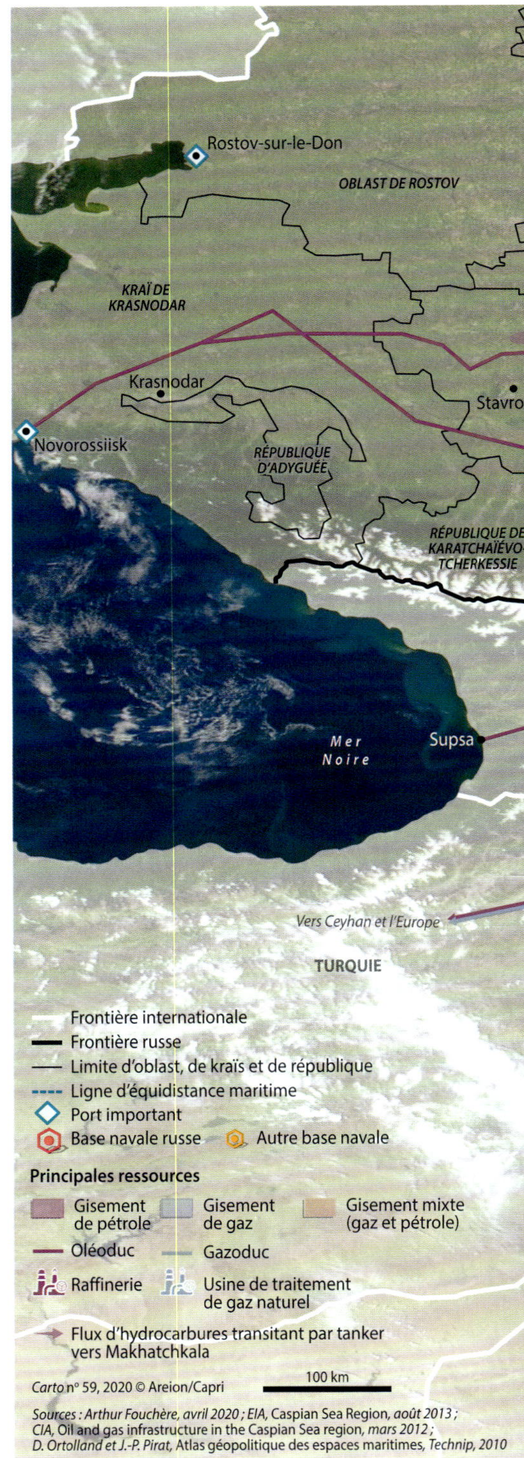

Carto n° 59, 2020 © Areion/Capri

Sources : Arthur Fouchère, avril 2020 ; EIA, Caspian Sea Region, *août 2013 ; CIA,* Oil and gas infrastructure in the Caspian Sea region, *mars 2012 ; D. Ortolland et J.-P. Pirat,* Atlas géopolitique des espaces maritimes, *Technip, 2010*

exploité par la Russie en mer Caspienne. Au carrefour de ces pipelines, le port de Makhatchkala représente un maillon essentiel pour accueillir les tankers et assurer l'acheminement vers l'ouest des énergies fossiles russes, mais aussi kazakhes et turkmènes. Le brut kazakh est transbordé depuis le port d'Aktaou, bien que sa riche teneur en sulfure d'hydrogène ait limité le volume transitant par le Daghestan. En provenance du port de Turkmenbashi, l'or noir turkmène constitue, quant à lui, un

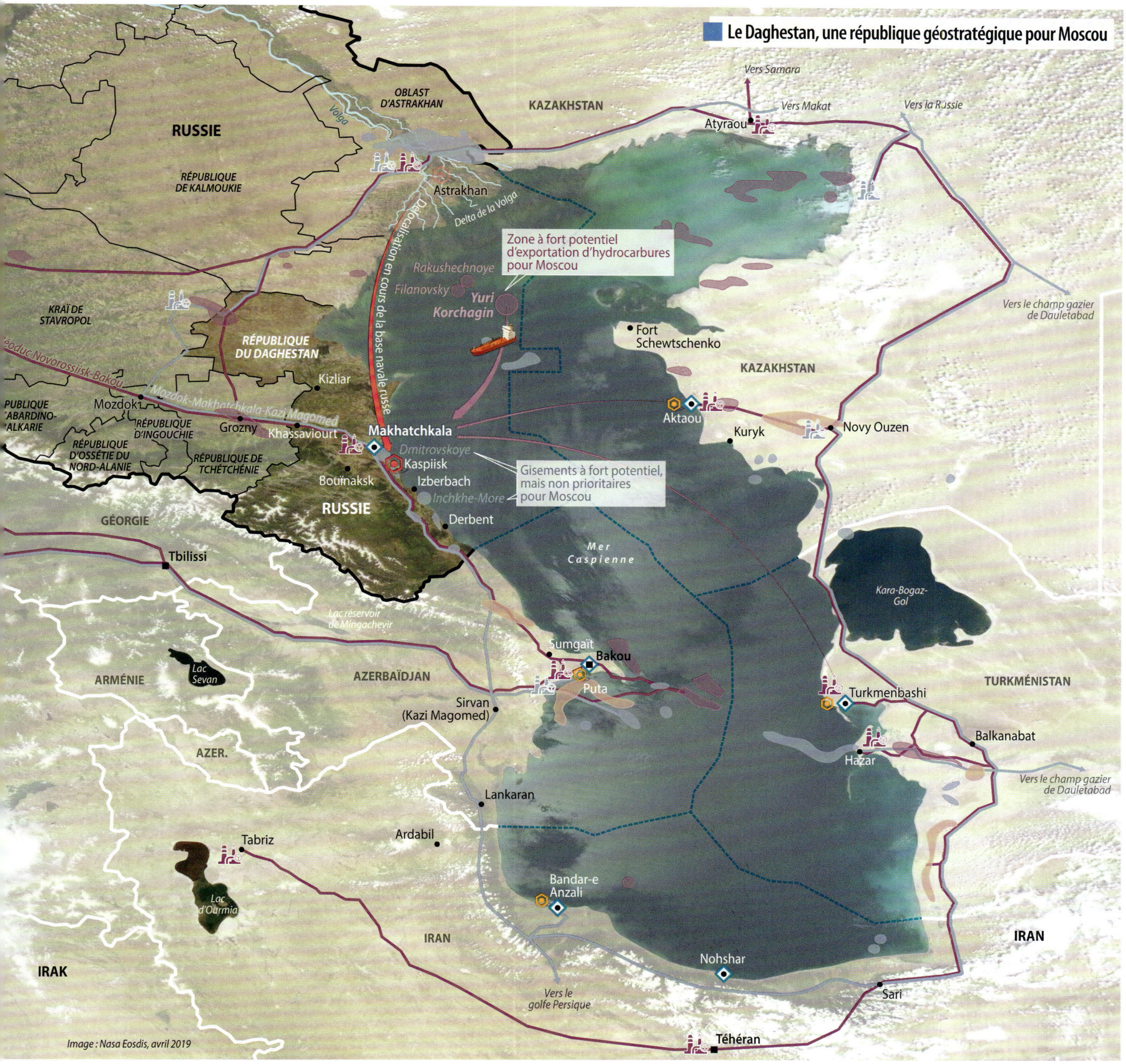

enjeu non négligeable pour le Kremlin. Rompus pendant quatre ans à la suite d'un scandale de vol de pétrole facilité par la société de transbordement Dagneftprodukt, les accords commerciaux ont repris fin 2019, revitalisant le port de Makhatchkala.

UNE DÉPENDANCE ÉNERGÉTIQUE À L'ÉGARD DE LA RUSSIE ?

Si les réserves de brut sont désormais limitées, le gaz daghestanais semble offrir de grandes perspectives qui garantiraient l'autosuffisance sur plusieurs décennies. Mais face au monopole du marché par les grands groupes russes (Gazprom principalement) et à leurs excédents de production, le Daghestan est contraint d'importer (à 70 %) son gaz à usage domestique et industriel depuis les champs sibériens, s'exposant à une dette faramineuse, qui accroît davantage sa dépendance. En 2014, Ramazan Abdoulatipov avait certes obtenu du Kremlin le droit de créer son propre groupe, la société d'État pétrolière et gazière de la République du Daghestan (GNKRD), mais celle-ci s'avère être une coquille vide. Les grandes entreprises d'État (Rosneft-Dagneft) n'ont, quant à elles, pas encore investi dans l'extraction des gisements d'Inchkhe-More et de Dimitrovskoye, jugés peu rentables malgré leur potentiel.

La thèse selon laquelle Moscou aurait délibérément freiné le développement économique du Daghestan pour éviter toute autonomisation de sa part mérite cependant d'être nuancée, dans la mesure où la république, forte d'une mosaïque ethnique équilibrée, n'a jamais eu de velléité indépendantiste. ● **A. Fouchère**

MOYEN-ORIENT

DESTRUCTION

Le port de Beyrouth, après l'explosion du 4 août 2020, avec la ville juste derrière. (© AFP)

Covid-19 : le Moyen-Orient face à ses inégalités

Dix ans après des révolutions ayant eu pour point de départ l'aspiration à de meilleures conditions de vie, les indicateurs économiques et sociaux du Maghreb et du Machrek sont dans le rouge. Tous les pays de la région ont été, comme le reste de la planète, victimes des effets de la pandémie de Covid-19. Début juillet 2021, la Turquie et l'Iran faisaient partie des États les plus touchés au monde, avec respectivement 5,4 millions et 3,3 millions de cas officiels.

Dans un contexte où un bas prix du brut creuse les budgets des monarchies pétrolières, où des États comme le Maroc, l'Égypte et la Tunisie comptent sur le tourisme pour se relever, où des instabilités politiques chroniques s'expriment (Algérie, Liban, Irak), où des guerres (Libye, Syrie, Yémen) ne cessent d'exténuer des sociétés déjà fragiles, l'arrivée d'une nouvelle maladie obligeant à des mesures drastiques pour empêcher sa circulation n'a rien d'une bonne nouvelle pour les économies du Moyen-Orient. La région, avec des profils nationaux certes variés, se trouve généralement en bas des classements en termes de développement humain, sanitaire, technologique… Pourtant, dans le Golfe, les autorités avaient été confrontées à une épidémie de coronavirus, le MERS-CoV, en 2012, qui n'a jamais disparu depuis sa première détection en Arabie saoudite et présente un taux de mortalité de 35 % selon l'Organisation mondiale de la santé (OMS).

CRISE ÉCONOMIQUE

Tous les pays ont dû restreindre les déplacements intérieurs, et surtout extérieurs, obligeant à fermer les voies d'accès aériennes, principale porte d'entrée des visiteurs étrangers. Mi-juin 2021, à l'approche des congés d'été, la totalité avait rouvert les frontières, tout en établissant des conditions d'entrée. Ainsi, le Maroc, où l'état d'urgence sanitaire est en vigueur depuis mars 2020 avec notamment le port du masque, impose un test PCR négatif de moins de 48 heures (y compris pour les personnes vaccinées) avant l'entrée sur le territoire et un isolement de 10 jours selon le pays de provenance, tandis que les arrivées par voie terrestre restent interdites. Les autorités sont vigilantes, mais elles n'ont pas le choix pour retrouver un certain dynamisme. Car le secteur du tourisme a été particulièrement touché en 2020, avec un déclin d'entre 45 et 70 % des activités pour l'ensemble du Moyen-Orient, selon l'OCDE (1), alors qu'il représente dans certains cas environ 10 % du PIB et des emplois (Bahreïn, Égypte, Jordanie, Maroc, Arabie saoudite, Tunisie, Émirats arabes unis). De grands événements ont dû être annulés, comme l'Exposition universelle 2020 de Dubaï, reportée à octobre 2021-mars 2022, ainsi que le pèlerinage annuel du *Hajj* en Arabie saoudite (seuls une dizaine de milliers de fidèles résidant sur place ont été autorisés à le faire), la principale ressource financière du royaume après le pétrole, car attirant près de 3 millions de personnes. L'édition 2021, prévue en juillet, a été maintenue. Les conséquences sur la croissance sont directes : en 2020, la récession a été la règle pour tous les pays de la région.

La première réaction a été l'injection de fonds publics, mesure qui marquera les budgets nationaux à long terme et obligera à instaurer de futures restrictions et un effort fiscal sans précédent. Riyad a adopté un plan spécial de 13 milliards de dollars, quand Le Caire en annonçait un de 6 milliards. Dans le même temps, les envois de fonds des diasporas, essentiels au développement et à la simple survie d'une famille, ont chuté faute de revenus. De prime abord, les prévisions de croissance pour 2021 sont positives, mais restent dépendantes de nombreux facteurs, notamment politiques. Le Liban, par exemple, accuse encore le tremblement de terre social causé par les explosions dans le port de Beyrouth le 4 août 2020, Covid-19 ou pas. En Algérie, les manifestations du Hirak, suspendues en mars 2020, ont repris en février 2021 et continuent d'exiger un véritable changement de régime.

UNE SANTÉ EN DANGER

L'un des aspects les plus préoccupants est l'accès à la santé : si les monarchies du Golfe affichent un nombre de médecins et de lits d'hôpitaux relativement acceptable (plus de 1,5 pour 1 000 habitants), la situation est tout autre au Maghreb, même en Égypte, et elle est pire encore dans des conditions de guerre. En Syrie, l'OMS considère que 70 % des travailleurs de la santé ont quitté le pays et que seulement la moitié des centres de premiers soins fonctionne. Inutile dès lors d'imaginer des infrastructures capables d'organiser des tests ou des campagnes vaccinales de grande ampleur. Au 21 juin 2021, seuls les pays dits « riches » présentent des taux de vaccination élevés (56,4 % de la population nationale au Qatar, 63,5 % en Israël), s'affichant loin devant les autres, la majorité ne dépassant pas les 10 %. La Chine s'est intéressée au Moyen-Orient, comme à l'Égypte, où le vaccin du laboratoire Sinovac est produit sur place et celui de Sinopharm largement distribué. L'influence de Moscou est palpable avec la présence du Sputnik V en Égypte, en Algérie, en Libye, dans les Territoires palestiniens, en Turquie, en Syrie, aux Émirats arabes unis et en Iran. Cette « géopolitique des vaccins » révèle le désengagement occidental de la région.

L'épidémie a non seulement contribué à mettre en relief les faiblesses économiques des régimes du Moyen-Orient, mais elle a surtout rappelé les immenses disparités entre les pays du Maghreb et du Machrek, et entre régions à l'intérieur d'un même État. Enfin, elle renforce l'isolement déjà sévère des plus vulnérables, notamment des réfugiés et des enfants. ●

G. FOURMONT

NOTE

(1) OCDE, « COVID-19 crisis response in MENA countries », 6 novembre 2020.

L'épidémie de Covid-19 au Maghreb et au Machrek

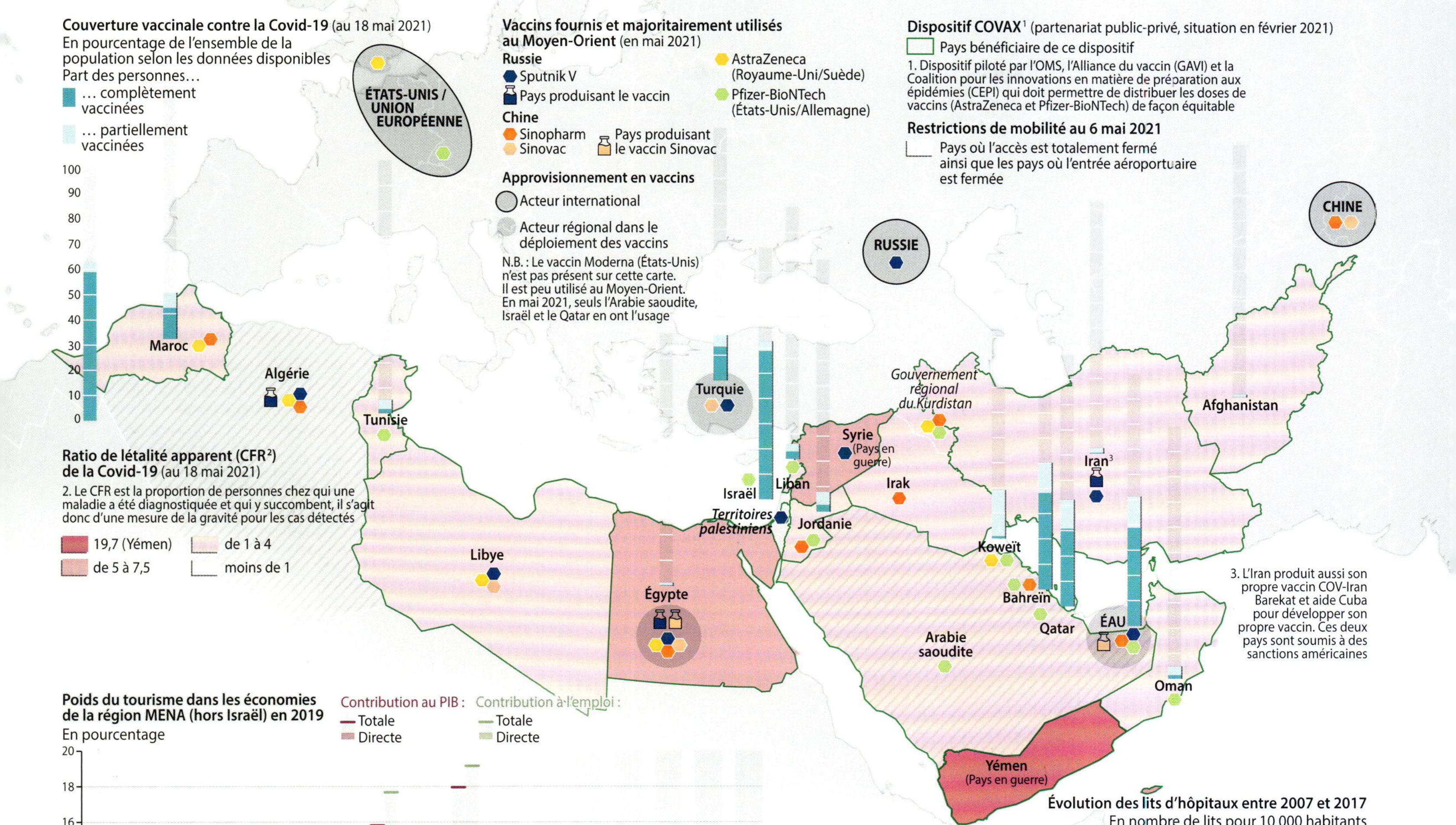

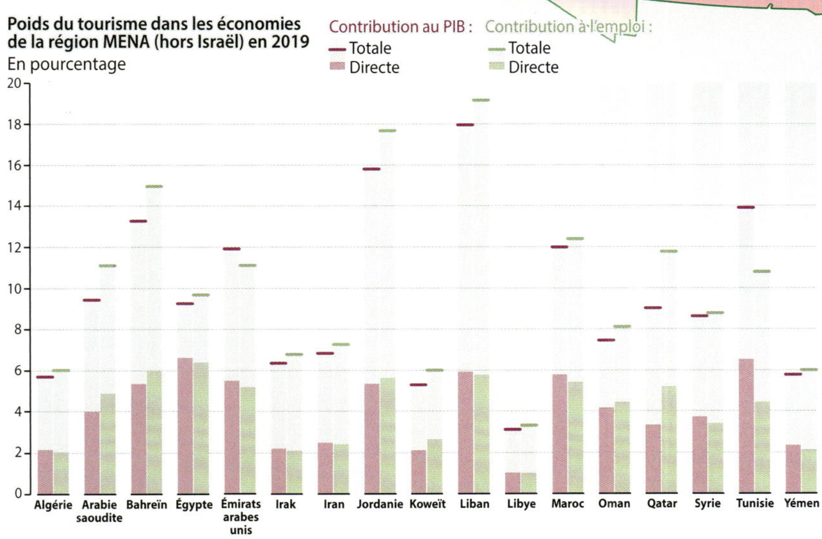

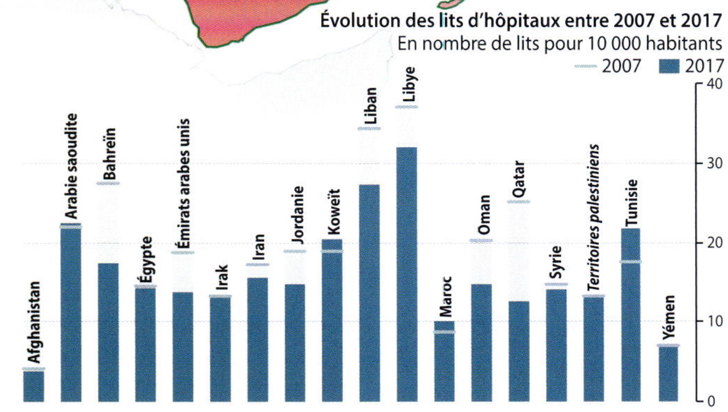

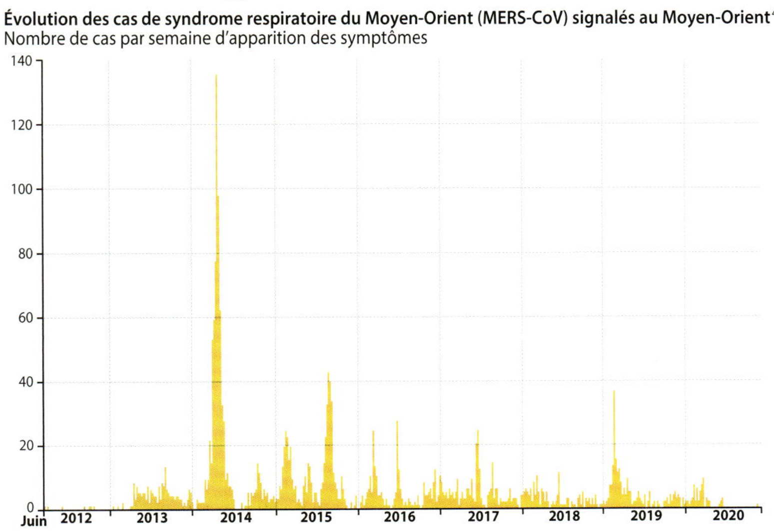

4. Arabie saoudite, Bahreïn, Égypte, Émirats arabes unis, Iran, Jordanie, Koweït, Liban, Oman, Qatar, Tunisie et Yémen

N.B. : Le syndrome respiratoire du Moyen-Orient est une maladie respiratoire virale due à un nouveau coronavirus détecté pour la première fois en 2012 en Arabie saoudite. Environ 35 % des cas notifiés d'infection par le MERS-CoV ont abouti au décès du patient.

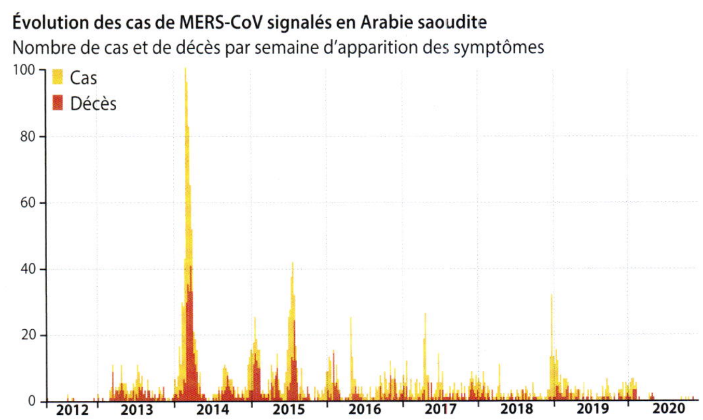

Sources : Rédaction de Carto, juin 2021 ; Revue de presse, juin 2021 ; OMS, Eastern Mediterranean Regional Office COVID-19 Dashboard, consulté le 20 mai 2021 et Mers Situation Update, décembre 2020 ; Our World in Data, consulté le 20 mai 2021 ; OIM, Tracking Mobility Impact - Points of Entry Analysis, février 2021 ; COVAX, The Covax Facility: Interim Distribution Forecast, 3 février 2021 ; OCDE, COVID-19 crisis response in MENA countries, novembre 2020

Un siècle après sa naissance,

En 1920, la France était à l'origine de la création de l'État du Grand Liban. Un siècle plus tard, elle est de retour pour l'empêcher de disparaître, les fondements déjà fragiles de la République libanaise étant menacés d'effondrement. Les défis sont nombreux pour le « Pays des Cèdres », où une classe dirigeante corrompue et clientéliste est considérée comme la principale responsable de la situation. Retour sur les conséquences économiques et géopolitiques d'une crise multiple (politique, sociale, sanitaire) et les effets désastreux de la double explosion du port de Beyrouth le 4 août 2020.

REPÈRES

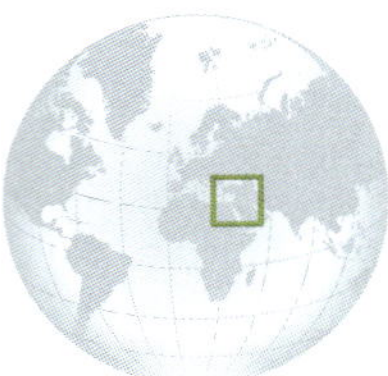

NOM OFFICIEL
République libanaise

CHEF DE L'ÉTAT
Michel Aoun
(président depuis 2016)

SUPERFICIE
10 400 km²
(169e rang mondial)

LANGUE OFFICIELLE
Arabe

CAPITALE
Beyrouth

POPULATION EST. 2019
6,85 millions d'habitants

DENSITÉ
658 hab./km²

MONNAIE
Livre libanaise

HISTOIRE
Indépendant depuis 1943, le Liban a été marqué par la présence ottomane d'abord, française ensuite. Son riche paysage communautaire pose les bases d'une guerre civile terrible entre 1975 et 1990, un traumatisme dont le pays a du mal à se remettre, étant confronté depuis à de multiples crises politiques et économiques

PIB PAR HABITANT EN 2019 (EN PARITÉ DE POUVOIR D'ACHAT)
15 195 dollars internationaux courants

INDICE DE DÉVELOPPEMENT HUMAIN (2019)
0,744 (92e rang)

Tout a basculé en quelques minutes. Équivalant à un séisme d'une magnitude de 3,3 sur l'échelle de Richter, l'explosion a eu lieu au port de Beyrouth aux alentours de 18 heures. Elle a été suivie d'une seconde avec 2 750 tonnes de nitrate d'ammonium stockées dans l'un des hangars de la zone portuaire de la capitale libanaise depuis 2013 et maintenues au vu et au su des responsables libanais. La déflagration, ressentie jusqu'à Chypre, a provoqué un cratère de 140 mètres de diamètre et de 4 à 6 mètres sous le niveau de l'eau, selon l'armée française, faisant disparaître toute une portion du littoral et les entrepôts environnants. Elle a entraîné des dégâts humains et matériels considérables : plus de 190 morts et 6 500 blessés, près de 300 000 personnes sans logement ; un tiers de Beyrouth est définitivement défiguré.

UN ÉTAT FRAGILE

Créé en 1920 par la France sur les décombres de l'Empire ottoman, sous l'impulsion de la communauté chrétienne maronite et dans la foulée des accords secrets Sykes-Picot de 1916 et du traité de Sèvres d'août 1920, le Liban se veut le refuge des minorités persécutées de tout l'Orient. Il n'a jamais su se défaire de l'ancien système ottoman du millet, régime d'autoadministration des non-musulmans. De sorte que l'idée de citoyenneté ou de service public est quasi inexistante depuis l'indépendance de 1943. Cette année-là, une entente tacite est scellée entre le président Béchara el-Khoury (1943-1952), maronite, et le Premier ministre Riyad el-Solh (1946-1951), sunnite : une répartition des pouvoirs entre le chef de l'État qui doit être maronite, le second sunnite, et le président du Parlement chiite. Ce confessionnalisme politique se nourrit de la faiblesse étatique

1 Sykes-Picot : le partage du Proche-Orient

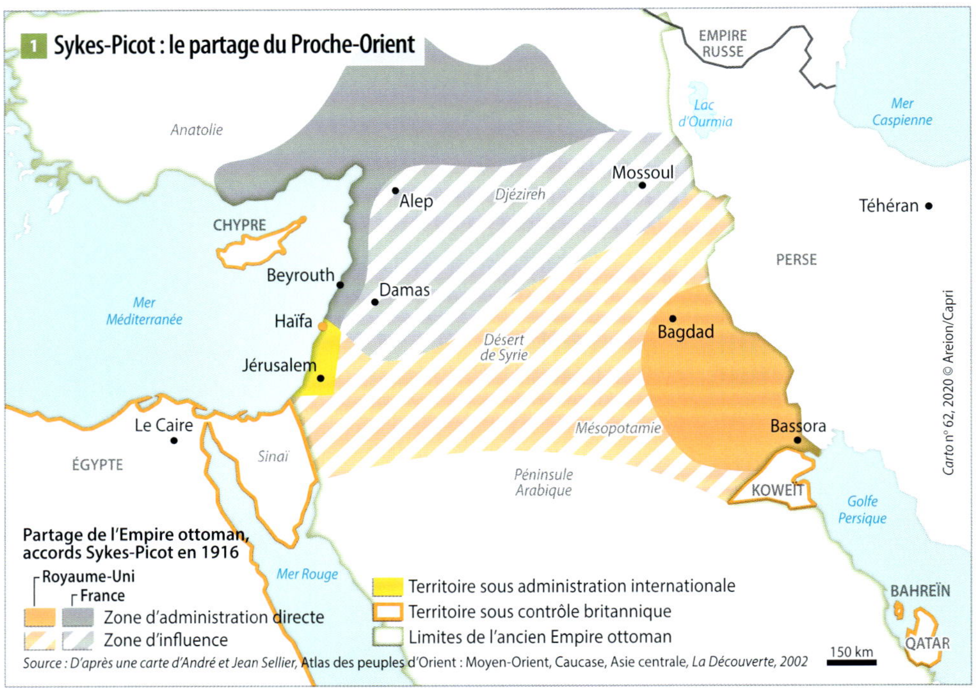

Source : D'après une carte d'André et Jean Sellier, *Atlas des peuples d'Orient : Moyen-Orient, Caucase, Asie centrale*, *La Découverte*, 2002

1916 — Accords Sykes-Picot
qui prévoient la zone d'influence française sur le Liban et la Syrie.

1920 — Le Grand Liban
La France instaure l'État du Grand Liban sur les ruines de l'Empire ottoman, auquel le territoire libanais était soumis depuis le début du XVIe siècle.

1943 — Fin du mandat français
et proclamation de l'indépendance de la République libanaise. Le Pacte national instaure une répartition confessionnelle des pouvoirs.

1958
Guerre civile entre partisans et opposants de la République arabe unie.

1975 — Début de la guerre civile
La Syrie est présente militairement au Liban.

1978
Israël envahit le sud du Liban, et ne s'en retirera qu'en mai 2000.

1982
Massacre dans les camps palestiniens de Sabra et Chatila (Beyrouth).

1990 — Accords de Taëf
Fin de la guerre civile après les accords de Taëf d'octobre 1989. Le pays passe sous tutelle syrienne.

le Liban en danger de mort

2 Géographie des communautés religieuses

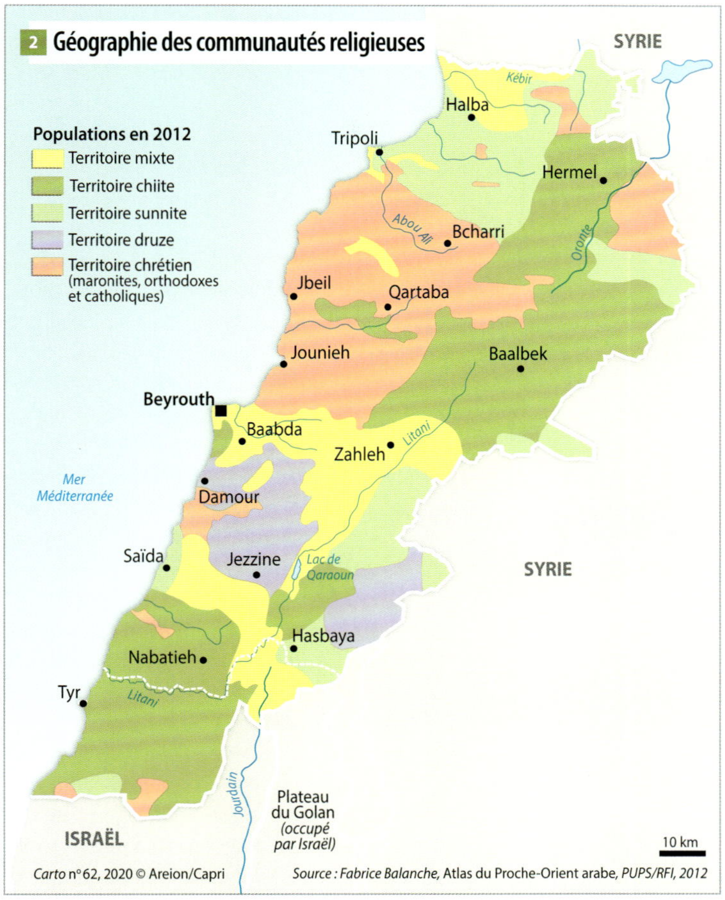

Carto n° 62, 2020 © Areion/Capri — *Source : Fabrice Balanche,* Atlas du Proche-Orient arabe, *PUPS/RFI, 2012*

structurelle et d'une représentativité faussée par l'absence de recensement depuis 1932.

Aucun dirigeant libanais n'a eu à cœur de remettre en question ce système, alors que l'article 95 de la Constitution précise son caractère transitoire. Le refus conjugué de l'appartenance à l'Occident et à la Syrie a fortement compromis les chances d'ériger un sentiment d'appartenance supraconfessionnel. La guerre civile de 1958, la présence de l'Organisation de libération de la Palestine (OLP) sur le sol libanais à la fin des années 1960, constituant « un État dans un non-État », le conflit de 1975-1990, puis la montée en puissance du Hezbollah, posent les bases d'un système instable. La question palestinienne fut, au début des années 1970, l'un des principaux éléments déclencheurs de la déflagration générale. La présence avérée de plus de 1,5 million de réfugiés syriens (selon l'ONU, ils sont 879 529 au 30 septembre 2020), essentiellement des musulmans sunnites, constitue une menace existentielle pour l'avenir du Liban tant la hantise de leur implantation à long terme bouleverserait les fragiles équilibres confessionnels.

UNE CRISE ÉCONOMIQUE SANS PRÉCÉDENT

Derrière la vitrine d'une prospérité économique alimentée par un libéralisme attractif pour les capitaux du Golfe et du Moyen-Orient, le Liban est à la base marqué par de profondes inégalités sociales, tandis que la classe politique a fait du confessionnalisme un instrument de captation des ressources au détriment de l'intérêt général. L'issue de la guerre civile n'a fait qu'exacerber les clivages entre anciens chefs miliciens métamorphosés en leaders de leurs communautés respectives.

Poumon économique et principal *hub* logistique du pays, la zone industrielle du port de Beyrouth avait été pillée durant la guerre civile par les milices chrétiennes phalangistes. C'est par là que transitent environ 60 % des importations nationales et 80 % du flux de marchandises, contre 20 % du trafic par Tripoli, dans le nord. Le port de Beyrouth abritait des silos qui stockaient des réserves stratégiques, dont environ 15 000 tonnes de blé. La tragédie du 4 août 2020 fait craindre pour la sécurité alimentaire du « Pays des Cèdres », qui importe 80 % de ses denrées. Les estimations des dégâts divergent : entre 5 milliards et 15 milliards de dollars, selon les sources. Toujours est-il que cette explosion a profondément affecté le patrimoine architectural de Beyrouth : menacées par les spéculateurs immobiliers depuis des années, les constructions les plus anciennes de la ville, dont des bâtiments classés endommagés, pourraient ne jamais se relever.

Depuis octobre 2019, le Liban connaît un vaste mouvement de contestation populaire étouffé par la pandémie de Covid-19. Cette révolte contre l'ensemble d'une classe politique aux commandes depuis la fin de la guerre civile a été déclenchée par une décision gouvernementale controversée d'imposer une taxe sur l'application WhatsApp. L'une des caractéristiques majeures de l'économie libanaise est la faible part de l'agriculture et de l'industrie au profit du système bancaire accusé d'être à l'origine de la crise. Les manifestants accusaient les banques de s'être enrichies en investissant une grande partie des dépôts des

2005 — Assassinat de l'ancien Premier ministre Rafic Hariri ; les manifestations qui suivent poussent la Syrie à se retirer du pays.

2006 — Guerre entre Israël et le Hezbollah en juillet-août.

2008 — En mai, affrontements armés entre factions progouvernement et milices de l'opposition dans un contexte de paralysie politique. Les accords de Doha y mettent fin et permettent l'élection du président Michel Sleiman.

2012 — Tensions communautaires dans le contexte de la guerre civile syrienne.

2015 — Crise des ordures ménagères.

2016 — Michel Aoun est élu président de la République après deux ans de vacance du poste.

2017 — Crise avec l'Arabie saoudite et démission du Premier ministre Saad Hariri, poste qu'il occupera finalement jusqu'en janvier 2020, puis à compter d'octobre.

2019 — **Octobre** Début des manifestations contre la crise économique et politique.

2020 — **4 août** Deux explosions dans le port de Beyrouth causent la destruction d'une partie de la ville. Démission du gouvernement Diab.

1er octobre Le Liban et Israël acceptent de négocier sous la médiation de l'ONU leurs frontières maritimes et terrestres disputées.

épargnants, notamment l'argent envoyé par la diaspora du Golfe et d'Afrique, en bons du Trésor et en eurobonds, à des taux avantageux pour financer les besoins de l'État.

UNE « BANCOCRATIE » CORROMPUE

Le système financier libanais fonctionne comme une pyramide de Ponzi, expression tirée du nom de l'escroc italien (1882-1949) installé aux États-Unis. Celle-ci se réfère à un montage financier frauduleux qui repose sur un principe simple : les intérêts versés aux épargnants sont prélevés sur les sommes placées par les souscripteurs suivants. Pour que les recettes assurent les engagements, il faut de plus en plus de donateurs. Dès qu'ils sont insuffisants, la cessation de paiement révèle la tromperie. C'est ainsi que des montages financiers complexes, encouragés par la Banque centrale libanaise, ont permis aux banques, et par ricochet aux anciens chefs de milices reconvertis en dirigeants politiques, de faire des profits faramineux. Tout cela au détriment de l'économie et des épargnants.
Bien que les banques aient imposé des contrôles informels sur le capital pour limiter les retraits de liquidités, plus de 25 milliards de dollars sont sortis du pays en 2019, tandis que la livre libanaise a perdu 80 % de sa valeur face au dollar, renchérissant le prix des importations. En défaut de paiement depuis mars 2020, le Liban à court de devises n'est plus capable de payer ses importations. Le pays croule sous une dette de 92 milliards de dollars en 2020, soit environ 150 % du PIB. Pourtant, elle n'était que de 3 milliards au sortir de la guerre civile. Incapable de réformer le pays, le gouvernement n'a pas pu négocier un accord avec le Fonds monétaire international (FMI) faute de consensus pour entreprendre les mesures d'assainissement des finances publiques indispensables au déblocage de l'aide internationale.
Au plus fort de la contestation, et alors que la crise économique se doublait d'une pénurie de devises fortes, la Banque mondiale a estimé que près de 50 % de la population libanaise aurait basculé sous le seuil de pauvreté. Cette proportion a sans doute été dépassée depuis l'arrêt quasi total de l'activité économique provoqué par les mesures prises pour freiner la pandémie de Covid-19. Le déficit commercial s'est creusé, le pouvoir d'achat des Libanais s'est effondré. À cette banqueroute s'ajoute une faillite sociale. Empêchée de retirer ses avoirs dans les banques, la population fait face à des difficultés croissantes, tandis que l'absence de sécurité sociale et de services publics à tous les échelons de la société aggrave le quotidien des Libanais qui voient dans l'émigration leur unique planche de salut.
L'explosion du 4 août 2020 a fait l'effet d'un détonateur. La récession enregistrée depuis 2018, le népotisme et le clientélisme alimenté par le système confessionnel, l'accélération de la fuite de capitaux et les répercussions géopolitiques et économiques de la guerre en Syrie ont mis à bas le mythe d'un Liban îlot de convivialité et de prospérité au milieu d'un Moyen-Orient chaotique. D'après l'historien Georges Corm, le régime qui régit le pays depuis la sortie de la guerre civile est une « bancocratie » de type maffieux, caractérisée par des relations incestueuses entre les banques et les dirigeants communautaires. De fait, le « Pays des Cèdres » occupe la peu glorieuse 149e place sur 180 des pays les plus corrompus en 2020 selon Transparency International.

LA FRANCE À LA RESCOUSSE

C'est pour empêcher l'effondrement total que le président français Emmanuel Macron (depuis 2017) s'est rendu à plusieurs reprises à Beyrouth, à la suite de la double explosion du 4 août 2020, pour témoigner de la solidarité et

3 Les déplacements de population forcés entre 1975 et 1987

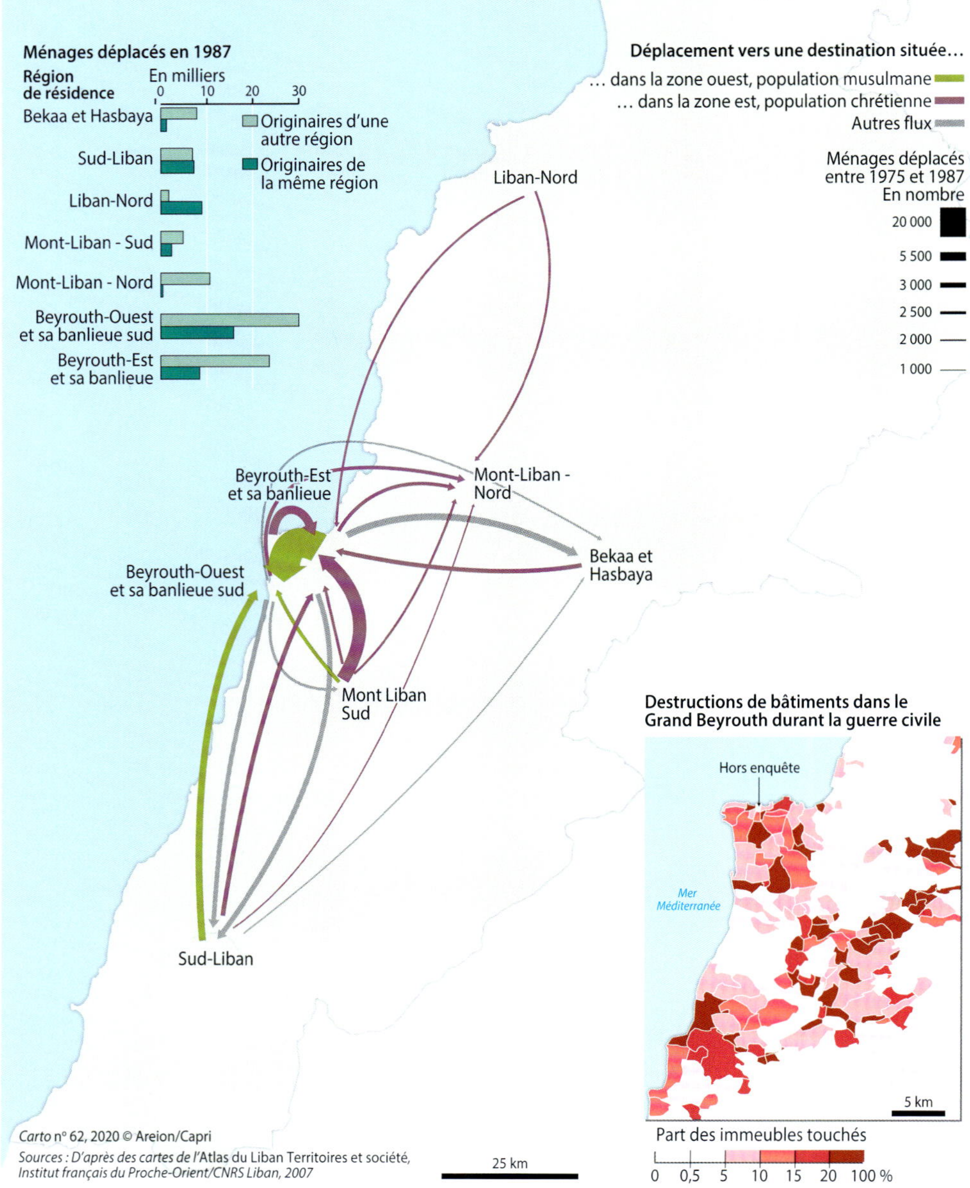

Carto n° 62, 2020 © Areion/Capri
Sources : D'après des cartes de l'Atlas du Liban Territoires et société, Institut français du Proche-Orient/CNRS Liban, 2007

du soutien de la France, mais aussi coordonner l'aide internationale et faire pression pour que les réformes tant attendues puissent se réaliser. Pour cela, Paris table sur la formation d'un « gouvernement de mission » doté d'un mandat précis et de prérogatives exécutives et législatives élargies. À sa tête, Moustapha Adib, universitaire et ancien ambassadeur du Liban en Allemagne qui a fait une partie de sa carrière dans les arcanes du pouvoir. Ce détenteur de la double nationalité libanaise et française s'est vu confier le 31 août 2020 la mission périlleuse de mettre en œuvre dans un délai de trois mois tout un train de réformes (marchés publics, justice, lutte contre la corruption, énergie et électricité, mais aussi restructuration du port, une meilleure gestion de la Banque centrale et du système bancaire). Mais les dissensions entre les différentes formations politiques obligent Moustapha Adib à renoncer. Le 22 octobre, Saad Hariri, Premier ministre de 2016 à janvier 2020, est confirmé à ce poste.

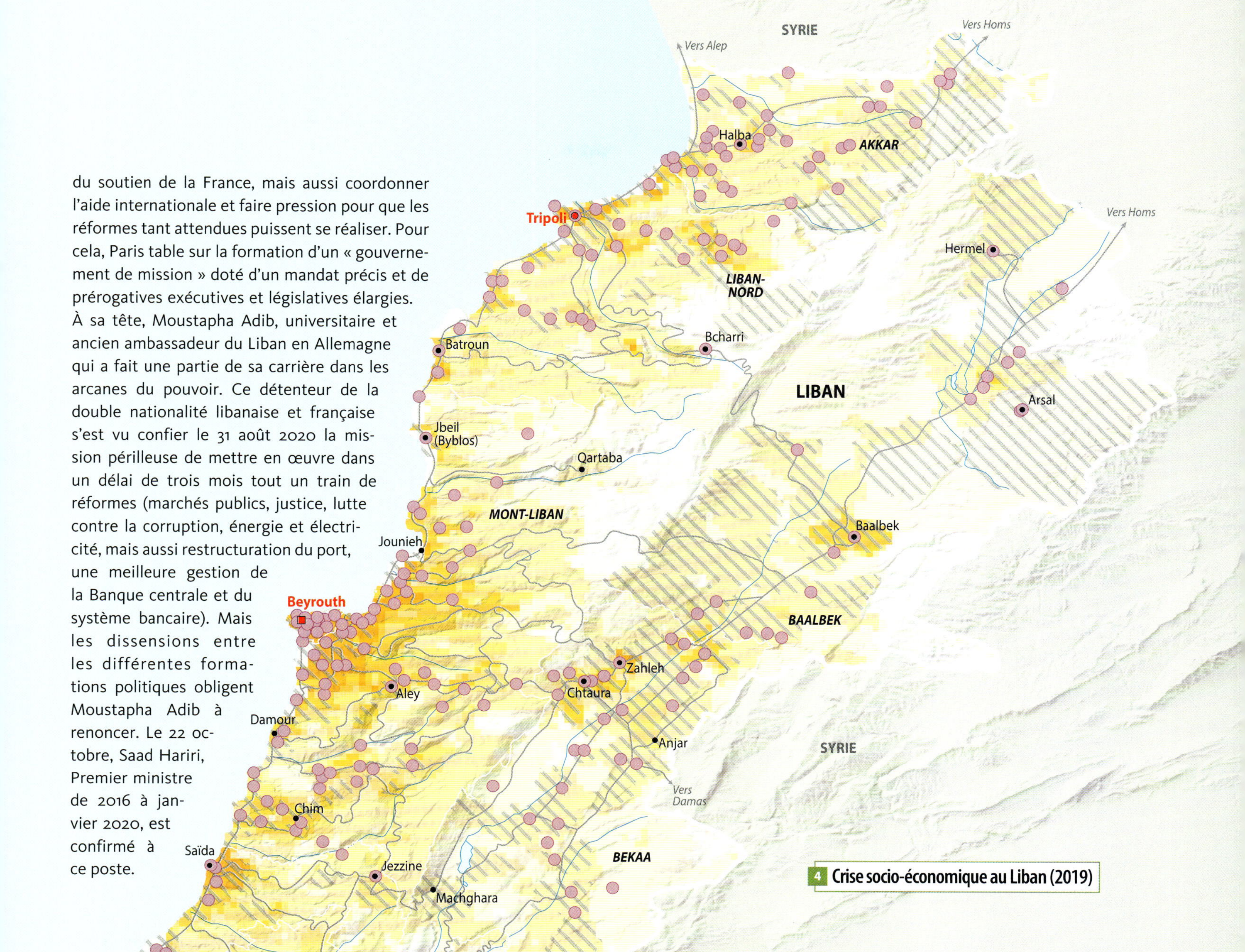
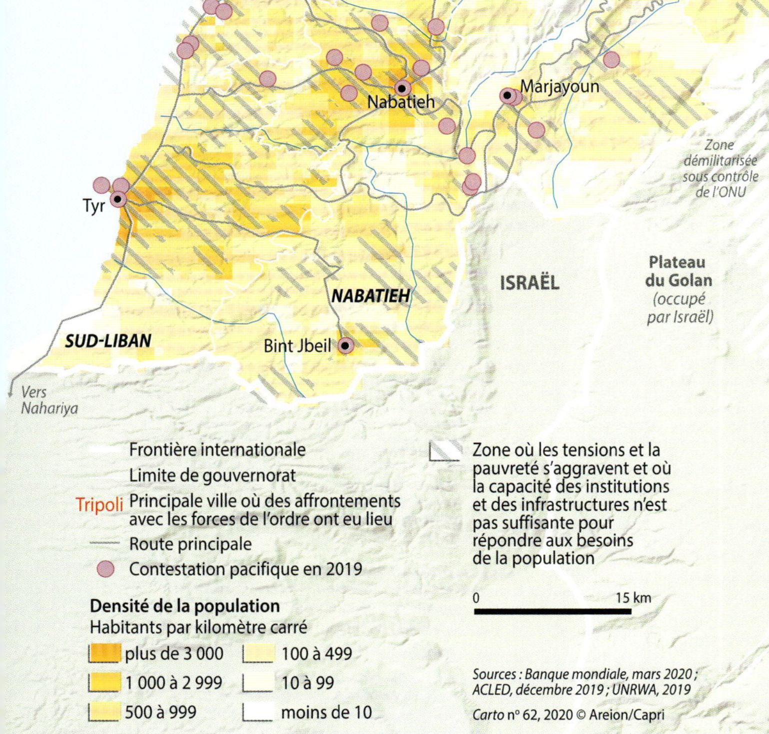

4 Crise socio-économique au Liban (2019)

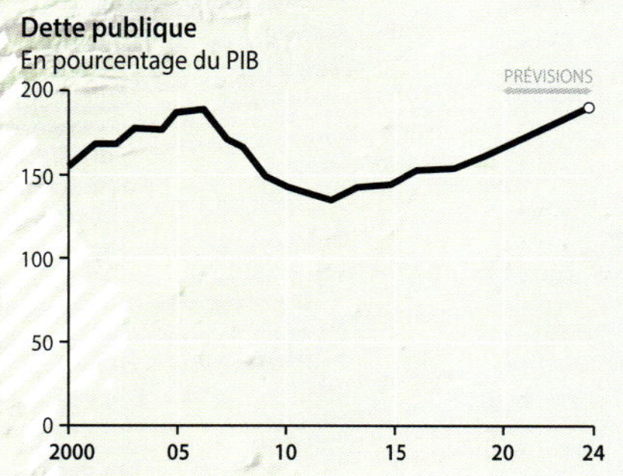

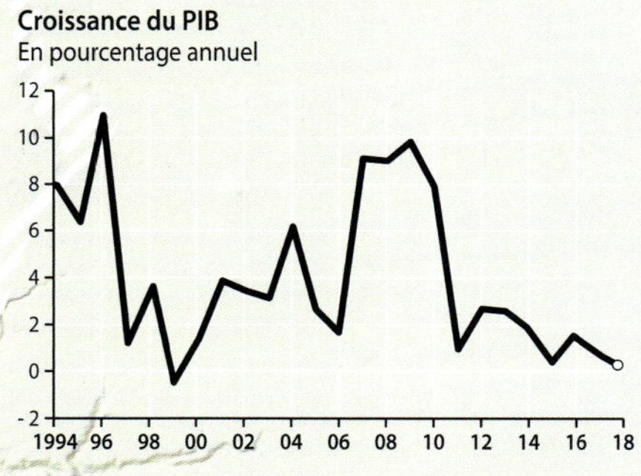

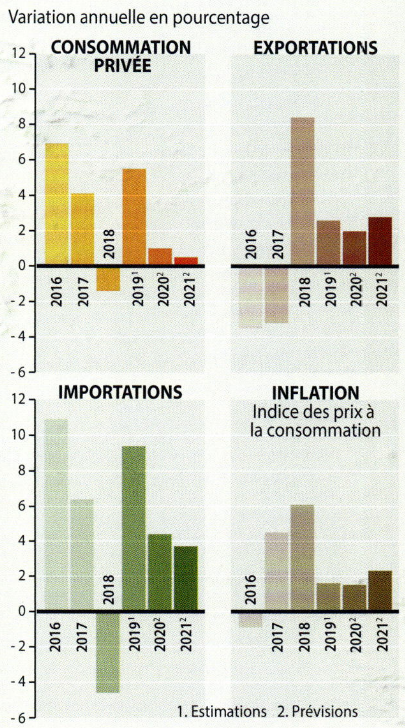

Sources : Banque mondiale, mars 2020 ; ACLED, décembre 2019 ; UNRWA, 2019
Carto n° 62, 2020 © Areion/Capri

5 Réfugiés syriens au Liban

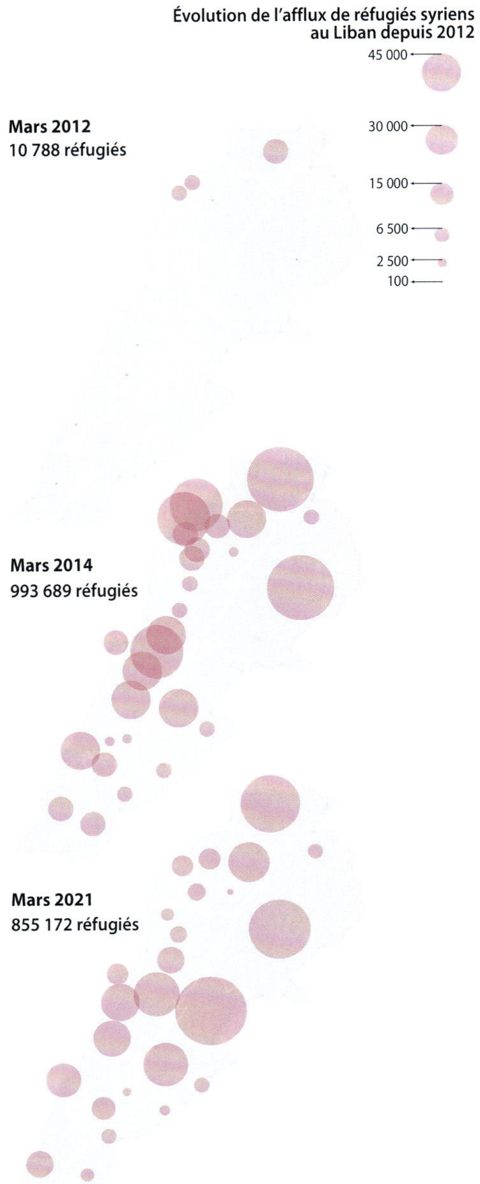

Source : UNHCR, Syria Refugee Response, mars 2021
Carto n° 62, 2020 © Areion/Capri

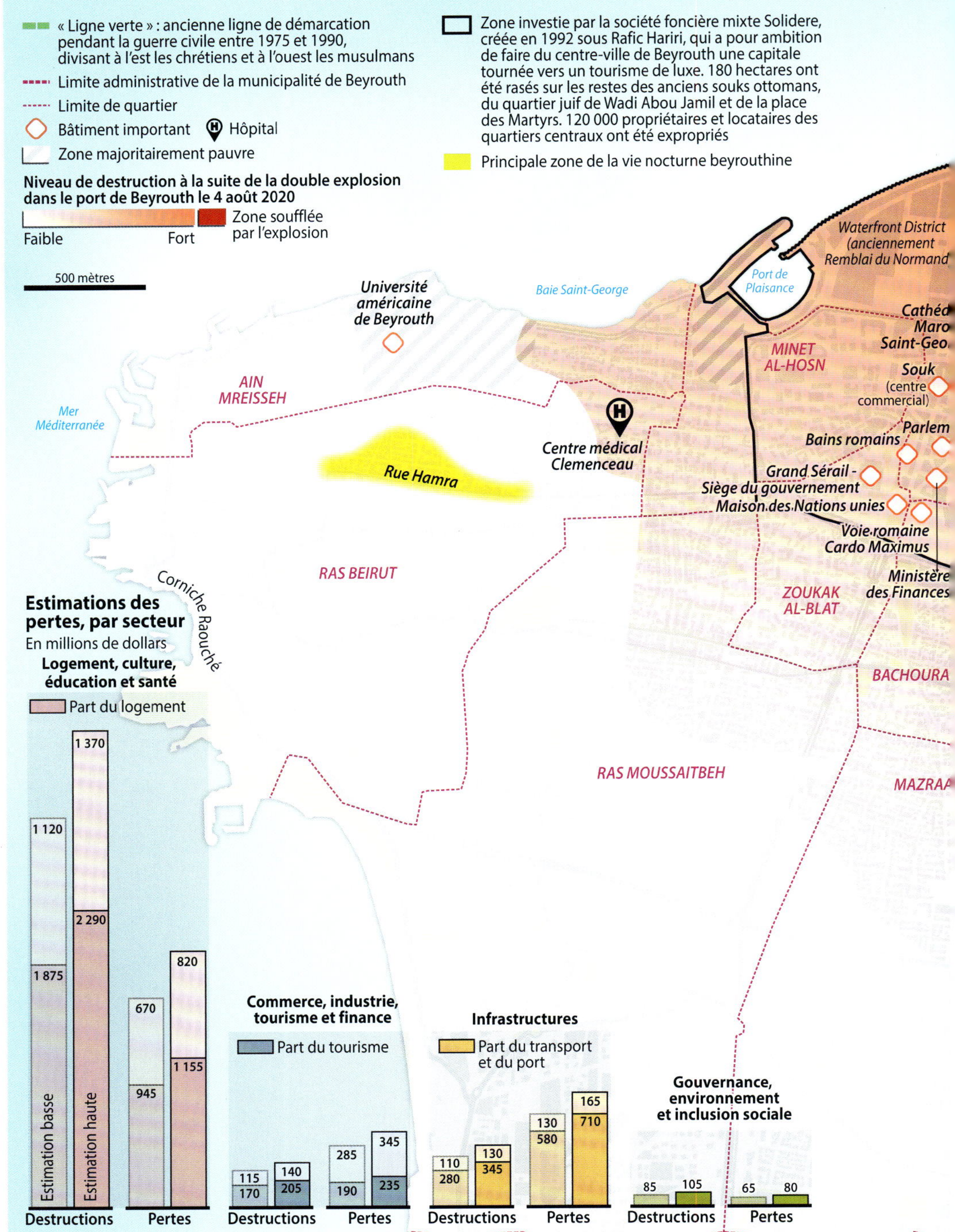

Sources : Mathilde Costil, Sylvie Gittus-Pourrias et Victor Simmonet, « Beyrouth : destructions, reconstructions et spéculations », in Le Monde, 6-7 septembre 2020 ; Hélène Sallon et Laure Stephan, « Liban : la troisième mort du port de Beyrouth », in Le Monde, 4 septembre 2020 ; Banque mondiale, Beirut Rapid Damage and needs Assessment, août 2020 ; Programme alimentaire mondial, Lebanon - Beirut Port Explosion 4th August 2020, 19 août 2020 ; Charlotte Causit, « De Batoumi à Beyrouth, la dernière traversée du "Rhosus" et de sa cargaison de nitrate d'ammonium à l'origine des explosions », in France info, 16 août 2020 ; Marie Bonte, « Beyrouth, à moitié réveillé », in Libération, 3 octobre 2018 ; Logistic Cluster, Beirut Port Assessment (Lebanon), 23 août 2013 ; Travel Map: Lebanon, New Holland Publishers, 2010 ; Karim Abou-Merhi, « L'identité beyrouthine et la reconstruction », in Géographie et cultures, n° 65, 2008
Carto n° 62, 2020 © Areion/Capri

Salué par l'opinion publique libanaise, l'engagement d'Emmanuel Macron aux côtés des Libanais a montré que Paris n'était pas indifférent à la souffrance d'un peuple cher, francophone et francophile. Mais, pour la France, prendre la tête de l'aide internationale au chevet d'un pays qui entretient une longue histoire commune signifie aussi se positionner sur des enjeux géostratégiques en Méditerranée orientale. La Turquie est en position de rivalité et ne fait pas mystère de ses ambitions régionales au « Pays des Cèdres », où elle espère prendre la place de l'Arabie saoudite, en retrait depuis l'« affaire Hariri » de 2017. Elle peut compter sur ses relais d'influence auprès de la communauté sunnite, plus précisément de la minorité turcophone du Liban ainsi que de l'importante présence de réfugiés syriens turcomans.

La France entend exercer des pressions diverses sur la classe politique afin qu'elle respecte ses engagements. Aux yeux de la population, les dirigeants portent largement les responsabilités de la faillite du pays et de ses institutions vidées de leur substance. Mais pour parvenir à ses fins encore faudra-t-il composer avec le Hezbollah, perçu comme l'instrument de la politique expansionniste de l'Iran en Méditerranée orientale. Il tient le pays en otage, à défaut d'avoir pour lui une vision à long terme, et rejette toute forme de « tutelle » de Paris, selon l'expression de son dirigeant, Hassan Nasrallah.

Si une pétition signée à chaud, dès le 6 août 2020, par plus de 60 000 Libanais réclamait le retour du mandat français, rares pourtant ont été ceux à proposer un examen critique

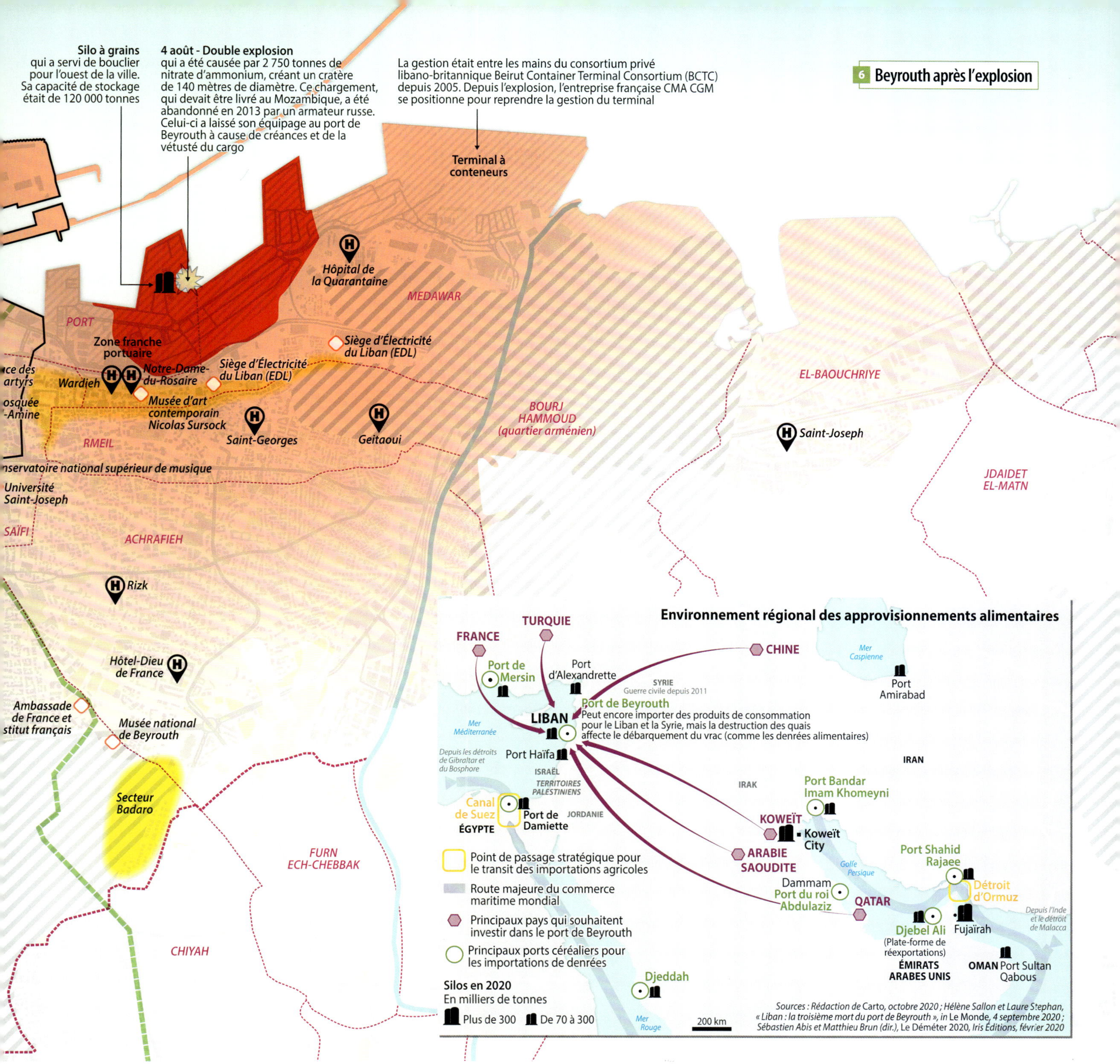

de la part de responsabilité de la France dans le malheur du Liban. Or il convient de rappeler que c'est un arrêté du Haut-Commissariat français datant de 1936 qui avait posé les jalons du confessionnalisme politique. Et la France n'avait pas accompagné l'effort de reconstruction d'un État digne de ce nom au sortir de la guerre civile en 1990 – elle n'avait pas participé aux accords de Taëf. En témoigne le soutien inconditionnel du président Jacques Chirac (1995-2007) à la politique du Premier ministre Rafic Hariri (1992-1998 et 2000-2004). Cette politique avait établi un système monétaire instauré pour favoriser une forte dollarisation de l'économie (70 %) où l'on pouvait facilement emprunter des dollars à 6 ou 7 % et les placer en bons du Trésor en livres libanaises à des taux qui ont atteint jusqu'à 40 % en 1995 et où des accords de libre-échange au détriment des intérêts libanais avaient été signés en pagaille. Tout cela avec un taux de change fixe. Cette politique a été la curée et l'origine de la dette incommensurable qui ruine le « Pays des Cèdres ».

Le 1er septembre 2020, jour de commémoration du centenaire du Grand Liban dans la résidence des Pins de l'ambassadeur de France, le président français est venu porteur d'un plan de sauvetage pour éviter le pire, alors que la crise sanitaire et les inégalités s'amplifiaient avec l'épidémie de Covid-19. La question est de savoir si les réformes seront cosmétiques ou structurelles. Car réformer de fond en comble le système signerait l'arrêt de mort d'une classe politique libanaise qui a su faire preuve d'une capacité de résilience hors du commun. •

T. YÉGAVIAN

Les chrétiens d'Orient vont-ils disparaître ?

La visite historique du pape François en Irak du 5 au 8 mars 2021, sur la terre d'Abraham, au chevet des Irakiens toutes confessions confondues, a donné lieu à un élan d'espoir auprès de la petite minorité chrétienne de ce pays frappé par la guerre de façon discontinue depuis 1980. À l'échelle régionale, les chrétiens orientaux souffrent d'une véritable hémorragie alors que leur présence demeure vitale pour la paix et la prospérité du Moyen-Orient.

Perçues souvent à tort comme les descendants des croisés, ces communautés sont à la fois des peuples, des langues, des cultures, des Églises et des confessions de foi. En 1900, un habitant sur quatre de l'Empire ottoman était chrétien. Le Proche-Orient rassemblait alors 30 % des chrétiens du monde, mais le génocide de 1915 perpétré par le pouvoir turc contre les Arméniens, les Assyro-Chaldéens et les Syriaques de l'empire a déclenché un processus à marche forcée d'homogénéisation ethno-confessionnelle dont les ramifications se sont poursuivies tout au long du XXe siècle.

DES DONNÉES DÉMOGRAPHIQUES INCERTAINES ET POLÉMIQUES

En Syrie, ils étaient quelque 1,3 million en 2011, contre la moitié dix ans plus tard. En Irak, la population chrétienne a chuté de plus de 85 %, passant d'environ 1,5 million dans les années 1990 à 400 000 à 200 000 de nos jours. Hormis les coptes (10 % des 100 millions d'Égyptiens), le nombre proportionnel des baptisés accuse une baisse inexorable alors qu'en chiffres absolus, ils sont plus nombreux qu'il y a un siècle, cela en grande partie du fait du dynamisme démographique de la communauté copte.

Si les statistiques peinent à faire l'objet d'un consensus – aucun recensement n'est connu –, tous s'accordent pour attester du profond enracinement des Églises d'Orient sur cette aire géographique, qui va du delta du Nil à la Mésopotamie, où s'est développée la chrétienté bien avant l'Occident, la Palestine actuelle ayant vu naître Jésus-Christ à Bethléem, vers l'an 4 avant notre ère. À Antioche, selon les *Actes des Apôtres* (cinquième livre du *Nouveau Testament*), les baptisés ont été appelés pour la première fois « chrétiens ». Jérusalem, Alexandrie, la Cappadoce et le nord de la Mésopotamie constituent les pôles historiques de la chrétienté.

Sur le plan religieux, les chrétiens orientaux appartiennent à plusieurs Églises et traditions ecclésiales, indépendantes ou en communion avec Rome, dont il est possible de distinguer quatre groupes : orthodoxes chalcédoniens, orthodoxes orientaux, catholiques et protestants. Ils célèbrent leurs rites dans plusieurs langues : grec, syriaque, arménien et de plus en plus en arabe. La plupart revendiquent une commune filiation à la civilisation syriaque, dont la production religieuse et profane a joué un rôle considérable dans la pensée arabo-musulmane. Médiateurs entre Orient et Occident, ils ont souffert d'un statut d'infériorité institutionnalisé par les pouvoirs musulmans successifs de la région, des tentatives de conversion au catholicisme par les missionnaires européens, mais cette rencontre avec leurs coreligionnaires occidentaux leur a aussi permis de s'insérer

1 Les chrétiens au Proche et Moyen-Orient

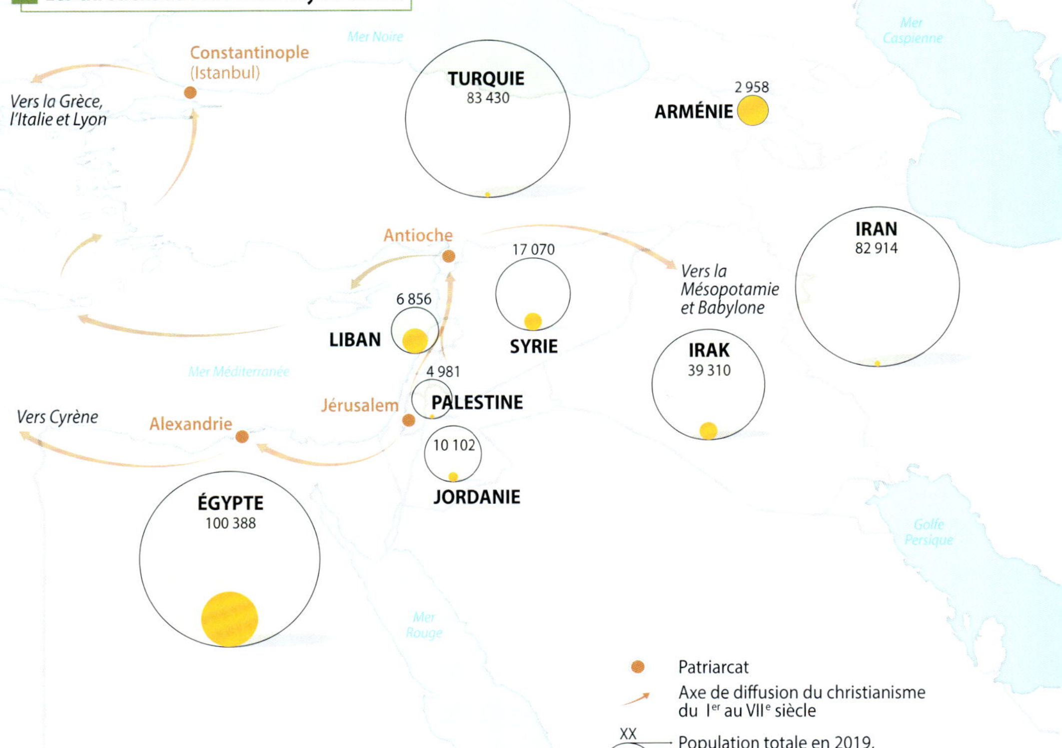

Carto n° 65, 2021 © Areion/Capri

Sources : Rédaction de Carto, 2021 ; L'Œuvre d'Orient, avril 2021 ; ONU, World Population Prospects 2019, *2020*

dans la modernité. Les techniques de l'imprimerie, les échanges culturels et économiques avec l'Europe dès la fin du Moyen Âge favorisent la contribution majeure des chrétiens au mouvement réformateur arabe de la *Nahda* au XIXe siècle.

Leur implication dans leur pays a concerné la littérature, la presse, les universités et la modernisation de la langue arabe avec la figure du Libanais maronite Boutros Boustani (1819-1883). Quant à leur engagement politique, il a toujours été motivé par une volonté de dépasser les clivages confessionnels par l'affirmation d'une citoyenneté inclusive, la défense d'un nationalisme panarabe, avec notamment le Syrien Michel Aflak (1912-1989), cofondateur du Baas, ou local dans les cas égyptien (parti Wafd), palestinien (Front populaire de libération de la Palestine) et syrien (Parti social nationaliste syrien). L'échec du panarabisme laïc, la montée de l'islam politique et les tensions régionales exacerbées par la question palestinienne ont favorisé leur émigration et leur repli confessionnel.

UNE COMMUNAUTÉ CULTURELLE QUI PÈSE POUR L'AVENIR

L'effondrement du Liban, pays phare de la chrétienté orientale, le chaos syro-irakien, la montée du salafisme en Égypte, la crise économique et sanitaire ne prêtent guère à l'optimisme. Exception faite des coptes égyptiens, les chrétiens orientaux sont bien plus nombreux en diaspora que dans leurs pays d'origine. Pour ceux qui sont restés, l'avenir est conditionné à plusieurs enjeux majeurs. C'est d'abord la participation politique et la promotion d'une citoyenneté inclusive dans un cadre sain et impartial. Mais le confessionnalisme politique à la libanaise a montré ses limites du fait du clientélisme. Il n'existe donc pas à ce jour de modèle.

Les chrétiens pèsent néanmoins dans des débats importants comme la liberté de conscience, condition *sine qua non* pour une sécularisation réussie. Leur présence est à la fois une garantie de diversité dans un Orient de plus en plus homogène et un baromètre de la démocratie. Les chrétiens sont encore des médiateurs entre sunnites et chiites. Leur présence est nécessaire pour nombreux de leurs compatriotes musulmans qui ne veulent pas que leurs pays se « somalisent ». Signe fort, ils sont 400000 enfants (estimations 2018, selon l'organisation L'Œuvre d'Orient), majoritairement musulmans, à être scolarisés dans des établissements chrétiens dans tout le Moyen-Orient, où les valeurs du vivre ensemble, de la laïcité et de la francophonie sont prodiguées par… des religieux. À l'évidence, la diaspora est appelée à jouer un rôle important comme elle le fit lors de la *Nahda*. Encore faut-il qu'elle ait pleinement conscience d'elle-même.

T. YÉGAVIAN

2 Les Églises d'Orient : définition

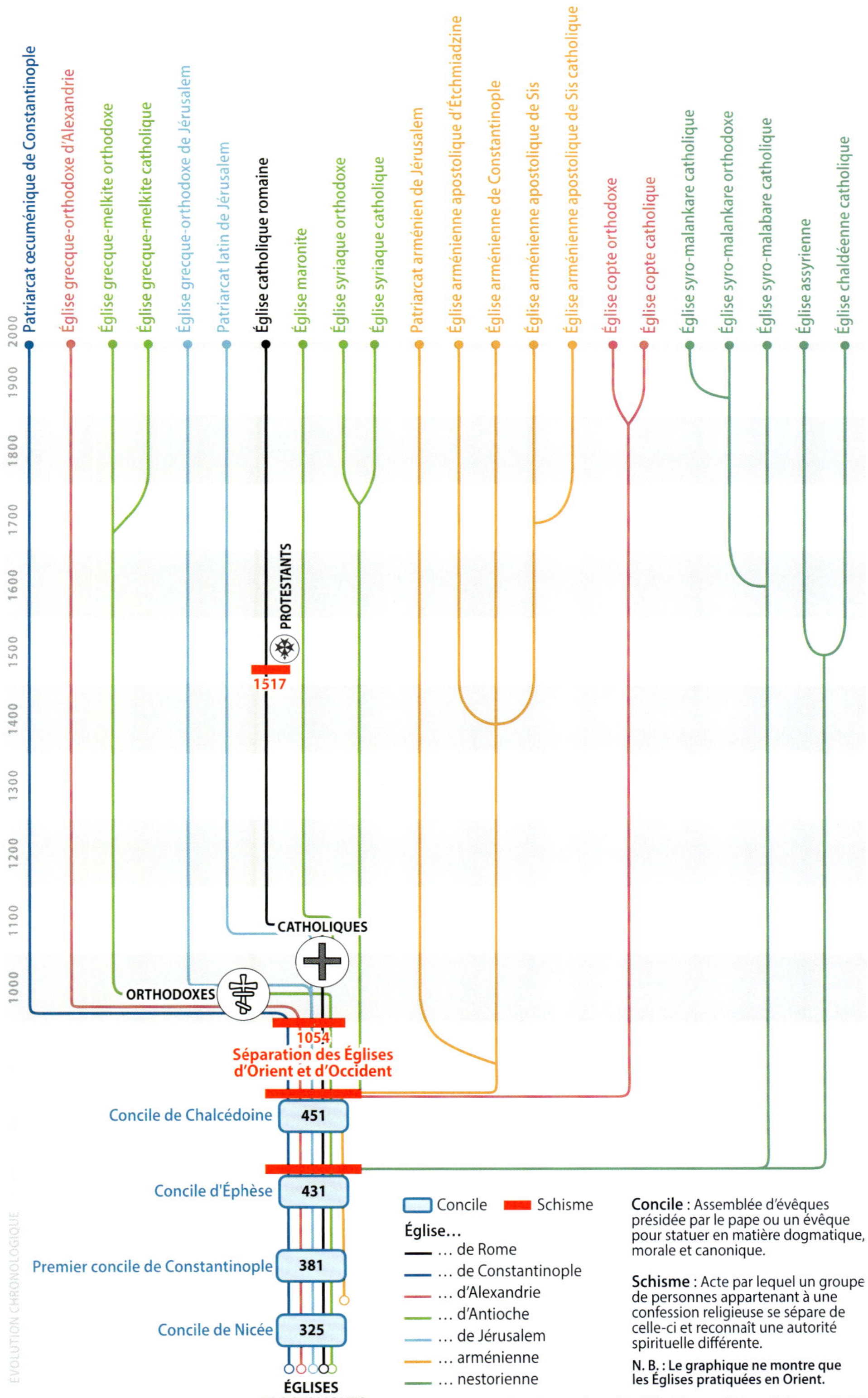

Carto n° 65, 2021 © Areion/Capri

Source : D'après une infographie d'Elvire Thonnat, L'Œuvre d'Orient, avril 2021

Dix ans de guerre en Syrie : le pire encore à venir ?

Dix ans après le déclenchement de la guerre civile, la Syrie est à genoux. En juin 2021, les estimations du nombre de morts variaient entre entre 388 000 et 495 000 ; quatre Syriens sur cinq vivraient sous le seuil de pauvreté. Les sanctions américaines contre le régime de Damas, amplifiées avec l'entrée en vigueur de la loi César le 17 juin 2020, aggravent une situation affectant aussi les pays de la région et rendent la reconstruction utopique.

En 2017, déjà, l'envoyé spécial des Nations unies en Syrie, Staffan de Mistura (2014-2018), avait estimé à 400 000 le nombre de morts dans la guerre sur la base de la population d'avant-guerre du pays, évaluée à 20,8 millions de personnes en 2011. Le taux de mortalité représenterait ainsi environ 2 %. De son côté, en juin 2021, l'Observatoire syrien des Droits de l'homme dresse un bilan de près de 500 000 tués en dix ans, dont un tiers de civils, notamment des enfants. Selon Amnesty International, sur la période 2011-2017, entre 5 000 et 13 000 personnes ont été exécutées dans les prisons gouvernementales, et des milliers d'autres seraient mortes des suites des tortures infligées par les hommes du régime de Bachar al-Assad (depuis 2000).

En dix années, ce conflit, que l'ONU avait qualifié en 2017 de « pire catastrophe provoquée par l'homme depuis la Seconde Guerre mondiale », a laminé l'économie, jeté sur les routes de l'exode plus de 11,5 millions de déplacés internes et de réfugiés dans la région et aux portes de l'Europe. La guerre a causé des destructions massives d'infrastructures et a réduit à néant des secteurs cruciaux pour l'économie.

UNE RÉGION ENTIÈRE TOUCHÉE

Les pays voisins sont les premiers touchés par les effets de la guerre. Ainsi, dans un rapport de juin 2020 de la Banque mondiale sur les répercussions humaines, matérielles, sociales et économiques dans la région, on constate une explosion des taux de pauvreté (+ 3,9 % en Jordanie, + 7,1 % au Liban et + 6 % en Irak) ; l'alourdissement du fardeau de la dette ; la détérioration des marchés du travail, en particulier pour les jeunes et les femmes ; la réduction de l'accès aux services publics, notamment la santé ; des problèmes de gestion des déchets et d'approvisionnement en électricité ; une baisse des investissements étrangers (1). Les répercussions du conflit ont affecté le commerce de transit à travers la Syrie, le tourisme, dans un contexte de choc démographique sans précédent provoqué par l'afflux de réfugiés. On assiste donc à une baisse généralisée de la croissance en une décennie (- 1,2 point en Irak, - 1,6 en Jordanie et - 1,7 au Liban).

La Banque mondiale souligne aussi la complexité de la dynamique économique régionale qui, jusqu'ici, a entravé le renforcement de la résilience des institutions, alors que celle-ci pourrait atténuer plus efficacement les retombées de la crise syrienne. La raison est due notamment à l'obsession du court terme qui a provoqué une moindre efficacité de la réponse. Celle-ci doit prendre en considération l'amélioration des services aux personnes vulnérables ainsi que le renforcement de la connectivité transfrontalière. Profondément ébranlée par une superposition de chocs, causés par l'effondrement des cours du pétrole et la pandémie de la Covid-19, la région a besoin d'une véritable intégration.

Quant à l'intérieur de la Syrie, on ne peut que constater l'ampleur des dégâts dans un pays en ruines. Dans une ville comme Alep, située dans une des zones les plus touchées par les bombardements, on pouvait recenser, en 2016, 35 722 édifices endommagés, dont 4 773 complètement détruits (2). Tous les secteurs sont touchés : habitations, distribution d'eau, énergie, routes, écoles, industrie..., tandis que le marché de la reconstruction, qui était déjà marqué par le clientélisme et la corruption, est passé sous le contrôle des proches du régime, dont des membres de la famille Al-Assad.

LA LOI CÉSAR, UN AIR DE DÉJÀ VU

Entrée en vigueur le 17 juin 2020, la loi américaine César (Caesar Syria Civilian Protection Act) tire son nom de ce transfuge de l'armée syrienne qui était parvenu à faire sortir du pays 50 000 clichés de personnes torturées à mort dans les geôles du régime. Animée par le désir d'asphyxier financièrement ce dernier et de l'empêcher de reconstruire le pays, cette mesure s'apparente à un coup de grâce dans le contexte de la pandémie et de l'effondrement économique du Liban voisin, qui, dans un climat de forte contestation sociale, affronte les graves conséquences de l'explosion du 4 août 2020 qui a ravagé une partie de Beyrouth. Elle sanctionne toute entité, tout individu ou toute société entretenant des relations économiques avec Damas, frappant ainsi de plein fouet à la fois une population syrienne exsangue, qui se verra coupée de l'aide indispensable de la diaspora, et, par ricochet, les pays voisins.

Ces sanctions occidentales rappellent celles exercées contre le régime de Saddam Hussein (1979-2003) au lendemain de la guerre du Golfe (1990-1991), alors qu'officiellement, elles ne concernent pas les biens humanitaires. Mais elles auront un impact sur les populations civiles, menacées de famine et de maladies : selon l'ONU, 13,4 millions de Syriens sont dans une situation critique. D'où l'importance cruciale de concilier l'impératif de justice et la nécessaire aide humanitaire. Ce qui dans le contexte actuel a tout d'une gageure, compte tenu de la divergence de vues des principaux acteurs du conflit syrien. ●

T. Yégavian

NOTES

(1) Banque mondiale, *The Fallout of War: The Regional Consequences of the Conflict in Syria*, juin 2020.
(2) REACH, *Syrian Cities Damage Atlas*, 2019.
(3) Banque mondiale, *The Toll of War: The Economic and Social Consequences of the Conflict in Syria*, 2017.

La guerre en Syrie et ses conséquences

Intensité du conflit entre 2011 et 2017, par district

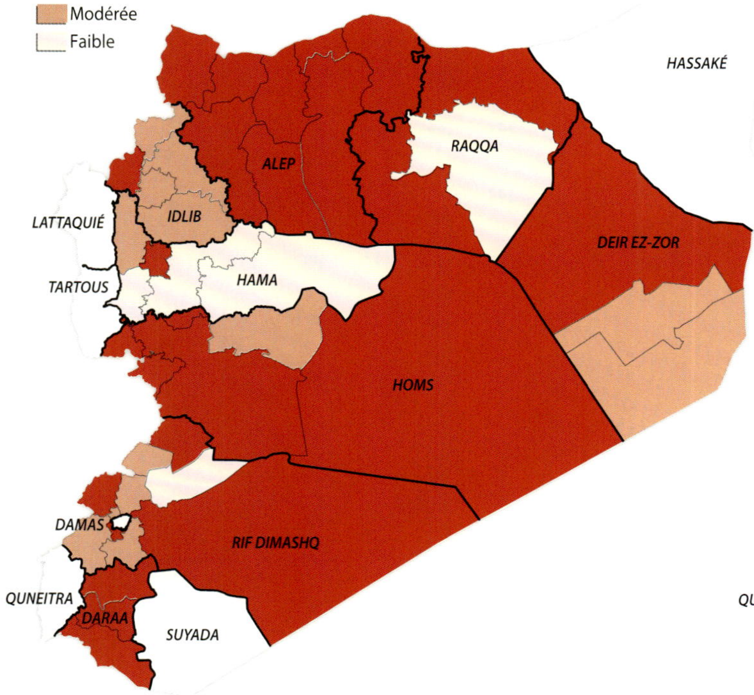

Bombardements entre 2011 et 2017, par district

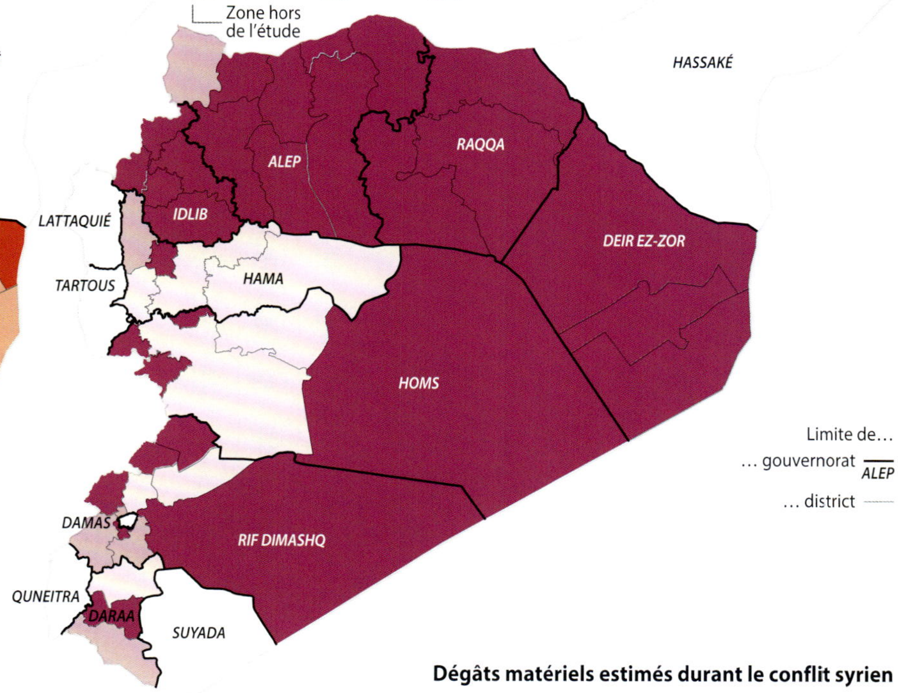

Et la reconstruction ?
Besoin de reconstruction relatif par district

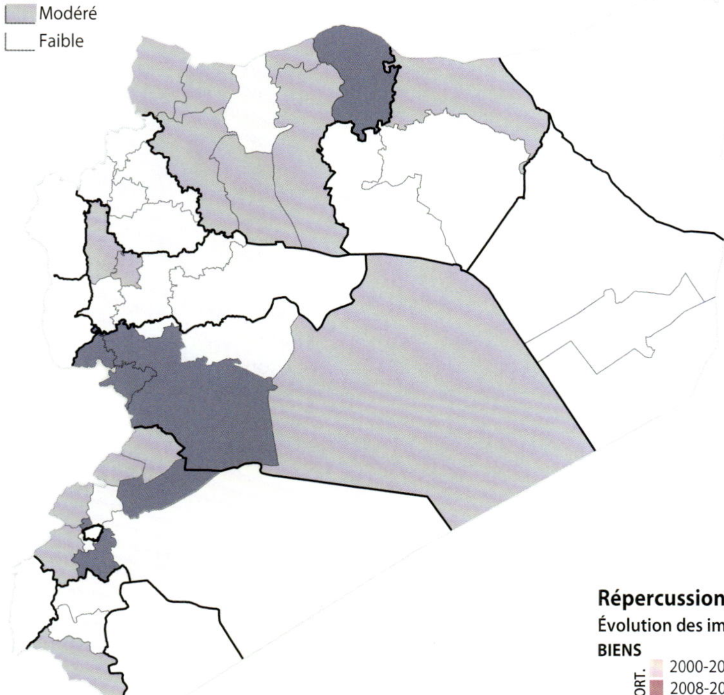

Dégâts matériels estimés durant le conflit syrien

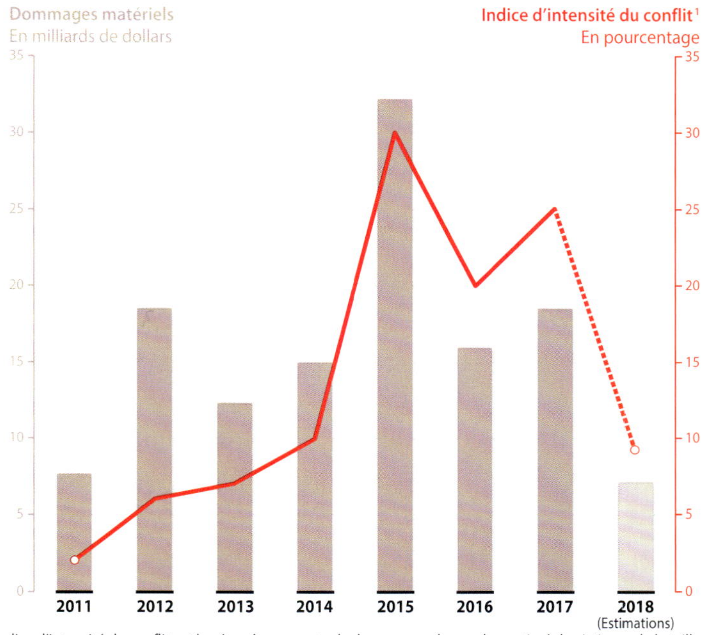

1. L'indice d'intensité du conflit est basé sur les rapports de dommages, du nombre estimé de victimes, de la taille géographique, de l'étendue des opérations militaires et de l'intensité ainsi que des moyens militaires déployés

Comparaison des taux de croissance annuels moyens du PIB
En pourcentage

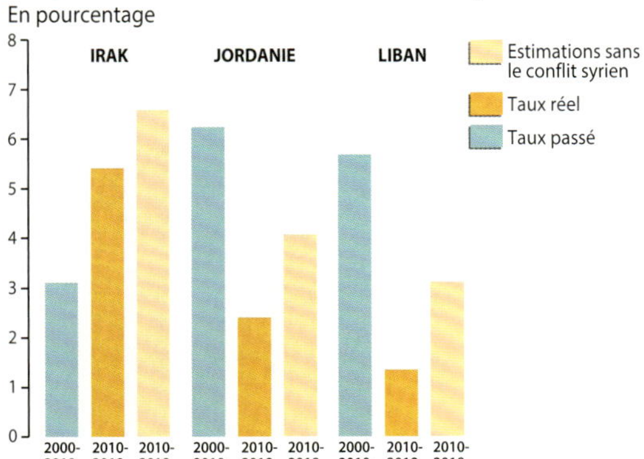

Répercussion du conflit sur les pays voisins
Évolution des importations et des exportations de biens et de services

BIENS

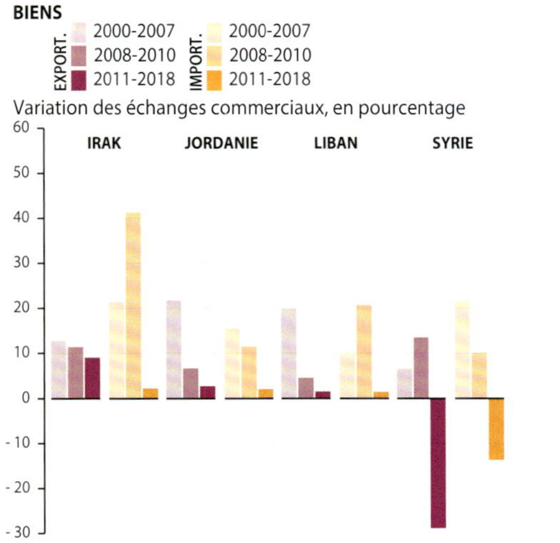

SERVICES

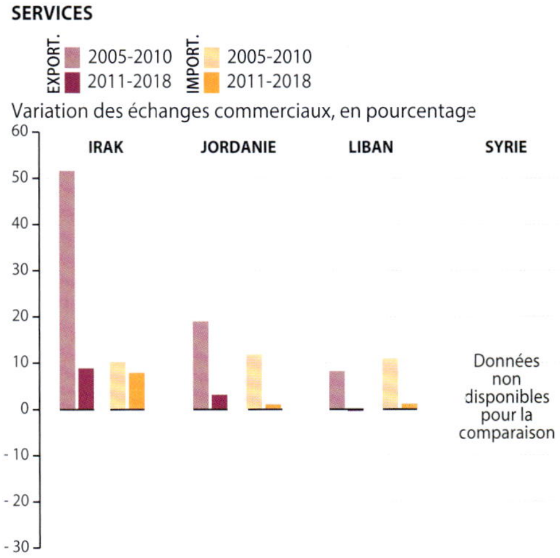

Sources : Banque mondiale, The Fallout of War: The Regional Consequences of the Conflict in Syria, *juin 2020,* Growth after War in Syria, *Policy Research Working Paper 8967, août 2019, et* The Toll of War the Economic and Social Consequences of the Conflict in Syria, *2017*

Carto n° 61, 2020 © Areion/Capri

1 La guerre en Syrie : acteurs et territoires en 2013…

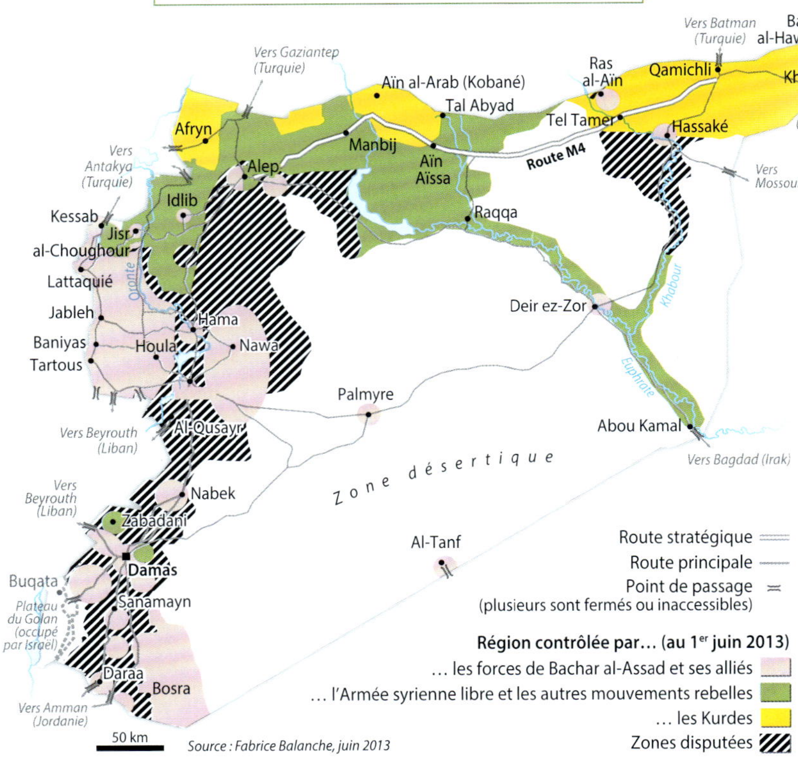

2 … en 2015

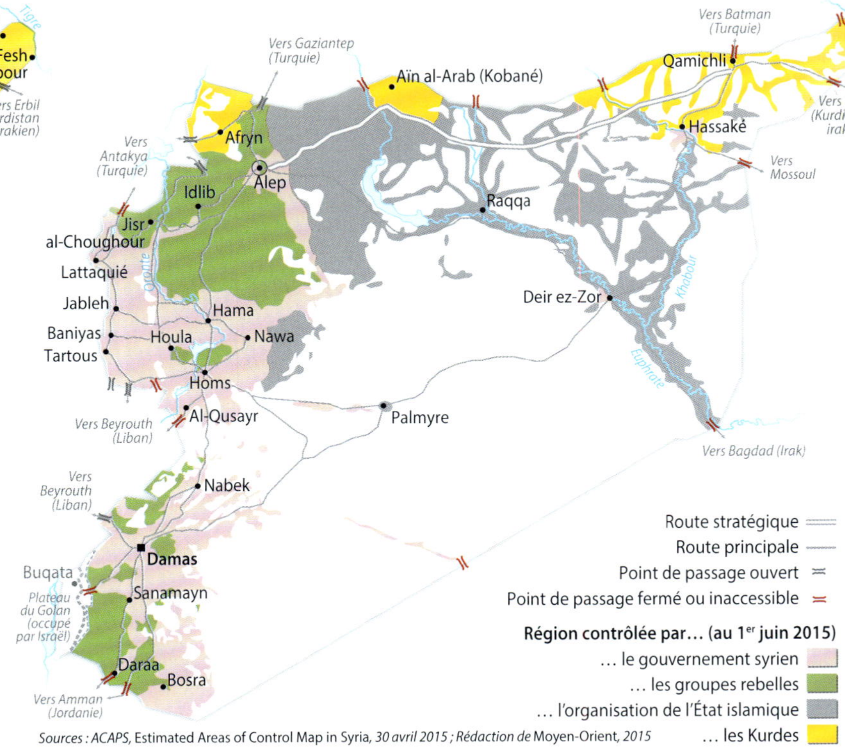

Dix ans de guerre en Syrie :

Après dix ans de guerre, le territoire syrien est morcelé, éclaté. La plupart des cartes présentent un pays divisé en trois grandes entités : l'espace gouvernemental, la zone administrée par les Kurdes et celle contrôlée par les rebelles. Certaines représentations détaillées établissent des nuances, rappelant que ces entités ne sont pas homogènes et qu'il est nécessaire d'analyser frontières et limites à l'échelle locale pour comprendre la fragmentation du pays.

Avant la guerre, le territoire syrien comptait de nombreuses discontinuités multiscalaires liées à la structure communautaire de la population, aux écarts sociaux et de développement spatial. L'aménagement du territoire par le Baas n'a pas réussi à homogénéiser le pays, et la libéralisation économique des années 2000 a exacerbé le rapport centre-périphérie. Il faut ajouter désormais les discontinuités produites par la guerre, car l'ingérence étrangère participe à cette fragmentation : la présence de troupes russes, américaines, turques et iraniennes fait de la Syrie l'épicentre d'un arc de crise mondial.

DES FRONTIÈRES MALMENÉES

Les frontières internationales de la Syrie n'ont pas été remises en cause, si l'on excepte la reconnaissance en 2019 par les États-Unis de l'annexion du Golan en 1967 par Israël. Une solution de sortie de crise comparable aux accords de Dayton (1995) pour l'ex-Yougoslavie n'est pas à l'ordre du jour. La fenêtre d'hégémonie de l'Occident s'est refermée, la Chine s'est hissée au deuxième rang mondial, la Russie est là et il n'est plus question pour les États-Unis d'intervenir unilatéralement. Or Moscou et ses partenaires du groupe d'Astana (Iran et Turquie) sont opposés à une partition de la Syrie. Cela favoriserait l'émergence d'une entité kurde, que ni Ankara ni Téhéran ne souhaite voir advenir, qu'il s'agisse d'un État indépendant ou d'une entité autonome. Cependant, cela n'empêche pas ces puissances de se partager le pays en zones d'influence et de contrôler des portions de frontière syrienne, privant l'État syrien de sa souveraineté. La stratégie de contre-insurrection employée par Damas a porté ses fruits. Début 2021, le régime de Bachar al-Assad (depuis 2010) contrôle les deux tiers du territoire, dont les six principales villes (Damas, Alep, Homs, Hama, Lattaquié, Tartous, Daraa, Deir ez-Zor), soit 65 % de la population résidente (environ 17 millions de personnes). C'est un retournement complet par rapport à l'étiage du printemps 2013 (*cf. cartes 1 à 4*).

Cependant, en ce qui concerne les frontières internationales, la situation est moins brillante, puisque les forces loyalistes ne contrôlent qu'un tiers des dyades terrestres et que, parmi elles, ce n'est pas l'armée du régime qui s'impose. La douane syrienne gère officiellement les postes frontaliers avec le Liban, la Jordanie et l'Irak, mais la réalité du pouvoir est ailleurs. Ils sont occupés par le Hezbollah, qui a établi des bases du côté syrien (Zabadani, Al-Qusayr). La dyade syro-irakienne depuis Abou Kamal jusqu'à

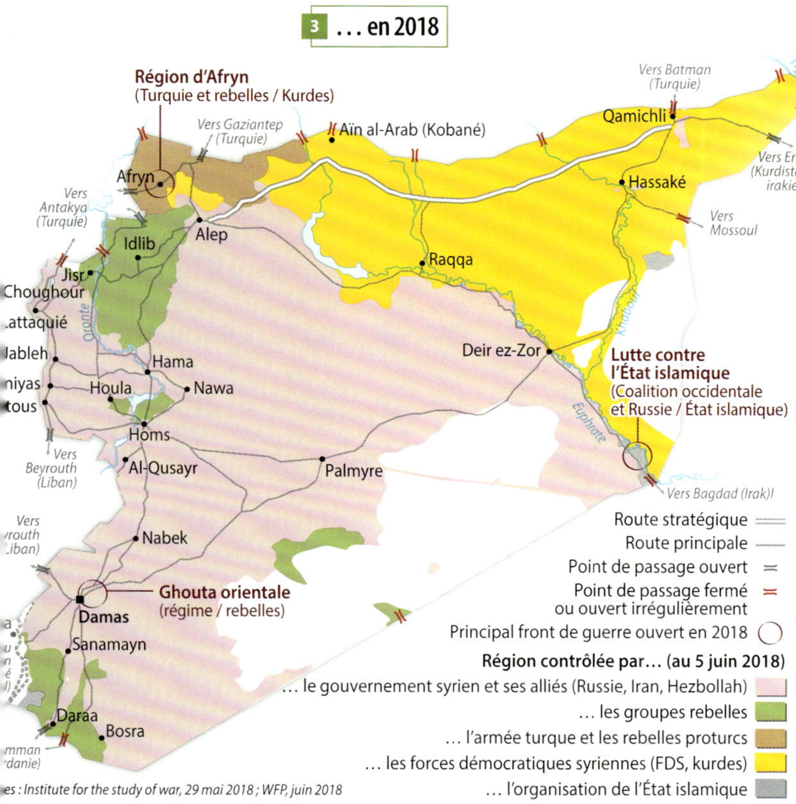

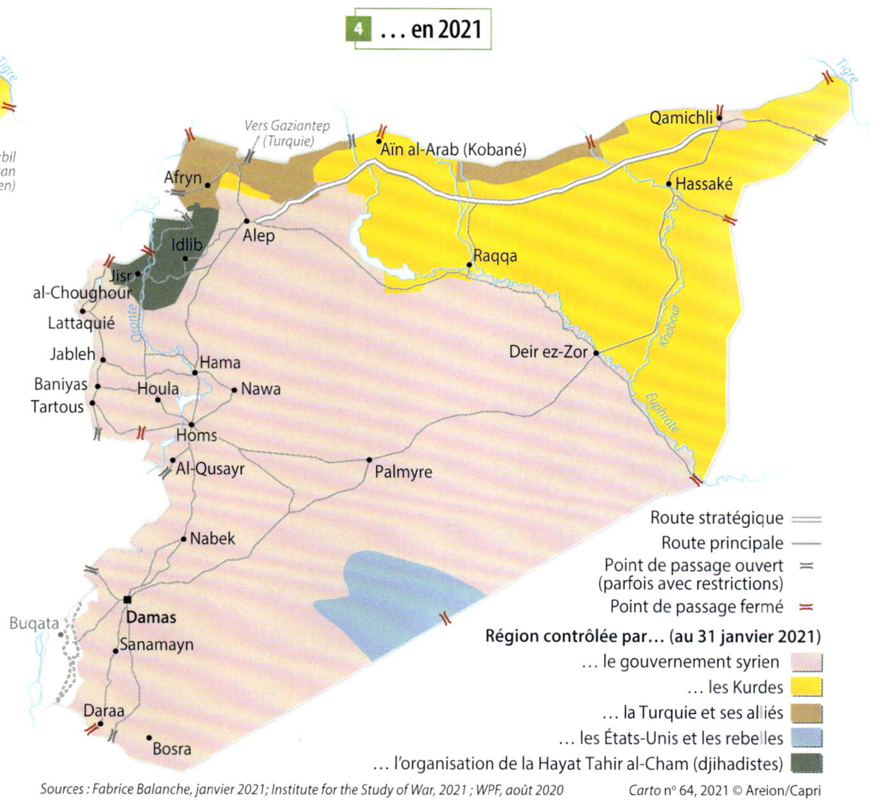

fragmentation et perte des frontières

Al-Tanf est gérée par les milices chiites irakiennes. La mainmise des forces pro-iraniennes s'étend aussi sur une partie des frontières aériennes, puisque plusieurs aéroports militaires syriens servent de réceptacles aux armes venues d'Iran.

UN MUR AVEC LA TURQUIE

Au nord, la Turquie a érigé un mur sur sa frontière avec la Syrie. La construction a commencé en 2013 dans la région de Qamichli, fief des Kurdes syriens, pour ensuite être étendue sur toute la longueur du tracé (*cf. carte 6*). L'objectif est d'empêcher des infiltrations, au début, des combattants du Parti des travailleurs du Kurdistan (PKK), puis de l'organisation de l'État islamique (EI ou Daech). Mais il s'agit aussi de bloquer l'arrivée de réfugiés. Dans la région d'Idlib (*cf. carte 5*), des centaines de milliers de déplacés internes vivent dans des campements de fortune au pied du mur. Les passages individuels sont toujours possibles grâce à des échelles et à des tunnels, mais la plupart des migrants sont arrêtés et renvoyés par la police turque.

De Kessab au Tigre, le côté syrien de la frontière est successivement contrôlé par l'armée syrienne, puis les rebelles turkmènes proturcs dans les forêts de Baer, les djihadistes de la Hayat Tahrir al-Cham (HTC) entre Jisr al-Choughour et Bab al-Hawa, les rebelles proturcs de l'Armée nationale syrienne (ANS) jusqu'à l'Euphrate, l'armée russe et les Forces démocratiques syriennes (FDS) autour de Kobané, les rebelles proturcs de l'ANS entre Tal Abyad et Ras al-Aïn, et enfin de nouveau l'armée russe et les FDS jusqu'à Fesh Khabour. Après l'offensive turque d'octobre 2019 et le retrait américain de la majeure partie du territoire de l'Administration autonome du nord et de l'est de la Syrie (AANES ; Rojava), la Russie a pris le contrôle de la zone de contact entre les FDS, la Turquie et ses supplétifs de l'ANS, conformément à l'accord de cessez-le-feu d'octobre 2019, ce qui inclut la frontière internationale. Les patrouilles russo-turques ont été remplacées par des forces américano-turques sur ces lignes de contact pour s'assurer que les FDS se sont retirées de la zone frontalière. Les Russes se sont installés à la place des troupes américaines et françaises à Manbij, à Kobané et dans la cimenterie Lafarge de Jalabya (nord de Raqqa). Ils ont établi des postes militaires supplémentaires à Aïn Aïssa, Tel Tamer et Qamichli, et patrouillent avec l'armée turque sur les routes frontalières. Les équipes russes s'aventurent toujours plus à l'est, tentant d'installer un poste à Dierik et de prendre le contrôle du poste frontalier avec l'Irak de Fesh Khabour, l'unique voie de ravitaillement dont disposent les troupes américaines dans le nord-est de la Syrie.

LOGIQUES CONFLICTUELLES AU SEIN DE « FRONTIÈRES » INTERNES

Le rapport de force entre le gouvernement syrien, les différentes factions rebelles, les djihadistes et les FDS a créé des frontières internes. Le degré de conflictualité dépend du niveau d'animosité entre les acteurs qui se trouvent de part et d'autre de la limite. Entre le gouvernement syrien et les FDS, il règne une entente cordiale, tandis qu'entre les FDS et les rebelles proturcs, la tension est maximale. La nature physique des limites exerce également une influence au quotidien sur les conflits.

Les limites qui reposent sur des discontinuités physiques comme l'Euphrate (entre les FDS et l'armée syrienne) et la rivière Sarouj (entre les FDS et les pro-Turcs) sont calmes. Les axes routiers se révèlent plus conflictuels. À défaut de contrôler le tronçon de la M4 entre Aïn Aïssa et Tel Tamer, les rebelles proturcs bombardent régulièrement ses abords pour la rendre inutilisable par les FDS. Quant au gouvernement syrien, il ne peut se résoudre à voir la HTC couper la M4 entre Lattaquié et Alep. La zone rebelle du Jebel Zaouyeh, située au sud de la M4, est par conséquent frappée en permanence par l'armée syrienne. Les incidents sont nombreux lorsque les lignes de démarcation sont situées sur les axes routiers ou à leurs abords, car cela réduit les échanges économiques. Or il s'agit d'une source de revenus importante pour les différents groupes armés qui prélèvent leur dîme sur le passage des marchandises et des voyageurs.

Le nord de la Syrie est traversé par des lignes et des logiques conflictuelles. La Turquie veut y créer une « zone de sécurité » de 32 kilomètres

5 Idlib, nouvelle « bande de Gaza » (novembre 2020)

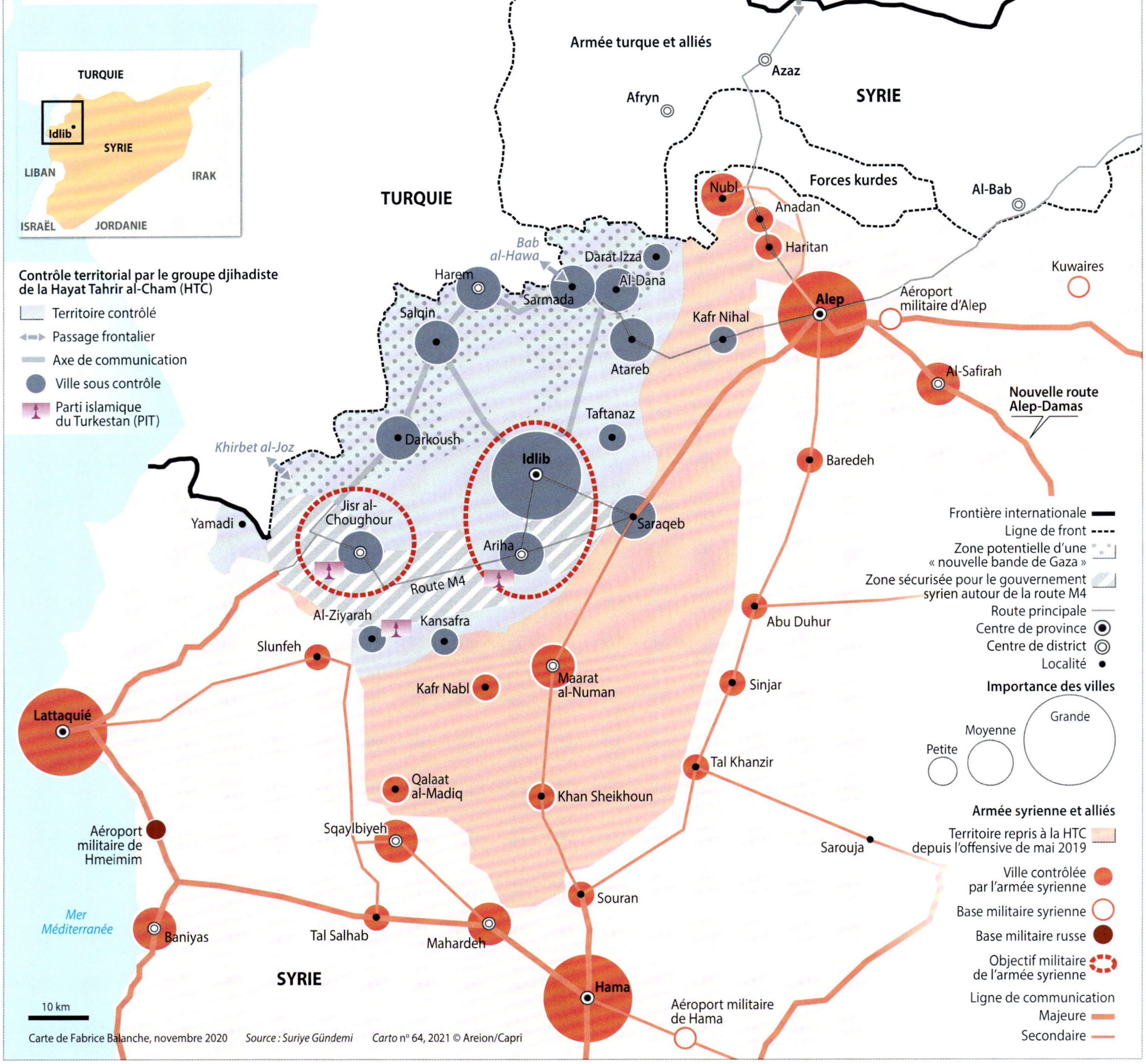

Carte de Fabrice Balanche, novembre 2020 *Source : Suriye Gündemi* *Carto n° 64, 2021 © Areion/Capri*

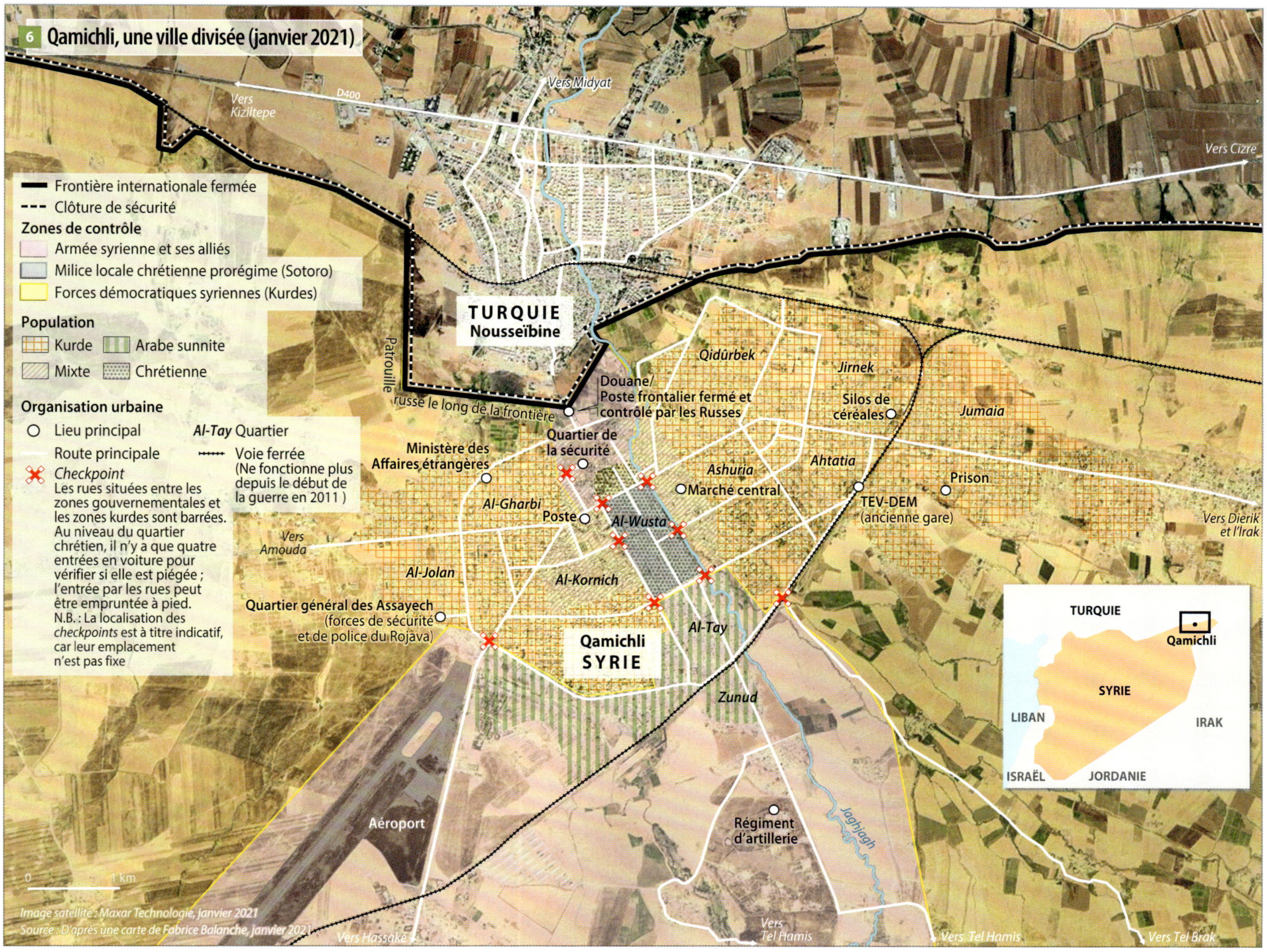

6 Qamichli, une ville divisée (janvier 2021)

Image satellite : Maxar Technologie, janvier 2021
Source : D'après une carte de Fabrice Balanche, janvier 2021

au sud de sa frontière, dont l'objectif officieux est d'éliminer les populations kurdes, comme elle l'a déjà fait à Afryn, à Tal Abyad et à Ras al-Aïn. Les FDS et le PKK veulent au contraire créer un territoire autonome sur le modèle du Gouvernement régional du Kurdistan (GRK) en Irak dans le nord-est et reconquérir les territoires kurdes occupés par la Turquie. Les troupes russes sont censées faire tampon entre les FDS et les pro-Turcs, mais elles n'empêchent pas les heurts. Car il est dans l'intérêt de la Russie de laisser planer la menace turque vis-à-vis des FDS pour qu'elles finissent par renoncer à leur alliance avec les États-Unis.

DES DISCONTINUITÉS EXACERBÉES

Les discontinuités d'avant-guerre ont été exacerbées par dix ans de conflits. Au printemps 2013, la carte communautaire correspond quasi à celle de la partition entre les territoires tenus par les forces loyalistes, les rebelles et les Kurdes. La limite entre alaouites et sunnites en Syrie centrale est devenue une ligne de front rapidement puisque c'est à cet endroit qu'il y a eu le plus de massacres communautaires. Dans le sud, la révolte armée de Daraa s'est arrêtée aux portes des villages druzes, qui ont créé leurs propres milices pour se protéger des rebelles sunnites, se plaçant sous la protection du gouvernement. Malgré son apparente unité sous l'égide de l'AANES, le nord-est syrien est une mosaïque formée de Kurdes, d'Arabes sunnites et de quelques groupes chrétiens résiduels. Les FDS, composées de ces différentes communautés, ont combattu Daech, mais leur unité n'est plus assurée que par les financements et l'armement américains. En raison de cette mixité ethnique, les discontinuités sont multiples, elles traversent la campagne et les villes, les foyers.

Le destin de la Syrie est entre les mains d'acteurs extérieurs possédant des priorités propres qui dépassent le seul intérêt de la résolution de la crise. Cependant, ils ont tous en commun le respect de quelques principes de droit international, comme l'intangibilité des frontières. L'intégrité territoriale du pays ne saurait donc pas être remise en cause, mais cela n'empêchera pas ces puissances de maintenir des zones d'influence en Syrie avec des limites qui deviennent des frontières internes. Le processus de fragmentation est renforcé par les logiques autonomistes des acteurs locaux qui ont goûté au pouvoir et à la perception d'une rente stratégique venue de l'extérieur. La Syrie sera peut-être réunifiée sous la forme d'un « protectorat russo-iranien » avec une « zone de sécurité turque » au nord, mais l'État syrien aura beaucoup de mal à retrouver sa souveraineté, et l'identité syrienne tendra à se dissoudre. ●

F. Balanche

Israël : le cyberespace comme terrain stratégique

Le 9 mai 2020, le réseau informatique du port iranien de Shahid Rajaee, situé dans le golfe d'Ormuz, est victime d'une cyberattaque qui désorganise son trafic maritime. Israël serait à l'origine de cette opération lancée en représailles d'une cyberattaque iranienne les 24 et 25 avril contre des installations de traitement d'eau israéliennes. Quelles sont les capacités de l'État hébreu dans le cyber, domaine dans lequel il figure parmi les leaders mondiaux ?

L'attaque israélienne contre le port iranien illustre le haut niveau technologique qu'a acquis l'État hébreu dans le secteur du cyber. En quelques années, il est en effet parvenu à développer des outils particulièrement redoutables dans ce domaine, qu'il s'agisse de virus informatiques, de systèmes d'espionnage ou de protocoles en cybersécurité. Quelques-unes de ces opérations en témoignent : le brouillage des systèmes de défense aérienne syriens en 2007 (opération « Orchard »), la diffusion d'un virus informatique endommageant des centrifugeuses iraniennes en 2010 (*Stuxnet*), la collecte d'informations industrielles sur le programme nucléaire iranien (*Duqu* en 2011, *Flame* en 2012, *Duqu 2.0* en 2015), ou le piratage du réseau de communication libanais pour nuire aux intérêts du Hezbollah (2017).

À L'ORIGINE DU CYBER ISRAÉLIEN

Le dynamisme du secteur repose sur les efforts du pays en recherche et développement (R&D) : en 2019, 4,3 % du PIB israélien y est consacré, soit la part la plus importante du monde après la Corée du Sud, de 4,5 % (1). Des investissements sont également réalisés dans le système éducatif, ce qui permet à l'État de disposer d'un capital humain hautement qualifié. En 2019, le budget alloué à l'éducation atteint 11,8 milliards de dollars, le double de celui de 2010 (6,9 milliards). En outre, depuis une décennie, les étudiants israéliens s'orientent massivement vers les études scientifiques : plus d'un étudiant sur quatre se consacre aux sciences, à la technologie, à l'ingénierie et aux mathématiques. Dans cette dernière discipline, le nombre d'inscrits a bondi de 80 % en dix ans.

Tsahal, l'armée israélienne, est une composante essentielle du développement technologique de l'État hébreu qui permet le transfert de technologies du militaire vers le civil. Dans le domaine du cyber, une unité se distingue particulièrement : la 8200. Ses soldats, formés de manière intensive aux mathématiques, à l'informatique ou aux langages de programmation, y acquièrent de solides compétences pour développer des outils technologiques stratégiques. Et une fois leur service terminé, il n'est pas rare de trouver ces anciens militaires à la tête de *start-up* innovantes consacrées au développement d'outils cyber.

La force du secteur israélien repose donc sur une interaction permanente entre les centres de formation (écoles, instituts, universités), l'État (par le biais de politiques publiques ou de formations spécialisées

1 La stratégie de cybermercenaire d'Israël

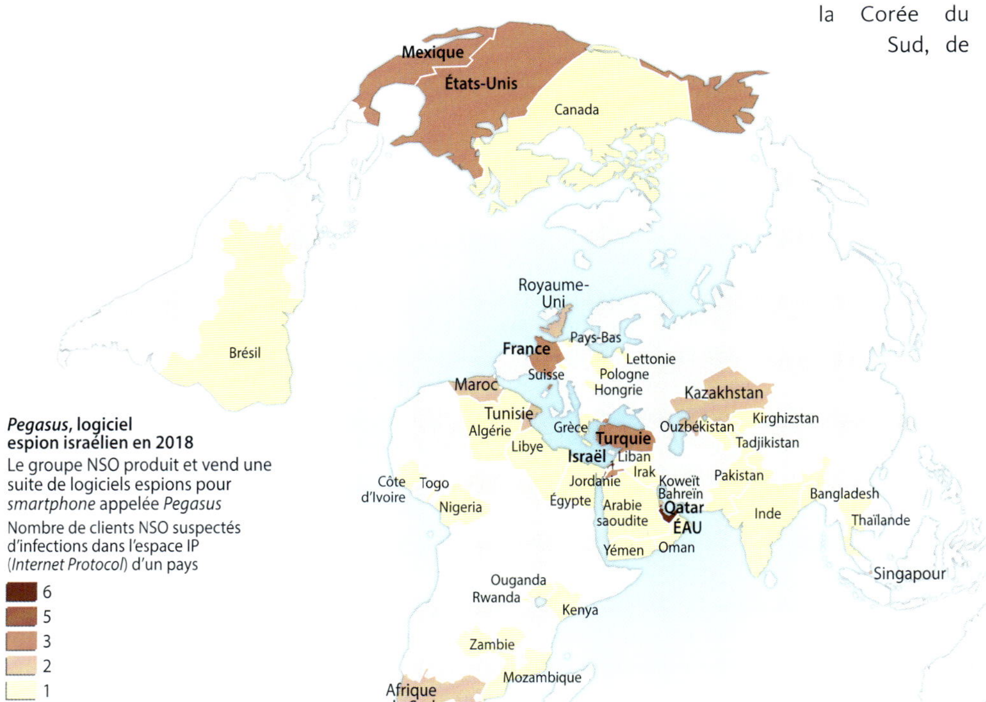

N.B. : L'espace IP peut ne pas toujours correspondre à une victime sur le territoire géographique en raison de facteurs tels que les réseaux virtuels privés ou VPN en anglais. L'étude porte sur un échantillon de 45 pays
Source : Citizen Lab, Tracking NSO Group's Pegasus Spyware to Operations in 45 Countries, *septembre 2018*

1. Territoires palestiniens

Carto n° 60, 2020 © Areion/Capri

2 Israël, acteur mondial des nouvelles technologies

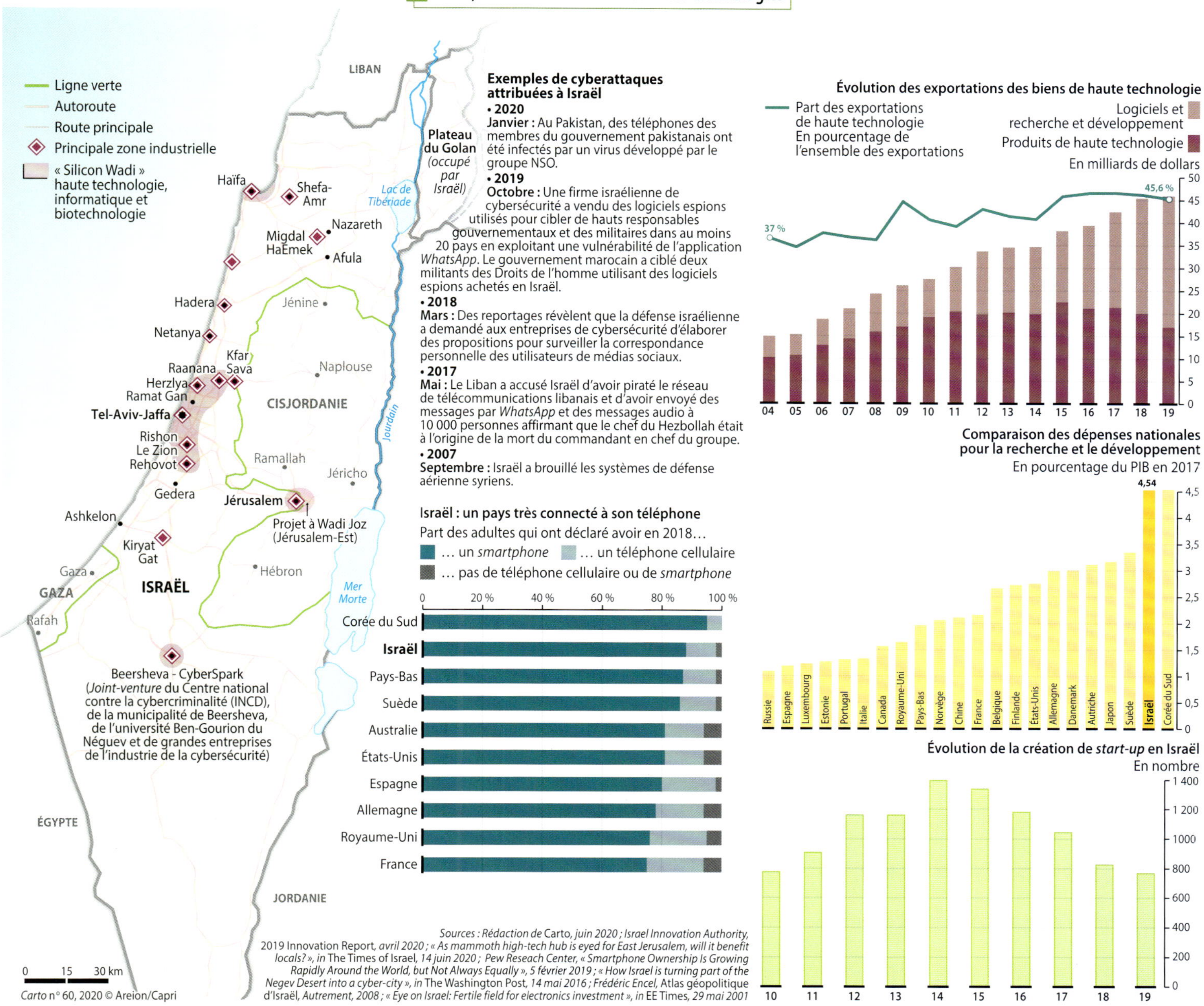

Sources : Rédaction de Carto, *juin 2020 ; Israel Innovation Authority,* 2019 Innovation Report, *avril 2020 ; « As mammoth high-tech hub is eyed for East Jerusalem, will it benefit locals? », in* The Times of Israel, *14 juin 2020 ; Pew Reseach Center, « Smartphone Ownership Is Growing Rapidly Around the World, but Not Always Equally », 5 février 2019 ; « How Israel is turning part of the Negev Desert into a cyber-city », in* The Washington Post, *14 mai 2016 ; Frédéric Encel,* Atlas géopolitique d'Israël, *Autrement, 2008 ; « Eye on Israel: Fertile field for electronics investment », in* EE Times, *29 mai 2001*

au sein de l'armée) et le secteur économique. Cela a permis l'essor d'un pôle de compétitivité (*cluster*), que l'on qualifie souvent de « Silicon Wadi », en référence à la Silicon Valley californienne – la vallée, en arabe, se dit « *wadi* ». Celle-ci se concentre principalement dans un rayon de 20 kilomètres autour de Tel-Aviv ; les deux tiers des entreprises high-tech et des centres de formation scientifiques s'y trouvent.

UN OUTIL DE PUISSANCE

Dans le même temps, la doctrine israélienne consiste à développer des outils offensifs pour attaquer, espionner ou perturber des systèmes ennemis, mais aussi des dispositifs défensifs pour protéger son réseau informatique d'attaques qui visent ses entreprises, ses sites ou ses infrastructures stratégiques. Or l'État n'est pas le seul acteur impliqué dans le développement de ces technologies. Des universitaires et des ingénieurs y contribuent également. Au sein de l'université Ben-Gourion du Néguev par exemple, une *start-up* composée d'ingénieurs, de linguistes et de spécialistes en signal sonore a développé un outil de reconnaissance vocale dans des environnements bruyants, capable de restituer parfaitement les dialogues, quelle que soit la langue, grâce à une intelligence artificielle autonome. Tsahal, ainsi que des acteurs gouvernementaux ou privés étrangers, dont la NSA américaine, y auraient recours.

D'autres, moins scrupuleux, n'hésitent pas à vendre leur technologie à des gouvernements répressifs, voire liberticides. C'est notamment le cas du groupe NSO, accusé d'avoir vendu en 2012 son logiciel espion *Pegasus* au Mexique, qui l'aurait longtemps utilisé pour surveiller des journalistes ou des avocats. D'autres pays comme le Qatar, les Émirats arabes unis, le Mozambique, le Maroc, le Yémen, la Hongrie, le Nigeria ou Bahreïn seraient également des clients de NSO. Les technologies israéliennes s'exportent partout, y compris chez les « ennemis » d'Israël. Pour preuve : en janvier 2020, l'ONU révèle que le téléphone portable du patron d'Amazon, l'Américain Jeff Bezos, aurait été piraté par *Pegasus*. Selon les experts, le virus aurait été envoyé par l'intermédiaire d'un fichier vidéo qu'aurait reçu l'intéressé de la part d'un de ses contacts… le prince saoudien Mohamed ben Salman. ●

D. Amsellem

NOTE

(1) Avec 11,7 milliards de dollars en 2019, les investissements israéliens en R&D représentent toutefois une somme marginale par rapport à ceux des États-Unis (476,5 milliards) ou de la Chine (370 milliards).

Normalisation arabo-israélienne : un moment « historique » ?

« Historiques » : c'est l'adjectif choisi par les médias pour caractériser les accords entre Israël et les Émirats arabes unis d'une part, et Israël et Bahreïn de l'autre, présentés à Washington mi-septembre 2020. Entre-temps, les deux organisateurs de l'opération, Donald Trump (2017-2021) et Benyamin Netanyahou (2009-2021), ont perdu leurs fonctions. Et une nouvelle guerre à Gaza en mai 2021 a secoué les opinions. La « normalisation » se poursuivra-t-elle ?

Si ces textes représentent une percée de la normalisation recherchée par Israël avec le monde arabe, plusieurs facteurs invitent à la relativiser. Première objection : il ne s'agit pas d'accords de paix, les États signataires n'ayant jamais été en guerre. Deuxième objection : nul ne connaît leur contenu, sauf la promesse de chasseurs F-35 aux Émirats arabes unis, encore hypothétique. Troisième objection : leur dimension électorale, qui n'a pas sauvé ni le président américain ni le Premier ministre israélien, battus aux élections.

ISRAËL, ACTEUR UNILATÉRAL

Cette histoire commence avec le « consensus stratégique » des États-Unis depuis 1967 : pérenniser leur hégémonie en rassemblant Israël et ses voisins. Grande avancée en 1977 : le voyage surprise du président égyptien Anouar el-Sadate (1970-1981) à Jérusalem, puis, en 1978, son sommet avec le Premier ministre israélien Menahem Begin (1977-1983) et le président Jimmy Carter (1977-1981) débouchent sur une paix séparée. Mais les Palestiniens deviennent un acteur majeur avec leur première *Intifada* (1987-1991). Au lendemain de la guerre du Golfe (1990-1991), la conférence de Madrid (octobre 1991) et les accords d'Oslo (septembre 1993) poussent Washington à accepter un État palestinien en pointillés. Et Israël engrange en octobre 1994 une seconde paix séparée, avec la Jordanie. Mais, le 4 novembre 1995, le Premier ministre israélien Yitzhak Rabin (1992-1995) est assassiné et avec lui le « processus de paix », enterré par le sommet de l'été 2000. Place à la deuxième *Intifada*, qui creuse un fossé sanglant entre les deux peuples, avec environ 5 000 morts, dont 4 000 Palestiniens.

La parenthèse d'Oslo refermée dans le sang, Israël agit unilatéralement, en dépit du droit international, de la colonisation au mur. Et George W. Bush (2001-2009), concentré sur l'Afghanistan et l'Irak, renonce à freiner son allié. Barack Obama (2009-2017) exige, en vain, le gel de la colonisation ; il capitule face à Benyamin Netanyahou.

Oubliée, l'initiative de paix de la Ligue arabe (2002), qui offrait une normalisation des relations si Israël se retirait des Territoires occupés et acceptait un État palestinien avec sa capitale à Jérusalem. En coulisses, les Arabes négocient pour leur compte sans exiger un État palestinien. Cette « trahison » remonte à loin. De la Grande Révolte (1936-1939) à la *Nakba* (1947-1949), les « frères arabes » abandonnent les Palestiniens, quand ils ne les massacrent pas : les Jordaniens lors du Septembre noir (1970), les Libanais pendant leur guerre civile (1975-1990)...

La marginalisation de la Palestine par les conflits irakien et syrien brise le tabou. La réussite des accords se mesurera au nombre d'États arabes recrutés : Américains et Israéliens multiplient les pressions pour arracher des signatures qui tardent. Sauf celle de Rabat, obtenue en décembre 2020 contre la reconnaissance par Washington de la souveraineté marocaine sur le Sahara occidental. La clé se trouve à Riyad. « Si je signe, mon peuple me tuera », a lâché Mohamed ben Salman, prince héritier et homme fort d'Arabie saoudite. Son père, le roi Salman (depuis 2015), lui fait la leçon : le gardien des deux grands Lieux saints de l'islam, La Mecque et Médine, ne saurait donner à Israël le troisième, la mosquée Al-Aqsa à Jérusalem. Mohamed ben Salman craint qu'une alliance avec Israël n'alimente ces « révolutions arabes » qui secouent royaumes comme républiques. En pactisant avec Tel-Aviv, un petit émirat peuplé d'immigrants ne risque rien. Pas un grand État comptant des millions d'autochtones qui résistent à la répression. L'alliance avec Israël et les États-Unis protège surtout les dirigeants arabes contre deux menaces : celle de l'Iran et celle du « phénix révolutionnaire ». Pas question de choquer des populations propalestiniennes, surtout après la quatrième guerre de Gaza.

NOUVEAU PRÉSIDENT AMÉRICAIN, NOUVELLE POLITIQUE ?

L'autre clé se trouve à Washington. Joe Biden a pour principal objectif de contenir la montée en puissance de la Chine. C'est pourquoi il entend conclure un accord sur le nucléaire avec Téhéran, qui se rapproche de Pékin, et calmer le jeu au Proche-Orient. La nouvelle administration a annoncé qu'elle ne soutenait plus la guerre saoudienne au Yémen. Tout en réaffirmant le droit d'Israël à se défendre, elle a multiplié les gestes en direction des Palestiniens : maintien de l'ambassade à Jérusalem, mais réouverture du consulat à Jérusalem-Est, réaffirmation de l'« illégalité » des colonies, retour au sein de l'Office de secours et de travaux des Nations unies pour les réfugiés de Palestine (UNRWA) avec un apport de 235 millions de dollars, reprise du dialogue avec l'Autorité nationale palestinienne dont la Mission à Washington est rouverte.

Dans le même esprit, le Département d'État a recadré les « accords d'Abraham » : certes, les États-Unis « continueront à recommander à d'autres pays de normaliser leurs relations avec Israël », selon les déclarations officielles, mais pas comme « un substitut à la paix israélo-palestinienne ». Ils espèrent qu'« Israël et d'autres pays dans la région s'uniront pour contribuer à un progrès tangible vers l'objectif consistant à promouvoir une paix négociée entre Israéliens et Palestiniens ». ●

D. VIDAL

1 Diplomatie israélienne dans la région du Grand Moyen-Orient en 2020

2 Israël dans son environnement régional (2020)

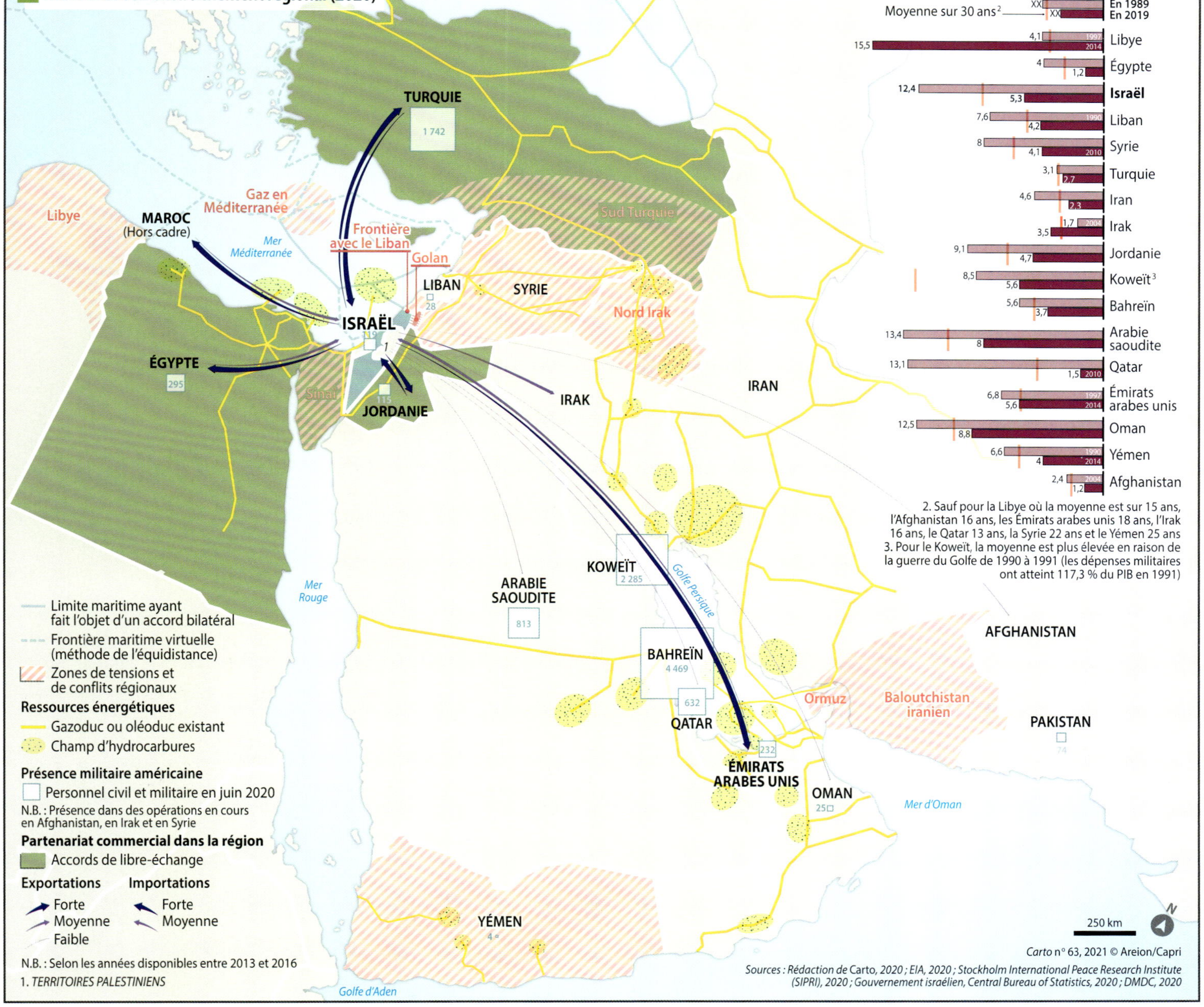

Passation de pouvoir au Koweït : entre continuité et équilibre

L'émir du Koweït, Sabah al-Ahmad al-Sabah, est décédé le 29 septembre 2020 à l'âge de 91 ans. Dès l'indépendance en 1961, il est un pilier de cette monarchie pétrolière dont la dynastie est au pouvoir depuis le milieu du XVIIIe siècle. Après la guerre du Golfe de 1991, si le pays se fait plus discret que ses voisins, il reste attaché à l'unité du Moyen-Orient et à son rôle de médiateur diplomatique dans une région au cœur de crises majeures.

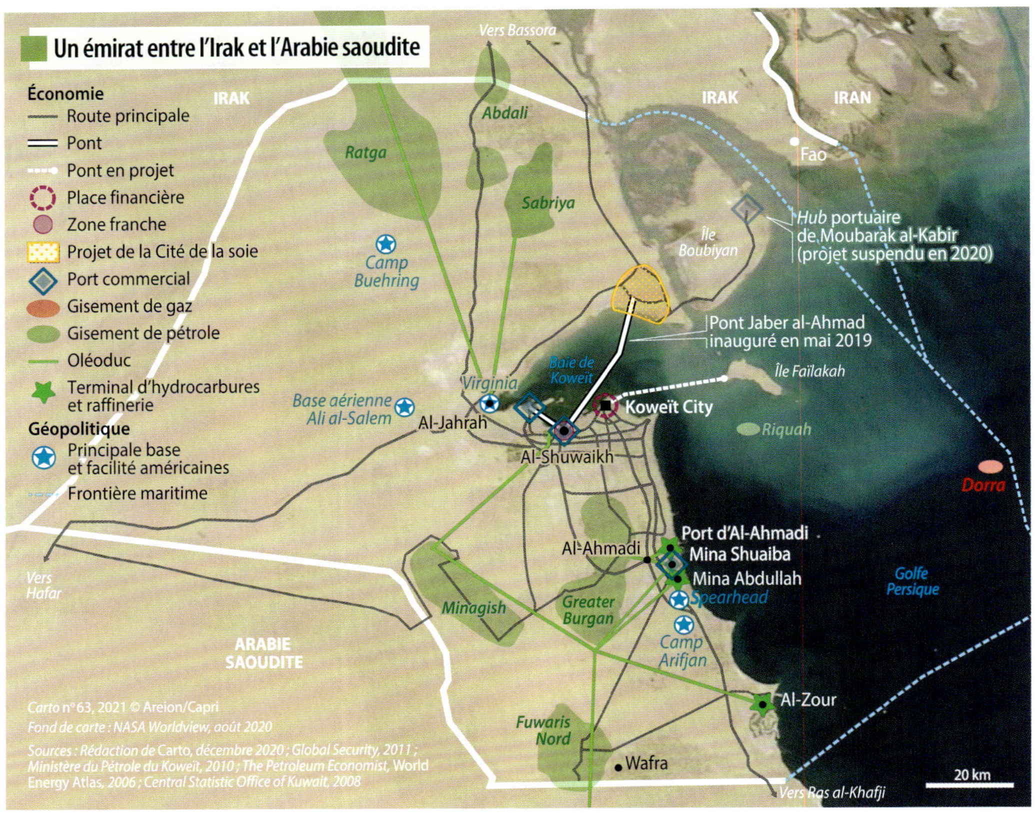

La disparition de l'émir est une page qui se tourne dans la vie politique du Koweït, tant l'homme a marqué les arcanes du pouvoir du pays. Il avait été ministre des Affaires étrangères de 1963 à 2003, puis Premier ministre jusqu'à sa nomination en tant qu'émir en janvier 2006, remplaçant Saad al-Abdallah al-Sabah, écarté pour incapacité physique au bout de seulement neuf jours de règne. Le Koweït est l'unique monarchie constitutionnelle de la péninsule Arabique, avec un Parlement élu de 50 membres. Si l'émir nomme le Premier ministre qui, à son tour, choisit les ministres, une majorité de députés peut retirer sa confiance à cet exécutif, ce qu'aucun autre État du Golfe ne permet. Les tensions entre l'émir et le gouvernement d'une part et l'Assemblée d'autre part sont récurrentes.

Sabah al-Ahmad al-Sabah s'était posé en garant du système politique après la libération du pays de l'Irak en 1991. Il était perçu comme un médiateur par excellence et un élément clé de la stabilité de la région. Le Koweït est connu pour entretenir une longue tradition diplomatique de neutralité et de non-alignement, ce qui lui permet de conserver une représentation en Iran sans s'aliéner ni les Saoudiens ni les Américains. Ces dernières années, le Koweït a multiplié les efforts de médiation dans les crises régionales. Refusant de s'engager militairement au Yémen en 2015, il fait plusieurs navettes diplomatiques entre le Qatar et ses voisins afin de tenter de guérir la fracture au sein du Conseil de coopération du Golfe (CCG) entre 2017 et janvier 2021, période durant laquelle l'Arabie saoudite, les Émirats arabes unis et Bahreïn n'entretiennent aucune relation avec Doha.

Mais le bilan du souverain défunt demeure en partie ombragé par sa politique répressive en matière de Droits de l'homme. Sous son règne, de nombreux militants d'opposition, notamment issus de la communauté chiite (environ un tiers des 1,36 million de sujets koweïtiens sur un total de 4,27 millions d'habitants en 2020), ont été condamnés à de longues peines de prison. C'est son demi-frère, Nawaf al-Ahmad al-Sabah, qui lui succède. Né en 1937, il est un fin connaisseur des rouages du pouvoir, surtout des milieux militaires : il a été ministre de la Défense de 1988 à 1991 et chef adjoint de la Garde nationale de 1994 à 2003. Son âge avancé indique que la ligne de son prédécesseur ne bougera pas, ce que la nomination du prince héritier Michaal, né en 1940, a confirmé, le régime se montrant incapable de passer le relais à la jeune génération.

Considéré comme un point stratégique de transit pour les troupes déployées en Irak et en Afghanistan, le Koweït est un « *hub* »précieux pour les États-Unis, qui avaient défendu l'émirat face à Saddam Hussein (1979-2003) en 1991. Il abrite depuis un contingent de plusieurs milliers de soldats américains (1 862 actifs fin décembre 2020), répartis sur différentes bases. Sur le plan régional, le Koweït n'a pas l'intention d'emboîter le pas aux Émirats arabes unis et à Bahreïn en normalisant ses relations avec Israël, eu égard à un tropisme propalestinien fort. Sur le plan intérieur, la chute des prix du pétrole a ébranlé une économie déjà fragile. •

T. Yégavian

Jordanie : crise familiale et tensions sociales

La Jordanie a fêté son centenaire en avril 2021 dans un contexte unique de « tentative de déstabilisation » par le prince Hamza, demi-frère du roi Abdallah II (depuis 1999), et des membres de tribus. Si la crise a été résolue en trois jours, les tensions ne sont pas retombées.

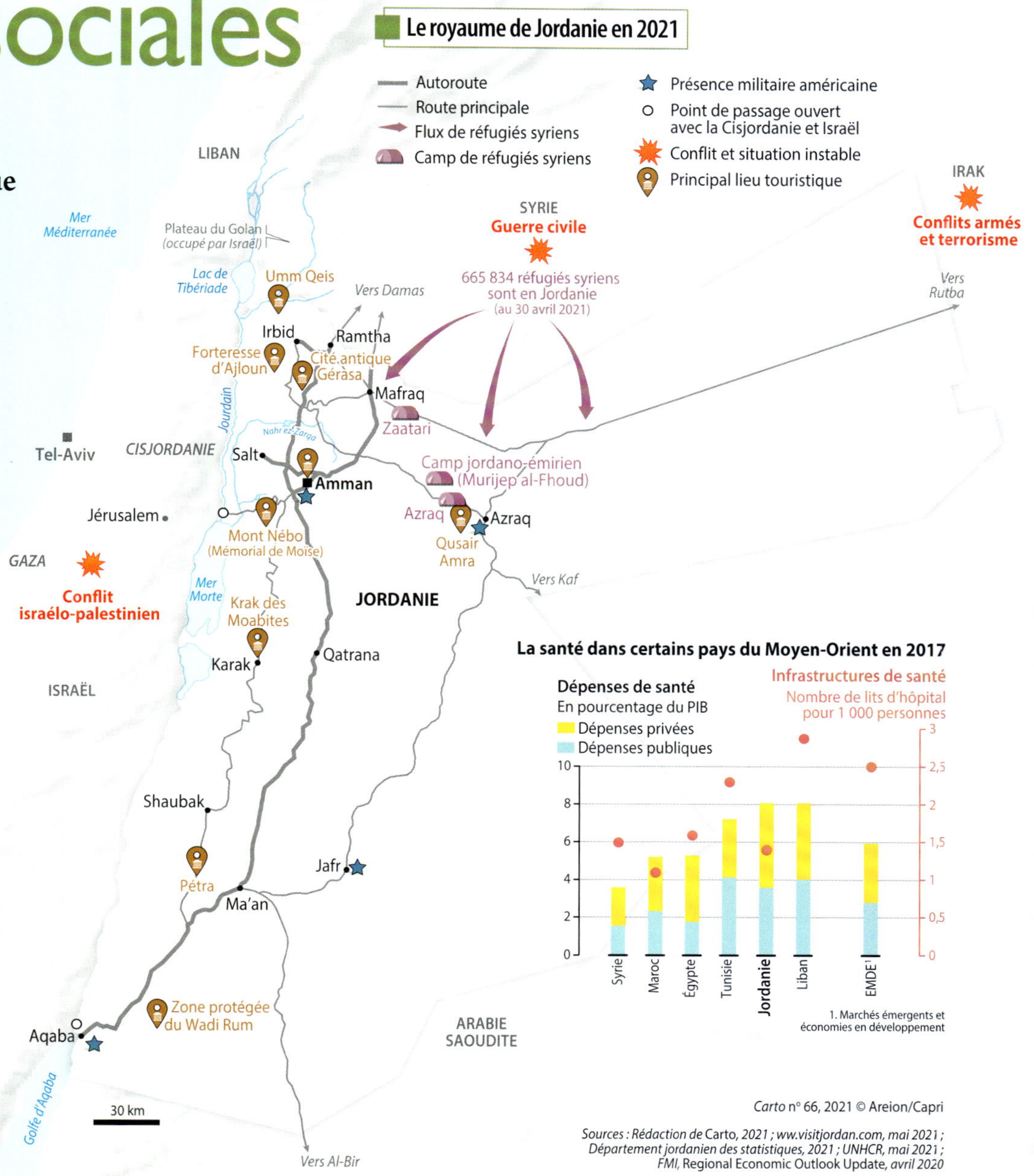

Il existe peu de sources sûres sur les événements qui se sont produits entre les 3 et 5 avril 2021. Désigné prince héritier par son père, le roi Hussein (1952-1999), en 1999, Hamza fut libéré de cette charge par Abdallah II en novembre 2004, ce dernier ayant nommé son propre fils Hussein. Le 3 avril 2021, Hamza a été assigné à résidence. Il critiquait le gouvernement jordanien, la corruption. Une quinzaine de membres de sa cour ont été arrêtés, ainsi que Bassem Awadallah, ancien ministre des Finances, ex-directeur de la cour royale et conseiller du prince héritier saoudien Mohamed ben Salman. Le ministère des Affaires étrangères a indiqué que des « sources extérieures » avaient soutenu la sédition, et la rue a désigné Riyad. La crainte latente est que le royaume saoudien intervienne au sujet de la protection des Lieux saints de Jérusalem. La visite du prince héritier Hussein en mars 2021 à la mosquée Al-Aqsa pour la fête de l'ascension du Prophète a été annulée du fait des restrictions imposées par l'État hébreu.

Après avoir promis des réformes de meilleure représentation de la population au niveau régional à la suite des « printemps arabes » et promulgué en 2015 la loi de décentralisation, la Jordanie est revenue sur de nombreux acquis démocratiques. En avril 2020, les manifestations ont été interdites, et l'état d'urgence décrété. En juillet, les membres fondateurs du syndicat des enseignants ont été arrêtés sur de fausses allégations de malversation financière. Créé en 2011, ce mouvement était arrivé à obtenir l'augmentation des salaires après une grève de plus d'un mois en 2019. En décembre 2020, il a été interdit pour deux ans. Puis le gouvernement a été dissous et des élections ont été organisées le 10 novembre 2020, avant que la loi électorale de 2016 prévoyant un scrutin de liste n'ait été revue. Le taux de participation a été bas (29,8 %), et le vote a été entaché de fraudes. Les 130 élus sont principalement des indépendants liés aux tribus et au milieu des affaires. En janvier 2021, le parti Partenariat et salut, issu des Frères musulmans, a été interdit pour avoir critiqué le manque d'indépendance de la justice et de la Commission électorale.

Sur le plan économique, la crise s'est aggravée, et le taux de chômage est de 23,9 % en 2020. Le déficit budgétaire a doublé en 2020 par rapport à 2019 : il atteint 2,4 milliards de dollars, soit 109 % du PIB. Le tourisme a été mis à mal par la fermeture des frontières en raison de l'épidémie de Covid-19. Les mesures de confinement ont été strictes et elles ont mis le pays à l'arrêt, touchant particulièrement les réfugiés.

M. Ababsa

Arabie saoudite - États-Unis : au bord de la rupture ?

Dès son arrivée à la Maison Blanche en janvier 2021, Joe Biden a affirmé vouloir « recalibrer » la relation des États-Unis avec l'Arabie saoudite, un allié historique au Moyen-Orient, mais dont l'homme fort, le prince héritier Mohamed ben Salman, est considéré par la CIA comme le commanditaire du meurtre, le 2 octobre 2018, du journaliste et opposant saoudien Jamal Khashoggi. Une erreur de trop pouvant conduire au divorce entre les deux puissances ?

Si les États-Unis entretiennent des relations avec l'Arabie saoudite dès les années 1930, c'est en février 1945 que leur alliance est scellée, lors du « pacte du Quincy », du nom du croiseur américain sur lequel se rencontrent le président Franklin Roosevelt (1933-1945) et le roi Abdelaziz ibn Saoud (1932-1953), sur le grand lac Amer (canal de Suez) en Égypte. Leur accord prévoit l'octroi d'une aide militaire américaine à Riyad en contrepartie d'un accès à un pétrole saoudien bon marché pour les États-Unis. En 1972, le montant alloué par Washington au budget de la défense de son allié s'élevait à 312 millions de dollars. Cette somme n'a cessé de croître par la suite, pour atteindre 90 milliards de dollars durant la période 2010-2015.

D'UN FRONT COMMUN AUX DISSENSIONS

Pendant la guerre froide, les Al-Saoud et les gouvernements américains successifs s'inquiètent de la propagation du communisme au Moyen-Orient. Ainsi, lors du conflit en Afghanistan (1979-1989), l'Arabie saoudite et les États-Unis accordent un soutien militaro-financier au

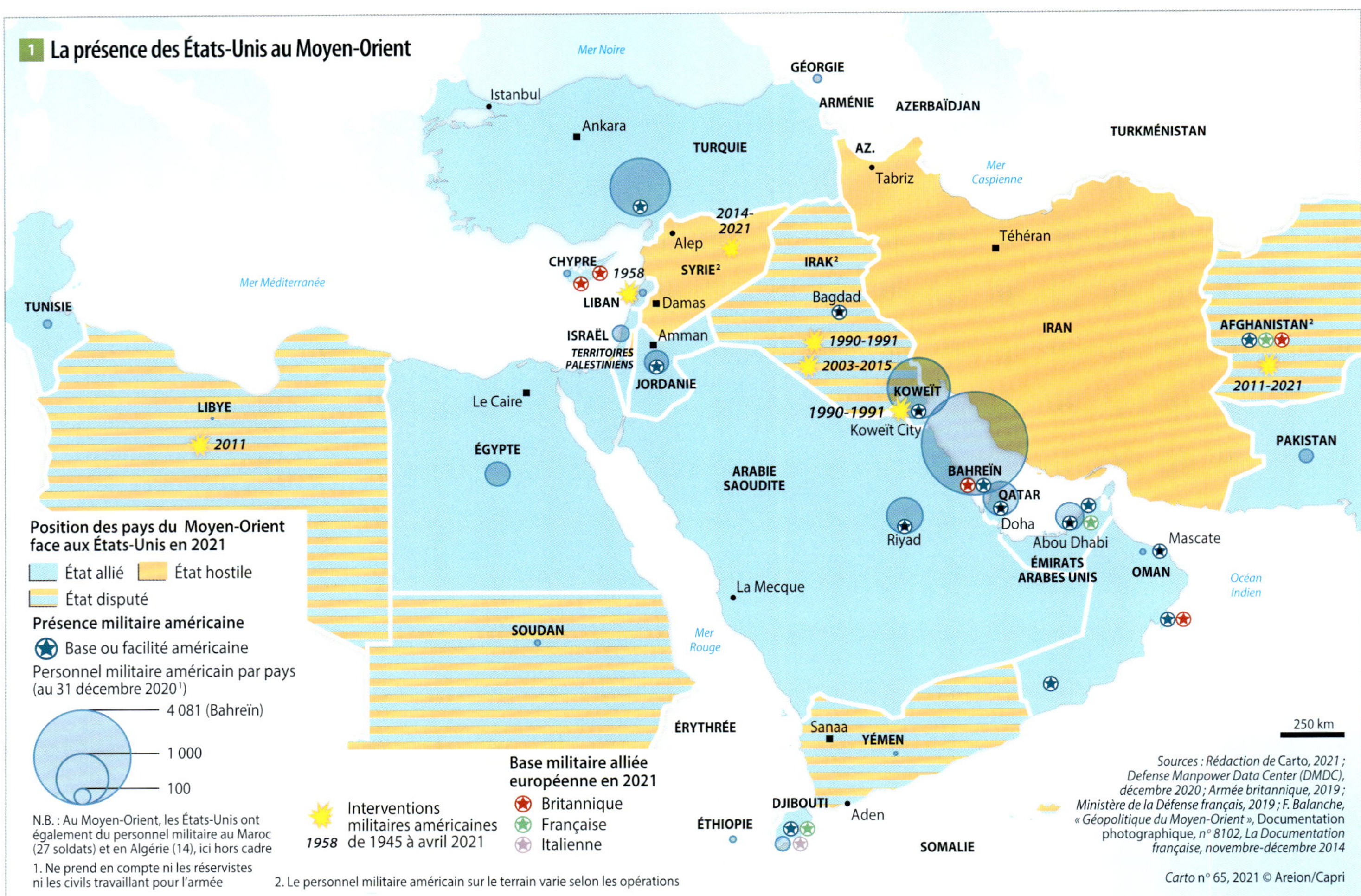

1 La présence des États-Unis au Moyen-Orient

2 Le commerce extérieur de l'Arabie saoudite

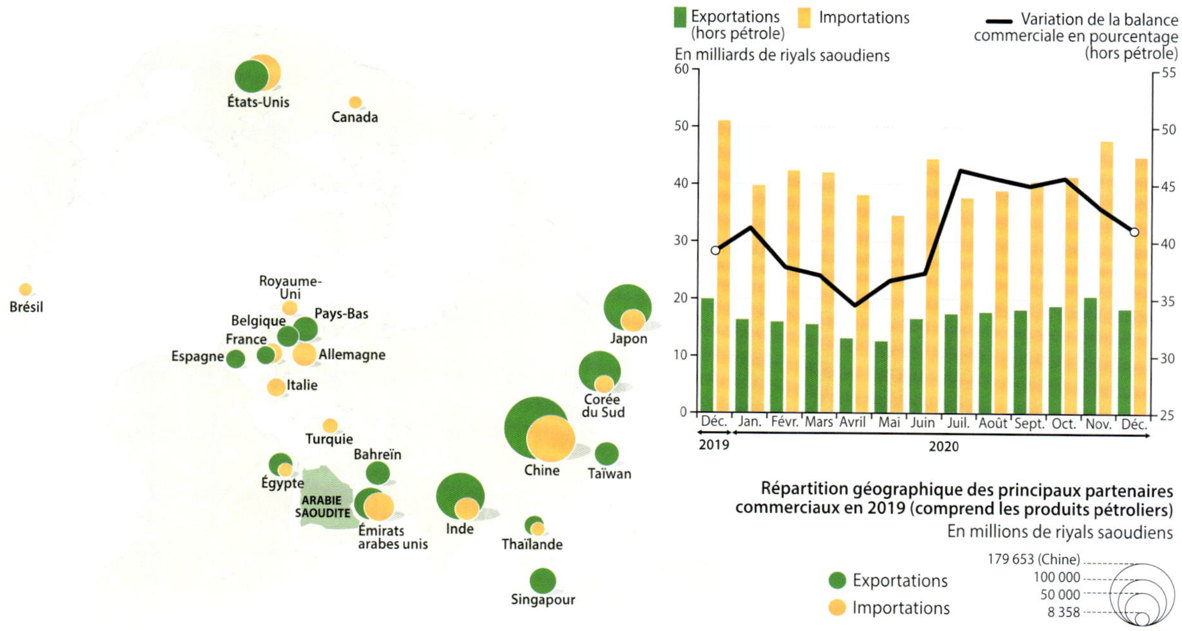

Source : Royaume d'Arabie saoudite, General Authority for Statistics, avril 2021 — *Carto* n° 65, 2021 © Areion/Capri

100 riyals = 22 euros (au 12 avril 2021)

mouvement de résistance antisoviétique des moudjahidines ; plusieurs Saoudiens partent faire le djihad, dont Oussama ben Laden (1957-2011). Cette alliance s'exprime de manière plus tangible à l'occasion de la guerre du Golfe (1990-1991). À la suite de l'invasion du Koweït par l'Irak, Riyad craint de faire l'objet d'une offensive du régime de Saddam Hussein (1979-2003). En réponse à cette menace, le président George Bush (1989-1993) met sur pied une coalition : le Pentagone déploie alors 10 000 soldats sur le sol saoudien, opérant sur plusieurs bases militaires depuis lesquelles sont lancées des offensives contre l'Irak. Cette présence alimente un antiaméricanisme au sein de la population saoudienne.

En dépit de cette entente *a priori* sans faille, les relations entre les deux alliés ont régulièrement été marquées de périodes de tensions. En 1973, lors de la guerre du Kippour, les États-Unis interviennent en faveur d'Israël dans le conflit qui l'oppose à l'Égypte et à la Syrie, soutenues par l'Arabie saoudite. Cet appui est vécu comme un affront par Riyad, qui riposte en faisant augmenter le prix du baril de pétrole. Cette situation provoque un terrible choc qui sonne la fin des Trente Glorieuses. La question palestinienne a également constitué un point d'achoppement entre les deux diplomaties.

En finançant des prêcheurs et des écoles coraniques prônant un islam rigoriste, le régime saoudien a été accusé d'avoir contribué à l'émergence d'Al-Qaïda. Les attentats du 11 septembre 2001 ont envenimé les liens entre les deux États : 15 des 19 terroristes décédés étaient saoudiens. L'armée américaine attend la fin de la guerre en Irak de 2003 pour se retirer d'Arabie saoudite, même si des instructeurs restent présents (474 au 31 décembre 2020). La présidence Obama (2009-2017) a été une période de tensions, notamment sur la question des Droits de l'homme, des « printemps arabes » et du rapprochement entre les États-Unis et l'Iran dans le cadre des négociations sur le nucléaire.

VERS LE DIVORCE ?

Le 2 octobre 2018, Jamal Khashoggi est assassiné à Istanbul. Mohamed ben Salman est accusé d'être impliqué. Proche du prince héritier, le président Donald Trump (2017-2021) ferme les yeux, l'Arabie saoudite étant un client d'armes majeur. Mais, en février 2021, dans une volonté de rupture avec la politique étrangère de son prédécesseur, Joe Biden demande la déclassification du rapport des renseignements présentant Mohamed ben Salman comme le principal commanditaire du meurtre du journaliste. Le nouveau président américain affirme vouloir rompre le dialogue avec le prince héritier en ne s'adressant qu'au roi Salman (depuis 2015) et en retirant son soutien à la guerre au Yémen.

Mais Washington ne prend aucune sanction directe contre Mohamed ben Salman, ne réussissant pas à le marginaliser durablement, tant ce dernier occupe une position stratégique sur les scènes politiques saoudienne et moyen-orientale, en particulier dans le rapprochement entre les Saoudiens et Israël. Sur le plan énergétique, si les États-Unis sont le premier producteur mondial de pétrole, leur consommation de produits raffinés est à ce point énergivore (20 millions de barils par jour) que Washington n'est pas en mesure de se passer des hydrocarbures saoudiens. Enfin, un trop grand affaiblissement des liens entre les deux alliés serait susceptible de conduire à un rapprochement de l'Arabie saoudite avec la Russie et la Chine (premier partenaire commercial du royaume), un scénario qui s'avérerait préjudiciable pour les États-Unis d'un point de vue stratégique et économique. • **D. Lagarde**

Les relations saoudo-américaines en quelques dates

1931 Les États-Unis et l'Arabie saoudite, alors en formation, se reconnaissent.

1933 L'Arabie saoudite, née en 1932, accorde des concessions pétrolières à la Standard Oil of California. Elle découvre du brut en 1938 et devient l'ARAMCO en 1944.

1945 Février Rencontre entre Ibn Saoud et Franklin Roosevelt à bord de l'*USS Quincy*.

1949 Les États-Unis installent leur première ambassade sur le sol saoudien, à Djeddah.

1973 Choc pétrolier : l'Arabie saoudite use de l'arme économique contre les États-Unis pour leur soutien à Israël lors de la guerre du Kippour.

1980 L'ARAMCO est nationalisée et devient la Saudi ARAMCO en 1988.

1990-1991 Guerre du Golfe : les Américains utilisent le sol saoudien pour mener les opérations au Koweït.

2001 11 septembre Attentats du World Trade Center et du Pentagone : 15 des 19 terroristes sont saoudiens.

2003 Riyad soutient les États-Unis dans la guerre contre l'Irak de Saddam Hussein.

2013 Différend entre l'Arabie saoudite et l'administration Obama sur la Syrie : le royaume refuse de siéger au Conseil de sécurité de l'ONU.

2016 Avril Barack Obama déclare que les Saoudiens doivent « partager le Moyen-Orient » avec les Iraniens, et se rend en visite officielle à Riyad.

2017 Donald Trump signe des contrats d'armement records avec l'Arabie saoudite.

2018 Mars Visite officielle de Mohamed ben Salman aux États-Unis.

Octobre Assassinat de Jamal Khashoggi.

2021 Février Les États-Unis rendent public le rapport de la CIA qui indique que Mohamed ben Salman est responsable de l'assassinat de Jamal Khashoggi. Washington dénonce l'opération saoudienne au Yémen.

Marib : une province au cœur du Yémen en guerre

Au cœur des combats entre les forces du président Abd Rabbu Mansour Hadi (depuis 2012) et celles des Houthis, au pouvoir à Sanaa depuis 2014, le gouvernorat de Marib, dans le centre du Yémen, a été l'objet d'une offensive de ces derniers durant toute l'année 2020 et depuis février 2021. Ses ressources en hydrocarbures en font une région stratégique (1).

Les Houthis (qui s'autonomment Ansar Allah) tentent de percer un nouveau front à l'est de la capitale, divisant le gouvernorat de Marib en deux, sur la ligne de front entre les camps opposés. L'escalade armée a poussé quelque 105 000 personnes à fuir leur foyer en seulement un an, selon l'Organisation internationale pour les migrations (OIM), avec une aggravation en 2021, alors que la situation dans le pays est considérée comme la pire crise humanitaire en cours depuis la Seconde Guerre mondiale. Pour l'année 2020, l'ONU estimait que 24,3 millions des 28,5 millions de Yéménites, dont 12,2 millions d'enfants, avaient besoin d'une aide d'urgence face aux maladies (épidémies de choléra, de Covid-19, entre autres), au manque d'infrastructures sanitaires et médicales, aux destructions dues aux combats

1 Le gouvernorat de Marib dans la tourmente de la guerre

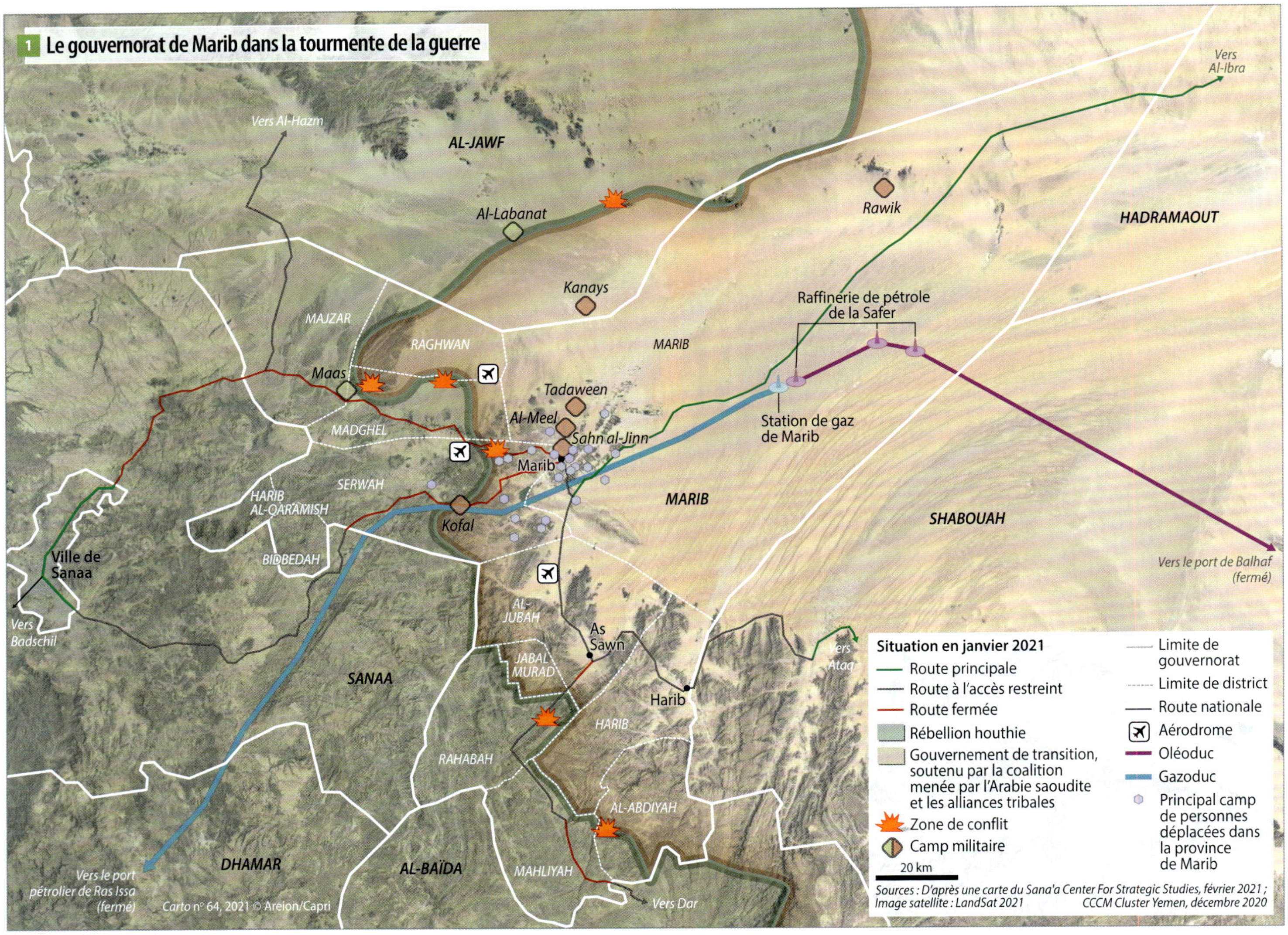

Carto n° 64, 2021 © Areion/Capri

Sources : D'après une carte du Sana'a Center For Strategic Studies, février 2021 ; Image satellite : LandSat 2021 ; CCCM Cluster Yemen, décembre 2020

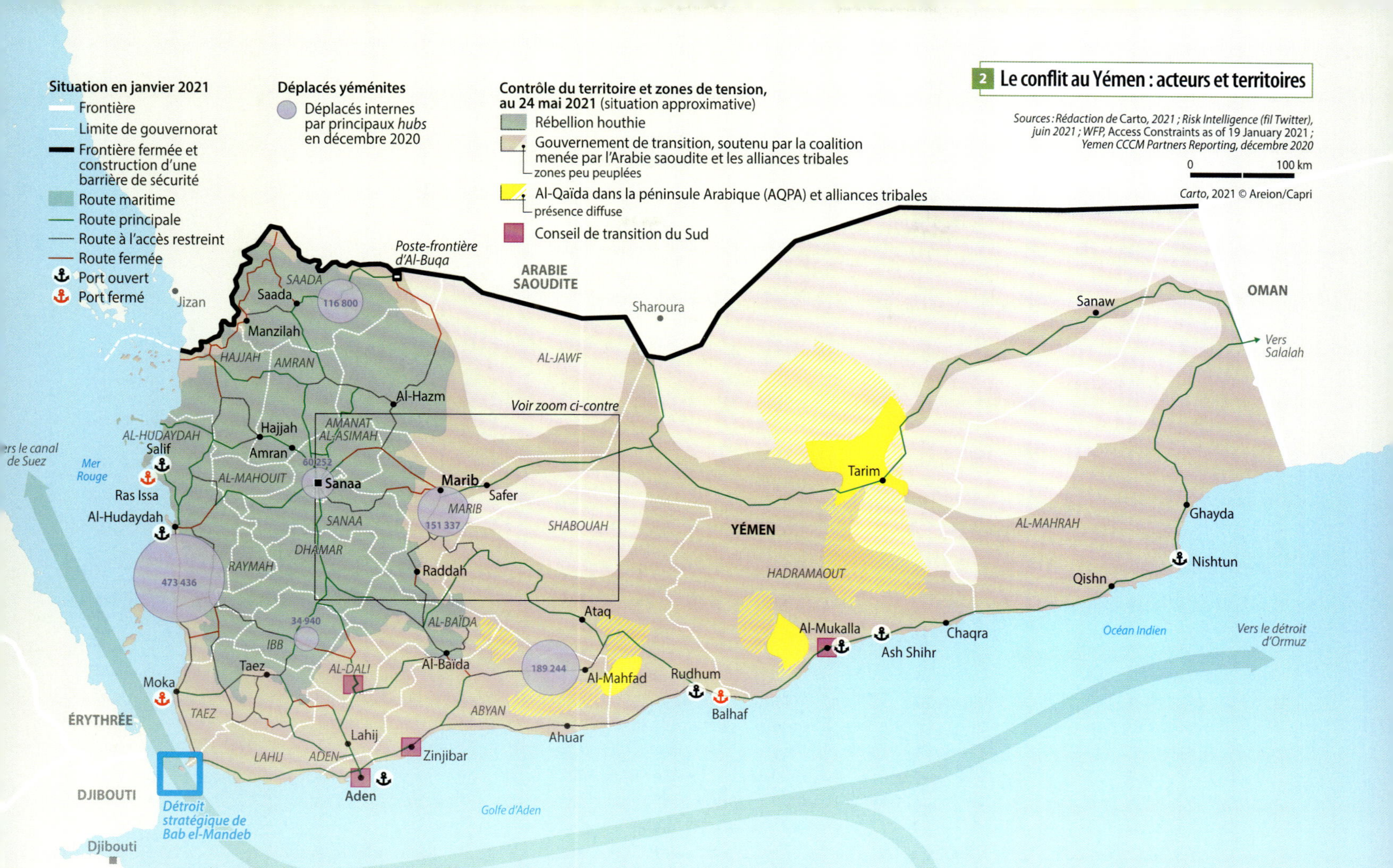

2 Le conflit au Yémen : acteurs et territoires

et aux bombardements de la coalition dirigée par l'Arabie saoudite (22 611 entre mars 2015 et décembre 2020)...

RICHESSES EN GAZ ET EN PÉTROLE

Relativement épargnée depuis le début de la guerre en 2014, la ville de Marib, située à environ 120 kilomètres à l'est de Sanaa, demeure l'un des ultimes bastions des forces loyalistes dans le nord. Près de 2 millions de Yéménites y ont trouvé refuge, dont des opposants politiques aux Houthis, notamment les membres du parti islamiste Islah, la branche locale des Frères musulmans. Cette ville jouit d'une certaine prospérité qui contraste avec la situation calamiteuse dans le reste du pays. Elle a connu un boom économique et démographique important du fait de sa relative proximité avec la frontière saoudienne, de la présence de bases militaires utilisées par la coalition et du flux de déplacés internes qui a boosté le secteur de la construction. C'est aussi et surtout une région d'intérêt stratégique majeur avec l'existence dans son sous-sol de réserves de pétrole et de gaz (dont la quantité est difficile à estimer).

Dans cette zone également visée par Al-Qaïda dans la péninsule Arabique (AQPA), le gouvernorat de Marib, peuplé à 80 % de sunnites chaféites, avait été repris des mains des rebelles par des tribus locales appuyées par la coalition en 2015, et est encore depuis sous le contrôle des troupes qui soutiennent le président Abd Rabbu Mansour Hadi, en exil en Arabie saoudite. Début 2021, les Houthis ne géreraient que 20 % du gouvernorat, tandis que la plupart des gisements de pétrole et de gaz, situés dans l'est, demeurent sous le contrôle des loyalistes. Mais les Houthis ont pu mettre la main sur le terminal pétrolier de Ras Issa, sur la côte nord-ouest, relié à Marib grâce à un pipeline long de 430 kilomètres. De taille modeste, la raffinerie qu'exploite la compagnie d'État Safer fournit du pétrole au reste du pays.

Si les Houthis s'emparent de Marib, ils pourront s'engouffrer dans les gouvernorats de Shabouah, dans le sud, et de l'Hadramaout, dans l'est. L'importance stratégique de ce verrou explique l'intérêt qu'ont les Houthis de tenir sous leur houlette le « triangle pétrolier » Marib/Ataq (sud-est)/Sayoun (sud) afin de se positionner dans un rapport de force favorable dans la perspective de l'après-guerre. Bien que faiblement développée, l'exploitation pétrolière et gazière joue un rôle de plus en plus fondamental dans l'économie yéménite dans la mesure où elle représentait avant le conflit entre 70 et 75 % des revenus de l'État et 90 % des exportations du pays.

UN TISSU TRIBAL AFFAIBLI

Mais l'instabilité chronique, la faiblesse des gisements ainsi que le manque de forages tendent à réduire cette exploitation concentrée autour des réserves de Marib et de Massila. Au Yémen, il existe deux raffineries en activité : la première, située près d'Aden, avec une capacité estimée à 130 000 barils par jour, alors que la seconde, celle de Marib, atteint à peine 10 000. L'absence de convergences entre les principaux acteurs et la poursuite d'une guerre d'usure meurtrière plombent les chances de voir la paix revenir en 2021, tandis que les Houthis continuent leur lente mais inexorable progression sur le terrain. Face à eux, les forces gouvernementales sont soutenues par les tribus locales, armées, qui sont venues en renfort. Les tribus yéménites ont joué un rôle de médiateurs, négociant des accords, mais l'emprise des Houthis a fragmenté le tissu tribal. Sur le terrain, les grands clans se trouvent séparés par la ligne de front ; ainsi, les Jedaan, présents dans les districts de Majzar, de Raghwan et de Madghel, subissent les influences des deux camps. De même, le contrôle de la ville de Marib, capitale provinciale, ne saurait être effectif sans négocier avec la famille Al-Sharif (de la branche des Hachémites). L'issue de la bataille de Marib, relancée le 7 février 2021 par les Houthis en bombardant une base militaire pro-Hadi, déterminera l'avenir d'un pays désuni. ●

T. YÉGAVIAN

NOTE

(1) Casey Coombs et Ali al-Sakani, « Marib: A Yemeni Government Stronghold Increasingly Vulnerable Houthi Advances », Sana'a Center for Strategic Studies, 22 octobre 2020.

Libye : le « grand jeu » méditerranéen de la Turquie

En Libye, le soutien militaire que la Turquie apporté en 2020 à l'ancien Gouvernement d'union nationale (GNA) face à l'Armée nationale libyenne (ANL) a bousculé les rapports de force. Cet engagement, dans un conflit hérité de la chute du régime de Mouammar Kadhafi (1969-2011), intervient dans un contexte de durcissement de la politique étrangère turque en Méditerranée orientale, devenue lieu d'un nouveau « grand jeu » autour des réserves en gaz.

Moins médiatisée que la Syrie, la Libye n'est pourtant toujours pas sortie de l'instabilité dans laquelle elle a été plongée avec la révolution et l'intervention occidentale de 2011. Dans cette guerre civile, deux protagonistes dominaient. Le GNA, une coalition de groupes armés et de mouvances politiques pilotée par Fayez el-Sarraj (2016-2021) et construite sous l'égide de l'ONU en 2016, siège à Tripoli. Un Parlement concurrent est dans l'est du pays. Il était soutenu par l'ANL, dirigée par un ancien haut gradé du régime de Kadhafi, le maréchal Khalifa Haftar. À partir de 2019, ce dernier entame une opération de reconquête qui va l'amener aux portes de la capitale en avril. C'était sans compter l'intervention turque : en vertu d'un accord signé en novembre 2019, la Turquie procure à partir de janvier 2020 un appui militaire décisif au GNA. Le *think tank* International Crisis Group évalue ce soutien à 100 officiers turcs, 2 000 miliciens issus des groupes de rebelles syriens proturcs, ainsi qu'un appui maritime et aérien (1). Il a permis au GNA de repousser l'offensive et de s'imposer lors du Forum du dialogue politique libyen en février 2021, qui a unifié le pouvoir avec un président (Mohamed el-Menfi) et un Premier ministre (Abdulhamid Dbeibah).

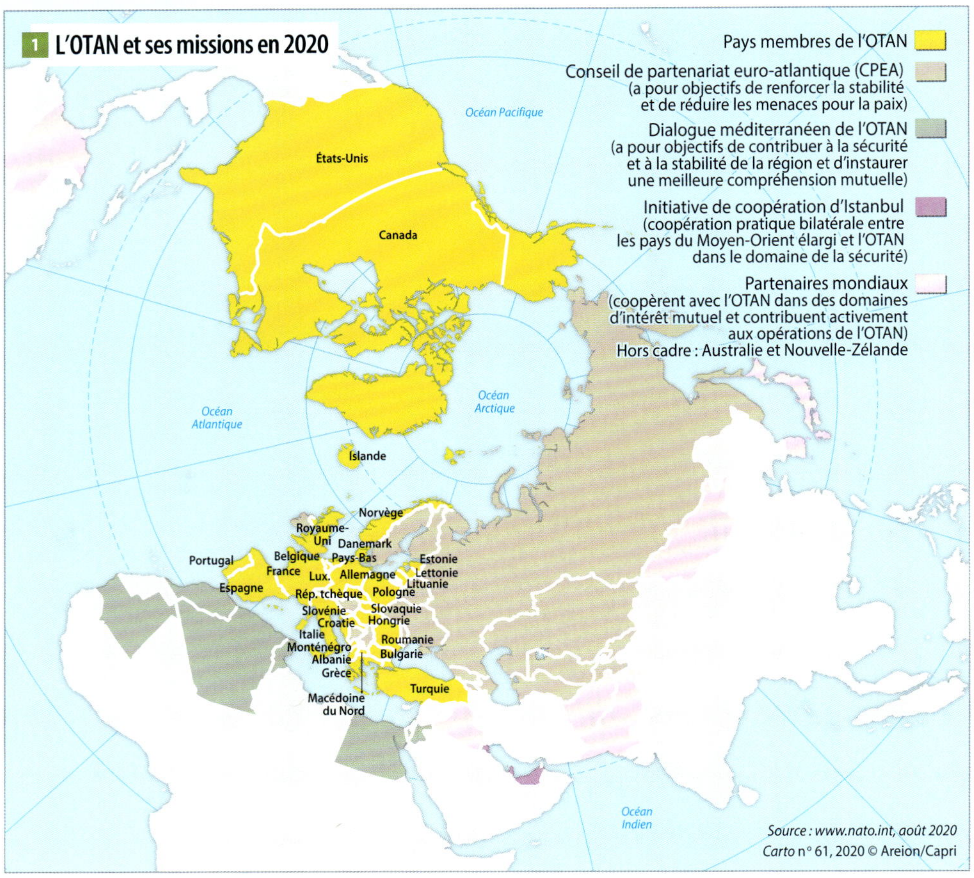

1 L'OTAN et ses missions en 2020

REGAGNER EN INFLUENCE

Pourquoi la Turquie intervient-elle en Libye ? Le premier enjeu pour elle est d'affirmer son statut de puissance régionale face à ses concurrents directs : l'Égypte voisine et les Émirats arabes unis qui soutiennent Khalifa Haftar, mais aussi la Russie, à laquelle elle fait déjà face en Syrie. Pour cela, elle exploite la popularité qu'elle avait obtenue en soutenant les « printemps arabes ». Cependant, les révolutions qu'elle a soutenues ont échoué : Bachar al-Assad est toujours au pouvoir à Damas, tandis qu'Abdel Fattah al-Sissi a renversé en 2013 le président démocratiquement élu Mohamed Morsi. En venant à l'aide du GNA, la Turquie s'est mise en avant comme le seul État à intervenir pour soutenir l'héritage de la révolution contre Mouammar Kadhafi.

L'intervention a aussi donné à Ankara de nouveaux atouts pour ses ambitions maritimes en Méditerranée orientale. Les accords signés avec le GNA comprennent l'identification d'une frontière maritime mutuelle qui appuie les revendications maritimes turques face à ses voisins. Les conflits de souveraineté dans cette région tendue opposent de longue date la Turquie et le régime séparatiste allié de République turque de Chypre du Nord d'un côté et la Grèce et la République de Chypre de l'autre. Les zones économiques exclusives (ZEE) revendiquées par chacun se chevauchent, du fait de l'imbrication

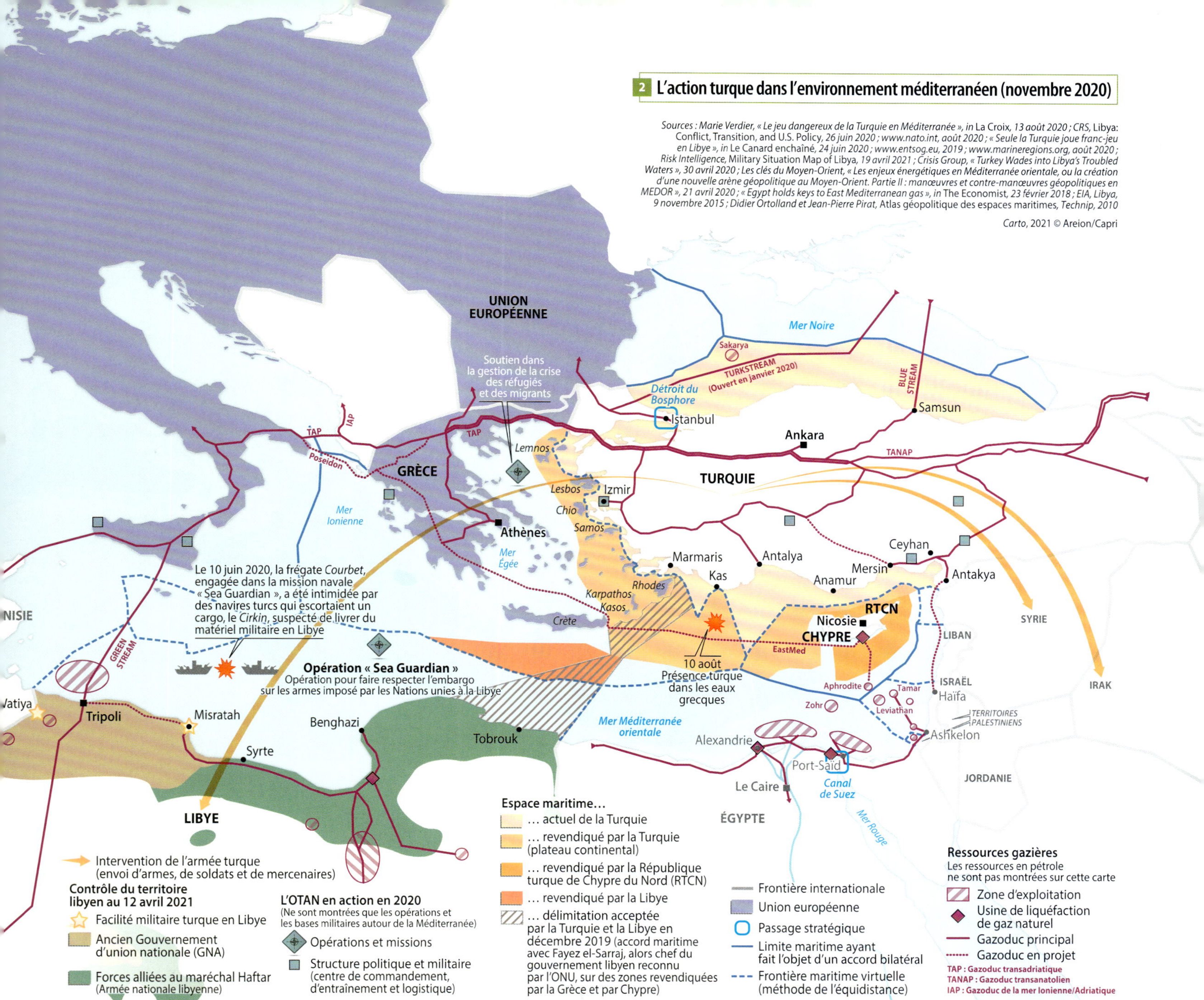

2 L'action turque dans l'environnement méditerranéen (novembre 2020)

Sources : Marie Verdier, « Le jeu dangereux de la Turquie en Méditerranée », in La Croix, *13 août 2020 ; CRS,* Libya: Conflict, Transition, and U.S. Policy, *26 juin 2020 ; www.nato.int, août 2020 ; « Seule la Turquie joue franc-jeu en Libye », in* Le Canard enchaîné, *24 juin 2020 ; www.entsog.eu, 2019 ; www.marineregions.org, août 2020 ; Risk Intelligence,* Military Situation Map of Libya, *19 avril 2021 ; Crisis Group, « Turkey Wades into Libya's Troubled Waters », 30 avril 2020 ; Les clés du Moyen-Orient, « Les enjeux énergétiques en Méditerranée orientale, ou la création d'une nouvelle arène géopolitique au Moyen-Orient. Partie II : manœuvres et contre-manœuvres géopolitiques en MEDOR », 21 avril 2020 ; « Egypt holds keys to East Mediterranean gas », in* The Economist, *23 février 2018 ; EIA, Libya, 9 novembre 2015 ; Didier Ortolland et Jean-Pierre Pirat,* Atlas géopolitique des espaces maritimes, *Technip, 2010*

entre le littoral anatolien et les îles grecques et chypriote. Ces tensions ne sont pas récentes et avaient déjà failli provoquer un conflit entre les deux pays en 1996, autour de l'îlot d'Imia. Elles avaient diminué dans les années 2000 grâce au rapprochement entre la Turquie et l'Union européenne (UE), mais ont repris à partir de 2010. L'échec des négociations de 2015-2017 entre les deux communautés chypriotes et la crise migratoire de 2015 ont eu un effet négatif, mais ce sont surtout les découvertes majeures de gisements gaziers dans les fonds marins de la région qui sont en cause. Elles ont augmenté l'intérêt économique des ZEE et ont favorisé un rapprochement entre la Grèce et Chypre d'un côté et Israël et l'Égypte de l'autre. Ils collaborent depuis décembre 2017 autour du projet de l'East-Med Pipeline, qui permettrait d'exporter le gaz vers l'UE en évitant la Turquie.

Face à la politique étrangère offensive de la Turquie, la position européenne est ambiguë. Il y a un consensus pour condamner et sanctionner le non-respect des ZEE chypriote et grecque, qui représentent par extension une partie de l'espace maritime européen. Mais sur le dossier libyen, la plupart des États de l'UE sont mitigés. La Grèce et la France défendent la mission européenne « Irini », qui vise à assurer le respect de l'embargo sur les armes vers la Libye. Mais la perspective d'un GNA fort, capable de limiter les arrivées de migrants par la mer, refroidit les ardeurs d'autres membres.

UN ENJEU DE POLITIQUE INTÉRIEURE

L'intervention turque en Libye découlait aussi d'une volonté de relancer la popularité de la coalition au pouvoir, qui poursuit son érosion depuis 2019. L'AKP, le parti religieux-conservateur du président Recep Tayyip Erdogan, et son allié ultranationaliste du MHP font face à un décrochage dans les sondages. La dénonciation de « l'hypocrisie européenne » en Libye et le rappel du passé ottoman du Fezzan et de la Tripolitaine peuvent flatter l'ego d'une partie de la population. De la même manière, la reconversion de Sainte-Sophie en mosquée en juillet 2020 vise à satisfaire l'électorat religieux. En mobilisant en priorité des miliciens syriens, Ankara réduit le risque de morts turques qui polariseraient l'opinion. Néanmoins, l'intensification de la crise économique sous le coup de la pandémie de Covid-19 pourrait amener de plus en plus de personnes à remettre en question un interventionnisme coûteux en fonds publics et en vies. ●

T. Chabre

NOTE

(1) International Crisis Group, « Turkey Wades into Libya's Troubled Waters », *Europe Report* n° 257, avril 2020.

AFRIQUE

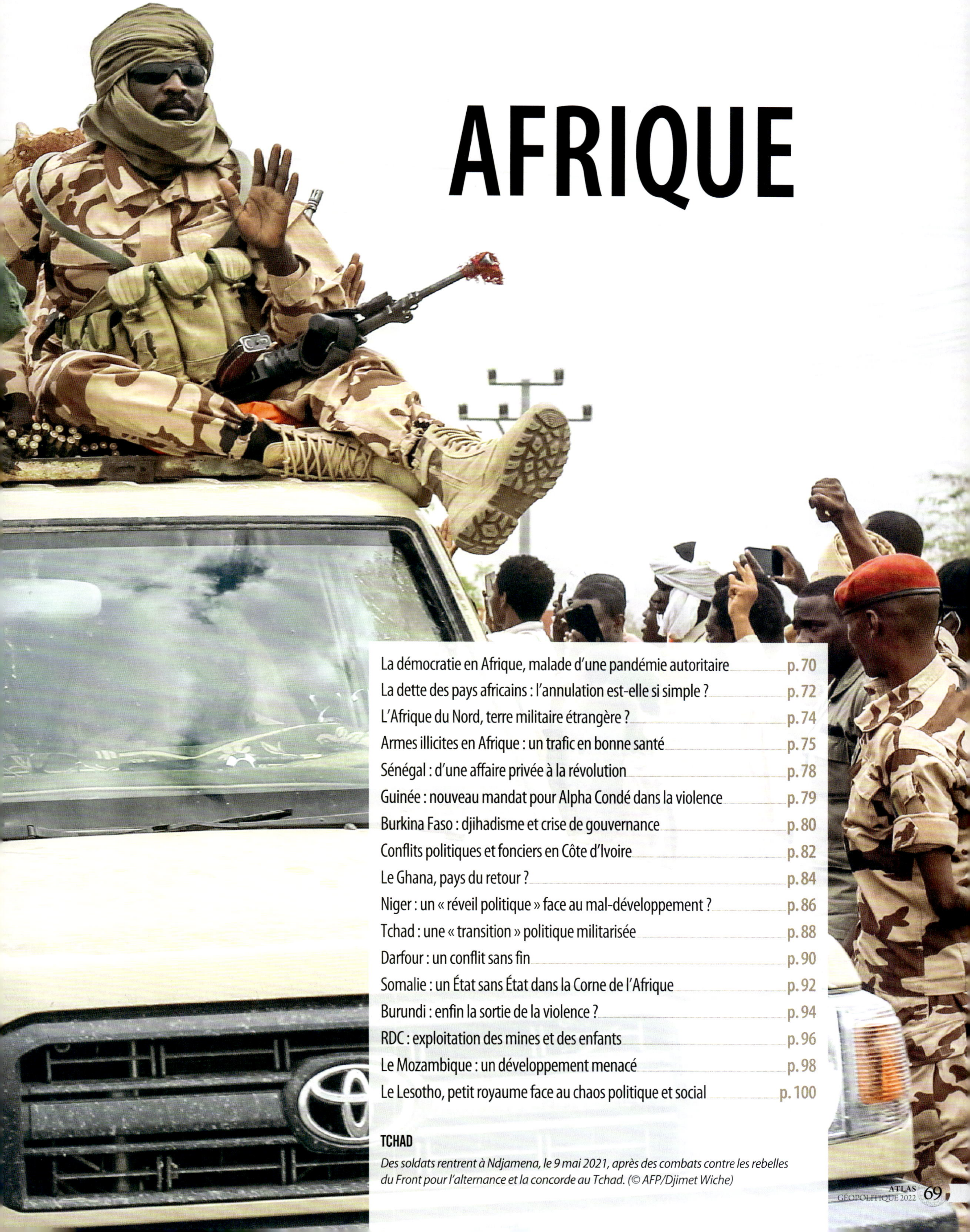

TCHAD

Des soldats rentrent à Ndjamena, le 9 mai 2021, après des combats contre les rebelles du Front pour l'alternance et la concorde au Tchad. (© AFP/Djimet Wiche)

La démocratie en Afrique, malade d'une pandémie autoritaire

Le 14 janvier 2021, le président de l'Ouganda, Yoweri Museveni – au pouvoir depuis 1986 ! – était reconduit pour cinq ans dès le premier tour, tandis que son parti, le de résistance nationale (MRN), conservait la majorité au Parlement. Ce double scrutin est le premier d'une longue série en Afrique en 2021. Toutefois, l'exercice du droit de vote n'est pas synonyme de démocratie, notamment dans le contexte de l'épidémie de Covid-19.

Après les Ougandais, les Nigériens (21 février 2021), les Ivoiriens (6 mars) et les Congolais (21 mars) se sont rendus aux urnes, avant que plusieurs de leurs voisins ne fassent de même d'ici à décembre. Pas moins de 23 élections nationales (présidentielles et/ou législatives) sont prévues durant l'année, tandis que 20 ont eu lieu en 2020 sur l'ensemble du continent. Pourtant, dans la majorité des cas, l'exercice démocratique par excellence qu'incarne le droit de vote a été bafoué en raison de nombreuses irrégularités, fraudes et violences perpétrées par le pouvoir en place. Si le Maghreb, à l'exception notable de la Tunisie, semble avoir rompu avec les idées des révoltes de 2011 au nom d'un pouvoir fort (l'Égypte d'Abdel Fattah al-Sissi, par exemple), l'Afrique subsaharienne peine à voir des transitions dignes de ce nom.

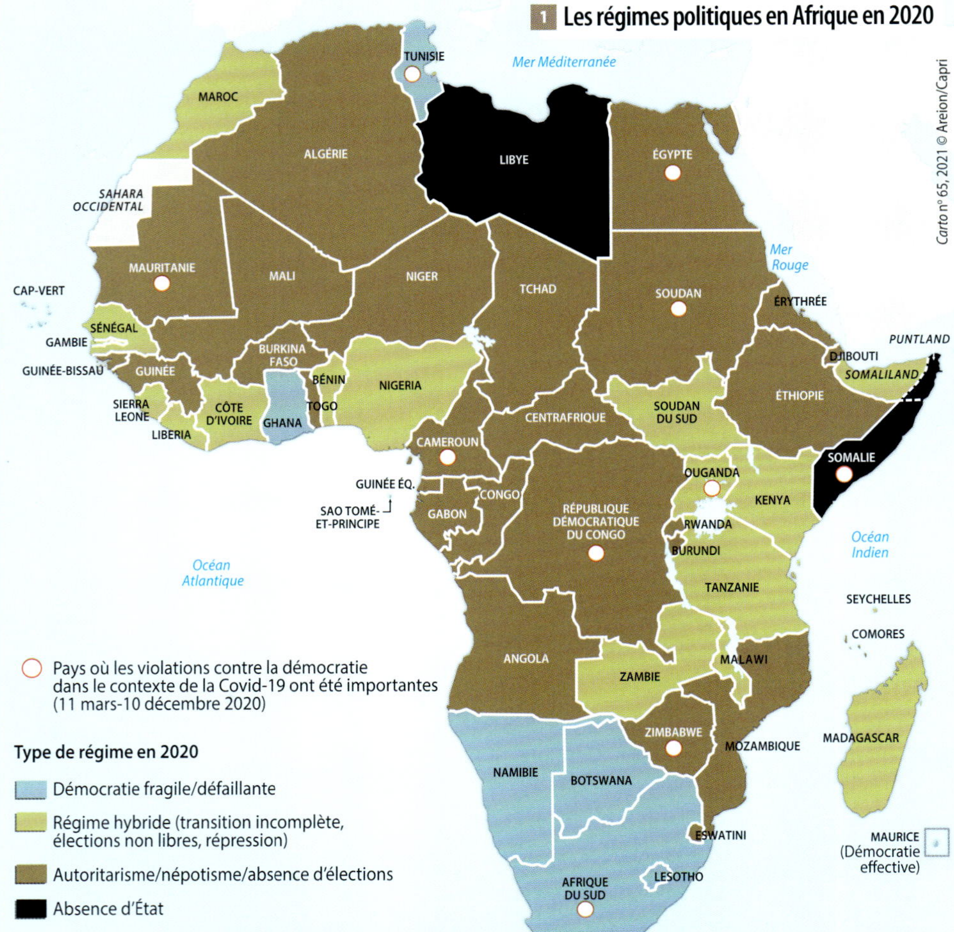

1 Les régimes politiques en Afrique en 2020

○ Pays où les violations contre la démocratie dans le contexte de la Covid-19 ont été importantes (11 mars-10 décembre 2020)

Type de régime en 2020
- Démocratie fragile/défaillante
- Régime hybride (transition incomplète, élections non libres, répression)
- Autoritarisme/népotisme/absence d'élections
- Absence d'État

Sources : Rédaction de Carto, 2021 ; The Economist, Democracy Index 2020, *2021 ; V-Dem Institute et université de Göteborg,* Autocratization Turns Viral, *mars 2021*

UN DROIT DE VOTE BAFOUÉ

En 2020, selon *The Economist*, aucun pays de la région – si l'on ne compte pas Maurice – n'est considéré comme une « démocratie pleine » (1). L'immense majorité sont des « régimes autoritaires », catégorie dans laquelle font leur entrée l'Algérie, le Burkina Faso et le Mali, auparavant « hybrides ». Tandis que la première attend encore les effets positifs sur les institutions du Hirak ayant conduit à la chute du président Abdelaziz Bouteflika (1999-2019), les deux autres font face à des insurrections djihadistes empêchant les autorités centrales de contrôler l'ensemble du territoire national. Après le coup d'État du 19 août 2020, le Mali a été dirigé par un « Comité national pour le salut du peuple », constitué de militaires qui, en mai 2021, contestent le pouvoir civil de transition et réalisent un second putsch avec, à leur tête, Assimi Goïta.

Un autre pays est sous les projecteurs pour les violations récurrentes de la démocratie : le Togo. En fonction depuis 2005, le président Faure Gnassingbé, qui avait pris la succession de son père (lui-même installé depuis 1967), a été réélu pour un quatrième mandat le 22 février 2020 sur fond de scandales de fraude et de corruption. Au Congo, le président Denis Sassou-Nguesso est reconduit le 21 mars 2021 après vingt-trois années au pouvoir… Ces deux exemples, parmi d'autres, illustrent des processus électoraux malades et non pluralistes, ainsi qu'une vision répressive de l'exercice du pouvoir quand protestation et/ou opposition il y a. On l'a ainsi constaté en Guinée et en Tanzanie, lors de leur scrutin présidentiel respectif en octobre 2020.

2 Élections et libertés sur le continent africain

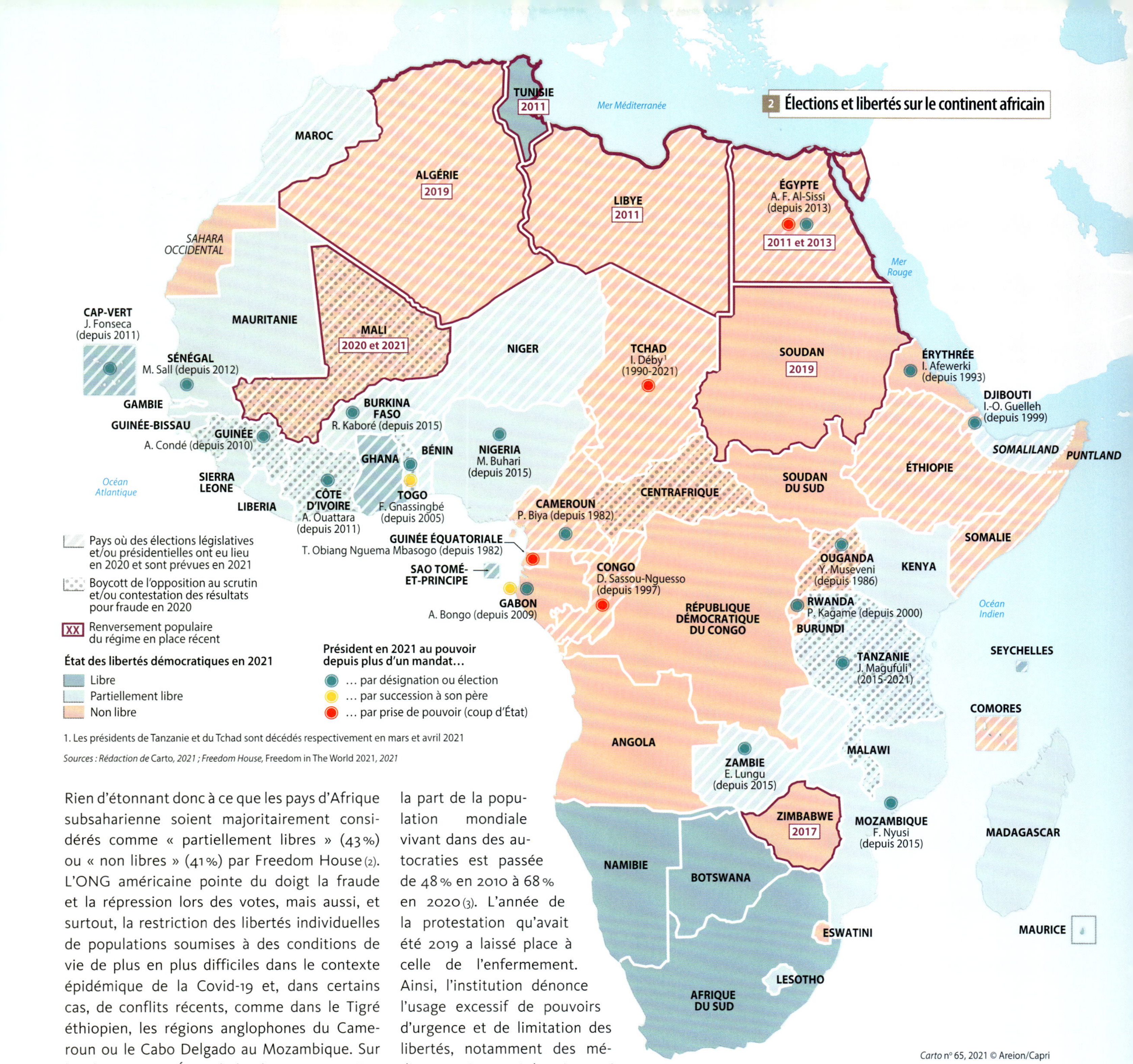

Rien d'étonnant donc à ce que les pays d'Afrique subsaharienne soient majoritairement considérés comme « partiellement libres » (43 %) ou « non libres » (41 %) par Freedom House (2). L'ONG américaine pointe du doigt la fraude et la répression lors des votes, mais aussi, et surtout, la restriction des libertés individuelles de populations soumises à des conditions de vie de plus en plus difficiles dans le contexte épidémique de la Covid-19 et, dans certains cas, de conflits récents, comme dans le Tigré éthiopien, les régions anglophones du Cameroun ou le Cabo Delgado au Mozambique. Sur les dix « pires » États de la planète en matière de droits politiques et de libertés civiles, selon Freedom House, cinq sont africains (Érythrée, Soudan du Sud, Guinée équatoriale, Somalie, Centrafrique).

LA COVID-19, FACTEUR AGGRAVANT

Si, y compris en Europe, les mesures prises par les gouvernements pour endiguer l'épidémie de coronavirus sont parfois jugées antidémocratiques, elles deviennent de véritables outils autoritaires en Afrique. D'après le V-Dem Institute, organisme de référence internationale dépendant de l'université de Göteborg (Suède), la part de la population mondiale vivant dans des autocraties est passée de 48 % en 2010 à 68 % en 2020 (3). L'année de la protestation qu'avait été 2019 a laissé place à celle de l'enfermement. Ainsi, l'institution dénonce l'usage excessif de pouvoirs d'urgence et de limitation des libertés, notamment des médias, en réponse à la crise sanitaire mondiale. En Afrique, plusieurs pays sont pointés du doigt pour des violations majeures, à l'instar de l'Afrique du Sud, de la République démocratique du Congo ou du Zimbabwe. Et le V-Dem confirme le constat établi tant par *The Economist* que par Freedom House sur le déclin de la démocratie libre sur le continent africain. La situation générale n'appelle pas à l'optimisme tant elle s'est dégradée ces dix dernières années, particulièrement en 2020. Une petite once d'espoir brille toutefois dans un pays inattendu, le Niger. Tout en bas de l'échelle du développement, tenu en dehors des routes de la mondialisation, victime par procuration de la violence chez ses voisins, il a vécu sa première véritable transition démocratique avec la présidentielle de décembre 2020 et février 2021. L'élu, Mohamed Bazoum, qui a déjà affronté une tentative de putsch le 30 mars, doit faire face à d'immenses défis sociaux. ●

G. FOURMONT

NOTES

(1) The Economist Intelligence Unit, *Democracy Index 2020: In Sickness and in Health*, 2021.

(2) Freedom House, *Freedom in the World 2021: Democracy under Siege*, 2021.

(3) V-Dem Institute, *Democracy Report 2021: Autocratization Turns Viral*, 2021.t

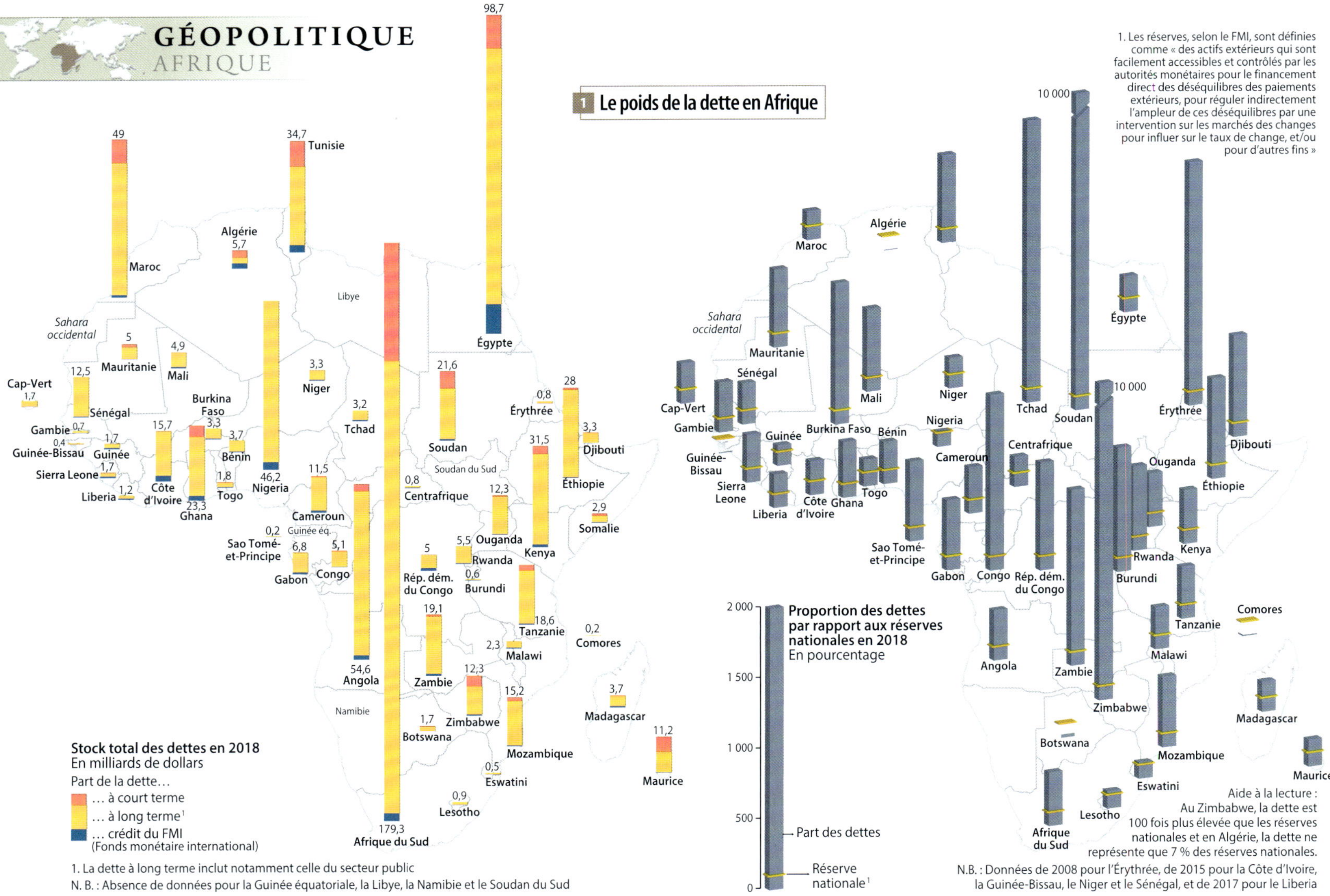

La dette des pays africains :

Faut-il annuler la dette des pays africains ? Si la question est ancienne, elle a été remise au cœur de l'actualité avec la crise de la Covid-19 afin d'éviter les effets dévastateurs de la pandémie sur des économies déjà faibles. Encore faut-il comprendre la structure de ces dettes et les intérêts des acteurs, dont la Chine.

La dette des pays africains s'est constituée à partir des années 1960. Certains ont hérité de créances cédées par les puissances coloniales. D'autres non. Ainsi, la France a légué à la Mauritanie une dette de 66 millions de dollars alors que le Togo a pu jouir de finances publiques saines. Mais les États africains sont progressivement piégés dans la spirale de l'endettement. Dans les années 1970, la Banque mondiale multiplie les prêts accordés aux pays dits du Tiers Monde avec des taux bas (entre 2 et 3 %) et peu d'exigences sur les capacités de remboursement, ce qui incite à s'endetter davantage. Dans la décennie 1980, les taux augmentent. Les économies africaines sont prises entre le poids croissant de leur dette et la baisse de leurs revenus d'exploitation.

INÉGALITÉS FACE À L'ENDETTEMENT

Différents plans sont mis en place par les institutions internationales pour éviter les défauts de paiement : politiques d'ajustement structurel avec des programmes de rééchelonnement entre les années 1980 et 2000, programmes de restructuration en 1996, ou initiatives d'annulation de la dette multilatérale en 2005. Si la dette actuelle des pays d'Afrique subsaharienne reste élevée, elle doit être replacée dans le contexte international. En 2018, selon la Banque mondiale, elle est de 583 milliards de dollars, la part publique représentant 365 milliards. Des différences importantes persistent entre les pays : par exemple, la dette de l'Angola s'élève à 54,5 milliards de dollars (dont 38 milliards pour le secteur public), alors que celle du Burkina Faso est de 3,3 milliards (dont 3 milliards). Par ailleurs, les autres régions de la planète sont plus concernées par le problème : l'Asie de l'Est et Pacifique a une dette de 2 784 milliards de dollars (dont 626 milliards), pour l'Amérique latine et les Caraïbes, elle atteint 1 868 milliards (dont 914 milliards), d'autant que les données de la Banque mondiale n'incluent pas les États aux revenus élevés. Enfin, en proportion, les États-Unis sont le plus grand débiteur, avec un tiers

2 Investissements et prêts chinois en Afrique

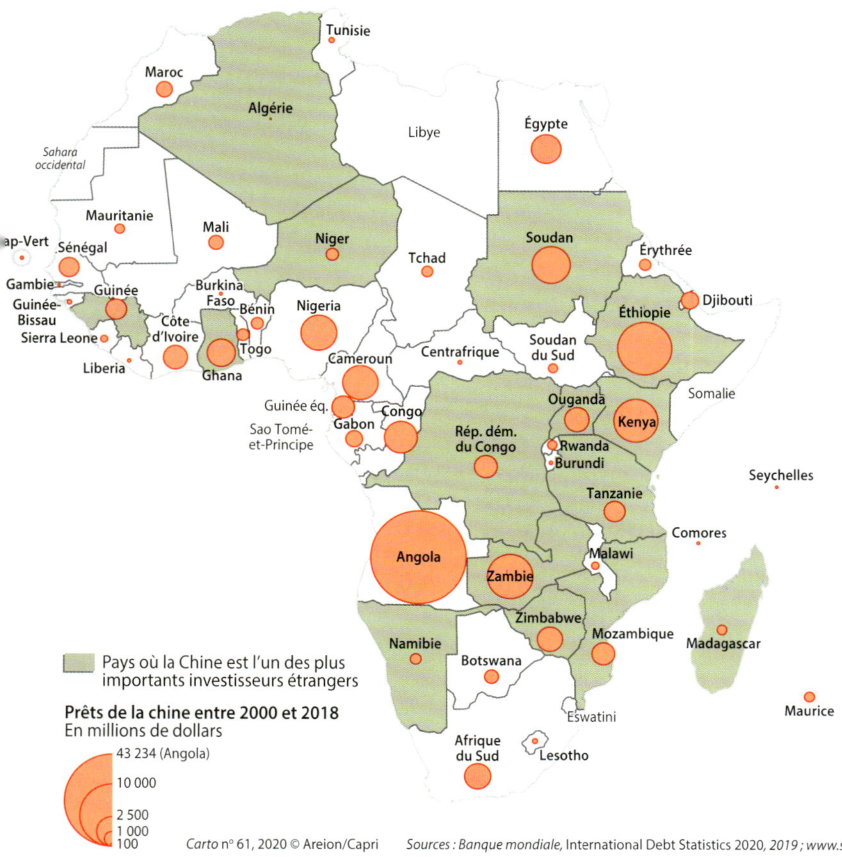

Carto n° 61, 2020 © Areion/Capri

3 Le commerce Chine-Afrique

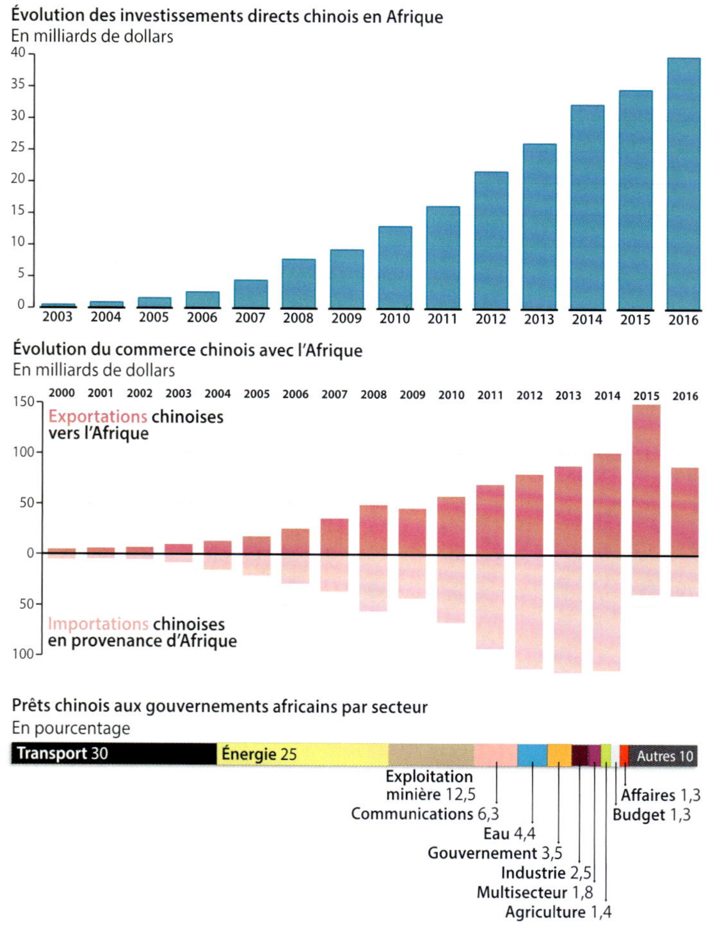

Sources : Banque mondiale, International Debt Statistics 2020, *2019 ; www.sais-cari.org, août 2020 ; China Africa Research Initiative,* The Path Ahead: The 7th Forum on China-Africa Cooperation, *2018*

l'annulation est-elle si simple ?

de la dette mondiale. Les créanciers, notamment le Fonds monétaire international (FMI) et la Banque mondiale, restent réticents à l'annulation pour différentes raisons. D'une part, les dettes sont considérées comme des obligations dont il faut s'acquitter. De plus, leur annulation encouragerait les pays riches à ne plus prêter, ce qui réduirait les budgets d'aide aux pays pauvres. Cela mettrait par ailleurs à mal la crédibilité des institutions multinationales. Enfin, l'annulation ne garantirait en rien que les sommes d'argent libérées ne seraient pas gaspillées aux dépens de la population. Ainsi, si la pandémie de Covid-19 a fait se lever un vent de solidarité, la réalité des chiffres ne doit pas faire oublier la complexité de l'annulation de l'endettement des pays africains.

La Chine détient une part importante de cette dette, ce qui représente un levier de pouvoir certain. Selon la China Africa Research Initiative, le montant des prêts accordés à 49 pays africains par la République populaire s'élève à 152 milliards de dollars entre 2000 et 2018, l'Angola se présentant comme l'un des principaux débiteurs (1). Toutefois, la prudence reste de rigueur face à l'absence de transparence d'une administration chinoise cloisonnée. Mais nul doute que les prêts chinois augmentent le niveau de la dette, ce qui peut être perçu comme une menace ou une opportunité. La diplomatie économique chinoise consiste à offrir des prêts sans garanties réelles de viabilité économique des projets. Les États, peinant à rembourser leurs emprunts, ont alors tendance à hypothéquer leurs droits sur des infrastructures géostratégiques (les ports notamment). C'est la diplomatie dite du « carnet de dette » par laquelle la Chine gagne un réseau fiable pour ses approvisionnements et une influence politico-économique auprès de ses débiteurs, mais affaiblit la souveraineté des États endettés, ce qui est perçu comme du néocolonialisme.

Mais les prêts concédés sont également une opportunité pour le développement des pays africains. D'une part, les prêts chinois ne contribuent à un sérieux surendettement que dans trois pays : Djibouti (Pékin y détient 77 % de la dette), la République démocratique du Congo (7,1 milliards de dollars y seraient détenus par la Chine) et la Zambie (6,4 milliards sur un total de 8,7 milliards fin 2017) (2). D'autre part, la République populaire favorise le développement : les prêts stimulent l'économie, génèrent de la concurrence et de l'emploi. Enfin, l'Afrique a besoin d'argent pour financer ses projets et l'un des seuls pays capables de nos jours de fournir des emprunts importants et rapidement est… la Chine. ●

C. Braccini

NOTES

(1) Deborah Brautigam, « Chinese Debt Relief: Fact and Fiction », in *The Diplomat*, 15 avril 2020.

(2) Janet Eom, Deborah Brautigan et Lina Benabdallah, « The Path Ahead: The 7th Forum on China-Africa Cooperation », *China Africa Research Initiative, Briefing Paper* n° 1, 2018.

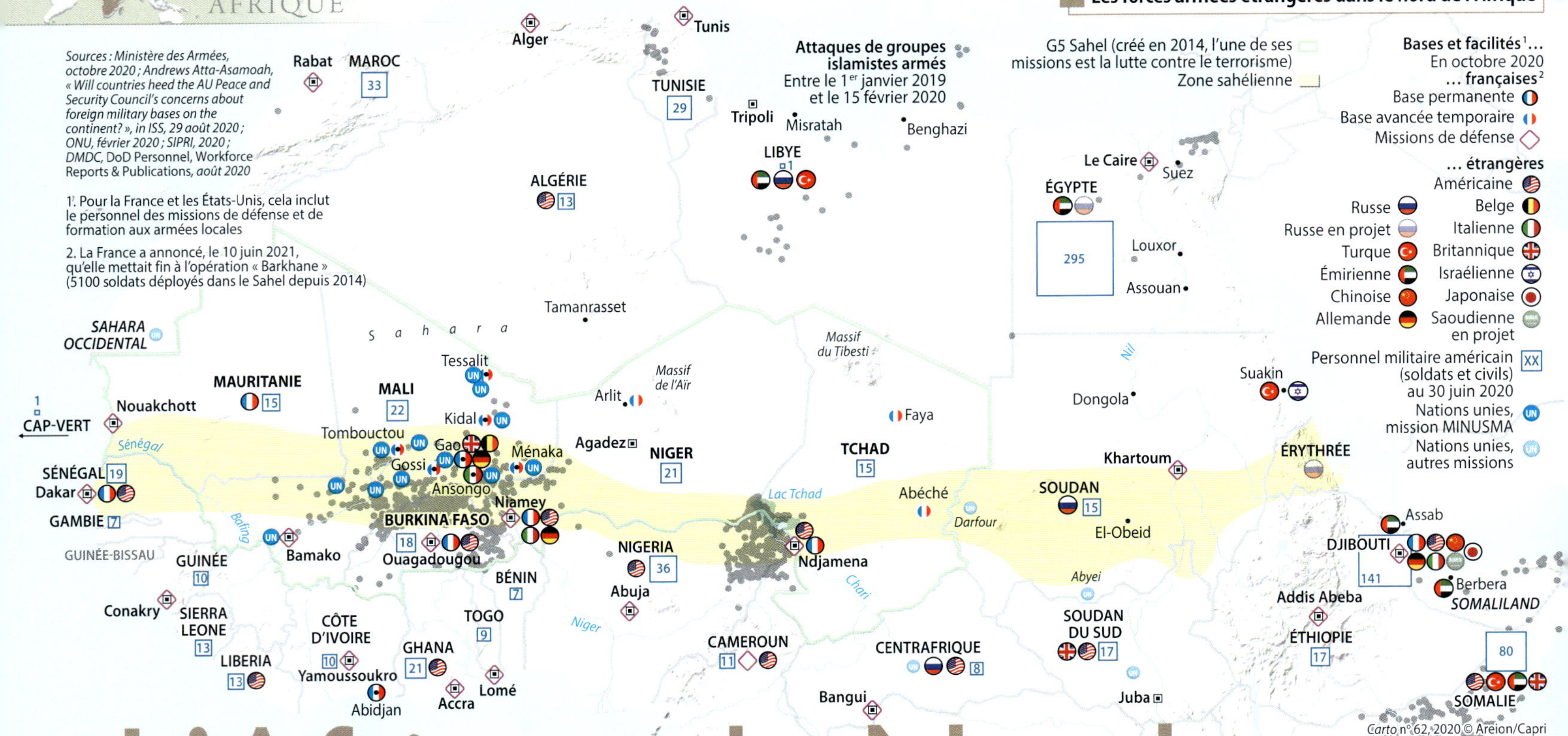

L'Afrique du Nord, terre militaire étrangère ?

Si le nord de l'Afrique est depuis longtemps sous influences militaires française et américaine, de nouvelles puissances s'y implantent, non seulement au Sahel, au cœur des conflits régionaux, mais aussi dans la Corne de l'Afrique. Djibouti est ainsi devenu un véritable poste d'observation, louant son territoire à qui veut y ouvrir une base.

Dotée d'une position stratégique entre l'espace euroméditerranéen et le Moyen-Orient, la zone allant du Maghreb à la Corne de l'Afrique est depuis longtemps l'objet de convoitise par les puissances occidentales, à commencer par la France, dont la présence militaire remonte à l'époque coloniale. Après la vague des indépendances des années 1960, l'armée française a continué d'y maintenir des troupes par le biais d'accords de coopération. En 2020, l'intervention de la France sur le sol africain se résume essentiellement à l'opération « Barkhane », qui mobilise 5100 des 8200 soldats français déployés sur le continent. Commencée en août 2014, cette mission vise à lutter contre les groupes terroristes ; l'annonce en juin 2021 de sa fin ouvre une période d'incertitudes.

Une dizaine de pays non africains disposent de bases dans l'espace allant de la Mauritanie à Djibouti. Parmi eux, les États-Unis ont renforcé leur présence dans la région à la suite des attaques terroristes du 11 septembre 2001. Comme les Français, les Américains justifient leur envoi de troupes au nom du combat contre le terrorisme et la piraterie maritime dans le golfe d'Aden. Si les puissances occidentales restent les plus implantées sur le sol nord-africain, elles ne constituent plus les seules forces en présence. La Chine, la Russie, l'Arabie saoudite, les Émirats arabes unis, la Turquie et Israël investissent également la zone, en vue d'étendre leur influence. En 2020, l'intervention turque en Libye relevait de ces considérations : en appuyant militairement le Gouvernement d'union nationale (GNA), Ankara souhaitait affirmer son statut de puissance régionale face à ses rivaux russe, égyptien et émirien, qui soutenaient le camp adverse, l'Armée nationale libyenne (ANL). Bien que l'Union africaine (UA) ait mis en garde ses États membres sur la présence accrue de forces étrangères sur son territoire, celle-ci constitue cependant une source de revenus non négligeable pour certains pays hôtes.

Situé sur le détroit de Bab el-Mandeb, à la charnière entre l'Afrique, l'Asie et le Moyen-Orient, Djibouti dispose d'une position géostratégique sur l'océan Indien. Sa localisation l'a d'ailleurs conduit à se spécialiser dans un véritable « commerce de bases militaires ». En 2019, six pays en avaient une. Cette présence étrangère permet à l'État djiboutien de tirer un revenu annuel de 300 millions de dollars par an. À côté de l'installation déjà ancienne des armées françaises et américaines dans ce pays, en 2017, la Chine a choisi ce territoire pour implanter sa première base à l'étranger ; une décision qui témoigne de la volonté de Pékin de devenir un acteur global. Au regard de l'évolution du paysage militaire dans le nord de l'Afrique, les rivalités géopolitiques entre puissances historiques et émergentes ont trouvé un nouveau terrain d'expression. •

D. Lagarde

Armes illicites en Afrique : un trafic en bonne santé

Le trafic d'armes en Afrique se porte bien. En 2017, 28 % des morts violentes ont été causées par balle ; 40 millions d'armes légères sont détenues par des « groupes non étatiques », soit 80 % des pistolets et fusils en circulation (1). Encore faut-il comprendre la complexité des réseaux et les difficultés pour lutter contre ce phénomène.

1 Les armes, leur production et leurs victimes en Afrique

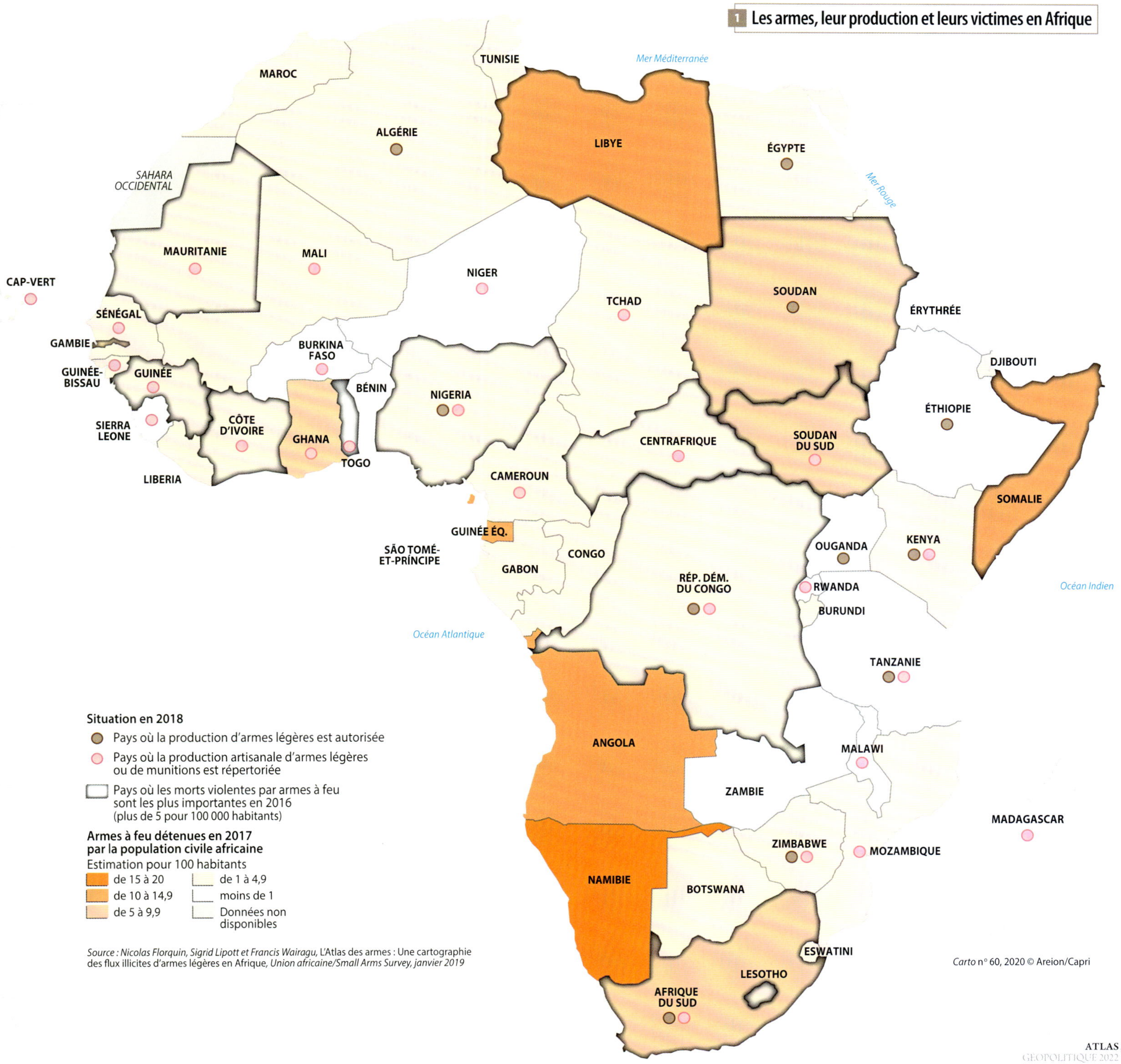

Source : Nicolas Florquin, Sigrid Lipott et Francis Wairagu, L'Atlas des armes : Une cartographie des flux illicites d'armes légères en Afrique, *Union africaine/Small Arms Survey, janvier 2019*

Ce commerce se réalise dans toutes les régions d'Afrique subsaharienne, mais se concentre dans l'ouest, les zones touchées par les conflits au Sahel et entre les frontières. Les armes légères illicites sont définies comme celles produites, transférées, détenues ou réutilisées en violation du droit national ou international. Cette définition indique que les flux sont variés et nombreux. Les filières, les routes et les acteurs sont multiples : aux groupes armés, terroristes et contrebandiers s'ajoutent les États qui peinent à contrôler les flux ou qui y prennent part de manière plus ou moins indirecte.

ZONES INTENSES DE TRAFICS

Le trafic peut être divisé en deux catégories principales : le détournement d'armes légales et la production illicite (artisanale non déclarée ou une conversion d'armes à feu factices en armes meurtrières). La complexité et les spécificités du trafic ne doivent donc pas être gommées aux dépens de l'image répandue du grand seigneur de guerre qui orchestrerait la totalité d'un marché. Le continent est un carrefour aux routes multiples pour la vente d'armes, et ce en dépit des mesures et des programmes de lutte mis en place.

Les armements illicites en Afrique circulent selon différentes routes terrestres. Elles peuvent être internes à un seul pays ou traverser les frontières, constituant alors des zones à part entière. Certains États ne sont que des territoires de transit, d'autres sont des destinations. Ainsi, au Niger, les armes proviennent essentiellement du sud de la Libye. Un premier itinéraire longe la frontière algérienne jusqu'aux villes d'Assanag et Tassara et une seconde s'enfonce davantage dans le centre du pays, jusqu'à la ville de Séguédine. Le nord-est, près de la frontière malienne, est un point de transit important. Les armes

2 Le Sahel, zone intense de trafic d'armes (2018)

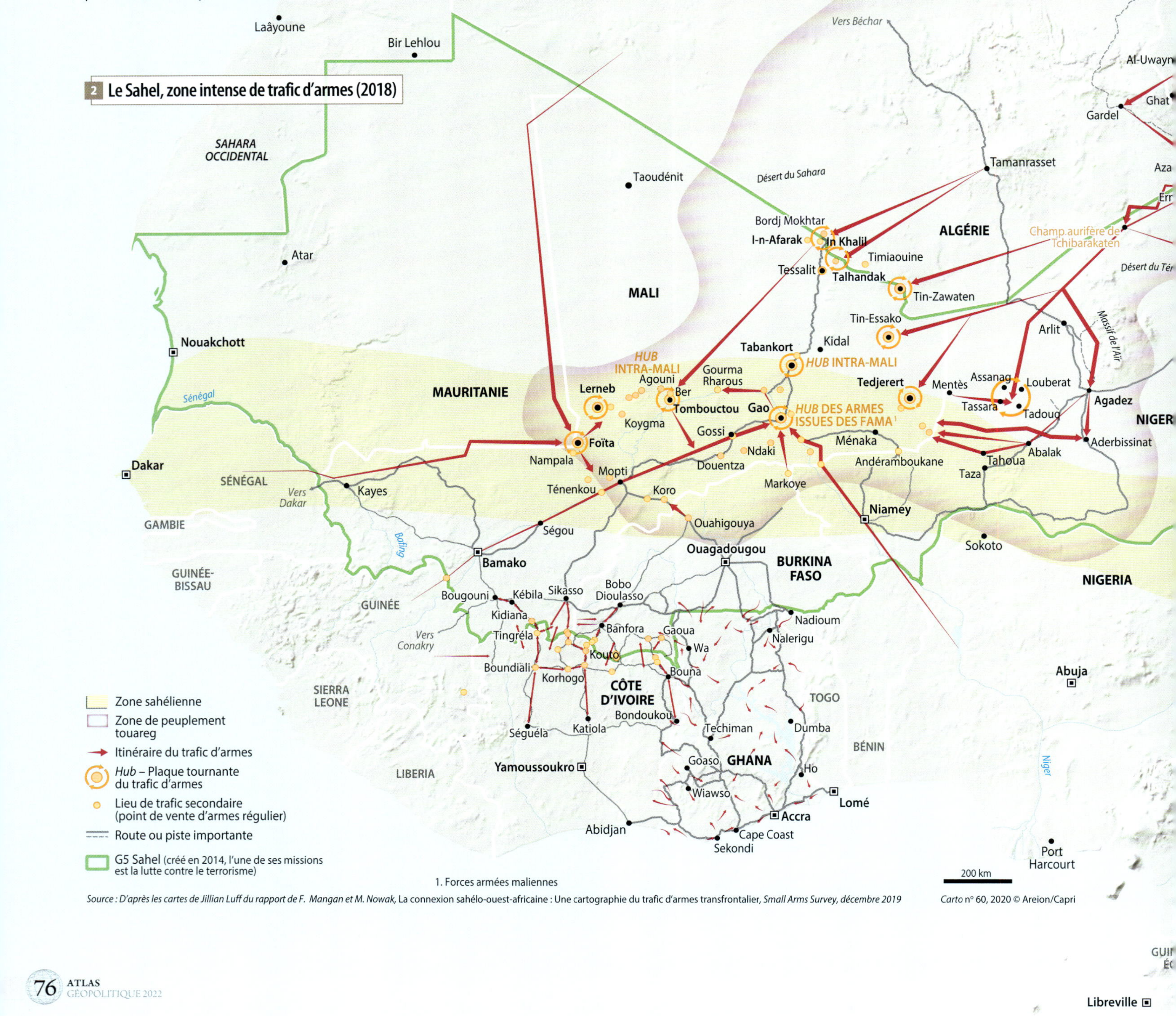

1. Forces armées maliennes

Source : D'après les cartes de Jillian Luff du rapport de F. Mangan et M. Nowak, La connexion sahélo-ouest-africaine : Une cartographie du trafic d'armes transfrontalier, *Small Arms Survey, décembre 2019*

Carto n° 60, 2020 © Areion/Capri

sont transportées ensuite vers le Mali, le Burkina Faso ou le Nigeria. Au Ghana, elles arrivent depuis les trois pays limitrophes (Côte d'Ivoire, Burkina Faso, Togo) et peuvent être réexportées vers la Côte d'Ivoire et le Burkina Faso.

Le Mali est une destination. Les armes empruntent six axes principaux depuis l'Algérie, le Niger, le Burkina Faso, la Guinée, le Sénégal et la Mauritanie. Le pays compte 10 plaques tournantes majeures : trois le long de la frontière algérienne, sept plus au centre du territoire national, au sud du Sahara. Il existe, de plus, un nombre important de villes concentrant un trafic plus secondaire, qui sont en réalité des points de vente d'armes réguliers, comme Ténenkou ou Ndaki. Enfin, les frontières entre la Côte d'Ivoire, le Burkina Faso et le Mali ou celle entre le Ghana et la Côte d'Ivoire sont des zones de trafic à part entière. La multiplicité des routes et la porosité des frontières expliquent en partie la difficulté des gouvernements et des forces internationales à contrôler les trafics.

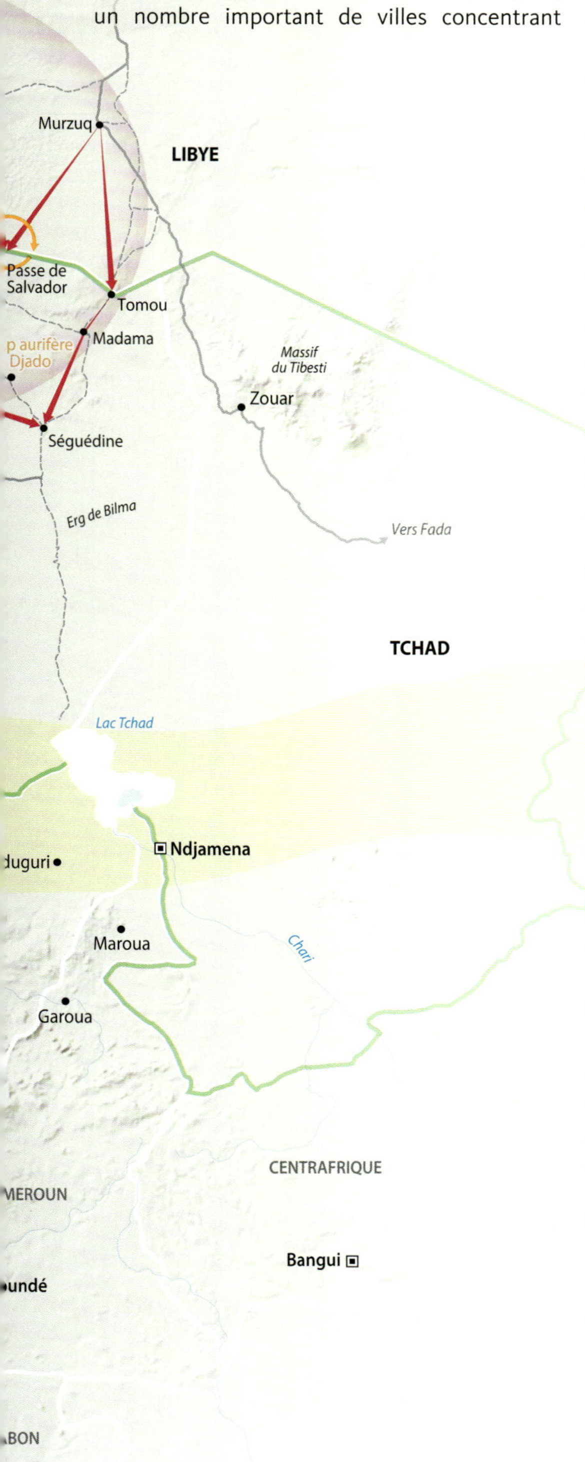

UNE MOSAÏQUE D'ACTEURS

Les flux d'armement illicites sont alimentés par différents types d'acteurs. D'une part, les populations civiles indépendantes de tout groupe armé, comme les communautés locales d'éleveurs (les Turkana au Kenya ou les Toposa au Soudan du Sud). Ces dernières participent à des petits flux, dits « trafics de fourmis » (une dizaine d'armes par passage), essentiellement pour protéger leurs bétail et territoires. La répartition des points d'eau et des pâturages peut donner lieu à des différends violents entre les tribus qui acquièrent des armes pour se protéger. De plus, des contrebandiers de marchandises légales contribuent à ce type de trafic. Il s'agit de civils, hommes et femmes, dont des migrants et des réfugiés, qui empruntent des itinéraires traditionnels de commerce et servent de mules pour les trafiquants d'armes.

D'autre part, des groupes plus organisés mettent en place des trafics sophistiqués, que ce soit des groupes armés, des gangs ou des groupes terroristes (comme Al-Mourabitoune au Mali). Il est difficile de savoir avec exactitude comment ces derniers s'approvisionnent en armes, mais il est certain qu'ils en détournent et en transportent entre les frontières. Ce genre de trafic se situe par ailleurs davantage au Sahel qu'en Afrique de l'Ouest. À cela s'ajoutent des fabricants d'armes ou des agents de sécurité corrompus. Enfin, les soldats de la paix déployés par l'ONU peuvent également participer à la circulation des armes de manière indirecte, car ces dernières sont fréquemment perdues ou volées, parfois en quantité importante.

COMMENT FAIRE TAIRE LES ARMES ?

Les différentes crises que subit le continent africain renforcent les trafics d'armement illicites : soit la demande augmente, soit la possibilité de se procurer des armes est plus aisée du fait de leur abondance. En 2011, la Libye est devenue un « paradis », les stocks du régime de Mouammar Kadhafi (1969-2011) étant à la disposition des groupes et des milices, ce qui a facilité les trafics vers l'Afrique subsaharienne. Néanmoins, depuis 2014 et la guerre civile, les flux se sont raréfiés. Au Mali, 60 à 80 % des armes en circulation dans le pays proviennent des stocks nationaux. De plus, le trafic qui s'alimente avec le détournement des stocks se produit parfois avec la complicité des États. Les armes peuvent être volées lors d'assauts ciblés, mais aussi fournies par l'État lui-même à certains groupes. Ainsi, entre 2015 et 2016, l'État malien aurait procuré du matériel (armes et véhicules) au groupe Groupe d'autodéfense touareg Imghad et alliés, créé en 2014 afin de protéger la plus grande communauté touareg dans le nord du Mali contre les groupes armés. Dans ce cas, le trafic d'armes intervient dans le cadre de conflits internes au pays et la frontière entre le licite et l'illicite devient d'autant plus difficile à tracer que le rôle des acteurs étatiques reste opaque. À cela s'ajoute l'incapacité des autorités à protéger la population, ce qui incite celle-ci à s'autoarmer pour se défendre, engendrant un cercle vicieux de violence.

Nombreuses sont les mesures à avoir été mises en place pour lutter contre le trafic d'armes. Elles peuvent être classées en quatre catégories : internationale, régionale, nationale et locale. On compte, à l'échelle internationale, le recueil d'informations par les missions onusiennes ou la saisie d'armes lors d'actions contre les groupes terroristes par les forces armées étrangères par exemple (opération « Barkhane » au Mali entre 2014 et 2021). De plus, des accords régionaux de coopération sont passés afin d'améliorer le contrôle des frontières, comme celui conclu entre le Tchad et ses voisins en 2018. Enfin, aux niveaux régional et local, les États ont recours à des réseaux d'interlocuteurs informels pour recueillir des informations. La Côte d'Ivoire, le Burkina Faso, la Guinée-Bissau, le Niger et le Mali ont créé des commissions nationales contre la prolifération des armes pour coordonner leurs actions.

Si les initiatives de lutte présentent des limites, comme la redondance des actions due à la multiplication des acteurs ou le manque de communication entre États, l'optimisme doit rester de rigueur. Renforcer la transmission d'informations fiables et la coordination entre les acteurs, et dispenser des formations et soutenir les États sont de nature à faire taire le bruit des armes en Afrique. •

C. Braccini

NOTE

(1) Nicolas Florquin, Sigrid Lipott et Francis Wairagu, *L'Atlas des armes : Une cartographie des flux illicites d'armes légères en Afrique*, Union africaine/Small Arms Survey, janvier 2019.

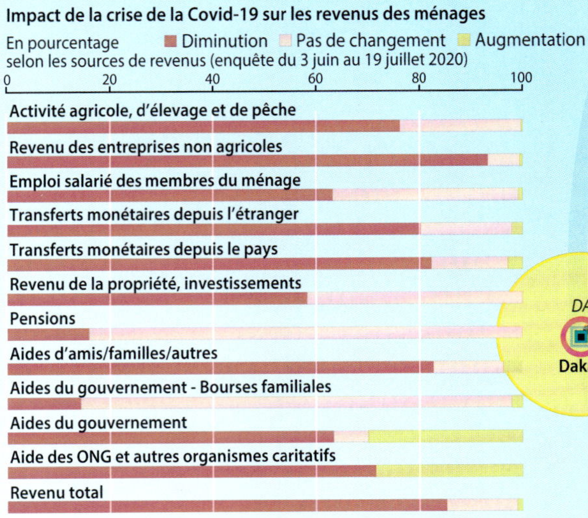

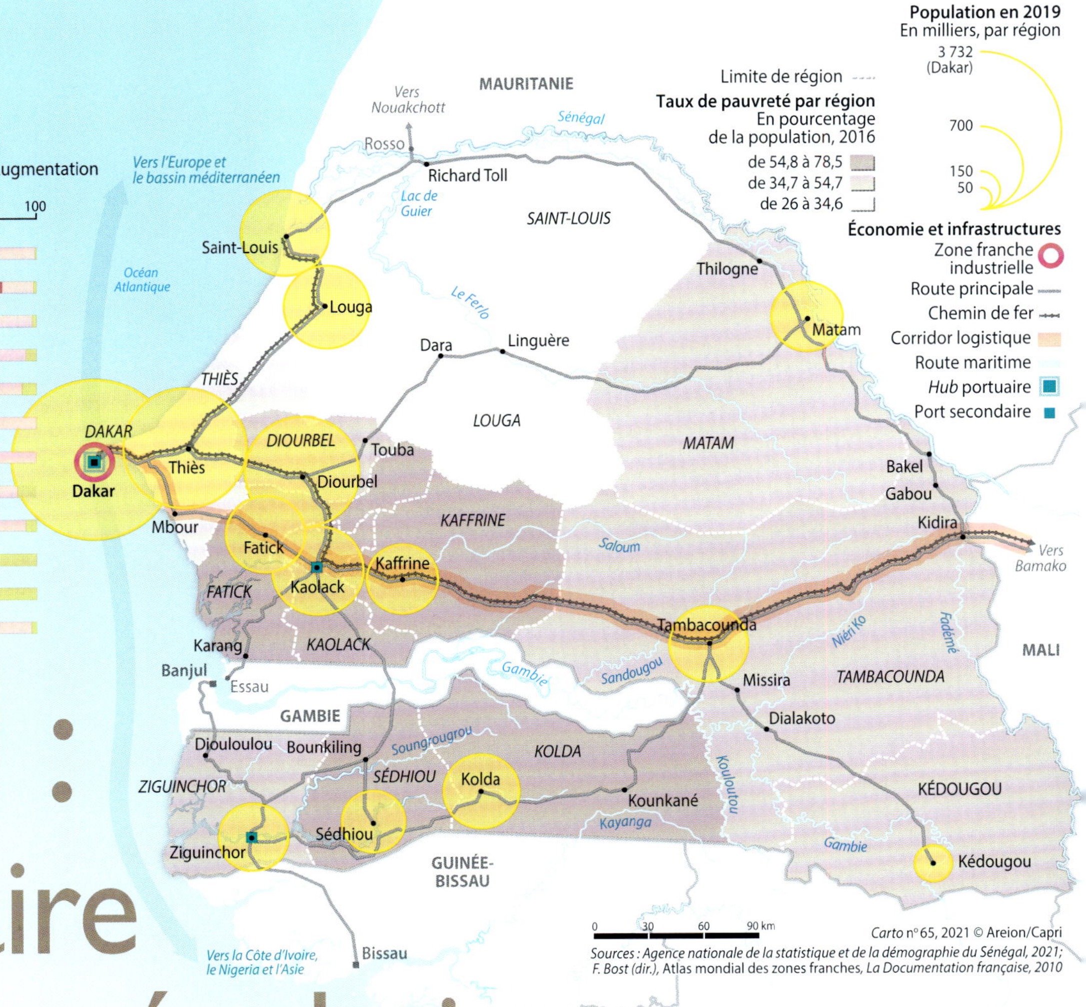

Sénégal : d'une affaire privée à la révolution

Le 3 mars 2021, le leader de l'opposition au Sénégal, Ousmane Sonko, est arrêté pour « trouble à l'ordre public » après une accusation de viol. Une vague de colère monte, dénonçant les atteintes à la démocratie. Simple affaire ou étincelle ayant mis le feu aux poudres ? Quels sont les tenants et les aboutissants de ces événements majeurs pour l'avenir du pays ?

D'abord affaire privée qui a commencé en février 2021, l'affaire Sonko a pris de l'ampleur. L'intéressé dénonce un complot visant à l'écarter du pouvoir en vue de l'élection présidentielle de 2024. Chaos, guérillas urbaines, gaz lacrymogène échelonnent les différentes étapes de sa remise en liberté le 8 mars. Mais la poursuite des manifestations à Dakar et dans d'autres régions du pays révèle une exaspération populaire plus générale. En l'absence de réformes majeures, ces événements sont en effet le symptôme d'une instabilité durable. Ils illustrent un malaise social profond de nature à mettre fin à la présidence de Macky Sall (depuis 2012), en raison notamment de dysfonctionnements politiques et de faiblesses économiques.

Sur le plan politique, le pays n'a certes connu que de rares crises ces dernières années, mais les tensions sont latentes. D'une part, la démocratie sénégalaise est encore attachée à un fonctionnement électoraliste faute d'avoir évolué en une démocratie permanente, ancrée dans une gouvernance au profit de l'intérêt général. D'autre part, les institutions censées asseoir l'État de droit restent dépendantes du pouvoir en place, la suspension de la diffusion télévisée des images des manifestations pour apologie à la violence rappelant l'hyperpuissance de l'exécutif, par exemple.

Sur le plan économique, la présence massive de la jeunesse lors des protestations révèle la précarité, l'absence de perspective et le chômage qui pèse sur cette partie de la population (38,8 % des 15-34 ans sont sans emploi en 2018, selon les données officielles). De plus, la croissance est fortement impactée par la crise de la Covid-19, passant de 6 % en 2019 à 1 % en 2020, d'après le Fonds monétaire international (FMI). L'ampleur de ce ralentissement économique est lourde de conséquences. Les tensions sociales déjà présentes s'en trouvent renforcées, et les progrès réalisés ces dix dernières années en matière de développement ralentis. Ainsi, dans une enquête publiée en septembre 2020, 85 % des ménages interrogés reconnaissent une baisse de leurs revenus, tandis que le manque d'argent est évoqué comme la première raison de non-accès aux soins médicaux (1).

Enfin, le décalage entre l'importance de la croissance démographique sénégalaise et la faiblesse des investissements dans le système d'éducation, la formation et la mise en place de mécanismes de participation citoyenne à la gouvernance renforcent les fragilités économiques conjoncturelles. En l'absence de changements profonds, les malaises de la société sénégalaise soulignés par les manifestations du mois de mars font donc planer le risque, si ce n'est d'une résurgence récurrente des tensions à chaque échéance électorale à court terme, du moins d'une mise à mal de la stabilité du pays à plus long terme. ●

C. Braccini

NOTE

(1) ANSD/DGPPE, « Covid-19 : Suivi de l'impact sur le bien-être des ménages », *Bulletin* n° 1, septembre 2020.

Guinée : nouveau mandat pour Alpha Condé dans la violence

En fonction depuis 2010, Alpha Condé a remporté pour une troisième fois la présidence de Guinée lors de l'élection du 18 octobre 2020, mais sur fond de violence. Instrumentalisations ethniques et réforme constitutionnelle expliquent en partie le degré d'intensité des affrontements. Quelles sont les perspectives politiques et économiques après une décennie au pouvoir ?

La Guinée en quelques chiffres clés

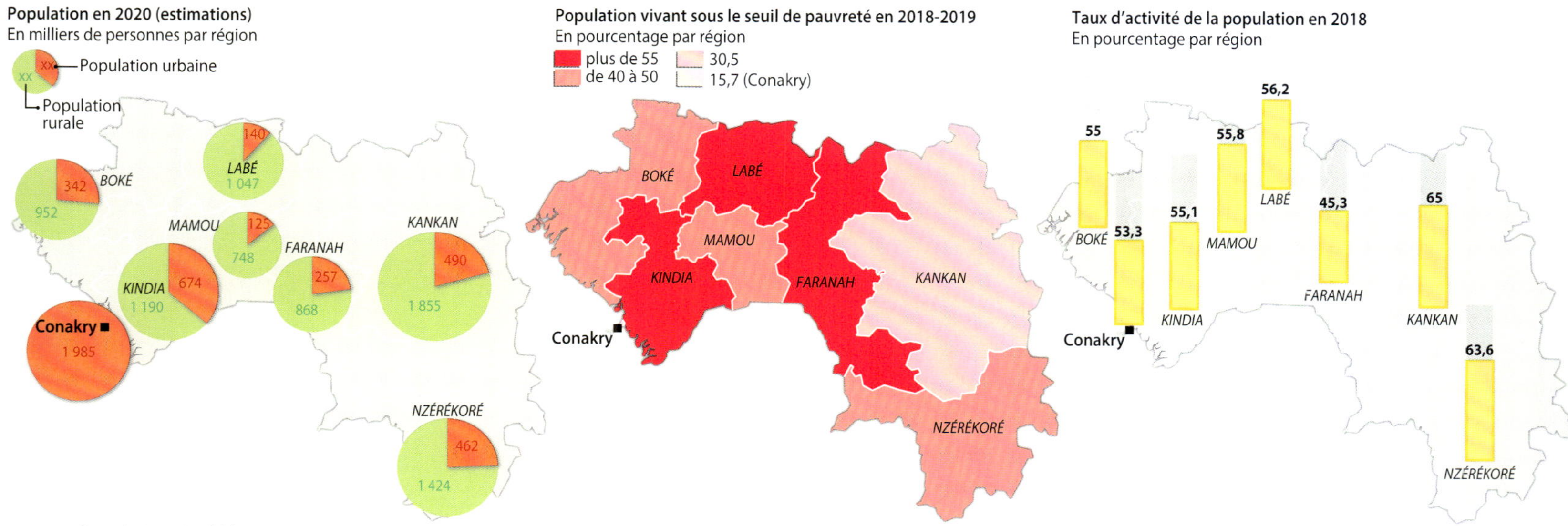

Source : Institut national de la statistique, Annuaire statistique 2019, *juin 2020*

Carto n° 64, 2021 © Areion/Capri

Alpha Condé a été élu dès le premier tour avec 59,4 % des voix, tandis que l'opposition a revendiqué la victoire de son candidat, Cellou Dalein Diallo (33,5 %). La question communautaire a été au cœur de la campagne et a attisé les oppositions : les deux camps se sont accusés mutuellement d'instrumentaliser l'appartenance ethnique, malinkaise pour Alpha Condé, peule pour Cellou Dalein Diallo. Mais si le scrutin s'est déroulé dans la violence, il s'inscrit dans un cycle plus long de contestations. En mars 2020, le référendum constitutionnel a déclenché une vague de manifestations et de répression. La Constitution de 2010 limitait à deux le nombre de mandats présidentiels ; la révision a permis à Alpha Condé de se représenter, alors que son arrivée au pouvoir avait marqué l'avènement de la démocratie un demi-siècle après l'indépendance (1958).

La limitation aurait permis d'éviter la cristallisation des tensions par le renouvellement des acteurs et du jeu politique. Il s'agit de la troisième élection où s'affrontent les mêmes hommes depuis une décennie. La longévité d'Alpha Condé (né en 1938) fait planer la menace d'un pouvoir confisqué au profit d'une gérontocratie. Un réveil de la société civile, non pas uniquement sous l'effet d'une instrumentalisation politique, mais par un sursaut spontané, pourrait, à long terme, déstabiliser la Guinée, d'autant que des fragilités économiques et sociales persistent.

La croissance (5,6 % en 2019, selon la Banque mondiale) est dynamique et devrait se poursuivre, tandis que la dette publique s'établit à 37,6 % du PIB en 2018. Quelques réformes, comme l'achèvement du système d'imposition en 2019, ont amélioré le climat des affaires. Le développement de projets hydrauliques, telle la construction du barrage de Kaléta, a amélioré l'accès à l'eau et à l'électricité – avec 1165 cours d'eau, la Guinée est le « château d'eau » d'Afrique de l'Ouest. Mais seuls 44 % des Guinéens ont accès à l'électricité en 2018 ; et la pauvreté touche 60 % d'une population (12,77 millions d'habitants en 2019) à 63,5 % rurale. La corruption reste endémique. De plus, malgré la création d'un ministère des Droits de l'homme et des libertés publiques en 2011, les responsables du massacre du 28 septembre 2009, qualifié de crime contre l'humanité par l'ONU, n'ont pas été jugés. Au moins 150 personnes avaient alors été tuées et une centaine de violences sexuelles perpétrées par les forces de sécurité. Le sentiment d'impunité se renforce au sein de la population.

La confiance envers le système Alpha Condé est à construire. Si la culture de corruption persiste, que les faiblesses économiques continuent de nourrir les inégalités et que le jeu politique reste clos, les échéances électorales guinéennes seront l'occasion répétée d'explosions de violence ruinant les efforts accomplis pour stabiliser le pays. ●

C. Braccini

Burkina Faso : djihadisme et crise de gouvernance

REPÈRES

NOM OFFICIEL
Burkina Faso

CHEF DE L'ÉTAT
Roch Marc Christian Kaboré (président depuis 2015)

SUPERFICIE
274 200 km² (76ᵉ rang mondial)

LANGUE OFFICIELLE
Français

CAPITALE
Ouagadougou

POPULATION EST. 2019
20,32 millions d'habitants

DENSITÉ
74 hab./km²

MONNAIE
Franc CFA

HISTOIRE
Territoire de différents royaumes, le Burkina Faso tombe sous la domination française en 1896, avec la création d'un protectorat autour de la région de Ouagadougou. L'ensemble du pays intègre l'Afrique occidentale française en 1904, mais est connu sous le nom de Haute-Volta. L'indépendance est acquise en 1960 et le nom de Burkina Faso (le « Pays des hommes intègres ») est adopté en 1984

PIB PAR HABITANT EN 2019 (EN PARITÉ DE POUVOIR D'ACHAT)
2 274 dollars internationaux courants

INDICE DE DÉVELOPPEMENT HUMAIN (2019)
0,452 (182ᵉ rang)

Alors qu'il bénéficiait d'une stabilité apparente dans les années 1980 et 1990, le Burkina Faso fait dorénavant face à une situation sécuritaire extrêmement tendue. La multiplication des attaques de combattants djihadistes et de groupes d'autodéfense disant agir en représailles aux actions de ces derniers rappelle la violence inouïe qui sévit depuis 2015. Comment expliquer cette évolution ? Quelles en sont les raisons ?

Entre 2015 et 2019, le Burkina Faso a connu plus de 550 attaques notamment djihadistes (1). Le développement de ces groupes tire son origine, en partie, du conflit malien. Les mouvements insurrectionnels ont progressivement étendu leurs actions dans le nord du pays puis dans les régions Est (2) et Centre-Nord. Leur présence est d'autant plus inquiétante que le Burkina Faso représentait à l'échelle du continent africain un État stable et touristique. Plusieurs causes peuvent expliquer la situation actuelle. D'une part, une crise multiforme de la scène politique et du monde rural ; d'autre part, un État faible incapable de reprendre le contrôle de sa population et de son territoire.

DES INFRASTRUCTURES INSUFFISANTES

Le monde rural burkinabé (environ 90 % de la population) traverse une crise. Nombreuses et abondantes, les ressources naturelles sont néanmoins difficiles d'accès. L'eau et l'électricité représentent un enjeu majeur. De plus, bien qu'elle soit difficilement quantifiable, la pauvreté reste élevée, et ce, malgré les efforts accomplis pour la réduire. Le pays occupe le 182ᵉ rang dans le classement de l'indice de développement humain du PNUD en 2019. L'État a pourtant investi 119,8 milliards de francs CFA (environ 182 millions d'euros) pour diminuer la pauvreté en 2018, selon le Fonds monétaire international (FMI). Par ailleurs, 60 % des chefs de famille n'ont jamais bénéficié d'éducation. Enfin, les investissements publics dans les infrastructures sont insuffisants : routes en mauvais état, bâtiments administratifs peu entretenus et équipés.

En outre, le Burkina Faso connaît une crise de gouvernance depuis 2014. Les 30 et 31 octobre 2014, la population s'est soulevée contre le président Blaise Compaoré (1987-2014). Dans la capitale, Ouagadougou, des barrages avaient été installés, les places occupées et la foule amassée pour faire pression. Le 31 octobre, la démission du chef de l'État était annoncée. Depuis, les sentiments de frustration, d'abandon et d'injustice se sont accrus. L'État a perdu le contrôle dans les campagnes. Le banditisme s'est développé. Les conflits fonciers se sont accentués. L'arrivée de Roch Marc Christian Kaboré en 2015, puis sa réélection en 2020 n'ont pas permis au pays de retrouver sa stabilité politique. La méfiance d'une partie de la population envers les élites reste enracinée ; son mécontentement envers les institutions se maintient.

FAIBLESSE GÉNÉRALE DE L'ÉTAT CENTRAL

Malgré ses efforts pour lutter contre l'insécurité sur son territoire, l'État burkinabé reste faible. L'Assemblée nationale a voté le 21 janvier 2020 une loi prévoyant le recrutement de volontaires au sein de la population. Le but est de remédier aux faiblesses des forces de sécurité : manque d'équipement, de formation et de recrues. Mais il est difficile d'envisager comment des civils peu formés et armés peuvent se défendre face à des groupes organisés, équipés et prêts à mourir. De plus, cette initiative risque d'exacerber les violences entre les communautés. Enfin, elle pose la question du développement d'une forme de concurrence avec les forces gouvernementales, sans parler des conséquences du sous-traitement de la défense à la population. La faiblesse de l'État et son incapacité à enrayer la violence expliquent en partie les frustrations des habitants (nourries par l'injustice foncière, le racket ou la stigmatisation) que les groupes djihadistes ne manquent pas d'exploiter. À cela s'ajoute le développement de groupes d'autodéfense à l'image des Koglweogo, ou « gardiens de la brousse », qui rendent justice eux-mêmes.

Enfin, plus qu'une cause, l'implantation durable du djihadisme – également présent aux frontières du pays – au Burkina Faso est une conséquence de la situation du pays. Trois principaux groupes sont présents : l'État islamique en Afrique de l'Ouest (EIAO), le Groupe de soutien

à l'islam et aux musulmans (GSIM) et Ansarul Islam. Apparu en 2016, ce dernier opère notamment dans les provinces du Soum (région Sahel), du Bam et du Sanmatenga (Centre-Nord). Le GSIM est actif dans l'ouest et dans l'est du pays ; ses actions se sont renforcées depuis 2018. Il se rallie à d'autres groupes tels que Ansar Eddine, Al-Mourabitoune et Al-Qaïda au Maghreb islamique (AQMI). Enfin, l'EIAO s'étend de la province de l'Oudalan (région Sahel) à celles de Soum, du Namentenga (Centre-Nord) et du Sanmatenga. Des divergences idéologiques existent entre les différents groupes (le GSIM refuse de s'en prendre aux communautés chrétiennes, par exemple), mais ils coopèrent parfois pour mener à bien leurs opérations. Ainsi, Ansarul Islam a appuyé l'EIAO lors de l'attaque de Koutougou qui a tué 24 militaires le 19 août 2019.

La situation au Burkina Faso, complexe, violente et tourmentée, tient en grande partie aux faiblesses d'un pouvoir politique faisant face à de multiples crises. ●

C. Braccini

NOTES

(1) International Crisis Group, *Burkina Faso : sortir de la spirale des violences*, Rapport Afrique n° 287, 24 février 2020.
(2) Tanguy Quidelleur, « Les racines locales de la violence dans l'Est du Burkina Faso. La concurrence pour les ressources, l'État et les armes », in *Noria*, 28 janvier 2020.

Le Burkina Faso face à la menace terroriste

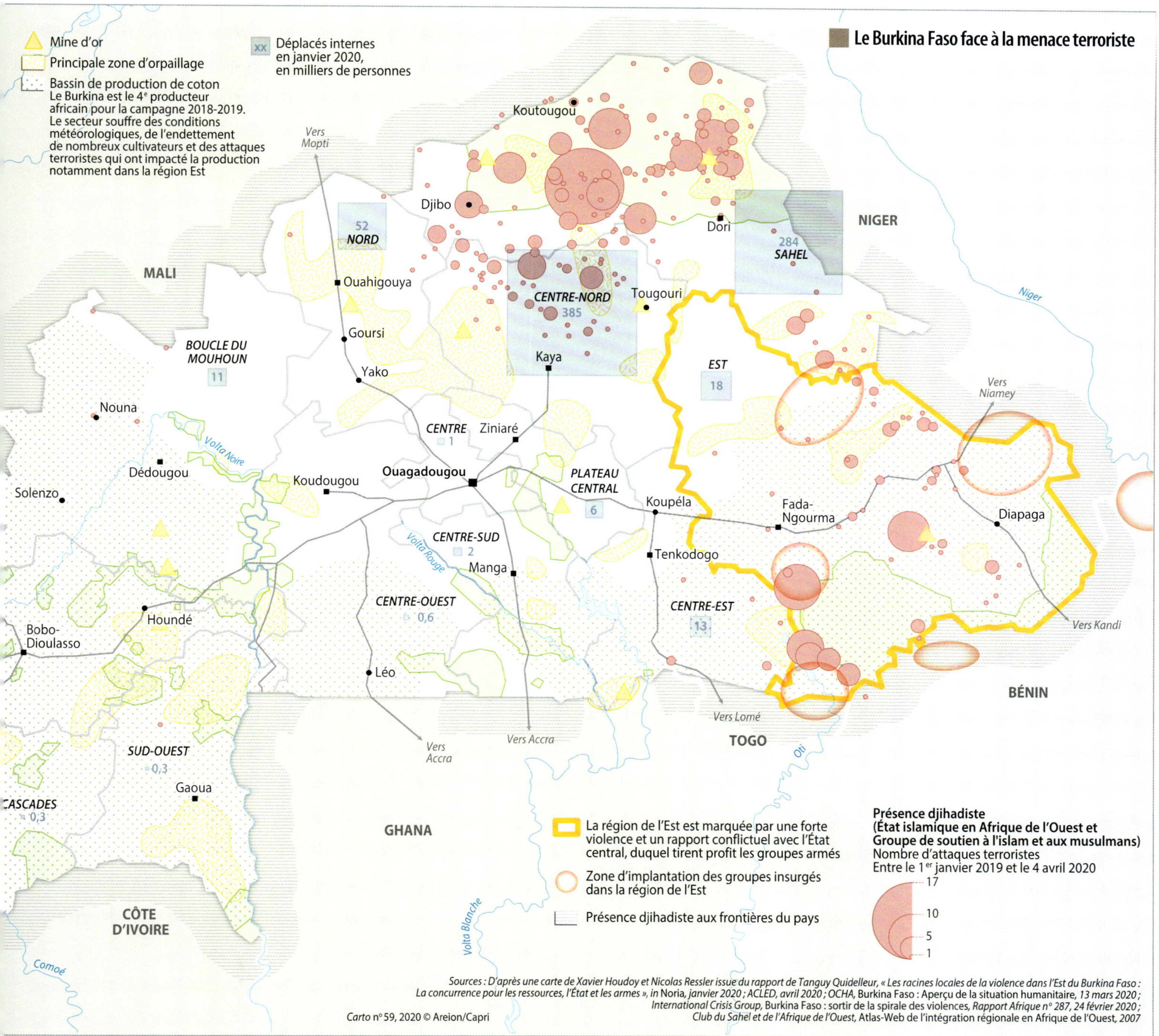

Sources : D'après une carte de Xavier Houdoy et Nicolas Ressler issue du rapport de Tanguy Quidelleur, « Les racines locales de la violence dans l'Est du Burkina Faso : La concurrence pour les ressources, l'État et les armes », in Noria, janvier 2020 ; ACLED, avril 2020 ; OCHA, Burkina Faso : Aperçu de la situation humanitaire, 13 mars 2020 ; International Crisis Group, Burkina Faso : sortir de la spirale des violences, Rapport Afrique n° 287, 24 février 2020 ; Club du Sahel et de l'Afrique de l'Ouest, Atlas-Web de l'intégration régionale en Afrique de l'Ouest, 2007

Conflits politiques et fonciers en Côte d'Ivoire

Le 31 octobre 2020, le président ivoirien, Alassane Ouattara (depuis 2011), est reconduit, dès le premier tour, pour un troisième mandat dans un processus électoral entaché de violences et sur fond de changements économiques en attente. Porteur d'espoir après la grave crise de novembre 2010 à mai 2011, l'homme présente une décennie plus tard un bilan nuancé, marqué par la cruciale question de la réforme foncière.

Alors qu'il avait promis de céder la place à son Premier ministre, Amadou Gon Coulibaly (2017-2020), le décès de ce dernier, le 8 juillet 2020, a rebattu les cartes. Après avoir réformé la Constitution, Alassane Ouattara s'est représenté pour un troisième mandat ; le scrutin s'est tenu dans un contexte tendu. Le nombre de victimes et d'incidents est difficile à établir. Mais appels à la violence, discours de haine et désinformations ont accompagné le processus, obligeant plus de 28 800 personnes à quitter leur foyer (dont 15 684 dans les pays voisins, au 19 novembre 2020) par crainte de représailles postélectorales, selon le Haut Commissariat pour les réfugiés (HCR). Si le président a été élu avec 95,3 % des voix et un taux de participation de 53,9 %, l'opposition dénonce des irrégularités et appelle à la désobéissance civile, au risque de bloquer le pays. L'élection d'octobre 2020 rappelle la situation troublée qu'a connue la Côte d'Ivoire une décennie auparavant.

DES PROMESSES À MOITIÉ TENUES

La réussite de la promesse faite en 2010 d'aboutir à une paix par l'économie est réelle, mais elle est à nuancer. La croissance est de retour (6,9 % en 2019, selon la Banque mondiale), et le taux d'urbanisation est passé de 17,7 % en 1960 à 50,3 % en 2015. Les investisseurs sont revenus, faisant de la Côte d'Ivoire une destination parmi les plus attractives et performantes du continent africain. Mais cette reprise n'a pas résorbé les inégalités : en 2015, 46 % de la population vit avec moins de 1,3 dollar par jour. Les régions rurales ou du nord du pays sont les plus pauvres.

Politiquement, le constat est identique. D'une part, le président est parvenu à dépolitiser les tensions pendant les dix années de son exercice. En novembre 2010, Alassane Ouattara a été élu démocratiquement, mais avec le soutien des forces rebelles contre le président sortant de l'époque, Laurent Gbagbo (2000-2011). Lors de ses deux mandats, il a su les placer au cœur du pouvoir en les intégrant à l'armée. Il a pu ainsi assurer une stabilité et éviter la résurgence de conflits.

Mais, d'autre part, la persistance des violences indique que la question de la réconciliation nationale n'a pas été réglée. Les rivaux ont été écartés de l'arène politique, et le pouvoir a été pratiqué de façon hégémonique. L'absence de renouvellement générationnel dans l'opposition comme dans le système en place marque un blocage des institutions alors que la population aspire au changement. L'élection du 31 octobre 2020 a reproduit d'anciennes rivalités et mis en scène les mêmes acteurs, à l'instar de Henri Konan Bédié, président de 1993 à 1999 et candidat en 2010 et 2020. Tant que le paysage politique ne proposera pas un renouvellement des figures dirigeantes, la résurgence des violences opposant les partisans de chacun des camps risque de se produire à chaque échéance électorale. Ce renouvellement s'avère donc nécessaire pour la réconciliation nationale.

L'ENJEU FONCIER

Une question essentielle reste à résoudre : celle de la propriété foncière. Certaines régions, comme celles autour des villes de Yamoussoukro ou de Tabou, sont agitées par des conflits entre les populations autochtones (ivoiriennes et propriétaires coutumières des terres) et allogènes (étrangères et travaillant les sols). La raison tient à la fin du modèle d'arrangement foncier qui était en vigueur depuis les années 1960 : l'exploitation des terres ne repose pas traditionnellement sur un droit de propriété, mais sur une relation de tutorat entre les Ivoiriens, accordant un permis d'exploitation, et les étrangers travaillant la terre.

Nombre de ces arrangements sont remis en cause, notamment par une partie de la jeunesse qui, installée en ville et revenant dans le village d'origine à la suite d'une perte d'emploi ou d'une fin de scolarité, réclame les terres. La loi de 1998 imposant l'établissement d'un certificat de propriété pour éviter ces conflits n'est que peu respectée ; en 2018, seulement 4 % des terres rurales recensées bénéficient d'un tel document. Si l'une des promesses d'Alassane Ouattara en 2011 était de mettre fin aux différends fonciers en renforçant l'application de la loi, elle reste lettre morte.

Au regard du poids de l'agriculture dans l'économie ivoirienne (19,8 % du PIB en 2018, selon la Banque mondiale) et de son importance pour la stabilité sociale, la question foncière est un élément clé non seulement pour comprendre une partie des violences dans le pays, mais aussi pour tenter de les stopper. Ainsi, tout en faisant resurgir des tensions politiques anciennes, la réélection d'Alassane Ouattara a remis en lumière des problématiques identitaires et foncières non résolues et pourtant majeures pour la stabilité à long terme de la Côte d'Ivoire. ●

C. Braccini

REPÈRES

NOM OFFICIEL
République de Côte d'Ivoire

CHEF DE L'ÉTAT
Alassane Ouattara (président depuis 2011)

SUPERFICIE
322 463 km² (70e rang mondial)

LANGUE OFFICIELLE
Français

CAPITALE
Yamoussoukro (Abidjan, capitale économique)

POPULATION EST. 2019
25,71 millions d'habitants

DENSITÉ
79 hab./km²

MONNAIE
Franc CFA

HISTOIRE
Si la Côte d'Ivoire a été une colonie française de 1893 à 1960, les premiers Européens à s'y installer sont les Portugais, dès la fin du XVe siècle. Les terres sont riches en produits agricoles, notamment en café et en cacao. La Seconde Guerre mondiale ouvre la voie aux premières revendications nationales, et le pays obtient son indépendance en 1960, date de la prise du pouvoir par Félix Houphouët-Boigny, président jusqu'en 1993

PIB PAR HABITANT EN 2019 (EN PARITÉ DE POUVOIR D'ACHAT)
5 443 dollars internationaux courants

INDICE DE DÉVELOPPEMENT HUMAIN (2019)
0,538 (162e rang)

Territoire et économie de la Côte d'Ivoire

Route principale

Route principale pour les travailleurs migrants (essentiellement pour les travaux agricoles)

Voie ferrée

Port — Route maritime

Extraction pétrolière et gazière

Pipeline…
… en activité … en projet

Bassin de production de café robusta (utilisé pour en faire du café soluble et peu contraignant à cultiver)

Production de cacao (installations vieillissantes, le processus de modernisation est en cours. La culture du cacao est l'un des principaux facteurs de la déforestation en Côte d'Ivoire)

Production d'huile de palme

Production de coton

Usine d'égrenage (les fibres de coton longues sont séparées des graines et les débris éliminés à l'aide de machines appelées égreneuses)

Couvert forestier en 2015

Parc et réserve

Flux de réfugiés et de déplacés ivoiriens

15 684 Réfugiés et déplacés au 19 novembre 2020

Camp de réfugiés

Route de transhumance transfrontalière

Direction pendant la saison sèche — Direction pendant la saison humide

Manifestations et émeutes

Entre le 1er janvier 2019 et le 28 novembre 2020

Ville où le nombre d'événements est important

Ville où il y a eu un événement

Carto n° 63, 2021 © Areion/Capri — 50 km

Évolution du couvert forestier
Estimations en milliers d'hectares

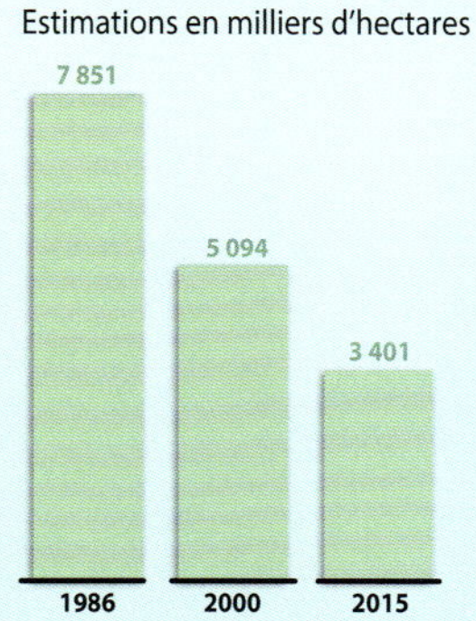

Évolution des terres agricoles en Côte d'Ivoire
En pourcentage des terres arables

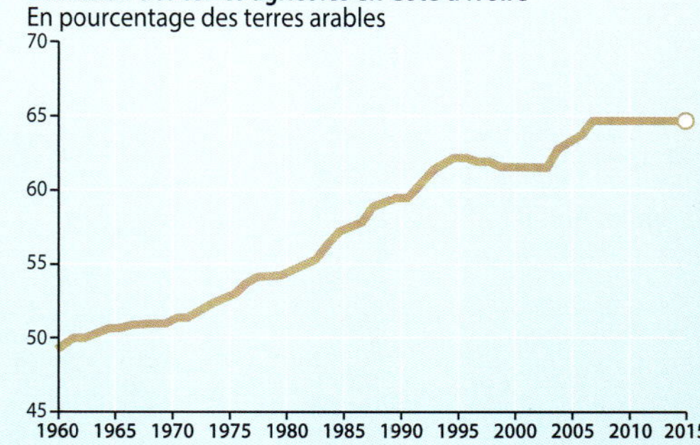

L'urbanisation rapide de la Côte d'Ivoire
En pourcentage de la population totale

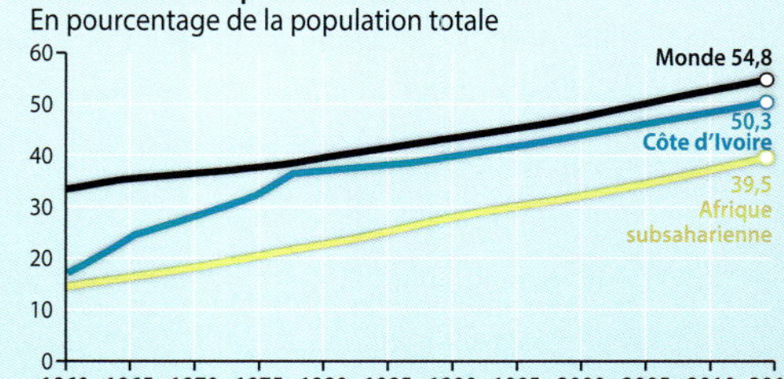

Sources : ACLED, décembre 2020 ; HCR, 2020 ; OIM, Regional Mobility Mapping: West and Central Africa, *juin 2020 ; Banque mondiale,* Situation économique en Côte d'Ivoire - Que la route soit bonne, *janvier 2019 ; USAID,* Power Africa Gas Roadmap to 2030, *juin 2018 ; FAO et REDD+,* Cartographie de la dynamique forestière de 1986 à 2015, *2017 ; Ministère des Mines, du Pétrole et de l'Énergie,* Cérémonie de mise en service pipeline Abidjan-Yamoussoukro, *juillet 2013 ; Cyclope,* Les marchés mondiaux, *2010 ; Club du Sahel et de l'Afrique de l'Ouest,* Atlas-Web de l'intégration régionale en Afrique de l'Ouest, *2007 ; Christian Bouquet,* La crise ivoirienne par les cartes, *GéoConfluences, 2007*

Le Ghana, pays du retour ?

Les côtes du Ghana ont constitué entre les XVe et XVIIIe siècles l'une des principales régions de départ des esclaves en direction des Amériques. Bénéficiant d'une économie florissante, le pays souhaite attirer les descendants de ces populations contraintes de quitter leur terre d'origine. Le président Nana Akufo-Addo (élu en décembre 2016 et reconduit en 2020) a proclamé 2019 « année du retour » afin d'accueillir les candidats à ce courant migratoire et de faire du Ghana un pôle émergent en Afrique.

REPÈRES

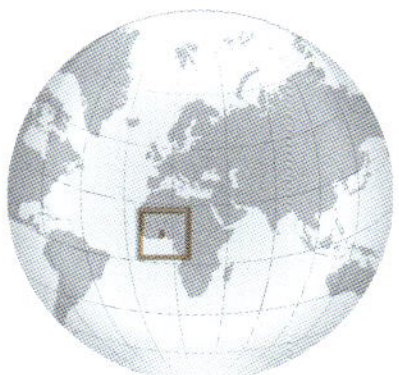

NOM OFFICIEL
République du Ghana

CHEF DE L'ÉTAT
Nana Akufo-Addo (président depuis 2017)

SUPERFICIE
238533 km² (83e rang mondial)

LANGUE OFFICIELLE
Anglais

CAPITALE
Accra

POPULATION EST. 2019
30,41 millions d'habitants

DENSITÉ
127 hab./km²

MONNAIE
Cédi

HISTOIRE
L'empire du Ghana est jusqu'à l'arrivée des Européens, au XVe siècle, une terre prospère de commerce en Afrique de l'Ouest. Au XVIIIe, les Britanniques chassent les Hollandais et les Portugais de la région, qu'ils baptisent « Côte de l'Or ». Le Ghana accède à l'indépendance en 1957 sous la houlette de Kwame Nkrumah, président jusqu'en 1966, date à laquelle il est renversé par un putsch, laissant la place aux militaires jusqu'en 1970

PIB PAR HABITANT EN 2019 (EN PARITÉ DE POUVOIR D'ACHAT)
5652 dollars internationaux courants

INDICE DE DÉVELOPPEMENT HUMAIN (2019)
0,611 (138e rang)

Depuis une quinzaine d'années, le Ghana est l'un des bons élèves de la scène économique africaine, mais aussi mondiale. Ce petit pays anglophone (238 533 kilomètres carrés) d'Afrique de l'Ouest, indépendant depuis 1957 et entouré par la Côte d'Ivoire, le Burkina Faso et le Togo (tous francophones), peut se vanter de disposer d'indicateurs favorables. La dynamique économique y est forte, comprise entre 5 et 14 % par an, pour une croissance moyenne de 6,8 % sur la période 2005-2017. Le pays peut s'appuyer sur de nombreuses ressources naturelles, assurant des revenus stables, dès lors que les marchés internationaux de matières premières se portent bien. C'est le cas du cacao (2e producteur mondial avec environ 850 000 tonnes par an, derrière la Côte d'Ivoire) ou de l'or, pour lequel le Ghana est le premier producteur en Afrique (environ 130 tonnes en 2018), devant le Soudan et l'Afrique du Sud. C'est aussi le cas du pétrole, même si le pays demeure un producteur modeste (environ 200 000 barils par jour) au regard du géant nigérian. Toutefois, les perspectives de croissance sont fortes dans le secteur pétrolier, en raison de nouveaux gisements offshore.

UN MESSAGE À LA DIASPORA

C'est dans ce contexte favorable que le président Nana Akufo-Addo, nouveau chantre du panafricanisme contemporain et de l'indépendance des États africains à l'égard des anciennes puissances coloniales, a proclamé 2019 « année du retour ». Dans ce pays stable depuis le début des années 1990, où l'alternance politique est de mise, il ne manque plus que les investisseurs et les entrepreneurs pour permettre un décollage de l'économie locale. La population (30,41 millions d'habitants en 2019), majoritairement urbaine, est jeune (40 % de la population a moins de 15 ans) et connaît une forte croissance (2,2 % par an). Mais les forces vives ont encore tendance à quitter le pays (le solde migratoire est déficitaire d'environ 50 000 personnes chaque année).

C'est sans doute pour cela que l'« année du retour » invite les membres de la diaspora ghanéenne à revenir dans un pays autrefois fui pour des raisons économiques, le Ghana ayant longtemps été confronté à la misère. Mais si le message s'adresse avant tout aux Ghanéens de l'étranger (environ 857 600 personnes en 2017), il concerne également les descendants d'esclaves qui ont été embarqués de force sur les navires négriers pendant plusieurs siècles. Ce sont donc les populations afro-américaines et caribéennes qui sont « ciblées » par cette initiative, car certaines d'entre elles sont attirées par la terre de leurs ancêtres et les opportunités que le Ghana procure désormais. Les autorités souhaitent s'appuyer sur ce *brain gain* afin de consolider la dynamique économique de leur pays, grâce à ces « *returnees* », une population à l'esprit entrepreneurial, formée à l'étranger et décidée à s'investir dans les secteurs innovants les plus porteurs : informatique, communication, énergies renouvelables, commerce en ligne... En 2015, on estimait à 3 000 le nombre d'Américains installés au Ghana, essentiellement à Accra, la capitale, les procédures d'obtention de la nationalité ghanéenne leur ayant été facilitées. Mais cela reste marginal en comparaison des migrations régionales (91 000 Togolais en 2017).

DE NOMBREUX DÉFIS INTÉRIEURS

Cette « année du retour » est essentiellement un outil de communication, car l'action est symbolique. Elle a toutefois comme vertu de démontrer que l'Afrique n'est pas uniquement un continent de départ (plus de 70 % des migrations des populations africaines sont intracontinentales), qu'elle constitue également un pôle d'accueil des flux migratoires extra-africains. De nombreuses festivités, conférences et expositions ont été programmées tout au long de l'année 2019 pour célébrer cet événement, qui prend des aspects d'initiative touristique. L'année 2019 célèbre le 400e anniversaire de l'arrivée du premier esclave africain sur le sol nord-américain (à Jamestown, en Virginie, en 1619).

Toutefois, la réussite du modèle de développement et d'attractivité du Ghana doit être nuancée, et le pays est encore loin de soutenir une économie inclusive. Les défis sont nombreux pour une nation qui demeure l'une des plus pauvres de la planète. Les disparités régionales entre le nord, plus pauvre, et les régions littorales du sud, plus productives, sont importantes. Le taux d'extrême pauvreté (moins de 1,90 dollar par personne et par jour) reste élevé, à 13,3 % en 2016, soit environ 3,8 millions de pauvres, et il est même en hausse sur la période 2012-2016. L'IDH est médiocre (0,611, 138e rang mondial) et ne progresse que modestement, tout comme l'espérance de vie à la naissance (63 ans). La fécondité reste forte (quatre enfants par femme en âge de procréer sur la période 2015-2020). L'indice de Gini est également élevé (0,43 en 2016), ce qui traduit une mauvaise redistribution des fruits de la croissance. Avec une agriculture qui pèse encore pour près de 20 % du PIB, l'économie du Ghana est celle d'un État rentier fragile et inégalitaire qui souffre du déficit de son appareil de production industrielle et reste soumis aux règles des marchés mondiaux.

É. JANIN

Le Ghana, puissance montante d'Afrique de l'Ouest

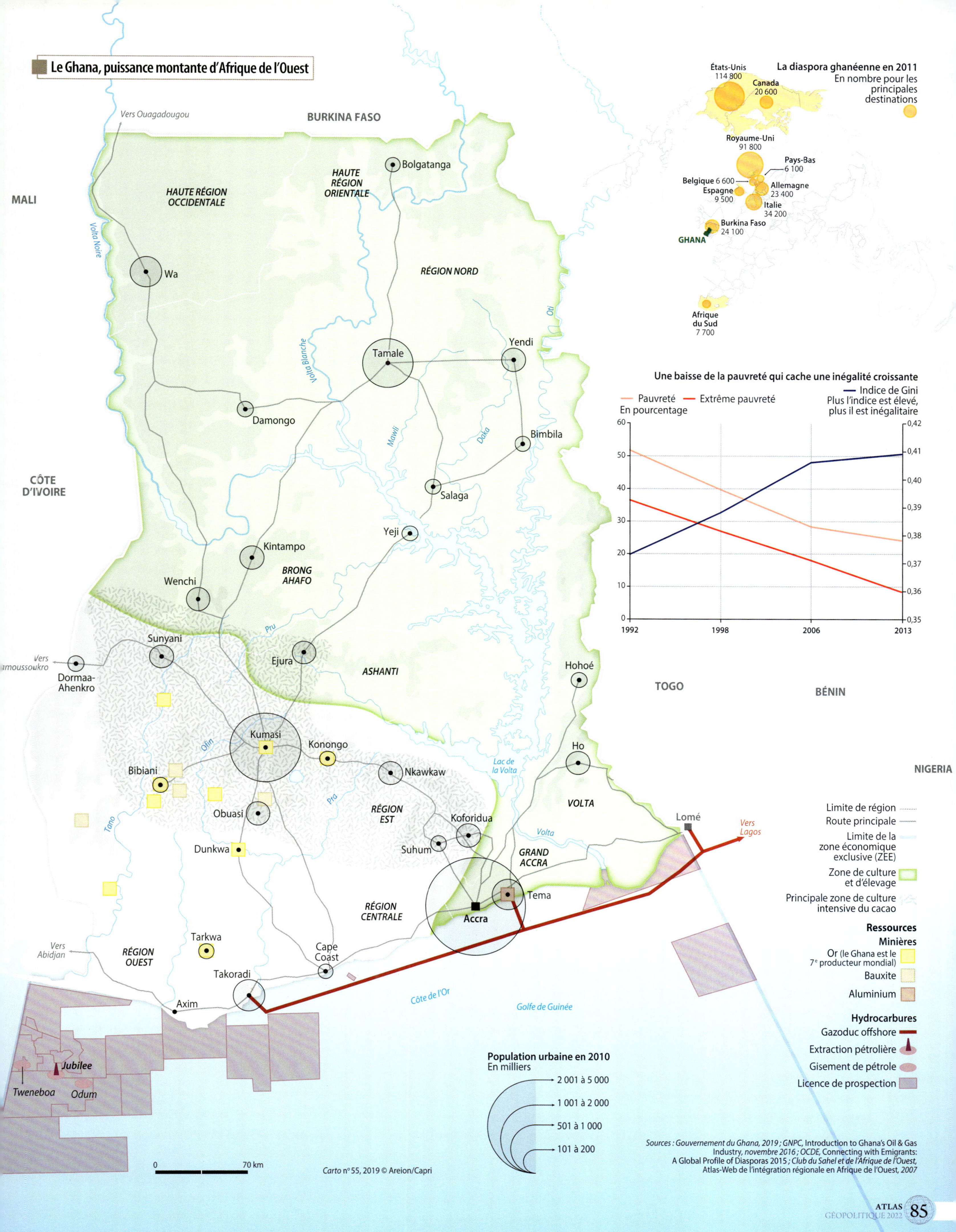

Sources : *Gouvernement du Ghana, 2019 ; GNPC,* Introduction to Ghana's Oil & Gas Industry, *novembre 2016 ; OCDE,* Connecting with Emigrants: A Global Profile of Diasporas 2015 *; Club du Sahel et de l'Afrique de l'Ouest,* Atlas-Web de l'intégration régionale en Afrique de l'Ouest, *2007*

Carto n° 55, 2019 © Areion/Capri

Niger : un « réveil politique » face au mal-développement ?

L'élection du 27 décembre 2020 et du 21 février 2021 place le Niger sur la voie d'une transition démocratique réussie. Toutefois, le pays demeure l'un des plus pauvres de la planète. Confronté au mal-développement et à la progression de la menace djihadiste, il apparaît comme fragile, faisant face à des défis majeurs sur le plan sécuritaire et dans le domaine humanitaire. Le président élu, Mohamed Bazoum, homme de pouvoir depuis les années 1990, voit de plus sa victoire contestée par une opposition forte.

REPÈRES

NOM OFFICIEL
République du Niger

CHEF DE L'ÉTAT
Mohamed Bazoum (président depuis février 2021)

SUPERFICIE
1 267 000 km²
(23e rang mondial)

LANGUE OFFICIELLE
Français

CAPITALE
Niamey

POPULATION EST. 2019
23,31 millions d'habitants

DENSITÉ
18 hab./km²

MONNAIE
Franc CFA

HISTOIRE
Situé sur une terre peuplée dès le VIIIe millénaire avant notre ère, le Niger est intégré à différents empires ouest-africains avant d'être conquis par les Français en 1890. D'abord territoire militaire, il devient une colonie en 1922 et accède à l'indépendance en 1960. Les régimes autoritaires se succèdent jusqu'à la première élection présidentielle démocratique de 1993, avant un putsch trois ans plus tard

PIB PAR HABITANT EN 2019 (EN PARITÉ DE POUVOIR D'ACHAT)
1 278 dollars internationaux courants

INDICE DE DÉVELOPPEMENT HUMAIN (2019)
0,394 (189e rang)

Le Niger vit un moment historiquement symbolique. Avec le retrait de Mahamadou Issoufou après les deux quinquennats consécutifs (2011-2021) que lui permet la Constitution, les deux tours de la présidentielle ont consacré son successeur désigné, Mohamed Bazoum. Soutenu par le Parti nigérien pour la démocratie et le socialisme (PNDS-Tarayya), la première force à l'Assemblée nationale (80 députés sur 171), il a recueilli 39,3 % puis 55,75 % des suffrages, selon les données officialisées le 23 février 2021. Mahamane Ousmane, ancien président (1993-1996) et leader de la Convention démocratique et sociale (CDS-Rahama), est arrivé en deuxième position avec 44,25 %. Bien que certains acteurs voient des possibilités de fraude dans des taux de participation élevés dans les zones désertiques (principalement peuplées de nomades), et malgré le peu de renouvellement de la classe dirigeante, le Niger, dont l'histoire politique est marquée par les coups d'État, est en passe de réussir la première et véritable transition démocratique depuis son indépendance en 1960.

DÉFIS ÉCONOMIQUES, SOCIAUX ET DÉMOGRAPHIQUES

D'énormes défis attendent le nouveau chef de l'État, à commencer par le développement économique, social et humain d'un pays enclavé figurant parmi les plus pauvres du monde. Ainsi, 45,4 % des 23,31 millions d'habitants (2019) vivent avec seulement 1,9 dollar par jour en 2014, selon la Banque mondiale. Le Niger a pourtant connu ces dernières années une forte croissance, de l'ordre de 5 % par an, appuyée notamment sur l'exploitation des ressources de son sous-sol : uranium dans la région d'Arlit, pétrole dans le sud-est (les autorités comptent sur une production de 500 000 barils par jour en 2025, contre 20 000 en 2019), or dans le Ténéré, l'Aïr et le sud-ouest. Mais la dépendance aux cours mondiaux en baisse, l'exploitation par des entreprises étrangères comme la française Orano (ex-Areva) pour la filière uranium ou la chinoise CNPC pour le pétrole ainsi que la faiblesse des infrastructures (une raffinerie saturée, un projet d'oléoduc vers la côte béninoise au point mort) privent le pays d'une partie importante des bénéfices.

Surtout, la croissance économique est en grande partie absorbée par l'explosion démographique ; le Niger détient le record mondial du taux de fécondité (6,8 enfants par femme en 2018), alors que l'espérance de vie s'améliore (de 48,6 ans en 1998 à 62 en 2018). La population devrait plus que doubler d'ici à 2040 ; un défi considérable sachant que la moitié des Nigériens a moins de quinze ans, que 45 % des enfants souffrent de malnutrition, que seulement 17 % des habitants sont raccordés à l'électricité et 45 % ont accès à l'eau, que le revenu annuel moyen se situe aux alentours de 560 dollars par habitant.

L'entrée en vigueur au 1er janvier 2021 de la Zone de libre-échange continentale africaine (ZLECA), qui avait été lancée en 2012 et qui devrait, à terme, former le plus vaste marché au monde avec 1,2 milliard de consommateurs, ouvre de nouvelles perspectives en pouvant jouer un rôle d'accélérateur d'intégration régionale. Mais les conséquences de la crise sanitaire de la Covid-19 et du changement climatique accroissent les difficultés du Niger. Le pays est par ailleurs confronté à la problématique des migrations clandestines vers l'Europe, dont il est l'un des principaux espaces de transit.

UNE SITUATION SÉCURITAIRE RÉGIONALE DÉGRADÉE

Le Niger s'inscrit en outre dans un contexte sécuritaire régional déstabilisé par le terrorisme, comme le rappelle la multiplication des attaques : le pays a été endeuillé par la perte de soldats dans des affrontements avec les djihadistes et par des massacres de civils (34 morts à Toumour le 12 décembre 2020, ainsi qu'une centaine de personnes tuées dans l'attaque de deux villages de l'ouest, Tchoma Bangou, et Zaroumadareye le 2 janvier). Le Niger fait face à une double menace : il subit dans le sud-est la pression du groupe djihadiste Boko Haram, qui a depuis consolidé ses bases dans toute la région du lac Tchad ; l'ouest est quant à lui exposé aux exactions de l'État islamique au Grand Sahara (EIGS), dont les violences ont entraîné la fuite de plusieurs centaines de milliers de déplacés. Le pays est débordé par des mouvements qui sont parvenus à s'enraciner en recrutant de nombreux locaux, notamment au sein des communautés les plus marginalisées.

L'appui de la France, dont les troupes se sont engagées entre 2014 et 2021 dans la région dans le cadre de l'opération « Barkhane » (avec des bases à Niamey et à Aguelal), ne suffit pas à endiguer cette progression. Pas plus que la coopération militaire avec ses voisins au sein du G5 Sahel (Burkina Faso, Mali, Mauritanie, Niger, Tchad). Celle-ci déploie depuis 2017 une force conjointe financée par les cinq pays et la communauté internationale capable de transcender les frontières pour mener ses opérations face à des groupes mobiles (djihadistes, trafiquants de drogue et de migrants), mais dont l'ONU pointe le manque de moyens, de formation et de matériel, qui limite l'efficacité de son action. C'est dans ce contexte régional que Mohamed Bazoum commence un mandat teint de tensions intérieures fortes, avec de nombreuses manifestations de l'opposition, appelant à une alternance du pouvoir. Signe de bonne santé démocratique ou annonce d'un nouveau putsch ?

C. Loïzzo

Le Niger, un État sahélien enclavé

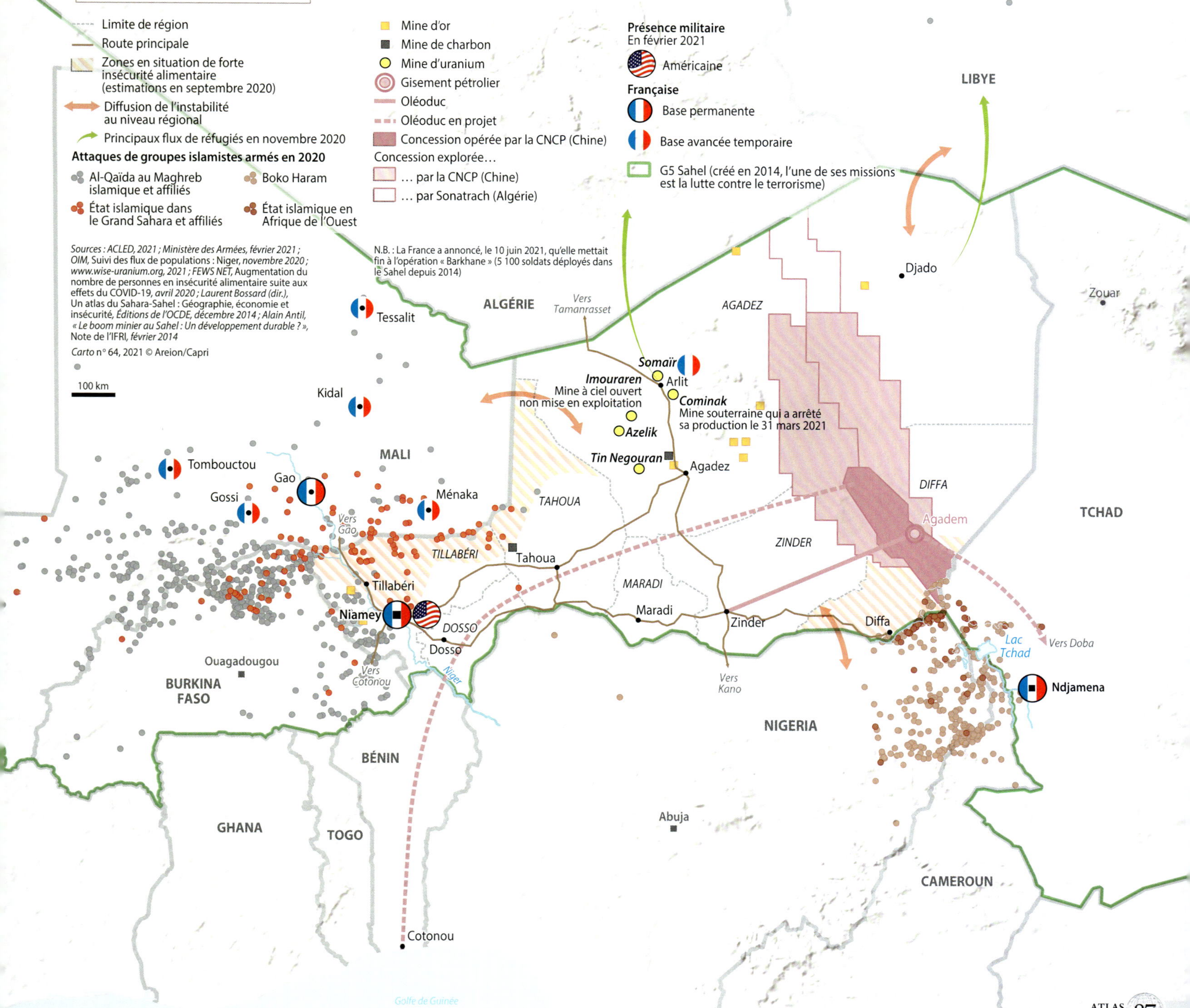

Tchad : une « transition » politique militarisée

Le 20 avril 2021, celui qui dirigeait le Tchad depuis 1990, Idriss Déby, a perdu la vie dans des circonstances troublantes. À l'annonce de sa mort, son fils, Mahamat Idriss Déby (né en 1984), fut nommé à la tête d'un Conseil militaire de transition (CMT), contesté par la rue. Cette situation peut déstabiliser un pays allié historique de la France en Afrique et au cœur des enjeux stratégiques au Sahel.

Les décennies qui ont suivi l'accession à l'indépendance du Tchad en 1960 furent marquées par des crises à répétition, à commencer par trois guerres civiles (1965-1979, 1979-1982, 2005-2010) qui ont fragilisé l'appareil d'État et contribué au déclenchement du conflit tchado-libyen (1978-1987). Dans les années 1980, Hissène Habré profite de cette situation pour instaurer un régime répressif (1982-1990), avant d'être renversé le 1er décembre 1990 par Idriss Déby, soutenu par Paris et la Libye de Mouammar Kadhafi (1969-2011). Lors de son accession au pouvoir, le nouveau chef d'État promet d'instaurer la démocratie et engage une série de réformes suscitant une vague d'espoir au sein de la population. Mais l'homme revient rapidement sur ses promesses. En plus de museler toute forme d'opposition politique, il use de sa fonction pour placer plusieurs membres de sa famille à des postes clés d'entreprises et d'administrations publiques, notamment dans le secteur pétrolier.

LE RÉGIME DÉBY

Ce système, qui lui permet de remporter six élections présidentielles successives entre 1996 et 2021, profite aussi à l'enrichissement de ses proches. Selon une étude publiée en 2017 par l'ONG SwissAid, Idriss Déby disposait alors d'une fortune s'élevant entre 50 millions et 100 millions d'euros, tandis que les Panama Papers ont fait état d'un détournement de fonds publics par son clan estimé à 10,76 milliards de dollars. Cette accumulation de richesses contraste avec la misère dans laquelle est maintenu le peuple tchadien. D'après l'ONU, 85 % de la population vit en situation de pauvreté multidimensionnelle, 5,5 millions de personnes ont besoin d'aide humanitaire d'urgence, 4,6 millions se trouvent en insécurité alimentaire et 1,7 million n'a pas d'accès régulier à des services de santé.

Le 11 avril 2021, alors qu'Idriss Déby remporte sa sixième élection présidentielle, le Front pour l'alternance et la concorde au Tchad (FACT) lance une attaque depuis la Libye pour s'emparer du pouvoir. Bénéficiant de la passivité des populations locales, les rebelles réussissent à s'infiltrer jusqu'au nord de la capitale, Ndjamena. En tant que chef suprême des armées, Idriss Déby décide de se rendre sur le front pour remobiliser ses troupes. Selon la version officielle, le président tchadien serait décédé le 20 avril des suites de blessures reçues durant les combats.

Quelques heures après la mort de l'autocrate, le CMT est mis en place pour pallier la vacance du pouvoir. Cet organe, installé à la tête de l'État en dehors de toute légalité juridictionnelle, sans gouvernement ni Parlement, déclare vouloir diriger le pays durant dix-huit mois, en vue d'organiser des élections « libres et démocratiques ». Mais plusieurs doutes subsistent quant à l'intégrité de cette institution présidée par Mahamat Idriss

REPÈRES

NOM OFFICIEL
République du Tchad

CHEF DE L'ÉTAT
Mahamat Idriss Déby (président du Conseil militaire de transition depuis avril 2021)

SUPERFICIE
1 284 000 km² (22e rang mondial)

LANGUES OFFICIELLES
Français et arabe

CAPITALE
Ndjamena

POPULATION EST. 2019
15,94 millions d'habitants

DENSITÉ
12 hab./km²

MONNAIE
Franc CFA

HISTOIRE
Ancien cœur de royaumes sahéliens (Kanem-Bornou, Baguirmi, Ouaddaï), le Tchad passe sous souveraineté française à partir de 1900, intégrant l'Afrique équatoriale française en 1920. Après avoir soutenu la France libre durant la Seconde Guerre mondiale, le Tchad accède à l'autonomie en 1958, puis à l'indépendance deux ans plus tard

PIB PAR HABITANT EN 2020 (EN PARITÉ DE POUVOIR D'ACHAT)
1 603 dollars internationaux courants

INDICE DE DÉVELOPPEMENT HUMAIN (2019)
0,398 (187e rang)

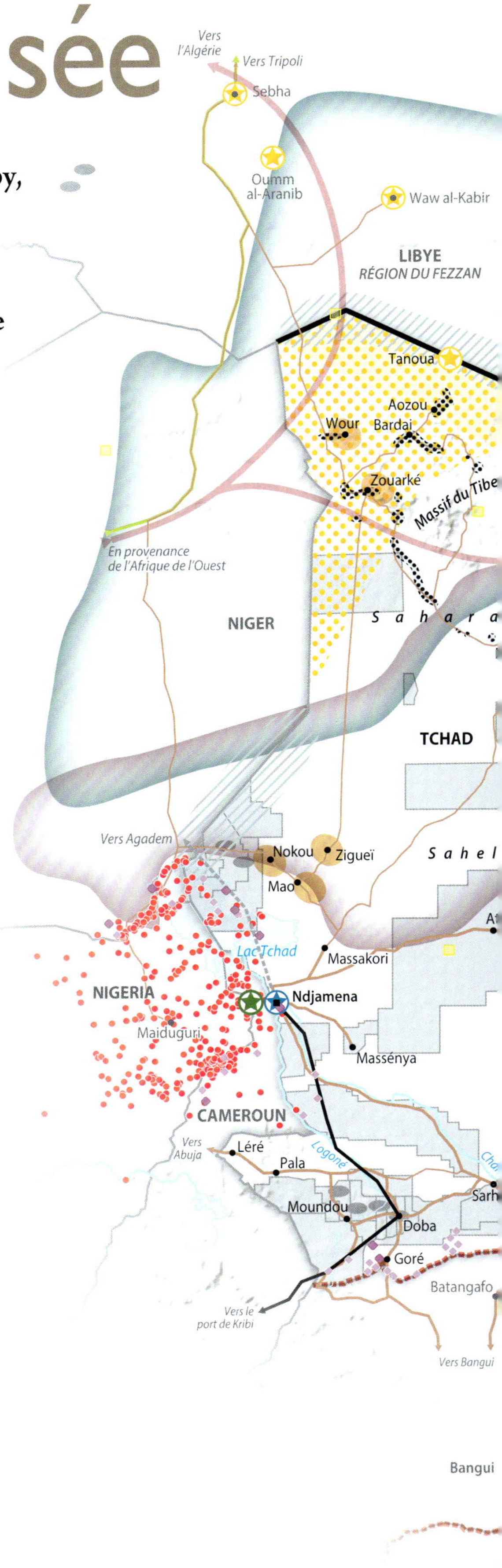

1 Le Tchad, un État stratégique du Sahel

Frontière
Frontière poreuse propice à la propagation des zones conflictuelles dans la région
Bande d'Aozou, occupée par les troupes libyennes de 1973 jusqu'en 1994
Route principale
Route peu entretenue ou piste
Route de trafic de drogues

Conflit et rébellion en avril 2021
Principaux lieux de combats entre l'armée tchadienne et le Front pour l'alternance et la concorde au Tchad (FACT)
Territoire « libéré » selon le FACT
Territoires refuges du FACT
Base supposée du FACT
Zones minées dans le nord du Tchad

Présence djihadiste en 2020
Événements violents commis par l'État islamique en Afrique de l'Ouest

Présence militaire en avril 2021
Base militaire française
Base avancée française temporaire
La France a annoncé, le 10 juin 2021, quelle mettait fin à l'opération « Barkhane » (5 100 soldats déployés dans le Sahel depuis 2014)
Poste de commandement de la Force G5 Sahel

Mouvements de population en mai 2021
Principales routes migratoires
Camps de déplacés et de réfugiés
Communautés accueillant des réfugiés ou des déplacés (dans des camps ou dans des foyers)

Groupes ethniques
Communauté de l'ethnie toubou
Les Teda, peuple d'éleveurs nomades ; ils se seraient progressivement installés dans le Fezzan (Libye), vers 1960, pour travailler sur les chantiers ou les sites d'exploitation d'hydrocarbures
Les Daza tchadiens (ou Goranes) ; plusieurs responsables politiques appartiennent à cette ethnie
Les Béri (les Zaghawa, dont le président Idriss Déby était issu, et les Bideyat)

Ressources en 2020
Site aurifère
Bloc pétrolier attribué
Champ pétrolier
Oléoduc
En activité
En projet (programme chinois)

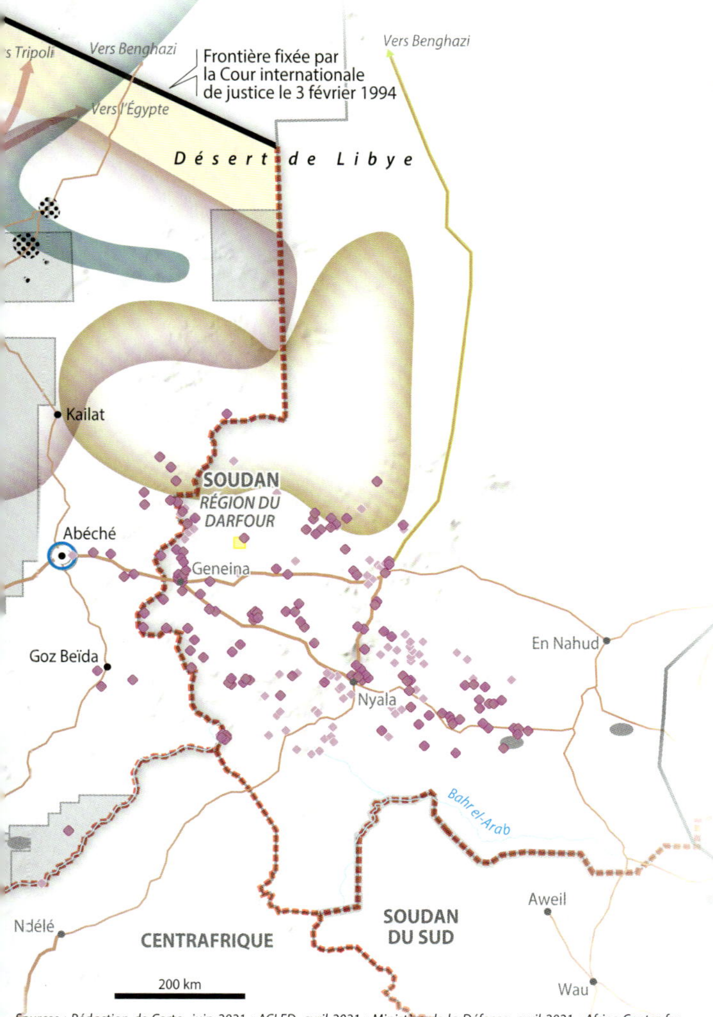

Sources : Rédaction de Carto, juin 2021 ; ACLED, avril 2021 ; Ministère de la Défense, avril 2021 ; Africa Center for Strategic Studies, Africa's Active Militant Islamist Groups, février 2021 ; Crisis Group, Les défis de l'armée tchadienne, Rapport Afrique n° 298, 22 janvier 2021 ; OCHA, janvier 2021 ; Asma Saïd, « L'ethnie minoritaire Toubou en Libye », Les clés du Moyen-Orient, mars 2020 ; EIA, Country Analysis Brief: Sudan and South Sudan, 5 mars 2018 ; Jérôme Tubiana et Claudio Gramizzi, Tubu Trouble: State and Statelessness in the Chad–Sudan–Libya Triangle, Small Arms Survey, juin 2017 ; Ministère du Pétrole et de l'Énergie, Cadastre pétrolier, 2017 ; Banque mondiale, Chad-Cameroon Petroleum Development and Pipeline Project, mai 2001

2 Les forces armées tchadiennes en 2020

Personnel militaire actif
En nombre d'individus

- 27 500 **Armée de terre**
- 350 **Armée de l'air**
- 5 400 **Sécurité d'État**
- 11 900 **Paramilitaires** (gendarmerie, Garde nationale et nomade, Groupe d'intervention mobile de la police)

Évolution du budget pour la défense
En pourcentage du PIB

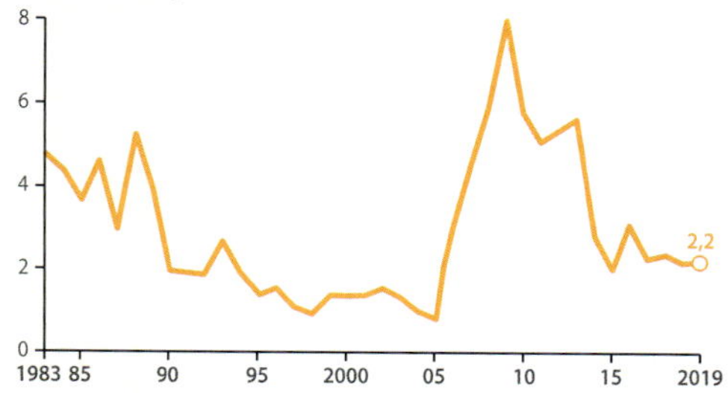

Zone d'intervention de l'armée tchadienne à l'extérieur (G5-Sahel) :
- Massif des Ifoghas (Niger, Algérie)
- Aguelhok (Mali)
- Zone des trois frontières (Niger, Burkina, Mali)

Principaux équipements militaires

Les forces terrestres…

- **Chars**
  - Chars de bataille : 60
  - Chars légers : 30
- **Véhicules**
  - Blindés légers de reconnaissance : 309
  - Véhicules de combat d'infanterie : 131
  - Véhicules de transport de troupes : 103
- **Artillerie**
  - Artillerie automotrice : 10
  - Artillerie tractée : 5
  - Lance-roquettes multiples : 11

… aériennes

- Appareils de combat : 11
- Renseignement : 2
- Transport tactique : 6
- Transport de personnel : 4
- Entraînement : 4
- Hélicoptères : 15

N.B. : Absence de données pour les combats antichars, certains lance-roquettes multiples, missiles et canons de défense aérienne

Sources : IISS, The Military Balance 2021 ; Banque mondiale, 2021

Déby et composée d'anciens caciques du régime. En effet, la « Charte de transition de la République du Tchad » adoptée par les militaires après avoir abrogé la Constitution accorde les pleins pouvoirs au nouveau président, qui dispose d'un droit de nomination et de révocation des membres du CMT. Pour l'opposition, cette transition est synonyme de succession monarchique. La population tchadienne est descendue dans les rues à plusieurs reprises pour protester contre le CMT et réclamer la fin de la corruption d'État qui profite au clan Déby depuis trois décennies. Mais lors du premier rassemblement organisé à Ndjamena, le 27 avril 2021, les militaires ont ouvert le feu sur les manifestants.

UN ALLIÉ FIABLE POUR LA FRANCE ?

Dans la foulée de ces événements, Emmanuel Macron a condamné les violences. Malgré ces déclarations, la position de Paris vis-à-vis du pouvoir tchadien demeure complexe. Depuis l'indépendance, les deux pays se sont engagés dans une étroite coopération militaire, renforcée par le déploiement du dispositif « Épervier » (1986-2014), destiné à stabiliser la région. Cette mission se matérialisait par la présence de militaires français sur le sol tchadien, répartis sur trois sites différents. À ce titre, et comme ce fut le cas durant l'offensive du FACT, l'armée française est intervenue à de multiples reprises ces dernières années pour porter assistance au pouvoir tchadien, menacé par des groupes rebelles.

En retour, la France peut compter sur le soutien du Tchad dans la lutte qu'elle mène contre les djihadistes actifs dans la zone saharo-sahélienne. Depuis son lancement en août 2014, le poste de commandement de l'opération « Barkhane » est basé à Ndjamena. De plus, l'armée tchadienne, considérée comme la mieux équipée et aguerrie du continent, fournit le plus fort contingent de militaires à la Force conjointe G5 Sahel, avec 1 800 soldats sur les 5 000 mobilisés. L'annonce de la fin de « Barkhane » en juin 2021 va rebattre les cartes pour un Tchad jusqu'ici perçu comme un îlot de stabilité par la France, qui, à ce titre, acceptait de fermer les yeux sur les excès d'Idriss Déby. Fera-t-elle de même pour son fils et successeur ?

D. Lagarde

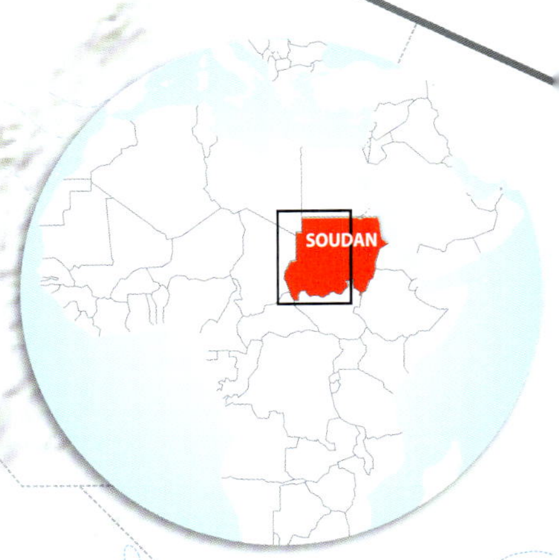

Darfour : un conflit sans fin

Depuis février 2003, le Darfour est le théâtre d'une guerre civile, plongeant ce territoire de l'ouest du Soudan dans une grave crise humanitaire. La destitution du dictateur Omar al-Bachir (au pouvoir depuis 1989) en avril 2019 a un temps laissé entrevoir une possible pacification de la situation. Mais la mission des Casques bleus déployés par l'ONU sur place a pris fin le 31 décembre 2020 sans être renouvelée, et les violences n'ont jamais cessé.

Le Darfour, territoire aux ressources naturelles limitées – à l'exception de gisements de pétrole exploités par des entreprises chinoises – a toujours été marginalisé par le pouvoir central de Khartoum. Pour résumer à grands traits les caractéristiques socio-ethniques des quelque 9 millions de personnes qui peuplent cet espace, bien qu'elles soient toutes de confession musulmane, elles se divisent entre des tribus « africaines » sédentaires (les Zaghawas) pratiquant l'agriculture dans le nord et le centre du Darfour, et des communautés « arabisées » d'éleveurs nomades dans le sud.

Si des tensions entre ces deux groupes ont toujours existé, leurs différends ont été exacerbés dans les années 1980, notamment du fait de la multiplication des sécheresses au Sahel. Face à la désertification des sols, les éleveurs, soutenus par le régime de Khartoum, exigèrent un meilleur accès aux zones fertiles. Cette situation engendra des conflits fonciers avec les agriculteurs, revendiquant pour leur part un partage plus équitable des richesses et des fonctions politiques locales et nationales.

INTERVENTION HUMANITAIRE

C'est dans ce contexte tendu que sont nées les milices arabes Janjawid en 1988. Durant la décennie qui a suivi l'arrivée d'Omar al-Bachir, l'exécutif choisit de collaborer avec ces bandes armées pour asseoir son pouvoir sur l'ouest du Soudan. En 2003, lorsque plusieurs groupes rebelles s'insurgent contre le gouvernement central, ce dernier fait des Janjawid la pierre angulaire de sa politique de la terre brûlée, visant surtout les populations civiles non arabes du Darfour. En 2014, Khartoum va jusqu'à rattacher officiellement ces milices à son Service de sécurité national, en les rebaptisant Forces de soutien rapide (FSR). Au moins 300 000 personnes seraient mortes des conséquences du conflit au Darfour, principalement lors des atrocités commises en 2003 et 2004. Au cours des années suivantes, viols, pillages et razzias continuent d'être monnaie courante dans la région. Ces violences forcent 200 000 personnes à fuir au Tchad, tandis que 3,5 millions de déplacés s'entassent dans des camps situés au Darfour (2,5 millions) et à Khartoum (1 million).

Dans les années 2000, la zone devient le plus grand théâtre d'intervention humanitaire au monde, avec pas moins de 10 000 volontaires présents sur place et opérant au sein d'une centaine d'agences différentes. Le montant de l'aide internationale est alors estimé à 2 milliards de dollars par an. En 2007, après de longues négociations avec le gouvernement soudanais, l'ONU et l'Union africaine (UA) réussissent à déployer une mission conjointe au Darfour, la MINUAD, dont le rôle principal se résume à assurer la sécurité des civils et des humanitaires.

DES ESPOIRS BALAYÉS

En 2018, un mouvement de contestation populaire s'empare du Soudan. Dans un pays où l'opinion publique a longtemps semblé indifférente au sort du Darfour, le sentiment d'unité nationale qui émane de ce soulèvement conduit les manifestants à scander des slogans tels que « Nous sommes tous le Darfour ». Le premier article de la « Déclaration pour la liberté et le changement » – programme politique esquissé par les leaders de la contestation – affirme quant à lui souhaiter trouver des solutions pour mettre un terme aux guerres civiles qui paralysent le pays depuis des décennies.

En avril 2019, la rue conduit finalement l'armée à destituer Omar al-Bachir, pour instaurer un régime de transition composé de civils et de militaires : le Conseil de souveraineté. Les nouvelles autorités de Khartoum semblent alors déterminées à élaborer des solutions pour pacifier durablement l'ouest du Soudan. Cette volonté d'apaisement se conclut en août 2020 par la signature d'un accord de paix avec les principaux groupes rebelles darfouriens, suivi d'une déclaration publique du Conseil de souveraineté affirmant vouloir coopérer avec la Cour pénale internationale pour juger plusieurs personnes impliquées dans les massacres au Darfour, dont l'ancien dictateur.

Mais plusieurs éléments ternissent ce tableau, à commencer par la nomination de Mohamed Hamdan Daglo, ancien commandant des Janjawid puis des FSR, comme numéro deux du gouvernement de transition. Cette situation inquiète jusque dans les rangs de certaines tribus arabes darfouriennes, qui s'estiment trahies par l'accord de paix que leur ancien chef a accepté de signer avec les rebelles. Il en va de même de la communauté internationale, qui ne comprend pas la précipitation avec laquelle le Conseil de souveraineté a exigé le départ des Casques bleus de la MINUAD avant le 30 juin 2021 (ce qui fut fait), après plusieurs mois marqués par une forte recrudescence des conflits intercommunautaires au Darfour-Occidental.

Le 16 janvier 2021, une attaque perpétrée par des tribus arabes soutenues par des mercenaires des FSR a visé la population d'un camp de déplacés de Geneina. Ces violences, qui ont causé la mort de 160 personnes, ont ravivé de fortes tensions dans la région. Pour les observateurs internationaux, le risque de voir le Darfour rebasculer dans une guerre ouverte n'a jamais été aussi grand.

D. Lagarde

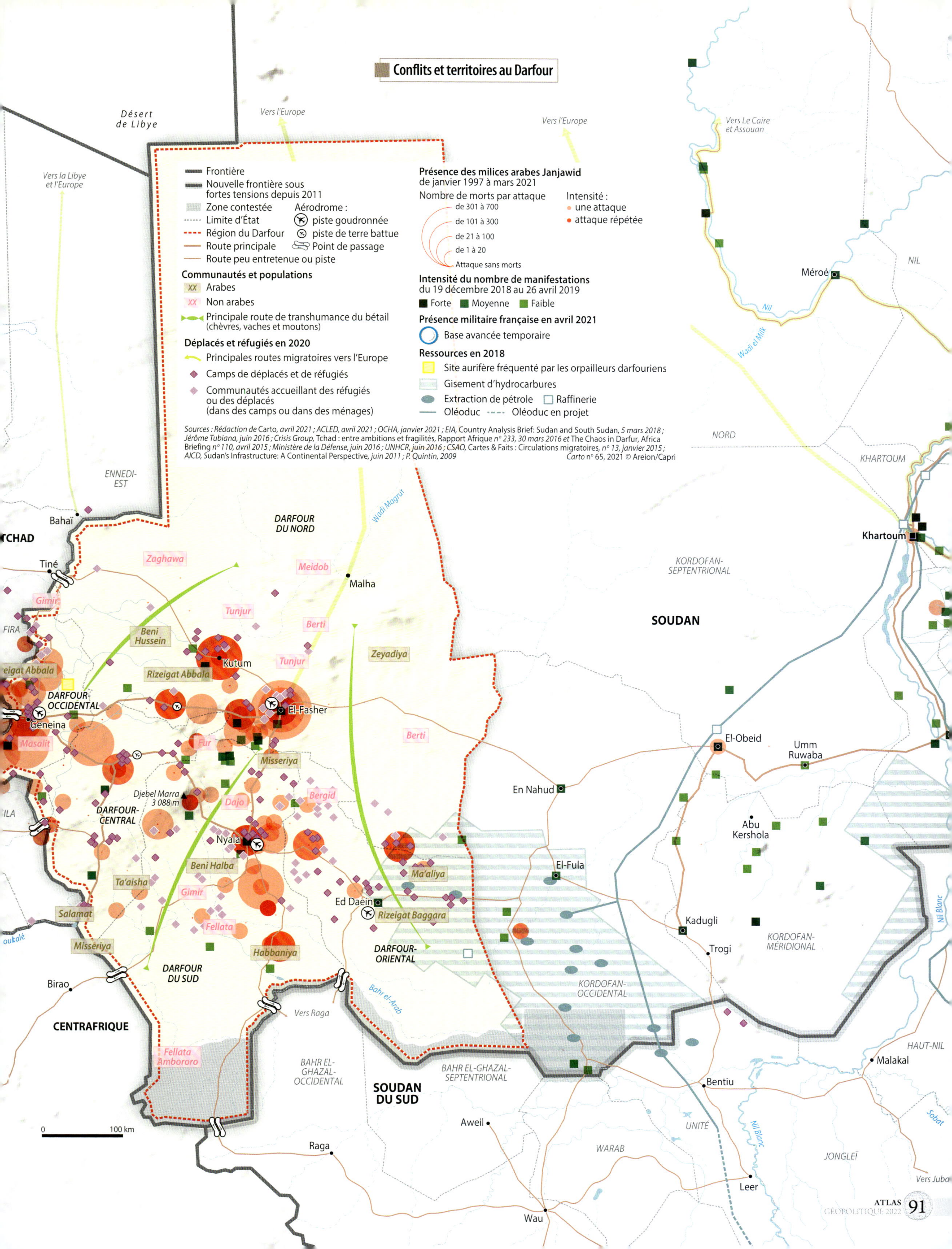
Conflits et territoires au Darfour
Frontière
Nouvelle frontière sous fortes tensions depuis 2011
Zone contestée
Limite d'État
Région du Darfour
Route principale
Route peu entretenue ou piste
Aérodrome :
piste goudronnée
piste de terre battue
Point de passage
Communautés et populations
Arabes
Non arabes
Principale route de transhumance du bétail (chèvres, vaches et moutons)
Déplacés et réfugiés en 2020
Principales routes migratoires vers l'Europe
Camps de déplacés et de réfugiés
Communautés accueillant des réfugiés ou des déplacés (dans des camps ou dans des ménages)
Présence des milices arabes Janjawid de janvier 1997 à mars 2021
Nombre de morts par attaque
de 301 à 700
de 101 à 300
de 21 à 100
de 1 à 20
Attaque sans morts
Intensité :
une attaque
attaque répétée
Intensité du nombre de manifestations du 19 décembre 2018 au 26 avril 2019
Forte
Moyenne
Faible
Présence militaire française en avril 2021
Base avancée temporaire
Ressources en 2018
Site aurifère fréquenté par les orpailleurs darfouriens
Gisement d'hydrocarbures
Extraction de pétrole
Raffinerie
Oléoduc
Oléoduc en projet
Sources : Rédaction de Carto, avril 2021 ; ACLED, avril 2021 ; OCHA, janvier 2021 ; EIA, Country Analysis Brief: Sudan and South Sudan, 5 mars 2018 ; Jérôme Tubiana, juin 2016 ; Crisis Group, Tchad : entre ambitions et fragilités, Rapport Afrique n° 233, 30 mars 2016 et The Chaos in Darfur, Africa Briefing n° 110, avril 2015 ; Ministère de la Défense, juin 2016 ; UNHCR, juin 2016 ; CSAO, Cartes & Faits : Circulations migratoires, n° 13, janvier 2015 ; AICD, Sudan's Infrastructure: A Continental Perspective, juin 2011 ; P. Quintin, 2009
Carto n° 65, 2021 © Areion/Capri
Désert de Libye
Vers l'Europe
Vers l'Europe
Vers la Libye et l'Europe
Vers Le Caire et Assouan
Méroé
NIL
Nil
Wadi el Milk
NORD
KHARTOUM
Khartoum
ENNEDI-EST
Bahaï
TCHAD
Tiné
DARFOUR DU NORD
Wadi Magrur
Zaghawa
Meidob
Malha
Gimir
Tunjur
FIRA
Beni Hussein
Berti
Kutum
Tunjur
Zeyadiya
Rizeigat Abbala
Rizeigat Abbala
DARFOUR-OCCIDENTAL
El-Fasher
Geneina
Masalit
Fur
Berti
Misseriya
Djebel Marra 3 088 m
Dajo
Bergid
DARFOUR-CENTRAL
Nyala
Beni Halba
Ma'aliya
Ta'aisha
Gimir
Ed Daein
Rizeigat Baggara
Salamat
Fellata
Misseriya
Habbaniya
DARFOUR-ORIENTAL
DARFOUR DU SUD
Birao
CENTRAFRIQUE
Vers Raga
Bahr el-Arab
Fellata Ambororo
BAHR EL-GHAZAL-OCCIDENTAL
SOUDAN DU SUD
BAHR EL-GHAZAL-SEPTENTRIONAL
KORDOFAN-SEPTENTRIONAL
SOUDAN
El-Obeid
Umm Ruwaba
En Nahud
Abu Kershola
El-Fula
Kadugli
Trogi
KORDOFAN-MÉRIDIONAL
KORDOFAN-OCCIDENTAL
Nil Blanc
HAUT-NIL
Malakal
Bentiu
UNITÉ
Nil Blanc
Sobat
JONGLEÏ
WARAB
Aweil
Raga
Leer
Wau
Vers Juba
0 100 km
oukalé
ILA

Somalie : un État sans État dans la Corne de l'Afrique

Le processus institutionnel d'une Somalie unie semble voué à l'échec. En avril 2021, le président Mohamed Abdullahi Mohamed (depuis 2017) a prolongé son mandat de deux ans avant de devoir faire marche arrière, tandis que des législatives se sont tenues le 31 mai 2021 au Somaliland, État sécessionniste du nord. Quelles sont les causes du chaos chronique que connaît ce pays depuis l'indépendance en 1960 ?

REPÈRES

NOM OFFICIEL
République fédérale de Somalie

CHEF DE L'ÉTAT
Mohamed Abdullahi Mohamed (président depuis 2017)

SUPERFICIE
637 657 km^2
(46e rang mondial)

LANGUES OFFICIELLES
Somali et arabe

CAPITALE
Mogadiscio

POPULATION EST. 2019
15,44 millions d'habitants

DENSITÉ
24 hab./km^2

MONNAIE
Shilling somalien

HISTOIRE
Au Moyen Âge, la Somalie actuelle voit apparaître une organisation de clans, alors que les premiers musulmans arrivent d'Arabie, et que les marins arabes s'y installent. De petits royaumes se forment, contestant notamment la domination éthiopienne au XVe siècle, avant que n'arrivent les Ottomans. Les Européens, les Britanniques et les Italiens se partagent le territoire au XIXe, et l'indépendance est déclarée en 1960

En septembre 2020, Mohamed Abdullahi Mohamed et les dirigeants des six États fédéraux tombent d'accord pour organiser l'élection présidentielle de 2021. Mais querelles politiques et désaccords repoussent la tenue du scrutin. En avril, le président signe une loi prolongeant son mandat de deux ans. Colère de l'opposition et affrontements en découlent. Le 1er mai, Mohamed Abdullahi Mohamed annule sa décision et charge le Premier ministre, Mohamed Hussein Roble (depuis 2020), d'organiser des élections dont la date n'est pas communiquée. Ces événements ont mis à nu l'échec du modèle institutionnel fédéral mis en place en 2012 et les faiblesses de l'État central.

UN TERRITOIRE MORCELÉ

La crise somalienne résulte en partie des dynamiques politico-institutionnelles créées par la Constitution de 2012. Cette dernière instaure un gouvernement fédéral distribuant le pouvoir entre le gouvernement central, les États fédéraux et les citoyens. Mais cette organisation ne résorbe pas la fragmentation du pays entre les clans. Ces derniers sont des acteurs politiques à part entière et possèdent leur propre territoire. Leurs velléités et intérêts se retrouvent sous-représentés, conduisant à des oppositions profondes. Ainsi, le blocage du système électoral peut être vu comme l'échec de ce modèle fédéral. De plus, la réaction des autorités fédérées contre la politique de centralisation de Mohamed Abdullahi Mohamed explique l'interruption du processus. En appuyant des présidents à la tête de certains États fédéraux, il gardait le contrôle sur les territoires. Mais cette politique n'a pas réglé la question du partage équitable des ressources. L'organisation des élections a alors été l'occasion de manifester des volontés d'autonomie.

Par ailleurs, l'État somalien exerce peu de contrôle sur son territoire. D'une part, le pays n'a jamais connu de réelle unité à cause de l'organisation clanique. Une période coloniale européenne brutale a renforcé le morcellement du territoire en créant de profondes différences entre le nord et le sud. Les Britanniques (1884-1960), au nord, ont peu développé les infrastructures et l'activité économique, au contraire des Italiens (1889-1936) au sud. La différence entre les deux régions perdure après 1960. En 1991, le Somaliland déclare son indépendance, sans être reconnu par la communauté internationale ; en 1998, le Jubaland et le Puntland leur autonomie. Ces régions se différencient à plusieurs égards. Le niveau de violence y est moindre ; le Somaliland est relativement stable en raison de son modèle institutionnel, avec l'intégration de la loi clanique, deux Chambres parlementaires, un président élu (Muse Bihi Abdi, depuis 2017). Le 31 mai 2021, un scrutin législatif s'est tenu dans le calme et de façon libre. Le Puntland est moins stable, les clans y sont moins unis et les difficultés économiques plus importantes. Ses seuls atouts sont le port de Boosaaso et une route principale le reliant à la ville de Galcaio. La population en majorité pastorale et nomade subit régulièrement la sécheresse. La réunification impossible du territoire de la Somalie pèse sur les possibles avancées politiques et économiques, et ce sans compter la présence de groupes terroristes.

PRÉSENCE DJIHADISTE

Malgré l'affaiblissement depuis 2011 du mouvement des Shebabs, affilié à Al-Qaïda, la situation sécuritaire en Somalie reste volatile. L'ONU recense 775 incidents armés en mai, juin et juillet 2020, dont des attaques du groupe terroriste (1). Ce dernier s'est formé à partir de 2006, lors de la dispersion des tribunaux islamiques après l'intervention armée de l'Éthiopie. Ses actions se sont alors tournées contre la présence éthiopienne et le gouvernement fédéral. Il bénéficie par ailleurs de l'appui de certains clans (les Hawiye/Murusade ou les Hawiye/Duduble). En 2011, le groupe prend de l'ampleur, contrôlant pratiquement l'ensemble du sud du pays et la capitale, Mogadiscio. Il est repoussé dans les régions rurales avec l'intervention armée du Kenya, sans disparaître complètement. En avril 2015, il perpètre l'attentat de l'université kényane de Garissa (150 morts). Par ailleurs, le groupe garde des sources de financement importantes (2).

Les Shebabs représentent néanmoins un ennemi secondaire pour les autorités centrales, préoccupant davantage la communauté internationale. Ainsi, après avoir acté le retrait de 700 soldats américains déployés en Somalie en janvier 2021, le Pentagone réfléchit à de nouvelles missions sur un terrain déjà soumis à des attaques ciblées de drones. ●

C. BRACCINI

NOTES

(1) Conseil de sécurité de l'ONU, « Situation in Somalia », 13 août 2020.
(2) Hiraal Institute, *The AS Finance System*, juillet 2018.

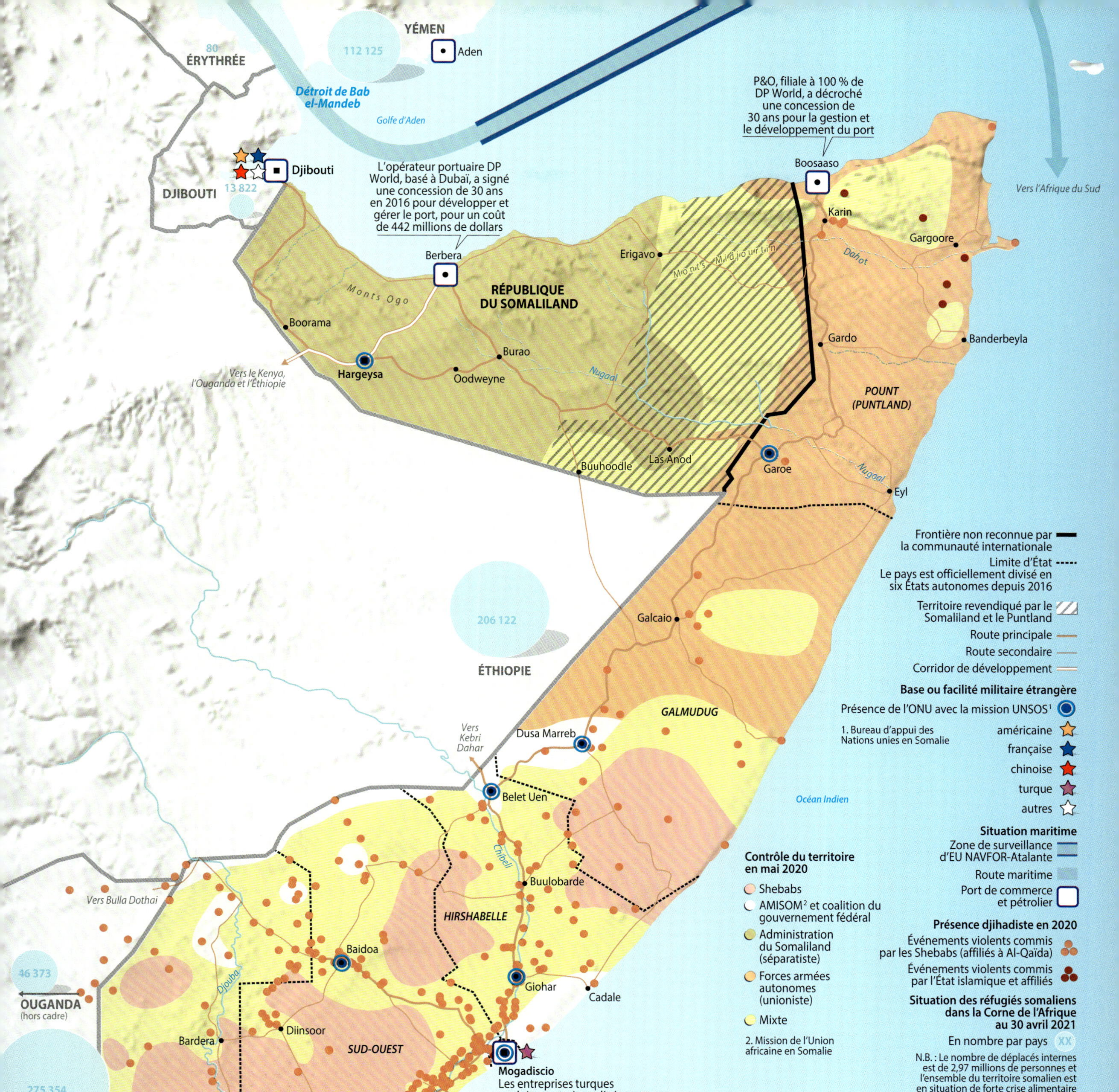

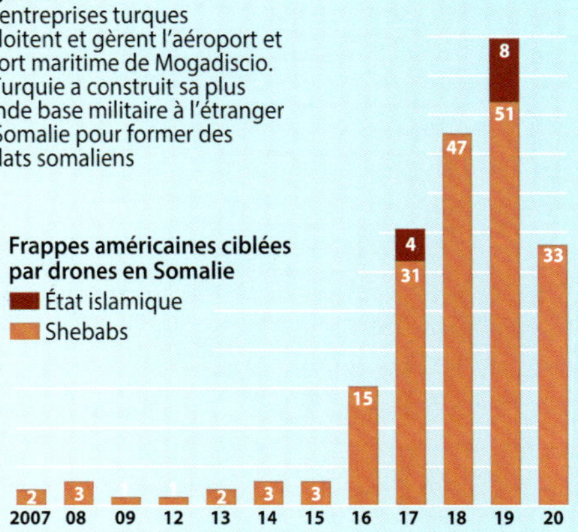

Le système financier des Shebabs

SECTEUR	IMPÔT
Produits de la ferme	10 %
Permis pour l'exploitation de tracteurs	750 $
Permis pour le forage de puits d'eau	3 000 $
Frais d'immatriculation de fourgonnettes Toyota	200 $
Frais d'immatriculation de voiture	200 $
Taxe pour amener un chameau au marché	5 $
Taxe pour amener une vache au marché	3 $
Taxe pour amener une chèvre au marché	2 $

Sources : Rédaction de Carto, juin 2021 ; UNICEF, Somalia Nutrition Cluster Operational Presence Map, *mai 2021 ; ACLED, avril 2021 ; UNHCR,* Somalia Situation, *30 avril 2021 ; UNSOS, janvier 2021 ; Foundation for Defense of Democracies, 2021 ; The Danish Immigration Service,* South and Central Somalia, *juillet 2020 ; Crisis Group,* Somalia-Somaliland: The Perils of Delaying New Talks, *Rapport Afrique n° 280, 12 juillet 2019 ; Hiraal Institute,* The AS Finance System, *juillet 2018*

Burundi : enfin la sortie de la violence ?

Le décès du président du Burundi, Pierre Nkurunziza, le 8 juin 2020, après quinze années à la tête de l'État, a accéléré le processus d'investiture du vainqueur de l'élection du 20 mai, Évariste Ndayishimiye. Le 18 juin, il prend les rênes du pouvoir. Voisin du Rwanda marqué par un génocide similaire en 1993, le Burundi reste l'un des pays les plus pauvres d'Afrique, meurtri par des années de violence et de tensions ethniques.

Si le scrutin s'est tenu sans observateurs internationaux et avec les frontières fermées, il pourrait être un tournant majeur dans un pays économiquement au bord du gouffre et politiquement marqué par la répression. Le président élu porte l'espoir d'un renouveau. En effet, l'élection d'Évariste Ndayishimiye, général, représente une chance de changement, ayant su toucher un élément essentiel en axant sa campagne sur le développement.

UNE ÉLECTION, UNE OPPORTUNITÉ ÉCONOMIQUE ?

En 2019, la croissance s'établit à 1,8 %, selon la Banque mondiale et le taux de pauvreté à 74 %. Seulement un Burundais sur dix a de l'électricité, tandis que l'accès à l'eau et l'assainissement sont problématiques. Deux fois plus élevée que la moyenne des autres pays africains, l'insécurité alimentaire est préoccupante. Enfin, le chômage touche surtout les jeunes (67 % en 2017, d'après la Banque africaine du développement). La situation s'explique en partie par les deux années de récession qu'a subies le pays en 2015 et en 2016. Par ailleurs, l'économie burundaise s'appuie en majorité sur le secteur agricole (40 % du PIB). Or ce dernier ne produit pas suffisamment de revenus pour permettre à l'État d'investir dans le développement. Enfin, la densité démographique (414 habitants au kilomètre carré, soit l'une des plus élevées du continent) et l'importante croissance de la population (le taux de fécondité par femme étant en moyenne de 5,5 enfants entre 2010 et 2017) exercent une forte pression sur les terres arables et le système agricole. À cette situation générale s'ajoute la fermeture des frontières en raison de l'épidémie de Covid-19 qui a fragilisé encore plus l'économie.

De plus, l'élection du 20 mai 2020 soulève la question de la reprise des soutiens financiers étrangers. En mai 2015, l'Union européenne (UE) a suspendu son aide (environ 20 % du budget gouvernemental) à la suite d'une tentative de coup d'État contre Pierre Nkurunziza fin avril. Au pouvoir depuis 2005, il briguait alors un troisième mandat malgré l'interdiction faite par la Constitution. Des hauts gradés de l'armée ont même formé des forces dites républicaines pour « restaurer la démocratie ». Mais meurtres, attentats et répressions ont suivi.

L'élection d'Évariste Ndayishimiye a conduit à plusieurs échanges avec l'UE, visant une normalisation des relations. Afin d'assurer l'efficacité des subventions et d'éviter les détournements ou les pressions, elles pourraient être tournées vers la population et les ONG et non distribuées directement aux instances gouvernementales. Mais, si l'arrivée du nouveau président a remis en avant la situation économique, cette dernière ne saurait s'améliorer sans un virage politique.

LA PROMESSE D'UNE RÉCONCILIATION NATIONALE

Le scrutin de mai 2020 et le choix d'Évariste Ndayishimiye laissent espérer la fin de l'ère Nkurunziza à une condition : faire usage de son héritage tout en prenant ses distances par rapport à la gouvernance brutale et violente de son prédécesseur. Ancien ministre de l'Intérieur et de la Sécurité publique (2006-2007), secrétaire général du parti au pouvoir, le Conseil national pour la défense de la démocratie-Forces de défense de la démocratie (CNDD-FDD), il peut maintenir l'unité et éviter les luttes internes. Mais, il devra sans doute s'émanciper du groupe dit « des généraux ». Proches du président défunt Nkurunziza, ils forment le cœur du parti. Sans indépendance par rapport à ces derniers, il risque d'être contraint de reformater les politiques de l'ancien régime.

Cette élection pose enfin la question de la réconciliation entre les communautés hutue (85 % des 11,53 millions d'habitants en 2019), regroupant principalement des fermiers, et tutsie (14 %), des éleveurs bovins. En octobre 1993, à la suite de l'assassinat du président Melchior Ndiaye, en fonction seulement trois mois, par des officiers tutsis, le pays a plongé dans les violences interethniques qui ont duré plus d'une décennie et causé quelque 300 000 morts. Depuis les accords d'Arusha en août 2000, des avancées ont été réalisées (la Constitution de 2005 impose 60 % de Hutus et 40 % de Tutsis au sein du gouvernement et de l'Assemblée nationale) sans que le bruit des armes cesse. En septembre 2020, le pays vivait au rythme d'attaques rebelles à Bujumbura, l'ancienne capitale.

Évariste Ndayishimiye hérite d'une réconciliation à achever. Selon un accord conclu en 2019, près de 163 000 réfugiés en Tanzanie doivent être rapatriés et réintégrés au tissu social. De plus, les milices utilisées par l'ancien régime comme outils de répression, notamment la Ligue des jeunes du CNDD-FDD, doivent être contrôlées. Mais la tâche qui lui incombe ne pourra se faire qu'à long terme et au prix d'un travail profond de mémoire nationale. • **C. Braccini**

REPÈRES

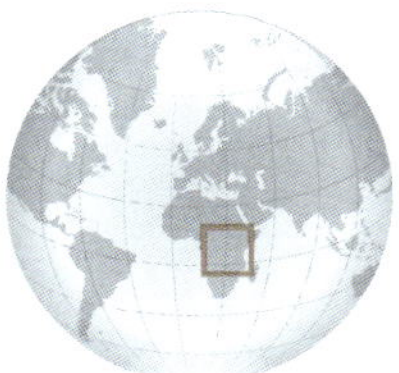

NOM OFFICIEL
République du Burundi

CHEF DE L'ÉTAT
Évariste Ndayishimiye (président depuis 2020)

SUPERFICIE
27 830 km^2 (147e rang mondial)

LANGUES OFFICIELLES
Kirundi et français

CAPITALE
Gitega

POPULATION EST. 2019
11,53 millions d'habitants

DENSITÉ
414 hab./km^2

MONNAIE
Franc burundais

HISTOIRE
Après une période coloniale allemande et belge au début du XXe siècle, le Burundi devient indépendant en 1962 sous la forme d'une monarchie, abolie quatre ans plus tard. Les années 1970 sont marquées par des violences entre Hutus et Tutsis, jusqu'au génocide de 1993 et la guerre civile qui s'ensuivit. La paix n'est officiellement signée qu'en 2000

PIB PAR HABITANT EN 2019 (EN PARITÉ DE POUVOIR D'ACHAT)
784 dollars internationaux courants

INDICE DE DÉVELOPPEMENT HUMAIN (2019)
0,433 (185e rang)

1 Le Burundi, ce petit pays au cœur de l'Afrique

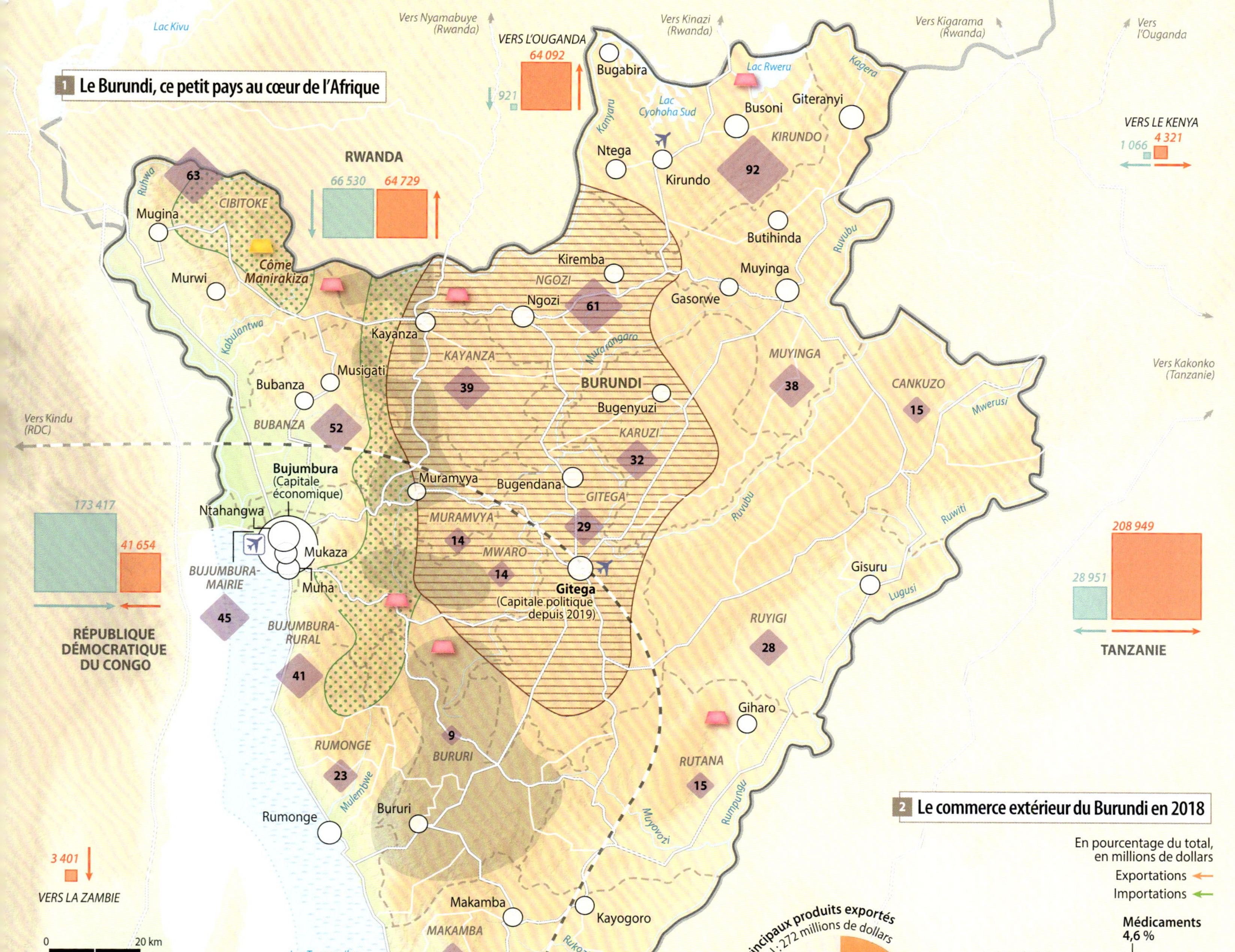

Source : ACLED, Bringing clarity to crisis, 2020 ; « Le projet de voie ferrée Kigoma-Musongati-Kindu avance à tâtons », in Africa Intelligence, *2020 ; Institut de statistiques et d'études économiques du Burundi,* Annuaire statistique du Burundi, *2018 ; International Crisis Group,* Soutenir la population burundaise face à la crise économique, *2018 ; The Observatory of Economic Complexity, 2018 ; ONU Migrations,* La migration dans le monde, *2017 ;* Atlas du Congo et de l'Afrique, *Les Éditions du Jaguar, 2015*

Carto n° 62, 2020 © Areion/Capri

Altitude en mètres

500 600 1 000 2 000 3 000 3 300

Population par commune en 2015
En nombre d'habitants

- Plus de 1 million (Bujumbura : 1 192 554)
- 300 000
- 100 000

- Frontière internationale
- Limite de province
- Route principale
- Route secondaire
- Aéroport international
- Autre aéroport
- Ligne ferroviaire en projet

Violences faites aux civils dans le contexte électoral

50 En nombre, par province, entre le 20 janvier 2019 et le 19 mai 2020

Migrations économiques
Flux migratoires, en nombre de personnes

- Quittant le Burundi
- Arrivant au Burundi

Nombre de migrants, en 2017

- 208 949
- 100 000
- 921

Production économique
Ressources minières

- Gisement d'or
- Autres gisements exploités

Ressources agricoles

- Café
- Thé
- Pêche artisanale
- Principales zones d'élevage (bovins, ovins caprins)

2 Le commerce extérieur du Burundi en 2018

En pourcentage du total, en millions de dollars

- Exportations
- Importations

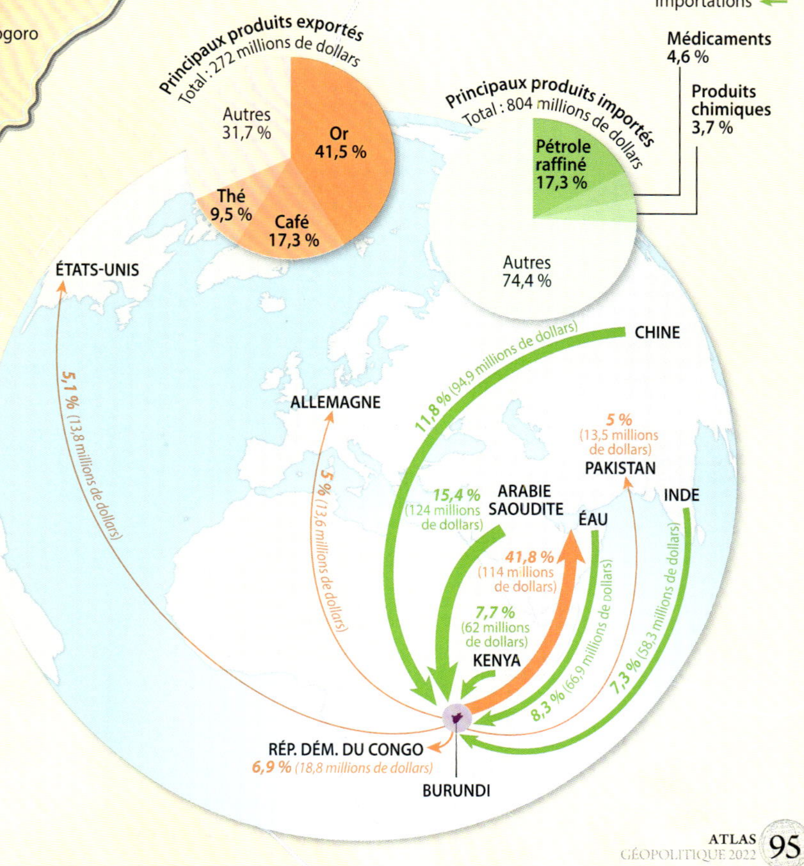

RDC : exploitation des mines et des enfants

Au pouvoir depuis janvier 2019, le président de République démocratique du Congo (RDC), Félix Tshisekedi, doit relever le défi de la gestion d'immenses richesses dans un contexte de conflit entre mineurs artisanaux et sites industriels, où la corruption et la violence sont de rigueur. D'autant que le pays fait l'objet d'enquêtes sur le travail des enfants, notamment dans l'exploitation du cobalt, composant indispensable pour la haute technologie.

État le plus vaste d'Afrique avec 2,34 millions de kilomètres carrés, la RDC est un pays hors norme par ses ressources, dont elle est si exceptionnellement dotée qu'on l'a longtemps qualifiée de « scandale géologique ». Son sous-sol renferme de colossales réserves de cuivre, d'or, de diamants, de pétrole, d'étain, de coltan. En 2019, elle assure 71 % de la production mondiale de cobalt (100 000 tonnes sur 140 000), un minerai dont elle détient les plus grandes réserves de la planète (3,6 millions de tonnes sur 7 millions) et qui est indispensable pour la fabrication des batteries de *smartphones* ou de voitures électriques. Sa demande explose sous l'effet de la transition énergétique. Ces ressources sont surtout concentrées dans l'est et le sud du pays, notamment dans le Kivu et dans la province du Haut-Katanga. L'exploitation de ces minerais recherchés est le moteur de l'économie congolaise : le secteur minier contribue pour 80 % aux recettes d'exportation, pour 37 % aux recettes de l'État en 2018, et nourrit une croissance forte (entre 4 et 7 % entre 2010 et 2019, selon la Banque mondiale).

TENSIONS ENTRE MINES ARTISANALES ET INDUSTRIELLES

La RDC rencontre toutefois les problèmes classiques des économies rentières, tels que la vulnérabilité face à des cours mondiaux fluctuants, comme le montrent les difficultés provoquées par la plongée des prix du cobalt, qui a conduit à suspendre l'exploitation de la mine de Mutanda, le plus grand site d'exploitation de cobalt au monde. Comptant à 90 %, si l'on inclut le pétrole, sur des matières premières pour ses exportations, la RDC a aussi l'inconvénient d'être dépendante de la Chine, qui achète 58,6 % de ses exportations en 2018.

Si une part significative de la production de minerais (15 à 20 %) reste assurée par des producteurs artisanaux, qui vendent le fruit de leur travail dans de petits comptoirs surnommés « dépôts Apple » ou « dépôts Samsung », le secteur minier est pour l'essentiel dominé par de grandes firmes. Gécamines, détenue à 100 % par l'État, a noué des partenariats avec des entreprises étrangères comme le groupe chinois CNMC. Car les richesses minières attisent les convoitises de firmes du secteur, telle Glencore (Suisse), leader mondial du négoce de matières premières, en dépit du sous-équipement de la RDC, de ses infrastructures de piètre qualité et de la situation sécuritaire instable dans plusieurs régions, dont le Kivu.

Les tensions sont nombreuses entre les grands groupes et l'État. Alors que le Code minier de 2002 était favorable aux entreprises afin d'attirer les investissements, celui de 2018 les mécontente avec une fiscalité moins avantageuse, des redevances renforcées sur la vente des minerais stratégiques (jusqu'à 10 % sur le cobalt, le cuivre et le coltan), et la participation accrue des acteurs congolais. Mais l'État espère augmenter ses recettes et améliorer la gestion de ses ressources.

Pourtant, avec un PIB par habitant de 1 143 dollars (internationaux courants) en 2019, les populations figurent parmi les plus pauvres de la planète, profitant peu du boom minier dans un pays où l'espérance de vie plafonne à 60 ans, et où seulement un tiers des ménages ont accès à l'eau potable – sans compter les pollutions et les déplacements générés par l'activité minière. De plus, les conditions de travail sont dramatiques, en particulier dans le secteur artisanal, qui n'applique aucune norme de sécurité et concernerait un million de « creuseurs » gagnant 1 à 2 dollars par jour, exposés quotidiennement aux risques d'effondrement ou d'intoxication (1). Sans oublier les enfants, dont on ignore combien ils sont à travailler dans les mines de RDC (au moins 40 000) : l'association International Rights Advocates a déposé plainte aux États-Unis en décembre 2019 contre Apple, Microsoft, Google, Dell et Tesla pour dénoncer l'exploitation des mineurs dans les sites de cobalt après la mort de 14 d'entre eux.

Enfin, les richesses minières alimentent la corruption : les affaires Glencore ou Dan Gertler, révélées début 2020, ont mis en évidence le manque de transparence dans l'attribution des licences d'exploitation, et l'ONG Global Witness a prouvé qu'entre 2013 et 2015, 750 millions de dollars de recettes fiscales se seraient « évaporés ». Et ce d'autant plus que d'importants trafics de minerais se développent le long des frontières orientales qui échappent largement au contrôle de l'État central. La commercialisation clandestine finance les milices armées et entretient la violence. Mais, jusqu'à présent, aucune des initiatives internationales (processus de Kimberley promu depuis 2003 par l'ONU, campagne « Cobalt responsable » défendue par la Chine, traçabilité des minerais 3T mise en œuvre par l'OCDE) n'a prouvé son efficacité en faveur d'une exploitation plus durable. Finalement, la RDC incarne bien la « malédiction des ressources », cette situation paradoxale où l'abondance de richesses naturelles apparaît plus comme un handicap que comme une chance pour le développement. ● **C. Loïzzo**

NOTE

(1) International Crisis Group, « Éviter le conflit dans le cœur minier de la RD Congo », *Rapport Afrique* n° 290, juin 2020 ; Guillaume de Brier, « Cobalt: Concerns Over Child Labour in Artisanal Mining Should Not Overshadow the Corruption in Large Scale », *IPIS Briefing March 2020*, avril 2020.

Exploitation minière et conflits en République démocratique du Congo

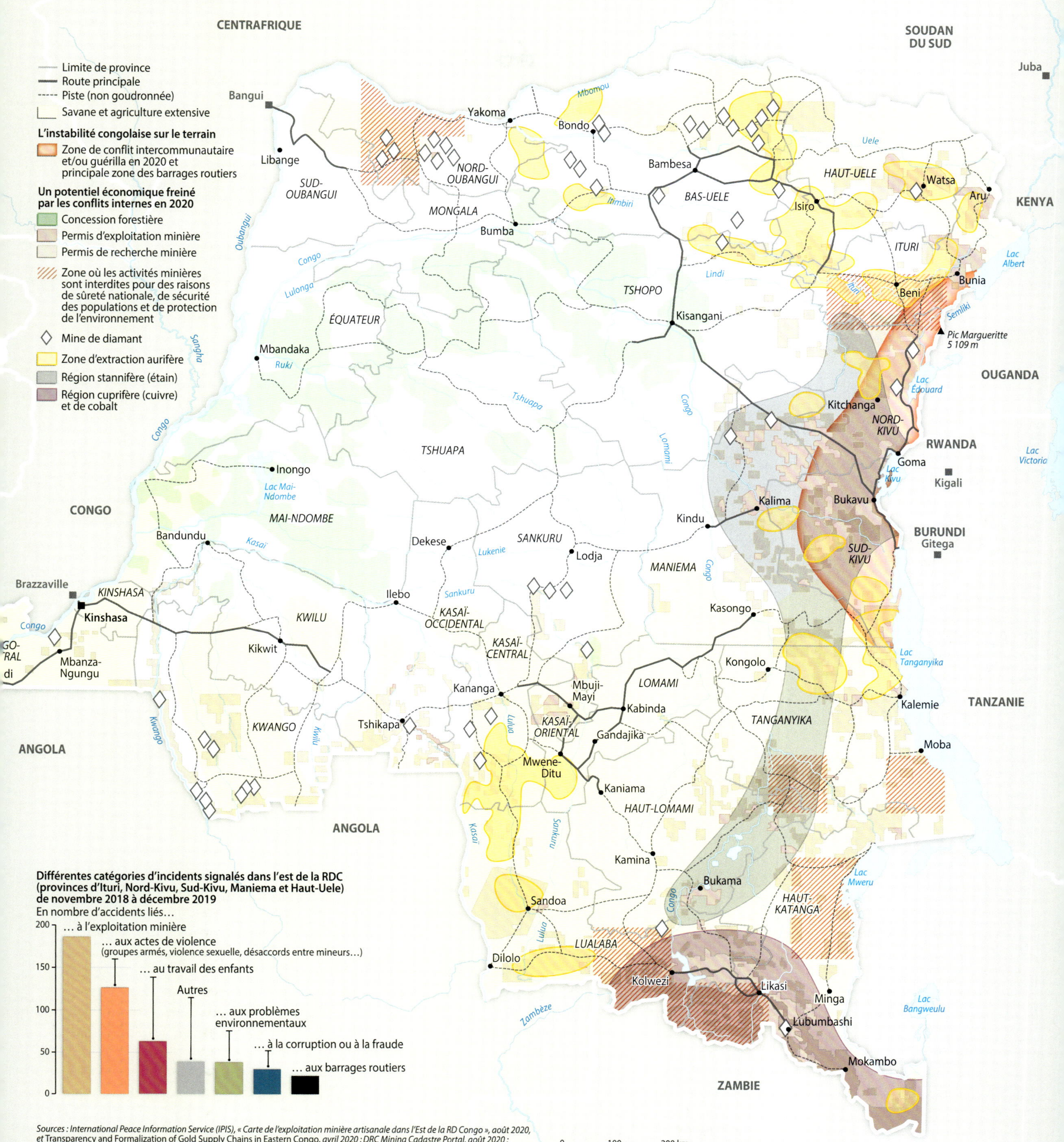

Sources : International Peace Information Service (IPIS), « Carte de l'exploitation minière artisanale dans l'Est de la RD Congo », août 2020, et Transparency and Formalization of Gold Supply Chains in Eastern Congo, avril 2020 ; DRC Mining Cadastre Portal, août 2020 ; Philippe Rekacewicz, « Les richesses convoitées de la République démocratique du Congo », in Le Monde diplomatique, *2006*

Carto n° 61, 2020 © Areion/Capri

Le Mozambique : un développement menacé

État du sud-est du continent africain, le Mozambique est à un tournant de son histoire. D'un côté, l'exploitation d'immenses réserves sous-marines de gaz laisse augurer un pacte entre les grands investisseurs occidentaux et le pouvoir en place, alors que la crise économique assomme une population parmi les plus pauvres du monde. De l'autre, le nord du pays est soumis aux incursions violentes de groupes djihadistes.

Depuis 2017, la province de Cabo Delgado, la plus septentrionale du Mozambique, est soumise aux exactions menées par un mouvement islamique armé se présentant sous le nom d'Al-Shebab et ayant fait allégeance à l'organisation de l'État islamique (EI ou Daech). Il y pratique enlèvements, actions meurtrières contre des populations chrétiennes de la région et attaques de campements militaires. En trois ans, selon l'ONU et des ONG, les affrontements auraient fait 1500 morts (dont la moitié de civils) et plus de 250 000 déplacés. Depuis le début de l'année 2020, les terroristes s'en prennent aux infrastructures lourdes en développant une stratégie de conquête et d'occupation territoriales dans une région disposant d'importantes ressources gazières. C'est ainsi qu'ils se sont emparés, le 12 août 2020, du port de Mocimboa da Praia, abritant d'importantes installations pour la production de gaz naturel liquéfié et, mi-septembre, de deux îles, menaçant le trafic maritime dans la région.

UN RÉGIME QUASI AUTORITAIRE

Pays d'Afrique australe relativement stable et pacifié depuis le milieu des années 1990, le Mozambique est l'un des pays les plus pauvres dans le monde. En 2019, son PIB, estimé à 15 milliards de dollars, n'est qu'au 120e rang mondial, et son PIB par habitant dépasse à peine les 1300 dollars. D'après la Banque mondiale, le taux de pauvreté était estimé à 48 % en 2014. Le pays, qui a proclamé son indépendance en 1975 après dix années de lutte contre le Portugal, ancienne puissance coloniale, a été mis en coupe réglée par le Front de libération du Mozambique (FRELIMO), au pouvoir depuis cette date. Véritable parti-État, d'obédience marxiste et longtemps parti unique (jusqu'en 1990), il a, malgré la mise en place d'une démocratie plurielle, instauré un régime clientéliste, kleptocratique et corrompu (149e rang sur 180 en 2020, selon Transparency International).

À la tête de l'État depuis 2015, réélu le 15 octobre 2019 avec 73,4 % des suffrages (et une abstention de 48,1 %), Filipe Nyusi perpétue la tradition de l'hégémonie et du pouvoir sans partage du FRELIMO et de ses oligarques. La pratique d'intimidation et de violences menées contre le mouvement d'opposition historique, la Résistance nationale mozambicaine (RENAMO), s'accompagne d'une fraude électorale soulignée par de nombreux observateurs indépendants, et ce, au mépris de l'accord de paix signé à l'été 2019 avec l'ex-parti rebelle. Cette omnipotence est renforcée par la manne gazière qui se dessine, ce qui devrait permettre au FRELIMO de s'affranchir des pressions des grandes institutions internationales et des bailleurs de fonds.

UN ELDORADO GAZIER ?

Alors que la montée en puissance du djihadisme régional devrait fragiliser encore plus un pays doublement marqué par la crise économique et la pandémie de Covid-19, les découvertes de gaz offshore pourraient permettre un processus de développement. Les réserves sont estimées à 4530 milliards de mètres cubes, soit les plus importantes du continent africain. Mais la perspective d'importantes retombées financières de ce boom gazier, évaluées à plusieurs dizaines de milliards de dollars, contribue surtout à affirmer le pouvoir en place, dont le projet principal ne semble pas reposer sur la redistribution de la rente au profit des populations, y compris celles du nord, parmi les plus pauvres du pays.

Le Mozambique est un État failli, incapable d'assurer la sécurité de ses territoires et de ses populations, face au terrorisme qui recrute parmi des communautés musulmanes marginalisées par le pouvoir. Les grands groupes pétroliers internationaux s'inquiètent de la situation actuelle alors qu'ils ont déjà investi des milliards de dollars dans les projets gaziers. Les grandes firmes transnationales du secteur des hydrocarbures (l'américaine ExxonMobil, la française Total, l'italienne ENI, la portugaise Galp), mais également d'autres firmes étrangères, comme la chinoise CNPC, la sud-coréenne Kogas ou la russe Rosneft, sont soucieuses de la montée de l'insécurité et cherchent des parades en s'impliquant dans la constitution de groupes de protection des installations d'hydrocarbures. Ainsi, Total a annoncé le 24 août 2020 la création d'une force « conjointe » avec les autorités de Maputo, financée par la compagnie française, dont la constitution (sans doute de mercenaires sud-africains) devrait permettre de sécuriser les régions gazières. Les pressions exercées par les organisations internationales, par les compagnies pétrolières et par l'intensité de la menace djihadiste laissent peu de marge de manœuvre au pouvoir en place. Les tensions font peser de lourdes menaces sur la sécurité alimentaire et sanitaire des populations, et les risques sont grands de voir un scénario « à la congolaise » (malédiction des richesses) se dessiner au Mozambique dans les prochaines années. ●

É. JANIN

REPÈRES

NOM OFFICIEL
République du Mozambique

CHEF DE L'ÉTAT
Filipe Nyusi (président depuis 2015)

SUPERFICIE
799 380 km²
(36e rang mondial)

LANGUE OFFICIELLE
Portugais

CAPITALE
Maputo

POPULATION EST. 2019
30,36 millions d'habitants

DENSITÉ
38 hab./km²

MONNAIE
Metical

HISTOIRE
Terre portugaise du début du XVIe siècle à 1975, date de l'indépendance, le Mozambique subit les influences extérieures dès les années 950 avec les marchands arabes, soit bien avant l'accostage de Vasco de Gama en 1498. Lisbonne y développe le trafic d'ivoire et d'esclaves, mais une gestion du pouvoir colonial militarisé centralisé depuis le Vieux Continent crée de nombreuses tensions. En 1962, le FRELIMO est créé pour libérer le pays du joug étranger ; la guerre éclate deux ans plus tard et dure dix ans

PIB PAR HABITANT EN 2019 (EN PARITÉ DE POUVOIR D'ACHAT)
1 338 dollars internationaux courants

INDICE DE DÉVELOPPEMENT HUMAIN (2019)
0,456 (181e rang)

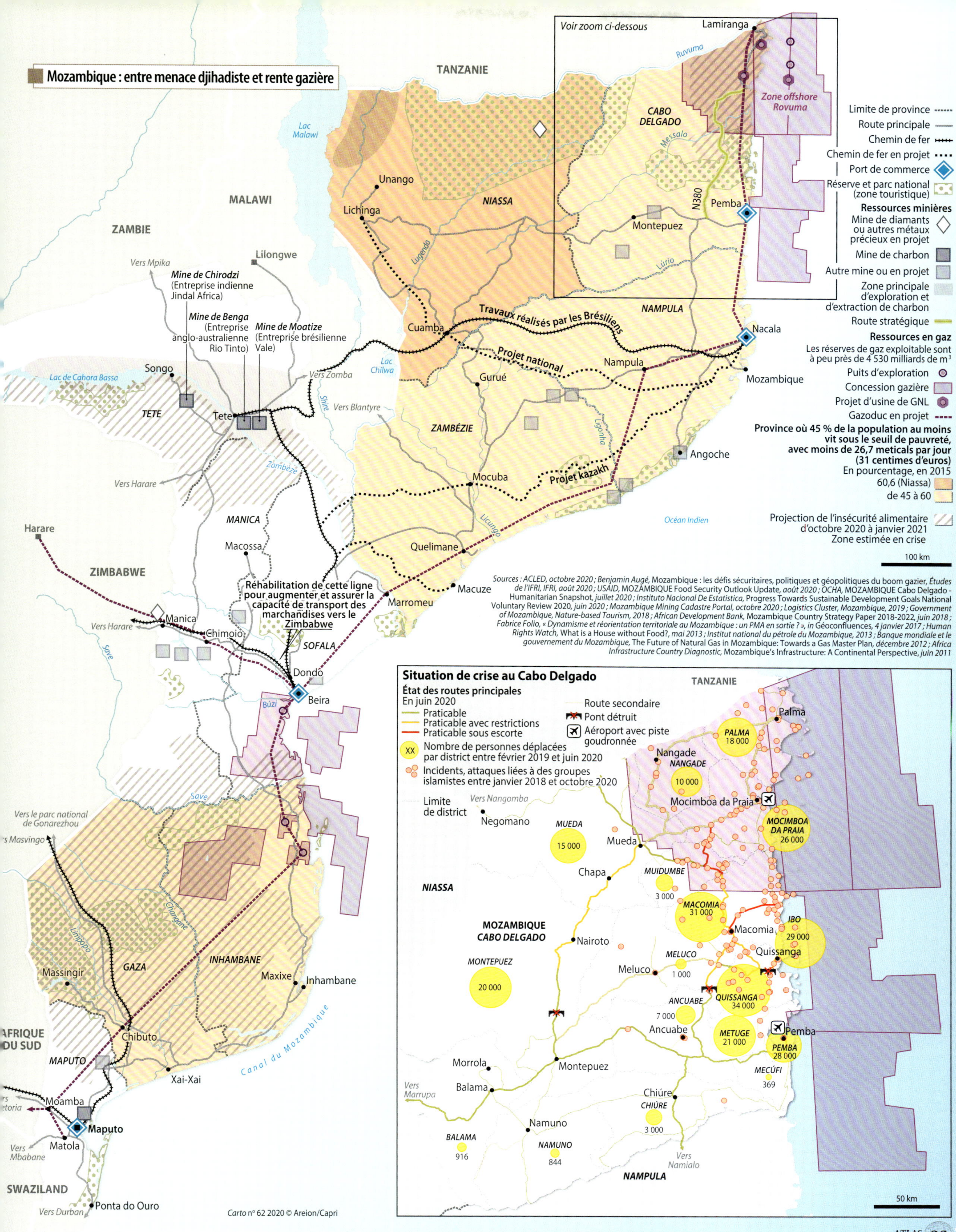
Mozambique : entre menace djihadiste et rente gazière
TANZANIE
MALAWI
ZAMBIE
ZIMBABWE
AFRIQUE DU SUD
SWAZILAND
Lac Malawi
Lac Chilwa
Lac de Cahora Bassa
Océan Indien
Canal du Mozambique
CABO DELGADO
NIASSA
NAMPULA
ZAMBÉZIE
TETE
MANICA
SOFALA
GAZA
INHAMBANE
MAPUTO
Voir zoom ci-dessous
Lamiranga
Zone offshore Rovuma
Pemba
Montepuez
Nacala
Mozambique
Nampula
Angoche
Unango
Lichinga
Cuamba
Gurué
Mocuba
Quelimane
Macuze
Marromeu
Lilongwe
Vers Mpika
Vers Zomba
Vers Blantyre
Vers Harare
Harare
Songo
Tete
Macossa
Manica
Chimoio
Dondo
Beira
Massingir
Maxixe
Inhambane
Chibuto
Xai-Xai
Moamba
Maputo
Matola
Vers Mbabane
Vers Durban
Ponta do Ouro
Vers le parc national de Gonarezhou
Vers Masvingo
Mine de Chirodzi (Entreprise indienne Jindal Africa)
Mine de Benga (Entreprise anglo-australienne Rio Tinto)
Mine de Moatize (Entreprise brésilienne Vale)
Travaux réalisés par les Brésiliens
Projet national
Projet kazakh
Réhabilitation de cette ligne pour augmenter et assurer la capacité de transport des marchandises vers le Zimbabwe
Limite de province
Route principale
Chemin de fer
Chemin de fer en projet
Port de commerce
Réserve et parc national (zone touristique)
Ressources minières
Mine de diamants ou autres métaux précieux en projet
Mine de charbon
Autre mine ou en projet
Zone principale d'exploration et d'extraction de charbon
Route stratégique
Ressources en gaz
Les réserves de gaz exploitable sont à peu près de 4 530 milliards de m³
Puits d'exploration
Concession gazière
Projet d'usine de GNL
Gazoduc en projet
Province où 45 % de la population au moins vit sous le seuil de pauvreté, avec moins de 26,7 meticals par jour (31 centimes d'euros)
En pourcentage, en 2015
60,6 (Niassa)
de 45 à 60
Projection de l'insécurité alimentaire d'octobre 2020 à janvier 2021
Zone estimée en crise
100 km
Sources : ACLED, octobre 2020 ; Benjamin Augé, Mozambique : les défis sécuritaires, politiques et géopolitiques du boom gazier, Études de l'IFRI, IFRI, août 2020 ; USAID, MOZAMBIQUE Food Security Outlook Update, août 2020 ; OCHA, MOZAMBIQUE Cabo Delgado - Humanitarian Snapshot, juillet 2020 ; Instituto Nacional De Estatistica, Progress Towards Sustainable Development Goals National Voluntary Review 2020, juin 2020 ; Mozambique Mining Cadastre Portal, octobre 2020 ; Logistics Cluster, Mozambique, 2019 ; Government of Mozambique, Nature-based Tourism, 2018 ; African Development Bank, Mozambique Country Strategy Paper 2018-2022, juin 2018 ; Fabrice Folio, « Dynamisme et réorientation territoriale au Mozambique : un PMA en sortie ? », in Géoconfluences, 4 janvier 2017 ; Human Rights Watch, What is a House without Food?, mai 2013 ; Institut national du pétrole du Mozambique, 2013 ; Banque mondiale et le gouvernement du Mozambique, The Future of Natural Gas in Mozambique: Towards a Gas Master Plan, décembre 2012 ; Africa Infrastructure Country Diagnostic, Mozambique's Infrastructure: A Continental Perspective, juin 2011
Situation de crise au Cabo Delgado
État des routes principales
En juin 2020
Praticable
Praticable avec restrictions
Praticable sous escorte
Route secondaire
Pont détruit
Aéroport avec piste goudronnée
Nombre de personnes déplacées par district entre février 2019 et juin 2020
Incidents, attaques liées à des groupes islamistes entre janvier 2018 et octobre 2020
Limite de district
TANZANIE
Palma
PALMA 18 000
Nangade
NANGADE 10 000
Mocimboa da Praia
MOCIMBOA DA PRAIA 26 000
Vers Nangomba
Negomano
MUEDA 15 000
Mueda
MUIDUMBE 3 000
Chapa
NIASSA
MOZAMBIQUE
CABO DELGADO
MACOMIA 31 000
Macomia
IBO 29 000
Quissanga
Nairoto
MELUCO 1 000
Meluco
MONTEPUEZ 20 000
QUISSANGA 34 000
ANCUABE 7 000
Ancuabe
METUGE 21 000
Pemba
PEMBA 28 000
MECÚFI 369
Morrola
Montepuez
Balama
Vers Marrupa
Chiúre
CHIÚRE 3 000
Namuno
BALAMA 916
NAMUNO 844
Vers Namialo
NAMPULA
50 km
Carto n° 62 2020 © Areion/Capri

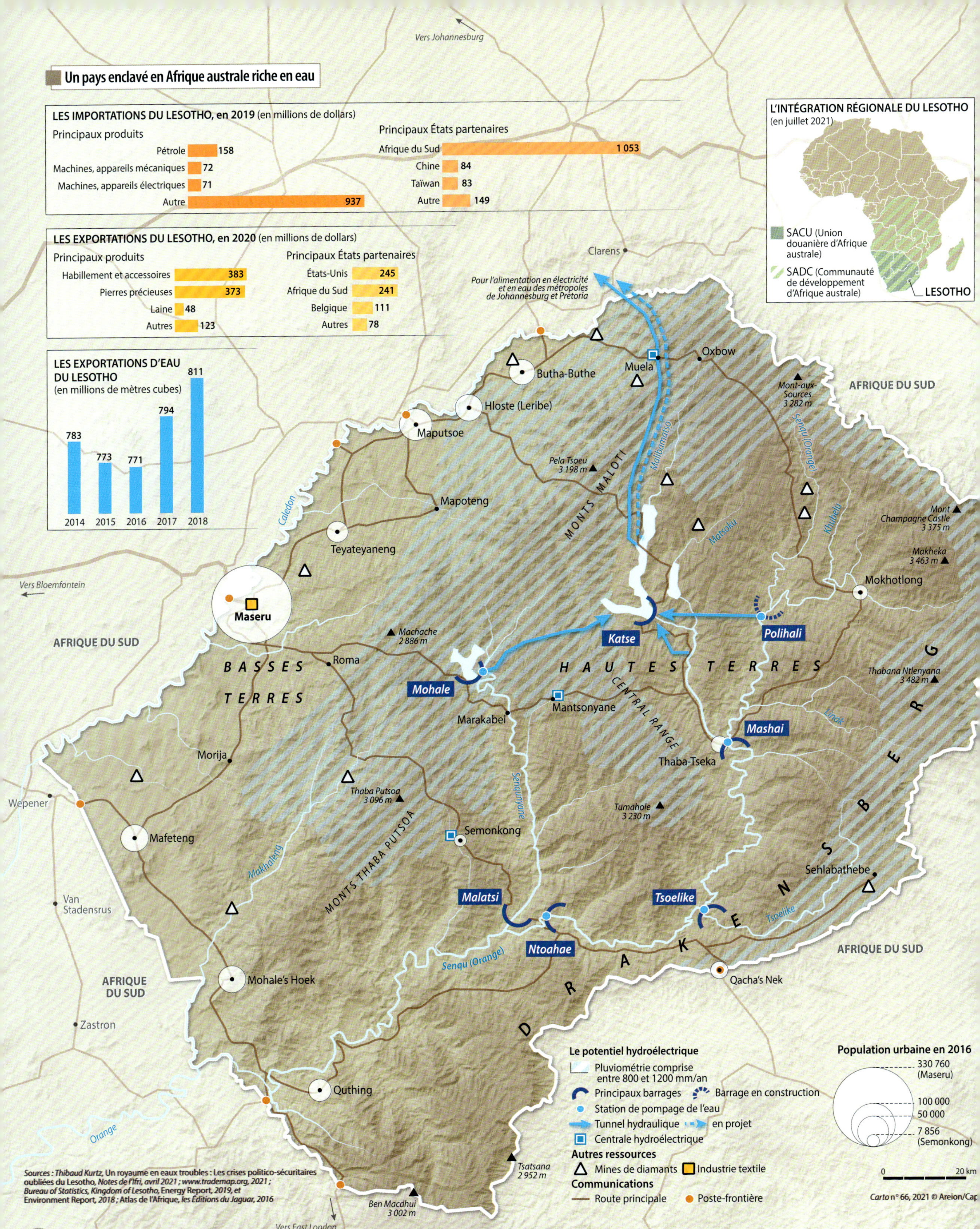
Un pays enclavé en Afrique australe riche en eau
LES IMPORTATIONS DU LESOTHO, en 2019 (en millions de dollars)
Principaux produits
Pétrole 158
Machines, appareils mécaniques 72
Machines, appareils électriques 71
Autre 937
Principaux États partenaires
Afrique du Sud 1 053
Chine 84
Taïwan 83
Autre 149
LES EXPORTATIONS DU LESOTHO, en 2020 (en millions de dollars)
Principaux produits
Habillement et accessoires 383
Pierres précieuses 373
Laine 48
Autres 123
Principaux États partenaires
États-Unis 245
Afrique du Sud 241
Belgique 111
Autres 78
LES EXPORTATIONS D'EAU DU LESOTHO
(en millions de mètres cubes)
2014 783
2015 773
2016 771
2017 794
2018 811
L'INTÉGRATION RÉGIONALE DU LESOTHO
(en juillet 2021)
SACU (Union douanière d'Afrique australe)
SADC (Communauté de développement d'Afrique australe)
LESOTHO
Vers Johannesburg
Clarens
Pour l'alimentation en électricité et en eau des métropoles de Johannesburg et Pretoria
Butha-Buthe
Muela
Oxbow
Hloste (Leribe)
Maputsoe
Mont-aux-Sources 3 282 m
AFRIQUE DU SUD
Pela Tsoeu 3 198 m
MONTS MALOTI
Malibamatso
Senqu (Orange)
Mapoteng
Caledon
Teyateyaneng
Matsoku
Khubelu
Mont Champagne Castle 3 375 m
Makheka 3 463 m
Mokhotlong
Vers Bloemfontein
Maseru
AFRIQUE DU SUD
Machache 2 886 m
Katse
Polihali
BASSES TERRES
Roma
Mohale
HAUTES TERRES
Thabana Ntlenyana 3 482 m
Mantsonyane
Marakabei
CENTRAL RANGE
Linakeng
Mashai
Thaba-Tseka
Morija
Thaba Putsoa 3 096 m
Senqunyane
Wepener
Tumahole 3 230 m
Semonkong
Mafeteng
Makhaleng
MONTS THABA PUTSOA
Sehlabathebe
Van Stadensrus
Malatsi
Tsoelike
DRAKENSBERG
Ntoahae
Senqu (Orange)
AFRIQUE DU SUD
Qacha's Nek
AFRIQUE DU SUD
Mohale's Hoek
Zastron
Quthing
Orange
Tsatsana 2 952 m
Ben Macdhui 3 002 m
Vers East London
Le potentiel hydroélectrique
Pluviométrie comprise entre 800 et 1200 mm/an
Principaux barrages
Barrage en construction
Station de pompage de l'eau
Tunnel hydraulique
en projet
Centrale hydroélectrique
Autres ressources
Mines de diamants
Industrie textile
Communications
Route principale
Poste-frontière
Population urbaine en 2016
330 760 (Maseru)
100 000
50 000
7 856 (Semonkong)
0
20 km
Sources : Thibaud Kurtz, Un royaume en eaux troubles : Les crises politico-sécuritaires oubliées du Lesotho, Notes de l'Ifri, avril 2021 ; www.trademap.org, 2021 ; Bureau of Statistics, Kingdom of Lesotho, Energy Report, 2019, et Environment Report, 2018 ; Atlas de l'Afrique, les Éditions du Jaguar, 2016
Carto n° 66, 2021 © Areion/Cap

Le Lesotho, petit royaume face au chaos politique et social

Enclavé en Afrique du Sud, le Lesotho est un pays méconnu et marginal en Afrique australe et l'un des plus pauvres du monde. La vie politique y est depuis de nombreuses décennies soumise à une grande instabilité et la sujétion économique au puissant voisin sud-africain reste forte. Ses importantes ressources hydrauliques attisent les convoitises de Pretoria.

Petit royaume de 30 355 kilomètres carrés et 2,12 millions d'habitants (2019), le Lesotho est situé (à plus de 1 500 mètres d'altitude) sur les hauteurs du Drakensberg, chaîne de montagnes qui prend en écharpe le sud-est de l'Afrique australe. Ces hautes terres ont constitué au XIXe siècle le refuge de l'ethnie sotho qui fuyait les raids zoulous puis les incursions des Boers (colons d'origine néerlandaise), avant de se placer sous la protection des Britanniques en 1868. Le royaume des Sothos (Basutoland) est alors demeuré un protectorat jusqu'à l'indépendance en 1966 (le pays prend le nom de Lesotho), enclavé dans l'Union sud-africaine créée en 1910 et devenue République d'Afrique du Sud en 1961.

INSTABILITÉ CHRONIQUE

Depuis les premières élections législatives de 1965, le pays est le théâtre de crises politiques et institutionnelles récurrentes. Le régime autoritaire et dictatorial de Joseph Leabua Jonathan (1965-1986) a été suivi d'une longue période où se sont succédé coups d'État (quatre entre 1986 et 1994), assassinats de hauts responsables politiques, contestation de résultats électoraux, abdication et exil du monarque Moshoeshoe II (1966-1990 et 1995-1996), lutte fratricide entre les progressistes et les conservateurs, et même une intervention armée de l'Afrique du Sud (1998). Malgré la Constitution de 1993 qui a établi le multipartisme, la démocratie lesothienne reste fragile, soumise à la pression de l'armée ou de la police. Cette situation perdure depuis le début du XXIe siècle, avec l'affrontement des deux hommes forts du pays : Pakalitha Mosisili (Premier ministre de 1998 à 2012 puis de 2015 à 2017), du Lesotho Congress for Democracy (progressiste), et Tom Thabane (Premier ministre de 2012 à 2015 puis de 2017 à 2020), du All Basotho Convention (conservateur). Ce dernier a même été contraint à la démission au printemps 2020, soupçonné d'avoir commandité l'assassinat de son ex-épouse en 2017 avec l'aide… de sa nouvelle compagne. Sous le regard distant du roi Letsie III (depuis 1996), qui ne dispose que d'un rôle protocolaire, ce scandale politico-criminalo-conjugal n'a trouvé son issue institutionnelle qu'avec la médiation de la Communauté de développement d'Afrique australe (SADC, en anglais) et des autorités de Pretoria.

DES RESSOURCES HYDRAULIQUES

L'Afrique du Sud veille tout particulièrement à ce que le Lesotho ne tombe pas dans le chaos, car ce dernier constitue un château d'eau vital et stratégique pour le géant économique du continent africain. Depuis 1986 et la mise en place du Lesotho Highlands Water Project, les importantes ressources hydrauliques du royaume sont détournées vers sa grande voisine. La construction des barrages de Katse (1997) et de Mohale (2001), dans le bassin du fleuve Senqu, permet d'alimenter en électricité et en eau les métropoles de Johannesburg et Pretoria. L'édification de nouveaux barrages a toutefois été retardée en raison des troubles politiques que traverse le Lesotho depuis quatre décennies. En outre, la population lesothienne est de plus en plus critique à l'égard de ce projet et s'estime spoliée de la principale richesse du pays.

La déliquescence politique s'est accompagnée des maux classiques de la kleptocratie, du clientélisme et de la corruption (83e sur 180 sur l'index 2020 de Transparency International). Les troubles politiques occultent la misère économique et sociale d'un pays qui dispose d'un PIB estimé à 2,4 milliards de dollars en 2020 par le Fonds monétaire international (FMI). L'économie rurale (les campagnes rassemblent les trois quarts de la population) est médiocre et souffre de la spoliation de la ressource hydraulique. L'exploitation minière et l'industrie textile d'exportation (mohair) vers les États-Unis restent en retrait. Quant au tourisme, la crise liée à la Covid-19 a fait fuir la clientèle sud-africaine des stations de ski du pays.

Dans ces conditions, les jeunes actifs sont contraints de migrer, d'autant que l'insécurité alimentaire est forte (le Lesotho ne dispose que de 11 % de terres arables et l'indépendance alimentaire n'est que de 20 %). Les transferts financiers de la diaspora contribuent au quart du PIB. Si le pays a été relativement épargné par la Covid-19 (quelque 11 000 cas et 330 morts mi-juin 2021), c'est aussi l'un des États d'Afrique et du monde où le taux de prévalence du Sida est le plus élevé (22,8 % des 15-49 ans en 2019). D'autres indicateurs sociodémographiques sont parmi les plus médiocres. En 2019, l'espérance de vie ne dépasse pas 55 ans, le taux de chômage est de 23,5 % et la moitié des habitants vit sous le seuil de pauvreté. Dans les campagnes, 20 % de la population a un accès à l'électricité et un quart survit grâce à l'aide alimentaire internationale.

La tâche de Moeketsi Majoro (All Basotho Convention), Premier ministre depuis le 20 mai 2020, est considérable. Issu d'une nouvelle génération de politiciens, économiste, il doit à la fois restaurer la démocratie et sortir le Lesotho de la spirale de la pauvreté. ●

É. Janin

REPÈRES

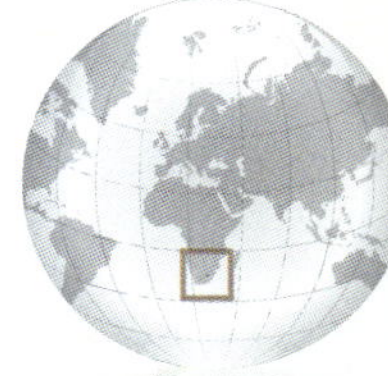

NOM OFFICIEL
Royaume du Lesotho

CHEF DE L'ÉTAT
Letsie III
(roi depuis 1996)

SUPERFICIE
30 355 km²
(141e rang mondial)

LANGUES OFFICIELLES
Sesotho et anglais

CAPITALE
Maseru

POPULATION EST. 2019
2,12 millions d'habitants

DENSITÉ
69 hab./km²

MONNAIE
Loti

HISTOIRE
C'est sous le nom de Basutoland que le Lesotho est connu dès l'arrivée des premiers colons au début du XIXe siècle jusqu'à l'indépendance en 1966. Le royaume n'est pas intégré à l'Afrique du Sud grâce aux Britanniques, qui installent un protectorat en 1868. Le pays connaît de nombreux putschs avant l'instauration d'un gouvernement constitutionnel en 1993

PIB PAR HABITANT EN 2019 (EN PARITÉ DE POUVOIR D'ACHAT)
2 824 dollars internationaux courants

INDICE DE DÉVELOPPEMENT HUMAIN (2019)
0,527 (165e rang)

EST.1949
GANT

ASIE

RÉVOLTE PAYSANNE EN INDE

Des agriculteurs manifestent, le 26 janvier 2021 à New Delhi, contre les réformes libérales prévues par le gouvernement. (© AFP/Sajjad Hussain)

Wuhan : l'émergence d'une nouvelle métropole chinoise

Wuhan, autrefois conurbation de trois bourgs, est la capitale de la province du Hubei, avec 11,2 millions d'habitants (2019). Avant d'être connu comme le foyer d'origine de la pandémie de Covid-19, ce pôle de l'économie industrielle socialiste se plaisait à se nommer la « Chicago de l'Est » et visait une place de « ville mondiale de troisième rang » (1).

C'est un renouveau pour une ville qui était dans l'angle mort du développement chinois : concernée ni par les grandes politiques nationales d'ouverture de la façade littorale des années 1990 ni par celles du développement de l'ouest en 2000, Wuhan vit à l'ombre de la métropole shanghaienne. Encombrée par un patrimoine industriel vieillissant et ne disposant pas de moyens financiers suffisants pour mailler un territoire municipal vaste et morcelé par le réseau des rivières et des lacs, la municipalité échoue à structurer l'étalement urbain des années 1990 et 2000. Wuhan a néanmoins des atouts : sa position de *hub* de transport national, des partenariats économiques mis en place dans les années 1990 et de nombreuses universités en font un acteur privilégié pour les échanges internationaux.

UN DÉVELOPPEMENT INTENSE

Le plan métropolitain de Wuhan se met en place au milieu des années 2000 et les discours s'ajustent concernant le positionnement de la ville dans le territoire national. Du point de vue du développement régional, elle bénéficie de la politique stratégique du « corridor économique du Yangzi ». Son rôle comme un *hub* de transport en sort renforcé. Par ailleurs, Wuhan domine le

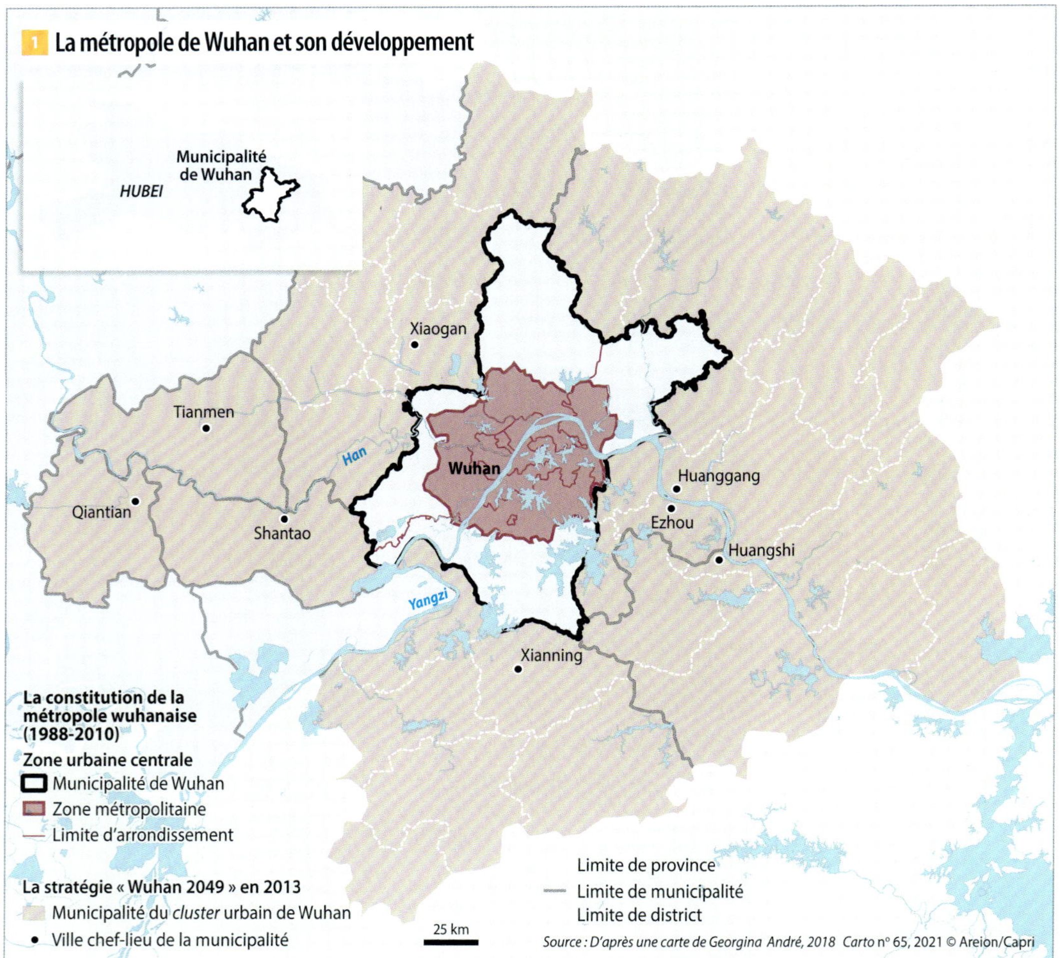

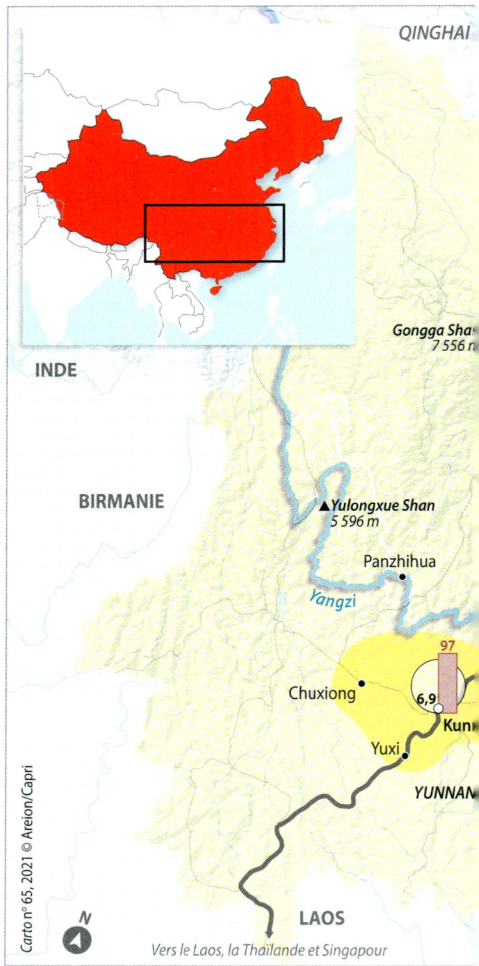

réseau urbain du Hubei : concentrant 20 % de la population et plus d'un tiers du PIB de la province, elle est au cœur d'une aire d'influence englobant la ville et les cités limitrophes.

La convergence de ces grandes politiques nationales ouvre une période de développement accéléré pour Wuhan, dont la construction du métro en est l'un des symptômes. Or la municipalité wuhanaise n'engage pas seulement une transition métropolitaine, mais plusieurs transitions successives et parfois concomitantes du fait de la rapidité de la croissance urbaine et de la transition économique. Dans ce contexte, les grands projets permettent l'accélération de ces transitions et la réorganisation de l'espace urbain. Les projets situés dans les trois noyaux urbains historiques ont une vocation patrimoniale et culturelle, ceux des secteurs péricentraux servent de centres d'affaires. Au-delà du troisième périphérique, des villes nouvelles, relais des bourgs-centres des arrondissements éloignés, sont planifiées et certaines sont en cours de construction. Face à ces développements inégaux, fragmentation et polycentrisme caractérisent cette nouvelle organisation spatiale.

Stratifications sociales et exclusion

Entre un espace métropolitain en constitution et l'émergence de nouvelles centralités, le cadre de la vie urbaine locale se recompose autour de secteurs résidentiels qui se substituent aux anciennes cités ouvrières de la Chine industrielle des années 1950-1970. Les choix résidentiels et les pratiques de proximité renforcent une vie de quartier à cheval entre les relations de voisinage et l'anonymat du mode de vie urbain. Ces changements ne sont toutefois pas homogènes, et les espaces du secteur résidentiel s'intègrent de manière disparate à la transformation métropolitaine. La connexion aux réseaux de transport, la période et les modes d'urbanisation ainsi que la présence de centralités commerciales ou économiques influencent les profils sociaux et les stratégies de mobilité des populations des secteurs, tandis que les actions de renouvellement urbain accélèrent les processus de stratification sociale et la dissolution des anciennes communautés résidentielles ouvrières.

Dans le contexte de Wuhan, la possibilité de bénéficier à la fois de la dissolution des unités de travail et d'un mode de vie urbain moderne devient un facteur important de distinction sociale. Ainsi, les résidants non originaires de la ville ou anciennement paysans n'étant pas propriétaires d'un bien ou ayant peu de famille à Wuhan sont-ils souvent dans l'incapacité de négocier les effets du renouvellement urbain, et notamment les conditions d'expropriation et de relogement. Ils sont repoussés toujours plus loin de la zone urbaine centrale.

À cette exclusion spatiale répond aussi une exclusion économique qui s'étend à l'ensemble du foyer. Si certains habitants peuvent utiliser leur réseau ou une résidence secondaire dans la municipalité pour profiter de la carte scolaire et fréquenter les bons établissements, à l'inverse, le maintien du « livret de résidence » (*hukou*), qui lie l'accès aux services urbains au lieu d'origine, empêche les résidants n'en possédant pas à Wuhan d'aller dans des centres de santé et d'éducation de qualité. Cela freine leur implantation durable. •

G. André

NOTE

(1) Georgina André, « Wuhan, d'un centre industriel secondaire à une "Chicago de l'Est" », in *Géoconfluences*, 12 novembre 2020.

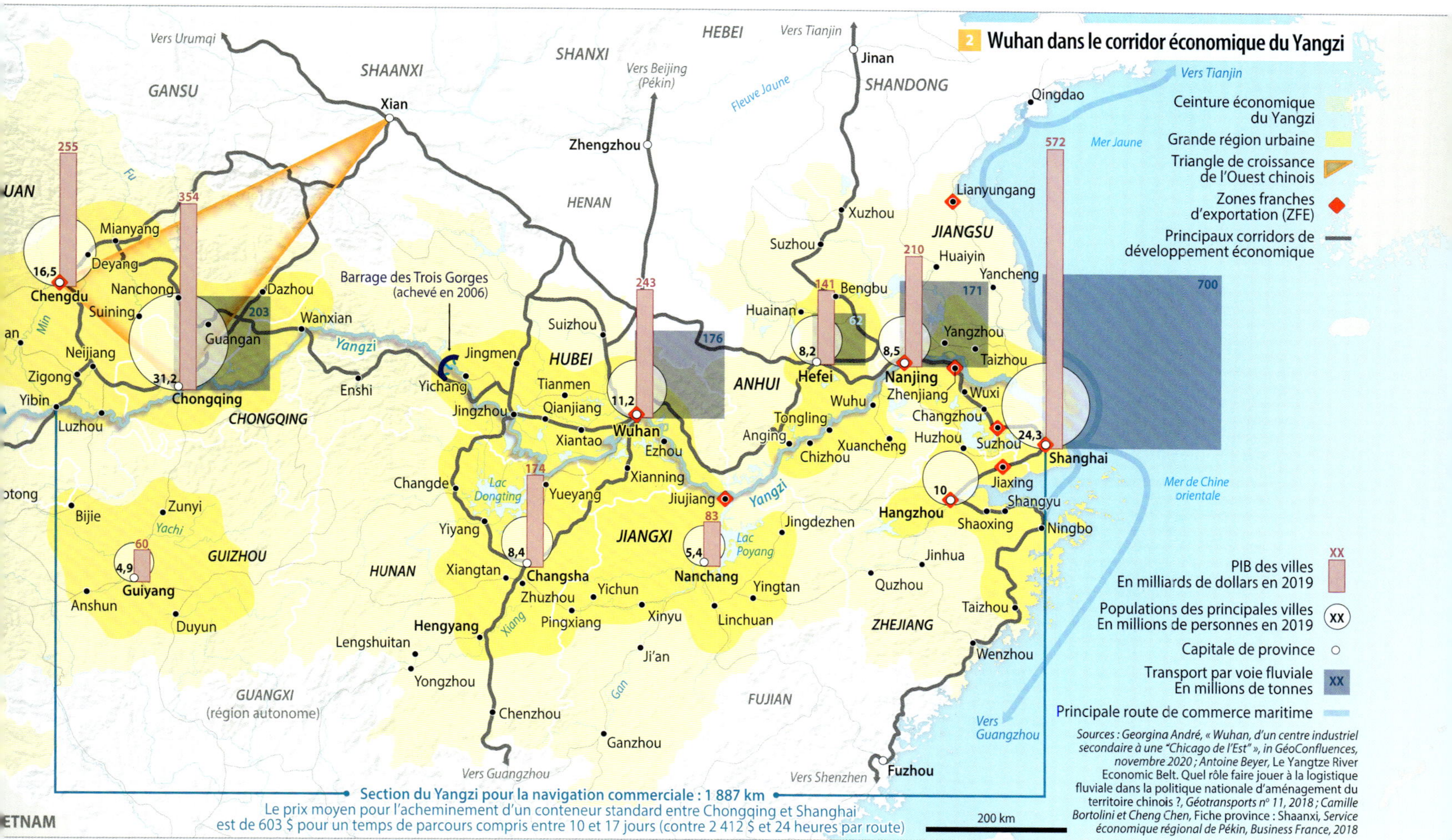

Sources : Georgina André, « Wuhan, d'un centre industriel secondaire à une "Chicago de l'Est" », in GéoConfluences, novembre 2020 ; Antoine Beyer, Le Yangtze River Economic Belt. Quel rôle faire jouer à la logistique fluviale dans la politique nationale d'aménagement du territoire chinois ?, *Géotransports n° 11, 2018 ; Camille Bortolini et Cheng Chen,* Fiche province : Shaanxi, *Service économique régional de Pékin, Business France, 2018*

Le pangolin, une espèce au cœur d'un trafic mondialisé

Petit mammifère mangeur de fourmis couvert d'écailles de kératine, le pangolin a fait parler de lui début 2020, car il serait, avec la chauve-souris, à l'origine du coronavirus responsable de la maladie de la Covid-19, apparue en Chine fin 2019. Mais c'est surtout un animal menacé : recherché pour sa viande et de supposées vertus médicinales, il est intensément braconné en Afrique, puis envoyé en Asie, où la demande est croissante. Pourtant, le commerce de cette espèce est interdit depuis 2016.

1 L'habitat des différentes espèces de pangolins

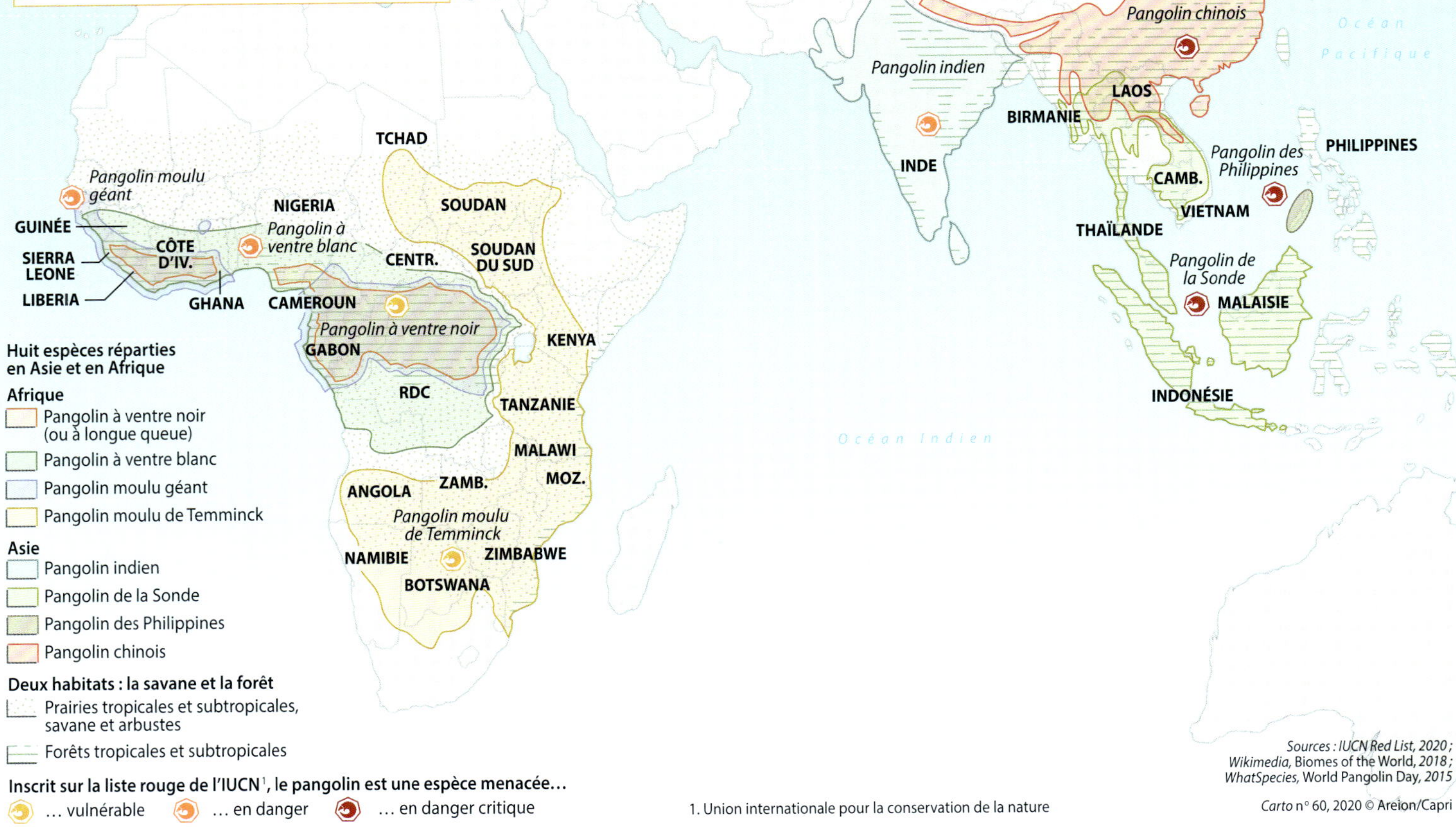

1. Union internationale pour la conservation de la nature

Le pangolin doit son nom au naturaliste Georges-Louis de Buffon (1707-1788), qui en fait mention dès 1749 comme dérivé du mot malais *peng gulin*, soit l'« animal qui s'enroule ». C'est en effet sa technique pour se protéger en cas d'attaque, les écailles faisant office de carapace. Africains et Asiatiques, notamment les Chinois et les Vietnamiens, convoitent sa chair et ses écailles aux vertus curatives multiples (soulager l'asthme par exemple). Depuis 2008, le trafic de pangolin a connu une accélération sensible, faisant de cette espèce, pourtant protégée, l'une des plus braconnées de la planète. Annuellement, entre 400 000 et 2,7 millions de pangolins sont chassés en Afrique centrale pour satisfaire la demande asiatique et ainsi pallier la pénurie de sujets dans la région où ils sont paradoxalement endémiques.

CUISINE, MÉDECINE, ARTISANAT

Le braconnage dont le pangolin fait l'objet lui a valu d'être classé « en menace d'extinction qui pourrait être affecté par le commerce » selon la Convention sur le commerce international des espèces de faune et de flore sauvages menacées d'extinction (CITES), à laquelle la Chine a adhéré en 1981. Au classement de la CITES s'ajoute la présence des huit espèces de pangolins sur la liste rouge des animaux menacés de l'Union internationale pour la conservation de la nature (UICN), où trois sont déclarées « en danger critique », trois « en danger » et deux « vulnérables ».

Pour son malheur, le pangolin est difficile à élever et à faire se reproduire en captivité ; son braconnage existe donc de longue date, car tout son corps peut être utilisé : ses viscères sont recherchés en médecine traditionnelle chinoise, son sang accommode le riz en accompagnement de sa chair, tandis que son cuir solide et au motif unique était employé par les celliers occidentaux pour faire des sacs de luxe jusqu'à la fin du XXe siècle, lorsque les fabricants nord-américains ont officiellement cessé de l'utiliser au début des années 2000 pour la production de bottes de cowboys ou de ceintures.

Toutefois, la demande en pièces exotiques se maintient et l'on trouve de la maroquinerie à la provenance incertaine avec du cuir affiché comme issu du tannage de la peau d'arapaïma, une espèce de poisson d'Amazonie – elle aussi menacée –, dont le motif diamanté est semblable à celui de la peau de pangolin. Les chercheurs manquent de données pour déterminer l'importance du rôle de l'exploitation du cuir de pangolin dans le déclin de l'espèce, et les ventes sur Internet fleurissent.

Selon l'Office des Nations unies contre la drogue et le crime (UNODC), c'est la demande chinoise pour les écailles de pangolin qui draine l'essentiel du trafic entre l'Afrique et l'Asie. Ainsi, 71 % des écailles saisies dans le monde entre 2007 et 2018 sont à destination du marché médicinal chinois. Pourtant, Pékin a interdit en 2017 le braconnage des pangolins sauvages et leur consommation alimentaire, notamment pour éviter les zoonoses, comme celle que nous vivons avec la pandémie de Covid-19. Mais la législation permet encore l'usage des écailles dans le cadre de la médecine traditionnelle. Une utilisation réglementée par une note du gouvernement chinois datée de novembre 2007 indique que les hôpitaux et les laboratoires pharmaceutiques bénéficiant d'une licence sont autorisés à vendre et à utiliser légalement des écailles de pangolin issues des réserves nationales. Dans ce cadre, ce sont 186 tonnes d'écailles qui ont été mises à disposition par lots entre 2008 et 2014. Cependant, le volume de ces réserves n'est pas communiqué par le gouvernement chinois, et il apparaît que la demande médicale excède les capacités de ce stock légal. Ainsi, le marché noir prend le relais et les écailles braconnées se retrouvent dans ces produits médicaux disponibles légalement et prescrits par les hôpitaux assermentés.

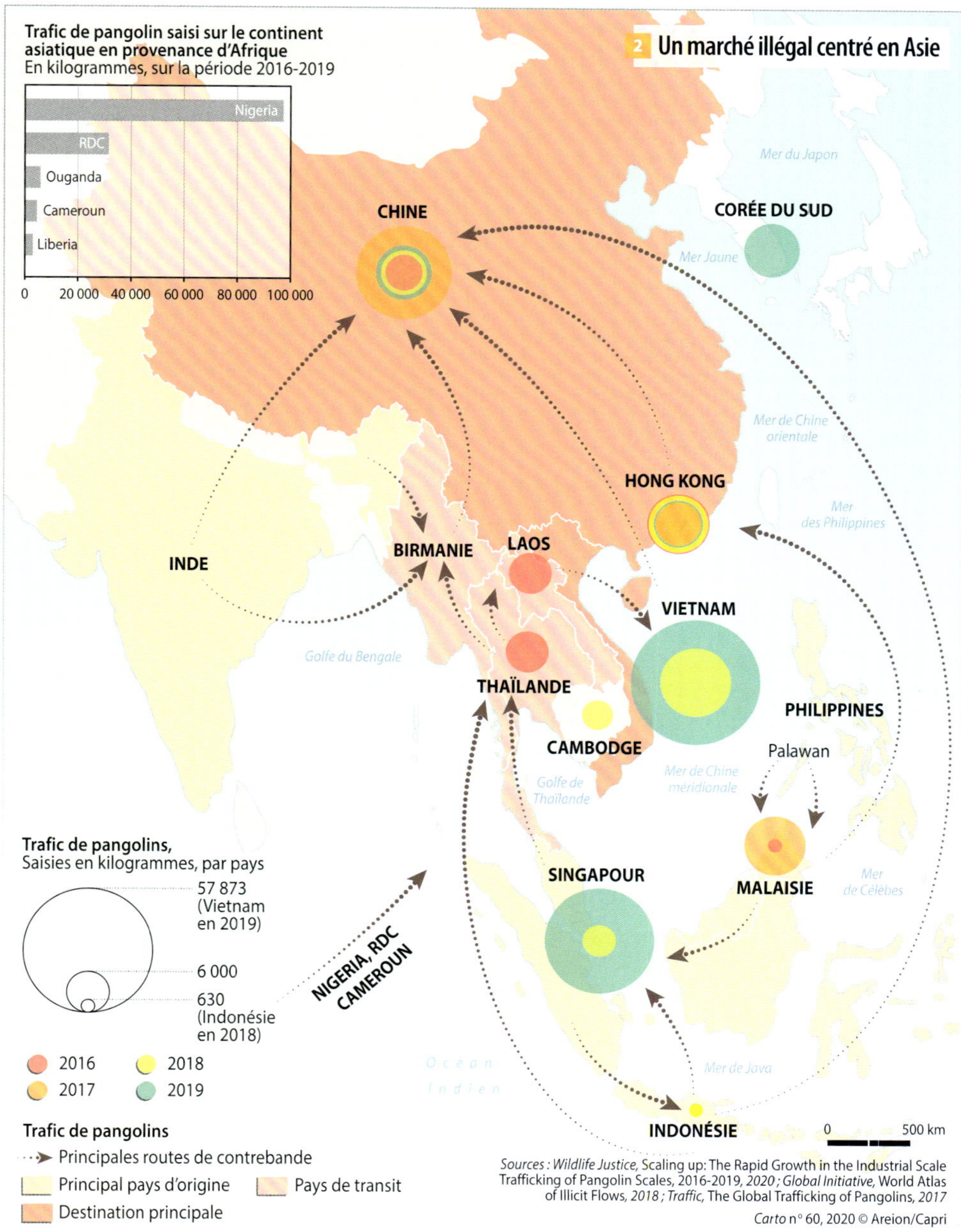

Sources : Wildlife Justice, Scaling up: The Rapid Growth in the Industrial Scale Trafficking of Pangolin Scales, 2016-2019, *2020 ; Global Initiative*, World Atlas of Illicit Flows, *2018 ; Traffic*, The Global Trafficking of Pangolins, *2017*

Carto n° 60, 2020 © Areion/Capri

UN FLUX MONDIALISÉ D'ÉCAILLES

Pour l'UNODC, c'est en 2013 que la bascule des sites de saisies entre Afrique et Asie a eu lieu alors que les pays d'Asie mettaient progressivement en place des législations destinées à la protection de la faune et de la biodiversité. En Afrique, les autorités ne disposent pas toujours de normes contraignantes relatives à la sauvegarde de la vie sauvage ou, si celles-ci existent, elles ne sont pas appliquées par manque de moyens humains ou financiers et elles sont simples à contourner avec la corruption.

Demeure la question du transport et des douanes. Le Nigeria et la République démocratique du Congo (RDC) sont les *hubs* africains principaux du trafic mondial de pangolins, tandis que Hong Kong et le Vietnam restent les plaques tournantes en Asie. La Birmanie s'affirme également comme un pays de chasse et de transit, la faiblesse des autorités centrales dans certaines régions rendant presque impossibles les saisies. La corruption permet le passage de la frontière de la Birmanie vers la Chine sans contrôle.

E. Galland

Chine-Australie : tensions

D'abord, il y a eu, en 2018, le refus de l'Australie d'ouvrir son marché de la 5G aux entreprises chinoises, puis, deux ans plus tard, sa demande d'enquête internationale sur les origines de la Covid-19. La ligne rouge a été franchie pour Pékin, qui a répondu par des représailles économiques à l'été 2020, provoquant une guerre commerciale entre deux pays aux grandes ambitions dans l'océan Pacifique, alors que les tensions entre la République populaire et les États-Unis s'intensifient.

Si les tensions sino-australiennes remontent à 2016, après la polémique en Australie autour du bail de 99 ans accordé à une entreprise chinoise pour gérer le port de Darwin, elles ont pris de l'ampleur en 2018 au sujet de la 5G. La même année, l'Australie adoptait une loi sur l'ingérence étrangère, ciblant notamment l'influence du Parti communiste chinois. Les tensions se sont renforcées avec l'épidémie de Covid-19. Et, en juillet 2020, à la suite de la nouvelle loi sur la sécurité imposée par Pékin à Hong Kong, l'Australie suspendait son traité d'extradition avec la région administrative spéciale et prolongeait les visas des quelque 10 000 Hongkongais vivant sur son territoire. La rupture fut consommée le mois suivant lorsque Canberra s'opposa au rachat de l'un des principaux producteurs de lait australien, Lion Dairy & Drinks, par l'entreprise chinoise Mengniu, pour 430 millions de dollars américains.

LA MENACE COMMERCIALE BRANDIE PAR PÉKIN

La Chine a riposté par une série de mesures punitives, interdisant notamment les importations de bœuf en provenance de quatre usines australiennes, puis imposant un droit de douane de 80,5 % sur l'orge, l'une des principales exportations australiennes. Après le refus du rachat de l'entreprise Lion Dairy & Drinks, Pékin s'en est pris au charbon, laissant les navires australiens bloqués dans les ports chinois plusieurs mois. Puis ce fut au tour du cuivre, du bois, du sucre, du vin et du homard d'Australie d'être soumis à d'importants droits de douane, avant que les deux pays n'entament des procédures auprès de l'Organisation mondiale du commerce (OMC) en juin 2021. La Chine est le plus grand partenaire commercial de l'« île-continent » : en 2019, 39,4 % des exportations de biens et 17,6 % de celles de services en provenance d'Australie étaient à destination de la République populaire. Pourtant, l'économie australienne est restée relativement peu touchée par ces mesures. Car la Chine n'en a pas imposé sur la plus grande exportation australienne vers le pays : le minerai de fer. Alors que plus de 60 % des importations chinoises proviennent d'Australie, son autre principal fournisseur, le Brésil, est en difficulté à cause de la présence de Covid-19 dans ses mines et de l'effondrement d'un barrage minier le 25 janvier 2019 à Brumadinho. Pour le premier producteur d'acier au monde, ces importations sont hautement stratégiques : avec une croissance de 8,3 % en 2019, la production chinoise d'acier atteignait cette année-là 996,3 millions de tonnes, soit 53,3 % de la production mondiale. Dans le cadre du déploiement des nouvelles routes de la soie, Pékin ne peut pas se permettre un ralentissement. L'Australie est ainsi restée son principal fournisseur en 2020 : les exportations de minerai de fer vers la Chine ont augmenté de 7 % pour atteindre 713 millions de tonnes. Pékin met néanmoins en place une stratégie parallèle de diversification de ses sources d'approvisionnement, en s'intéressant notamment à des mines en Guinée et en Inde.

Face à l'échec relatif des mesures de rétorsion commerciale contre Canberra, Pékin cible un autre pan de l'économie australienne. Après les Britanniques, les Chinois sont la deuxième plus grande communauté de migrants en Australie : avec 650 700 personnes en 2018, ils représentent 8,9 % de la population australienne née à l'étranger et 2,6 % du total. Depuis juin 2020, la République populaire a invité ses touristes et étudiants à éviter l'Australie, reprochant à Canberra la hausse des incidents racistes envers les Chinois d'Australie. En 2020, plus de 190 000 étudiants chinois étaient inscrits dans les universités australiennes, une manne économique estimée à 9 milliards de dollars. En 2019, les touristes chinois en Australie étaient quant à eux 1,43 million, soit 15 % des 9,44 millions de touristes internationaux, contribuant à l'économie locale pour environ 9,5 milliards de dollars.

Le Pacifique vu depuis la Chine et l'Australie

Limite de la zone économique exclusive (200 milles marins)
Principal port de commerce
Route maritime
Principale
Secondaire
Présence militaire chinoise (2020)
Principale base navale
Présence militaire américaine (2020)
Base ou installation militaire
Flotte

Fond de carte : D'après une carte de la CIA, World Oceans, *février 2021*
Sources : Gouvernement australien, China country brief, *2021 ; Tourism Australia, février 2021 ; Centre d'études stratégiques de la marine,* Capacités et stratégie navale chinoises, *octobre 2020 ; Jonathan Pryke, « Submission to Inquiry into Australia's Defence Relationships with Pacific Island Countries », Lowy Institute, juillet 2020*
Carto n° 64, 2021 © Areion/Capri

LUTTE D'INFLUENCE AUPRÈS DE MICRO-ÉTATS OCÉANIENS

L'autre enjeu de ces tensions se situe sur le terrain stratégique. Le Pacifique sud est devenu le théâtre d'une lutte de pouvoir entre les deux nations. L'Australie est un partenaire historique pour la plupart des pays de la région : Canberra y a beaucoup investi dans la santé, l'éducation et la gouvernance, et a su y maintenir une sphère d'influence. Mais Pékin accélère ses financements de projets d'infrastructures à grande échelle. Le Vanuatu est un exemple de territoire soumis à ce jeu sino-australien ; l'archipel, l'un des pays les plus pauvres au monde tout en étant un paradis fiscal, est de plus en plus dépendant de la Chine. Pour cette dernière, imposer son influence sur ces petits États qui contrôlent collectivement une zone océanique plus grande que la Russie est hautement stratégique. Pour l'Australie, au contraire, le développement d'une présence chinoise dans la région est une menace alors que trois de ses cinq principales routes commerciales maritimes passent par le Pacifique.

N. Rouiaï

dans le Pacifique sud

La frontière sino-indienne au

Le 15 juin 2020, un affrontement entre soldats indiens et chinois à la frontière sino-indienne s'est achevé dans un bain de sang. Bien qu'aucun coup de feu n'ait été tiré, la rixe qui a eu lieu dans la vallée de Galwan, région contestée de l'Himalaya, a entraîné la mort d'au moins 20 soldats indiens. Cet événement, le plus meurtrier dans la région depuis 1975, met en lumière la durabilité du conflit frontalier entre les deux géants asiatiques.

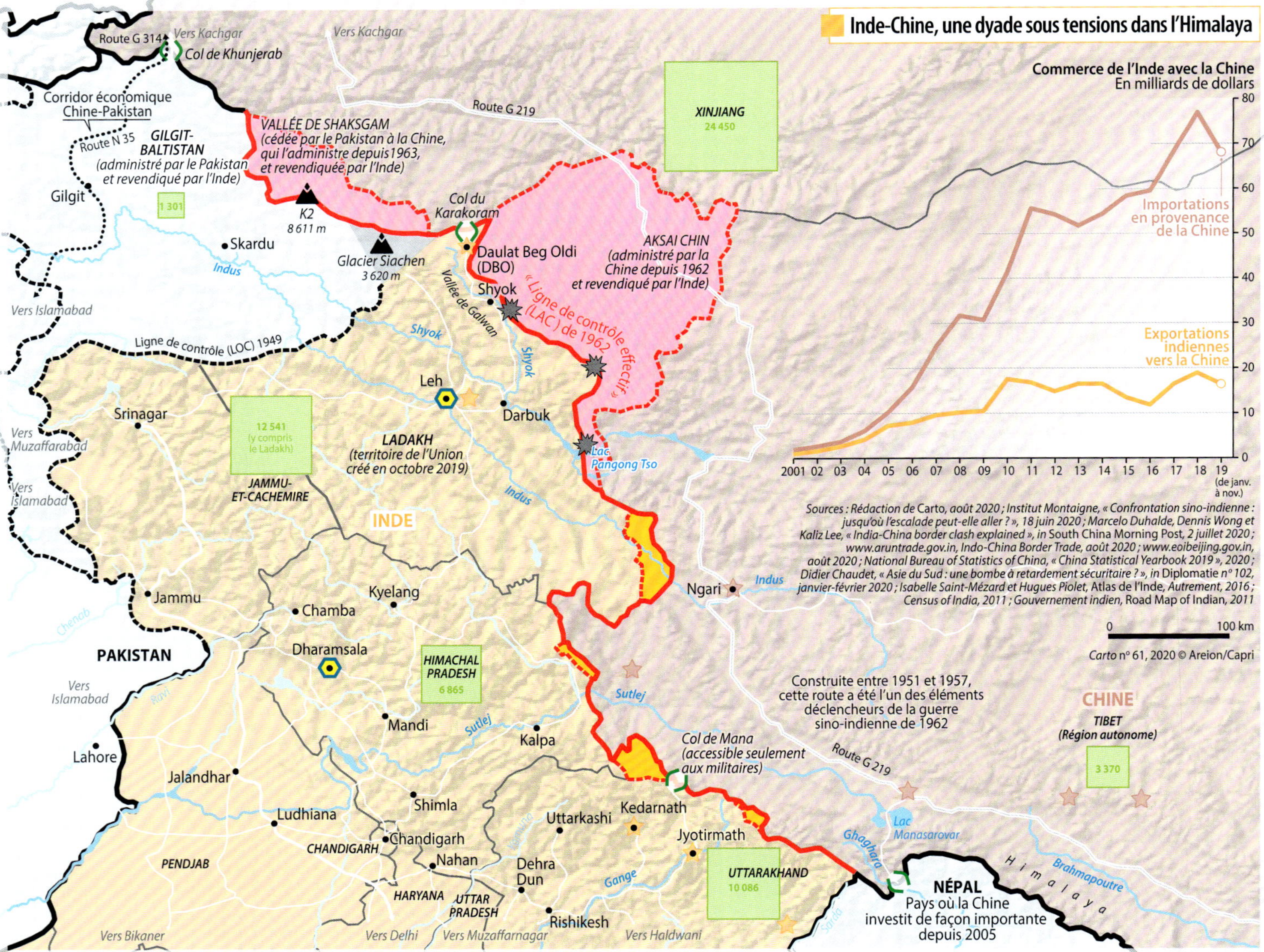

La Chine et l'Inde ont une longue histoire conflictuelle le long de leur dyade non démarquée de 3 488 kilomètres. La ligne de contrôle effectif remonte aux tracés établis avant l'indépendance de l'Inde en 1947 et a fait l'objet de nombreux cycles de pourparlers et d'accords. Les tensions se cristallisent autour de quelques axes. L'affrontement de juin 2020 a eu lieu aux abords de la route Darbuk-Shyok-DBO. Longue de 255 kilomètres, elle relie Leh, la capitale du Ladakh, dans l'extrême nord de l'Inde, au col du Karakoram. Presque parallèle à la frontière séparant le Ladakh indien de la province chinoise du Xinjiang, elle longe la rivière Shyok, une ligne de communication essentielle. Cette route devait permettre le déploiement rapide de troupes indiennes dans la zone contestée ; elle est désormais un haut lieu des tensions entre Pékin et New Delhi.

DES AXES DE CONTESTATIONS

La route chinoise G 219, qui relie le Xinjiang au Tibet, est un autre lieu de discorde territoriale. Tracée en 1957, elle a été asphaltée en 2013.

cœur de conflits territoriaux

Environ 179 kilomètres passent par le plateau d'Aksai Chin, au nord-ouest du Tibet, administré par la Chine, mais revendiqué par l'Inde. D'autres lieux de tensions ont émergé avec le développement des nouvelles routes de la soie. La Chine développe notamment le corridor économique Chine-Pakistan à l'ouest de la route Darbuk-Shyok-DBO, dans la région pakistanaise du Gilgit-Baltistan. Alors que l'objectif de Pékin est d'acheminer ses marchandises jusqu'à l'océan Indien et de s'approvisionner en hydrocarbures sans passer par le détroit de Malacca, l'Inde voit ce développement comme une provocation, le Gilgit-Baltistan étant revendiqué par New Delhi qui le définit comme le « Cachemire occupé par le Pakistan ».

Si aucun coup de feu n'a été échangé durant l'affrontement de juin 2020, c'est parce que l'Inde et la Chine ont signé une série d'accords frontaliers en 1993, 1996 et 2005. Celui de 1996 visait à réduire les agressions en interdisant les armes à feu et les explosifs dans un rayon de 2 kilomètres autour de la ligne de contrôle effectif, à l'exception de leur usage pour les exercices militaires. Ces textes ne marquent pas pour autant la fin du conflit qui oppose ces deux nations dotées de la puissance nucléaire militaire. L'animosité remonte au moins à 1914, lorsque le Royaume-Uni et le Tibet ont conclu un accord sur l'établissement de la ligne McMahon séparant l'Inde britannique de l'actuelle Région autonome chinoise, à l'époque indépendante. Alors que la Chine n'a jamais accepté cette frontière, la guerre sino-indienne de 1962 (2 000 à 4 000 morts) a amené Pékin à redessiner la ligne de contrôle effectif en sa faveur. En 1967, durant les affrontements de Nathu La et de Cho La (100 à 500 morts), l'Inde a repoussé la République populaire, obscurcissant un peu plus le tracé de la dyade himalayenne. Un accrochage en 1975 avait causé le décès de cinq soldats indiens.

FRONTIÈRES ET NATIONALISME

La frontière sino-indienne n'est pas le seul litige territorial auquel sont confrontés les deux géants asiatiques. Depuis l'établissement de la République populaire de Chine en 1949, le pays a été impliqué dans une vingtaine de conflits territoriaux. Si la plupart de ces litiges ont été réglés, six d'entre eux restent en cours en 2021, et concernent l'Inde, le Bhoutan, Taïwan et les îles Paracel, Spratly et Senkaku. De son côté, l'Inde n'a trouvé un accord avec le Sri Lanka qu'en 1987 et n'a réellement résolu ses problèmes territoriaux avec le Bangladesh qu'en 2015. Les frontières non délimitées avec la Birmanie, le Bhoutan, la Chine, le Pakistan et le Népal sont toujours l'objet de tensions régionales entre New Delhi et ses voisins.

Les enjeux territoriaux sont centraux pour la Chine comme pour l'Inde, deux pays où le nationalisme est exacerbé. Ces deux nations se sont construites dans une perspective de reconquête des territoires perdus, que ce soit lors de la partition sanglante du sous-continent indien en 1947 ou de la victoire de la Chine communiste en 1949. Du côté chinois, cet enjeu d'unité nationale a entraîné l'annexion du Tibet en 1951, la rétrocession de Hong Kong par les Britanniques en 1997 et de Macao par les Portugais en 1999. C'est selon cette même idée que le président chinois, Xi Jinping (depuis 2013), entend conduire la réunification entre la Chine et Taïwan. Du côté indien, la crise du Cachemire entre New Delhi et Islamabad révèle des enjeux stratégiques, notamment liés à la ressource en eau, et se trouve au cœur des discours nationalistes. La reconquête des territoires passés au Pakistan, à commencer par l'Azad Cachemire, s'inscrit dans l'idée de l'« Inde intégrale », une Inde « réunifiée » appelée de ses vœux par le Premier ministre, Narendra Modi (depuis 2014).

N. Rouiaï

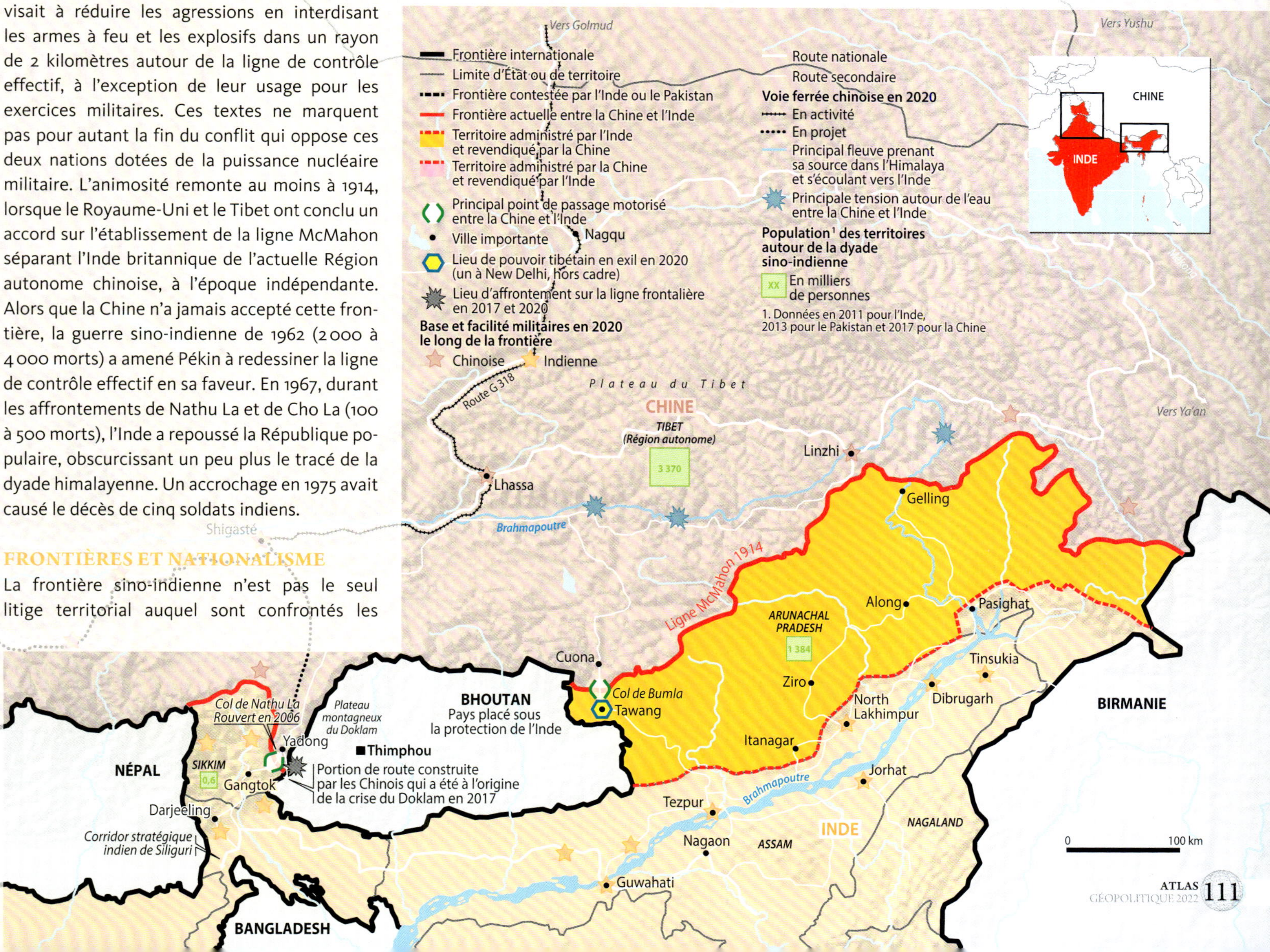

Inde : une agriculture et une paysannerie en révolution

Depuis septembre 2020, l'Inde est traversée par des mouvements de grève paysanne violents, encore en cours en juin 2021. En cause, la volonté du Premier ministre, Narendra Modi (depuis 2014), de déréglementer le marché agricole. La Cour suprême a toutefois suspendu cette réforme une première fois en janvier 2021, puis une seconde en juin, sans pour autant la retirer, ouvrant la porte à une possible sortie de crise. L'enjeu est immense dans un pays où la majorité des habitants vit dans les campagnes.

Les paysans indiens sont en colère contre la réforme agricole orchestrée par le gouvernement Modi. Votées fin septembre 2020 par le Parlement, sans concertation préalable des syndicats, les trois lois réformatrices portant sur la libéralisation du marché agricole intérieur ont cristallisé la révolte d'un monde rural déjà lourdement fragilisé par la crise de la Covid-19 (30,6 millions de cas et près de 404 500 décès début juillet 2021). Depuis le 25 septembre 2020, première journée de mobilisation et de grève d'ampleur nationale, des centaines de paysans continuent d'exprimer leur désapprobation en bloquant, au moyen de leurs tracteurs, routes et voies ferrées dans tout le pays.

UNE CRISE STRUCTURELLE

Avec cette réforme, les agriculteurs seraient contraints de vendre directement leur production à des opérateurs privés et devraient s'affranchir d'un système qui garantissait jusqu'alors les prix sur des marchés « régionaux » régulés par l'État, les *mandis*. Les acteurs privés (firmes agroalimentaires, grossistes, exportateurs, transformateurs) pourraient s'adresser aux producteurs et exercer la loi de l'offre et de la demande, remettant en cause le principe des prix garantis, qui, même bas, permettaient aux producteurs une visibilité et une durabilité de leur activité. Les firmes agroalimentaires auraient également la possibilité de stocker leurs achats (jusqu'alors monopole d'État) et d'élaborer des politiques contractuelles avec les producteurs. Les agriculteurs craignent que cette privatisation ne favorise l'émergence de puissants conglomérats, ne réduise leurs revenus ainsi que les aides et n'accélère la disparition des plus petites exploitations (ce qui concerne les deux tiers des paysans).

Cette crise sociale et politique est révélatrice de la crise structurelle que connaît l'ensemble du monde rural indien. Dans un pays encore largement sous-urbanisé (moins de 35 % de citadins en 2020), la masse démographique rurale représente près de 900 millions d'individus, soit le quart des ruraux de la planète. Si l'agriculture reste toujours le premier employeur du pays (55 % des actifs), le secteur ne couvre plus que 15,5 % du PIB en 2017, contre 30 % au début des années 1990, sur la deuxième plus vaste surface agricole au monde (156 millions d'hectares). La lente désagricolisation de l'économie nationale s'est accompagnée d'une aggravation des inégalités sociales entre une petite paysannerie, majoritairement pauvre, issue des basses castes ou des populations tribales, et des grandes aristocraties agraires héritées de l'époque de domination britannique (1757-1947) qui ont souvent profité des aides de l'État central et de la « révolution verte » dès les années 1960.

Ces inégalités se retrouvent également entre les régions : si les paysans du nord de l'Inde (Pendjab, Haryana, Uttar Pradesh, Bihar) sont plus mobilisés contre la réforme, c'est parce que s'y concentrent les petites exploitations, sans oublier les paysans « sans-terre » (près de 140 millions de personnes) qui, depuis plusieurs décennies, réclament une réforme agraire à leur profit. En revanche, dans le sud, les structures agraires sont plus homogènes et les contrastes moins violents.

DE NOMBREUX DÉFIS À VENIR

Derrière cette nouvelle politique agricole s'exprime la volonté du Premier ministre non seulement de libéraliser l'économie de son pays (et de le moderniser par les investissements capitalistes dans des structures agraires jugées archaïques), mais aussi, et surtout, de solder les héritages idéologiques du socialisme nehruvien portés par le Parti du Congrès (au pouvoir entre 1947 et 2014). La dernière loi agricole élaborée par ce mouvement, le Food Security Act de 2013, avait établi le plus grand programme de distribution alimentaire au monde auprès de 820 millions d'individus, particulièrement dans les campagnes. Les principes fondateurs d'autonomie et de sécurité alimentaires sont désormais évincés au bénéfice du paradigme du profit et de l'investissement productif. Cette décision ne fait toutefois pas l'unanimité, y compris dans le camp de Narendra Modi. Ainsi, la ministre de la Transformation alimentaire, Harsimrat Kaur Badal, a démissionné fin septembre 2020, dénonçant une législation qui va à l'encontre des intérêts des agriculteurs et accusant le Premier ministre de favoritisme et de clientélisme au profit des grands industriels.

La question agricole et alimentaire est centrale dans le développement du pays. D'ici à 2035, l'Inde va devenir la première puissance démographique mondiale et elle devra nourrir près de 230 millions d'individus supplémentaires, alors que de lourdes incertitudes pèsent sur son agriculture : dégradation des sols, épuisement des nappes phréatiques, irrégularité des moussons, endettement important des paysans (environ 10 000 d'entre eux se suicident chaque année), vieillissement des équipements de stockage des denrées…

Dans ce contexte, aggravé par la pandémie de Covid-19, la décision de la Cour suprême de suspendre cette réforme le 12 janvier 2021 a été saluée par les syndicats agricoles. L'autoritarisme de Narendra Modi se voit alors contesté, d'autant que la juridiction a réitéré sa décision en juin 2021.

É. Janin

Panorama de l'agriculture en Inde

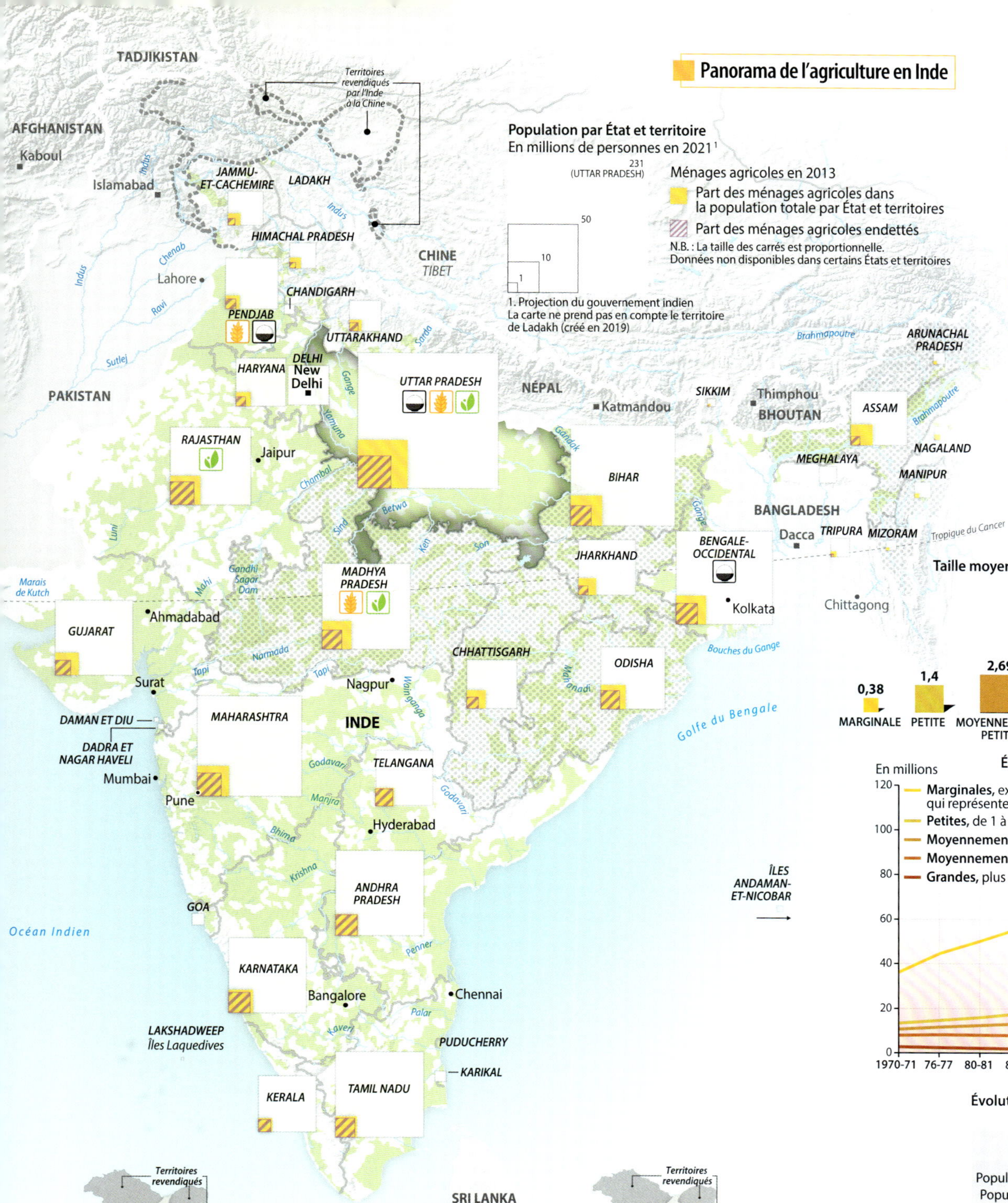

Frontière internationale
Frontière contestée
Limite d'État ou de territoire
Terres arables

Les trois premiers États producteurs de...
(sur l'ensemble de la production indienne durant la campagne 2018-2019)

- ... riz (23 % de la surface totale cultivée)
- ... blé (15 % de la surface totale cultivée)
- ... légumineuses (15 % de la surface totale cultivée)

État dont la production de céréales est la plus importante sur l'ensemble du territoire indien pour la campagne 2018-2019

État dont plus de 35 % de la population vit sous le seuil de pauvreté en 2011-2012

200 km

Sources : Ministère de l'Agriculture, All India Report on Agriculture Census 2015-16, *janvier 2020,* Pocket Book of Agricultural Statistics 2018, *février 2019, et* Agricultural Statistics At A Glance 2017, *juillet 2018*

Carto n° 64, 2021 © Areion/Capri

Taille moyenne d'une exploitation agricole en 2015-2016
En hectares par type

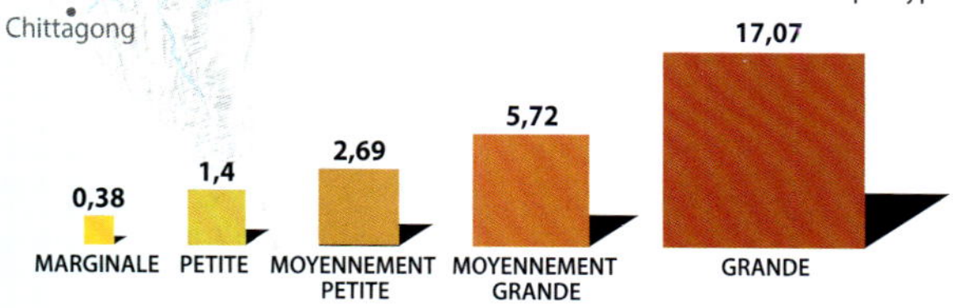

Évolution du nombre d'exploitations agricoles

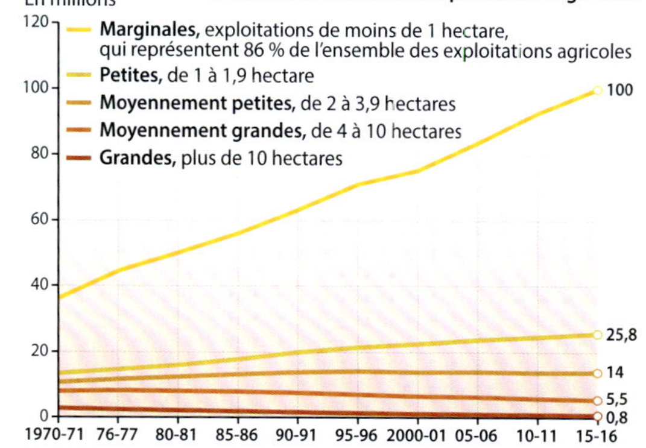

Évolution de la population de travailleurs agricoles
En millions de personnes

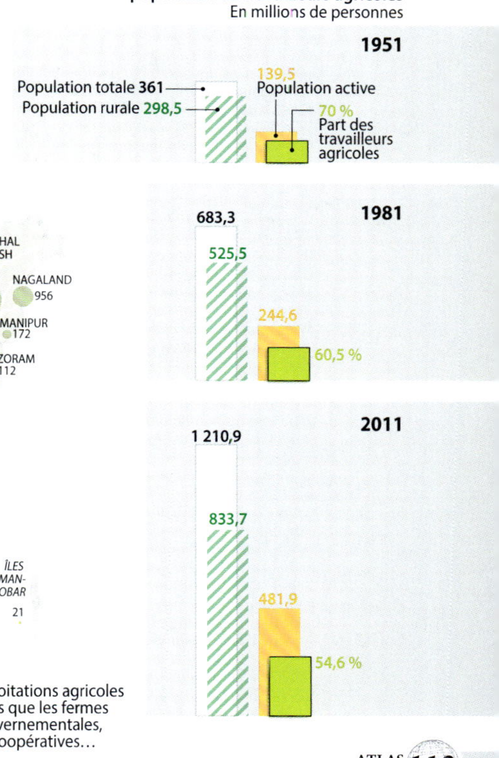

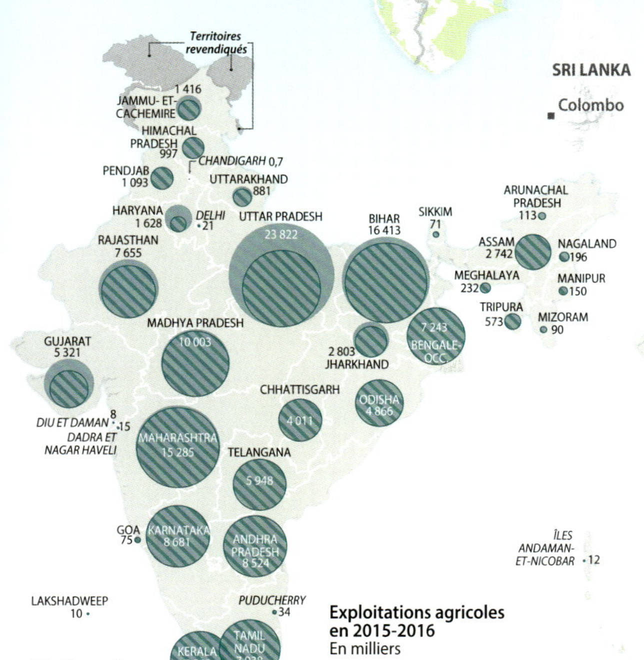

Exploitations agricoles en 2015-2016
En milliers

- Nombre total d'exploitations
- Part des exploitations individuelles

N.B. : Ne prend pas en compte le territoire de Ladakh (créé en 2019)

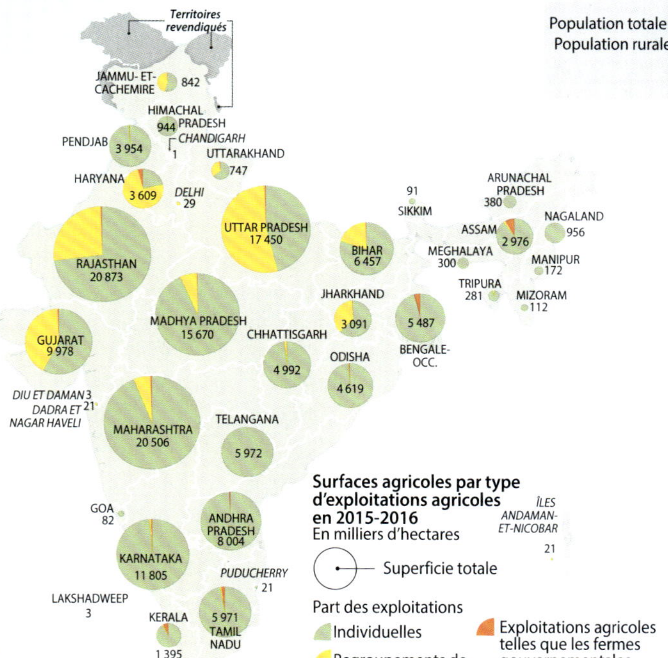

Surfaces agricoles par type d'exploitations agricoles en 2015-2016
En milliers d'hectares

- Superficie totale

Part des exploitations
- Individuelles
- Regroupements de plusieurs agriculteurs
- Exploitations agricoles telles que les fermes gouvernementales, les coopératives...

Enjeux stratégiques à la frontière sino-russe

Pour faire face à la crise sanitaire du coronavirus, les 4200 kilomètres de frontière terrestre entre la Chine et la Russie fermaient le 1er février 2020 et les liaisons aériennes entre les deux pays s'interrompaient, jusqu'à une reprise progressive au printemps 2021. Alors que le District fédéral extrême-oriental russe et les provinces du nord-est chinois connaissent de profondes transformations, les dynamiques transfrontalières révèlent les enjeux de la coopération sino-russe à l'heure des « nouvelles routes de la soie ».

La frontière sino-russe a longtemps été le théâtre de fortes tensions entre les deux géants, sur fond de rivalité territoriale. Dans le contexte de la confrontation politique et idéologique entre Pékin et Moscou dès les années 1950, des affrontements militaires ont lieu à la frontière entre mars et septembre 1969, causant une centaine de morts et faisant craindre une guerre totale. Ce n'est que vingt ans plus tard, en 1989, que les relations bilatérales se normalisent. En 1991, la dissolution de l'Union soviétique et la création de la Fédération de Russie achèvent de réchauffer leurs rapports, et un accord transfrontalier est signé par les deux États en 2005. Pourtant, les échanges transfrontaliers sont longtemps restés discrets. En 2013, on ne recensait que 26 postes-frontières le long des 4200 kilomètres, soit un tous les 160 kilomètres.

UNE LIGNE STRATÉGIQUE DES NOUVELLES ROUTES DE LA SOIE

Dans le cadre du projet des nouvelles routes de la soie, le gouvernement chinois souhaite modifier la donne et multiplie depuis 2014 les annonces autour du renforcement des relations transfrontalières avec la Russie. Du côté russe, 2014 a été marquée par l'annexion de la Crimée et par les sanctions imposées par l'Europe et les États-Unis, ayant pour conséquence de solidifier ses liens avec la Chine. Cette année-là commence la construction du premier pont ferroviaire sino-russe. Long de 2209 mètres, il relie la ville de Nizhneleninskoye, située dans l'Oblast autonome juif (Birobidjan) dans le sud-est de la Russie, à Tongjiang, dans la province chinoise du Heilongjiang. L'objectif de cette construction est de dynamiser les échanges commerciaux et le développement des infrastructures dans le corridor économique transfrontalier, et de maximiser les flux de marchandises et de personnes. En 2016, la ville de Heihe est à son tour le théâtre du rapprochement sino-russe lorsque commence la construction du premier pont routier reliant les deux pays. Enjambant le fleuve Amour, il vise à la relier à Blagovechtchensk afin d'accroître le volume du trafic transfrontalier de marchandises et de produits agricoles.

La coopération sino-russe et les grands projets communs se sont intensifiés au cours de la dernière décennie dans les secteurs de l'énergie, de la finance, du train à grande vitesse, des infrastructures et des sciences et technologies. Si la République populaire se montre souvent à l'initiative de ce rapprochement, c'est que de son côté, les enjeux sont considérables. Alors que le volume des échanges entre la Chine et la Russie s'élevait à 69,5 milliards de dollars en 2016, il a dépassé les 110 milliards de dollars en 2019 (+58,27 %). Les infrastructures construites dans le cadre des nouvelles routes de la soie favorisent grandement ce développement. Le pont routier Heihe-Blagovechtchensk va ainsi permettre à Pékin de faciliter le commerce le long du corridor Chine-Mongolie-Russie et de renforcer son projet de ceinture économique. Les enjeux stratégiques liés à l'approvisionnement énergétique de la Chine sont également centraux : en 2014, un accord de 400 milliards de dollars a été signé entre la compagnie russe Gazprom et la China National Petroleum Corporation (CNPC). Il prévoit l'acheminement de 38 milliards de mètres cubes de gaz russe par an à la Chine sur une période de trente ans. La construction du gazoduc « Force de Sibérie » s'est achevée en 2019 et relie Chayanda, en République de Sakha, à la ville chinoise de Heihe.

EXPANSIONNISME CHINOIS

Du côté russe, aux opportunités de développement dans des territoires souffrant d'importantes difficultés économiques se greffe la perspective de voir s'étendre l'influence chinoise dans son Extrême-Orient peu peuplé, mais riche en minéraux. L'arrivée de migrants chinois dans des régions où les projets d'infrastructures sont lancés peut être perçue comme une expression de l'expansion territoriale de Pékin. En avril 2020, au cœur de la pandémie de Covid-19, une rumeur selon laquelle 1,5 million de Chinois seraient présents en Russie et sur le point d'en être expulsés est ainsi devenue virale sur les réseaux sociaux russes. Pourtant, l'ampleur de l'immigration chinoise en Russie est limitée. D'après le dernier recensement de 2010, le nombre de Chinois résidant dans le pays n'était alors que de 29000. Ce chiffre est en augmentation : en 2015, 9083 détenteurs de passeports chinois sont entrés en Russie. Mais, dans le même temps, 9821 en sont sortis. Si l'immigration chinoise illégale existe, elle reste limitée. En 2020, la Chine estime entre 200000 et 300000 le nombre de ses ressortissants vivant chez son voisin du nord.

Si les crispations démographiques occupent autant de place dans le débat, c'est en partie lié aux déséquilibres entre les deux puissances. Alors que le PIB chinois est presque dix fois plus important que celui de la Russie, le ratio est le même pour la différence de peuplement. À la frontalière, c'est encore plus marquant : 109 millions d'habitants résident dans les quatre provinces du nord-est de la Chine (Jilin, Liaoning, Heilongjiang et Mongolie-Intérieure). En face, ils sont 8,1 millions à occuper les 11 provinces du District fédéral extrême-oriental russe pour une densité moyenne de 1,2 personne par kilomètre carré. ●

N. Rouiaï

Russie-Chine, une dyade et ses déséquilibres

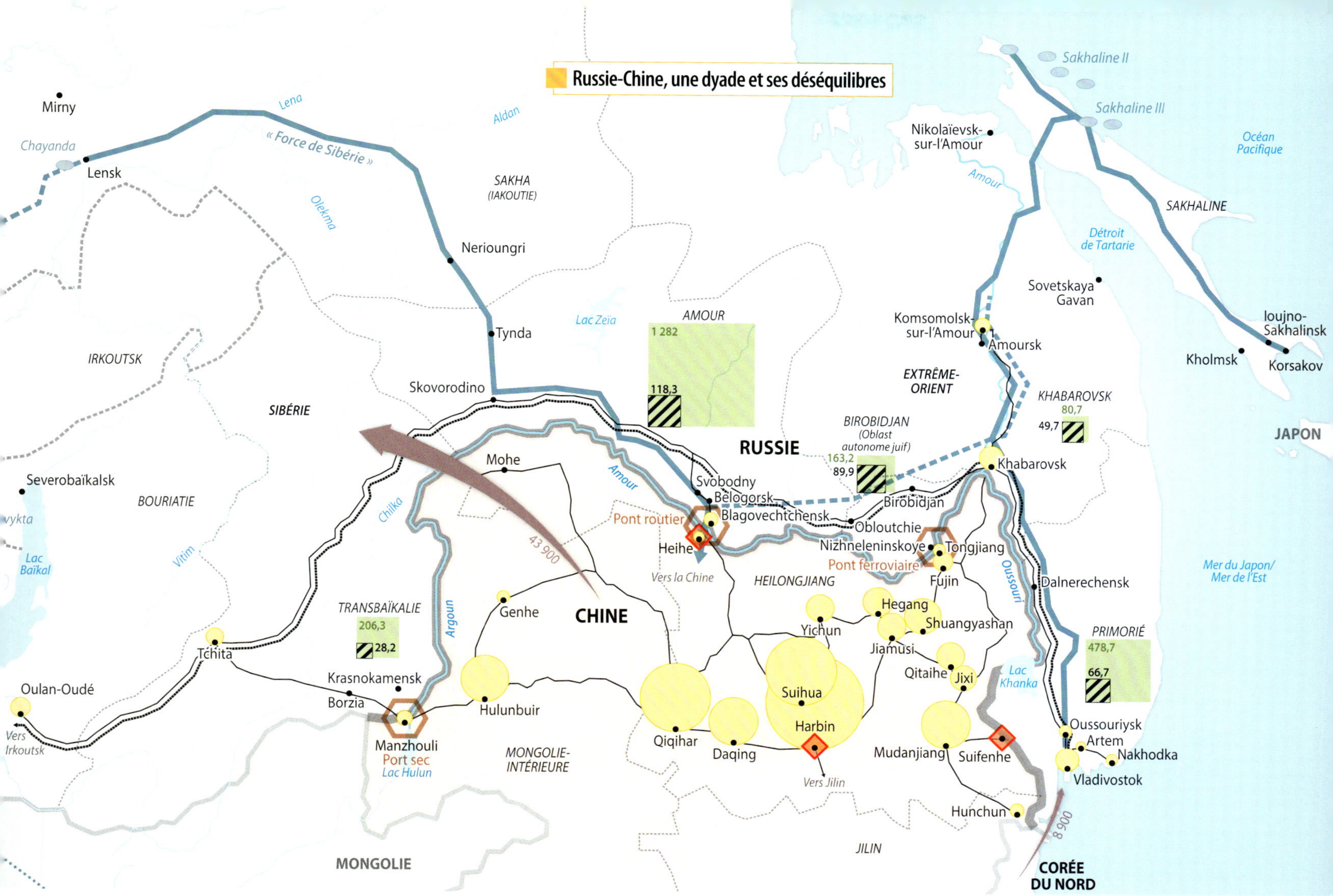

Frontière sino-russe
L'accord définitif sur le tracé frontalier date du 2 juin 2005 et met fin à quarante ans de négociations entre les deux parties

Frontière

Limite de district fédéral russe

Limite de province (Chine) ou de sujet de la Fédération de Russie (république, *kraï, oblast*…)

Nouvelle zone franche approuvée par le gouvernement chinois en août 2019

Nouvelle infrastructure reliant la Chine et la Russie

Infrastructures gazières en 2020

Principal gisement de gaz

Gazoduc en service

Gazoduc en construction

Population[1] des villes de plus de 100 000 habitants
En milliers de personnes

10 636 (Harbin)
5 000
1 000
100

Autre ville importante (moins de 100 000 habitants)

Investissements chinois dans les terres agricoles en 2018
Environ 2,2 millions d'hectares étaient loués à des fins agricoles par des sociétés à capitaux chinois

Total des terres cultivées par province
En milliers d'hectares

Part des terres cultivées par les Chinois

Flux de travailleurs chinois et nord-coréens en 2018 ayant reçu un permis de travail russe pour une durée d'un an

Route principale

Voie ferrée (Transsibérien)

250 km

1. Population pour les villes russes en 2018, pour les villes chinoises en 2010

Commerce bilatéral Chine-Russie
En milliards de dollars

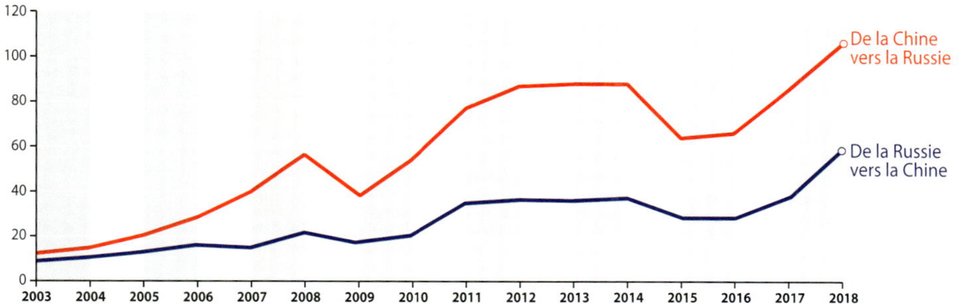

Flux d'investissements directs étrangers de la…
En millions de dollars, par trimestre

… Chine en Russie … Russie en Chine

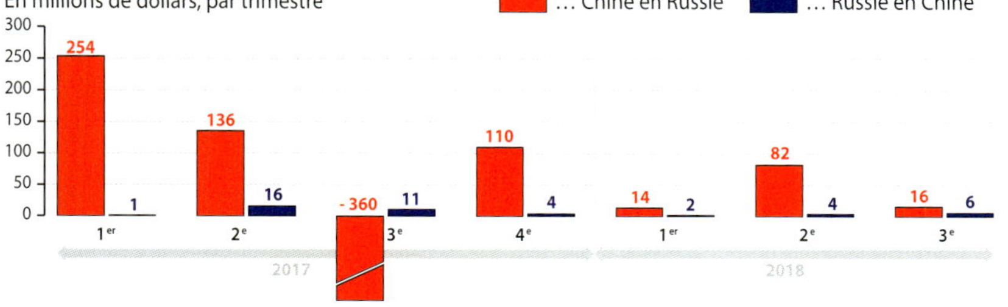

Principales exportations de produits…
En pourcentage dans les exportations totales, en 2018

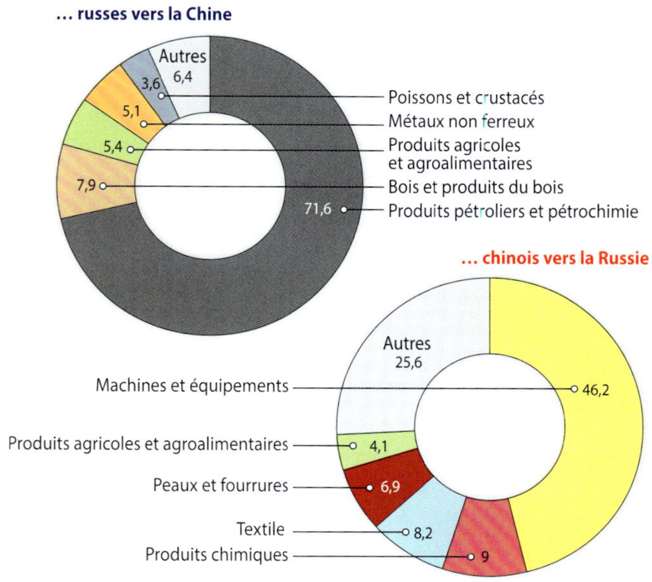

Sources : Rédaction de Carto, juin 2020 ; Russia-China Investment Fund, 2020 ; Russian International Affairs Council, Russian–Chinese Dialogue: The 2019 Model, 2019 ; « Why Chinese farmers have crossed border into Russia's Far East » in BBC, 1er novembre 2019 ; Federal State Statistics Service, Russian Statistical Yearbook 2019, janvier 2020 ; Gazprom, décembre 2019 ; Ankur Shah, « Exploring China's Border with Russia », 23 juillet 2019 ; Invest in China, « China (Heilongjiang) Pilot Free Trade Zone », 13 novembre 2019 ; Cécile Marin, « Une frontière stratégique », in Manière de voir, octobre-novembre 2019 ; « Accord historique entre la Chine et la Russie sur leur frontière orientale », in Le Monde, 2 juin 2005

L'espace post-soviétique, le nouveau Grand Jeu

Plusieurs pays issus de l'ancienne URSS ont affronté une série de crises graves en 2020. Ainsi, après les manifestations en Biélorussie contre la réélection du président Alexandre Loukachenko (depuis 1994) et la guerre Azerbaïdjan-Arménie dans le Haut-Karabagh, le Kirghizstan a connu des protestations contre des élections considérées comme truquées. De quoi inquiéter le Kremlin, qui a des intérêts stratégiques dans son « étranger proche ».

La fin de l'Union soviétique en 1991 fut un événement géopolitique brutal, par sa rapidité, et surprenant, par son caractère alors inattendu et ses conséquences imprévisibles. La dislocation n'est pas venue de la périphérie, mais du centre, avec la proclamation de la souveraineté de la Russie fin 1991, déclenchant un effet domino. Les dirigeants de Russie, de Biélorussie et d'Ukraine, mettant sur pied à la hâte une Communauté des États indépendants (CEI) en lieu et place de l'URSS, sont rejoints par les pays du Caucase et d'Asie centrale, cherchant à maintenir des liens économiques et militaires tissés par des décennies d'appartenance commune à une même entité étatique.

Moscou, par cette institution, espère maintenir l'influence russe au sein des nouveaux États de l'« étranger proche », considérés comme faisant partie de ses intérêts vitaux et comptant une importante minorité russophone (environ 16 millions). Avec ces pays est mis en place un espace de libre circulation pour 280 millions d'habitants afin de faciliter les échanges économiques. Des quinze pays issus de la décomposition de l'URSS, seuls les trois États baltes choisissent de tourner le dos à cette communauté pour mieux se rapprocher de l'Union européenne (UE) et de l'OTAN. Par son poids économique et démographique, la Russie est le principal acteur de la CEI et cherche à promouvoir une intégration économique (sur le modèle de l'UE) et militaire des États ex-soviétiques.

UN AFFAIBLISSEMENT BRUTAL

La CEI est rapidement considérée comme un mirage ou une coquille vide, en grande partie parce que la Russie n'a alors pas les moyens de ses ambitions. La mise en œuvre, dès 1992, d'une « thérapie de choc » par la libération des prix, l'ouverture à l'économie mondiale, les restrictions financières et les privatisations au profit d'oligarques proches du régime entraîne une profonde crise économique, sociale et politique durant les années 1990. La Russie, alors deuxième puissance militaire du monde après les États-Unis, enlisée dans un premier conflit en Tchétchénie (1994-1996), s'est débarrassée des anciennes

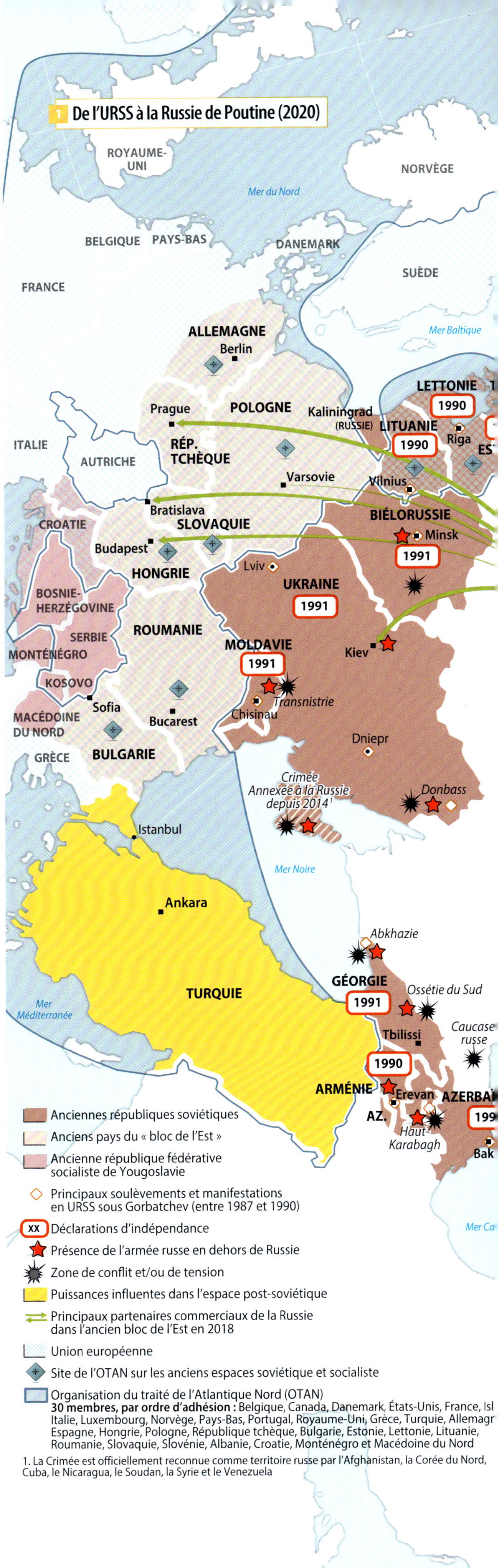

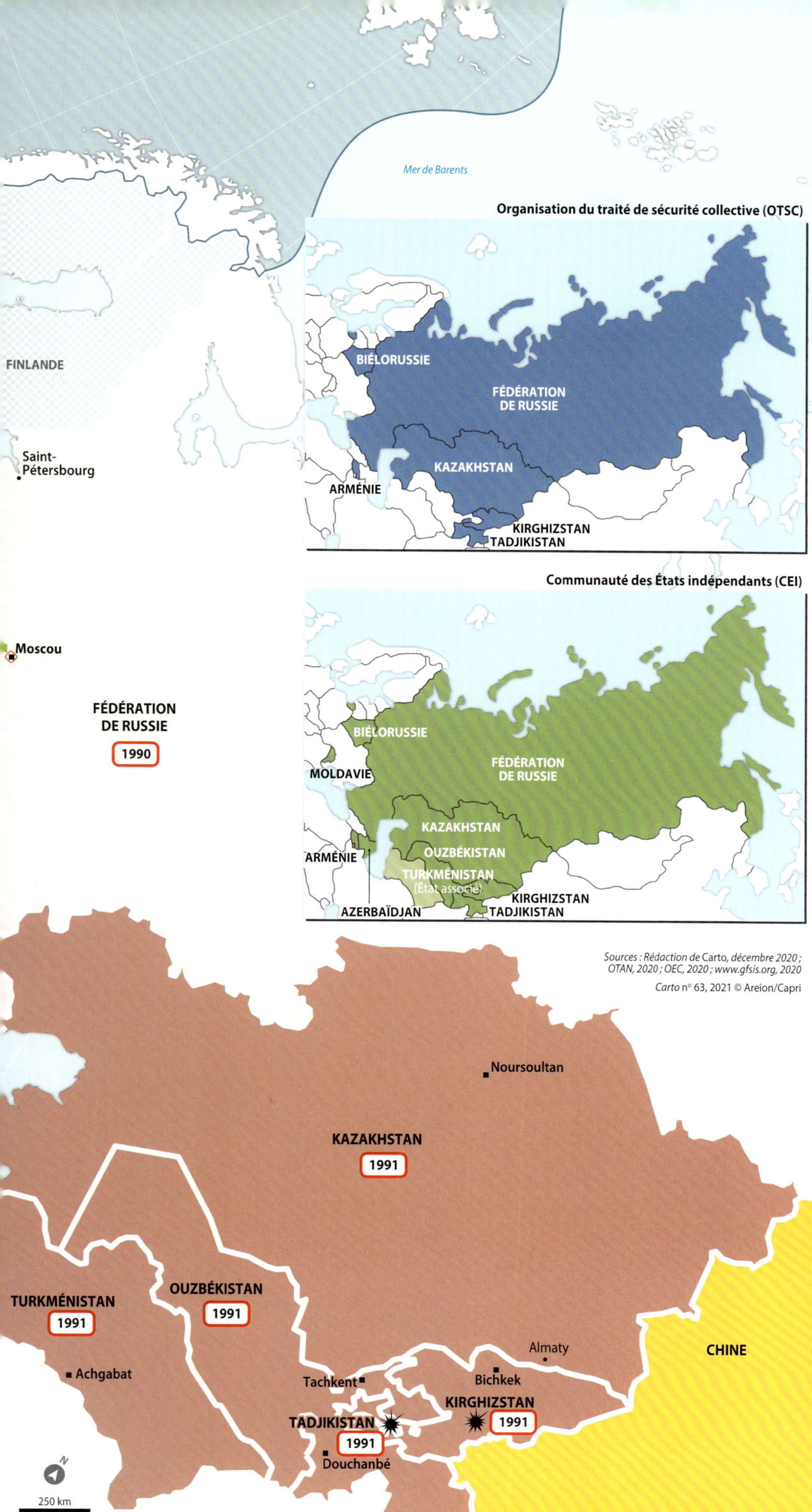

Sources : Rédaction de Carto, décembre 2020 ; OTAN, 2020 ; OEC, 2020 ; www.gfsis.org, 2020
Carto n° 63, 2021 © Areion/Capri

bases soviétiques lointaines, jugées trop coûteuses et dépassées. Elle a fermé en 2001 les dernières dont elle disposait encore au Vietnam (Cam Ranh Bay) et à Cuba (Lourdes), ne conservant que celle de Tartous (Syrie).

Les Occidentaux profitent de cette situation de faiblesse pour étendre l'influence de l'alliance atlantique. L'intervention de l'OTAN contre les forces serbes au Kosovo en 1999 sans mandat de l'ONU, l'installation de bases en Asie centrale et les élargissements de l'organisation à l'Est avec l'intégration d'États anciennement membres du pacte de Varsovie en 1999 (Pologne, République tchèque et Hongrie) et 2004 (États baltes, Slovaquie, Roumanie et Bulgarie) sont perçus par Moscou comme une humiliation et une menace directe à ses portes, à l'heure où l'Ukraine, la Moldavie et la Géorgie se déclarent candidats à l'adhésion. La Russie choisit donc de maintenir une présence militaire dans son « étranger proche », notamment pour contenir toute velléité d'expansion dans son pré carré, et, dès la fin des années 2000, réaffirme son retour sur la scène internationale par des actions fortes de politique étrangère et militaire en jouant principalement sur la fibre de l'antiaméricanisme et du rejet de l'Occident.

MOUVEMENTS PRO-EUROPÉENS

De 2003 à 2005, les « révolutions de couleur » ont fait prendre conscience à la Russie de changements géopolitiques rapides dans sa périphérie. Issues d'une volonté populaire de mettre à l'écart les anciennes élites soviétiques reconverties pour mieux instaurer de nouveaux pouvoirs politiques et sociaux sur une base plus démocratique, ces révolutions non violentes ont « balayé » les gouvernements en place de trois pays ex-soviétiques jusqu'alors proches de Moscou. Parés de couleurs ou de fleurs – rose en Géorgie en 2003, orange en Ukraine en 2004, tulipes au Kirghizstan en 2005 – pour se rendre visibles et se distinguer des partisans du *statu quo*, les manifestants, influencés par des ONG pro-occidentales en partie financées par les États-Unis, ont favorisé l'émergence de nouveaux dirigeants pro-occidentaux, comme les présidents Mikheil Saakashvili (2004-2007 et 2008-2013) en Géorgie, Viktor Iouchtchenko (2005-2010) en Ukraine, ou Kourmanbek Bakiev (2005-2010) au Kirghizstan. Si les Occidentaux ont vu ces révolutions comme des symboles de transitions démocratiques basées sur le réveil endogène de sociétés contre

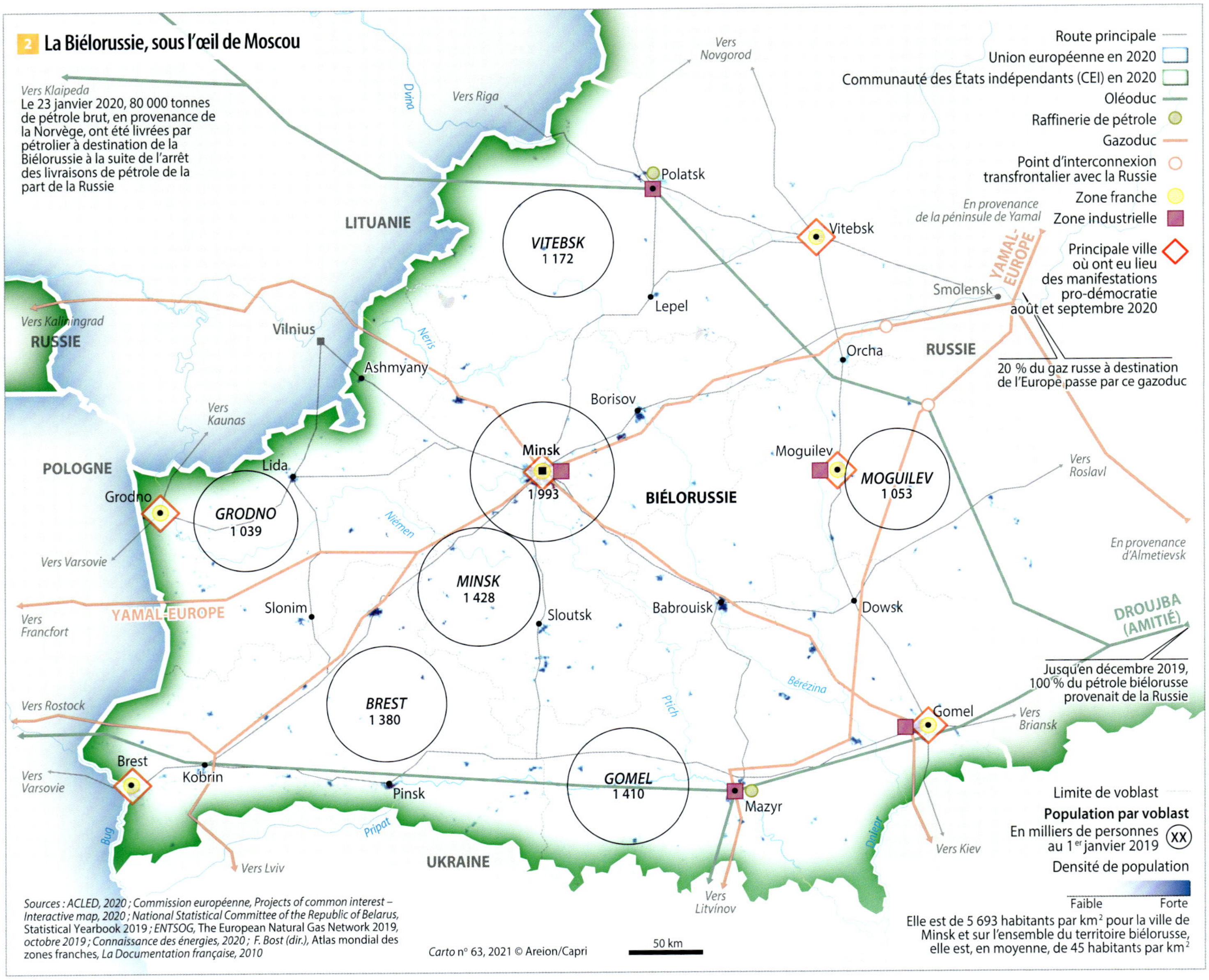

2 La Biélorussie, sous l'œil de Moscou

Sources : ACLED, 2020 ; Commission européenne, Projects of common interest – Interactive map, 2020 ; National Statistical Committee of the Republic of Belarus, Statistical Yearbook 2019 ; *ENTSOG,* The European Natural Gas Network 2019, *octobre 2019 ; Connaissance des énergies, 2020 ; F. Bost (dir.),* Atlas mondial des zones franches, *La Documentation française, 2010*

Carto n° 63, 2021 © Areion/Capri

leurs élites corrompues, celles-ci ont été perçues en Russie comme un complot géopolitique américain contre ses intérêts visant à saper son influence dans l'espace post-soviétique.

C'en est trop pour Vladimir Poutine qui dénonce en 2007 l'unilatéralisme des États-Unis et affirme la volonté de la Russie de jouer un rôle de plus en plus actif dans les affaires internationales. Face à la reconnaissance de l'indépendance autoproclamée du Kosovo par de nombreux pays occidentaux l'année suivante, le contrecoup se fait ressentir lorsque Tbilissi tente de reprendre par la force le contrôle de l'Ossétie du Sud, région séparatiste. La contre-offensive éclair de l'armée russe, bien préparée et massivement postée à proximité de la frontière, a renforcé la présence russe dans cette région, ainsi qu'en Abkhazie. Moscou considère depuis lors ces deux territoires comme indépendants et souverains. La Géorgie, en rétorsion, est sortie de la CEI, mais n'a pas pu intégrer l'OTAN, les Occidentaux ayant compris qu'il s'agissait d'une ligne rouge à ne pas franchir.

RETOUR EN FORCE

Ces tensions avec l'OTAN poussent la Russie à renforcer le traité de sécurité collective signé par les membres de la CEI en 1992, à l'exception de l'Ukraine, de la Moldavie et du Turkménistan. En 2002, la Russie et ses partenaires ne se contentent plus d'une simple coopération sans réels fondements et créent l'Organisation du traité de sécurité collective (OTSC). Celle-ci est renforcée en 2009 avec un recours automatique à la force en cas de menace extérieure contre l'un des adhérents et la création d'une force commune d'intervention rapide de 10 000 soldats, principalement centrée sur l'Eurasie.

En 2014, c'est en Ukraine que la Russie intervient militairement, d'abord en Crimée, puis dans le Donbass, lors d'affrontements entre prorusses de l'est et pro-européens de l'ouest du pays. Elle annexe la Crimée à la suite d'un référendum d'autodétermination non reconnu par la communauté internationale et soutient les forces séparatistes armées prorusses dans le Donbass. La base navale de Sébastopol, fondée en 1783 afin d'asseoir la domination maritime russe face à l'Empire ottoman, louée par la Russie à l'Ukraine depuis l'éclatement de l'Union soviétique (98 millions de dollars annuels entre 1997 et 2014), était un enjeu trop stratégique et symbolique pour que Moscou coure le risque qu'elle puisse, à terme, tomber aux mains de l'OTAN. L'Ukraine rompt à son tour tout lien avec la CEI et le Donbass devient un nouveau conflit gelé en périphérie de la Russie.

La volonté russe de renforcer par la coercition son influence sur son « étranger proche » semble être liée à une rupture des dépendances croisées à partir des années 2000. En créant des infrastructures de contournement de pétrole et de gaz vers l'Europe occidentale et la Turquie avec de nouvelles installations portuaires (Vyborg et Primorsk pour les hydrocarbures, Oust-Louga pour les autres frets en Baltique, Novorossiisk en mer Noire) ou de nouveaux gazoducs (Nord Stream, Blue Stream), Vladimir Poutine cherche à réduire peu à peu tout transit par les États de l'« étranger proche ». Dans la même logique, les riverains de la Caspienne réduisent leur dépendance vis-à-vis de la Russie en créant des voies alternatives d'acheminement du pétrole et du gaz vers l'Europe et les États-Unis (oléoduc BTC, gazoduc BTE) et vers la Chine.

VERS UN EMBRASEMENT DANS L'« ÉTRANGER PROCHE » ?

L'espace post-soviétique fait régulièrement la une des médias internationaux par des crises touchant trois pays de la CEI – Biélorussie, Arménie et Kirghizstan. Elles ne sont pas explicitement dirigées contre la Russie et il est difficile pour le Kremlin d'accuser les Européens ou les Américains de les fomenter. Dans le premier cas, la population biélorusse conteste depuis le 9 août 2020 la cinquième réélection d'Alexandre Loukachenko. Malgré la répression brutale des manifestations, le régime peine à s'imposer. Vladimir Poutine a promis un soutien militaire si la situation se détériorait en le conditionnant à une intégration plus poussée avec la Russie, mais il craint une montée du sentiment antirusse dans la population biélorusse, de plus en plus encline à se tourner vers les valeurs de démocratie et d'État de droit.

Le 27 septembre, c'est le Haut-Karabagh qui s'embrase. L'Azerbaïdjan, avec le soutien de la Turquie, cherche à reprendre le contrôle de ce territoire sécessionniste majoritairement peuplé d'Arméniens. En un mois et demi, ce conflit se solde par de nombreuses pertes territoriales pour Erevan. La Russie, bien qu'alliée de l'Arménie, reste d'abord attentiste, arguant que celle-ci n'est pas menacée à l'intérieur de ses frontières, puis joue un rôle d'arbitre pour imposer un cessez-le-feu et le déploiement de 2 000 militaires russes comme force de maintien de la paix.

Le 4 octobre, c'est le Kirghizstan qui est bousculé par une crise politique également liée à la dénonciation par le peuple de fraudes massives et de corruption, à la suite des élections législatives. Sous la pression, le président Sooronbaï Jeenbekov (2017-2020) a démissionné et l'élection présidentielle s'est tenue le 10 janvier 2021. C'est dans un contexte instable que Sadyr Japarov a commencé son mandat de cinq ans, cumulant sa fonction avec celle de Premier ministre. Alors que la Russie a décidé de suspendre son soutien économique à Bichkek jusqu'au rétablissement de la stabilité dans le cadre du fonds de développement russo-kirghiz (500 millions de dollars en 2015), la Chine, détentrice d'un tiers de la dette du pays, a sommé le Kirghizstan de la lui rembourser début 2021. Dans une situation socio-économique fragilisée par la crise de la Covid-19, la Russie craint un effet domino, aussi bien dans son « étranger proche » que sur son territoire.

T. Courcelle

3 L'Asie centrale, isolée et dépendante

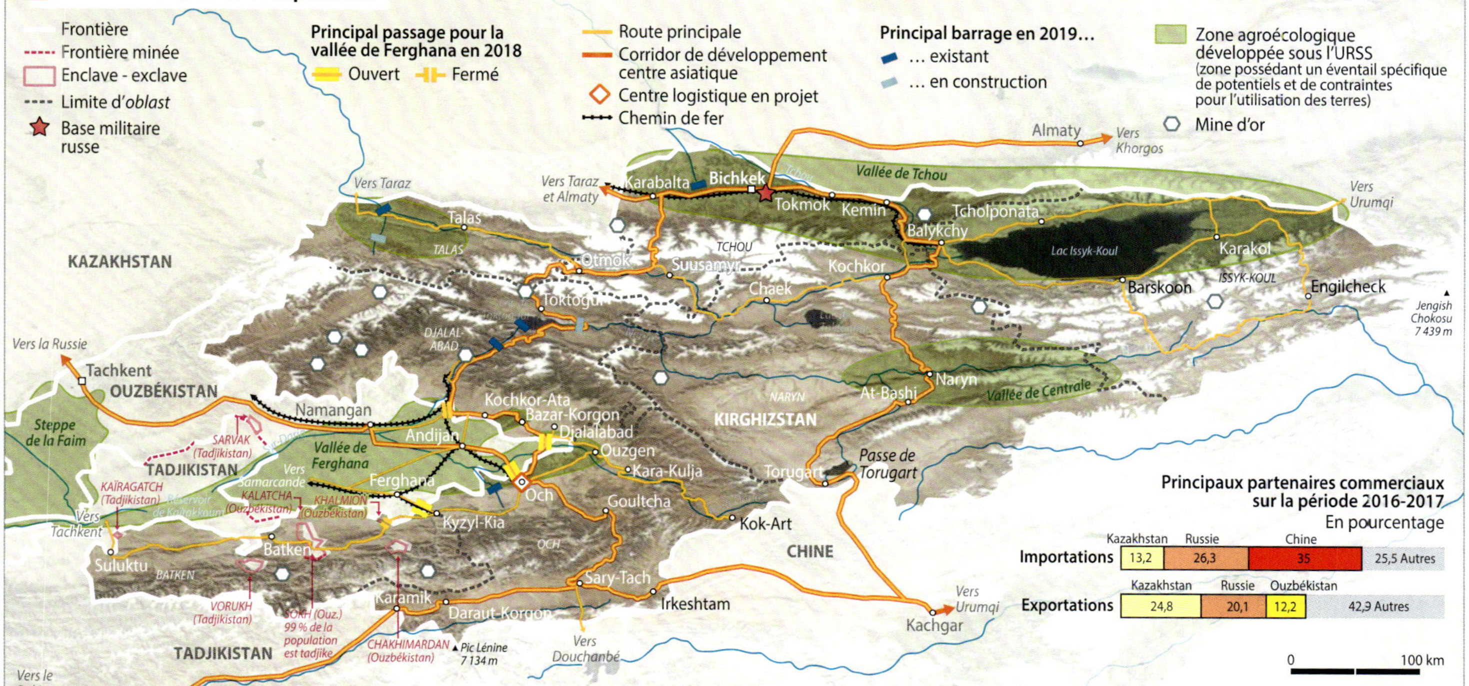

Carto n° 63, 2021 © Areion/Capri
Image : Nasa Eosdis - 6 août 2019

Sources : Rédaction de Carto, 2020 ; Asian Development Bank, Kyrgyz Republic: Improving Growth Potential, *septembre 2019* ; *The Central Asia Regional Economic Cooperation, 2019* ; *European Parliamentary Research Service*, Connectivity in Central Asia, *avril 2019* ; *The International Trade Administration*, Kyrgyz Republic - Mining Industry Equipment, *février 2019* ; *ERA institute, « Uzbekistan's Pivot to Regional Engagement », 14 novembre 2018 ; FAO, Aquastat, 2019 ; Isabella Damiani, « Ferghana : les étapes d'une matérialisation frontalière entre intention et réalité »*, in L'Espace Politique, *2013 ; « Une bataille pour le contrôle de l'eau »*, in Courrier international, *28 juin 2010 ; Emmanuel Gonon et Frédéric Lasserre, « Une critique de la notion de frontières artificielles à travers le cas de l'Asie centrale »*, in Cahiers de géographie du Québec, *vol. 47, n° 132, 2003 ; ONU, 2010 ; Revue de presse*

Kazakhstan : un géant d'Asie

Immense pays enclavé de 2,7 millions de kilomètres carrés, peuplé de 18,55 millions d'habitants en 2019, le Kazakhstan s'enlise dans une période de transition politique sans engager un processus de démocratisation. Sa position géostratégique aux portes de la Chine lui confère une situation de rente

REPÈRES

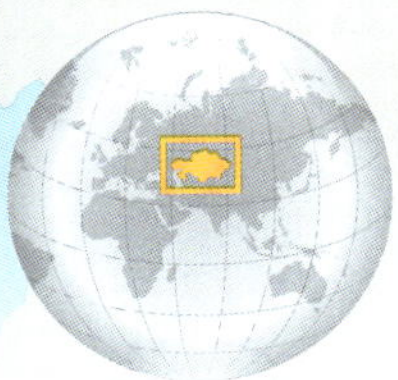

NOM OFFICIEL
République du Kazakhstan

CHEF DE L'ÉTAT
Kassym-Jomart Tokaïev (président depuis 2019)

SUPERFICIE
2 724 900 km²
(10e rang mondial)

LANGUES OFFICIELLES
Kazakh et russe

CAPITALE
Noursoultan

POPULATION EST. 2019
18,55 millions d'habitants

DENSITÉ
6 hab./km²

MONNAIE
Tenge

HISTOIRE
Indépendant depuis 1991 après un demi-siècle de régime soviétique, le Kazakhstan est une terre de nomades guerriers, coincée entre la Russie et la Chine. Il intègre l'Empire mongol au XIIIe siècle, avant de tomber dans l'escarcelle de Moscou au XVIIIe. Le Kazakhstan rejoint le mouvement socialiste dès la révolution de 1917, devenant une république autonome en 1920, puis l'URSS en 1936

PIB PAR HABITANT EN 2019 (EN PARITÉ DE POUVOIR D'ACHAT)
27 517 dollars internationaux courants

INDICE DE DÉVELOPPEMENT HUMAIN (2019)
0,825 (51e rang)

Après avoir tenu d'une main de fer le pays pendant trois décennies, le président Noursoultan Nazarbaïev a démissionné le 19 mars 2019. Né en 1940, il garde un poste à vie au Conseil de sécurité du pays. Pris de court par cette annonce, les Kazakhs n'ont en revanche pas été étonnés par la désignation de son successeur en la personne du président du Sénat, Kassym-Jomart Tokaïev, dont la première mesure a été de proposer de renommer Astana, la capitale, en Noursoultan.

CHANGEMENT DANS LA CONTINUITÉ

Diplomate de carrière sous le régime soviétique (1936-1991), ministre des Affaires étrangères à deux reprises (1994-1999 et 2003-2007), Premier ministre de 1999 à 2002, Kassym-Jomart Tokaïev maîtrise le russe, le mandarin, l'anglais et le français. S'il était censé incarner une transition jusqu'en avril 2020 (fin du mandat présidentiel de cinq ans), le nouveau chef de l'État a convoqué une élection présidentielle anticipée le 9 juin 2019, qu'il a remportée avec 70,8 % des voix au terme d'un scrutin secoué par des accusations d'irrégularités de la part des observateurs internationaux et de nombreux militants prodémocratie. Illustration de sa prise en main progressive du pays, le limogeage, le 2 mai 2020, en pleine crise sanitaire, de Dariga Nazarbaïeva, fille de Noursoultan et numéro deux de l'État, remplacée par Mäulen Äsimbaev, proche de Tokaïev. Dariga Nazarbaïeva occupait jusque-là le poste de présidente du Sénat et avait gravi les échelons dans la perspective de succéder à son père. Depuis septembre 2016, elle était sénatrice, chef de la commission des Affaires internationales, de la défense et de la sécurité, avant de prendre la tête de la Chambre haute en mars 2019, en remplacement de Kassym-Jomart Tokaïev, devenu président par intérim.

Le nouveau président fait face à plusieurs défis. Il doit juguler les effets désastreux pour l'économie de la pandémie de Covid-19 qui creuse des inégalités de plus en plus criantes. La population réclame plus de justice sociale ; la précarité est la norme et les services publics sont trop limités.

La société kazakhe a évolué depuis l'indépendance (1991), mais des pratiques patriarcales demeurent, comme les mariages forcés. Le Kazakhstan reste un État autoritaire qui bafoue les Droits de l'homme et la liberté d'expression. Par ailleurs, les Kazakhs constituaient en 1991 une minorité dans leur propre pays, peuplé de Russes, d'Allemands, de Biélorusses, de Tatars, de Coréens et de Tchétchènes déportés sous Joseph Staline (1922-1953). La proportion s'est depuis inversée.

UNE ÉCONOMIE DÉSÉQUILIBRÉE

Premier producteur mondial d'uranium, le Kazakhstan dispose d'abondantes réserves naturelles en pétrole, gaz et charbon. La totalité de l'uranium est exportée, la moitié en Chine. Pour les autorités, ces ressources sont une manne, mais le revers de la médaille est le risque de glisser vers une économie de rente, la croissance du PIB, d'environ 4 % entre 2017 et 2019, étant essentiellement liée aux fluctuations des prix des hydrocarbures.

Géopolitique de l'énergie kazakhe

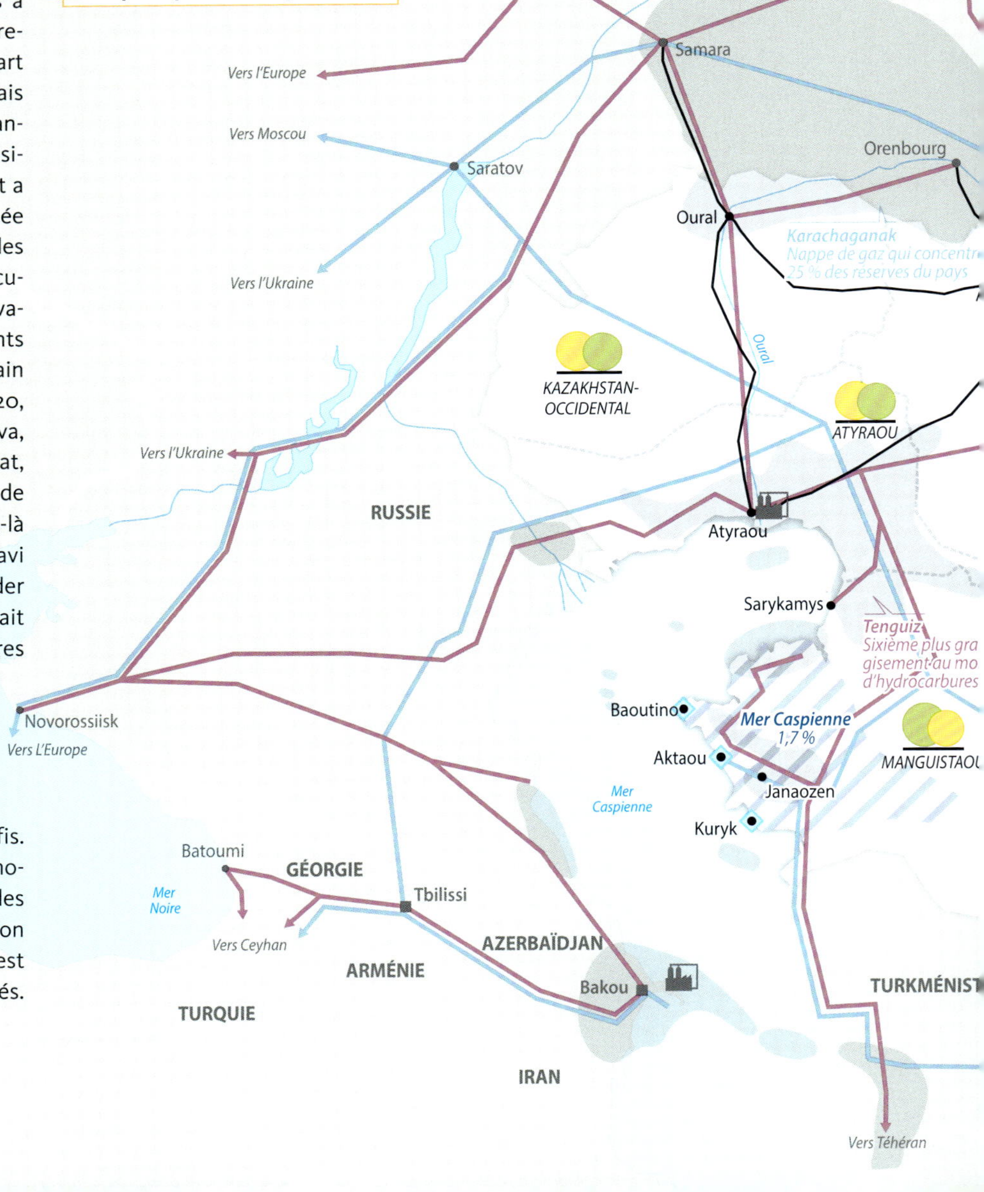

centrale aux pieds d'argile ?

L'autre grand atout du pays est l'importance géostratégique de son immense territoire convoité. Celui-ci constitue un point de passage primordial des « nouvelles routes de la soie ». Des projets d'infrastructures sont en cours afin de construire un corridor de transport reliant la Chine à l'Europe.

Deuxième partenaire commercial après l'Union européenne (UE), la République populaire continue d'investir massivement au Kazakhstan. Le volume des fonds chinois depuis 1991 aurait atteint 20 milliards de dollars sur 300 milliards de dollars d'investissements étrangers au total. Mais si les autorités kazakhes souhaitent développer le partenariat commercial avec la Chine, la sinophobie est répandue au sein de la population. Les entreprises privées et les habitants des deux pays ont peu de contacts. Les sentiments antichinois sont en grande partie motivés par la politique répressive des minorités ethniques et religieuses dans le Xinjiang voisin.

Pour le Kazakhstan, la coopération pétrolière et gazière avec Pékin est un moyen de réduire la dépendance à l'égard de la Russie. Si le russe demeure la langue officielle du pays, il cherche à maintenir une relation plus équilibrée dans le cadre de l'Union eurasiatique, tout en contenant la Chine. La construction d'un oléoduc et d'un gazoduc reliant directement le Kazakhstan à l'énorme marché chinois permettra de dégager de substantiels profits. Mais cette coopération est subordonnée au développement de l'économie chinoise, dont la demande subit de plein fouet les conséquences de la pandémie de Covid-19.

T. YÉGAVIAN

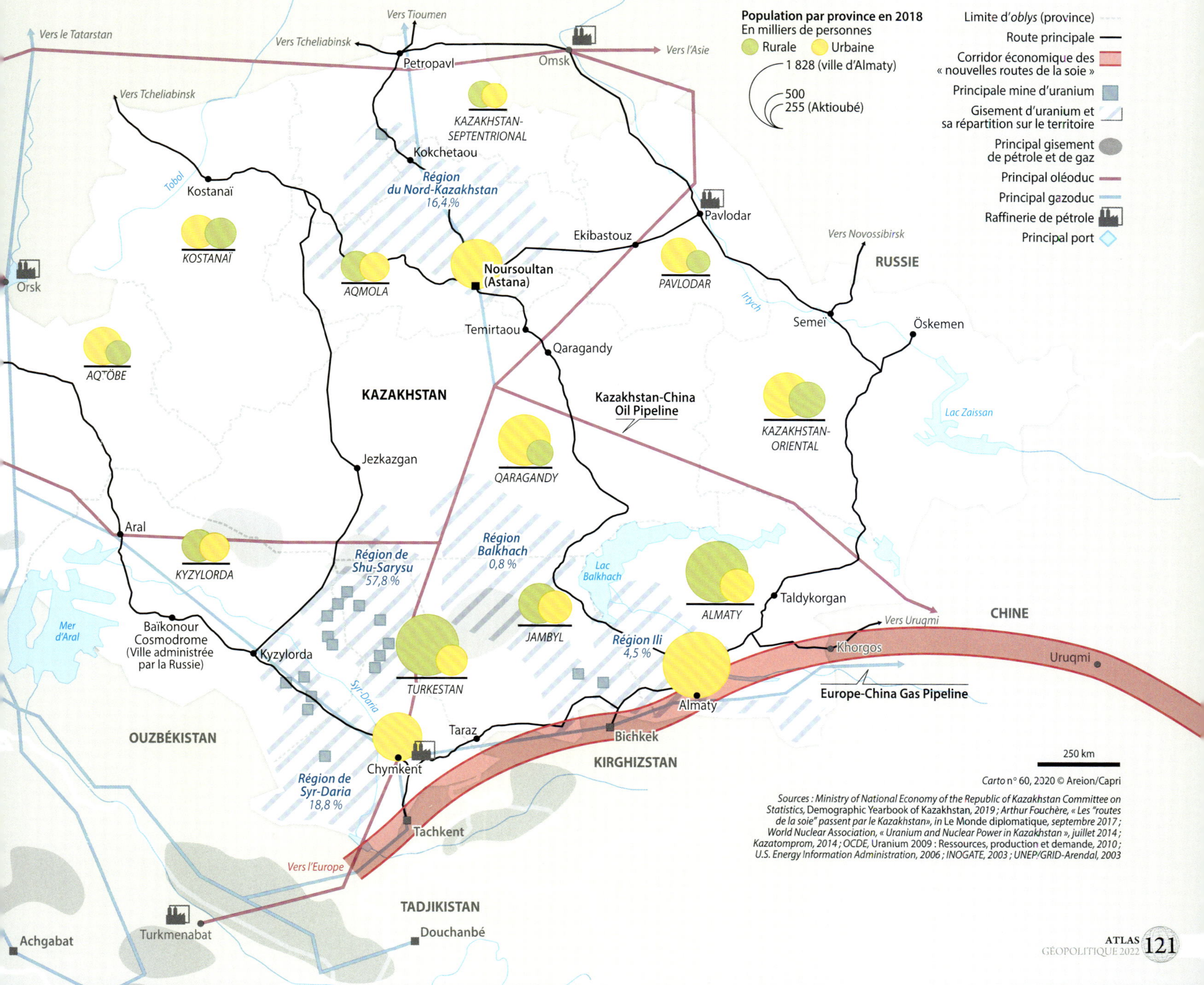

Carto n° 60, 2020 © Areion/Capri

Sources : Ministry of National Economy of the Republic of Kazakhstan Committee on Statistics, Demographic Yearbook of Kazakhstan, 2019 ; Arthur Fouchère, « Les "routes de la soie" passent par le Kazakhstan», in Le Monde diplomatique, septembre 2017 ; World Nuclear Association, « Uranium and Nuclear Power in Kazakhstan », juillet 2014 ; Kazatomprom, 2014 ; OCDE, Uranium 2009 : Ressources, production et demande, 2010 ; U.S. Energy Information Administration, 2006 ; INOGATE, 2003 ; UNEP/GRID-Arendal, 2003

L'Iran à l'Est toute ? Quand Téhéran regarde Pékin

En avril 2021, l'Iran signait officiellement un accord de « partenariat stratégique global sino-iranien de vingt-cinq ans ». En contrepartie de la livraison garantie de pétrole et de gaz iraniens, la Chine pourrait investir entre 400 milliards et 600 milliards de dollars dans le secteur des hydrocarbures et la construction d'infrastructures et de trois zones franches.

Ce texte réactive une proposition chinoise de janvier 2016, que le président Xi Jinping (depuis 2013) inscrivait dans son projet de nouvelle route terrestre de la soie. Fort de la détente consécutive à l'accord de Vienne sur le nucléaire en juillet 2015, l'ex-président iranien Hassan Rohani (2013-2021) avait cependant privilégié une ouverture à l'ouest pour relancer l'économie. La reprise du dossier en 2020, à l'initiative de Téhéran, est liée à la « pression maximale » sur la République islamique de l'administration Trump (2017-2021) : ses sanctions ont étranglé un pays déjà isolé, sans options économiques alternatives. Les investisseurs occidentaux partis, la Chine est alors devenue le principal partenaire commercial de l'Iran. Téhéran prenait aussi en compte la montée en puissance globale d'une République populaire concurrente des États-Unis.

Pour Pékin, le partenariat avec l'Iran sécurisera son approvisionnement en pétrole, avec des perspectives gazières et un renfort de poids à la nouvelle route de la soie. Soutenant la multipolarité dans les relations internationales, la Chine trouve un intérêt à se rapprocher de l'un des adversaires les plus résolus de Washington. Toutefois, dans le vortex conflictuel du Moyen-Orient, Pékin doit en même temps veiller à ne pas mécontenter ses autres partenaires, parfois adversaires proclamés de Téhéran. Comme la Russie, la Chine entretient des relations bilatérales avec tous les États de la région, de l'Arabie saoudite à la Turquie, en passant par Israël et la Syrie. Le lien Iran-Chine est donc asymétrique : Téhéran a plus besoin de Pékin que l'inverse.

Depuis l'annonce du projet d'accord avec la République populaire, la multiplication des polémiques traduit la crainte que l'Iran n'aliène une partie de sa souveraineté, en violation du principe fondateur de sa politique étrangère depuis 1979, « Ni Est, ni Ouest ». Au sein du régime, si les réformateurs penchent plutôt vers l'Occident, un courant prochinois existe, fondé sur un antiaméricanisme viscéral et un anti-occidentalisme anti-impérialiste, et parfois une adhésion au modèle autoritaire chinois de développement économique. Ce courant est présent chez les Gardiens de la révolution (*pasdaran*), armée idéologique du régime, et dont le tentaculaire réseau d'entreprises a noué des liens économiques importants avec le géant asiatique. Dans le monde politique, les critiques émanent des nationalistes et des ultraconservateurs souverainistes, par rejet de toute dépendance à l'étranger. Au sein de l'opinion publique, à un nationalisme suspicieux s'ajoute l'image négative de la Chine, qui a voté les sanctions de l'ONU, dont les marchandises inondent les marchés iraniens, et qui est rendue responsable de l'épidémie de Covid-19.

Alors que le président américain élu en novembre 2020, le démocrate Joe Biden, a annoncé une révision de la politique américaine dans le golfe Persique et un retour dans l'accord nucléaire de 2015, l'avenir de la relation irano-chinoise reste à préciser.

J.-P. Burdy

Les relations commerciales entre l'Iran et la Chine

Carto n° 63, 2021 © Areion/Capri
Source : Observatory of Economic Complexity, 2020

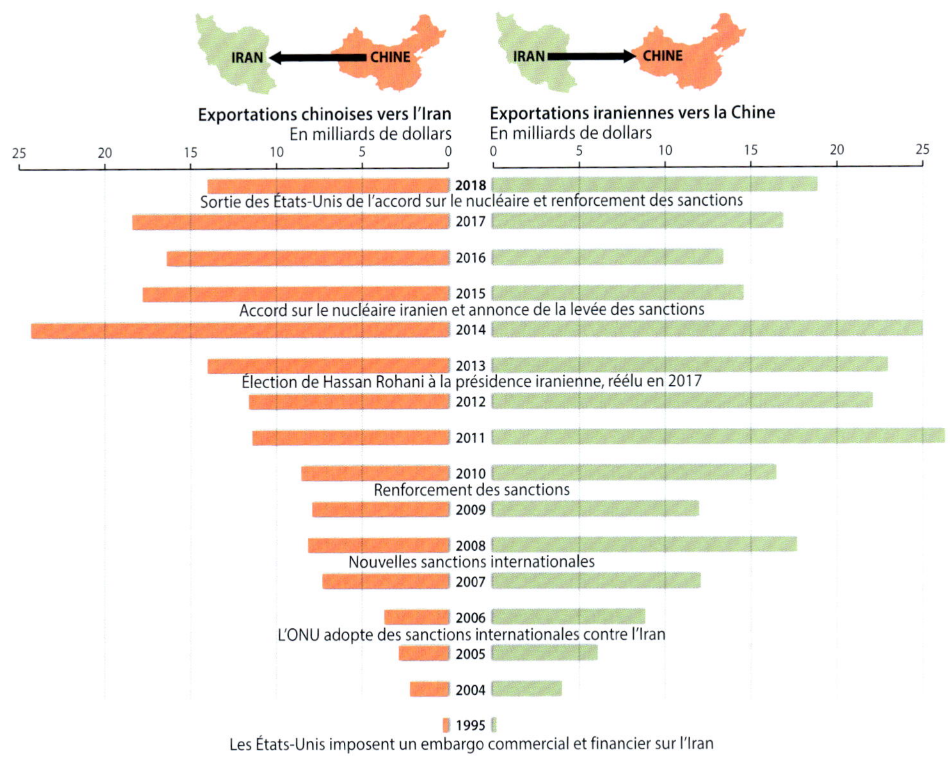

Afghanistan : 20 ans de guerre pour rien ?

Coût de la guerre pour les États-Unis (estimations, 2001-2021)
En milliards de dollars (hors coûts futurs pour les vétérans)

Coût de la guerre et de la reconstruction pour les États-Unis
En milliards de dollars

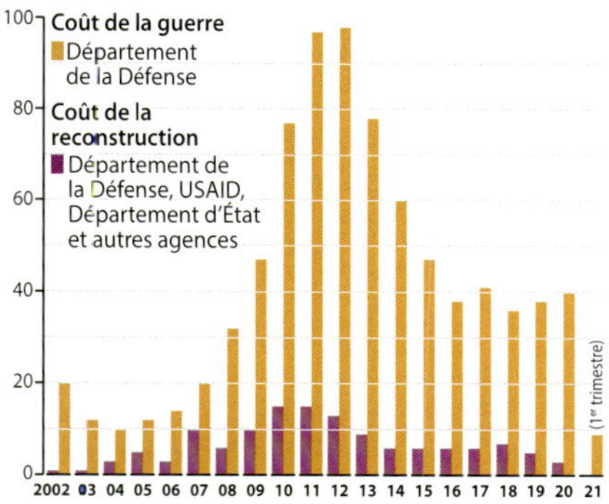

Contributions des 10 plus grands donateurs aux institutions multilatérales en Afghanistan depuis 2002
En milliards de dollars (hors coûts futurs pour les vétérans)

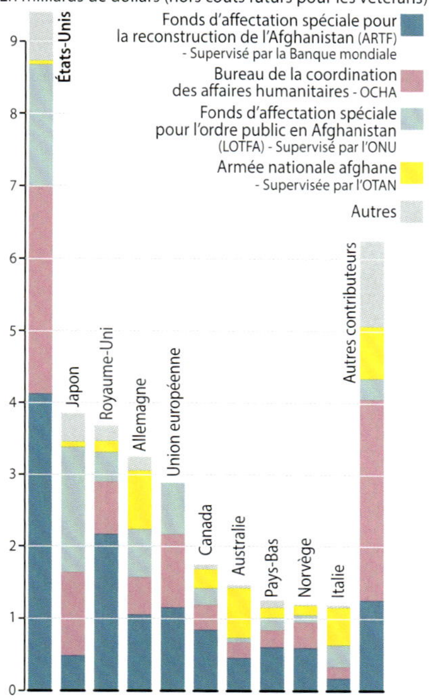

Estimations des victimes directes de la guerre en Afghanistan
En nombre de personnes

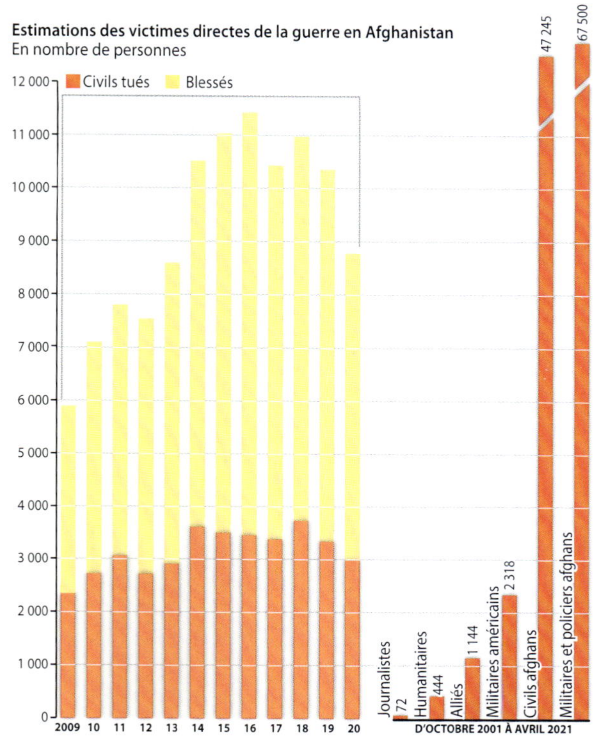

Carto n° 66, 2021 © Areion/Capri

Sources : Special Inspector General for Afghanistan Reconstruction, Quarterly Report to the United States Congress, *30 avril 2021 ; Watson Institute, « Costs of War », mai 2021 ; U.S. Dept of Defense,* Casualty Status, *3 mai 2021 ; UNAMA,* Afghanistan Protection of Civilians in Armed Conflict, *février 2021*

Le 7 octobre 2001, les États-Unis lancent l'opération « Liberté immuable », destinée à punir le régime taliban d'Afghanistan, alors au pouvoir depuis 1996, pour héberger Oussama ben Laden (1957-2011), leader d'Al-Qaïda et commanditaire des attentats du 11 Septembre. Près de vingt ans plus tard, en avril 2021, la Maison Blanche annonce le retrait définitif de ses troupes pour l'été, fermant le chapitre de la plus longue guerre américaine. Un total de 2 261 milliards de dollars a été dépensé sur la période fiscale 2001-2021, une somme astronomique, alors que les Américains ont enterré 2 318 de leurs soldats, un chiffre incomparable avec les pertes au Vietnam (près de 60 000 entre 1955-1975), mais le traumatisme matériel et humain est immense.

L'Afghanistan a des institutions, une police, une armée ; la capitale, Kaboul, a de l'électricité, des universités, des restaurants, un réseau Internet, des boutiques de téléphonie mobile… L'âge moyen des 38 millions d'habitants (2019) est de 19 ans. Mais cette vitrine ne reflète pas la réalité d'un pays épuisé par les guerres depuis 1979. La majorité de la population reste rurale, sans accès à l'eau, à l'éducation ou à des infrastructures routières. Après leur victoire contre les talibans en décembre 2001, les États-Unis ne veulent pas s'enliser, alors que se profile un nouveau front contre l'Irak de Saddam Hussein (1979-2003). Les talibans en profitent et se reforment. À la différence d'Al-Qaïda ou de l'organisation de l'État islamique (EI ou Daech), ils ne se définissent pas comme des djihadistes internationaux, mais comme des islamistes nationalistes, avec des intentions de gouvernance. Ils remplissent les vides laissés par l'État central, faible et rongé par la corruption, offrant par exemple des services de justice. Les talibans s'affichent tel un mouvement « présentable » et s'engagent dans un processus de paix avec les États-Unis à Doha (Qatar), arrivant à l'accord du 29 février 2020 qui prévoit le retrait des troupes américaines.

Si l'absence de tout militaire étranger était la priorité des talibans, il demeure de nombreuses inconnues dans un contexte de tensions entre ces derniers et le gouvernement, et de retour à des logiques tribales. La lassitude de la population tendrait à lui faire accepter un retour des fondamentalistes au pouvoir, au nom de la stabilité. La communauté internationale peut-elle lâcher le pays après avoir tant dépensé ? Les talibans ont-ils une administration viable ? Pourront-ils imposer des mesures rigoristes alors que les Afghans ont changé, surtout dans les villes ? Leurs opposants tairont-ils les armes ? La nouvelle étape politique de l'Afghanistan peut encore une fois déboucher sur la guerre.

G. Fourmont

Afghanistan : la résilience des femmes face aux talibans

Depuis 2001, la situation des femmes afghanes – alors soumises aux lois féroces du régime taliban depuis 1996 – s'est améliorée mais reste caractérisée par des niveaux de violence, de discriminations et d'inégalités parmi les plus élevés du monde. L'insécurité, le manque de moyens dans la police et la justice ou l'influence persistante des fondamentalistes religieux et de certaines pratiques traditionnelles dans la société ont limité les progrès.

Selon les Nations unies, l'indice de développement de genre a doublé entre 2000 (0,322) et 2019 (0,659), mais reste l'un des plus faibles de la planète. Tout comme l'indice de développement humain des femmes (0,391 en 2019) qui, certes, reste inférieur à celui des hommes (0,593), mais a connu une progression spectaculaire depuis 2000 (0,138). Parmi les femmes de plus de quinze ans, 7,2 % possédaient un compte bancaire en 2017, contre 2,6 % en 2011. Du côté de l'éducation, en 2018, 35,7 % des filles avaient atteint le second degré, contre 64,3 % pour les garçons. En 2020, selon les données officielles, elles représentent pourtant la moitié des 32,89 millions d'habitants dans le pays, soit 16,13 millions, dont la majorité vit en zone rurale (11,43 millions).

UN CERTAIN PROGRÈS

La création d'un ministère des Affaires féminines en 2001, l'inscription de l'égalité des sexes à l'article 22 et de l'accès à l'éducation aux articles 43 et 44 dans la Constitution en 2004, et l'adoption d'un Plan d'action national pour les femmes en 2008 ont marqué des progrès significatifs. Les avancées législatives se sont traduites par une participation publique accrue. Selon l'Autorité nationale de la statistique et de l'information d'Afghanistan (NSIA, en anglais), 10,3 % des femmes ont participé aux processus de décisions gouvernementales, et 20,3 % dans le secteur des ONG, en 2016. En 2018, les femmes formaient 22,4 % des membres de la Chambre haute (15 élues sur 67) de l'Assemblée nationale et 21,3 % de ceux des Conseils de province (96 postes sur 451), mais elles n'occupaient

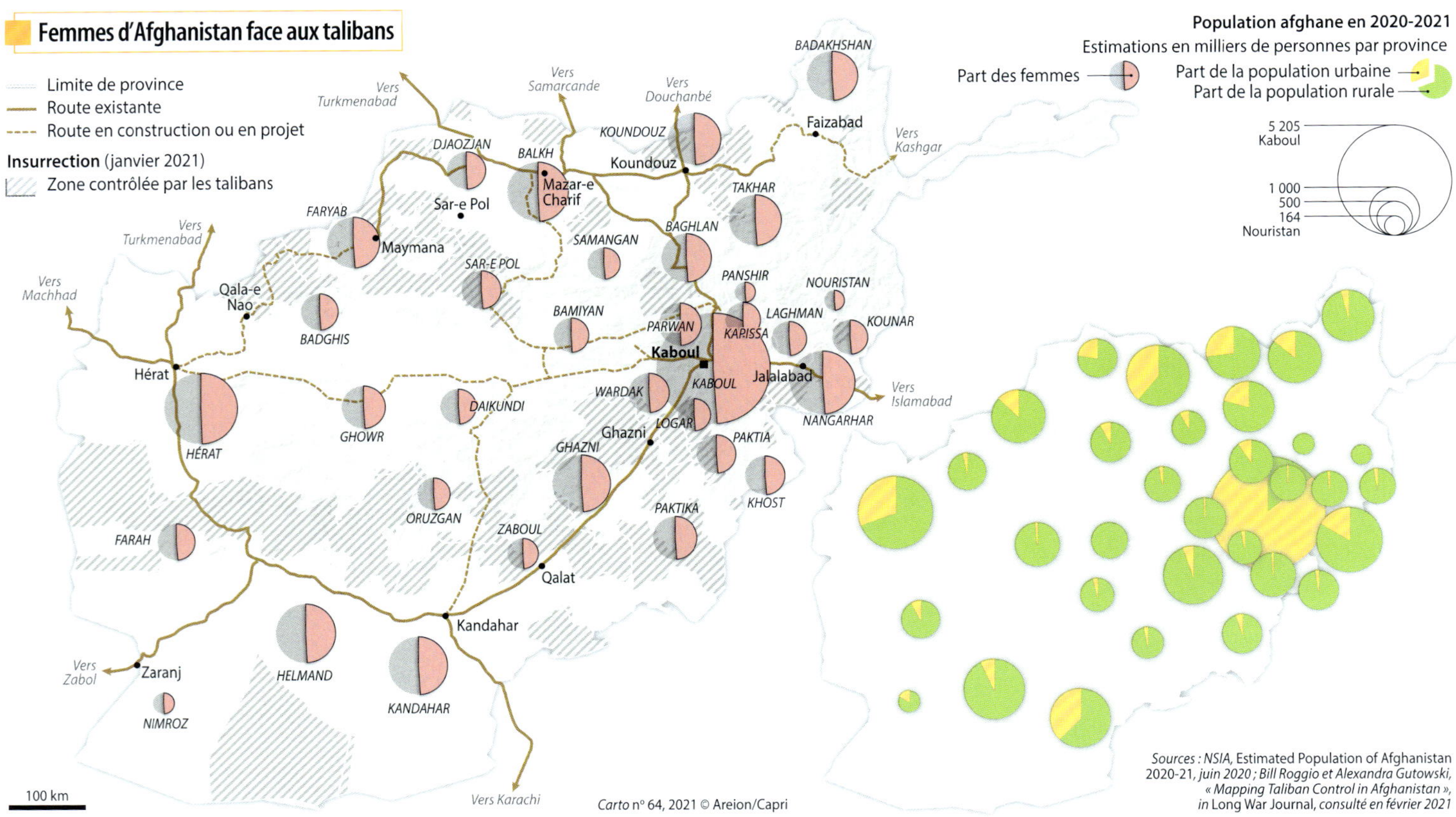

Carto n° 64, 2021 © Areion/Capri

Sources : NSIA, Estimated Population of Afghanistan 2020-21, juin 2020 ; Bill Roggio et Alexandra Gutowski, « Mapping Taliban Control in Afghanistan », in Long War Journal, consulté en février 2021

PANORAMA DES FEMMES DANS LA SOCIÉTÉ AFGHANE

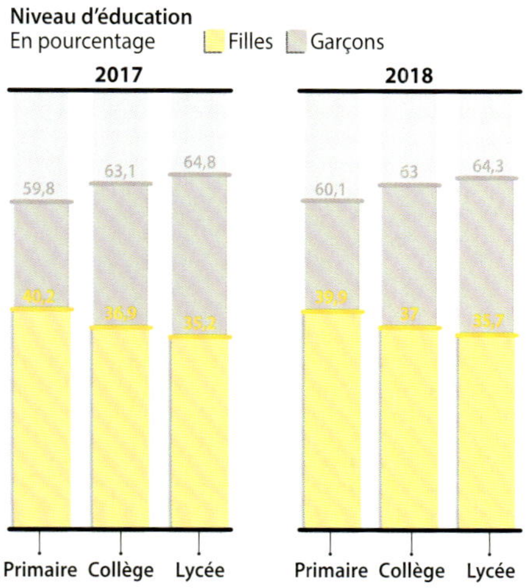

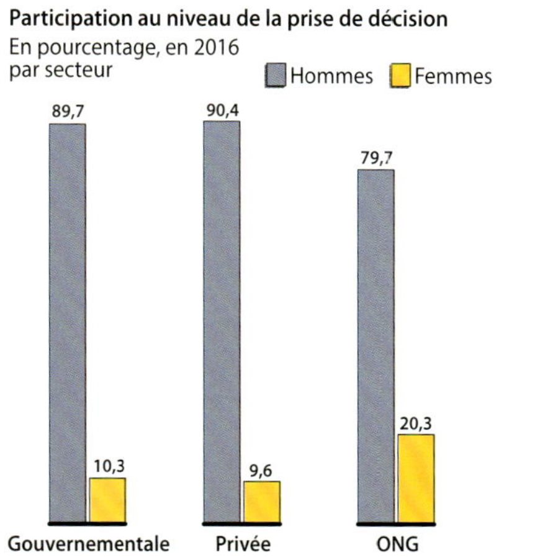

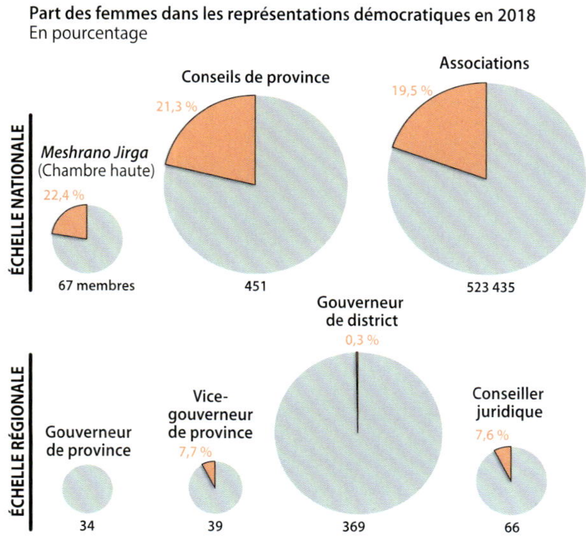

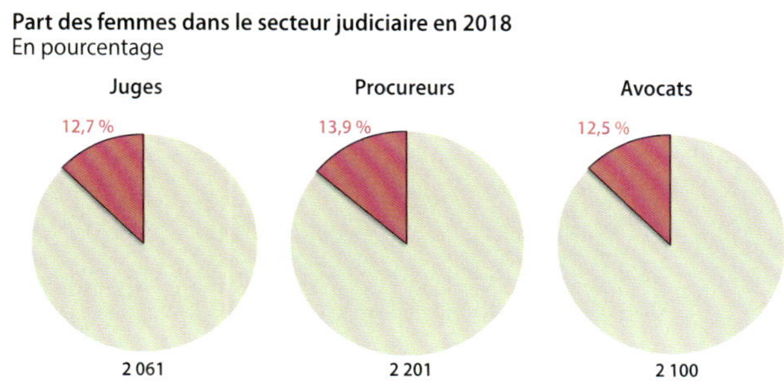

Source : NSIA, Yearbook Women and Men in Afghanistan 2018, *novembre 2019*

Carto n° 64, 2021 © Areion/Capri

aucun poste de gouverneur de province sur 34. Quant au secteur judiciaire, 12,7 % des juges (261 sur 2 061) étaient des femmes, contre 4,7 % dix ans plus tôt.

En 2009, la loi sur l'élimination des violences contre les femmes donne lieu à la formation d'institutions et à des mesures de sensibilisation. Une enquête menée par les Nations unies entre septembre 2018 et février 2020 note que si les plaintes et les condamnations sont en hausse, le système échoue à véritablement protéger les femmes. En cause, notamment, la loi, qui stipule que seuls les femmes victimes ou leur avocat peuvent porter plainte dans la majorité des cas. À l'effet dissuasif s'ajoute le fait que les victimes n'ont pas toujours la possibilité de le faire – dans le cas des mariages d'enfants par exemple – ou sont intimidées pour retirer la plainte. Quant aux viols, leur requalification en « relation extraconjugale » expose à des représailles, à des mariages forcés ou à des « crimes d'honneur » (pourtant interdits).

L'accès aux soins est difficile, en particulier pour les femmes enceintes. Selon Médecins sans frontières (MSF), près de 40 % d'entre elles ne reçoivent aucune attention pendant leur grossesse, tandis que l'insécurité et la précarité économique conduisent les deux tiers à accoucher à domicile. Ainsi, le taux de mortalité infantile a baissé, mais il reste l'un des plus élevés au monde, avec 46,5 décès pour 1000 naissances en 2019. Les Afghanes sont, de surcroît, ciblées par le terrorisme, comme en témoigne le massacre perpétré dans une maternité de Kaboul en mai 2020.

LE RISQUE D'UN RETOUR EN ARRIÈRE

Dans un contexte politique agité, elles sont également victimes d'attaques ciblées, à l'instar de deux juges de la Cour suprême tuées le 17 janvier 2021, de la militante pour les droits des femmes Freshta Kohistani, assassinée le 24 décembre 2020, de la journaliste Malala Maiwand, exécutée le 10 décembre… Les exemples sont nombreux. L'accord signé entre les États-Unis et les talibans en février 2020 ayant conduit au retrait des troupes américaines le 4 juillet 2021 n'a pas été synonyme de retour au calme. Au contraire, le pays a connu une recrudescence des violences. Quant aux négociations de paix entamées en septembre 2020 entre le gouvernement et les insurgés, elles sont au point mort.

Ces assassinats témoignent d'une situation préoccupante pour l'avancée des droits des femmes, et de la possibilité d'un retour en arrière. En effet, les progrès sont fragiles et pourraient être remis en cause si les talibans reprenaient le pouvoir à Kaboul. Ces derniers ne revendiquent pas toutes les attaques, mais cela leur permet de propager la peur tout en feignant de respecter leur engagement de faire baisser les violences. Il en résulte que celles-ci se sont déplacées et intensifiées dans les zones rurales, tandis que la possibilité d'une paix est menacée par les opérations de l'organisation de l'État islamique (EI ou Daech) dans les villes.

L'instabilité politique et l'insécurité rendent difficile l'amélioration du statut socio-économique des Afghanes, menacées dans tous les domaines. Toutefois, malgré ces obstacles, elles continuent de militer, de s'engager et de participer à la vie publique, voire de négocier avec les fondamentalistes pour obtenir la paix. • **C. Recoquillon**

Birmanie : déjà la fin d'une jeune démocratie ?

Le 1er février 2021, la junte militaire a renversé le gouvernement birman et pris le pouvoir à Naypyidaw, la capitale. Ce jour-là, le Parlement choisi démocratiquement trois mois plus tôt devait se réunir pour la première fois. Les généraux, qui ont dirigé le pays de 1962 à 2011, reprennent ainsi le contrôle après avoir partagé la gouvernance avec des législateurs élus pendant une décennie. Toutefois, le peuple a opté pour la contestation et la résistance.

Le coup d'État et la détention de la chef du gouvernement *de facto* Aung San Suu Kyi, du président Win Myint et d'autres hauts responsables politiques de la Ligue nationale pour la démocratie (LND), le plus grand parti du pays, interviennent plusieurs mois après les élections législatives du 8 novembre 2020, remportées par la LND. Le mouvement d'Aung San Suu Kyi renforçait sa majorité absolue à la Chambre des représentants (258 sièges sur 440) et à celle des nationalités (138 sur 224), actant la défaite du Parti de l'union pour la solidarité et le développement (PUSD), formation nationaliste et conservatrice qui ne réunit que 26 et 7 élus. Depuis, les militaires n'ont eu de cesse de contester les résultats en invoquant une fraude généralisée. De leur côté, les observateurs internationaux et la commission électorale birmane ont déclaré que le scrutin s'était déroulé sans irrégularités évidentes. À la suite du putsch, la loi martiale et l'état d'urgence ont été proclamés pour un an, le Parlement a été dissous et les pleins pouvoirs ont été confiés au commandant en chef de l'armée, Min Aung Hlaing, président du « Conseil administratif d'État », composé de 11 membres, tous de hauts gradés.

DES RÉFORMES FRAGILES

Ce coup d'État met fin à près de dix années de démocratie menée par la figure tutélaire d'Aung San Suu Kyi, cofondatrice de la LND en 1988. Le parti remporte les législatives de 1990 avant que celles-ci ne soient annulées par le gouvernement militaire ; la « dame de Rangoun » se trouve déjà en résidence surveillée. Si, bénéficiant d'un fort soutien international, elle se voit attribuer le prix Nobel de la paix en 1991, elle n'est vraiment libérée qu'en 2010. L'année suivante, alors que la Birmanie est sous le joug militaire depuis plus de cinq décennies, la junte se démet de ses fonctions au profit d'un gouvernement semi-civil dirigé par l'un de ses anciens membres, Thein Sein. Il engage une série de réformes démocratiques conduisant, en 2012, l'Union européenne (UE) et les États-Unis à suspendre dans un cas et à lever dans l'autre l'embargo qu'ils imposaient au pays depuis 1997.

Si les élections de 2015 consacrent l'alternance politique en portant au pouvoir Aung San Suu Kyi – elle est ministre des Affaires étrangères et « conseillère spéciale de l'État » à compter de 2016 –, le poids de la hiérarchie militaire est resté prépondérant dans les faits. Le Tatmadaw – nom officiel des forces armées – a conservé une influence considérable, notamment le contrôle des ministères de la Défense, des Affaires frontalières et de l'Intérieur. La Constitution de 2008, toujours en vigueur, réserve un quart des sièges du Parlement à l'armée, ce qui lui donne un droit de veto effectif sur tout amendement constitutionnel et lui permet de révoquer l'Assemblée pour préserver la stabilité nationale ; un pouvoir dont les généraux ont usé en février 2021 pour démettre le gouvernement élu sur la base d'accusations de fraudes.

Aung San Suu Kyi n'est jamais parvenue à faire adopter les réformes constitutionnelles qu'elle avait promises afin de réduire l'emprise des militaires. Si cette impuissance a participé à éroder son image chez une partie de la population birmane, c'est sa défense de l'armée au sujet du génocide de 2017 contre les Rohingyas, minorité musulmane de Rakhine, dans l'ouest du pays, qui lui a valu les critiques de la communauté internationale. Globalement, son image reste néanmoins positive chez elle. Les observateurs des élections de novembre 2020 s'attendaient à une fracture électorale entre les régions bamares, peuplées par l'ethnie principale du pays de confession bouddhiste, et les États où résident les minorités arakanaise, môn, karen, shan, kachin et chin. Mais la LND a engrangé de bons résultats dans une grande partie de ces territoires.

LE RISQUE D'EMBRASEMENT

Quelques jours après la prise de pouvoir par la junte, d'importantes manifestations prodémocratie ont eu lieu, notamment à Rangoun, la capitale économique, malgré la coupure d'Internet et la présence renforcée de l'armée dans les rues. En deux mois, plus de 500 civils ont été tués et environ 3 000 arrêtés. En mars 2021, la vingtaine de groupes de rebelles constitués sur une base ethnique que compte la Birmanie sont entrés dans la contestation. Deux d'entre eux, l'Union nationale karen (KNU), dans l'est et le sud du pays, et l'Armée pour l'indépendance kachin (KIA), dans le nord-est, ont lancé plusieurs attaques contre les forces de sécurité ; le cessez-le-feu en vigueur depuis 2010 n'est plus respecté, laissant se profiler une guerre civile.

Si les États-Unis et l'Union européenne (UE) multiplient les sanctions envers la Birmanie, la Chine a empêché le Conseil de sécurité des Nations unies d'adopter une déclaration commune condamnant le putsch et refuse de qualifier la prise de pouvoir par les militaires de coup d'État, alors que l'Assemblée générale de l'organisation a condamné la junte en juin 2021. Au-delà du principe de non-ingérence, Pékin a beaucoup d'intérêts en jeu. Depuis que le président Xi Jinping (depuis 2013) a lancé l'initiative des nouvelles routes de la soie, qui vise notamment à augmenter la connectivité entre la Chine et l'Eurasie, la Birmanie est un pays clé dans son positionnement stratégique.

N. Rouiaï

De l'indépendance au putsch de 2021

1948
Le pays est devenu indépendant du Royaume-Uni le 4 janvier 1948.

1949-1955
Guerre civile.

1962 Coup d'État militaire
Le général Ne Win prend le pouvoir.

1988 Soulèvement populaire
L'armée réprime les manifestations et reprend le pouvoir après la démission de Ne Win. Création du parti de la Ligue nationale pour la démocratie (LND), cofondé par Aung San Suu Kyi.

1989
Fille de Bogyoke Aung San, père de l'indépendance assassiné en 1947, l'opposante Aung San Suu Kyi est assignée à résidence.

1990
La LND remporte les législatives, victoire non reconnue par le régime militaire.

1992
Le général Than Shwe prend la tête de la junte.

1995
Aung San Suu Kyi est libérée.

1996
Manifestations étudiantes pour la démocratie.

2000
Aung San Suu Kyi est assignée à résidence ; des négociations entre le régime et l'opposition sont ouvertes sous les auspices de l'ONU pour une transition démocratique.

2003
Les États-Unis votent des sanctions contre la Birmanie ; le régime annonce des élections libres et une nouvelle Constitution.

2004
Fin de 50 ans de conflit entre l'État central et la guérilla de l'Union nationale karen. La LND peut reprendre ses activités.

2005
Déplacement de la capitale de Rangoun à Naypyidaw.

2008
Nouvelle Constitution approuvée par référendum : un quart des sièges du Parlement est réservé aux militaires et Aung San Suu Kyi est inéligible.

2010
La LND est dissoute. Premières élections en 20 ans : le parti du régime remporte la majorité des sièges. Aung San Suu Kyi est libérée.

2011
La junte est dissoute et son pouvoir transféré au président Thein Sein. La LND est légalisée.

2012
La LND remporte les législatives et Aung San Suu Kyi est élue. Les États-Unis annoncent la levée de leurs sanctions. Violences communautaires contre les musulmans (Rohingyas) dans le Rakhine. Visite de Barack Obama en novembre.

2015
La LND remporte les législatives.

2016
Htin Kyaw est président ; Aung San Suu Kyi est ministre des Affaires étrangères et conseillère spéciale de l'État.

2017
Aung San Suu Kyi rejette les accusations de persécution contre les Rohingyas.

2018
Membre de la LND, Win Myint est président.

2020
Législatives le 8 novembre : la LND remporte la majorité absolue avec 258 sièges à la Chambre basse et 138 à la Chambre haute du Parlement.

2021
Aung San Suu Kyi est arrêtée, démise de ses fonctions en février et assignée à résidence. Les militaires imposent l'état d'urgence. Win Myint est remplacé par le général Min Aung Hlaing. Les manifestations de protestation commencent. L'ONU craint une guerre civile, et la Chine refuse les sanctions contre la junte.

La Birmanie au bord de la guerre civile ?

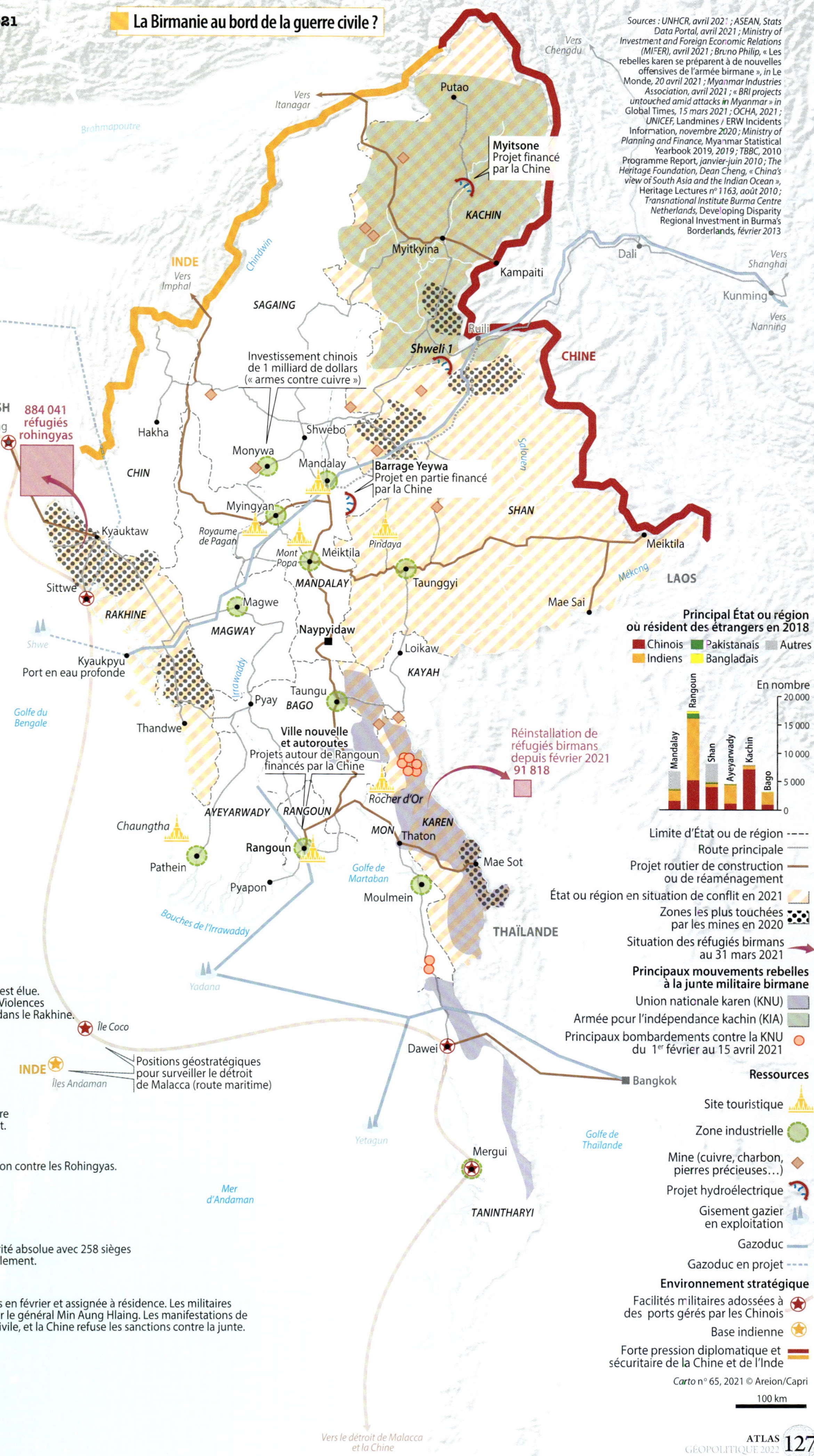

Cambodge : entre développement économique et répression politique

Alors que Douch (de son vrai nom Kang Kek Ieu), l'ancien tortionnaire de la dictature des Khmers rouges (1975-1979), est décédé le 2 septembre 2020, l'Union européenne (UE) a adopté des sanctions économiques contre le régime de Phnom Penh, accusé de menacer les Droits de l'homme. Cette situation invite à revenir sur l'histoire politique mouvementée du Cambodge.

REPÈRES

NOM OFFICIEL
Royaume du Cambodge

CHEF DE L'ÉTAT
Norodom Sihamoni (roi depuis 2004)

CHEF DU GOUVERNEMENT
Hun Sen (depuis 1998)

SUPERFICIE
181 035 km²
(91ᵉ rang mondial)

LANGUE OFFICIELLE
Khmer

CAPITALE
Phnom Penh

POPULATION EST. 2019
16,48 millions d'habitants

DENSITÉ
91 hab./km²

MONNAIE
Riel

HISTOIRE
Héritier de l'Empire khmer, dont les temples d'Angkor sont les témoignages, le Cambodge est sous influence française de 1863 à 1953. Le pays ne résiste pas à la guerre dans le Vietnam voisin et son régime pro-américain tombe au profit des Khmers rouges, mouvement maoïste radical, qui imposa la terreur d'avril 1975 à janvier 1979. Un régime communiste prend le relais durant dix ans, la démocratie ne revenant qu'en 1993

PIB PAR HABITANT EN 2019 (EN PARITÉ DE POUVOIR D'ACHAT)
4 583 dollars internationaux courants

INDICE DE DÉVELOPPEMENT HUMAIN (2019)
0,594 (144ᵉ rang)

Pays d'Asie du Sud-Est situé dans la péninsule Indochinoise, le Cambodge est considéré comme l'héritier de l'Empire khmer, qui régna sur la région du IXᵉ au XVᵉ siècle. Il devient une monarchie constitutionnelle en 1947, peu avant la fin du protectorat français (1863-1953). Durant la décennie suivante, le pays acquiert une relative prospérité économique, basée sur une politique de neutralité qui lui permet de bénéficier d'une aide multilatérale : Chine, États-Unis, France, Union soviétique. Mais en 1970, la guerre du Vietnam (1955-1975) s'étend au Cambodge, qui bascule dans un conflit opposant les forces gouvernementales pro-américaines à la rébellion communiste des Khmers rouges.

UN PASSÉ TRAUMATISANT

Ces derniers s'emparent du pouvoir en 1975 et instaurent un régime totalitaire. Les villes sont évacuées et leurs habitants envoyés sur des sites de travaux forcés. Les opposants, ou considérés comme tels, sont maintenus dans des lieux d'enfermement ou assassinés. Durant le règne des Khmers rouges, un quart de la population de l'époque, soit 1,7 million d'individus, aurait été exterminé. En 2003, un accord entre l'ONU et les autorités cambodgiennes permet la création d'un tribunal spécial destiné à poursuivre les anciens dirigeants Khmers rouges. En 2013, Douch fut jugé et condamné à la prison à perpétuité.

Dans les années 1980, le Cambodge reste le théâtre d'une guerre civile qui maintient le pays dans une situation désastreuse. C'est durant cette période de troubles que Hun Sen, lui-même ancien Khmer rouge, fait son apparition sur la scène politique nationale. En 1985, il devient Premier ministre, fonction qu'il a occupée de manière quasi continue jusqu'à nos jours – après avoir perdu les élections en 1993, il est nommé Second Premier ministre avant de récupérer son poste en 1998. L'instauration d'une monarchie parlementaire en 1993 remet le Cambodge sur la voie de la stabilité et du développement économique, qui repose principalement sur les secteurs du tourisme, de l'agriculture et surtout d'une industrie textile dynamique.

En 2018, le secteur de la confection constituait 75 % du total des exportations nationales. Mais, bien que la croissance s'élève à plus de 7 % par an depuis 1993 – un taux parmi les plus élevés au monde –, le pays reste marqué par la pauvreté et de profondes inégalités, notamment géographiques. En effet, les activités économiques étant centralisées dans les agglomérations de Phnom Penh et de Siem Reap, les espaces ruraux des régions montagneuses

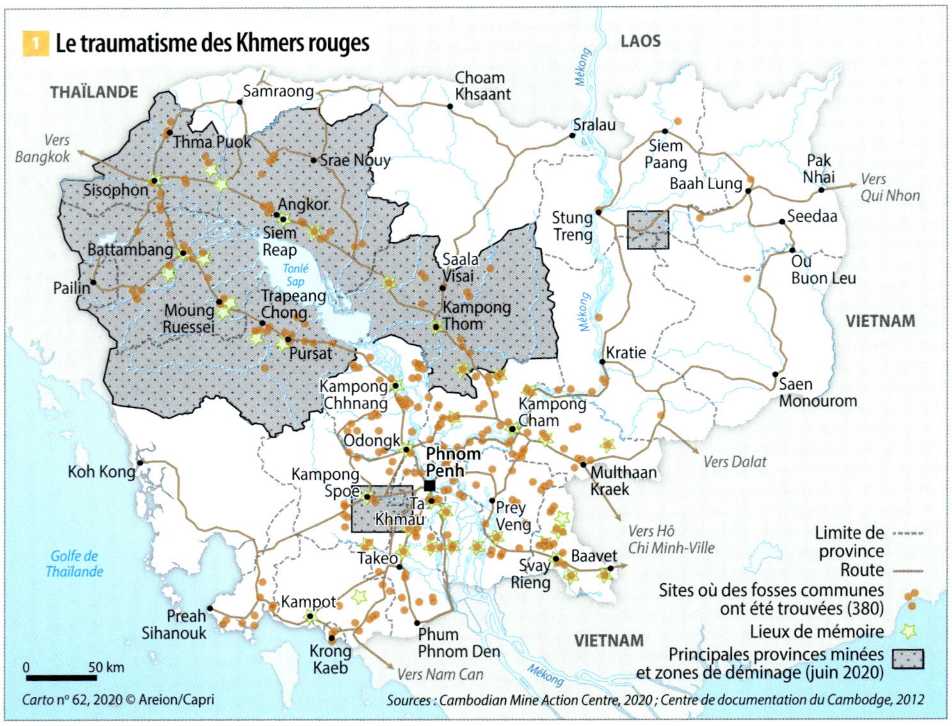

1 Le traumatisme des Khmers rouges

Carto nº 62, 2020 © Areion/Capri
Sources : Cambodian Mine Action Centre, 2020 ; Centre de documentation du Cambodge, 2012

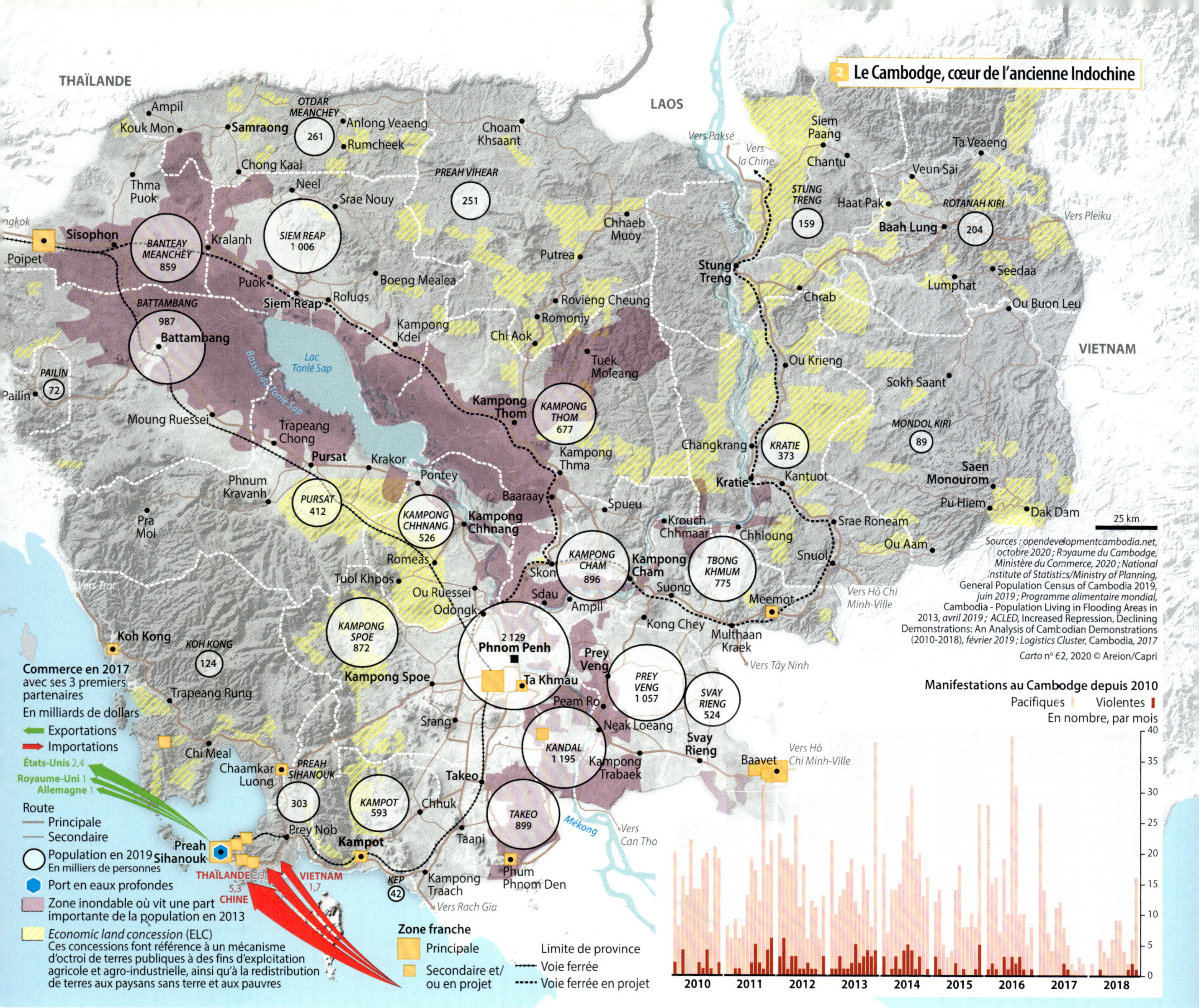

2 Le Cambodge, cœur de l'ancienne Indochine

et du bassin du Tonlé Sap concentrent de forts taux de pauvreté, leurs habitants vivant principalement d'une agriculture de subsistance. Ces lignes de fractures se lisent aussi dans l'existence d'un système corrompu. En 2020, le Cambodge se situait au 160e rang mondial (sur 180) en matière de perception de la corruption, selon Transparency International.

AUTORITARISME ET ISOLEMENT

À cela s'ajoute un régime autoritaire incarné par le Parti du peuple cambodgien (PPC), réélu à une large majorité en juillet 2018 (76,7 % des voix ; 125 sièges, soit la totalité, à l'Assemblée nationale), dans un climat tendu, marqué par des soupçons de fraudes et de menaces sur les électeurs. Après les nombreuses manifestations contre le pouvoir qui ont émaillé les années 2010, le régime de Hun Sen s'est lancé dans une terrible répression. Ainsi, Kem Sokha, leader d'opposition, fut arrêté en septembre 2017 pour « trahison », puis placé en résidence surveillée. D'autres procès sont en cours. Son mouvement, le Parti du sauvetage national du Cambodge (PSNC), est dissous par la Cour constitutionnelle deux mois plus tard. Cette répression, qui vise aussi la presse, s'est également traduite par l'arrestation de journalistes, la fermeture de plusieurs radios et des attaques répétées contre des journaux comptant parmi les plus anciens du pays. Ce constat a conduit Reporters sans frontières à placer le Cambodge au 144e rang sur 180 dans son classement 2020 de la liberté de la presse. Le contexte de pandémie de Covid-19 permet une restriction plus stricte des libertés, alors que des mouvements contestataires de jeunes se multiplient. Cette situation a brouillé les relations entre le Cambodge et ses partenaires occidentaux. C'est à ce titre qu'en février 2020, l'UE a menacé le pays de revoir les facilités dont il dispose en matière d'accès au marché européen. Face au maintien des positions du gouvernement cambodgien, Bruxelles a mis ses menaces à exécution en septembre. Cette mesure s'est traduite par la réintroduction de taxes et de quotas sur les produits exportés vers l'UE, une mesure susceptible de lourdement peser sur l'économie cambodgienne puisque les échanges commerciaux entre les deux partenaires s'élevaient à 5,6 milliards d'euros en 2019. Les États-Unis ont eux aussi introduit des sanctions économiques contre le gouvernement cambodgien, qui se tourne vers la Chine, devenue son principal interlocuteur économique et diplomatique.

D. Lagarde

Thaïlande : nouvelle crise, avec ou sans roi

En juillet 2020, une nouvelle crise politique a éclaté en Thaïlande, rappelant celle de 2010 et l'affrontement entre les « chemises rouges » du Front national uni pour la démocratie et contre la dictature, et les « chemises jaunes », proches du pouvoir royal. La jeunesse demande des réformes de la Constitution et de la monarchie.

La Thaïlande a une histoire politique mouvementée, jalonnée de coups d'État (19 depuis 1932, dont 12 réussis). Monarchie constitutionnelle, ce pays asiatique est dirigé par un roi, chef de l'armée, mais l'autorité législative et exécutive est exercée par une Chambre des représentants élue qui nomme le Premier ministre. Cependant, le pouvoir militaire est très présent dans les instances décisionnelles, notamment depuis le putsch de 2014. Une nouvelle Constitution est ainsi entrée en vigueur en 2017 pour s'en assurer et laisser au monarque le droit d'arbitrer une crise politique.

Lors des élections législatives de mars 2019, les Thaïlandais avaient une chance de quitter cette dictature militaire. Mais c'est le parti du Palang Pracharat, proche des généraux, qui remporta le scrutin avec 23,3 % des voix et 116 sièges sur 500, choisissant comme Premier ministre Prayuth Chan-ocha, ancien commandant en chef de l'Armée royale thaïlandaise. Cette occasion fut également manquée par la dissolution, en février 2020, par la Cour constitutionnelle, contrôlée par l'oligarchie militaro-conservatrice, du Parti du nouvel avenir, formation d'opposition. Personne n'est dupe de cette stratégie servant le régime en place.

Lors de la crise de 2010, les « chemises rouges » représentaient un mouvement démocratique, social et politique, mettant en avant la division d'un pays entre les élites majoritairement urbaines au pouvoir et les classes laborieuses des campagnes et de la province. En 2020, les manifestations sont davantage une expression citoyenne de la jeunesse et des classes modestes non liées directement à un parti politique ou à un territoire en particulier. Plus que le Premier ministre, dont la démission est réclamée, c'est bien le système thaïlandais qui est remis en question, notamment la place du roi Rama X (depuis 2016), qui a par exemple défrayé la chronique au printemps 2020 en partant se confiner dans un hôtel de luxe en Bavière avec plusieurs femmes. Alors que son père, Rama IX (1946-2016), avait montré une volonté d'améliorer les conditions de vie de ses sujets, l'actuel souverain semble être guidé par le seul but de conserver ses privilèges.

Sentant la situation critique, Rama X multiplie les déclarations d'apaisement. Cependant, les manifestants thaïlandais ne veulent pas d'une abrogation de la monarchie, mais plus de libertés et une démocratie dont les institutions ne sont pas contrôlées par le pouvoir royal et militaire. Ils désirent également un regard sur la gestion de la fortune du souverain et la possibilité de le critiquer, acte sanctionné par quinze ans de prison selon le Code pénal.

Ce conflit social se déroule dans un contexte économique compliqué pour ce pays dans lequel le tourisme joue un rôle important (21,9 % du PIB en 2019). Or, avec la crise de la Covid-19, les voyageurs étrangers viennent moins, et le pays a enregistré une récession de 6,1 % en 2020, tandis qu'une petite reprise a été observée début 2021. La réduction des inégalités est ainsi une autre revendication des manifestants.

J. Camy

Contestation et politique en Thaïlande

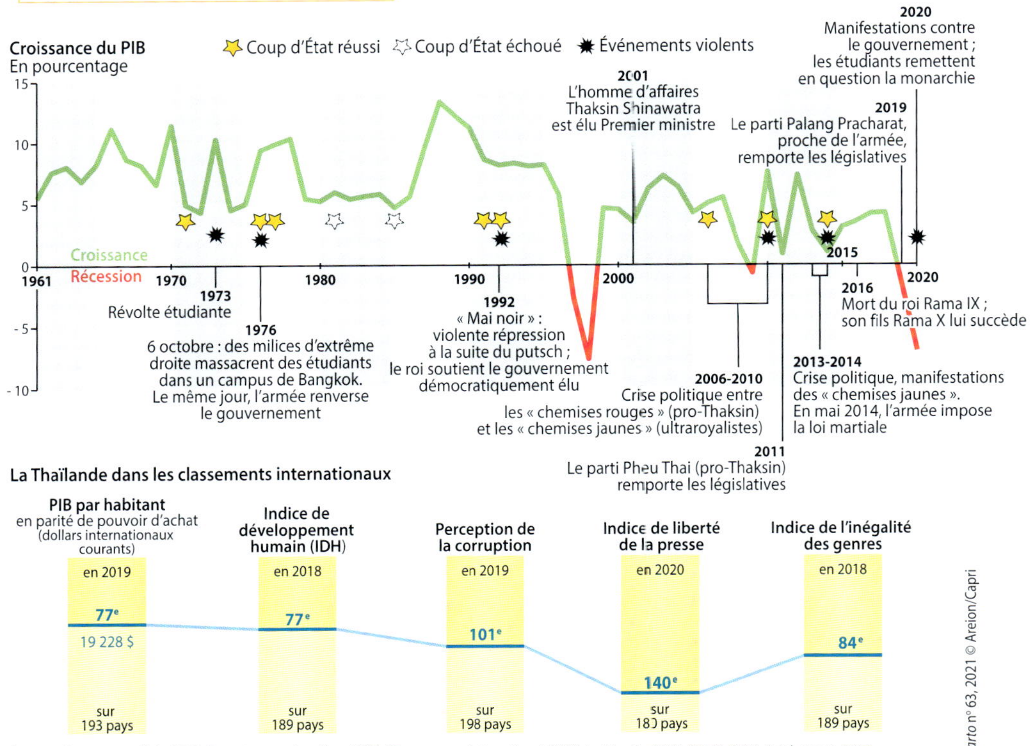

Sources : Banque mondiale, 2020 ; Reporters sans frontières, 2020 ; Transparency International, 2020 ; Le Monde, 2019 ; PNUD, 2019 ; Asialyst.com, 2017

Politique et économie entre la Chine et Hong Kong

Manifestants à Hong Kong
Situation entre le 9 juin 2019 et le 29 mai 2020

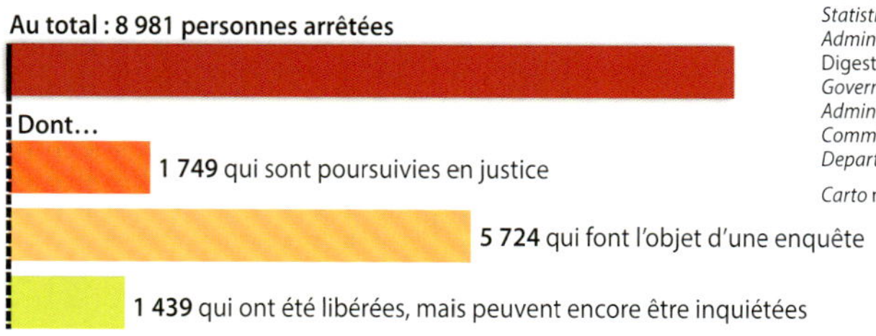

Sources : « Arrested Hong Kong protesters: how the numbers look one year on », in South China Morning Post, *11 juin 2020 ; Census and Statistics Department, Hong Kong Special Administrative Region, Hong Kong Monthly Digest of Statistics, juin 2020 ; The Government of the Hong Kong Special Administrative Region, Electoral Affairs Commission et Trade and Indutry Department, août 2020*

Carto n° 61, 2020 © Areion/Capri

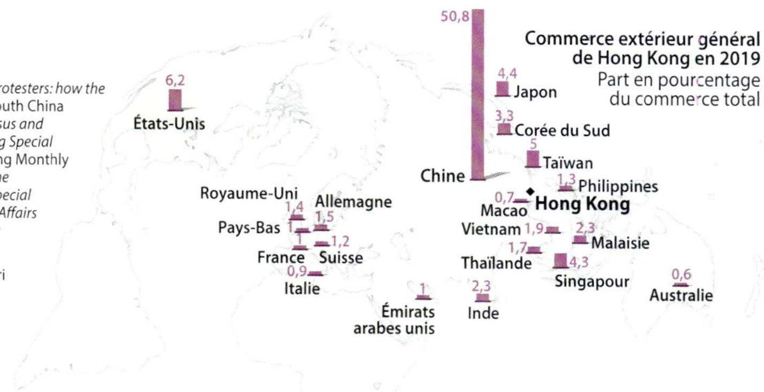

Élections depuis la rétrocession en 1997
En nombre de sièges
Élections législatives (LEGCO),
Un carré correspond à un siège

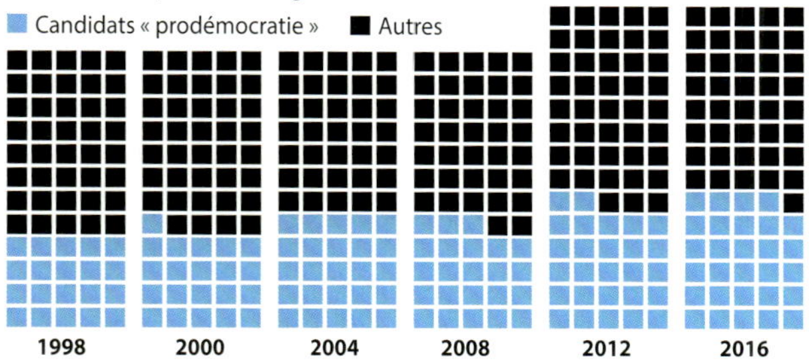

Élections locales (Districts Councils)

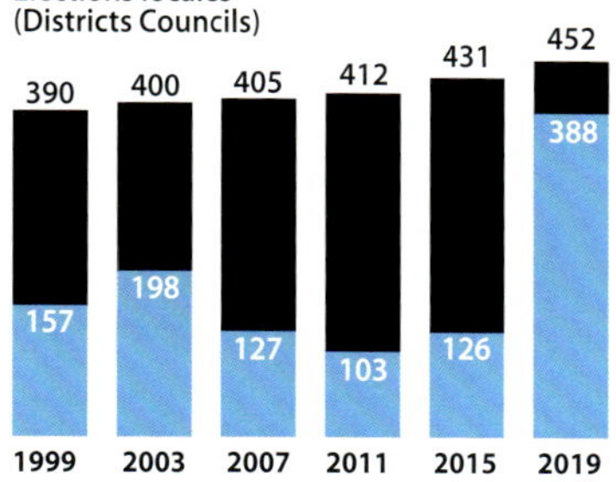

Évolution du commerce de marchandises avec la Chine continentale
En millions de dollars de Hong Kong (au 27 août 2020, 1 euro = 9,14 HKD)

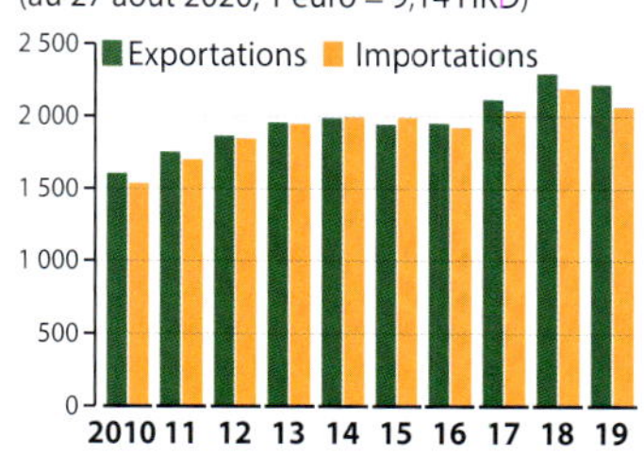

Hong Kong : quand la Chine impose sa loi

Au cœur des manifestations qui ont secoué Hong Kong en 2019, le président chinois Xi Jinping (depuis 2013) avait menacé de remettre en cause le principe d'autonomie de l'ancienne colonie britannique. La loi sur la sécurité nationale adoptée le 30 juin 2020 va dans ce sens, marquant le changement le plus significatif depuis 1997. Cette nouvelle norme criminalise quatre actes passibles d'une peine maximale d'emprisonnement à vie : la sécession, la subversion, le terrorisme et la collusion avec des forces étrangères et extérieures mettant en danger la sécurité nationale. Un organe chargé de collecter les informations et de poursuivre ces atteintes a été mis en place.

Lorsque le Royaume-Uni a cédé Hong Kong à la Chine en 1997, c'était avec la promesse que Pékin honorerait la quasi-indépendance du territoire jusqu'en 2047 au moins. Une loi fondamentale a alors été mise en place afin d'assurer l'autonomie de la Région administrative spéciale dans tous les domaines, sauf ceux de la politique étrangère et de la défense. Mais le gouvernement chinois a progressivement érodé l'autonomie de Hong Kong tout en restant attaché au principe « Un pays, deux systèmes » sur le plan rhétorique. Les contours flous de la nouvelle loi de sécurité nationale font craindre un alignement de Hong Kong sur le reste du territoire chinois. Alors que les Hongkongais bénéficiaient jusque-là des libertés d'expression et de la presse, et d'une justice indépendante, Pékin a désormais la possibilité de poursuivre ses opposants, qu'ils soient résidents ou étrangers, en se donnant les moyens de les juger en Chine continentale.

De la censure à l'autocensure

Seulement quelques heures après l'adoption de la loi, les arrestations d'acteurs prodémocratie ont commencé. L'organisation Demosisto s'est autodissoute, et l'un de ses leaders, Nathan Law, a fui à l'étranger. Au-delà de la répression, le risque de l'autocensure est grand. Plusieurs ouvrages de députés de l'opposition ont été enlevés des rayons des bibliothèques municipales. Déjà fin mai 2020, la radio publique RTHK annonçait la fin de *Headliner*, le programme satirique le plus populaire de la cité.

En réaction, l'administration américaine a adopté des restrictions en matière de visas pour les fonctionnaires chinois, une diminution des exportations de défense et une limitation de l'accès aux produits de haute technologie. De son côté, le gouvernement britannique a offert à près de 3 millions de Hongkongais la possibilité de s'installer au Royaume-Uni avec, à terme, la perspective d'obtenir la nationalité. L'Australie a suspendu son traité d'extradition avec Hong Kong et proposé une extension des visas des Hongkongais vivant sur son territoire. Autant de sanctions que Pékin dénonce comme des ingérences, tandis que l'exécutif hongkongais a reporté à décembre 2021 les législatives prévues en septembre 2020, auxquelles l'opposition prodémocratie était donnée victorieuse. • **N. Rouiaï**

Nouvelle-Zélande : un exemple dans le Pacifique ?

Principalement connue à l'étranger pour ses paysages ayant servi de décor à la trilogie cinématographique *Le Seigneur des anneaux*, de Peter Jackson, et les hakas de son équipe de rugby inspirés des rites maoris, la Nouvelle-Zélande s'est illustrée en juin 2020 pour avoir éradiqué la Covid-19. Pourtant, des défis majeurs persistent dans cet État atypique, soumis à des tensions sociales notables, et le virus refait son apparition.

REPÈRES

NOM OFFICIEL
Nouvelle-Zélande

CHEF DE L'ÉTAT
Elizabeth II
(reine depuis 1952)

PREMIÈRE MINISTRE
Jacinda Ardern
(depuis 2017)

SUPERFICIE
268838 km²
(77ᵉ rang mondial)

LANGUE *DE FACTO* OFFICIELLE
Anglais (maori *de jure*)

CAPITALE
Wellington

POPULATION EST. 2019
4,78 millions d'habitants

DENSITÉ
17 hab./km²

MONNAIE
Dollar néo-zélandais

HISTOIRE
Les premières traces humaines en Nouvelle-Zélande remontent au XIIIᵉ siècle, quand des Maoris s'y installent. Les Britanniques accostent sur l'archipel à la fin du XVIIIᵉ, et un gouvernement colonial est installé en 1841. Une guerre éclate en 1843 et aboutit à une autonomie politique en 1852. La Nouvelle-Zélande acquiert son indépendance en 1907

PIB PAR HABITANT EN 2019 (EN PARITÉ DE POUVOIR D'ACHAT)
43810 dollars internationaux courants

INDICE DE DÉVELOPPEMENT HUMAIN (2019)
0,931 (14ᵉ rang)

Avec quelque 1500 cas et 22 décès avant l'été 2020 sur une population totale de 4,78 millions d'habitants (2019), l'archipel du Pacifique sud a été très peu touché par la maladie. En partie protégé par son isolement géographique, la Nouvelle-Zélande a surtout mis en place une gestion efficace de la crise sanitaire, avec une fermeture précoce des frontières et un *lock down* strict, sous la houlette de la populaire Jacinda Ardern, Première ministre travailliste au pouvoir depuis 2017. Dès juin 2020 et sans cas de contamination locale, les restrictions ont été levées et la reprise de l'activité quasi totale. Ce répit pouvait-il durer ?

DES ATOUTS MALGRÉ L'ISOLEMENT

En dépit d'un impact économique fort, la Nouvelle-Zélande devrait renouer avec la croissance à la faveur de l'un des plans de relance proportionnellement les plus ambitieux de l'OCDE, autour de 10 % du PIB. Si le tourisme (6 % du PIB) a été lourdement touché, le secteur primaire se porte bien et la pêche, l'agriculture et la sylviculture restent des points forts, de même que l'industrie du film. Avec un PIB de 206,92 milliards de dollars en 2019, un PIB par habitant comparable à celui de la France et un indice de développement humain élevé, la Nouvelle-Zélande se classe parmi les pays les plus développés au monde. Sa faune et sa flore endémiques, avec par exemple l'emblématique kiwi, son dynamisme démographique (autour de 2 % de croissance par an) et son économie libérale sont des atouts importants qui compensent le handicap relatif de son enclavement à plus de 2000 kilomètres au sud-est de l'Australie et de son émiettement insulaire (deux îles principales et près de 600 plus petites). Bien qu'elle ait acquis sa pleine souveraineté en 1947, la Nouvelle-Zélande conserve des liens étroits avec l'ancienne métropole britannique et fait partie du Commonwealth.

Pourtant, plusieurs crises ont mis au jour les fragilités de l'archipel. Sa situation sur la ceinture de feu du Pacifique l'expose à d'importants risques d'origine naturelle, comme l'ont rappelé les séismes de Christchurch en février 2011 (185 morts et environ 8 milliards d'euros de dégâts) et l'éruption sur White Island en décembre 2019 (21 victimes). Surtout, la société néo-zélandaise est en proie à des tensions en lien avec son caractère multiculturel. Figurant parmi les dernières terres peuplées du globe et tardivement colonisée, la Nouvelle-Zélande a été habitée par des vagues successives d'immigration : Polynésiens (Maoris) vers le XIIIᵉ siècle, Européens au XVIIIᵉ, et des personnes en provenance d'Asie et des îles du Pacifique au XXᵉ.

INÉGALITÉS SOCIALES

Il existe de fortes disparités entre les Maoris d'origine polynésienne (14,6 % de la population en 2013, date du dernier recensement) et les « Pakehas », terme désignant les Néo-Zélandais d'origine européenne (74 %). Les Maoris constituent une minorité socialement marginalisée, avec les plus faibles qualifications et rémunérations, le plus fort taux de chômage et d'incarcération (ils représentent la moitié des détenus) et leur sous-représentation dans le champ politique. Le décalage d'espérance de vie reste criant : 80 ans pour un homme européen, contre 73 pour un Maori en 2014. Depuis les années 1960, on assiste à une renaissance culturelle maorie qui a engagé les gouvernements sur la voie d'une meilleure reconnaissance. Des tensions persistent néanmoins autour des droits fonciers sur un littoral de plus en plus convoité par des activités lucratives, comme le tourisme balnéaire, l'aquaculture et l'exploitation des hydrocarbures.

Le racisme persiste au sein de la société néo-zélandaise. La discrimination à l'égard des immigrés, notamment asiatiques et issus du Pacifique, demeure une réalité quotidienne. Surtout, le pays a été choqué, en mars 2019, par l'attentat de Christchurch, perpétré par un suprématiste blanc australien qui a attaqué des mosquées et causé la mort de 51 personnes issues de 15 nationalités ou origines différentes. C'est la pire tuerie commise contre des musulmans dans un pays occidental. Saluée pour sa gestion de crise, sa fermeté contre l'extrême droite et sa compassion vis-à-vis de la communauté islamique (1 % de la population de l'archipel), Jacinda Ardern est parvenue depuis à durcir le contrôle des armes. Avec son mot d'ordre « *This is not us* », elle a encouragé les témoignages de solidarité des habitants, prouvant l'attachement des « Kiwis » à la cohabitation des communautés, dans l'un des pays les plus divers et pacifiques du monde.

En août 2020, la Covid-19 a refait son apparition, obligeant le gouvernement à prendre des mesures. Cela n'empêcha pas Jacinda Ardern d'être reconduite après la victoire des travaillistes aux législatives d'octobre 2020 (65 sièges sur 120).

C. Loïzzo

La Nouvelle-Zélande, archipel du Pacifique

Le commerce extérieur néo-zélandais en 2018

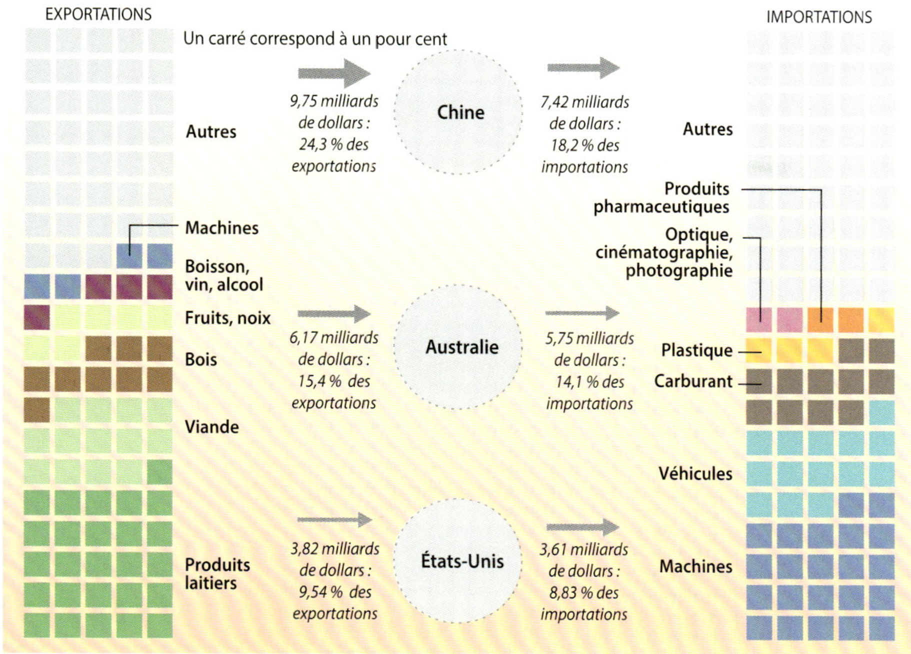

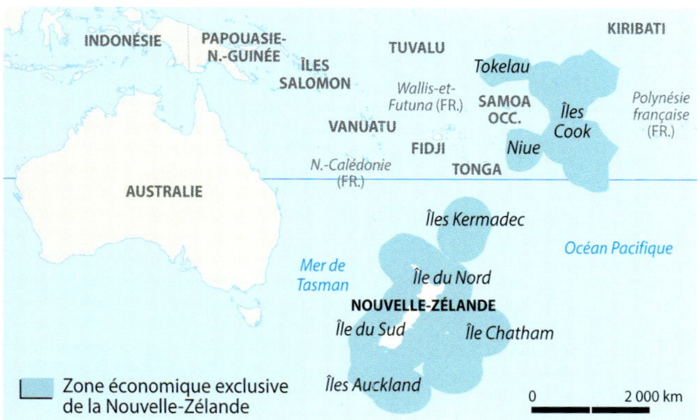

Sources : *Wonder Trip, Guide Nouvelle-Zélande, 2020 ; Marineregions.org, 2020 ; Land Information New Zealand LINZ Data Service, 2020 ; Wikipedia,* List of earthquakes in New Zealand, *2019 , City Population, 2019 ; The Observatory of Economic Complexity, 2018 ;* H. Johnson, J. Robinson, *The world atlas of wine,* Mitchell Beazy, 2019 ; *EarthWorks,* Global GIS: volcanoes of the world, *2003*

Papouasie : des Indonésiens qui n'en sont pas vraiment

Située à l'extrémité orientale de l'archipel indonésien, la Papouasie est traversée depuis de nombreuses années par des épisodes de grande violence entre populations autochtones et forces de l'ordre gouvernementales qui prennent leurs origines dans un contexte politique, ethnique, social et religieux complexe. Divisée en deux provinces, la Papouasie indonésienne rêve d'indépendance comme sa voisine, la Papouasie-Nouvelle-Guinée.

REPÈRES

NOM OFFICIEL
République d'Indonésie
CHEF DE L'ÉTAT
Joko Widodo
(président depuis 2014)
SUPERFICIE
1 904 569 km²
(16e rang mondial)
LANGUE OFFICIELLE
Bahasa Indonesia
CAPITALE
Jakarta
POPULATION EST. 2020
271,06 millions d'habitants
DENSITÉ
142 hab./km²
MONNAIE
Roupie indonésienne
PIB PAR HABITANT EN 2019 (EN PARITÉ DE POUVOIR D'ACHAT)
12 334 dollars internationaux courants

PAPOUASIE
GOUVERNEUR
Lukas Enembe
(depuis 2013)
SUPERFICIE
316 553 km²
POPULATION EST. 2020
3,43 millions d'habitants
DENSITÉ
10 hab./km²

PAPOUASIE OCCIDENTALE
GOUVERNEUR
Dominggus Mandacan
(depuis 2017)
SUPERFICIE
102 955 km²
POPULATION EST. 2020
981 800 habitants
DENSITÉ
9 hab./km²

En août et septembre 2019, les villes principales (Jayapura, Wamena, Sorong…) des provinces indonésiennes de Papouasie et de Papouasie occidentale ont connu des affrontements violents entre, d'un côté, la communauté papoue et, de l'autre, les forces de police et les militaires, provoquant la mort de plusieurs dizaines de personnes. La tension était palpable depuis plusieurs mois, voire plusieurs années dans cette région orientale de l'Indonésie où de nombreux incidents avaient déjà eu lieu. La crise s'est nouée le 16 août 2019 à Surabaya (Java), où des étudiants papous, accusés selon la rumeur d'avoir profané un drapeau indonésien à l'occasion de la fête nationale, ont été victimes d'insultes racistes avant d'être arrêtés. Trois jours plus tard, c'étaient les villes de Papouasie qui s'embrasaient. De nombreux bâtiments institutionnels étaient détruits et incendiés par des émeutiers papous en colère.

RADICALISATION DES RELATIONS SOCIOETHNIQUES

Cette subite flambée de violences révèle la profondeur du conflit entre un pouvoir politique central ultranationaliste et autoritariste, et une minorité, les Papous, qui ne cessent de revendiquer leur autonomie et le maintien de leur culture depuis plus d'un demi-siècle. Composée de la Papouasie occidentale et la Papouasie, distinctes de la Papouasie-Nouvelle-Guinée (indépendante de l'Australie depuis 1975), la Papouasie indonésienne (1,6 % des 271 millions d'habitants que compte le pays en 2020, selon les statistiques officielles) est restée sous administration néerlandaise après l'indépendance en 1945 avant d'être envahie par les troupes de Jakarta en 1962. Après un an de tutelle de l'ONU, les territoires furent confiés à l'Indonésie. Toutefois, le référendum sur l'autodétermination prévu par l'ONU avant 1969 fut remplacé par un « acte de libre choix », un accord défavorable aux Papous et obtenu sous la pression de la dictature de Suharto (1967-1998).

Un demi-siècle plus tard, le président Joko Widodo (depuis 2014) a fait du développement de la Papouasie un objectif prioritaire de son action politique afin de garantir l'intégrité du territoire indonésien, alors que de nombreux Papous aspirent au séparatisme ou au rattachement avec la Papouasie-Nouvelle-Guinée indépendante.

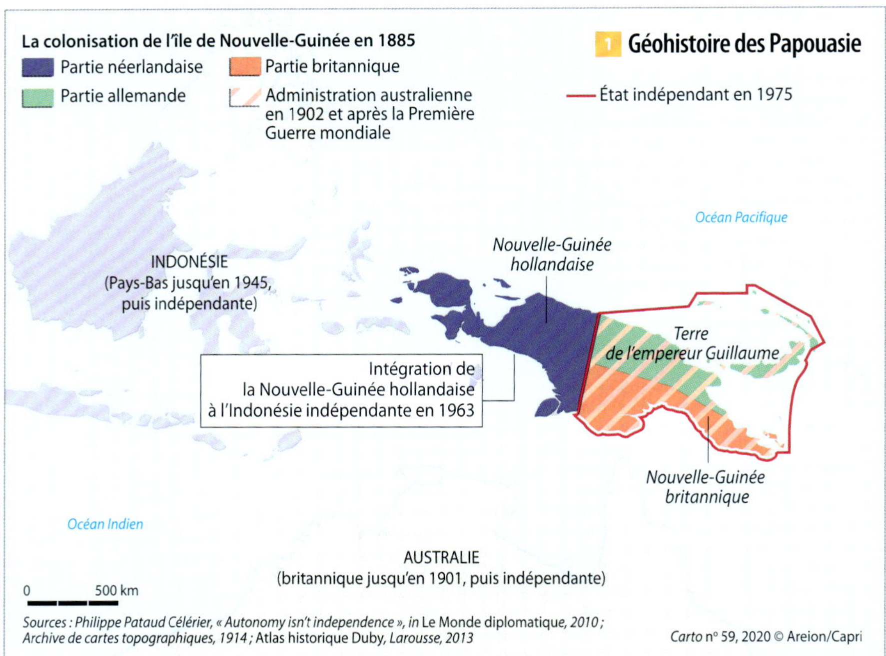

1 Géohistoire des Papouasie

Sources : Philippe Pataud Célérier, « Autonomy isn't independence », in Le Monde diplomatique, 2010 ; Archive de cartes topographiques, 1914 ; Atlas historique Duby, Larousse, 2013

Carto n° 59, 2020 © Areion/Capri

UN CONTEXTE HAUTEMENT CONFLICTUEL

Plusieurs facteurs expliquent l'accentuation des violences en Papouasie indonésienne. Depuis 1969, les revendications indépendantistes n'ont jamais cessé face à la politique centralisatrice de Jakarta, et ce, malgré l'obtention en 2001 d'un statut d'autonomie renforcé avec notamment l'établissement d'un Conseil du peuple papou, sorte d'organe législatif provincial. Benny Wenda, leader du Mouvement uni pour la libération de la Papouasie occidentale, en exil au Royaume-Uni, réclame l'appui de l'ONU afin d'organiser un référendum sur l'indépendance des deux régions papoues indonésiennes, constatant l'échec du sécessionnisme pacifique.

Il faut aussi y rajouter l'inversion du rapport de force démographique et ethnique qui s'est opéré depuis la fin du XXe siècle, au détriment des autochtones. Depuis l'indépendance, le pouvoir indonésien a favorisé le déplacement de populations des espaces surpeuplés des îles occidentales, notamment Java (152,4 millions d'habitants en 2020) vers les îles périphériques orientales, vastes et sous-peuplées. Cette politique de transmigration réalisée par les autorités a contribué à la « javanisation » de ces marges territoriales (plus de la moitié des 4,4 millions d'habitants des deux provinces ne sont pas d'origine papoue) et à de nombreuses discriminations des Papous. Ces derniers sont souvent considérés comme des citoyens de second rang et constituent une minorité pauvre et sous-éduquée. Ils sont les laissés-pour-compte de la politique de développement du pays. En plus du racisme javanais, les Papous, majoritairement chrétiens, dénoncent les exactions commises contre eux par des milices islamistes alors que l'Indonésie, à 90 % musulmane, est confrontée à une montée en puissance des mouvements rigoristes.

La gestion de crise en Papouasie est cruciale pour Jakarta. Il s'agit pour le pouvoir d'éviter un scénario qui avait conduit à l'indépendance du Timor oriental en 2002. Il s'agit également de garder le contrôle des ressources naturelles (or, cuivre, hydrocarbures), parmi les plus importantes de la région. Les aménagements routiers (construction de l'axe Trans-Papouasie), portuaires et aéroportuaires, mais aussi la déforestation au profit des plantations de palmiers à huile, ont certes accéléré le développement de l'île, mais l'intégration économique des provinces papoues a surtout comme objectifs l'affirmation du gouvernement central et la déculturation des populations locales. **É. Janin**

2 La Papouasie, une île, deux pays

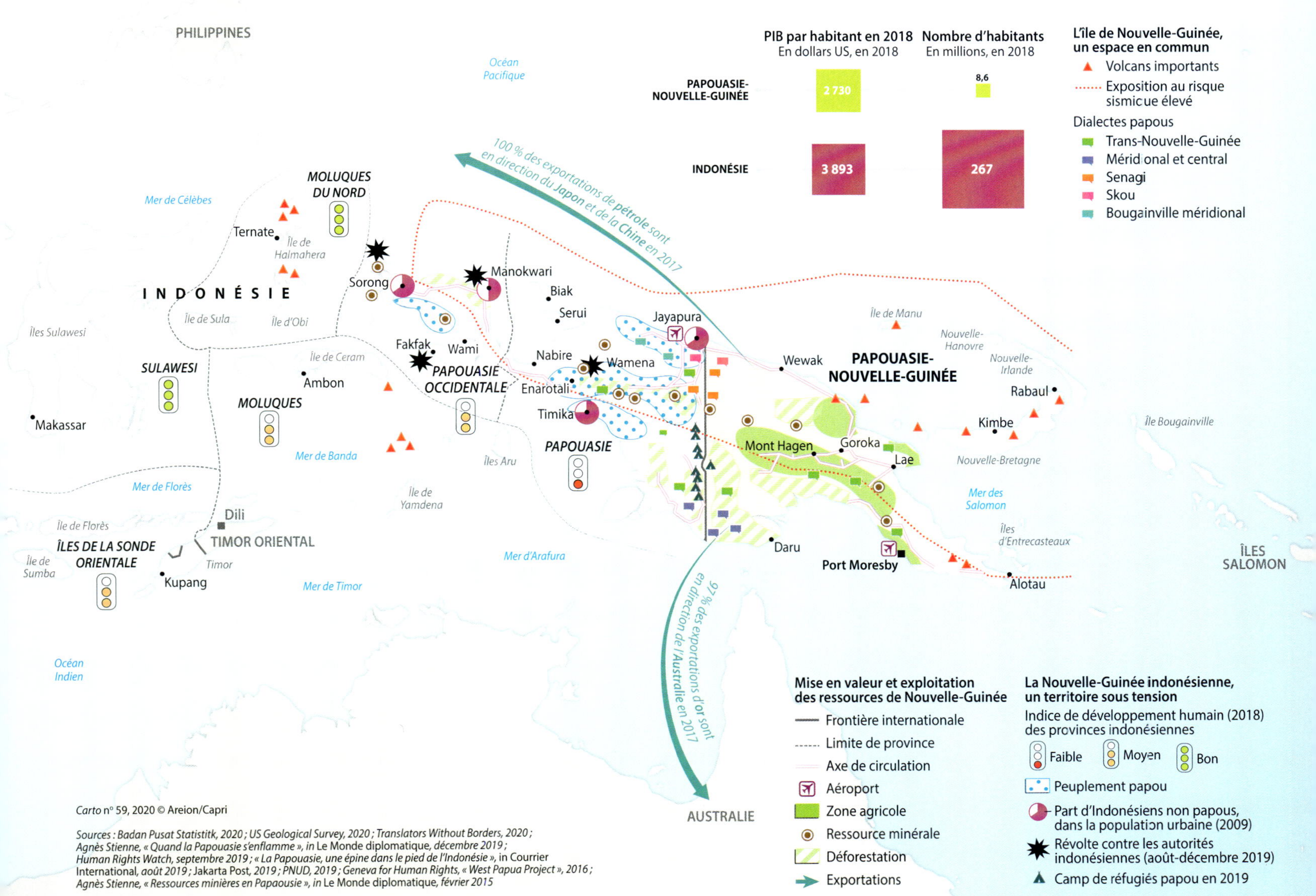

Carto n° 59, 2020 © Areion/Capri

Sources : Badan Pusat Statistitk, 2020 ; US Geological Survey, 2020 ; Translators Without Borders, 2020 ; Agnès Stienne, « Quand la Papouasie s'enflamme », in Le Monde diplomatique, *décembre 2019 ; Human Rights Watch, septembre 2019 ; « La Papouasie, une épine dans le pied de l'Indonésie », in* Courrier International, *août 2019 ;* Jakarta Post, *2019 ; PNUD, 2019 ; Geneva for Human Rights, « West Papua Project », 2016 ; Agnès Stienne, « Ressources minières en Papaousie », in* Le Monde diplomatique, *février 2015*

Dix ans après Fukushima : les effets sur l'agriculture

Si le tsunami qui a frappé le 11 mars 2011 les côtes est du Japon fut meurtrier (plus de 15 800 morts), l'accident nucléaire qui en a découlé, conséquence de la perte de contrôle de trois réacteurs de la centrale de Fukushima, a bouleversé la région. La catastrophe a imprimé des contraintes d'ordre radiologique, économique, social et culturel sur le territoire et sur l'agriculture qui y est pratiquée. Un défi que doit relever le Japon (1).

L'histoire agricole du département de Fukushima est représentative de l'agriculture japonaise. Après la Seconde Guerre mondiale, le gouvernement a encouragé la mise en place de rizières dans tout le pays, grâce à un système de prix garantis et à une profonde réforme agraire laissant la place à de nombreuses petites exploitations. Si le contexte pédoclimatique de la partie littorale du département de Fukushima n'est pas le plus favorable à cette culture, tout agriculteur y est aussi riziculteur. À la suite des crises de surproduction rizicole des années 1960, l'agriculture japonaise a connu une importante phase de diversification, menée à l'échelle des départements, incitant les riziculteurs à se lancer dans des productions de haute qualité et à forte valeur ajoutée. Fukushima développe ainsi son image de marque, notamment avec les pêches et les fruits rouges, produits de luxe sources de revenus pour les habitants.

UN MODÈLE REMIS EN CAUSE

Le 11 mars 2011 marque une rupture importante dans ce modèle de développement. Le tsunami détruit les côtes, mais dévaste aussi 5 500 hectares de rizières dans le département de Fukushima. Les dégâts dans le secteur primaire se chiffrent à près de 2 milliards d'euros. À la destruction par la mer s'est ajoutée la pollution aux radionucléides relâchés dans l'air par les réacteurs de la centrale. Très présentes dans les forêts, les particules radioactives, surtout du césium 134 et 137, sont libérées à chaque pluie, contaminent aussi les terres par ruissellement et se concentrent dans les retenues d'eau et fonds de vallée. Les systèmes d'irrigation, solidaires au sein des finages rizicoles, provoquent des pollutions en bloc.

Le modèle d'agriculture traditionnel a été totalement remis en cause. Alors que les autres régions côtières nettoyaient et désalinisaient les terres submergées, 13 communes ont été évacuées dans le département de Fukushima, une zone interdite – passée de 1 150 kilomètres carrés en 2013 à 336 en 2020 – a été créée, tandis que de nombreuses terres agricoles ont été abandonnées, leur taux d'utilisation passant de 85 % en 2010 à 75 % en 2018. Si la production ne s'est pas effondrée, le système traditionnel a été bouleversé, le riz du département restant moins valorisé au niveau national, alors que l'image de marque attachée à l'origine « Fukushima » pour les pêches et les fruits rouges est répulsive, malgré les contrôles de radioactivité effectués chaque année sur quelque 300 000 échantillons. Les micro-exploitations ne disposent ni de la superficie nécessaire ni de la main-d'œuvre pour se lancer dans une production de masse bon marché.

UN « MIRACLE DE FUKUSHIMA » ?

Malgré cette situation difficile, les autorités japonaises sont attachées à la réhabilitation du territoire, refusant l'abandon des terres. Une telle prouesse serait en effet un signal positif adressé au monde, de même qu'un argument majeur, au niveau national, pour le maintien du parc nucléaire. Il s'agit aussi d'une promesse faite aux habitants eux-mêmes. D'importants moyens technologiques ont été mis en place, visant à limiter la contamination au long de la chaîne de production et faisant de Fukushima un véritable laboratoire de l'agriculture en milieu confiné. Les réseaux d'irrigation ont été restructurés, des milliers d'hectares ont été raclés et leur couche superficielle remplacée, tandis que les rizières ont été ensemencées de potassium inhibant l'absorption de césium par les plantes. Des études sont encore en cours, notamment pour déterminer dans quelles parties de la plante se concentre la radioactivité.

Les résultats obtenus sont communiqués par les autorités faisant état du « miracle de Fukushima ». De fait, au prix d'une adaptation des pratiques agronomiques et d'un contrôle à long terme, il est techniquement possible de maintenir un système de production agricole « presque » identique à celui d'avant l'accident. Ce bilan reste cependant remis en cause par la réalité. Les espaces ruraux du département ont en effet été transformés par les chantiers de décontamination eux-mêmes, les activités destinées aux ouvriers ayant pris le pas sur le secteur primaire. De même, seuls 15 % des habitants des terres polluées déclarent vouloir revenir, tandis que le département a perdu la moitié de ses agriculteurs. De plus, le stock de nucléides restant important, le risque de pic de contamination persiste, rendant nécessaires des contrôles permanents, la présence de techniciens et la perpétuation des pratiques de décontamination coûteuses.

La rupture que vit Fukushima semble définitive. Si cela ne remet pas en question la sécurité alimentaire du Japon, dont les pôles rizicoles continuent de fonctionner tandis que le reste des besoins est surtout couvert par les importations, le niveau d'autonomie alimentaire du pays s'établissant à 37 % en 2018, l'avenir du département de Fukushima demeure incertain, dépendant du succès de la stratégie gouvernementale.

C. Cnudde et R. Scoccimarro

NOTE

(1) Pour en savoir plus, voir Rémi Scoccimarro, « Le défi nucléaire au service de l'agriculture japonaise ? », in Sébastien Abis et Matthieu Brun (dir.), *Le Déméter 2021*, IRIS Éditions, 2021, p. 79-94.

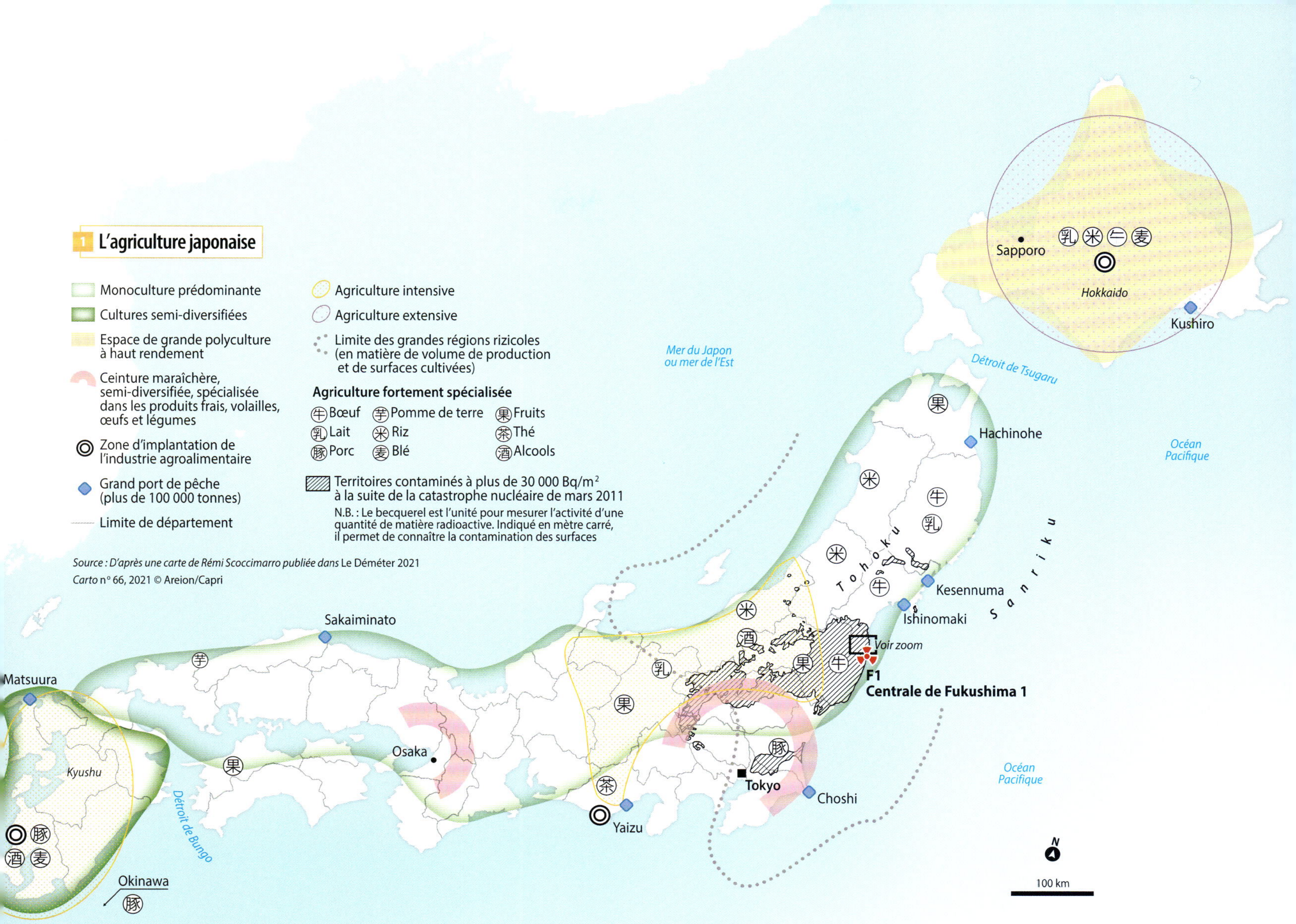
1 L'agriculture japonaise
Monoculture prédominante
Cultures semi-diversifiées
Espace de grande polyculture à haut rendement
Ceinture maraîchère, semi-diversifiée, spécialisée dans les produits frais, volailles, œufs et légumes
Zone d'implantation de l'industrie agroalimentaire
Grand port de pêche (plus de 100 000 tonnes)
Limite de département
Agriculture intensive
Agriculture extensive
Limite des grandes régions rizicoles (en matière de volume de production et de surfaces cultivées)
Agriculture fortement spécialisée
牛 Bœuf
乳 Lait
豚 Porc
芋 Pomme de terre
米 Riz
麦 Blé
果 Fruits
茶 Thé
酒 Alcools
Territoires contaminés à plus de 30 000 Bq/m² à la suite de la catastrophe nucléaire de mars 2011
N.B. : Le becquerel est l'unité pour mesurer l'activité d'une quantité de matière radioactive. Indiqué en mètre carré, il permet de connaître la contamination des surfaces
Source : D'après une carte de Rémi Scoccimarro publiée dans Le Déméter 2021
Carto n° 66, 2021 © Areion/Capri
Sapporo
Hokkaido
Kushiro
Détroit de Tsugaru
Mer du Japon ou mer de l'Est
Hachinohe
Océan Pacifique
Tohoku
Sanriku
Kesennuma
Ishinomaki
Voir zoom
F1
Centrale de Fukushima 1
Sakaiminato
Matsuura
Kyushu
Osaka
Tokyo
Choshi
Yaizu
Océan Pacifique
Détroit de Bungo
Okinawa
100 km

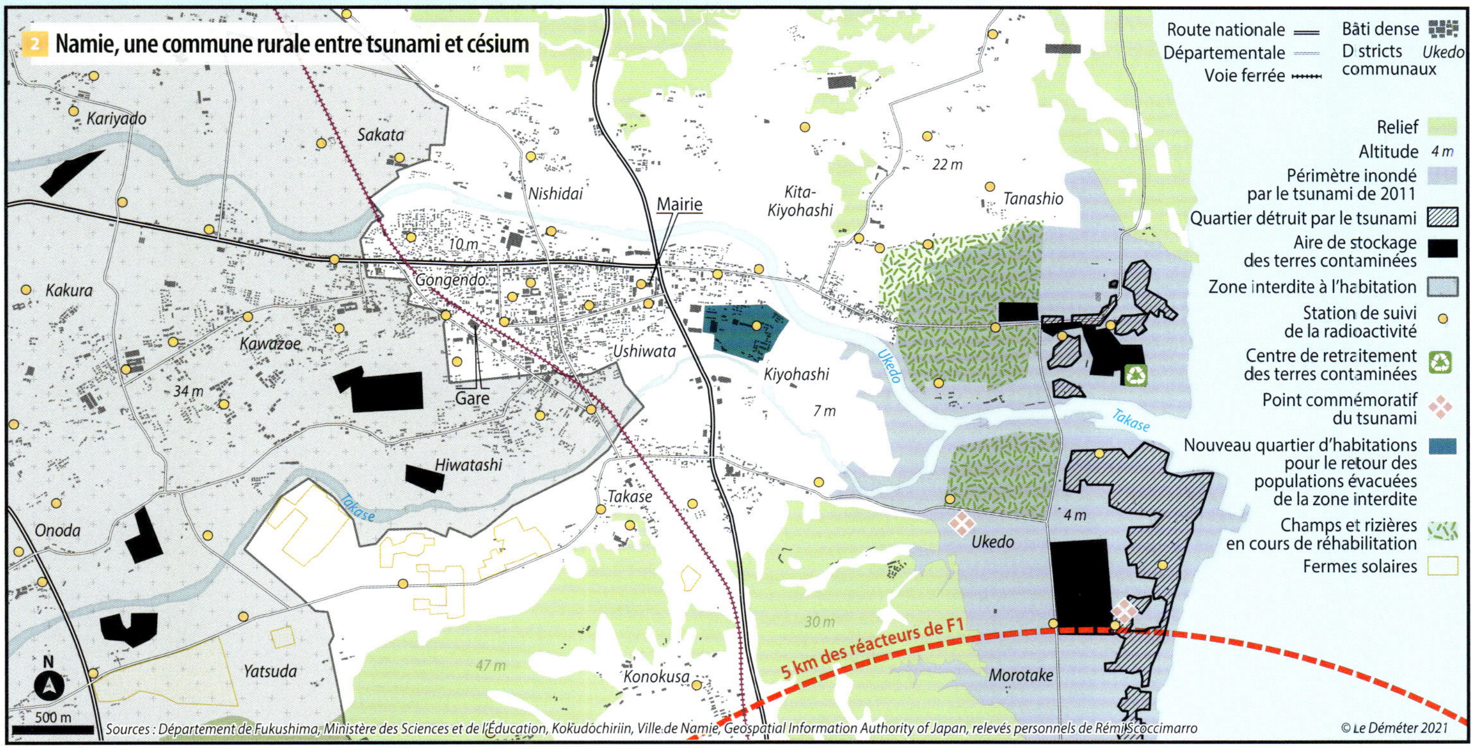
2 Namie, une commune rurale entre tsunami et césium
Route nationale
Départementale
Voie ferrée
Bâti dense
Districts communaux
Ukedo
Relief
Altitude 4 m
Périmètre inondé par le tsunami de 2011
Quartier détruit par le tsunami
Aire de stockage des terres contaminées
Zone interdite à l'habitation
Station de suivi de la radioactivité
Centre de retraitement des terres contaminées
Point commémoratif du tsunami
Nouveau quartier d'habitations pour le retour des populations évacuées de la zone interdite
Champs et rizières en cours de réhabilitation
Fermes solaires
Kariyado
Sakata
Nishidai
Mairie
Kita-Kiyohashi
22 m
Tanashio
10 m
Gongendo
Kakura
Kawazoe
34 m
Ushiwata
Kiyohashi
Ukedo
Gare
7 m
Takase
Hiwatashi
Takase
Onoda
Ukedo
4 m
30 m
47 m
Yatsuda
Konokusa
5 km des réacteurs de F1
Morotake
500 m
Sources : Département de Fukushima, Ministère des Sciences et de l'Éducation, Kokudochiriin, Ville de Namie, Geospatial Information Authority of Japan, relevés personnels de Rémi Scoccimarro
© Le Déméter 2021

BLACK LIVES
MATTER
www.blacklivesmatteryardsignproject.org

AMÉRIQUES

CONTRE LE RACISME

Les violences contre les personnes de couleur aux États-Unis ont conduit à la création du réseau Black Lives Matter, à l'origine de manifestations dans le pays, comme ici à Kenosha (Wisconsin), le 24 août 2020.(© AFP/Scott Olson/Getty Images North America)

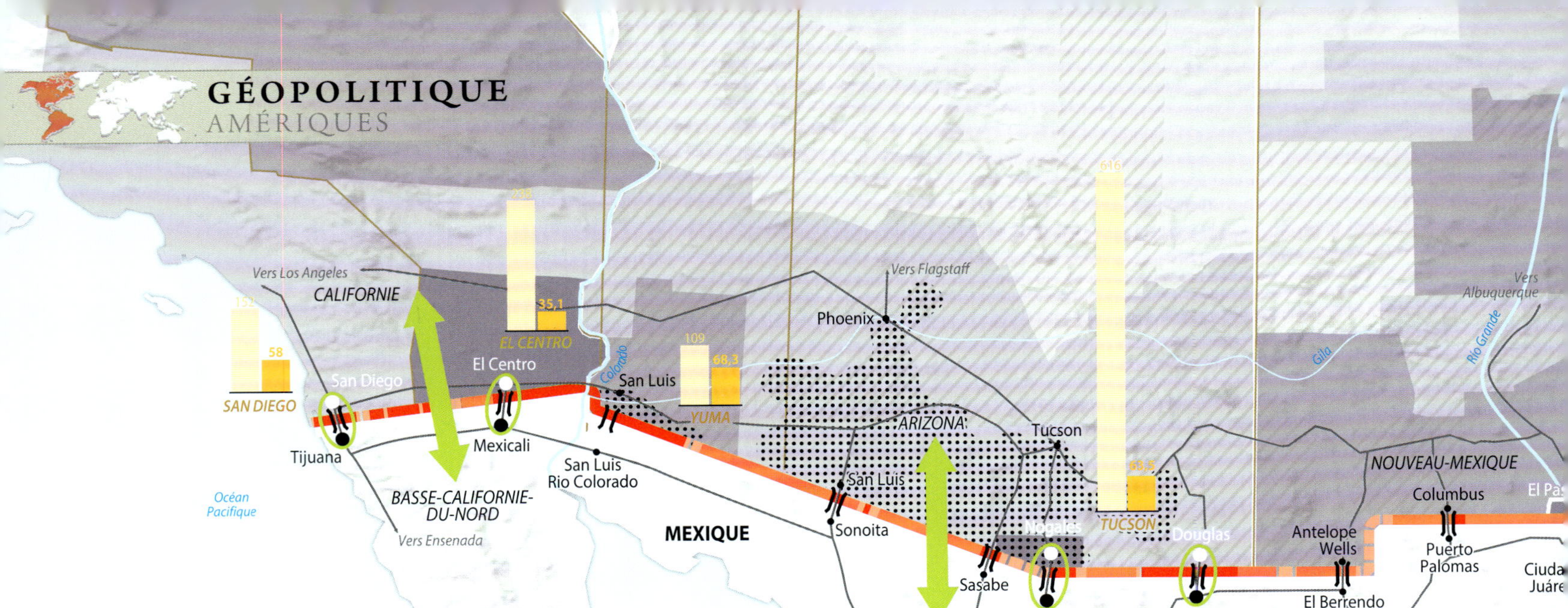

1 Géographie de la frontière américano-mexicaine

Carto n° 62, 2020 © Areion/Capri

Sources : CRS Reports, U.S.-Mexico Economic Relations: Trends, Issues, and Implications, *25 juin 2020 et* DHS Border Barrier Funding, *janvier 2020 ;* U.S. Customs and Border Protection, *2020 ;* United States Border Patrol, *février 2017 ;* Human Borders, *2017 ;* U.S. Census Bureau, *2017 ;* The University of Texas, *The Texas-Mexico Border Wall, 2017 ; « The wall: Building a continuous US-Mexico barrier would be a tall order », in* Reveal, *22 janvier 2017 ; « Presidential Election Results: Donald J. Trump Wins », in* The New York Times, *10 février 2017 ; « The Economics of Donald Trump's wall », in* The Economist, *26 juillet 2016 ; F. Bost (dir.),* Atlas mondial des zones franches, *La Documentation française, 2010*

« Bilan Trump » : la fin du rêve américain ?

En juin 2015, Donald Trump commence sa campagne en diagnostiquant la « mort du rêve américain » et la promesse de le ressusciter. Sont à la fois visés l'administration Obama (2009-2017) et le Parti républicain. Il se positionne comme l'« homme du renouveau ». Et il a été élu. Après son mandat, force est de constater que ce cher « rêve américain » reste moribond, ses fondements mêmes ayant été mis à mal.

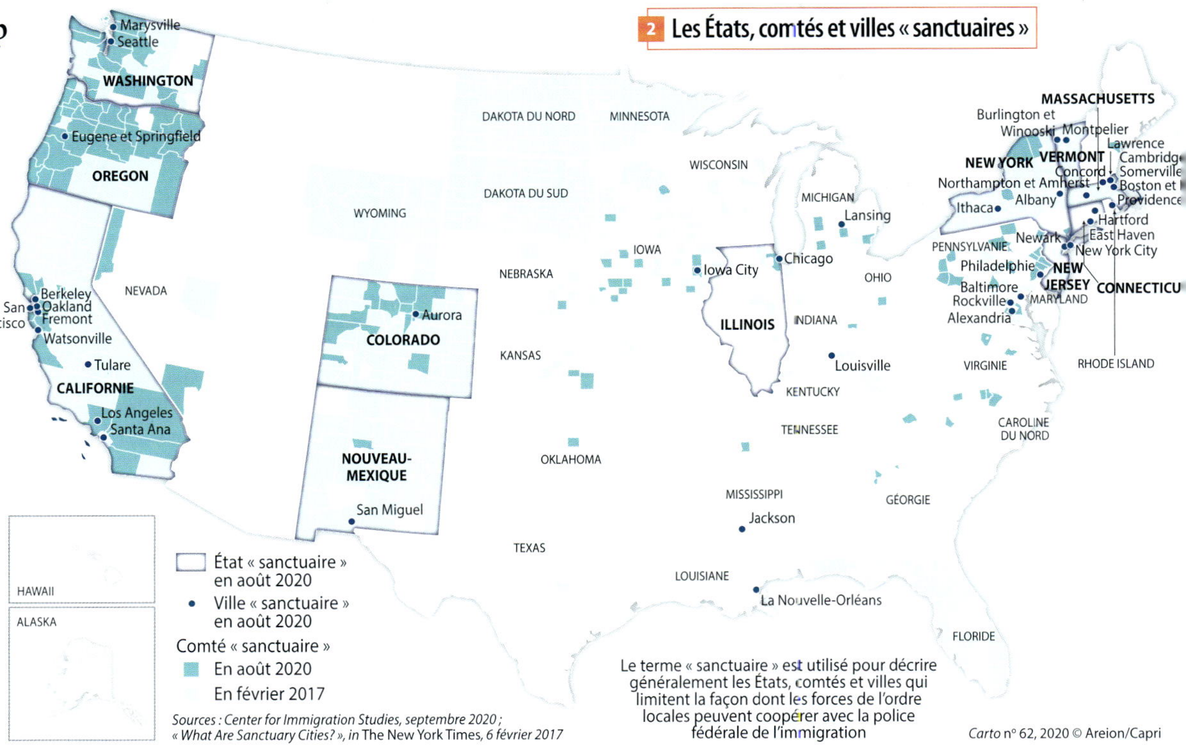

2 Les États, comtés et villes « sanctuaires »

Sources : Center for Immigration Studies, septembre 2020 ; « What Are Sanctuary Cities? », in The New York Times, *6 février 2017*

Carto n° 62, 2020 © Areion/Capri

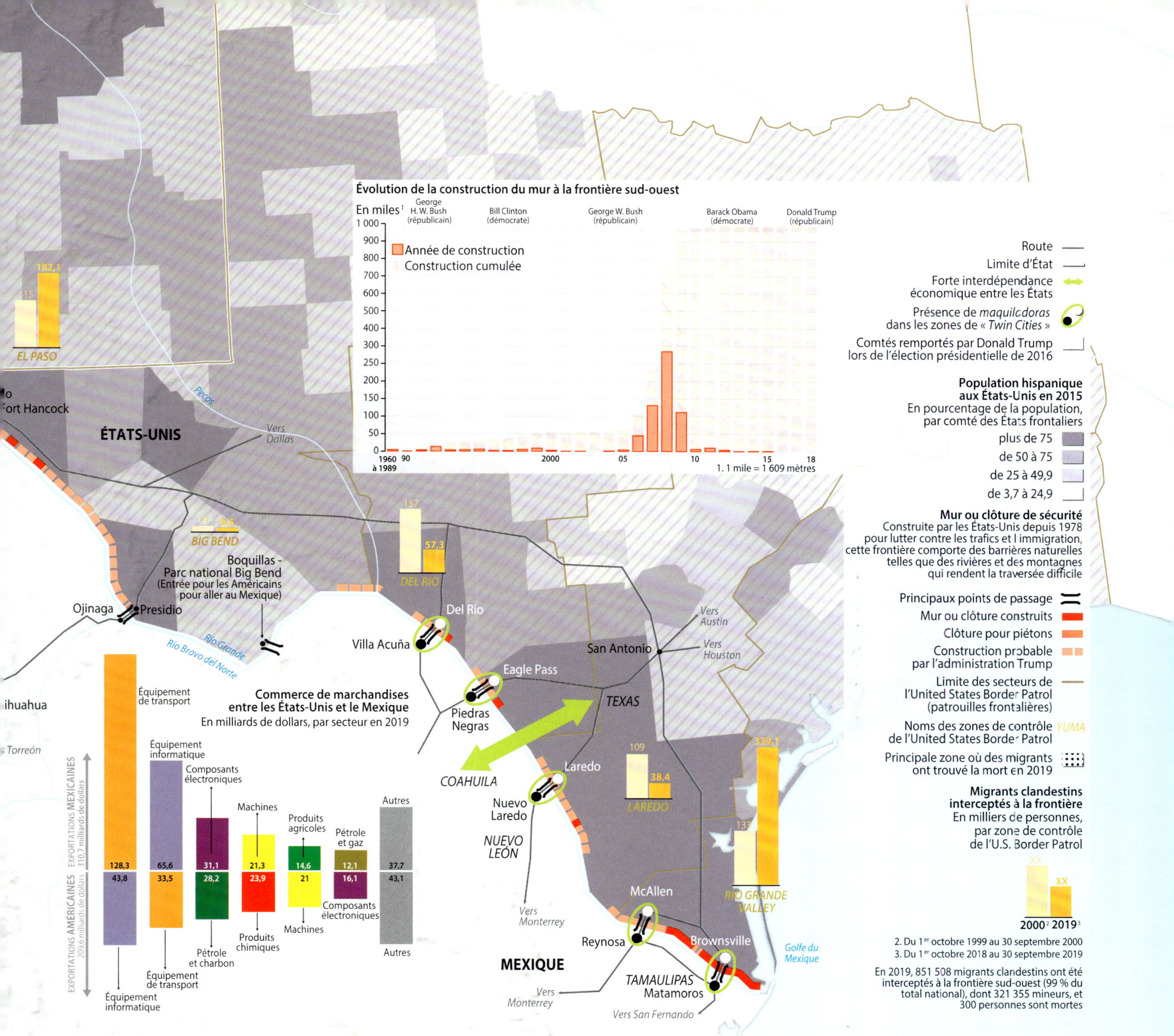

L e rôle de l'homme providentiel est classique pour les candidats d'opposition : il correspond à l'idéal du représentant politique qui va changer les choses. La thématique du « rêve américain » et de sa protection ou de sa restauration fonctionne également parce qu'elle est l'épine dorsale d'une sorte de roman national américain, la promesse que travailler dur, épargner, jouer le jeu finira par payer, pour soi ou/et ses enfants. Le « rêve américain » est souvent réduit à l'espoir d'une ascension sociale, à la possibilité d'accéder à une certaine aisance, à la grande classe moyenne, à l'abri du besoin, mais pas nécessairement très riche. La richesse est généralement considérée comme une preuve de réussite aux États-Unis, sauf si elle est héritée et, par définition, n'est pas faite par un « *self-made man* ».

RUPTURE POLITIQUE

Cependant, le succès de l'image du « rêve américain » tient à la difficulté de circonscrire cette notion avec précision, mais également à la multiplicité d'aspects qu'elle recouvre : ce n'est pas que le pavillon dans une banlieue résidentielle, promesse de bonnes écoles pour les enfants, c'est aussi l'accès à l'égalité pour les minorités religieuses, ethniques et sexuelles, la possibilité d'outrepasser les entraves qui caractérisent les sociétés de castes de l'Ancien Monde. C'est aussi l'égalité d'un accès à la santé et la possibilité de vivre dans un environnement préservé.

La présidence Trump s'est donc inscrite à la fois en rupture avec la politique américaine récente, en s'efforçant de détricoter les mesures économiques et environnementales mises en place par l'administration Obama, mais aussi dans la continuité avec une histoire plus profonde.

La question de l'immigration est à la fois au cœur de la thématique du « rêve américain » (on quitte son pays pour les États-Unis avec l'espoir d'une vie meilleure) et de la campagne Trump de 2016, dirigée notamment contre les Mexicains, et la promesse d'un mur entre les deux pays. Si l'immigration est le moteur de l'histoire américaine, on peut en dire autant des mouvements d'opposition et de résistance à l'immigration, irlandaise au milieu du

3 Panorama de la population asiatique

Population asiatique des grandes villes américaines
En nombre de personnes, en 2010

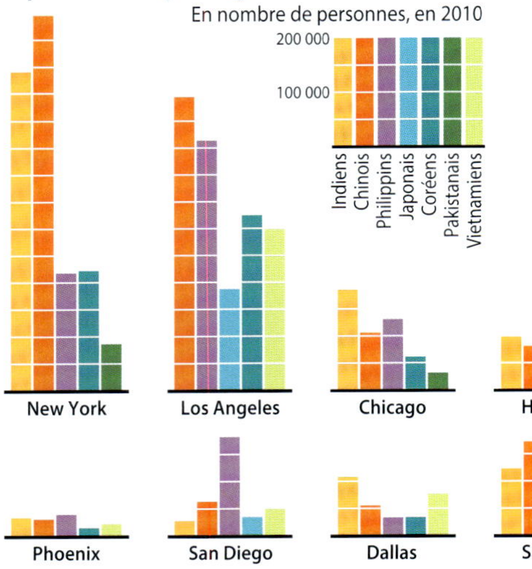

Évolution de l'immigration aux États-Unis
En pourcentage par année d'arrivée

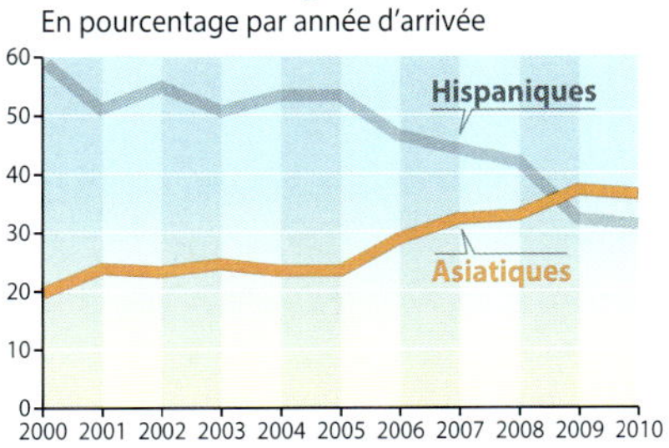

Quelle population asiatique aux États-Unis ?

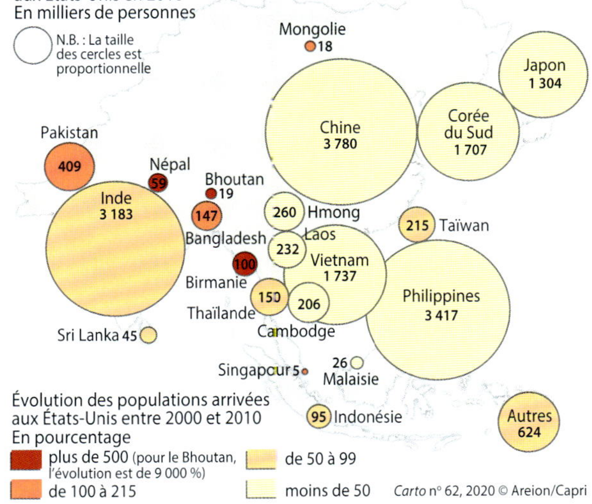

Sources : *U.S. Census Bureau*, The Asian Population: 2010, *mars 2012 ; Pew Research Center, 2012*   N.B. : Selon le dernier recensement disponible   *Carto n° 62, 2020 ©* Areion/Capri

XIXe siècle, originaire d'Europe de l'Est et du Sud autour de 1900, mais aussi chinoise. On oublie souvent que les premières lois antimigratoires visaient les Chinois en Californie (1882, 1892).
La promesse d'une barrière à la frontière sud contribua à propulser Donald Trump en tête de la primaire républicaine dès l'été 2015.

> « La dernière grande entreprise de l'administration Trump aura été le détricotage des mesures environnementales prises par Obama, à commencer par le retrait des États-Unis de l'accord de Paris de 2015. »

Cependant, elle ne faisait que reprendre un premier mur entamé sous Bill Clinton (1993-2001) en 1994 et poursuivi sous George W. Bush (2001-2009) en 2006. L'administration Obama se distingua pour avoir expulsé davantage de clandestins que celle de Bush, paradoxalement. Autre fait notable : les flux migratoires, très nourris dans les années 1980-2000, avaient diminué avec la récession, au point que le solde migratoire s'était inversé ; on comptait plus de départs vers le sud que d'immigration vers le nord entre 2005 et 2010. Mais la figure du bouc émissaire et le simplisme d'un mur ont séduit l'opinion. L'enjeu de la protection, voire du renforcement de la frontière et plus largement le traitement des immigrés (légaux ou non), fut une constante de la présidence Trump. D'où le spectre d'une colonne de clandestins originaires d'Amérique centrale qui remontait vers la frontière pendant la campagne des élections de mi-mandat de 2018. Cette fois, cependant, l'argument électoraliste a moins bien fonctionné, mais la thématique de la forteresse n'a pas pour autant disparu. C'est plus le style que le sujet de l'immigration qui constitua la nouveauté de l'administration Trump. Le mur à la frontière devint un abcès de fixation dans l'opinion, alimentant une polarisation déjà importante, mais aussi au Congrès : les démocrates, majoritaires à la Chambre des représentants, ont systématiquement refusé d'attribuer des crédits à l'érection du mur, qui n'a guère avancé pendant quatre ans – une centaine de kilomètres de mur a été rénovée ou modernisée, mais aucun nouveau pan n'a été terminé.

L'IMMIGRATION DANS LE VISEUR

L'autre théâtre de la politique anti-immigration de l'administration Trump est la chasse aux clandestins et la décision de certaines villes en réaction de se constituer en « sanctuaires » en ne prêtant pas assistance à l'agence chargée d'appréhender les sans-papiers.
Sur ce point, la résistance politique se fait sur le terrain du fédéralisme, entre le gouvernement fédéral d'un côté et les États ou les villes de l'autre. Ces « villes sanctuaires » sont surtout situées sur les côtes et près de la frontière mexicaine (Californie, Nouveau-Mexique), ainsi que dans des États à forte population étrangère, comme New York. L'ouest montagneux et le vieux sud en sont au contraire pratiquement exempts.
La focalisation de Trump sur l'immigration hispanique masque le fait que l'immigration la plus forte vient désormais d'Asie. Là encore, ce n'est pas un phénomène nouveau. L'immigration asiatique est particulièrement diverse avec de fortes disparités de revenus et de niveau d'éducation. Dans les statistiques américaines, l'Asie inclut l'Inde. Jadis considérés comme le « péril jaune » et objet d'hostilité parfois violente, les Asiatiques sont désignés comme une « minorité modèle », un terme controversé qui servirait à stigmatiser les Noirs et les Hispaniques. Statistiquement, en revanche, les Asiatiques, malgré leur diversité, ont des revenus et un niveau d'éducation élevés, et des taux de criminalité et de morbidité inférieurs à la moyenne. Dans la Silicon Valley comme en Californie du Sud, dans les banlieues du Texas ou des villes de la côte est, ils contribuent à changer la physionomie démographique parfois de façon nette. Ainsi, Irvine, dans le comté d'Orange (Californie), était « blanc » à près de 90 % en 1980 ; aujourd'hui, les Blancs et les Asiatiques sont aussi nombreux (45 % de la population). À Monterey Park, à l'est de Los Angeles, ce sont les Chinois qui sont en passe de devenir majoritaires. Dans les banlieues de Houston, la population indienne est surreprésentée. La crise du coronavirus, appelé « virus chinois » par Donald Trump, a entraîné une vague d'agressions verbales et physiques à l'égard des Asiatiques, qui ont contribué à fragiliser l'image de « minorité modèle ». La nomination de Kamala Harris, sénatrice démocrate de Californie, comme colistière de Joe Biden, est une miniature du « rêve américain ». Fille d'un père jamaïcain et d'une mère indienne, elle est au carrefour de l'immigration, de la promesse d'une ascension sociale par l'éducation et de

4 Études et endettement

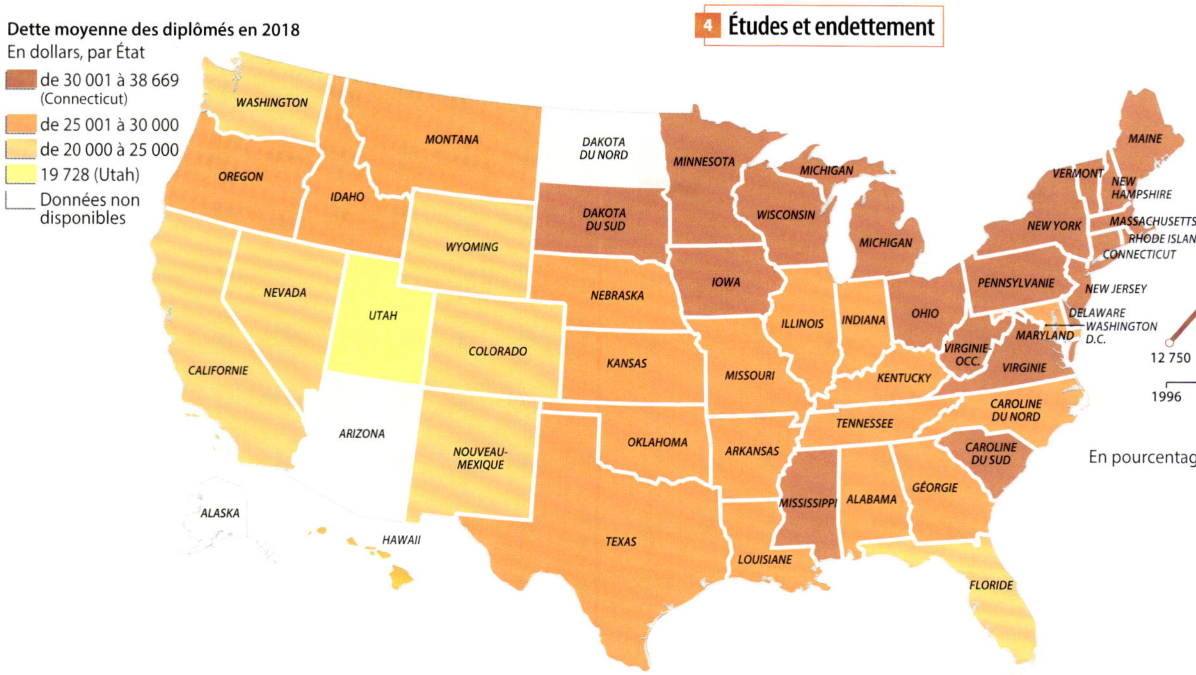

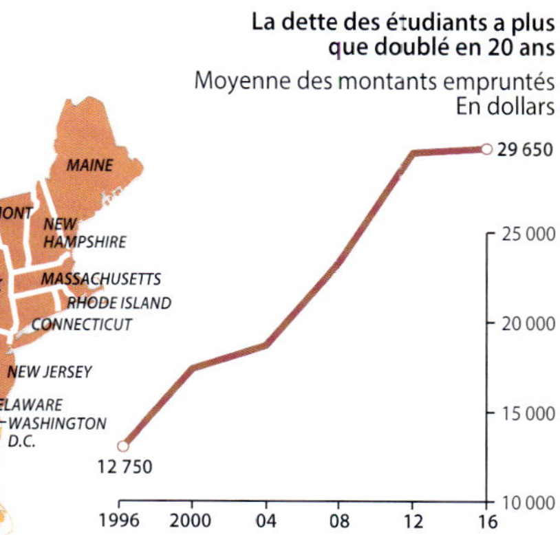

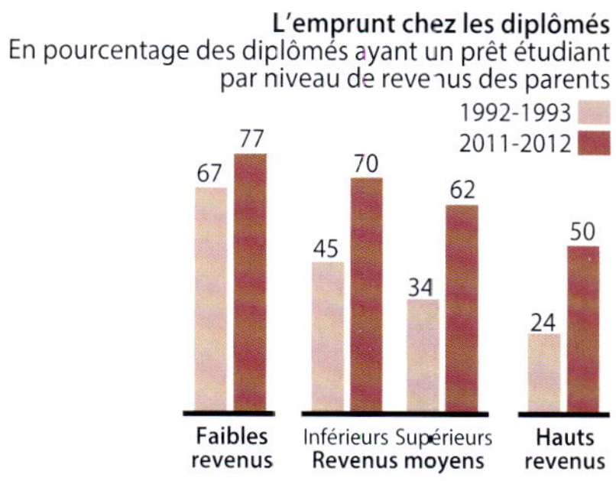

Social Security Act 1935

Medicaid 1965 — Programme qui prend en charge les personnes de 65 ans et plus

Medicare — Programme qui vient en aide aux plus pauvres

Family Support Act 1988

Patient Protection Affordable Care Act (« Obamacare ») 2010
- Subventions fédérales pour aider les familles à bas revenus
- Interdiction pour les assurances de refuser de couvrir des personnes selon leurs antécédents médicaux
- Élargissement de la couverture Medicaid aux Américains vivant au-dessus du seuil de pauvreté
- Création d'une bourse aux assurances

5 Pauvreté et accès aux soins

Répartition de l'assurance maladie par secteur en 2018, en pourcentage de la population totale

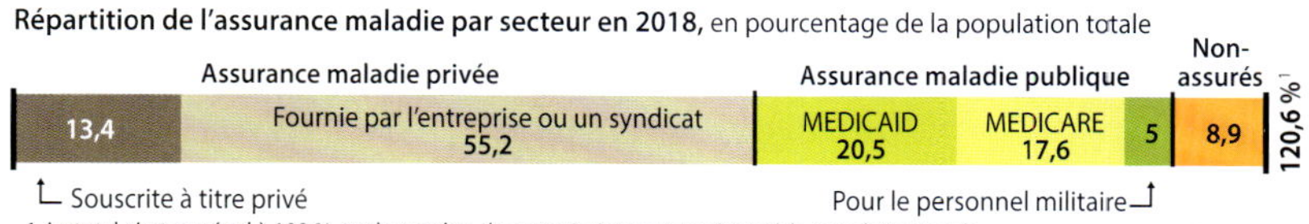

1. Le total n'est pas égal à 100 %, car le nombre de souscriptions est supérieur à la population totale, plusieurs personnes pouvant être couvertes par plus d'un type d'assurance santé durant l'année

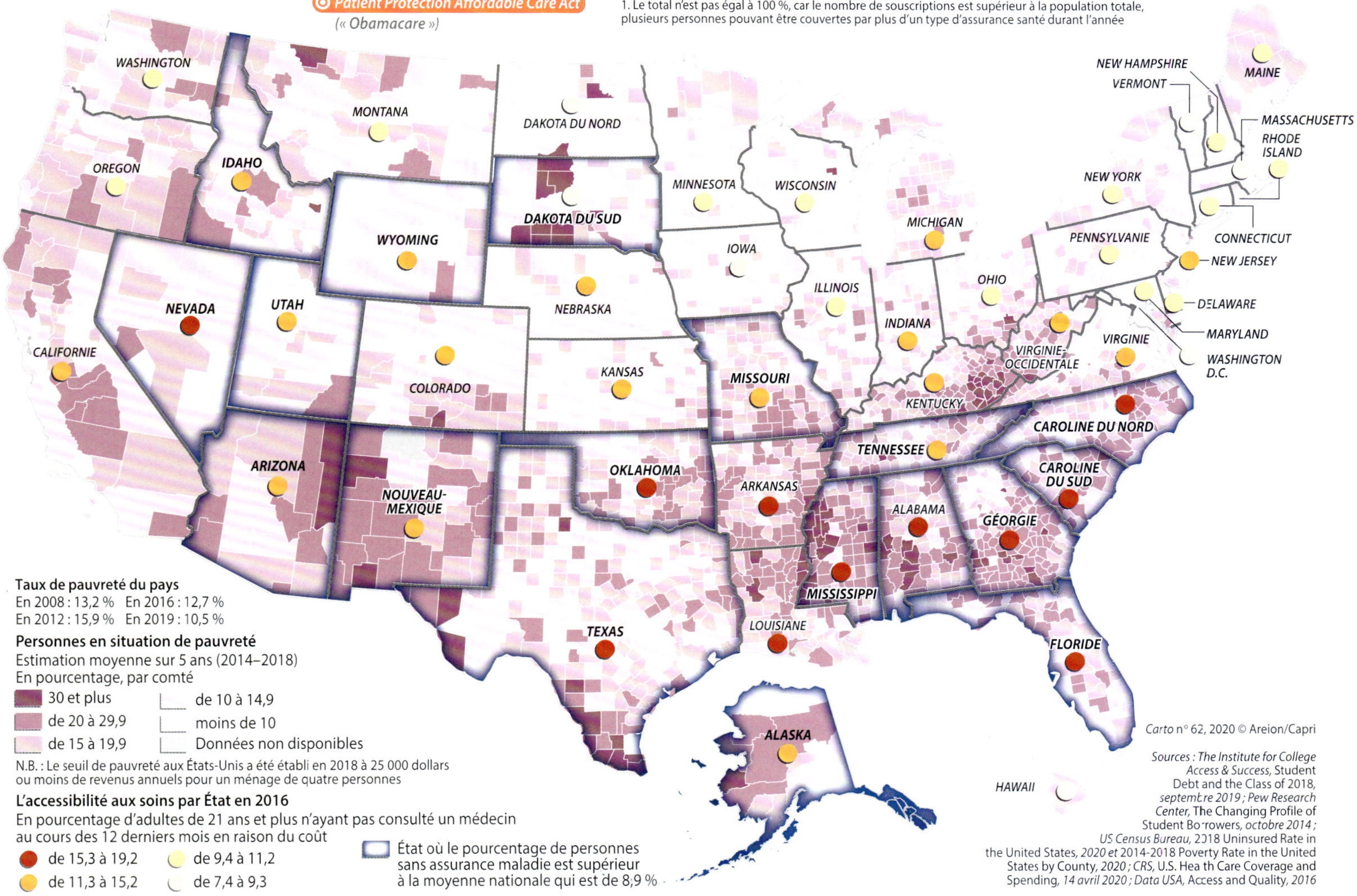

Carto n° 62, 2020 © Areion/Capri

Sources : The Institute for College Access & Success, Student Debt and the Class of 2018, *septembre 2019 ; Pew Research Center,* The Changing Profile of Student Borrowers, *octobre 2014 ; US Census Bureau,* 2018 Uninsured Rate in the United States, *2020 et* 2014-2018 Poverty Rate in the United States by County, *2020 ; CRS,* U.S. Health Care Coverage and Spending, *14 avril 2020 ; Data USA,* Access and Quality, *2016*

6 Espérance de vie

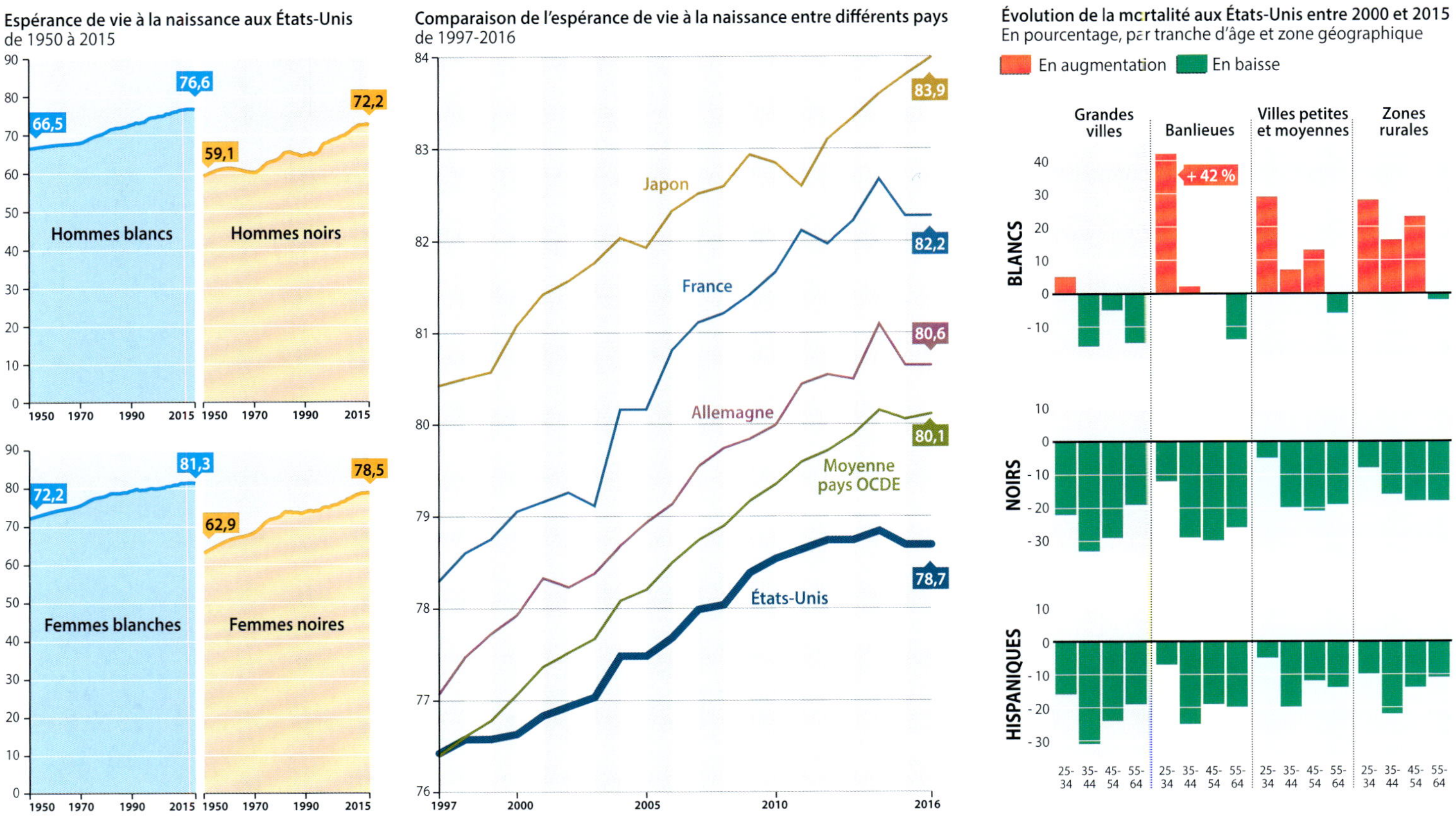

Sources : Banque mondiale, 2018 ; Centres pour le contrôle et la prévention des maladies des États-Unis, 2017 ; E. Stein et alii, The Epidemic of Despair Among White Americans: Trends in the Leading Causes of Premature Death, 1999-2015, American Journal of Public Health, octobre 2017

Carto n° 62, 2020 © Areion/Capri

l'attractivité des États-Unis pendant la guerre froide. Son parcours politique est vu comme le symbole de l'Amérique « nouvelle ».

UN MODÈLE D'EXCELLENCE EN PÉRIL

L'éducation, notamment l'université, est devenue le sésame vers la classe moyenne dans les années 1950-1980. À l'époque, on pouvait aspirer à une existence confortable en entrant sans diplôme dans l'usine locale, c'était encore plus le cas si l'on obtenait un diplôme. Cette promesse semble désormais bien plus fragile. D'abord parce que le marché du travail s'est dégradé pour les nouveaux diplômés, avec le renchérissement des loyers, qui ne permet pas forcément de se loger avec les salaires proposés, mais aussi, voire surtout, à cause de l'explosion du coût des études supérieures et, par conséquent, de l'endettement des étudiants, qui préoccupe les économistes. Les démocrates s'entendent souvent sur la nécessité de rendre l'éducation plus accessible, mais pas forcément sur l'ampleur de l'effort de la puissance publique pour y parvenir. Dans l'ensemble, le constat est qu'entreprendre des études supérieures est un pari risqué et plus seulement un investissement pour l'avenir. Cependant, cette dégradation est plus ancienne que la présidence Trump. L'éducation aux États-Unis est sous-financée depuis des décennies, montrant que certains sujets échappent en grande partie à l'intervention du locataire de la Maison Blanche. Le financement comme les programmes sont des questions locales, qui relèvent des États, voire des districts scolaires.

Le déclin des promesses liées à l'éducation s'accompagne d'une dégradation plus large de l'image des États-Unis dans le monde, qui précède l'élection de Donald Trump. Malgré l'arrivée de Barack Obama, jugée favorablement par l'opinion mondiale après la présidence Bush et la guerre en Irak de 2003, l'Amérique ne fait plus rêver quand on compare certains aspects avec d'autres pays industrialisés.

C'est le cas notamment des infrastructures, particulièrement dégradées par manque d'investissements au niveau local, au niveau des États et au niveau fédéral. À un réseau de transports ferroviaires d'un autre âge s'ajoutent des routes, des ponts et des barrages dans un état souvent préoccupant. Longtemps synonymes de futurisme et de technologie, les États-Unis ont désormais une couverture Internet inégale, ce qui n'est pas sans poser des problèmes à l'heure du développement forcé du télétravail. En 2014, le scandale de la contamination au plomb de l'eau potable à Flint (Michigan) avait mis en exergue tous les dysfonctionnements politiques et économiques du pays à l'échelle d'une ville.

À cela s'ajoutent des comparaisons peu flatteuses dans le domaine de la santé. Le point le plus saillant de la présidence Trump est la gestion de l'épidémie de Covid-19 en 2020. Si elle est partagée entre le niveau le plus local (municipal), les États et le gouvernement fédéral, on ne peut que remarquer les disparités entre les courbes européennes et américaines. Donald Trump pensait se débarrasser du virus au printemps – il a été testé positif le 1er octobre – et espérait que l'économie ne souffrirait pas trop, afin de ne pas mettre en danger sa réélection en novembre. Or, peut-être à cause d'une réouverture de l'économie trop prématurée et d'un défaut de coordination logistique et industrielle (qui relève du gouvernement fédéral), mais surtout d'une communication erratique, l'été 2020 fut marqué par une détérioration continue à la fois de l'évolution du nombre de cas, mais aussi des décès. Si les pays d'Europe occidentale, au mois d'août, étaient confrontés à des remontées du nombre de cas, c'était sans commune

7 Divisions sociales et économiques à Flint (Michigan)

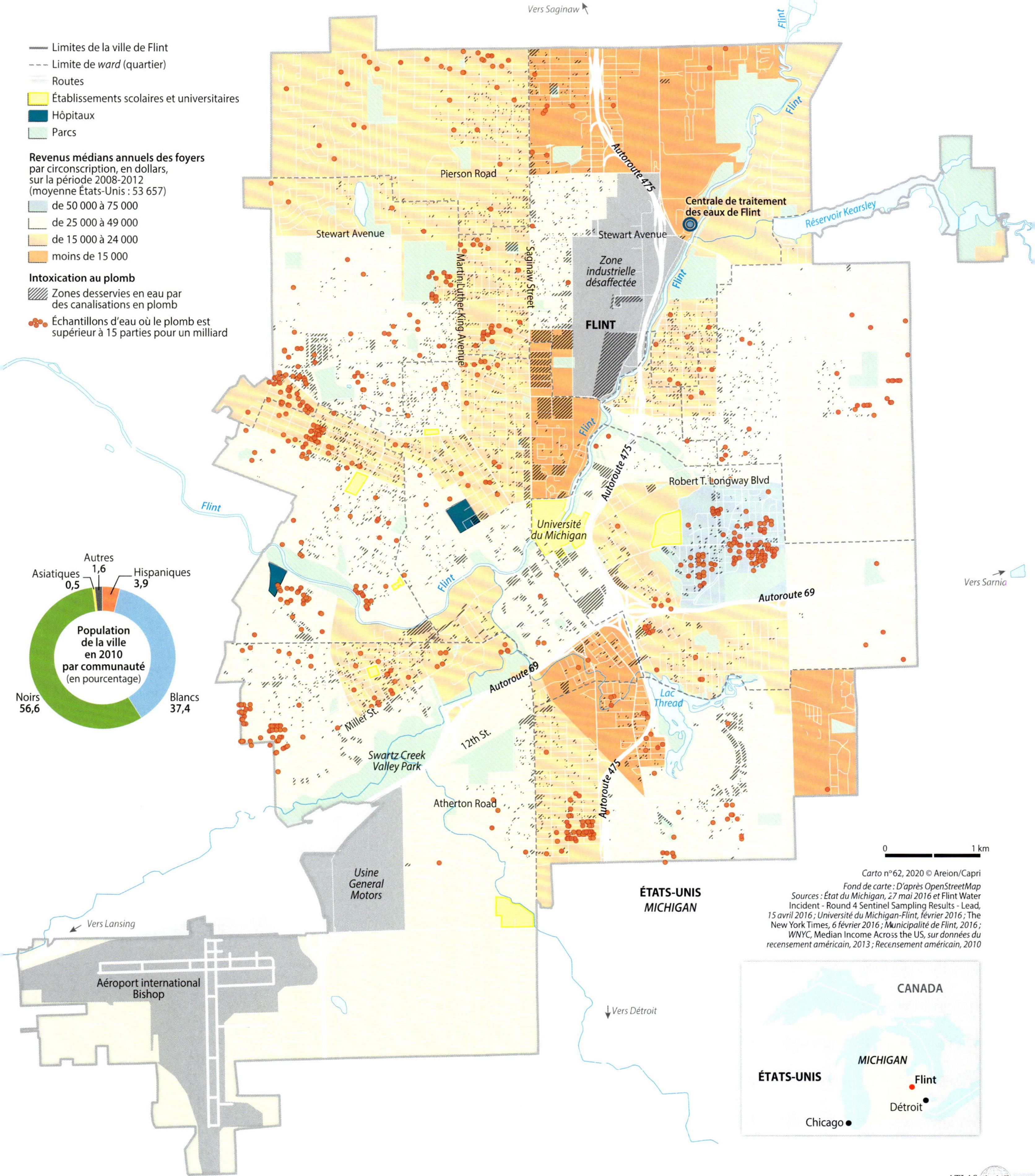

Carto n°62, 2020 © Areion/Capri
Fond de carte : D'après OpenStreetMap
Sources : État du Michigan, 27 mai 2016 et Flint Water Incident - Round 4 Sentinel Sampling Results - Lead, 15 avril 2016 ; Université du Michigan-Flint, février 2016 ; The New York Times, 6 février 2016 ; Municipalité de Flint, 2016 ; WNYC, Median Income Across the US, sur données du recensement américain, 2013 ; Recensement américain, 2010

8 Les ressources en eau de la Californie

Bassin hydrographique de Californie, indice de sécheresse de Palmer (PDSI)[1]

--- Tendance sur l'ensemble de la période 1895-2020

1. Cet indice prend en compte à la fois les quantités d'eau apportées (par les précipitations et par les cours d'eau), mais aussi la manière dont elle est absorbée

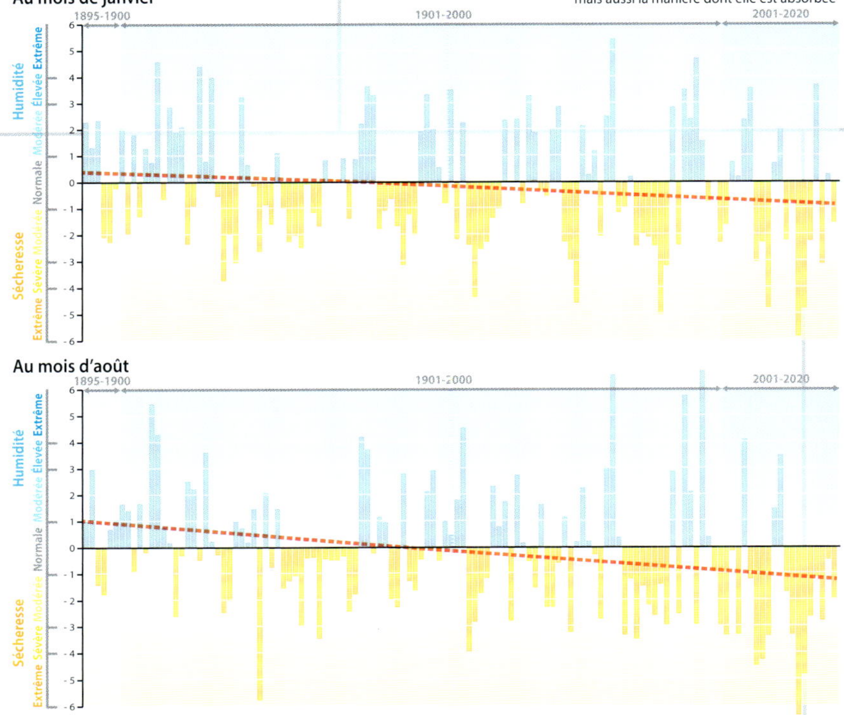

La bonne gestion des ressources en eau de la Californie est un enjeu économique et social pour un État qui fait régulièrement face à d'importantes sécheresses. Il s'agit de prendre en compte la géographie des bassins hydrographiques ainsi que la répartition de la population et des zones de productions agricoles. Les régions les plus riches en eau se trouvent plutôt dans l'intérieur, si bien que de nombreux aqueducs (cf. photo) fournissent les grandes villes, situées sur la côte. Néanmoins, celles-ci consomment moins que l'intérieur, où se situent les exploitations agricoles et sont constitués d'importants réservoirs.

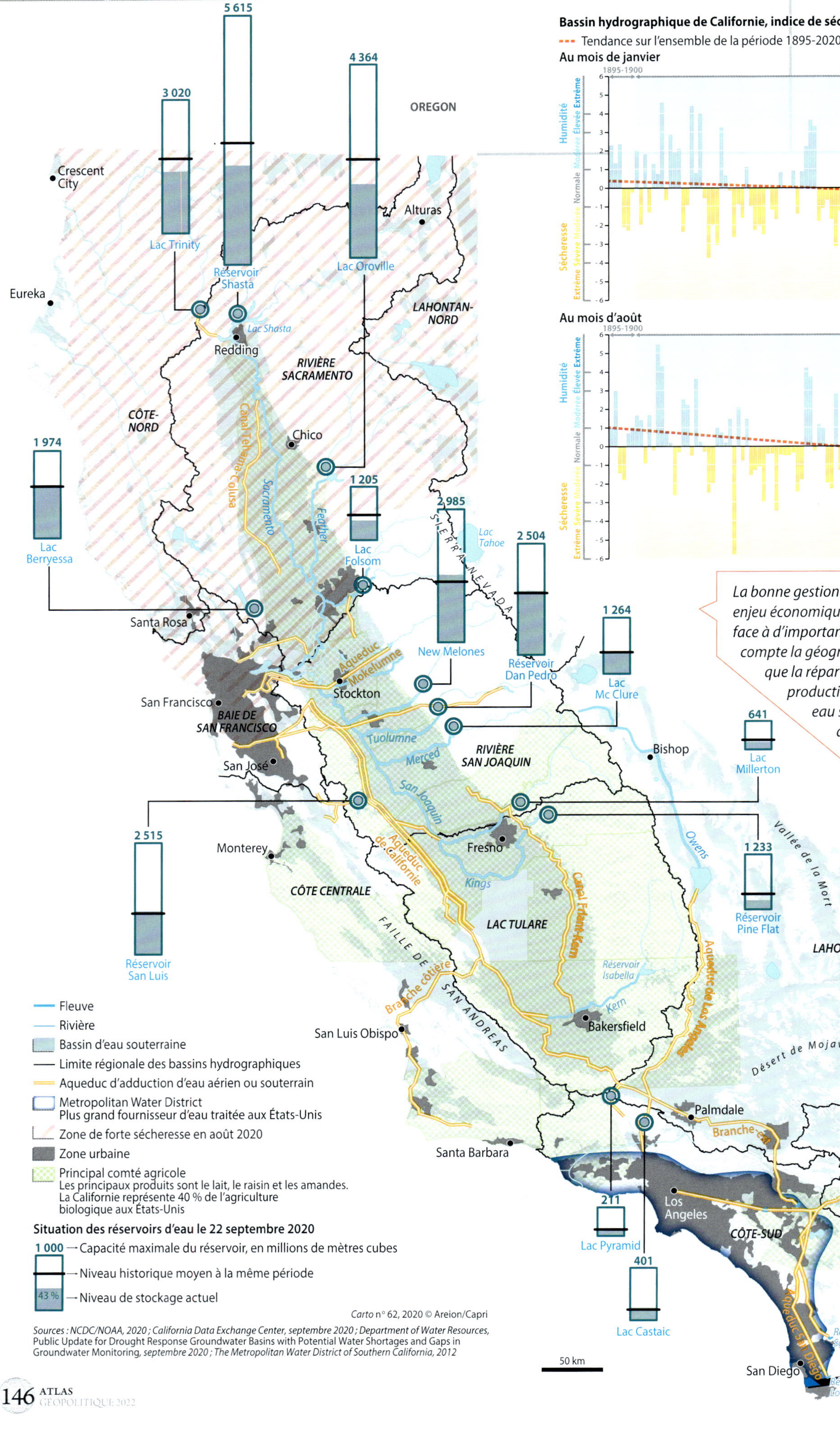

- Fleuve
- Rivière
- Bassin d'eau souterraine
- Limite régionale des bassins hydrographiques
- Aqueduc d'adduction d'eau aérien ou souterrain
- Metropolitan Water District
  Plus grand fournisseur d'eau traitée aux États-Unis
- Zone de forte sécheresse en août 2020
- Zone urbaine
- Principal comté agricole
  Les principaux produits sont le lait, le raisin et les amandes. La Californie représente 40 % de l'agriculture biologique aux États-Unis

Situation des réservoirs d'eau le 22 septembre 2020

1 000 → Capacité maximale du réservoir, en millions de mètres cubes

→ Niveau historique moyen à la même période

43 % → Niveau de stockage actuel

Carto n° 62, 2020 © Areion/Capri

Sources : NCDC/NOAA, 2020 ; California Data Exchange Center, septembre 2020 ; Department of Water Resources, Public Update for Drought Response Groundwater Basins with Potential Water Shortages and Gaps in Groundwater Monitoring, *septembre 2020 ; The Metropolitan Water District of Southern California, 2012*

mesure avec une épidémie parfois considérée comme « hors de contrôle » par les autorités sanitaires américaines elles-mêmes.

UN ACCÈS À LA SANTÉ LIMITÉ

Si la gestion de la pandémie est en partie imputable au gouvernement fédéral, donc à l'administration Trump, son incidence s'appuie sur des conditions préexistantes, à commencer par une situation sanitaire préoccupante et loin d'être nouvelle. Les comorbidités considérées comme des facteurs aggravants étaient déjà largement répandues dans la population : obésité, diabète, hypertension artérielle. Par ailleurs, ces comorbidités reflètent parfois des inégalités socio-économiques. Ainsi, obésité et diabète affectent surtout les populations pauvres, et notamment les Afro-Américains et les Hispaniques.

En revanche, les Blancs ont été les plus touchés par l'autre grande épidémie du début du siècle : les overdoses d'opioïdes, qui ont fait des ravages dans la Rust Belt, les Appalaches et jusqu'en Nouvelle-Angleterre. Les politiques publiques relevant des strates locales et fédérales ont été notoirement insuffisantes, et l'influence des laboratoires pharmaceutiques, qui poussaient à la prescription d'antidouleurs, a longtemps été forte, avant que ne commencent des procès historiques. À cela s'ajoute l'apparition sur le marché du fentanyl, un opioïde de qualité variable, plus puissant que l'héroïne, qui a fait des ravages dans une certaine indifférence, jusqu'à ce que l'espérance de vie se mette à décroître trois ans de suite ; une tendance inédite qui plaçait les États-Unis en marge des économies comparables. C'est dans ce contexte d'abandon des populations, notamment blanches des zones désindustrialisées, par l'administration Obama, que Donald Trump a réussi à vendre son message de protection : contre la mondialisation qui leur prend leur emploi, contre l'immigration qui allait les reléguer à une position marginale, et contre une administration démocrate qui considère leur suffrage comme acquis et choie les minorités des villes et des côtes. Pourtant, la politique de Donald Trump pour enrayer l'épidémie d'opioïdes est insuffisante, d'où, dès 2018, un sentiment de trahison des électeurs de la Rust Belt, qui sont retournés voter pour les candidats démocrates. Un problème connexe est l'accès aux soins, plus globalement le coût de plus en plus prohibitif. D'où la réforme dite Obamacare en 2010, qui visait à généraliser une forme de couverture médicale, qui a eu beaucoup de mal à être mise en place et a ensuite été progressivement détricotée par l'administration Trump. Depuis, les démocrates les plus à gauche appellent à l'instauration d'un système plus ambitieux, à l'européenne.

Plus généralement, les États-Unis se distinguent également des membres de l'OCDE, notamment, par un indice de Gini élevé. Ils sont donc parmi les pays les plus inégalitaires du monde, au moins parmi les grandes démocraties. Cette accumulation d'indicateurs concourt à montrer que les États-Unis souffrent dans bien des domaines de la comparaison avec les États européens et asiatiques, un exceptionnalisme à l'envers qui n'est pas apparu avec la présidence Trump et ne disparaîtra pas à la fin de celle-ci.

DES LIBERTÉS ET LA PROTECTION DE L'ENVIRONNEMENT MENACÉES

Le « rêve américain » ne doit pas se réduire à sa dimension pécuniaire et matérielle : pour la plupart des Américains, c'est d'abord l'accomplissement de soi, vivre sa vie librement, sans les entraves des sociétés de l'Ancien Monde. Pour les minorités (religieuses, politiques, sexuelles), c'est donc l'aspiration à l'égalité. Ainsi, pour les Afro-Américains, accéder à la classe moyenne suppose de dépasser les différentes formes de discriminations, qui n'ont pas disparu avec la déségrégation. Ni avec l'élection de Barack Obama. C'est d'ailleurs pendant son mandat que le mouvement Black Lives Matter se crée pour protester contre les violences policières. L'affaire George Floyd, tué par un policier le 25 mai 2020, n'est en rien un point de départ ; c'est un point culminant.

Une autre tendance de fond de la présidence Trump est la nomination de juges conservateurs à la Cour suprême, mais aussi dans les cours

9 Overdoses sur le territoire américain en 2018

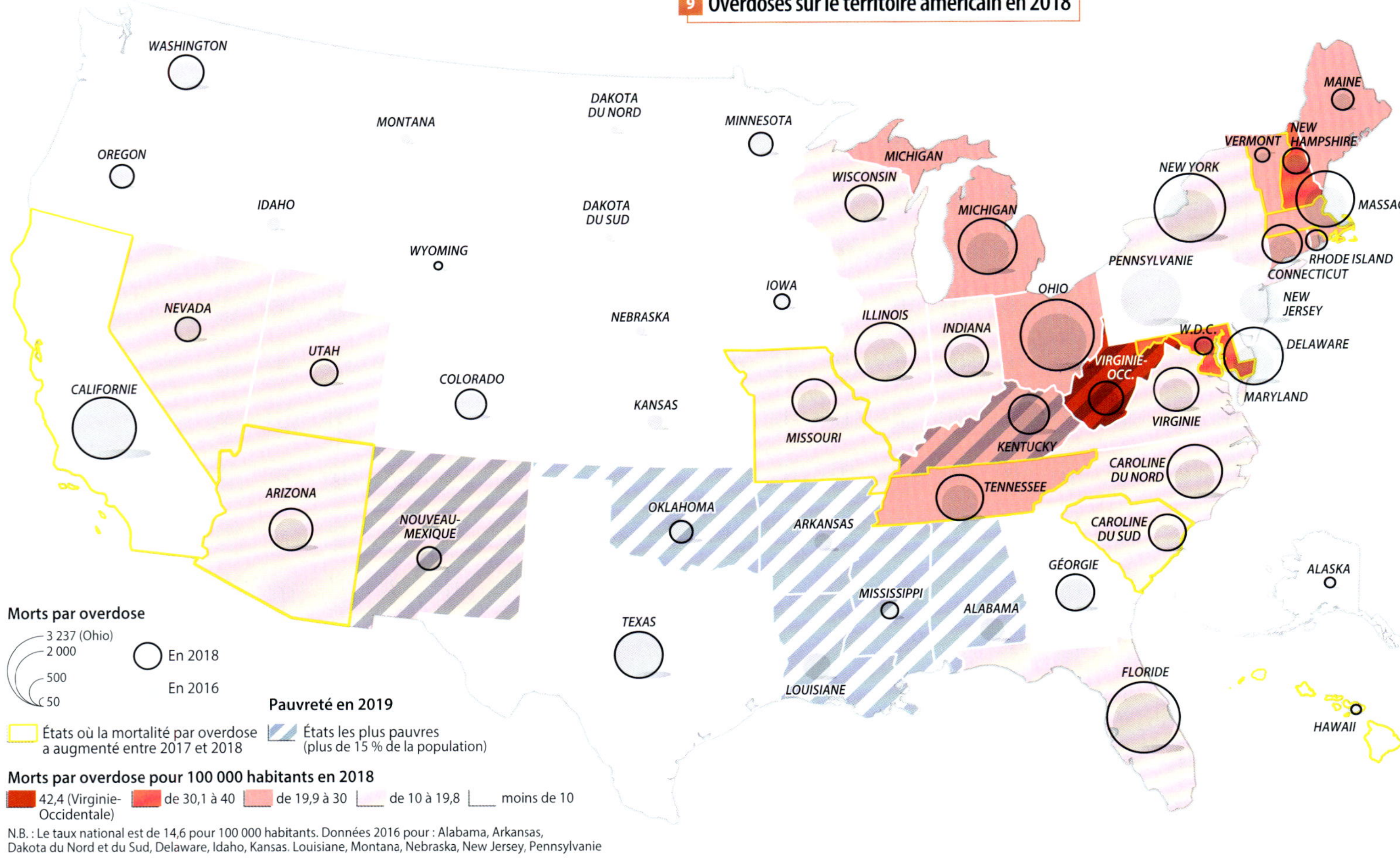

Sources : US Department of Health and Human Services/Centers for Disease Control and Prevention, Drug and Opioid-Involved Overdose Deaths — United States, 2017–2018, *mars 2020 ; US Census Bureau,* 2019 Poverty Rate in the United States, *septembre 2020*

Carto n° 62, 2020 © Areion/Capri

fédérales (au moins 200 au début de l'été 2020). Donald Trump tient là une promesse de campagne qui relève plus du conservatisme social désormais classique et de l'engagement évangélique conservateur que du populisme économique cher aux ouvriers de la Rust Belt. En toile de fond, la régulation des questions liées à l'intimité (contraception, avortement et homosexualité, notamment en légalisant les discriminations pour motif religieux). Les arrêts de la Cour suprême sont plus contrastés qu'aurait pu le laisser présager la nomination de trois juges conservateurs sur un collège de neuf après le départ d'un magistrat en 2018, Anthony McLeod Kennedy, et le décès de deux autres, Antonin Scalia en février 2016 et Ruth Bader Ginsburg le 18 septembre 2020. Mais les questions de discrimination se jouent également au niveau des villes et des États qui peuvent légiférer pour interdire ce qu'ils considèrent comme des discriminations. Aux tribunaux ensuite de statuer si c'est légitime ou, au contraire, s'il s'agit d'une violation de la liberté religieuse des commerçants et prestataires qui refusent de servir des clients homosexuels, par exemple.

La dernière grande entreprise de l'administration Trump aura été le détricotage plus ou moins systématique des mesures environnementales prises par son prédécesseur, à commencer par le retrait spectaculaire des États-Unis de l'accord de Paris de 2015. Là encore, il s'agit d'une dérégulation classique à destination des milieux d'affaires, ce qui traduit une tension profonde dans l'histoire américaine entre une nature sacralisée, avec ses parcs et son côté virginal, et une nature considérée comme un réservoir plus ou moins illimité de ressources (bois, eau, minerais, pétrole, gaz) que l'entrepreneur américain ingénieux peut exploiter à son profit. L'action du gouvernement fédéral se heurte à la résistance des villes (essentiellement démocrates) et des États, menés par la Californie, équivalent de la sixième économie mondiale. L'ancien gouverneur, Jerry Brown (1975-1983 et 2011-2019), a permis à la Californie de se doter d'un arsenal réglementaire sur la consommation d'eau et l'isolation des bâtiments. Elle joue un rôle moteur puisque d'autres États suivent son exemple. Ainsi, dès les années 1960, la pollution atmosphérique des grandes villes était telle qu'elle a été pionnière dans la réglementation des gaz d'échappement des voitures, à un niveau supérieur aux exigences plus tardives du gouvernement fédéral. Ce qui explique pourquoi, pendant un demi-siècle, la Californie a bénéficié d'une dérogation non pas pour faire moins bien, mais pour être plus exigeante que les normes du gouvernement fédéral. Là encore, l'exemple californien est suivi par une quinzaine d'États. Donald Trump a voulu mettre fin à cette dérogation pour forcer ces États à s'aligner, notamment pour ne pas pénaliser les constructeurs automobiles. C'est l'un des meilleurs exemples de tension entre le gouvernement fédéral et les autorités fédérées.

UNE AMÉRIQUE MALADE ?

Pendant la guerre froide, les États-Unis se voyaient comme le phare de la démocratie dans le monde (1). De nos jours, la tenue de scrutins libres et équitables ne semble plus garantie. Le charcutage des circonscriptions et les purges de listes électorales, toujours au détriment des minorités, ne sont pas nouveaux et non imputables

10 De la haine aux États-Unis

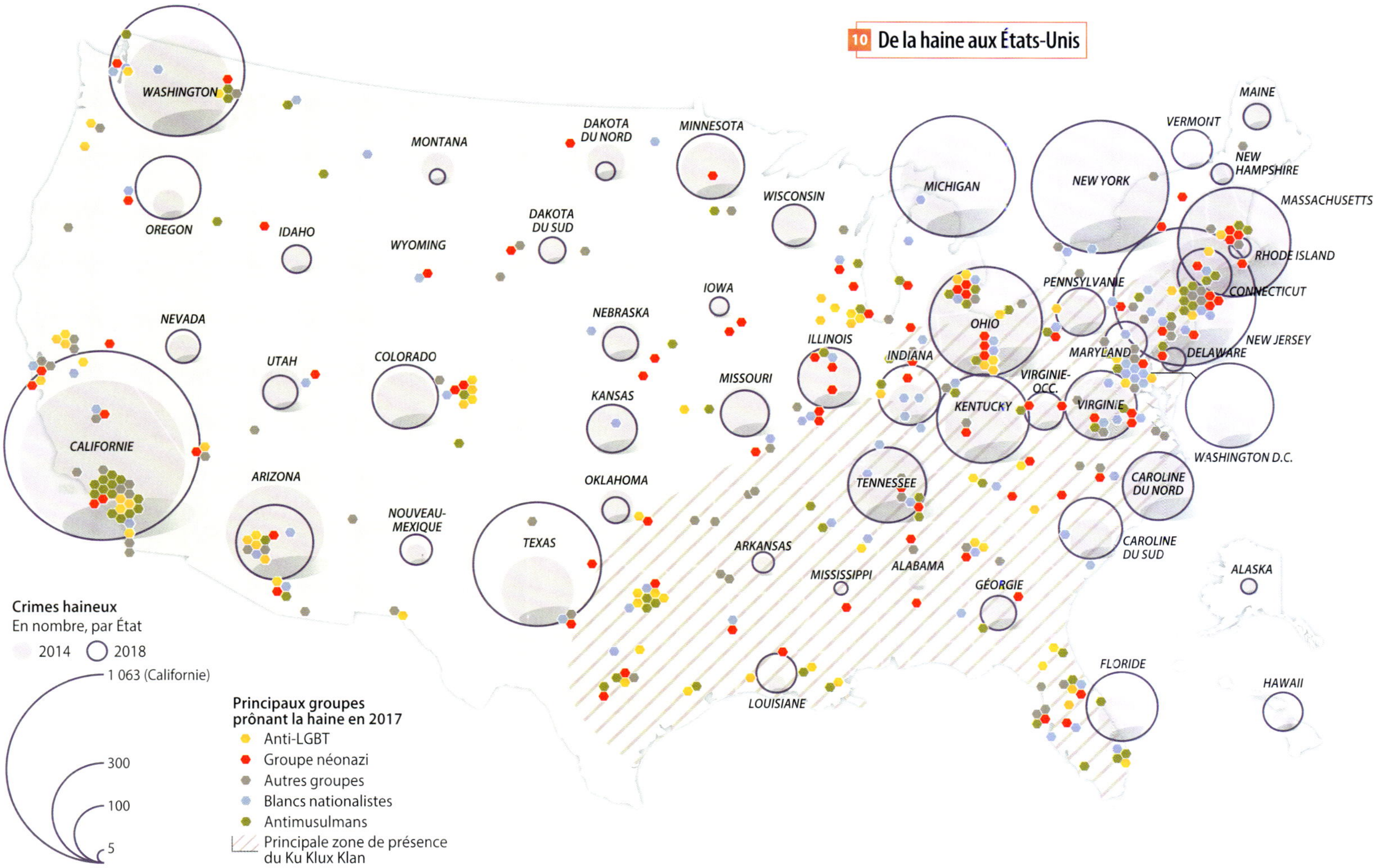

Sources : FBI, 2020 ; www.splcenter.org, 2017 *Carto n° 62, 2020 © Areion/Capri*

à Donald Trump, d'autant qu'il a répété à l'envi que le scrutin de novembre 2020 serait truqué en sa défaveur. Il instille le soupçon chez ses soutiens indéfectibles en agitant le spectre de la dépossession des armes. Les modalités de scrutin comme la législation du port d'arme varient grandement d'un État à l'autre. L'opinion est globalement favorable à davantage de vote par correspondance, contexte de Covid-19 oblige, et davantage de contrôle de l'accès aux armes. Pourtant, la polarisation au Congrès et l'importance du lobby continuent de laisser des armes de guerre dans des mains qui ne sont pas toujours très équilibrées. Cette Amérique malade de son personnel politique a-t-elle encore les moyens de se réinventer pour faire à nouveau rêver par-delà ses frontières ? C'est en tout cas le projet de Joe Biden, installé à la Maison Blanche en janvier 2021. ●

L. Henneton

NOTE

(1) Sur la politique étrangère américaine sous Donald Trump, voir : Charles-Philippe David et Élisabeth Vallet, *Comment Trump a-t-il changé le monde ?*, CNRS Éditions, 2020 ; Jérôme Cartillier et Gilles Paris, *Amérique : Années Trump*, Gallimard, 2020 ; Maya Kandel, *Les États-Unis et le monde : De George Washington à Donald Trump*, Perrin, 2018.

11 La possession d'armes en baisse chez les Américains

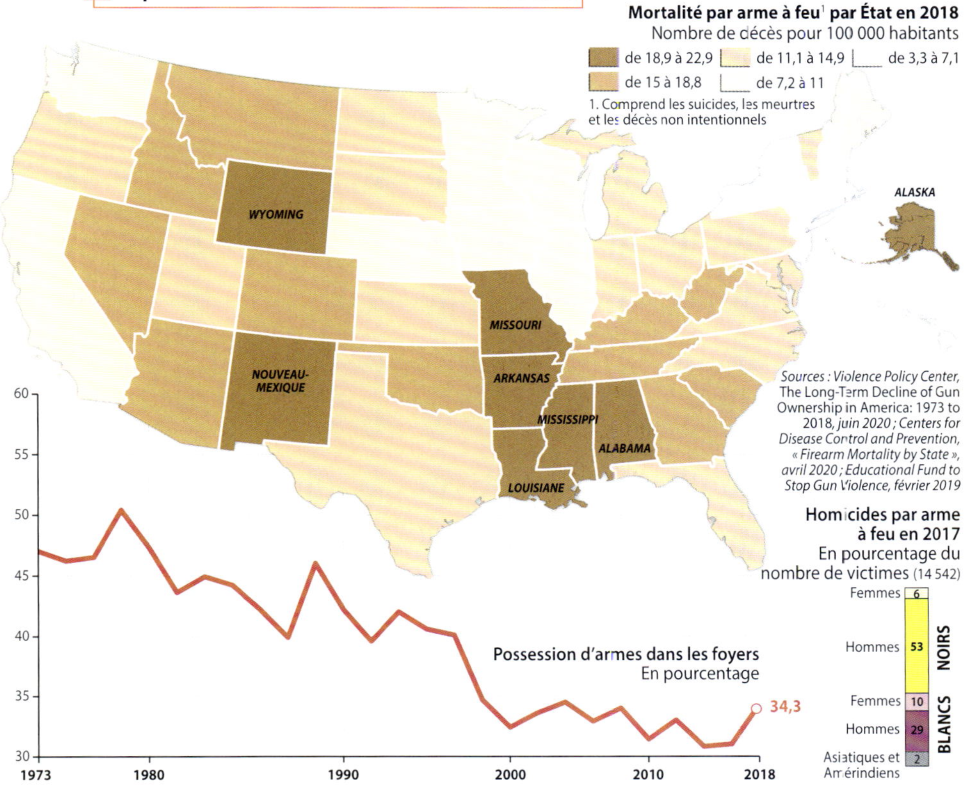

Sources : Violence Policy Center, The Long-Term Decline of Gun Ownership in America: 1973 to 2018, juin 2020 ; Centers for Disease Control and Prevention, « Firearm Mortality by State », avril 2020 ; Educational Fund to Stop Gun Violence, février 2019

Carto n° 62, 2020 © Areion/Capri

L'Alaska et l'appétit des pétroliers

En août 2020, la Maison Blanche a donné son feu vert à l'exploitation pétrolière dans des territoires protégés en Alaska. Ces étendues sauvages immenses, convoitées mais fragiles, sont depuis des décennies au cœur d'une controverse opposant le lobby pétrolier soutenu par Donald Trump (2017-2021), les populations locales, les gouvernements fédéral et fédéré, et les associations de protection de l'environnement.

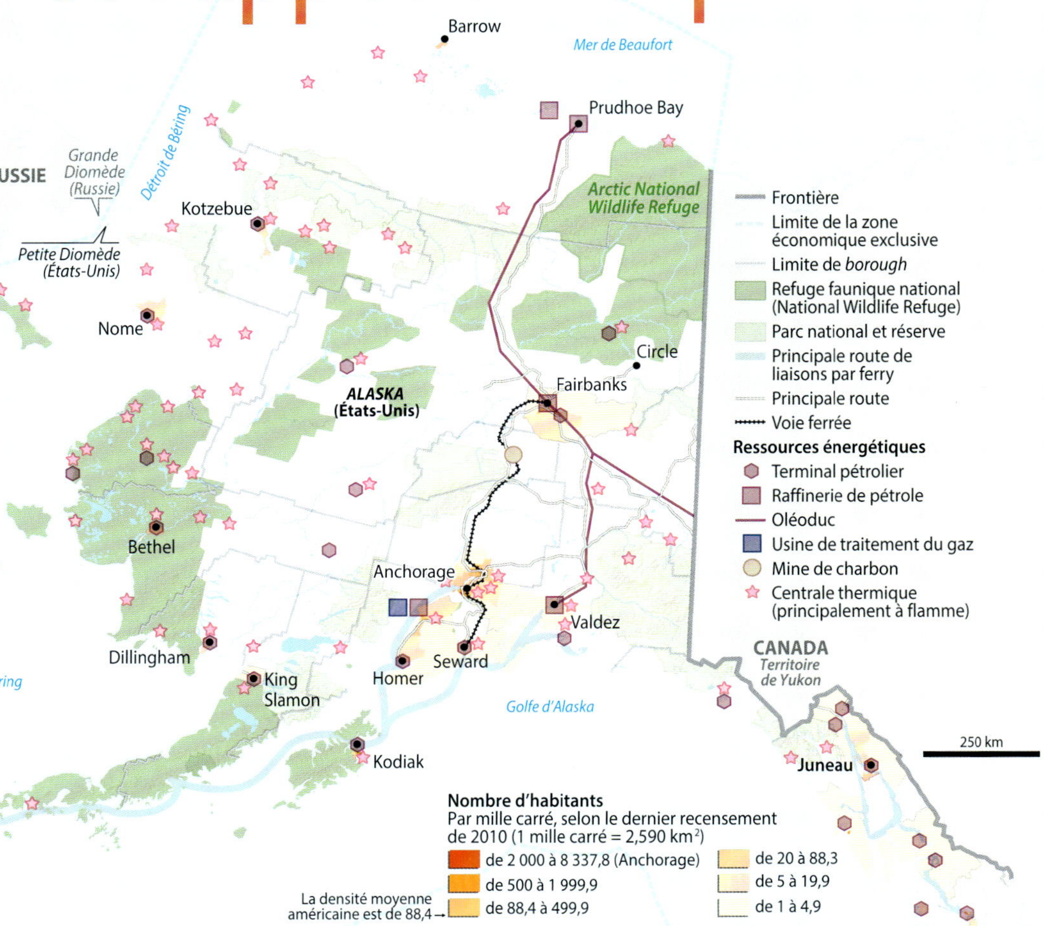

Unalaska

Sources : www.fws.gov, octobre 2020 ; www.alaska.gov, février 2019 ; www.asgdc.state.ak.us, février 2019 ; EIA, février 2019 *Carto n° 62, 2020* © Areion/Capri

Après un vote du Congrès ouvrant la voie à la vente de concessions d'exploration en 2017 et une étude d'impact environnemental favorable en septembre 2019, Washington a autorisé les forages pétroliers au cœur de l'Arctic National Wildlife Refuge (ANWR). Plus vaste aire protégée aux États-Unis avec 77 000 kilomètres carrés, ce parc situé le long de la frontière canadienne se distingue par sa richesse environnementale, abritant notamment des caribous, des loups, des ours polaires, sur des terres où l'être humain n'est pas.

L'Alaska est aussi une région convoitée pour ses ressources naturelles. Les années 1970 ont vu la mise en exploitation des gisements pétroliers offshore de Prudhoe Bay et l'aménagement de l'oléoduc « Trans-Alaska », qui permet le transport des hydrocarbures jusqu'au port de Valdez, soit plus de 1 200 kilomètres. De nombreux acteurs sont favorables à l'exploitation du brut : l'État d'Alaska en tire l'essentiel de ses ressources et fournit aux États-Unis 20 % de sa production annuelle. Les autochtones inupiats en profitent aussi : avec les *royalties* versées par les compagnies et les emplois directs ou indirects, le pétrole est une source importante de revenus qui a contribué à l'amélioration des conditions de vie de ce peuple inuit. Les ressources situées dans l'ANWR, estimées à 10 milliards de barils, et l'appui de Donald Trump au secteur pétrolier ont fait sauter le « verrou » protecteur qui préservait depuis 1980 le parc, en dépit des tentatives précédentes de l'ouvrir à la prospection.

Les milieux arctiques et subarctiques de l'Alaska sont pourtant fragiles et peu résilients, comme le rappellent les vestiges de la marée noire déclenchée en mars 1989 par l'échouage du supertanker *Exxon Valdez* dans la baie du Prince William, dégradant 2 000 kilomètres de côtes. Si le texte adopté en août 2020 n'est qu'une étude préliminaire à l'exploitation et s'il limite spatialement les activités de prospection, de nombreuses voix dénoncent des dommages environnementaux potentiellement irréversibles. Le Canada, dont plusieurs zones protégées jouxtent l'ANWR, a renouvelé son opposition. Les Gwich'ins, un autre peuple inuit, sont pour leur part hostiles à un projet qui menace leur mode de subsistance et leur culture, liés notamment à la présence des caribous sur leur territoire. Associés aux nations sœurs du Canada et à une dizaine d'ONG, ils ont engagé une bataille judiciaire pour faire annuler la décision gouvernementale au motif que le département de l'Intérieur ne respecte pas son obligation de « protection des terres, de l'eau et des peuples ».

Et ils ont pour l'instant obtenu gain de cause. D'une part, aucune grande société pétrolière n'a répondu aux offres de l'administration Trump. D'autre part, à son arrivée à la Maison Blanche en janvier 2021, Joe Biden a suspendu les autorisations de forage dans l'ANWR, notamment pour des raisons environnementales. Il respecte ainsi une promesse de campagne, mais devra affronter le lobbying pétrolier. ● **C. Loïzzo**

Carto n° 61, 2020 © Areion/Capri

Avorter aux États-Unis : une liberté en demi-teinte

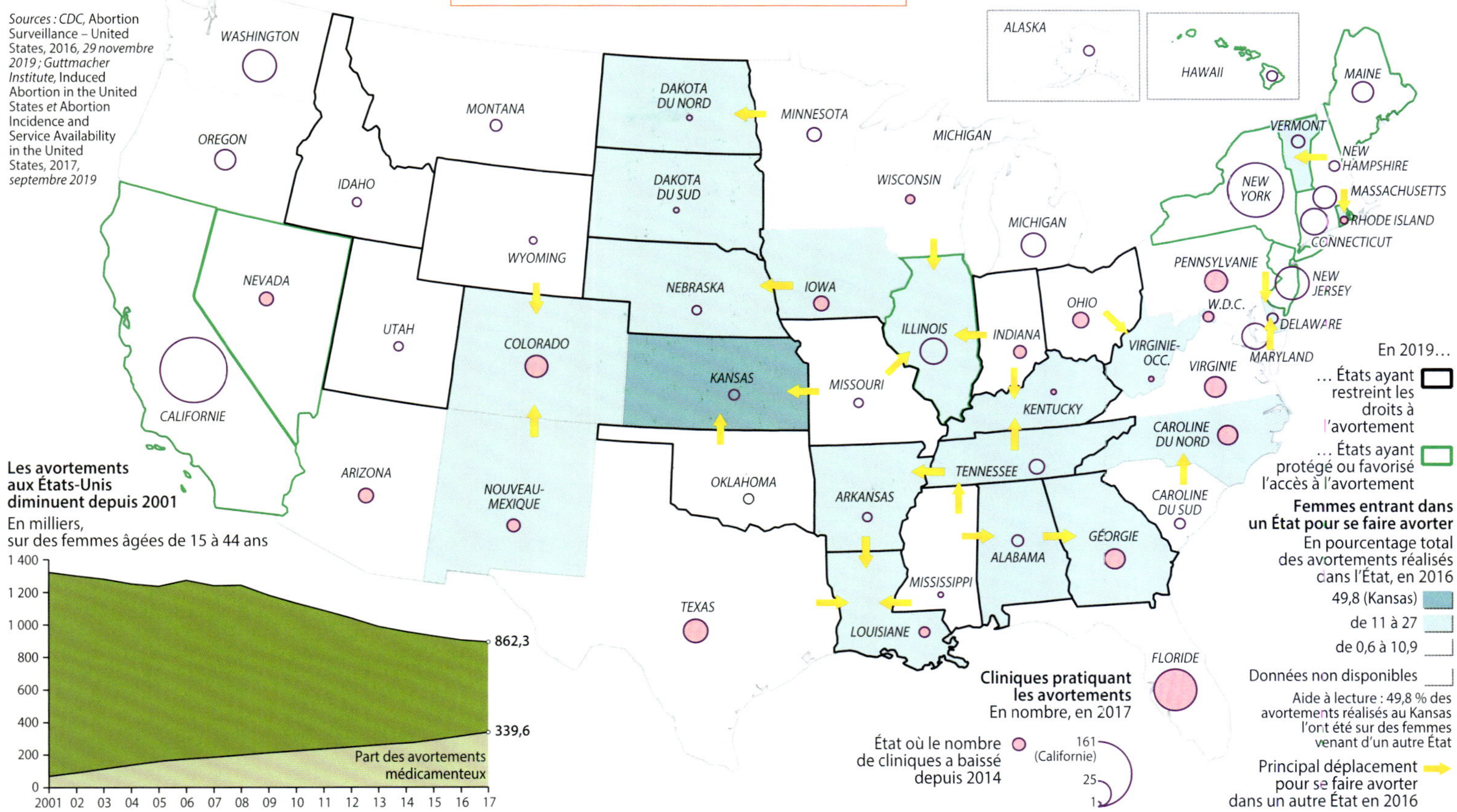

Menaces sur l'avortement aux États-Unis

L'invalidation, en juin 2020, d'une loi restrictive sur l'avortement en Louisiane témoigne de la volonté de la Cour suprême des États-Unis de préserver l'arrêt « Roe v. Wade » (1973), qui fait de l'interruption volontaire de grossesse (IVG) avant la viabilité du fœtus un droit constitutionnel. Toutefois, chaque État peut en restreindre les modalités, une situation à l'origine d'inégalités, alors que plus de la moitié des Américaines de 15 à 44 ans estiment vivre dans un État hostile à l'avortement.

En 2019, l'Alabama a adopté la loi la plus restrictive du pays, interdisant l'IVG y compris en cas de viol ou d'inceste. Si un médecin enfreint ce règlement, il encourt une peine de 10 à 99 ans de prison, sauf s'il est prouvé que le fœtus souffrait d'une « anomalie létale » ou que la vie de la mère était en danger. Les États les plus restrictifs, à l'instar de la Géorgie, interdisent l'avortement après les six premières semaines de grossesse. De nombreux autres imposent des conditions contraignantes, entraînant une baisse du taux d'avortements (13,5 pour 1000 femmes en 2017, le plus bas depuis 1973) et du nombre de cliniques proposant cette intervention. Par exemple, en 2017, 91 % des femmes du Mississippi vivaient dans un comté ne disposant pas de centre où se faire avorter. Cela oblige les plus décidées à parcourir de longues distances.

Au-delà du coût de l'intervention – entre 500 et 3000 dollars en moyenne –, ces voyages engendrent d'autres dépenses : frais de déplacement, nourriture, hôtel, garde d'enfant, sans oublier la perte de salaire. La bataille contre le droit à l'avortement se joue donc aussi sur le plan économique. En 2018, l'administration Trump (2017-2021) a décidé de ne plus accorder de subventions aux centres de santé qui pratiquent l'IVG. Seuls 16 États consacrent de l'argent public aux avortements nécessaires pour les patientes qui ne peuvent pas les financer. Et le programme de santé Medicaid, dont bénéficient les personnes à faibles revenus, couvre le prix d'un avortement uniquement en cas de viol ou de risque vital pour la mère.

Face à ces entraves juridiques et économiques, beaucoup de femmes renoncent à avorter. Selon le Guttmacher Institute, sur les 6,1 millions de grossesses enregistrées aux États-Unis en 2011, 45 % n'étaient pas désirées. Pourtant, la plupart (60 %) ont été menées à terme, souvent pour des motifs économiques. Dans ces cas-là, les femmes sont généralement moins suivies durant leur grossesse, ce qui peut donner lieu à des complications non détectées. La Louisiane arrive en tête du taux de mortalité maternelle avec 72 décès pour 100 000 naissances en moyenne entre 2013 et 2017. Ces obstacles contraignent des femmes à avorter elles-mêmes, avec des pilules achetées au marché noir. S'il est difficile d'évaluer l'ampleur de cette pratique, elle ne cessera de s'amplifier tant que l'accès à l'IVG continuera d'être entravé. ●

D. Lagarde

États-Unis : un racisme ancré, affiché, et combattu

Le 25 mai 2020, le meurtre de George Floyd par un officier de police américain à Minneapolis a ravivé de fortes tensions raciales aux États-Unis. Elles ont rappelé l'existence d'un racisme systémique dans le pays, héritier de l'esclavage et de la ségrégation que des monuments à la mémoire des confédérés continuent de commémorer. Les Afro-Américains sont la cible du plus grand nombre d'incidents xénophobes.

Au 1er juillet 2019, la population américaine était estimée à 328,23 millions d'habitants, dont la majorité blanche (non hispanique) est évaluée à 60,1 %. Selon les projections, elle devrait passer sous la barre des 50 % durant la décennie 2040. Les États-Unis n'auraient alors plus de majorité démographique. Les études évaluent la composition de la population en 2060 à 44,2 % de Blancs, 27,5 % d'Hispaniques (18,5 % en 2019) et 15 % de Noirs ou Afro-Américains (13,4 % en 2019). Cependant, ces calculs perpétuent la catégorisation utilisée au XIXe siècle au service de l'idéologie de la pureté raciale. En effet, la règle du « *One-drop rule* », toujours en usage, fait de vous un Noir (ou un Hispanique ou un Asiatique...) dès que vous avez un seul ancêtre de cette couleur. Cela conduit à sous-évaluer la population blanche puisqu'un enfant d'un couple mixte ne sera jamais considéré comme Blanc, et nourrit l'idée exploitée par l'extrême droite du « grand remplacement ».

UN RACISME SYSTÉMIQUE

Le meurtre filmé de George Floyd, afro-américain, par un policier blanc de Minneapolis, a provoqué des nuits d'émeutes dans le pays. La vidéo montre pendant sept minutes l'étouffement de la victime sous le poids de l'officier pendant que les passants crient pour alerter du drame et le faire cesser. Des manifestations aux États-Unis et dans le monde entier se sont alors organisées pour dénoncer les violences policières envers la population noire. Le mouvement Black Lives Matter, né en 2013 après l'acquittement de George Zimmerman pour l'assassinat d'un adolescent noir, Trayvon Martin, est devenu la figure symbolique de ce combat contre le racisme systémique dans le pays.

Celui-ci prend ses racines dans l'histoire et la ségrégation raciale qui, jusqu'en 1965, interdisait aux personnes « de couleur » de fréquenter les mêmes écoles, de marcher sur les mêmes trottoirs, de boire à la même fontaine ou d'utiliser les mêmes bus que les Blancs. Les mariages mixtes étaient également prohibés dans une

1 Répartition territoriale de la population noire en 2010

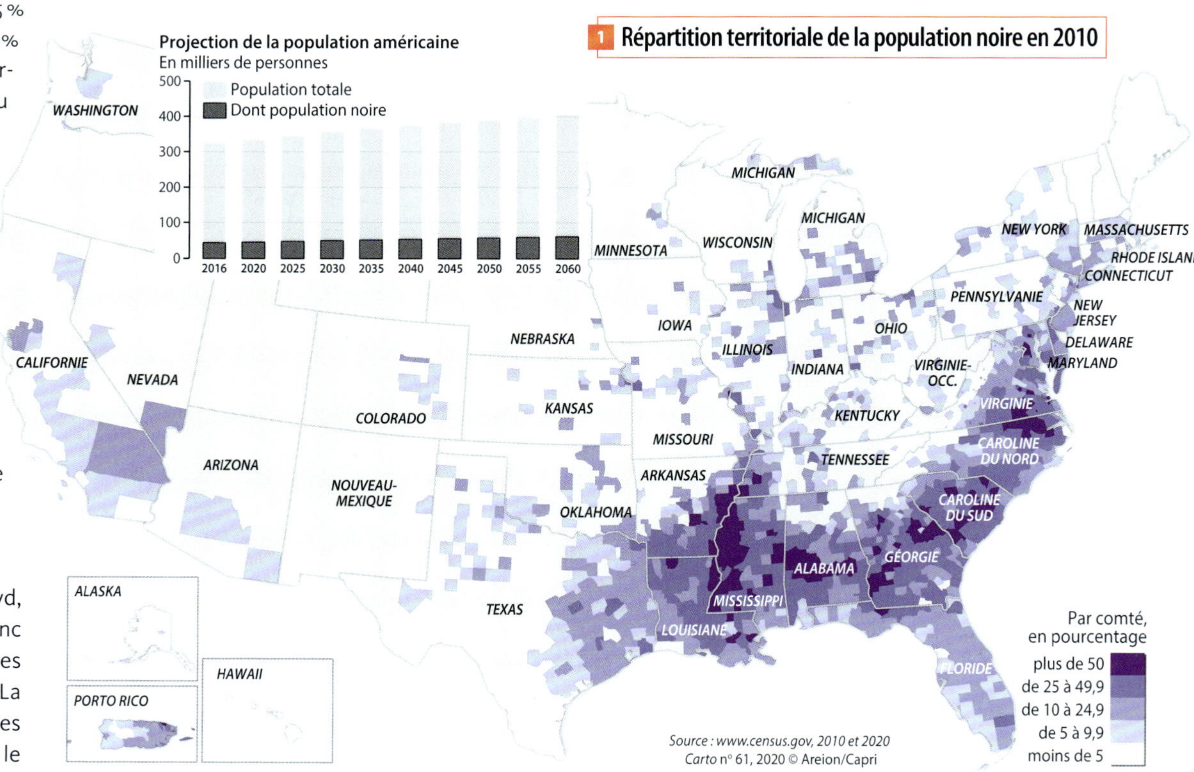

Source : www.census.gov, 2010 et 2020
Carto n° 61, 2020 © Areion/Capri

2 La guerre de Sécession, le racisme et sa mémoire

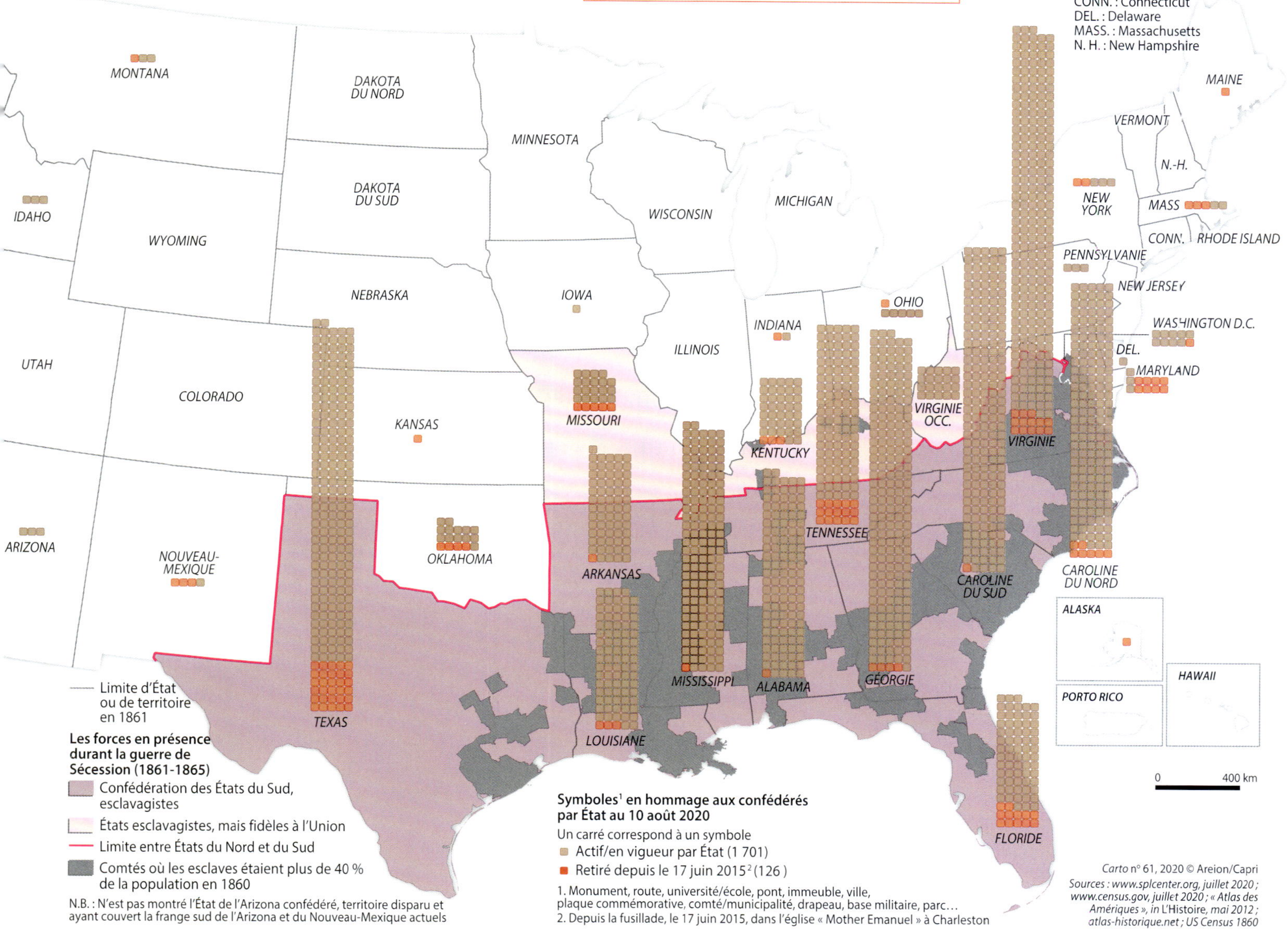

majorité d'États. Cette ségrégation *de jure*, en vigueur à partir de 1876, avait été mise en place après la guerre de Sécession (1861-1865) qui opposa l'Union des États-Unis, composés d'États du Nord abolitionnistes, à 11 États du Sud (Caroline du Sud et du Nord, Mississippi, Floride, Alabama, Géorgie, Louisiane, Texas, Virginie, Arkansas, Tennessee). Ils avaient fait sécession après l'élection, en novembre 1860, du président Abraham Lincoln (1861-1865), en faveur de l'abolition de l'esclavage à l'échelle nationale. Cependant, malgré le vote de celle-ci et la victoire de l'Union en 1865, les confédérés ont promulgué en 1877 les lois « Jim Crow », qui ont légalisé le racisme envers toutes les personnes « *colored* », principalement les Afro-Américains, introduisant la ségrégation dans les services publics. Celles-ci devenaient des citoyens de seconde zone, une situation soutenue par un arrêt de la Cour suprême de 1896. Au cours de cette période, le Ku Klux Klan, organisation suprématiste créée par d'anciens officiers sudistes, terrorise la population noire, principalement dans le Sud, où une partie de la population blanche était sensible à sa cause. Ainsi, de nos jours, on constate que les groupes de haine d'extrême droite aux États-Unis se concentrent principalement dans ces États sudistes (1).

UNE HISTOIRE HONTEUSE AFFICHÉE

En 2018, 8 819 personnes ont été victimes d'un « crime de haine », selon la terminologie du FBI, dont 5 155 à cause de leur race ou ethnie. La communauté afro-américaine est la plus persécutée (47,1 %), les attaques contre les Hispaniques restant proportionnellement loin derrière (13 %). Ce racisme envers les Noirs est d'autant plus fort qu'il peut s'appuyer sur de nombreux symboles exposés dans l'espace public célébrant la mémoire des confédérés. Ce sont par exemple des écoles ou des routes portant le nom de Robert E. Lee (1807-1870), général en chef des armées confédérées. Selon le Southern Poverty Law Center (SPLC), organisme de défense des droits civiques et de promotion de la tolérance, on en dénombrait 1701 au 10 août 2020, en majorité dans les États qui avaient fait sécession en 1861, seulement 126 ayant été retirés par les pouvoirs publics.

La mort de George Floyd et les manifestations qui ont suivi ont relancé le débat sur ces symboles qui font office de mémoire d'une histoire tout en exposant des individus ou un système prônant une idéologie raciste. Ce questionnement s'est reporté en France, où fait par exemple polémique la statue de Jean-Baptiste Colbert (1619-1683) devant l'Assemblée nationale, celui-ci ayant participé à l'élaboration du Code noir (ordonnances et édits sur l'esclavage dans les îles de l'Amérique coloniale française). ●

J. CAMY

NOTE

(1) La cartographie des groupes de haine aux États-Unis est disponible sur : www.splcenter.org/hate-map

États-Unis : la demi-victoire de Joe Biden face au trumpisme

La passion des Américains pour la politique et leur récit national ne s'est pas démentie lors de la saison électorale 2020 au cours de laquelle un nombre record d'électeurs et d'électrices se sont mobilisés, en personne ou à distance. Grâce à 81,28 millions de suffrages recueillis par le vote populaire et 306 grands électeurs, le démocrate Joe Biden a été élu 46e président des États-Unis le 3 novembre 2020, succédant au républicain Donald Trump.

Si l'élection débouche sur la victoire des démocrates, elle consacre aussi Donald Trump comme leader du camp conservateur et prouve une adhésion à sa politique. Il enregistre ainsi 12 millions de voix supplémentaires par rapport à 2016 – surtout dans des États qui lui étaient déjà acquis – et, contrairement aux prédictions, laisse les républicains avec 211 mandats (sur 435) à la Chambre des représentants, soit 14 de plus que sous la précédente législature, alors que les démocrates en perdent 12 (220 contre 232). En janvier 2021, le Parti républicain perd le Sénat, avec 50 sièges sur 100, les démocrates en ayant 50 aussi, mais l'emportent par la position de Kamala Harris, présidente de la Chambre haute et vice-présidente.

RISQUE DE CRISE DÉMOCRATE

Joe Biden sort renforcé dans les États de la côte est et progresse en Caroline du Nord, en Géorgie, au Texas et dans le Colorado. Il reconquiert plusieurs États cruciaux : Wisconsin, Michigan, Pennsylvanie, Géorgie, Arizona. Mais sa victoire doit être relativisée. D'une part, le vote Biden a été nourri par le rejet de Donald Trump. D'autre part, le Parti démocrate est traversé par des tensions internes et des désaccords idéologiques et stratégiques qui promettent de s'intensifier. Enfin, cette élection s'est tenue dans une société plus polarisée que jamais politiquement et, avec une majorité très fragile au Sénat, il sera difficile pour Joe Biden de faire passer des réformes significatives. D'autant plus que la gauche radicale entend pousser des projets plus progressistes que les positions défendues par le centriste.

Selon les sondages aux sorties des urnes, l'électorat de Joe Biden est en majorité constitué de femmes, de jeunes (entre 18 et 29 ans), de progressistes, de diplômés de l'enseignement supérieur, de Noirs. Il remporte les suffrages dans les grandes villes, tandis que les petites ou les zones rurales sont plus souvent acquises à Donald Trump, et que les banlieues sont divisées. Joe Biden doit son élection à la forte mobilisation de l'aile gauche du Parti démocrate, notamment des Socialistes démocrates d'Amérique (DSA) de Bernie Sanders, des syndicalistes qui ont porté les revendications de salaire minimum à 15 dollars de l'heure, comme ceux d'Unite Here qui se sont déployés sur tout le territoire pour faire du porte-à-porte, et de Black Lives Matter, reconnu mouvement social le plus important de l'histoire du pays. Les leaders de ce dernier ont soutenu des candidatures démocrates localement et ont fait campagne pour Joe Biden et Kamala Harris, inscrivant des centaines de milliers de personnes sur les listes électorales, s'organisant contre les obstacles discriminatoires au libre exercice du droit de vote...

C'est en Géorgie que cette stratégie de mobilisation apparaît de façon la plus spectaculaire. Joe Biden a gagné cet État – républicain depuis 1992 ! – avec une avance d'à peine 12 000 voix sur les 4,9 millions de suffrages exprimés. C'est à une femme noire, Stacey Abrams, que Joe Biden doit l'inscription ou la réinscription sur les listes électorales de 800 000 électeurs et électrices. En effet, après avoir perdu l'élection au poste de gouverneur en 2018 – notamment du fait de la suppression massive d'électeurs noirs des listes et du durcissement des règles de vote –, Stacey Abrams a lancé la campagne « Fair Fight » pour réinscrire ces personnes effacées des listes et en inscrire d'autres. L'État reste néanmoins polarisé et maintient un soutien fort aux républicains dans les comtés ruraux, tandis qu'une ville comme Atlanta, capitale locale et berceau du mouvement pour les droits civiques, enregistre des scores exceptionnels pour les démocrates. On peut ainsi prédire que l'avenir stratégique du parti se jouera dans le sud et le sud-ouest du pays.

QUELLE SOCIÉTÉ AMÉRICAINE ?

Au-delà de la Géorgie, une grande attention a été portée au vote des minorités. Si les Blancs restent le seul groupe à voter majoritairement pour Donald Trump – tant les hommes que les femmes –, et les Noirs les moins susceptibles de voter pour lui, il progresse parmi les Hispaniques et les Asiatiques. Comprendre ce phénomène requiert de complexifier les catégories. Le groupe « Hispaniques et Latinos » est vaste, intégrant des générations installées depuis plus ou moins longtemps, venant d'horizons culturels et politiques variés, appartenant à des classes sociales opposées... De même, 54 % des ménages gagnant 100 000 dollars et plus par an ont fait le choix de Donald Trump, tandis que 55 % de ceux gagnant moins de 50 000 ont fait celui de Joe Biden, érodant le mythe du « pauvre petit blanc » désargenté qui constituerait l'essence du trumpisme. Un indicateur plus déterminant semble être celui de l'identité religieuse : 76 % des Blancs évangéliques ou « *born again* » (convertis) ont voté pour le républicain, confirmant que la société américaine est travaillée par un débat sur ses valeurs morales et culturelles.

À sa prise de fonction, le 20 janvier 2021, Joe Biden est face à une Amérique divisée. Un nombre record d'électeurs ont réitéré leur adhésion à une rhétorique nationaliste fantasmant le déclin de l'identité blanche, tandis qu'un mouvement social jeune milite pour le climat et la justice raciale. Face aux dégâts de la présidence Trump, l'objectif de réconciliation paraît ambitieux. ●

C. RECOQUILLON

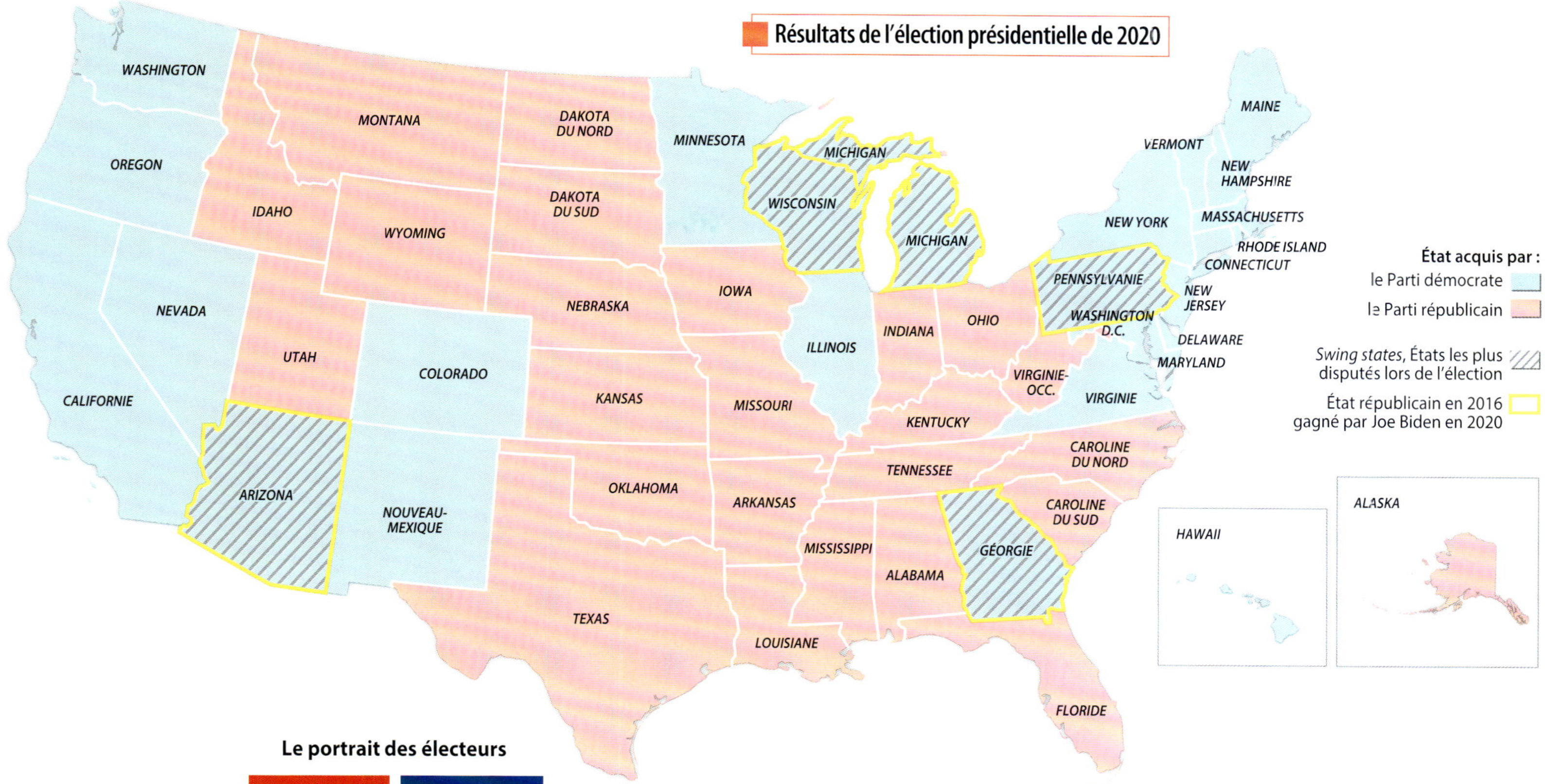

Le portrait des électeurs

En pourcentage[1]

Ensemble des votants		Trump	Biden
Êtes-vous un homme ou une femme ?			
48	HOMME	53	45
52	FEMME	42	57
Quel est votre héritage racial ou ethnique ?			
67	BLANC	58	41
13	NOIR	12	87
13	HISPANIQUE/LATINO	32	65
4	ASIATIQUE	34	61
4	AUTRES	41	55
Quel âge avez-vous ?			
17	18-29	36	60
23	30-44	46	52
38	45-64	50	49
22	65 et plus	52	47
Êtes-vous un chrétien évangélique blanc ou un *born again* ?			
28	OUI	76	24
67	NON	36	62
Quel était votre revenu familial en 2019 ?			
35	Moins de 50 000 $	44	55
39	50 000 à 99 999 $	42	57
26	100 000 $ et plus	54	42

1. Sondage réalisé sur un échantillon de 15 590 électeurs en dehors des bureaux de vote ou des bureaux de vote anticipé, à la sortie des urnes, ou par téléphone (pour tenir compte des électeurs par correspondance)

Apports financiers pour la campagne et l'élection de 2020

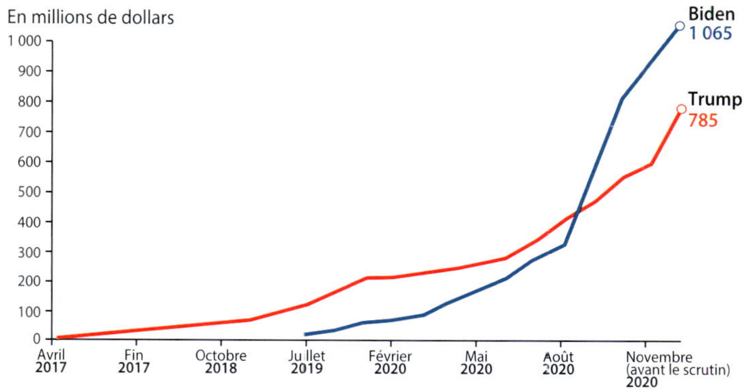

Comparaison des dépenses de campagne entre différents candidats à la présidentielle

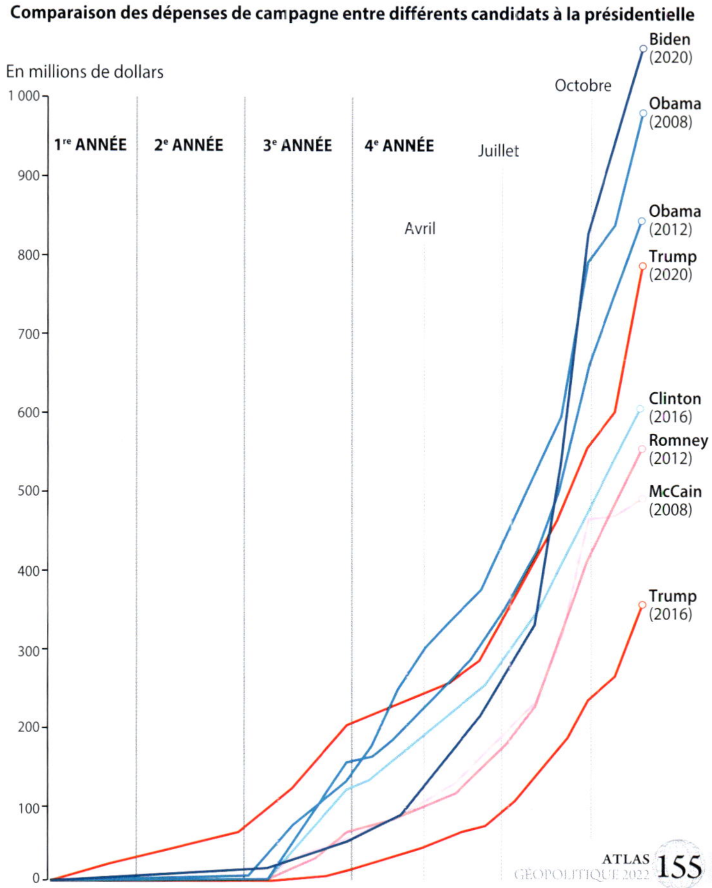

Sources : The New York Times, « *National Exit Polls: How Different Groups Voted* », 3 novembre 2020 et « *Presidential Election Results: Biden Wins* », décembre 2020 ; www.ballotpedia.org, décembre 2020

Canada : du gaz, des pipelines et des Indiens

Si le Canada a pris des engagements en faveur du climat, notamment en réduisant ses émissions de CO_2, le projet de gazoduc qui traverse la Colombie-Britannique (côte ouest) met en image le paradoxe du gouvernement d'Ottawa sur les enjeux écologiques. Celui-ci se retrouve également en porte-à-faux sur ses relations avec les peuples autochtones puisque le pipeline passe par leurs terres ancestrales, provoquant des manifestations.

Le Canada a régi ses relations avec les Premières nations indiennes en 1876 par l'Indian Act. Cette loi avait un objectif assimilationniste en définissant le statut des Amérindiens tout en les encourageant à quitter leurs cultures. Ils étaient alors, avec leurs terres, placés sous la tutelle d'Ottawa. Ces Premières nations (Indiens d'Amérique du Nord, Métis et Inuits) représentent 4,9 % de la population du Canada en 2016, soit 1,67 million de personnes. Dans les systèmes de gouvernance autochtone, il y a le Conseil de bande élu au suffrage universel, qui incarne l'autorité en lien avec le gouvernement fédéral, et les chefs héréditaires, qui sont les aînés. Si la Cour suprême a reconnu l'autorité de ces derniers sur leurs terres ancestrales en 1997, leur pouvoir réel n'est pas défini légalement.

DES TERRES ANCESTRALES ET RICHES EN HYDROCARBURES

Le chantier du gazoduc Coastal GasLink est prévu pour traverser la Colombie-Britannique sur 670 kilomètres, reliant le nord-est de l'État, à proximité de Dawson Creek, où se situe le lieu d'extraction par fracturation hydraulique du gaz, à Kitimat, à l'ouest, sur un bras de l'océan Pacifique, où un terminal méthanier sera installé pour exporter du gaz liquéfié vers le marché asiatique à partir de 2023. Le coût total est évalué à 26 milliards d'euros. Avec ses forêts (40 % du territoire) et son image de pays vert, le Canada est pourtant le sixième producteur d'énergie au monde, possédant les troisièmes réserves de pétrole derrière le Venezuela et l'Arabie saoudite. Ces ressources, situées dans des zones presque inhabitées, il faut les transporter.

Le tracé du Coastal GasLink passe sur 190 kilomètres dans les terres ancestrales de la communauté Wet'suwet'en. Alors que ses leaders élus ont donné leur accord, les chefs héréditaires s'opposent au projet en s'appuyant sur la déclaration des Nations unies sur les droits des peuples autochtones, qui édicte leur « droit de définir et d'établir des priorités et des stratégies pour la mise en valeur et l'utilisation de leurs terres ou territoires et autres ressources » (article 32). Le conflit court depuis de nombreuses années puisqu'ils avaient proposé un tracé alternatif en 2014, refusé par la société Coastal GasLink. Celui-ci passait plus au nord, également sur le territoire des Wet'suwet'en, en suivant un chemin utilisé par le Pacific Northern Gas, un autre pipeline. Pour les maîtres d'œuvre, ce tracé aurait obligé à un détour de 89 kilomètres pour un surcoût d'entre 400 millions et 525 millions d'euros tout en impactant quatre autres nations indiennes non consultées. Le diamètre important du pipeline (121 centimètres), plus large que celui du Pacific Northern Gas, rendait impossible son installation.

Les chefs héréditaires Wet'suwet'en ont alors décidé début février 2020 de mettre en place des actions de blocage. La circulation des trains de voyageurs et de marchandises a été perturbée dans l'ensemble du pays avec de grosses répercussions sur l'économie.

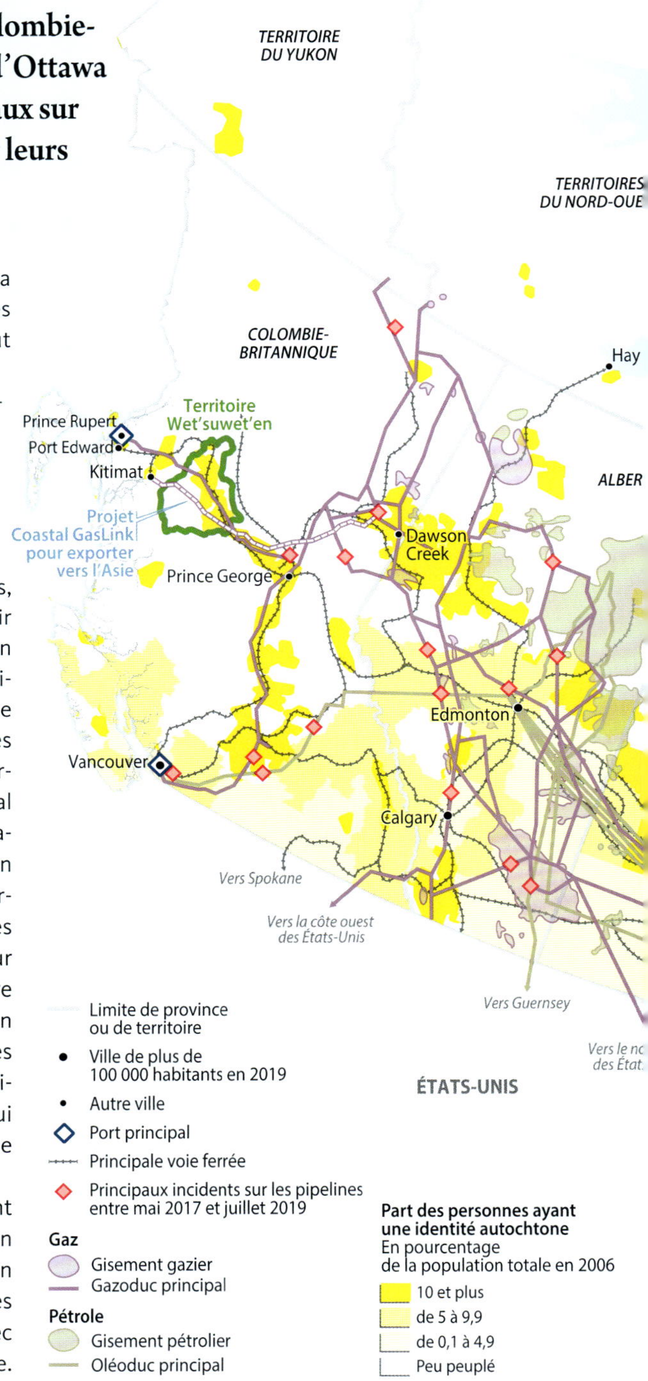

Énergie et transport au Canada

Évolution et projection de la production de gaz naturel
En milliards de pieds cubes par jour (Ggpi³/j)

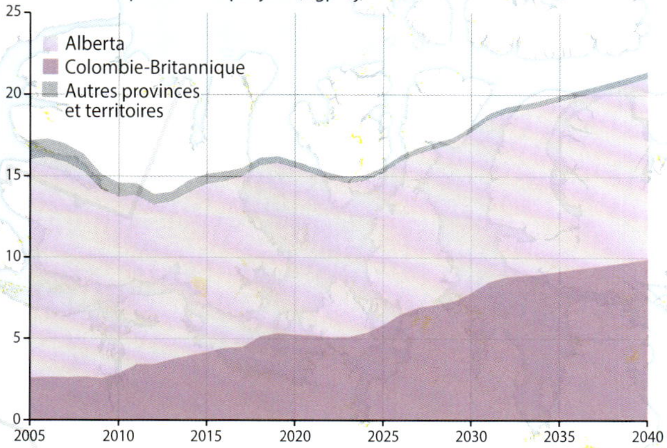

Les chefs disent avoir l'autorité sur ce territoire ancestral, tandis que les élus du Conseil de bande se limitent aux réserves attribuées par le gouvernement au XIXe siècle. Ce conflit fait donc remonter des revendications plus profondes sur le droit aux terres et sur l'assimilation de ces peuples autochtones par les colons britanniques.

UN ENJEU ÉCONOMIQUE MAJEUR

Ce combat des peuples autochtones se retrouve au cœur des enjeux énergétiques du pays et notamment dans la province de l'Alberta voisine, à l'est de la Colombie-Britannique, qui produit la grande majorité de l'énergie primaire du pays (pétrole brut et gaz naturel). En février 2020, un mégaprojet de mine de sable bitumineux à ciel ouvert, Teck Frontier, devait d'ailleurs y être engagé avant un revirement inattendu de l'entreprise Teck Ressources qui a décidé d'y surseoir.

La Saskatchewan, province plus au centre du pays, fournit aussi de l'énergie grâce à ses gisements d'uranium du nord, qui ont une teneur en minerai parmi les plus riches au monde, faisant du Canada le deuxième producteur mondial.

Avec ses 10,6 % du PIB (221 milliards en 2018), dont 5,6 % pour le gaz et le pétrole, l'énergie est ainsi un secteur économique primordial pour le Canada, dont les exportations représentent 23 % des ventes de marchandises en 2018 ; une situation favorisée par la proximité des États-Unis, très énergivores, qui importent 95 % de la production canadienne de pétrole et de gaz.

Malgré de belles paroles en faveur de l'environnement, le gouvernement joue donc sur deux tableaux et continue d'appuyer l'installation ou l'extension de ces pipelines, le Canada restant un grand émetteur de CO_2 avec 15,16 tonnes par habitant en 2014 (contre 4,57 pour la France). ●

J. CAMY

Capacité actuelle et annoncée des pipelines d'exportation de pétrole brut
En millions de barils par jour

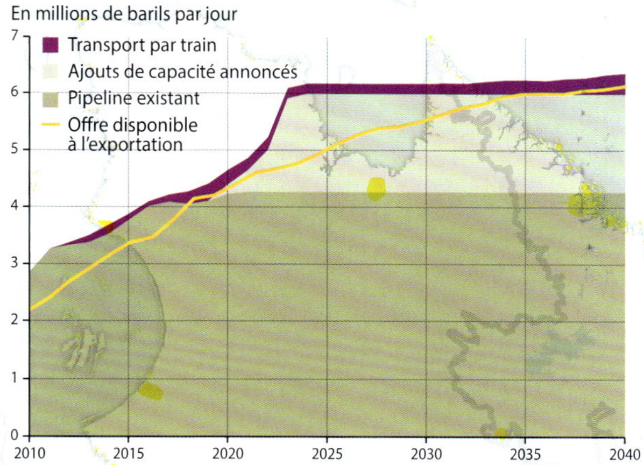

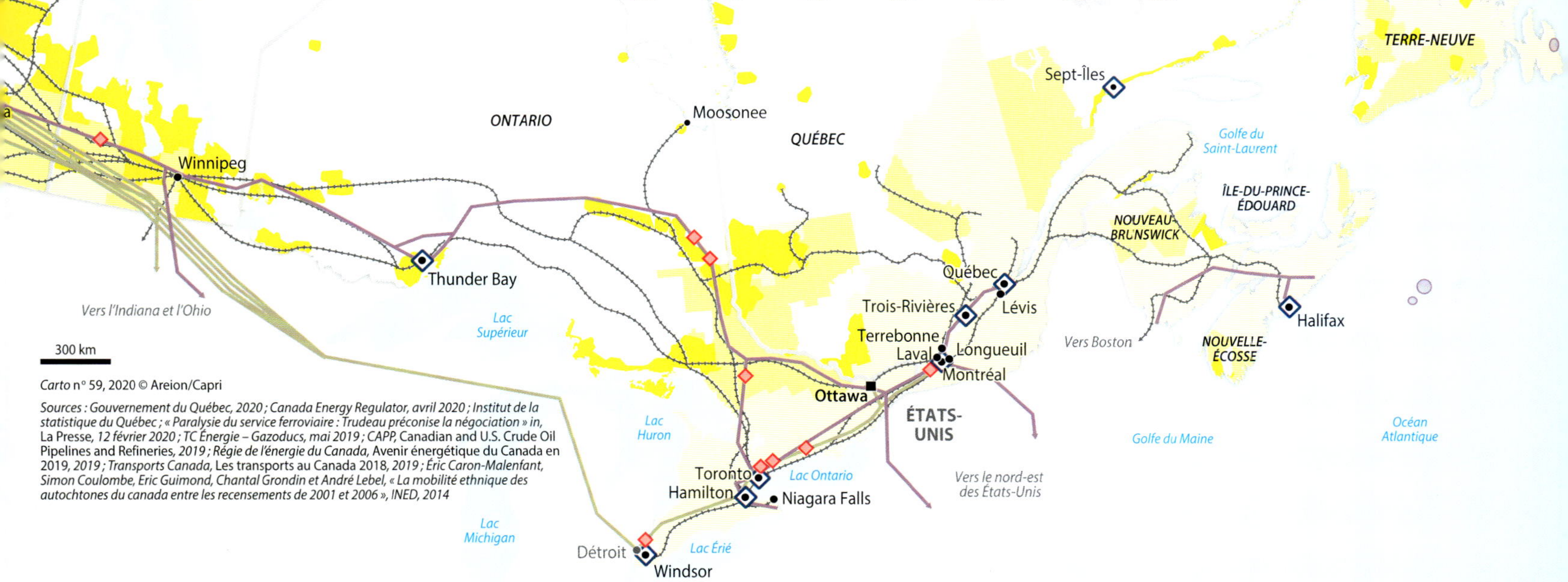

Carto n° 59, 2020 © Areion/Capri

Sources : Gouvernement du Québec, 2020 ; Canada Energy Regulator, avril 2020 ; Institut de la statistique du Québec ; « Paralysie du service ferroviaire : Trudeau préconise la négociation » in, La Presse, *12 février 2020 ; TC Énergie – Gazoducs, mai 2019 ; CAPP,* Canadian and U.S. Crude Oil Pipelines and Refineries, *2019 ; Régie de l'énergie du Canada,* Avenir énergétique du Canada en 2019, *2019 ; Transports Canada,* Les transports au Canada 2018, *2019 ; Éric Caron-Malenfant, Simon Coulombe, Eric Guimond, Chantal Grondin et André Lebel, « La mobilité ethnique des autochtones du canada entre les recensements de 2001 et 2006 », INED, 2014*

Équateur : vers une révolution néolibérale ?

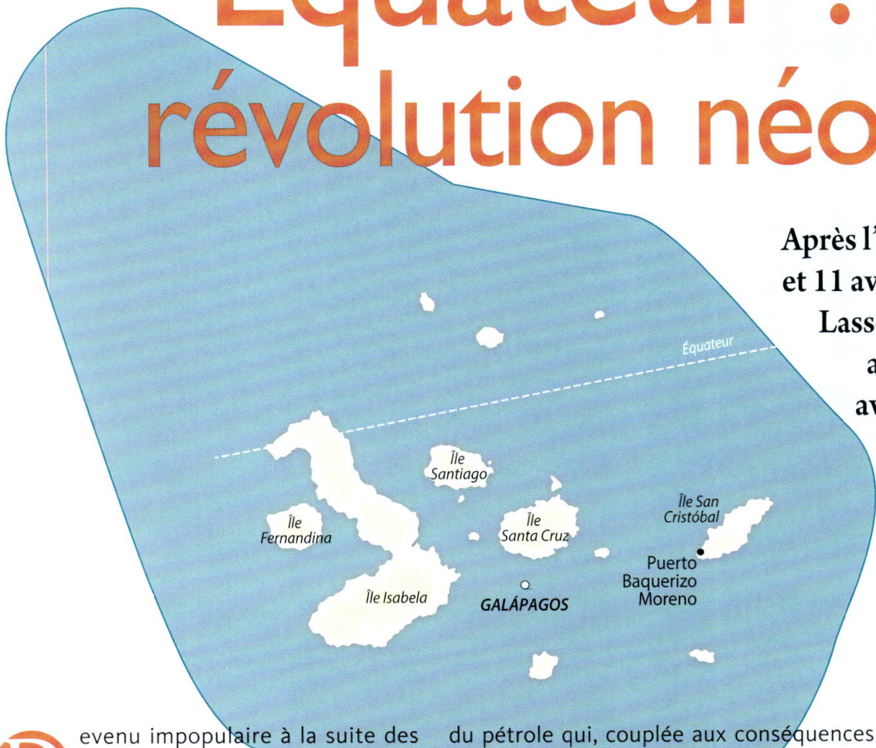

Après l'élection présidentielle des 7 février et 11 avril 2021, le conservateur Guillermo Lasso l'a emporté sur Andrés Arauz, qui avait pourtant gagné le premier tour avec 32,7 % des voix. C'est l'occasion de revenir sur la crise générale que traverse l'Équateur, dans un contexte international marqué par une rivalité entre la Chine et les États-Unis dont le pays sud-américain est l'un des terrains.

REPÈRES

NOM OFFICIEL
République de l'Équateur

CHEF DE L'ÉTAT
Guillermo Lasso (président depuis mai 2021)

SUPERFICIE
283 561 km²
(75e rang mondial)

LANGUE OFFICIELLE
Castillan

CAPITALE
Quito

POPULATION EST. 2019
17,37 millions d'habitants

DENSITÉ
61 hab./km²

MONNAIE
Dollar américain

HISTOIRE
Terre de différentes ethnies américaines, l'Équateur est conquis par les Incas à la fin du XVe siècle, puis par les Espagnols entre 1532 et 1534. La période coloniale dure près de trois siècles, le pays déclarant son indépendance en 1822, d'abord au sein de la Grande Colombie, puis séparément huit années plus tard

PIB PAR HABITANT EN 2019 (EN PARITÉ DE POUVOIR D'ACHAT)
11 878 dollars internationaux courants

INDICE DE DÉVELOPPEMENT HUMAIN (2019)
0,759 (86e rang)

Devenu impopulaire à la suite des mesures d'austérité qu'il a adoptées (baisse des salaires dans la fonction publique et des subventions sur les carburants se traduisant par une forte augmentation des prix), Lenín Moreno (2017-2021) ne se représentait pas. L'économiste Andrés Arauz, du parti Union pour l'espoir, se posait en héritier de l'ancien président de gauche Rafael Correa (2007-2017), qui avait imposé une « révolution citoyenne » centrée sur la modernisation de l'appareil productif, la réforme institutionnelle (nouvelle Constitution approuvée en 2008) et la lutte contre les inégalités (taux de pauvreté passé de 44,6 à 23,3 % entre 2004 et 2015), financée par la rente pétrolière. Mais Andrés Arauz a été devancé par le libéral Guillermo Lasso. Yaku Pérez, issu du mouvement Pachakutik, branche politique de la Confédération des nationalités indigènes de l'Équateur, avait été éliminé dès le premier tour, ce qui a entraîné une grève générale.

NÉCESSAIRE PÉTROLE

Le scrutin s'est tenu dans un climat de crise. Outre l'épidémie de Covid-19, dont la propagation a débordé les services de santé déjà touchés par de graves scandales de corruption dans les hôpitaux, le pays est ébranlé par la chute des cours du pétrole qui, couplée aux conséquences économiques et sociales des mesures de quarantaine, aurait plongé plus de 3 millions d'Équatoriens dans la pauvreté. L'économie est basée sur les exportations de matières premières agricoles (roses, crevettes, bananes) et surtout énergétiques : sa production de 531 000 barils de pétrole par jour (2019) le place au 29e rang mondial (60 % des exportations équatoriennes). Mais la forte croissance des années 2000 a été fragilisée par la hausse du dollar, la baisse des cours, et l'endettement progressif du pays auprès du Fonds monétaire international (FMI) et de la Chine, conduisant l'Équateur à quitter l'OPEP le 1er janvier 2020 pour pouvoir augmenter sa production.

L'État entend développer les prospections près de la frontière péruvienne, à proximité du parc national Yasuní, ce qui mécontente les autochtones. Les habitants critiquent également un partage inéquitable de la rente, favorable aux entreprises pétrolières depuis les mesures libérales de Lenín Moreno, tandis qu'une large part des habitants vit dans des conditions difficiles, notamment les autochtones, qui représentent un quart de la population totale mais deux tiers des plus démunis. Le pays est en outre déstabilisé par l'important

1 La pauvreté en Équateur

Personnes en situation de pauvreté
En pourcentage de l'ensemble de la population

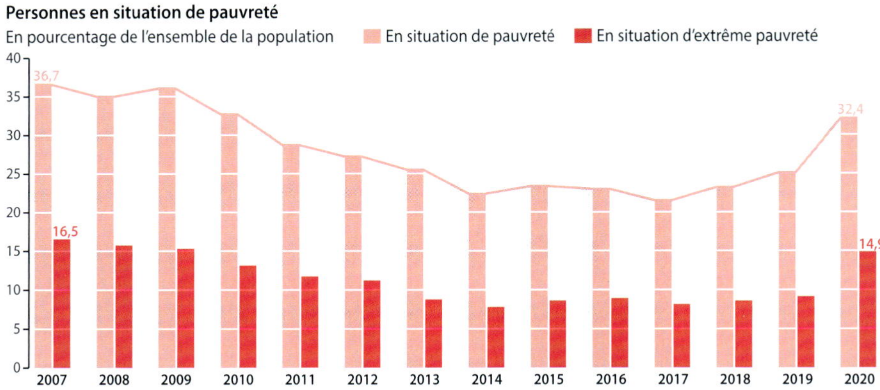

Source : INEC, Indicadores de Pobreza y Desigualdad, *décembre 2020*

Carto n° 65, 2021 © Areion/Capri

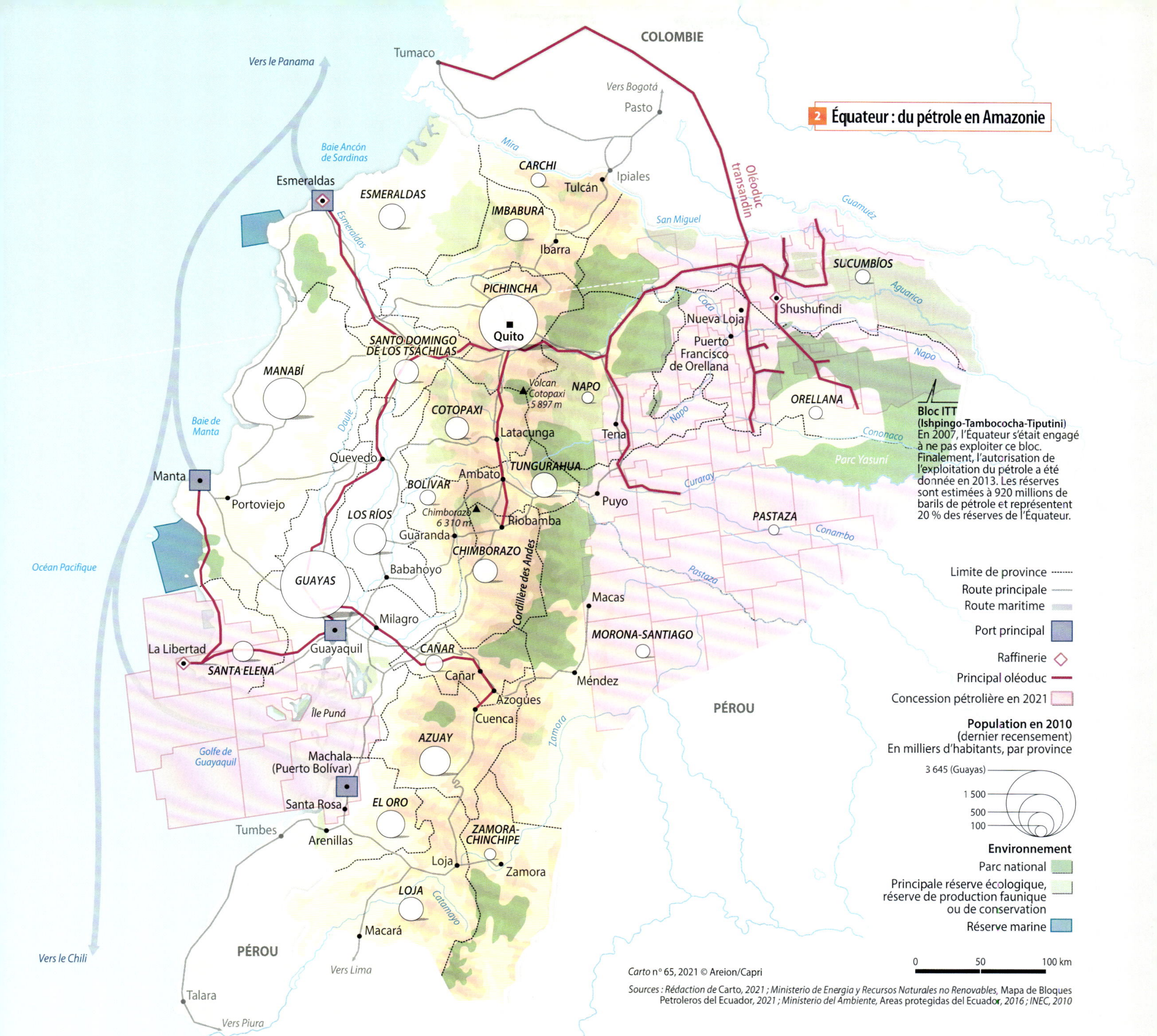

afflux migratoire en provenance du Venezuela voisin, et par les affrontements entre bandes criminelles se disputant le contrôle des prisons (79 morts en février 2021, entraînant la démission du ministre de l'Intérieur).

ÉQUILIBRISME GÉOPOLITIQUE

L'Équateur fait face au défi du positionnement géopolitique d'un petit État. Le pays s'inscrit ainsi activement dans le multilatéralisme, comme le montre son rapprochement avec l'Alliance du Pacifique ou son implication dans le dialogue régional sur la question migratoire vénézuélienne (programme « Cruzando Fronteras »). Il reste dépendant des États-Unis, allié diplomatique et principal partenaire commercial (30,1 % de ses exportations et 23,3 % de ses importations en 2019). Mais la Chine s'intéresse de près à ce fournisseur de matières premières (polarisant 13 % de ses exportations en 2019, le double de 2018, et s'étant engagée en 2017 à investir plus de 10 milliards de dollars dans le pays).

Les liens entre Quito et Pékin sont d'autant plus étroits que ce dernier détient 20 % de la dette publique du premier, alourdie par la crise sanitaire et la montée du dollar américain (monnaie locale). Dans un contexte de rivalité sino-américaine, l'Équateur dépend des deux pays, mais se retrouve à prendre position sur des questions les opposant. En 2020, à la suite d'un crédit accordé par les États-Unis, l'Équateur se serait engagé à ne pas solliciter d'entreprises chinoises pour développer sa 5G, et avait décidé de ne pas reconnaître la légitimité en tant que président vénézuélien de Nicolás Maduro (depuis 2013), comme les États-Unis, mais en contradiction avec la Chine. La République populaire joue de son poids financier pour étendre son influence dans la région : depuis 2008, elle accorde une aide financière considérable à l'Équateur, mais capte en échange 80 % de ses exportations de brut, générant une dangereuse dépendance et réduisant la marge de manœuvre de Quito, tandis que les appétits chinois pour les ressources énergétiques et halieutiques inquiètent les associations autochtones et les défenseurs de l'environnement. ● **C. Loïzzo**

Les inégalités territoriales du Pérou

Carto n° 64, 2021 © Areion/Capri

Sources : Instituto Nacional de Estadística e Informática (INEI), 2021 ; Ministerio de Energía y Minas, août 2020

Pérou : un pays sous pression politique et sociale

En novembre 2020, le Parlement du Pérou a voté la destitution du président Martín Vizcarra (depuis 2018) ; les manifestations qui ont suivi ont conduit à la démission de son successeur, Manuel Merino. Mis à mal par la corruption, le pays traverse une crise politique profonde, qui se décline dans le champ social et se double de problèmes sanitaires.

Au mois de novembre 2020, trois présidents se sont succédé à la tête du Pérou en moins de dix jours après la destitution de Martín Vizcarra. Cette crise est notamment liée au scandale « Odebrecht », une affaire de corruption à l'échelle régionale autour du versement de pots-de-vin par l'entreprise de BTP brésilienne en échange de l'attribution préférentielle de marchés publics, qui a eu des répercussions politiques dans 18 États latino-américains. Au Pérou, quatre anciens présidents ont ainsi été mis en cause : Alejandro Toledo (2001-2006), Alan García (2006-2011), Ollanta Humala (2011-2016) et Pedro Pablo Kuczynski (2016-2018), dont Martín Vizcarra assurait l'intérim après sa destitution.

BRAS DE FER ENTRE EXÉCUTIF ET LÉGISLATIF

Une fois au pouvoir, Martín Vizcarra a lancé de nombreuses réformes dans les domaines politique et judiciaire, et a fait de la lutte contre la corruption son principal cheval de bataille, ce qui lui vaut une grande popularité, confirmée par le succès du référendum constitutionnel de décembre 2018, qui valide l'encadrement des mandats des parlementaires et le financement des partis. Mais cela occasionne des tensions permanentes avec le Parlement, lui-même gangrené par la corruption (69 des 130 députés font l'objet d'enquêtes). La situation de blocage provoquée par le bras de fer entre exécutif et législatif a conduit Martín Vizcarra à dissoudre le Parlement en septembre 2019, ce qui a débouché sur l'élection, en janvier 2020, d'une assemblée fragmentée et sur l'émergence difficile d'un nouveau gouvernement. Les tensions se sont pourtant prolongées, avec une première procédure de destitution engagée par le Congrès contre Martín Vizcarra en septembre 2020, fondée sur des soupçons de malversations, puis une seconde procédure qui aboutit en novembre 2020 à sa destitution et à son remplacement par Manuel Merino. Ce dernier est néanmoins contraint à la démission sous la pression de la rue. Le Congrès nomme alors, le 16 novembre, un nouveau président, Francisco Sagasti, issu d'une formation centriste, le Partido Morado, seul mouvement du Congrès à n'avoir pas voté en faveur de la destitution de Martín Vizcarra, et qui a conduit le pays jusqu'en juillet 2021, date de prise de fonction de Pedro Castillo, élu le 6 juin.

DÉFICIT MÉDICAL EN PANDÉMIE

Le Pérou reste englué dans une profonde crise sociale et sanitaire : avec 2 millions de cas et quelque 191 900 morts fin juin 2021, pour une population de 32,51 millions d'habitants (2019), il est en effet l'un des États les plus touchés au monde par l'épidémie de Covid-19. Les mesures prises ont été précoces et drastiques, avec un confinement dès mars 2020, mais la pauvreté et l'importance du travail informel (70 %) en ont réduit l'efficacité tout en fragilisant la situation d'une grande partie de la population et en se traduisant par une forte augmentation des violences faites aux femmes. La nouvelle vague de l'hiver 2021 submerge un système de santé déficient que les mesures d'urgence des derniers mois n'ont pas suffi à renforcer, révélant ainsi des décennies de sous-investissement dans les services publics. En 2017, selon la Banque mondiale, le Pérou compte 1,6 lit d'hôpital pour 1 000 citoyens (5,9 en France en 2018). Pourtant, le pays a connu depuis les années 2000 une croissance élevée, grâce à un climat favorable aux investisseurs et à ses importantes ressources minières, parmi lesquelles le cuivre, dont il est le deuxième producteur mondial derrière le Chili. Les cours de ce métal ont bondi dans le double contexte du ralentissement de la production dû à la situation sanitaire et de la crise politique qui ont fait craindre des risques de pénurie. Ces performances se sont traduites par un recul de l'extrême pauvreté (moins de 1,90 dollar par jour), passée de 17,4 % en 2001 à 2,7 % en 2018. Mais les conséquences sociales de l'épidémie de Covid-19 s'annoncent brutales, avec une récession de 13,9 % selon le Fonds monétaire international (FMI) en 2020 (tout en estimant une croissance de 7,3 % en 2021), dans un pays déjà marqué par de fortes inégalités aussi bien sociales que spatiales et ethniques, avec une opposition entre le littoral et l'intérieur, ainsi que la marginalisation des individus d'origine amérindienne (environ 45 % de la population).

Des tensions ont par ailleurs éclaté dans le nord du pays, où les travailleurs agricoles ont dressé des barrages, paralysant pendant quelques jours la route panaméricaine autour de la ville de Virú, à environ 500 kilomètres de Lima. Les manifestants avaient vu leurs revendications conduire à l'approbation par le Congrès d'une nouvelle loi agraire, qui augmente peu le salaire minimum et ne propose pas les garanties attendues par des travailleurs ruraux embauchés sur des contrats courts par les entreprises agroalimentaires. ● **C. Loïzzo**

REPÈRES

NOM OFFICIEL
République du Pérou

CHEF DE L'ÉTAT
Pedro Castillo (président depuis juillet 2021)

SUPERFICIE
1 285 216 km² (21e rang mondial)

LANGUES OFFICIELLES
Espagnol et quechua

CAPITALE
Lima

POPULATION EST. 2019
32,51 millions d'habitants

DENSITÉ
25 hab./km²

MONNAIE
Nuevo sol

HISTOIRE
Cœur de la civilisation précolombienne et de l'Empire inca (1438-1533), le Pérou est sous domination espagnole jusqu'en 1821, date de l'indépendance, après quarante années de troubles. Le XXe siècle est marqué par des luttes d'influence entre militaires pour occuper le pouvoir jusque dans les années 1980, avant la période de la guérilla communiste du Sentier lumineux

PIB PAR HABITANT EN 2019 (EN PARITÉ DE POUVOIR D'ACHAT)
13 416 dollars internationaux courants

INDICE DE DÉVELOPPEMENT HUMAIN (2019)
0,777 (79e rang)

Bolivie : vers une sortie de crise dans un pays divisé ?

La victoire aux élections législatives et présidentielle du 18 octobre 2020 du Mouvement vers le socialisme (MAS) et de Luis Arce referme en Bolivie la parenthèse ouverte par la réélection contestée d'Evo Morales en 2019. Elle joue dans le sens d'un apaisement des tensions dans un pays traversé par de nombreuses fractures politiques et sociales.

REPÈRES

NOM OFFICIEL
État plurinational de Bolivie

CHEF DE L'ÉTAT
Luis Arce (président depuis novembre 2020)

SUPERFICIE
1 098 581 km²
(29e rang mondial)

LANGUES OFFICIELLES
Espagnol, quechua, aymara et 34 autres

CAPITALE
La Paz (Sucre, capitale constitutionnelle)

POPULATION EST. 2019
11,51 millions d'habitants

DENSITÉ
10 hab./km²

MONNAIE
Boliviano

HISTOIRE
En partie rattachée à l'Empire inca au XVe siècle, l'actuelle Bolivie est colonisée par les Espagnols au XVIe, qui y exploitent les ressources durant 200 ans et diffusent le catholicisme. L'indépendance est acquise en 1825 grâce à Simón Bolívar (1783-1830). Le XIXe siècle est marqué par une grande instabilité politique et le poids de l'armée ; le pays est même soumis à une dictature militaire entre 1964 et 1982

PIB PAR HABITANT EST. 2019 (EN PARITÉ DE POUVOIR D'ACHAT)
9 110 dollars

INDICE DE DÉVELOPPEMENT HUMAIN (2019)
0,718 (107e rang)

La Bolivie sort d'une longue crise politique après la démission, en novembre 2019, d'Evo Morales, poussé à l'exil (au Mexique puis en Argentine) par l'ampleur de l'opposition à la suite de soupçons d'irrégularités sur le scrutin du 21 octobre. Premier président indigène du pays, ancien leader syndical, Evo Morales a exercé trois mandats entre 2006 et 2019, au cours desquels il a engagé de profondes transformations économiques et sociales. Les avancées – augmentation du PIB, baisse de la pauvreté et des inégalités, hausse de l'éducation, meilleur accès à la santé, par exemple –, obtenues par d'ambitieuses politiques de redistribution financées par la manne gazière issue de la nationalisation des gisements, expliquent sa popularité au sein d'une grande partie de la population, vérifiée lors de son retour triomphal dans son fief de Cochabamba le 12 novembre 2020.

FRACTURES TERRITORIALES

Après une présidence par intérim d'un an assurée par l'ancienne sénatrice conservatrice Jeanine Áñez, Luis Arce remporte la présidentielle en recueillant 55,1 % des suffrages dès le premier tour – le MAS obtient pour sa part 75 députés (sur 130) et 21 sénateurs (sur 36). Il a été le ministre de l'Économie et des Finances publiques (2006-2017 et 2019) d'Evo Morales, et est fréquemment présenté comme le « père » du boom bolivien. Il hérite cependant d'un pays divisé, où la gestion des affaires par la droite a accentué les clivages.

La Bolivie cumule fractures territoriales, ethniques et sociales. État privé d'accès à la mer depuis la guerre du Pacifique (1879-1884) – ce qui lui vaut un contentieux persistant avec son voisin chilien –, la Bolivie se partage entre les plaines du bassin amazonien à l'est et les hauts plateaux andins de l'ouest, où se situe La Paz, la plus haute capitale du monde (3 625 mètres), soumise à une croissance anarchique. S'y ajoute une opposition entre l'est et l'ouest regroupant les deux tiers de la population, pour une bonne part autochtone.

La société est multiculturelle : une majorité de Boliviens sont métis (30 %) ou indigènes, issus des communautés quechua (30 %) et aymara (25 %) surtout, tandis qu'une importante minorité blanche (12 %) reste concentrée autour de Santa Cruz. En inscrivant dans la Constitution de 2009 le principe d'un État plurinational reconnaissant 32 nations et 37 langues officielles, Evo Morales avait fait progresser fortement les droits des Amérindiens.

Cette politique a accru les tensions avec les Blancs, vivant essentiellement dans la région de Santa Cruz, région plus tardivement mise en valeur, mais aussi plus riche grâce à l'essor des activités agro-industrielles autour de la culture du soja et de la canne, et à l'exploitation des gisements de gaz, Santa Cruz devenant le principal pôle économique bolivien. Les grands propriétaires terriens ont d'ailleurs grossi les rangs de l'opposition.

DES DÉFIS MAJEURS

Le nouveau chef de l'État est également confronté au défi de la pauvreté persistante dans un pays où 70 % de la population active occupe un emploi informel. Malgré la forte croissance des années 1990 et 2000, le PIB par habitant reste sous la barre des 10 000 dollars, soit l'un des plus bas du continent. D'autant que les perspectives sont peu encourageantes : bien que riche de nombreuses ressources naturelles, comme l'argent, l'étain ou le zinc, la Bolivie est trop dépendante des matières premières (80 % des exportations) aux cours fluctuants.

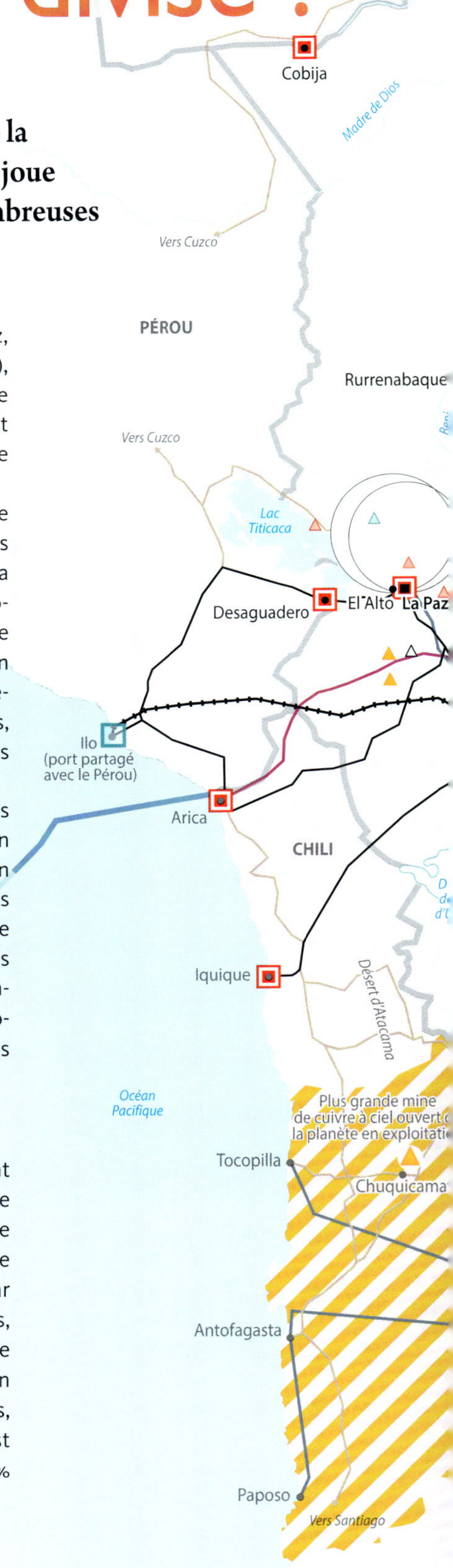

La Bolivie, État enclavé d'Amérique du Sud

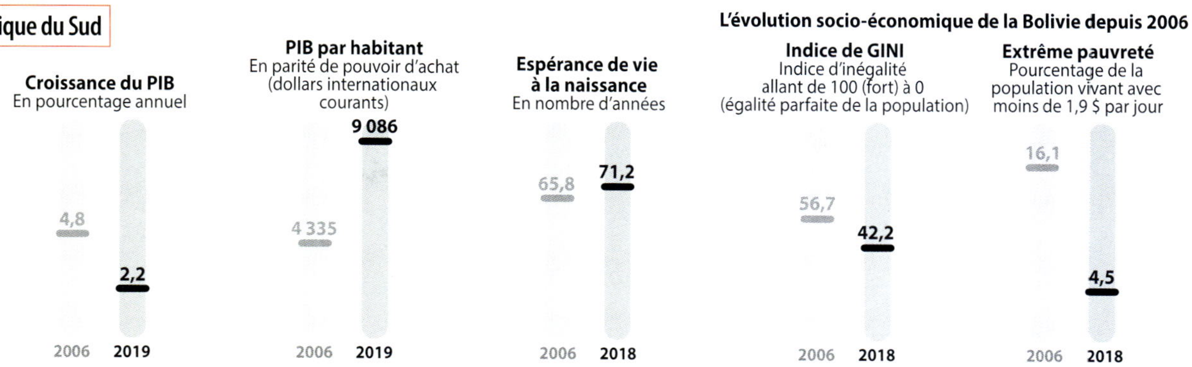

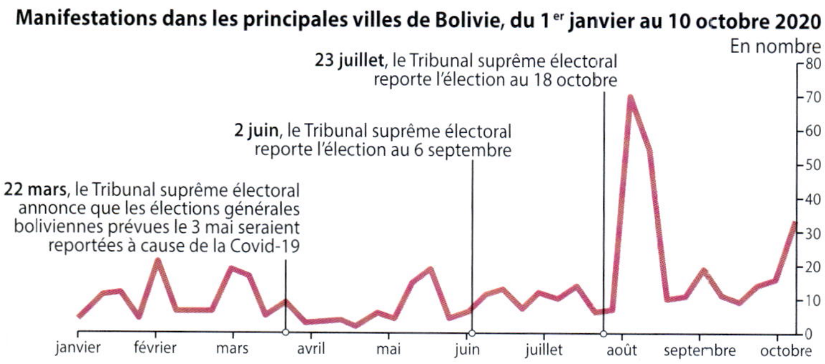

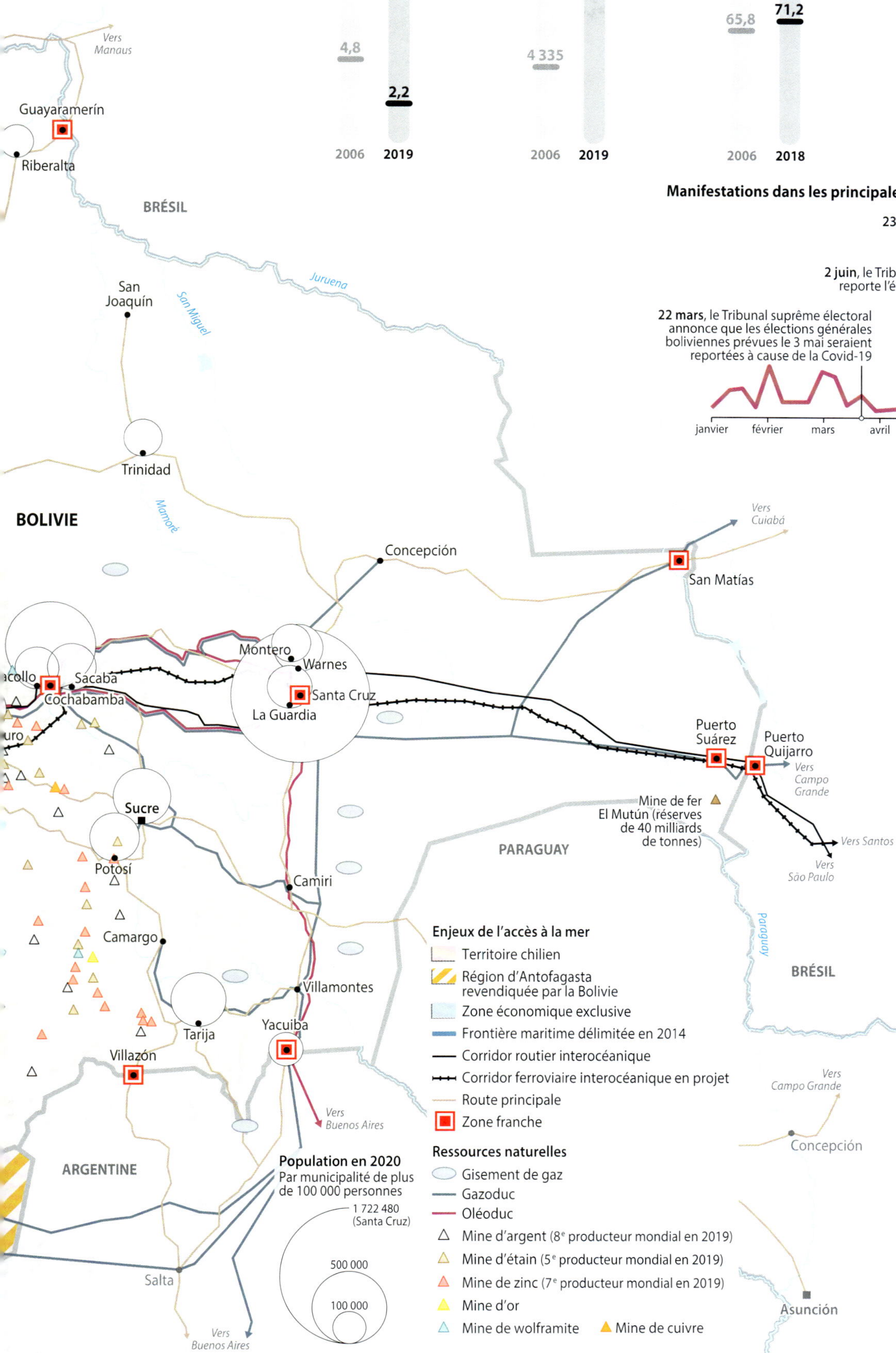

Sources : Banque mondiale, 2020 ; INE, 2020 ; ACLED, 2019 ; www.iirsa.org, 2018 ; Agencia Nacional de Hidrocarburos de Bolivia, 2018 ; « Bolivia Dares to Dream of the Sea, Again », in Stratfor, 6 avril 2018 ; Banque mondiale, Commodity Markets Outlook, avril 2018 ; The Petroleum Economist, World Energy Atlas, 2004 ; F. Bost (dir.), Atlas mondial des zones franches, La Documentation française, 2010 ; UDAPE, Diagnósticos Sectoriales - Minería, 2009

Il lui faut aussi surmonter la crise sanitaire due à la Covid-19 et ses conséquences. Au 30 juin 2021, la Bolivie totalisait 437 623 cas et 7 502 décès. La gravité de la situation est d'abord due à un système de santé lacunaire, en sous-effectif chronique et mal équipé, avec par exemple 1,28 lit d'hôpital pour 1 000 habitants en 2018, malgré le quadruplement des dépenses de santé entre 2006 et 2016. Mais elle révèle surtout une gestion chaotique de la présidence par intérim de Jeanine Áñez, marquée par l'intervention de l'armée contre les manifestants pro-MAS et des mesures de contrôle de la presse dénoncées par plusieurs ONG comme une entrave sévère à la liberté d'expression. Une gestion aussi critiquée pour le blocage à la frontière des migrants boliviens tentant de rentrer du Chili, et émaillée de scandales de corruption autour de l'achat de respirateurs surfacturés ou de l'aide aux grandes entreprises.

L'économie bolivienne et les classes moyennes tout juste sorties de la pauvreté ont été mises à mal par des mois de confinement, pendant lesquels le déficit de surveillance a permis aux narcotrafiquants de prospérer dans le troisième pays producteur de cocaïne au monde, et aux riches propriétaires de l'est d'empiéter davantage sur la forêt. S'ajoute en effet un défi environnemental de taille, autour des problématiques de la déforestation et de l'industrie minière, champ jusque-là largement délaissé par les partis de gauche, mais auquel la population se montre de plus en plus sensible. ●

C. Loïzzo

Brasilia : la banalisation d'une capitale de 60 ans

Le 21 avril 1960, le Brésil inaugurait sa nouvelle capitale politique, recentrant géographiquement un pays concentré sur la côte atlantique. Bâtie au milieu des savanes alors quasi inhabitées du plateau central brésilien, Brasilia compte 3,01 millions d'habitants en 2019 ; 4,62 millions si l'on intègre l'agglomération. Le revenu mensuel par habitant y est de près de deux fois la moyenne nationale, dépassant même le riche État de São Paulo (1).

Carto n° 60, 2020 © Areion/Capri

Source : D'après des cartes de H. Théry, « Brasília, de la vitrine à la métropole », in Géoconfluences, octobre 2017

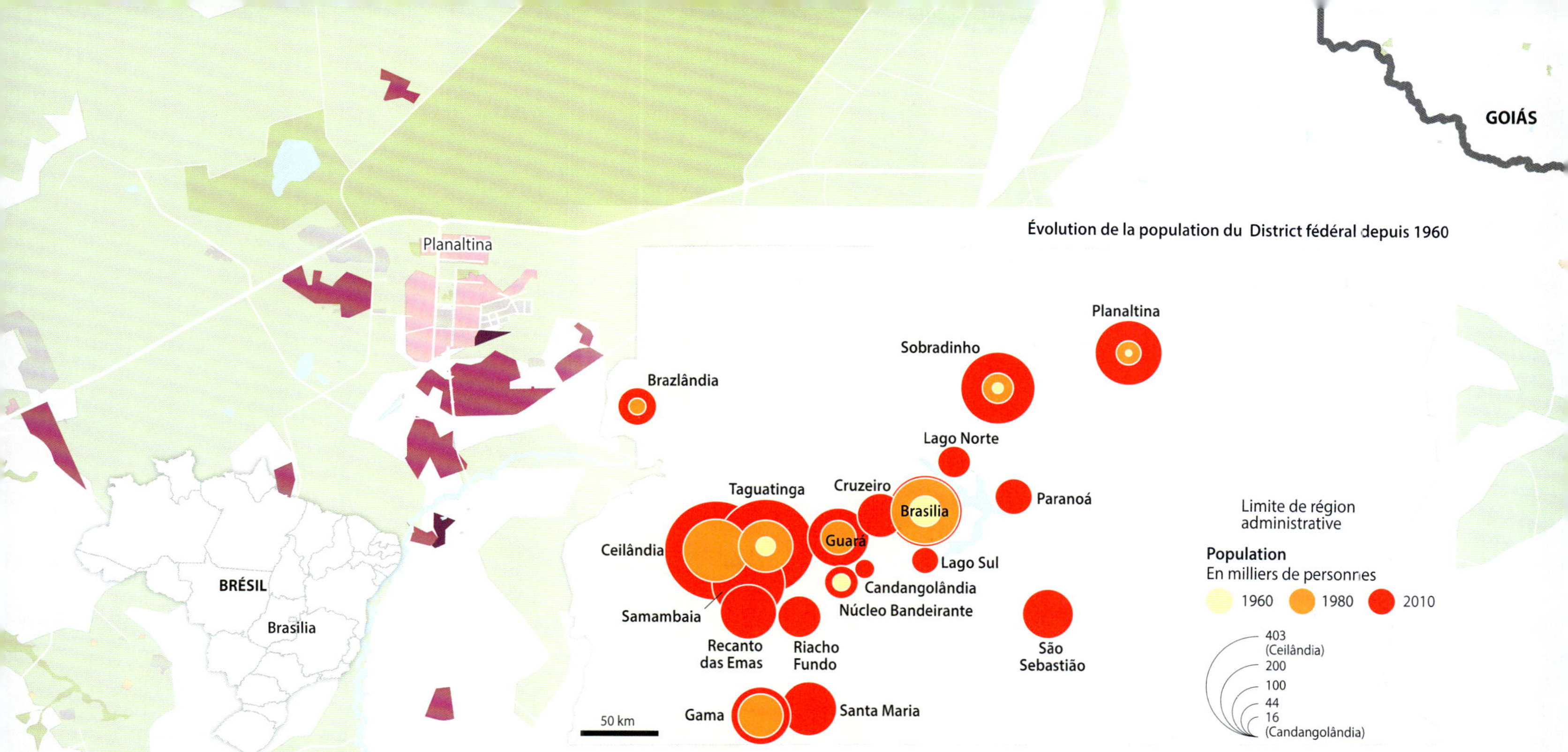

Dans le projet des fondateurs, Brasilia devait être exemplaire à tout point de vue : une ville au fonctionnement logique et fluide, un modèle de fraternité entre ses habitants, riches et pauvres. Mais il s'est produit une banalisation de la ville, sans doute parce que celle qu'ils ont conçue n'est plus qu'une partie d'une métropole. Brasilia ne se résume plus de nos jours au « plan pilote » de l'architecte Oscar Niemeyer (1907-2012) et de l'urbaniste Lúcio Costa (1902-1998) ; elle est entourée d'une vingtaine de « villes satellites » qui ont grandi plus vite qu'elle, et dans cet ensemble composite apparaissent des clivages et des évolutions contrastées.

EXPANSION URBAINE

Brasilia change d'échelle. Son espace fonctionnel réel est le District fédéral, sous juridiction directe de l'État fédéral, et ses alentours (*entorno*). Or ces derniers deviennent l'exutoire des courants migratoires qui y mènent une population provenant en majorité du Goiás voisin, mais aussi de tout le pays. De nombreuses petites villes y sont en formation, se construisant le long des voies de communication, ce qui explique le caractère discontinu de cette périphérie, calquée sur la géométrie du réseau de transport. La métropole en formation, contrairement à la ville planifiée qui a été son point de départ, est désormais un territoire fragmenté, marqué par des oppositions de plus en plus fortes entre quartiers riches et pauvres. Alors que le plan initial visait à faire justement cohabiter riches et pauvres dans un ensemble harmonieux et planifié, la réalité actuelle révèle une différenciation accentuée entre les quartiers, qui ont des évolutions différentes.

Dans l'ensemble, on a constaté une croissance forte de toute l'agglomération, mais dont le rythme a diminué au fur et à mesure de l'augmentation de la population. Accueillant le siège des pouvoirs législatif, exécutif et militaire du pays sur les rives du lac Paranoá, le « plan pilote » s'est rempli petit à petit, passant de 68 000 habitants en 1960 à un peu plus de 200 000 en 2010. Les deux extensions de Lago Norte et de Lago Sul et le quartier de Cruzeiro ont été détachés administrativement du « plan pilote » au milieu des années 1980, mais même en les y réintégrant, le cœur de la ville ne dépasse guère de nos jours 300 000 habitants, et sa croissance reste moindre que celle des autres parties du District fédéral.

Les villes satellites se sont multipliées plus rapidement que ne l'avaient prévu les concepteurs. Leurs origines sont diverses : certaines ont été créées pour loger les ouvriers des chantiers demeurés sur place, comme Cidade Livre, le premier campement de Brasilia, légalisée en 1961 sous le nom de Núcleo Bandeirante. D'autres ont été créées par la suite pour résoudre le problème des « invasions ». En effet, le succès de Brasilia a attiré une population importante – et pauvre – dans le District fédéral et, ne pouvant prétendre à des logements normaux, ces migrants ont créé des quartiers spontanés dénommés localement « *invasões* ».

MODIFICATION DE LA COMPOSITION SOCIALE D'UNE MÉGAPOLE

Le rôle de vitrine assigné à Brasilia ne permettant pas au gouvernement du District fédéral de tolérer ces poches de pauvreté, plusieurs opérations de déplacement vers des lotissements planifiés ont été réalisées. Ces déplacements ont pu être massifs : dans les années 1970, plus de 80 000 personnes ont ainsi été réinstallées en huit mois à Ceilândia, à l'ouest de la ville, accessible en métro.

Ces rejetons périphériques du « plan pilote » ont connu une croissance explosive : par exemple de 1960 à 1980, alors que la population du « plan pilote » était multipliée par quatre, celle de Taguatinga l'était par huit. Lorsque le tissu urbain s'est consolidé, l'afflux de population s'est réduit, et l'on observe une certaine normalisation de la ville et un début de gentrification des zones les mieux équipées, accompagnées de hausses des loyers et d'une modification de la composition sociale. Et, aussi paradoxal que cela puisse paraître pour une ville aussi jeune, beaucoup de ses habitants ont déjà la nostalgie d'un « âge d'or » à jamais passé. Plus que de la dégradation des paysages et de la qualité de l'eau, c'est de celle de l'environnement social qu'ils se plaignent le plus : embouteillages, pollution et montée des tensions sociales sont pour eux les symptômes de la « crise » de Brasilia.

Elle devient une métropole comme les autres : on assiste à la banalisation de la capitale, moins pionnière et moins exemplaire que naguère. Le mythe d'une cité vitrine s'estompe. On peut le regretter, parce que son projet original s'est affadi, mais on peut aussi penser que, de ce fait, elle revient dans la norme et devient plus représentative de la nation brésilienne. ● **H. THÉRY**

NOTE

(1) Pour en savoir plus : Neli de Mello Théry, François-Michel Le Tourneau, Hervé Théry et Laurent Vidal, *Brasilia, quarante ans après*, Éditions de l'IHEAL, 2004 ; Hervé Théry, « Brasília, de la vitrine à la métropole », in *Géoconfluences*, octobre 2017.

Le Guyana, entre crise politique et rente pétrolière

Petit État d'Amérique du Sud, le Guyana est à un moment clé de son développement socio-économique. Dans un contexte de tensions après les élections législatives du 2 mars 2020, sur fond de corruption et de bipolarisation de la vie politique nationale, le pays pourrait rapidement devenir, grâce au pétrole et à sa rente, l'un des plus riches du continent. Reste à savoir bien gérer cette soudaine manne.

REPÈRES

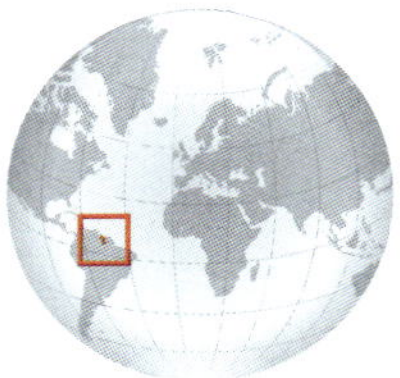

NOM OFFICIEL
République coopérative du Guyana

CHEF DE L'ÉTAT
Irfaan Alir (président depuis 2020)

SUPERFICIE
214 969 km² (86e rang mondial)

LANGUE OFFICIELLE
Anglais

CAPITALE
Georgetown

POPULATION EST. 2019
783 000 habitants

DENSITÉ
3 hab./km²

MONNAIE
Dollar du Guyana

HISTOIRE
Le territoire de l'actuel Guyana est peuplé de communautés caribéennes quand les premiers Européens, les Néerlandais, s'y établissent en 1616 avant de céder le territoire aux Britanniques en 1814. En 1953, une nouvelle Constitution pose les bases du pluralisme politique, ouvrant la voie vers l'indépendance, déclarée en 1966

PIB PAR HABITANT EN 2018 (EN PARITÉ DE POUVOIR D'ACHAT)
8 640 dollars internationaux courants

INDICE DE DÉVELOPPEMENT HUMAIN (2019)
0,682 (122e rang)

Anglophone et membre du Commonwealth, le Guyana s'inscrit dans la sphère culturelle caribéenne (Georgetown, la capitale, est le siège de la Communauté caribéenne ou CARICOM) et sur un continent sud-américain majoritairement hispano-lusophone. Petit État (214 969 kilomètres carrés) frontalier du Suriname, mais surtout entouré de deux puissants voisins à l'échelle régionale, le Venezuela et le Brésil, la « République coopérative du Guyana » dispose d'un des plus modestes PIB de la planète (4,1 milliards de dollars en 2019). Cette ancienne colonie britannique (1814-1966) est aussi un territoire sous-peuplé, où la population (783 000 habitants en 2019) se concentre essentiellement sur l'étroite bande littorale, notamment à Georgetown (quelque 250 000 âmes). L'intérieur du pays est recouvert de forêts denses traversées par de nombreux cours d'eau (Guyana signifie « Pays des eaux » en langue arawak).

UN PAYS POLITIQUEMENT FRAGMENTÉ ET POLARISÉ

Après son indépendance en 1966, le Guyana a toujours été un pays politiquement fragile, connu pour ses fraudes électorales et la corruption de ses élites. Depuis un demi-siècle, deux forces politiques s'affrontent et se succèdent dans l'exercice du pouvoir. D'un côté, le Parti progressiste du peuple (PPP), marxiste, s'appuie sur la paysannerie indo-guyanienne (39,8 % de la population), dont les ancêtres furent transférés d'Inde du Sud par les Britanniques au XIXe siècle. De l'autre, le Congrès national du peuple (PNC), conservateur, possède un électorat constitué des communautés urbaines blanches, métisses et afro-guyaniennes (29,3 %), ces dernières descendant des anciens esclaves africains.

Cette polarisation politique ethnique, et sociale s'est exacerbée en décembre 2018 avec le dépôt d'une motion de censure de la part du PPP provoquant ainsi la chute du gouvernement du président David Granger (depuis 2015). Ce dernier, ancien militaire né en 1945, figure emblématique du PNC, était alors soupçonné par l'opposition d'avoir bradé les intérêts pétroliers du pays au profit de la firme ExxonMobil. Après une année d'incertitudes institutionnelles et de recours juridiques devant les tribunaux, des élections législatives ont été organisées le 2 mars 2020, opposant les deux forces politiques traditionnelles. Des résultats très serrés ont d'abord laissé entendre la victoire du chef de l'État sortant, mais la pression interne et internationale renverse la situation et Irfaan Ali, du PPP, remporte le scrutin avec 33 sièges sur 65.

LE PÉTROLE, UN ATOUT OU UNE MALÉDICTION POUR L'AVENIR ?

À l'origine de cet imbroglio politique : le pétrole. Les perspectives de croissance du pays, dont l'économie reposait jusqu'à présent sur l'exportation de canne à sucre, d'or, de bauxite, de bois et de riz, se sont singulièrement éclaircies avec la découverte, en 2016, d'importants gisements de pétrole offshore. Estimés à près de 8 milliards de barils, ils ont commencé à être exploités début 2020. À cet égard, le Fonds monétaire international (FMI) prévoit un véritable « boom » de la croissance, calculée à 85,6 % (contre 3,7 % en moyenne entre 2004 et 2017). Une exploitation qui devrait monter en puissance afin de produire entre 750 000 et 1 million de barils par jour d'ici à 2025, ce qui a rapporté à l'État guyanien 185 millions de dollars de revenus directs en 2020 et les estimations pour 2021 font état de 350 millions. La seconde phase d'exploitation, prévue en 2022, sera déterminante et révélatrice des effets de cette nouvelle rente.

Cependant, les retombées financières auraient pu être beaucoup plus importantes si les conditions contractuelles, signées entre David Granger (2015-2020) et ExxonMobil, société exploratrice et exploitante du pétrole, n'avaient pas été aussi défavorables au Guyana, provoquant ainsi la crise politique traversée depuis. Par ailleurs, beaucoup d'observateurs considèrent que ce petit pays n'est ni politiquement ni économiquement préparé à gérer une telle rente et à devenir le « Koweït de l'Amérique du Sud », compte tenu du caractère kleptocratique du régime en place. Le risque de « maladie de l'or noir » est grand dans un pays où la corruption (le Guyana est au 83e rang mondial sur 180 de l'index 2020 de Transparency International) gangrène la société.

Le Guyana a une occasion unique de passer du modèle de la croissance à celui du développement en redistribuant les fruits de la rente pétrolière dans un État endetté qui souffre encore du chômage (12,2 % en 2019), de la pauvreté (un tiers de la population) et de l'émigration de sa jeunesse vers les États-Unis. Sans compter que cette nouvelle manne a contribué à raviver les tensions frontalières avec le Venezuela, qui, depuis les années 1960, revendique les deux tiers du Guyana et ses eaux territoriales, désormais riches en pétrole. ●

É. JANIN

1 Le Guyana dans son environnement régional

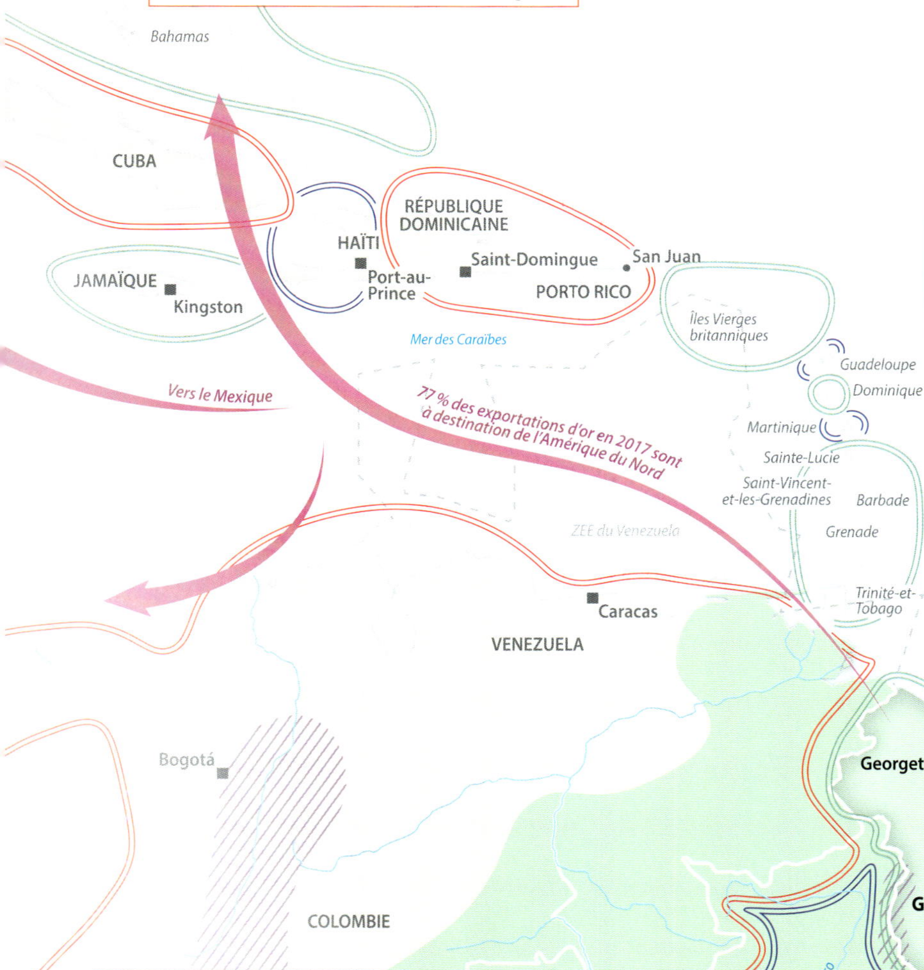
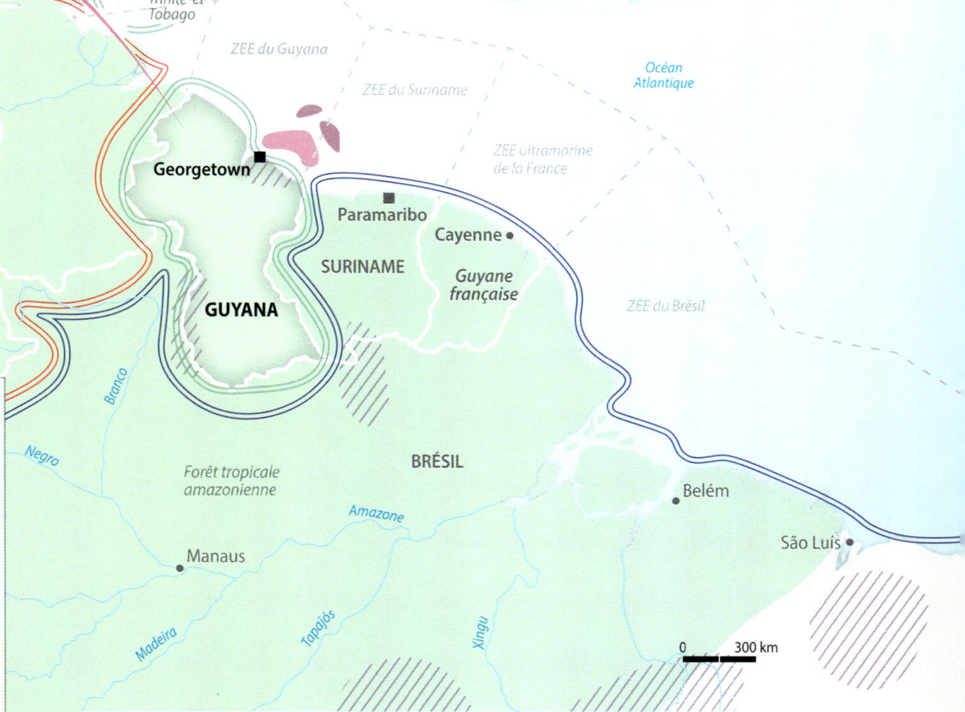

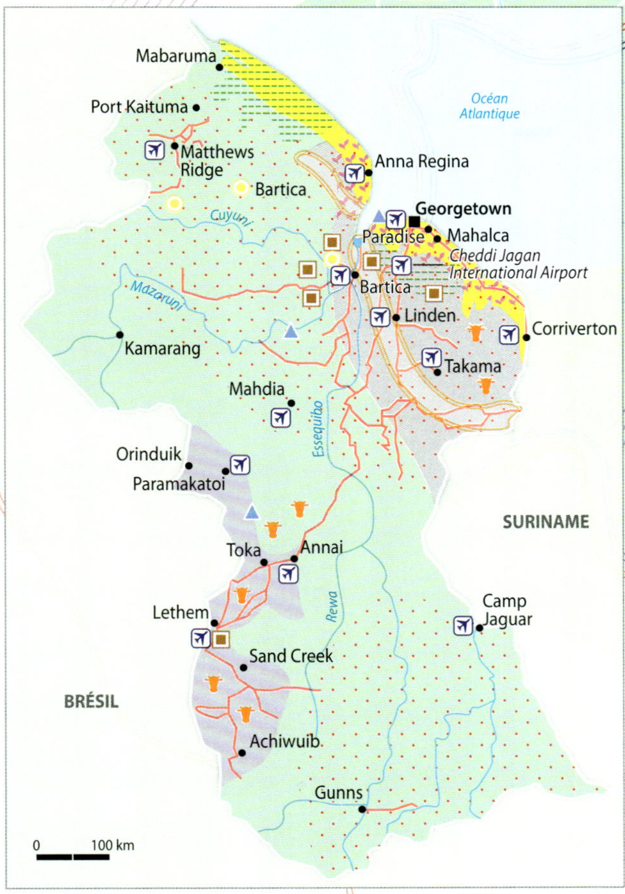

2 Les empires coloniaux en Amérique du Sud et centrale

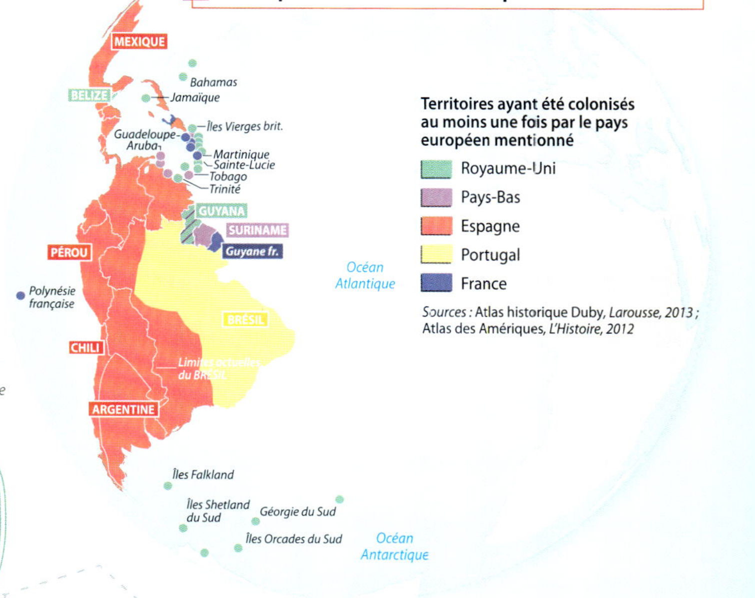

1. La zone économique exclusive est un espace maritime sur lequel un État exerce des droits souverains, notamment l'usage des ressources marines (pêche, hydrocarbures). Elle s'étend de ses côtes jusqu'à 200 milles marins (environ 300 km)

Sources : marineregions.org, 2020 ; Tullow oil, 2019 ; Guyana Tourism Authorit, 2018 ; The Observatory of Economic Complexity (Guyana), 2017 ; Columbus Gold Corporation, 2015 ; Guyana Lands and Surveys Commission, 2014 ; Ministère des Ressources naturelles et de l'Environnement, 2014 ; « Dreaming of oil », in The Economist, 2007

Jamaïque : continuité politique sous surveillance

Les élections législatives jamaïcaines se sont tenues le 3 septembre 2020 afin de renouveler les 63 membres de la Chambre des représentants. Dans un contexte économique difficile aggravé par la pandémie de Covid-19, les électeurs du pays avaient le choix entre deux grandes forces politiques. Place régionale d'aluminium, la Jamaïque reste dépendante des États-Unis, son premier partenaire commercial.

La Jamaïque est une île des Grandes Antilles, située au sud de Cuba et à l'ouest de Haïti. « Découverte » par Christophe Colomb (1451-1506) en 1494, elle fut une possession espagnole jusqu'en 1655, puis britannique, avant de devenir souveraine le 6 août 1962, date à laquelle l'île a intégré le Commonwealth. Si le régime politique est parlementaire, le pouvoir exécutif est détenu par un gouverneur général (Patrick Allen, depuis 2009) nommé par la reine Elizabeth II et un Premier ministre issu de la majorité élue à la Chambre des représentants. Depuis l'indépendance, la vie politique et démocratique est rythmée par l'affrontement entre les deux forces historiques qui alternent au pouvoir depuis bientôt soixante ans.

MAJORITÉ CONSERVATRICE EN CONTEXTE DE CRISE

À gauche, d'inspiration sociale-démocrate, le Parti national du peuple (PNP) a rompu avec l'idéologie marxiste après avoir été proche du castrisme jusqu'au début des années 1990. De l'autre côté, malgré son nom, le Parti travailliste jamaïcain (JLP) s'inscrit plus à droite sur l'échiquier politique. Andrew Holness, Premier ministre sortant issu des rangs du JLP, est arrivé vainqueur du scrutin législatif anticipé du 3 septembre 2020, avec 57 % des suffrages et 49 sièges sur 63 pour son parti, devant le candidat du PNP, Peter Phillips, avec 42,8 % des votes et 14 mandats. La répartition des sièges est favorable aux travaillistes, un résultat tranchant avec celui des élections de 2016, où ils n'avaient obtenu qu'une courte majorité, 32 sièges contre 31. Toutefois, le scrutin de 2020 a été marqué par une

REPÈRES

NOM OFFICIEL
Jamaïque

CHEF DE L'ÉTAT
Elizabeth II
(reine depuis 1952)

GOUVERNEUR
Patrick Allen
(depuis 2009)

CHEF DU GOUVERNEMENT
Andrew Holness
(depuis 2016)

SUPERFICIE
10 991 km²
(167e rang mondial)

LANGUE OFFICIELLE
Anglais

CAPITALE
Kingston

POPULATION EST. 2019
2,94 millions d'habitants

DENSITÉ
267 hab./km²

MONNAIE
Dollar jamaïcain

HISTOIRE
Les racines du pays de Bob Marley et d'Usain Bolt remontent à l'an 1000, lorsque des populations venues d'Amérique du Sud s'y installent et y développent l'agriculture. D'abord annexée par l'Espagne après l'arrivée de Christophe Colomb en 1494, l'île devient britannique en 1655 et une terre d'exploitation sucrière. Les mouvements nationalistes s'affirment au début du XXe siècle, après l'abolition de l'esclavage (1834), et conduisent à l'indépendance en 1962

PIB PAR HABITANT EN 2019 (EN PARITÉ DE POUVOIR D'ACHAT)
10 193 dollars internationaux courants

INDICE DE DÉVELOPPEMENT HUMAIN (2019)
0,734 (101e rang)

1 Les ressources de la Jamaïque

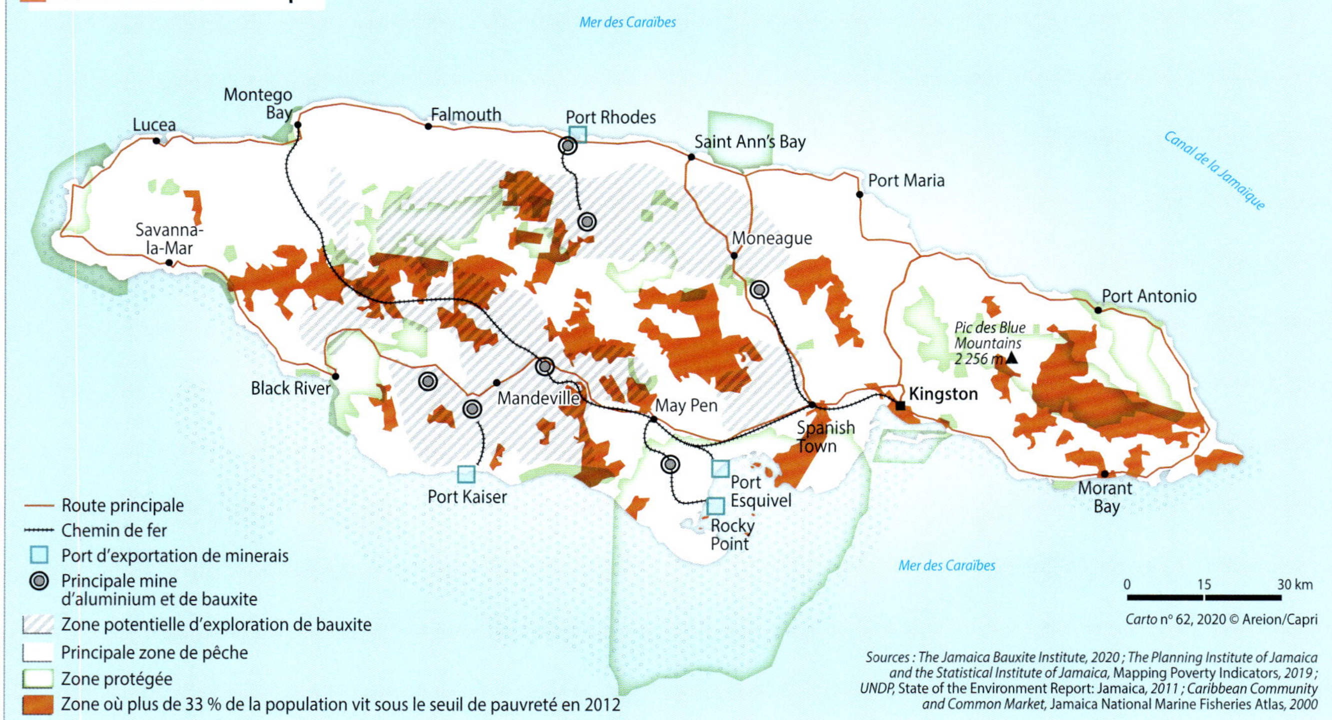

Sources : The Jamaica Bauxite Institute, 2020 ; The Planning Institute of Jamaica and the Statistical Institute of Jamaica, Mapping Poverty Indicators, 2019 ; UNDP, State of the Environment Report: Jamaica, 2011 ; Caribbean Community and Common Market, Jamaica National Marine Fisheries Atlas, 2000

2 La Jamaïque dans son environnement caribéen

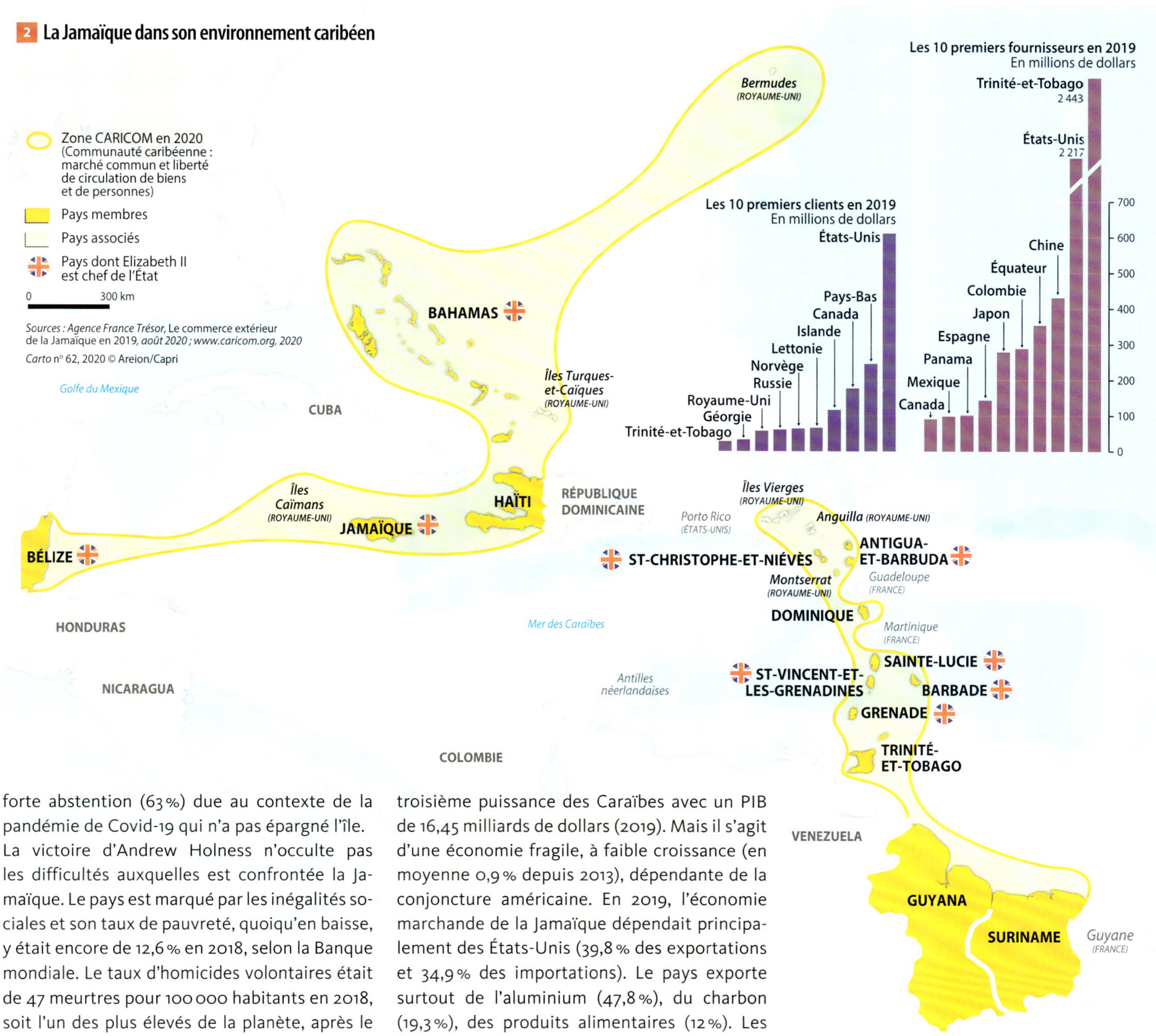

forte abstention (63 %) due au contexte de la pandémie de Covid-19 qui n'a pas épargné l'île. La victoire d'Andrew Holness n'occulte pas les difficultés auxquelles est confrontée la Jamaïque. Le pays est marqué par les inégalités sociales et son taux de pauvreté, quoiqu'en baisse, y était encore de 12,6 % en 2018, selon la Banque mondiale. Le taux d'homicides volontaires était de 47 meurtres pour 100 000 habitants en 2018, soit l'un des plus élevés de la planète, après le Salvador (82,8), le Honduras (56,5) et le Venezuela (56,3), d'après l'ONU. Les villes, principalement Kingston, la capitale, sont traversées par la violence entre gangs liés au trafic de drogue, les Caraïbes étant une plaque tournante des commerces illicites entre Amérique du Nord et Amérique du Sud. Le blanchiment d'argent y est fréquent auprès d'institutions bancaires également bienveillantes à l'égard de l'optimisation fiscale réalisée par les firmes transnationales occidentales, et ce malgré l'établissement de lois plus strictes depuis les injonctions des grands organismes internationaux.

DÉPENDANCE AMÉRICAINE

Convertie au libéralisme, l'économie jamaïcaine a longtemps reposé sur la filière sucrière avant de se diversifier afin de devenir la troisième puissance des Caraïbes avec un PIB de 16,45 milliards de dollars (2019). Mais il s'agit d'une économie fragile, à faible croissance (en moyenne 0,9 % depuis 2013), dépendante de la conjoncture américaine. En 2019, l'économie marchande de la Jamaïque dépendait principalement des États-Unis (39,8 % des exportations et 34,9 % des importations). Le pays exporte surtout de l'aluminium (47,8 %), du charbon (19,3 %), des produits alimentaires (12 %). Les États asiatiques commencent à être des fournisseurs importants, notamment la Chine (6,8 % des importations) et le Japon (4,4 %), particulièrement de produits manufacturés et alimentaires, de biens d'équipement. À l'exception de Trinité-et-Tobago, premier fournisseur de la Jamaïque avec 38,5 % des importations, essentiellement des hydrocarbures, Kingston commerce peu avec son environnement caribéen, malgré son appartenance à de nombreuses organisations régionales (OEA, AEC, CARICOM, CELAC).

Le pays reste très endetté (94 % de son PIB) et sous surveillance du Fonds monétaire international (FMI), d'autant plus qu'il est réputé pour le poids important de sa bureaucratie, que le gouvernement tente de réformer en réduisant le nombre de fonctionnaires. La Jamaïque dépend également de sa diaspora installée aux États-Unis (environ un million de personnes) dont les transferts financiers représentent 14 % du PIB. Par ailleurs, les deux tiers des touristes de l'île proviennent des États-Unis.

Enfin, la campagne électorale a été marquée par la proposition du PNP d'envisager la tenue d'un référendum sur la fin de l'attribution du rôle de chef d'État à Elizabeth II. Le parti souhaitait mettre un terme à la monarchie sur l'île en cas d'accession au pouvoir, reprenant ainsi le projet de l'ex-Premier ministre, Portia Simpson-Miller (2012-2016), qui n'avait pu le mettre en œuvre. Ce ne sera donc pas le cas lors de la mandature à venir. Les Jamaïcains ont choisi la continuité gouvernementale et institutionnelle malgré les difficultés. ●

É. Janin

Cuba : transition au pouvoir en pleine crise du coronavirus

Après la prise de fonction en tant que président de Miguel Díaz-Canel (né en 1960) en 2018, une nouvelle étape majeure s'est produite dans la transition politique à Cuba. Le 19 avril 2021, il est également devenu le Premier secrétaire du Parti communiste cubain (PCC). Le changement générationnel se réalise alors que l'île fait face à de nombreux défis sociaux.

La fin du castrisme en quelques dates

2008 Février
Président du Conseil d'État depuis 1976 et du Conseil des ministres depuis 1959, Fidel Castro laisse la place à son frère, Raúl Castro, au pouvoir *de facto* depuis 2006.

Juin
Levée des sanctions de l'Union européenne.

Juillet
Les agriculteurs privés peuvent acquérir des terres d'État.

2009 Avril
Allègement des sanctions américaines concernant les voyages et les transferts d'argent.

Juin
L'Organisation des États américains réintègre Cuba, exclu depuis 1962, mais La Havane refuse.

2011 Avril
Fidel Castro abandonne son poste de Premier secrétaire du Parti communiste cubain (PCC) au profit de Raúl Castro ; le PCC approuve les réformes économiques.

Décembre
Annonce de la libération de 3 000 prisonniers politiques.

2013 Janvier
Suppression du permis de sortie du territoire.

2014 Décembre
Normalisation des relations diplomatiques entre les États-Unis et Cuba.

2016 Mars
Barack Obama se rend à La Havane.

Novembre
Fidel Castro meurt à l'âge de 90 ans.

2018 Avril
Miguel Díaz-Canel succède à Raúl Castro à la présidence du Conseil d'État et du Conseil des ministres.

2019 Février
Adoption de la nouvelle Constitution : les postes de président de la République (avec mandat de cinq ans renouvelable), de vice-président, de Premier ministre et de maire sont créés ; la mention « communisme » est remplacée par « socialisme » ; la propriété privée est reconnue ; le PCC est réaffirmé comme parti unique.

Décembre
Manuel Marrero Cruz devient Premier ministre.

2021 Janvier
Unification du système monétaire : le peso convertible (aligné sur le dollar) disparaît et le peso reste la seule monnaie nationale.

Avril
Raúl Castro cède le poste de Premier secrétaire du PCC à Miguel Díaz-Canel.

Depuis le triomphe de la révolution, c'est une première : ce n'est pas un membre de la famille Castro qui dirige Cuba. En succédant à Raúl Castro (né en 1931) à la tête du PCC, Miguel Díaz-Canel est officiellement devenu l'homme fort du pays. L'île de 11,18 millions d'habitants (2020), qui est sous le coup d'un embargo de la part des États-Unis, connaît depuis 1965 un régime socialiste de parti unique. Le PCC y représente « la force dirigeante supérieure de la société et de l'État », selon la Constitution, dont la nouvelle édition de 2019 réaffirma le rôle, tout comme le caractère « socialiste » et non plus « communiste » du système en vigueur.

La transition est plus générationnelle que politique. Miguel Díaz-Canel n'est pas un *barbudo*, du surnom donné aux compagnons d'armes de Fidel (1926-2016) et Raúl Castro au moment du triomphe de la révolution en 1959. Pour autant, depuis la prise de ses fonctions de président de la République en 2018 (avec un mandant de cinq ans renouvelable automatiquement), il affirme représenter la continuité. Il souhaite poursuivre la politique économique d'ouverture entamée en 2011 par son prédécesseur, qui avait à cœur l'« actualisation » du système socialiste. Il a mis en place, en ce sens, un projet de longue date de Raúl Castro entre janvier et juin 2021 : l'unification monétaire, en supprimant le peso convertible, ou CUC, dont la valeur était indexée sur le dollar depuis 1994, et en ne gardant que le peso cubain.

CRISE ÉCONOMIQUE

Alors qu'elle doit participer à l'actualisation de l'économie cubaine, encore fortement planifiée, l'unification monétaire, souhaitée depuis 2013, a occasionné une inflation record. Le pain, dont le prix n'avait pas varié à Cuba depuis quarante ans, coûte 20 fois plus cher. C'est également le cas pour le riz, le lait, l'essence, les transports, l'eau, le gaz, l'électricité… Et si l'État doit augmenter les salaires des fonctionnaires ou les retraites, il n'est pas certain que cela suffise à amortir le choc pour les Cubains les plus fragiles.

À côté de cela, l'île n'a pas été épargnée par l'épidémie de Covid-19. Le pays connaît une seconde vague brutale depuis décembre 2020 et compte, mi-juin 2021, environ 1 100 décès. Toutefois, Cuba est parvenu, comparé aux autres pays de la région, à bien contenir le coronavirus grâce à son système de santé, qui a toujours été une grande priorité du régime. Cette politique permet à Cuba

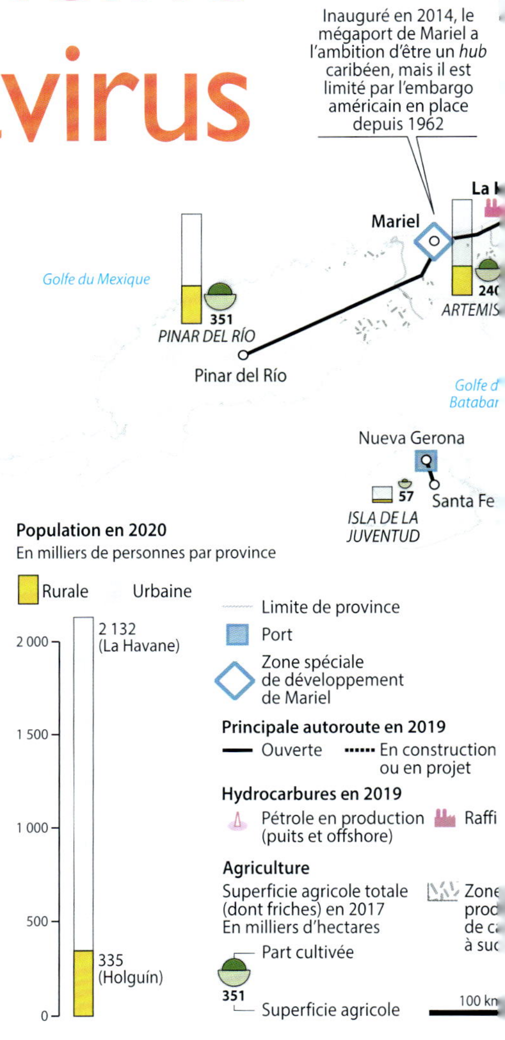

d'être le pays au monde comptant le plus de médecins par habitant (8,4 pour 1 000 en 2018, selon la Banque mondiale), devant Monaco (7,5). Pour autant, face à l'arrivée de la Covid-19, les dirigeants ont été contraints de fermer les frontières dès mars 2020. Une décision lourde de conséquences : l'île s'est ainsi privée d'une de ses ressources principales de devises, le tourisme, durant trois mois. Si elles sont désormais rouvertes, le secteur reste impacté par plus d'une année de crise majeure. Le pays a dû réduire de 75 % ses importations au premier trimestre 2020,

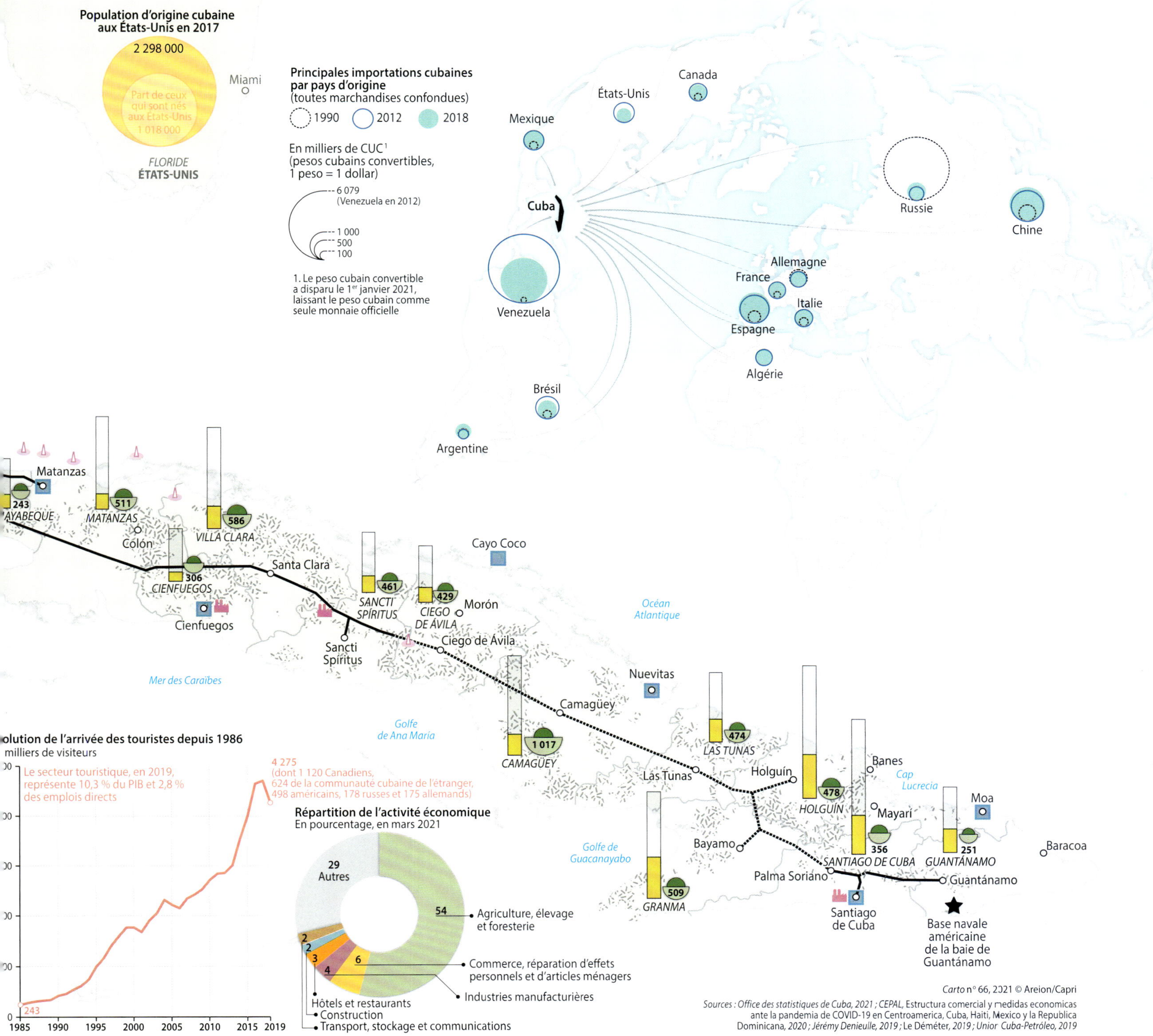

alors qu'elles représentent habituellement 80 % de ce qu'il consomme, notamment en matière de nourriture. Le manque chronique de devises, aggravé par ce bouleversement économique et couplé à l'inflation, a créé des pénuries. Ainsi, dans les rues de La Havane, au printemps 2021, il faut parfois attendre plusieurs heures pour espérer acheter un simple poulet.

UNE ÎLE ASPHYXIÉE PAR L'EMBARGO

Instauré en 1962, l'embargo commercial et financier des États-Unis contre Cuba est, malgré les condamnations régulières de la communauté internationale, le plus ancien en place à ce jour. Et l'ex-président Donald Trump (2017-2021) a profité de la crise du coronavirus pour renforcer les sanctions : par exemple, depuis mai 2019, est menacée de poursuites toute entreprise, américaine ou non, faisant de près ou de loin des affaires avec des biens nationalisés lors de la révolution de 1959. Une définition floue qui pourrait pousser des compagnies présentes à Cuba à quitter l'île ou à rendre son approvisionnement encore plus complexe. Quelques jours avant la fin de son mandat, Donald Trump avait également replacé Cuba sur la « liste noire » des pays soutenant le terrorisme, gelant ainsi la normalisation officialisée en 2014 sous Barack Obama (2009-2017). L'administration démocrate de Joe Biden, elle, a adopté une posture attentiste et se montre muette à propos de l'île, si bien que les Cubains n'espèrent plus rien de la part de leur voisin.

L'épidémie de Covid-19 et la crise économique qui a suivi ont mis en exergue les nombreux défis auxquels Cuba est confronté. Plus que la transition générationnelle à la tête de l'État, ce sont ces éléments qui détermineront les conditions dans lesquelles le régime castriste va devoir se réinventer, surtout si Miguel Díaz-Canel souhaite sauvegarder l'esprit de la révolution comme il le clame. ●

J. DENIEULLE

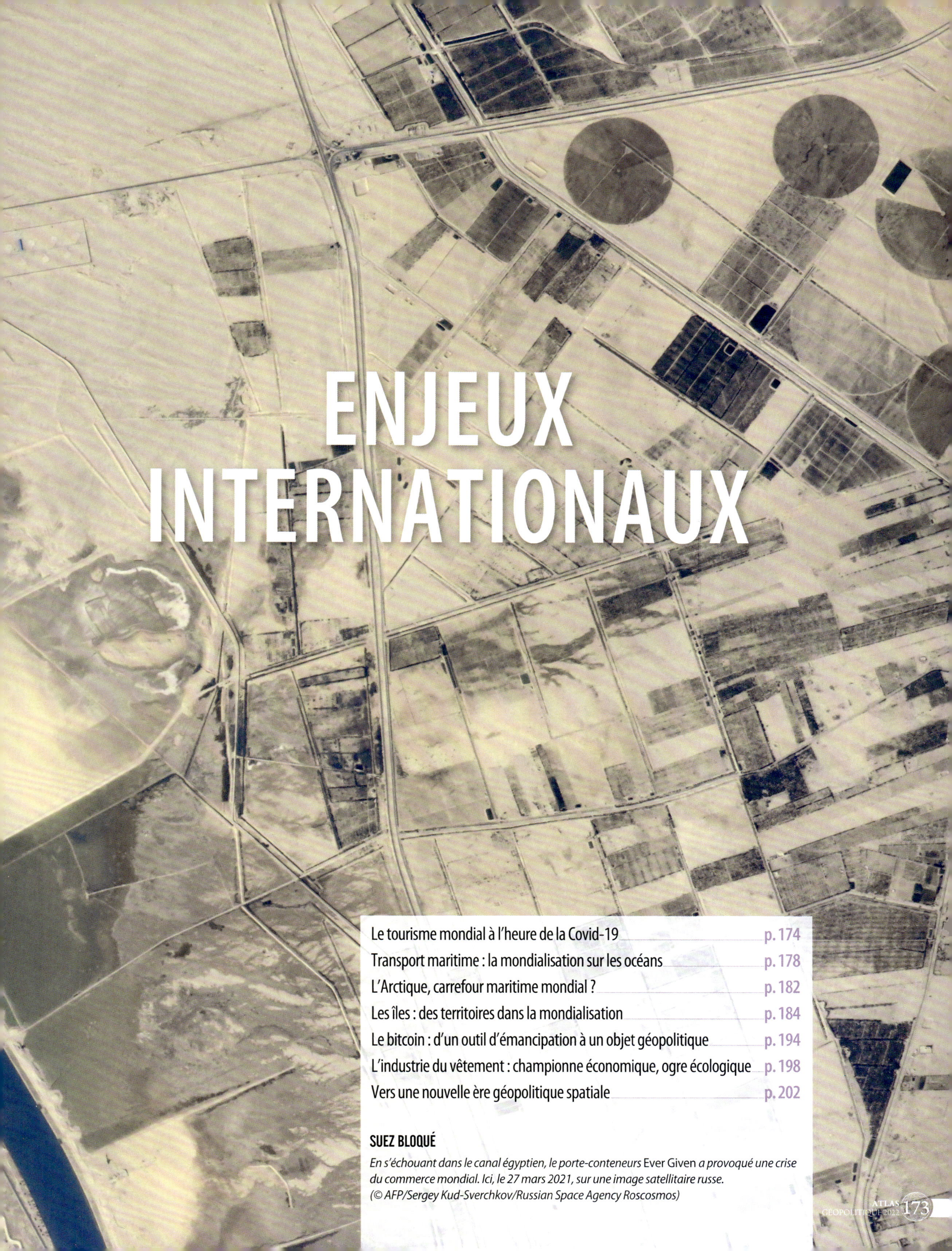

ENJEUX INTERNATIONAUX

SUEZ BLOQUÉ

En s'échouant dans le canal égyptien, le porte-conteneurs Ever Given *a provoqué une crise du commerce mondial. Ici, le 27 mars 2021, sur une image satellitaire russe. (© AFP/Sergey Kud-Sverchkov/Russian Space Agency Roscosmos)*

Le tourisme mondial à l'heure de la Covid-19

Les restrictions adoptées pour limiter la propagation du coronavirus et de sa maladie, la Covid-19, ont plongé le monde du tourisme dans une crise sans précédent. Cette situation engendre des conséquences socio-économiques désastreuses pour les professionnels du secteur sur tous les continents. Elle suscite également des questions sur l'avenir d'une industrie phare de la mondialisation et sur des pratiques qui étaient devenues plus accessibles.

Le tourisme est né en Angleterre au XVIIIe siècle. D'abord réservé à une élite curieuse de découvrir les origines de la civilisation européenne, il s'est progressivement démocratisé au rythme de la généralisation des congés payés dans les pays occidentaux. Au cours des dernières décennies, la baisse du prix des transports aériens conjuguée à l'amélioration du niveau de vie dans les pays émergents et à l'accroissement des mobilités des séniors ont contribué à transformer le tourisme en un phénomène de masse, qui concerne l'ensemble des régions du monde et une majorité d'habitants de la planète. Selon l'Organisation mondiale du tourisme (OMT), entre 1950 et 2019, le nombre de visiteurs internationaux est ainsi passé de 25 millions à 1,5 milliard par an. La répartition de ces flux à l'échelle mondiale révèle néanmoins l'existence d'importantes disparités.

L'ESSOR DU TOURISME CHINOIS DANS LA DÉCENNIE 1990

L'Europe est de loin la première destination : en 2019, 743,7 millions de touristes y ont été enregistrés, dont 579 millions dans l'Union européenne (UE). Viennent ensuite la zone Asie-Pacifique (360,1 millions) et le continent américain (219,5 millions), devant l'Afrique (71,9 millions) et le Moyen-Orient (65,1 millions). Avec 89,4 millions (2018), la France se maintient depuis les années 1990 à la tête du classement des pays les plus visités au monde, devant l'Espagne (83,7 millions) et les États-Unis (80,6 millions). La Chine représente quant à elle le principal espace émetteur de touristes de la planète. Dans ce pays, les voyages internationaux autrefois réservés à une élite privilégiée se sont démocratisés depuis le début des années 1990. Entre 1995 et 2018, le nombre de Chinois partis à l'étranger pour le plaisir est passé de 4,5 millions à 150 millions. Les pays asiatiques sont les grands bénéficiaires de ces évolutions. En effet, parmi les dix destinations les plus privilégiées par les touristes chinois, neuf se situent en Asie, à commencer par Hong Kong (49 millions), Macao (20 millions), deux cités au régime spécial en République

1 Scénarios à la suite de la crise sanitaire de la Covid-19

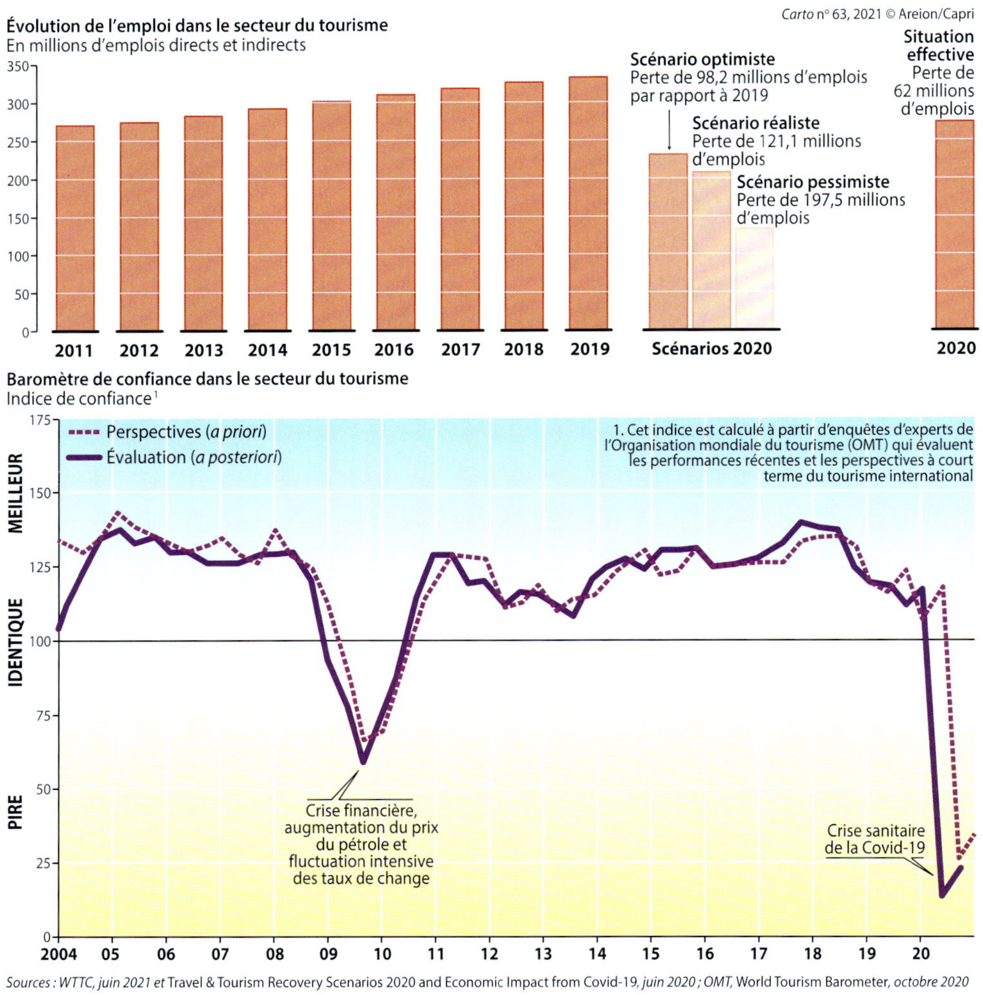

Sources : WTTC, juin 2021 et Travel & Tourism Recovery Scenarios 2020 and Economic Impact from Covid-19, *juin 2020 ; OMT,* World Tourism Barometer, *octobre 2020*

2 Destinations dépendantes des marchés chinois et américain en 2018

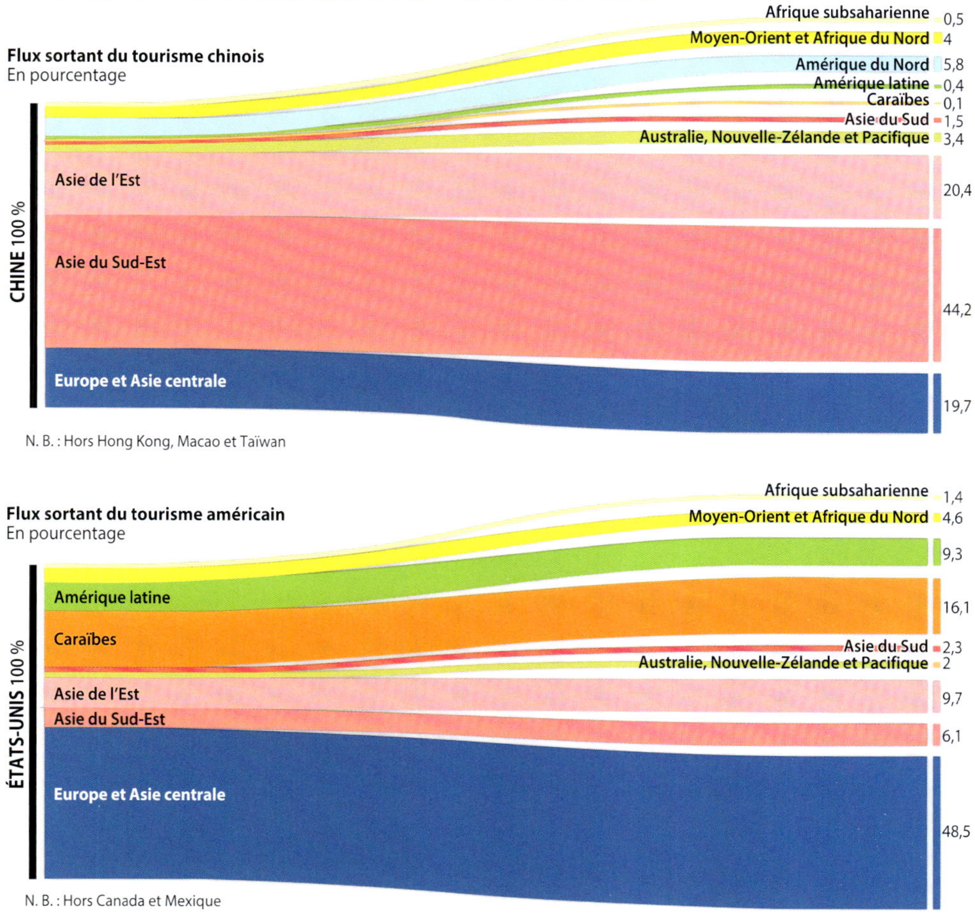

Source : Banque mondiale, Rebuilding Tourism Competitiveness: Tourism response, recovery and resilience to the COVID-19 crisis, *juillet 2020*

Carto n° 63, 2021 © Areion/Capri

populaire, la Thaïlande (10,5 millions) et le Japon (8,4 millions). Ces chiffres laissent entrevoir l'impact de la fermeture des frontières chinoises sur le tourisme, asiatique et plus largement mondial.

Le tourisme impliquant par définition des déplacements de personnes et des interactions entre individus, les entreprises du secteur furent les premières à être affectées par les mesures mises en place aux niveaux local et international en vue de contrer la propagation du coronavirus. L'épidémie étant partie de Chine, la zone Asie-Pacifique fut la plus concernée par la baisse des flux touristiques en 2020, avec une diminution de près de 80 % des arrivées sur les huit premiers mois de l'année comparé à 2019. Cette réduction s'observe dans toutes les régions du monde, avec des baisses de l'ordre de 70 % au Moyen-Orient, 68 % en Europe, 65 % en Amérique.

Selon l'Organisation pour la coopération et le développement économique (OCDE), l'industrie du tourisme comptait pour 10,4 % de l'économie globale avant le début de la crise sanitaire. À en croire les premières estimations, l'effondrement des mobilités touristiques pourrait engendrer astronomique d'entre 1700 et 2400 milliards de dollars en 2021, d'après l'ONU. Ce manque à gagner est particulièrement préjudiciable pour certains pays, à l'instar de la Thaïlande, où les revenus du tourisme représentaient près de 20 % du PIB national. Cette baisse de fréquentation est encore plus terrible pour certains « pays-îles », comme les Maldives, le Cap-Vert, les Seychelles, dans les Caraïbes ou le Pacifique, dont l'économie est fortement dépendante de l'industrie touristique. D'une manière générale, on considère qu'avant la mise à l'arrêt du secteur du tourisme, ce dernier employait un individu sur dix au niveau mondial, tout en assurant des moyens de subsistance à des centaines de millions d'autres. Pour l'OMT, cette situation pourrait se traduire par des pertes d'emplois touchant plus de 120 millions de personnes à travers le monde. En Jamaïque, où 50 % des devises étrangères proviennent du tourisme, le blocage des systèmes de transport qui soutiennent cette activité aurait déjà engendré la destruction de 300 000 emplois.

Dans de nombreux pays du Sud, l'économie touristique repose essentiellement sur de micro et petites entreprises, ainsi que sur le secteur du travail informel. Ce sont généralement les femmes, les jeunes, ainsi que certains groupes historiquement marginalisés qui sont les plus durement touchés par la crise. Les récentes arrivées de migrants irréguliers sur les îles Canaries (Espagne) reflètent d'ores et déjà certains dégâts collatéraux provoqués par la pandémie. En effet, parmi les ressortissants marocains débarqués dans l'archipel, beaucoup étaient employés dans l'hôtellerie et la restauration ou travaillaient comme vendeurs ambulants auprès des touristes qui ont désormais déserté le pays.

VERS UN TOURISME DURABLE ?

L'industrie touristique reposant sur des mobilités aériennes polluantes et propices à la diffusion des virus, il est possible qu'elle ne retrouve pas son dynamisme d'avant la crise. Les lieux de concentration de voyageurs, à l'image des bateaux de croisières et des gros hôtels clubs, pourraient être les plus durablement affectés ; même si, avec le retour à la normale qui devrait s'amorcer en 2021, certains consommateurs reprendront rapidement leurs habitudes en matière de tourisme. Les Nations unies ont toutefois appelé à une refonte profonde du secteur, en prônant une approche plus sûre, équitable et respectueuse des communautés d'accueil et du climat. Il est donc probable que les années à venir seront marquées par le développement de tendances qui commençaient déjà à gagner en popularité avant même le début de la pandémie, à commencer par le tourisme interne, qui représentait 75 % de l'économie touristique dans les pays de l'OCDE en 2019. Certaines catégories de population devraient ainsi changer en partie leurs habitudes, en privilégiant un tourisme de proximité, à taille humaine et plus soucieux de l'environnement. Opter pour le train et les modes de déplacement doux aux dépens de l'avion, aller à la rencontre de territoires plus proches de chez soi et de leurs habitants, ou partir moins souvent à l'autre bout du monde, mais pour des séjours plus longs, pourraient constituer quelques-unes des principales mutations du tourisme au XXIe siècle. ●

D. LAGARDE

L'économie du tourisme face à une pandémie

• Dépendance des pays vis-à-vis du tourisme •

• Dichotomie entre tourisme et pauvreté •

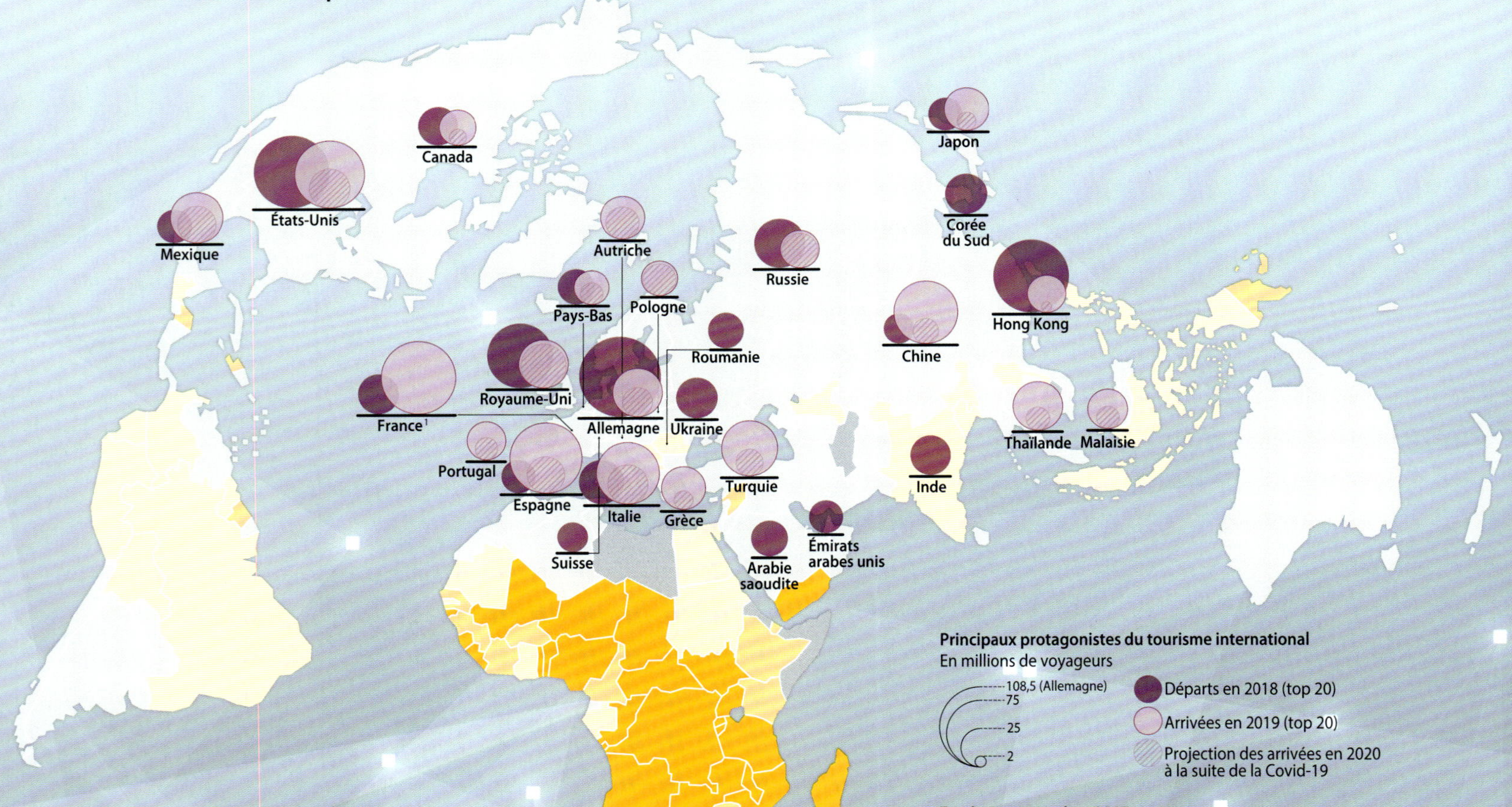

1. Pour la France, les données des arrivées sont de 2018 et la projection pour 2020 n'est pas disponible

Carto n° 63, 2021 © Areion/Capri

• Économie du tourisme en 2019 •

Part du secteur touristique dans l'emploi total
En pourcentage

Dans les 20 pays où les voyages et le tourisme contribuent le plus au PIB

Dans les 20 pays où la part des voyages et du tourisme dans le PIB a cru le plus vite

L'Arabie saoudite, la Corée du Sud, la Chine et la Turquie sont incluses et sont représentées dans la catégorie ci-dessus

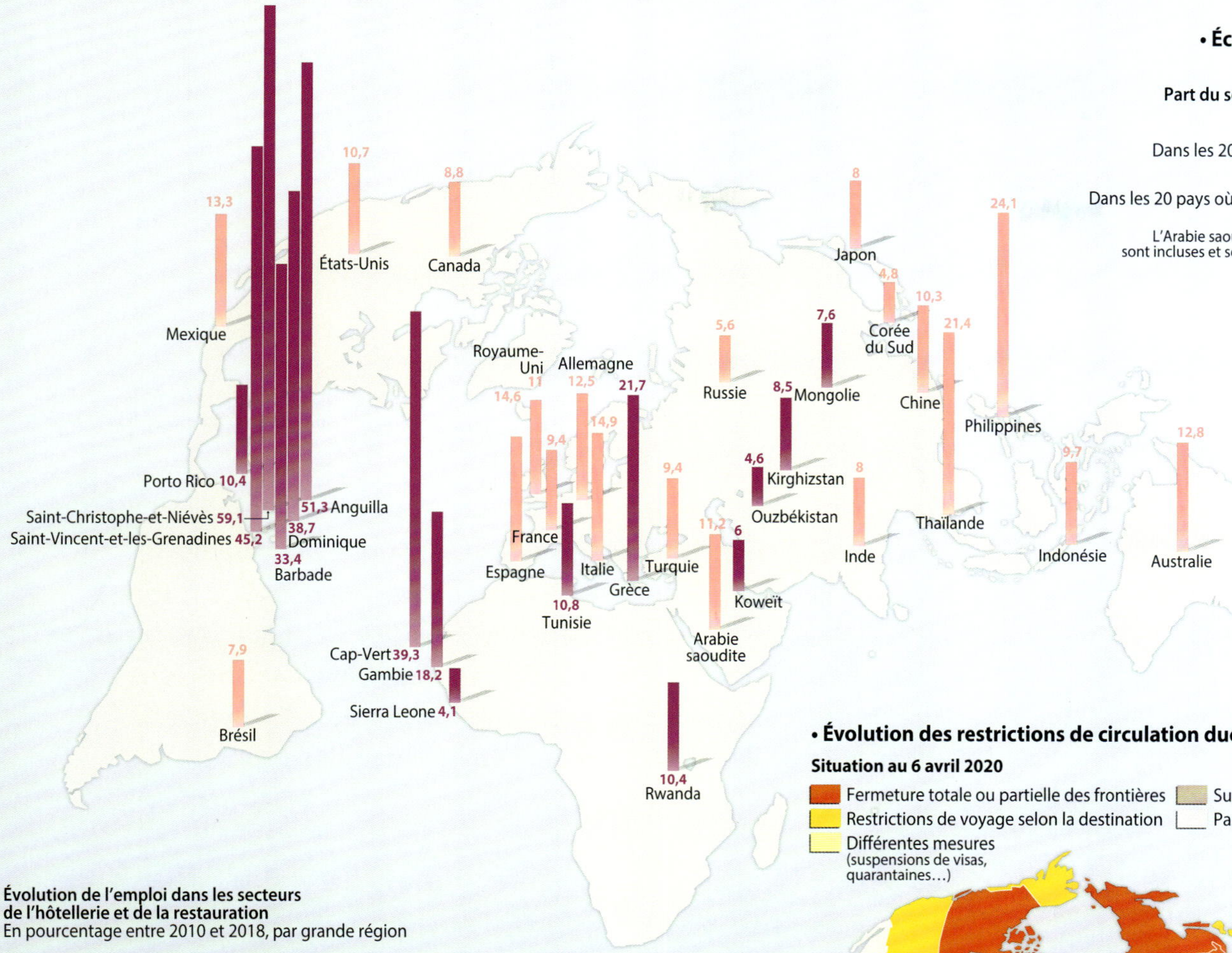

Évolution de l'emploi dans les secteurs de l'hôtellerie et de la restauration
En pourcentage entre 2010 et 2018, par grande région

Tous secteurs Hôtellerie et restauration

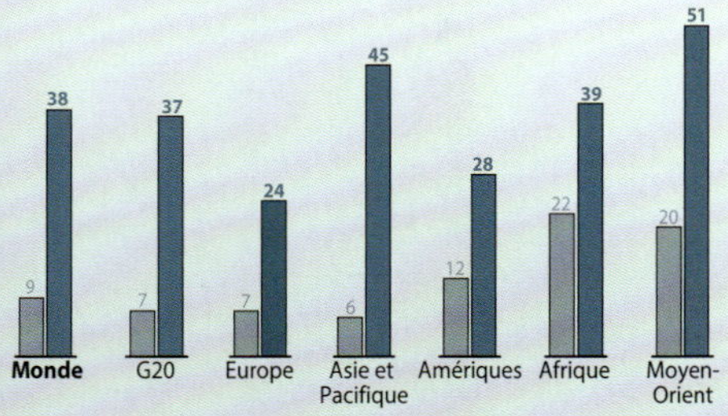

• Évolution des restrictions de circulation dues à la Covid-19 •

Situation au 6 avril 2020

- Fermeture totale ou partielle des frontières
- Restrictions de voyage selon la destination
- Différentes mesures (suspensions de visas, quarantaines…)
- Suspension totale ou partielle des vols
- Pas de restrictions

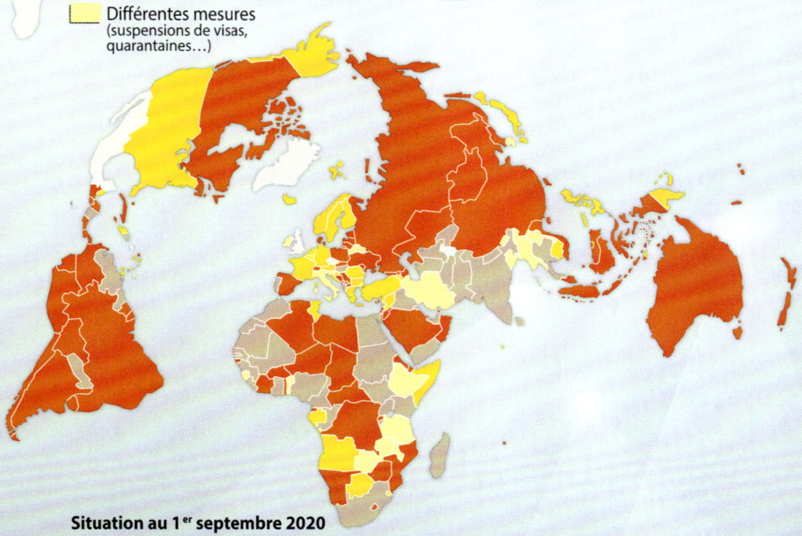

Situation au 1er juin 2021

- Fermeture totale des frontières
- Différentes mesures (Tests et quarantaines)
- Fermeture partielle des frontières
- Toutes les restrictions de voyage pour le tourisme international sont levées
- Données non disponibles

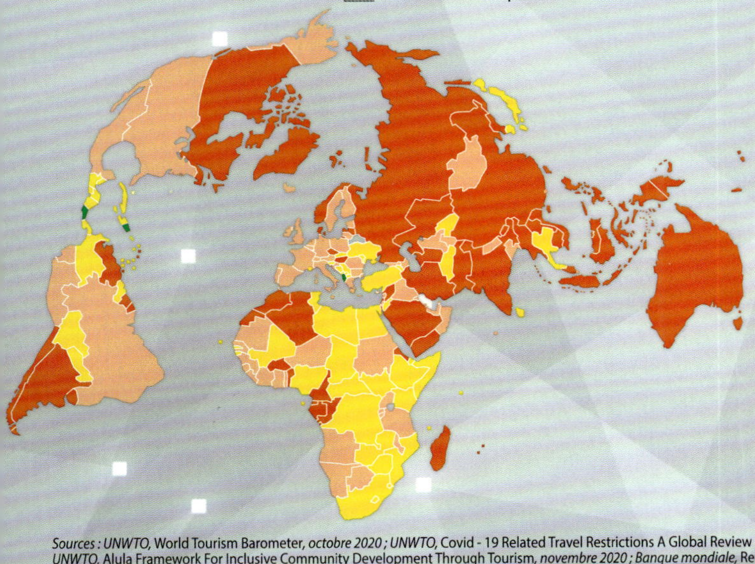

Situation au 1er septembre 2020

- Fermeture totale ou partielle des frontières
- Restrictions de voyage selon la destination
- Différentes mesures (suspensions de visas, quarantaines…)
- Fermeture partielle des frontières
- Certificat médical avant ou après l'arrivée ou à l'arrivée
- Données non disponibles

Sources : UNWTO, World Tourism Barometer, *octobre 2020 ; UNWTO,* Covid - 19 Related Travel Restrictions A Global Review For Tourism, *premier, septième et dixième rapports, 2020 et 2021 ; UNWTO,* Alula Framework For Inclusive Community Development Through Tourism, *novembre 2020 ; Banque mondiale,* Rebuilding Tourism Competitiveness: Tourism response, recovery and resilience to the COVID-19 crisis, *juillet 2020 ; The Authority on World Travel & Tourism, mars 2020 ; Banque mondiale,* Poverty and Shared Prosperity 2020: Reversals of Fortune, *2020*

Transport maritime : la mondialisation sur les océans

Avec 90 % du commerce international acheminé, le transport maritime joue un rôle central dans le fonctionnement de la mondialisation. Le blocage du canal de Suez en mars 2021, après l'échouage du porte-conteneurs *Ever Given*, l'a rappelé avec force, tant les effets économiques sont importants. Mais de nouveaux problèmes se posent dans le contexte actuel, entre influence de la pandémie de Covid-19 et défis environnementaux.

La mondialisation passe par la mer, principal support des flux massifs et accélérés du commerce, qu'il s'agisse des matières premières entre les pays du Sud et ceux industrialisés, ou des produits manufacturés depuis les « pays-ateliers » vers les États consommateurs, le long de grandes routes dont le contrôle est stratégique. Ce sont 11,08 milliards de tonnes qui ont été transportées par voie maritime en 2019, selon la Conférence des Nations unies sur le commerce et le développement (UNCTAD), contre environ 500 millions en 1950.

Les marchandises transitent par des interfaces portuaires géantes, dont les principaux nœuds sont asiatiques : Shanghai, premier port mondial (43 millions d'équivalents vingt pieds, ou EVP, en 2019), devance Singapour (36), Ningbo-Zhoushan (28), Shenzhen (27) et Guangzhou (24), signe du basculement du centre de gravité de l'économie mondiale au bénéfice de la Chine. Le premier port européen, Rotterdam (Pays-Bas), arrive en dixième position avec 15 millions d'EVP. Le secteur est dominé par quelques grands armateurs : le danois Maersk, le chinois COSCO, l'italo-suisse MSC, le français CMA CGM, l'allemand Hapag-Llyod.

1 Le transport de conteneurs

• Petit glossaire maritime

Armateur : Propriétaire d'un navire qui l'arme pour son exploitation propre ou pour l'affréter.

EVP : Équivalent vingt pieds, unité de mesure pour exprimer une capacité de transport. La plupart des conteneurs sont de 20 pieds (33,2 m³) ou 40 pieds (67,6 m³). 1 EVP = 20 pieds ; 2 EVP = 40 pieds…

Fret : Montant total du prix du transport maritime.

Mille marin : Unité de mesure maritime, 1 mille marin (NM) = 1 852 mètres

Nœud : Unité de vitesse du navire (nombre de milles parcourus en une heure).

TPL : Tonnage de port en lourd, capacité de transport en tonnes d'un navire.

• Évolution des porte-conteneurs

1re GÉNÉRATION / 1970
Capacité moyenne : 1 000 à 2 500 EVP
Longueur moyenne : 200 mètres
Largeur moyenne : 20 mètres
TPL : 30 000 / **Vitesse :** 21 nœuds

PANAMAX / 1980
Capacité moyenne : 4 000 EVP
Longueur : 290 mètres
Largeur : 32 mètres
TPL : 50 000 / **Vitesse :** 24-26 nœuds

Les armateurs s'affranchissent de la norme Panamax
(dimensions maximums pour rentrer dans les écluses du canal de Panama)

POST-PANAMAX / 1988
Capacité moyenne : 5 000 EVP
Longueur : 285 mètres
Largeur : 40 mètres
TPL : 70 000 / **Vitesse :** 24-26 nœuds

EMMA MAERSK / 2006
Capacité moyenne : 15 000 EVP
Longueur : 397 mètres
Largeur : 56 mètres
TPL : 157 000 / **Vitesse :** 26,3 nœuds

TRIPLE E MAERSK / 2013
Capacité moyenne : 18 000 EVP
Longueur : 400 mètres
Largeur : 59 mètres
TPL : 197 000 / **Vitesse :** 23 nœuds

ULTRA LARGE CONTAINER SHIP (ULCS) / 2019 (Si l'on mettait tous les conteneurs bout à bout, cela représenterait une chaîne d'environ 123 kilomètres de long)
Capacité moyenne : 22 000 EVP
TPL moyen : 225 000
Vitesse : 23 nœuds
Longueur : 400 mètres
Largeur moyenne : 61 mètres

Sources : Antoine Frémont, Porte-conteneurs : une croissance sans fin ?, *Transports, infrastructures et mobilité, 2019 ; CMA CGM et Delmas,* Glossaire du transport maritime

La représentation de la taille des porte-conteneurs n'est donnée qu'à titre indicatif

2 L'Asie, acteur incontournable des mers

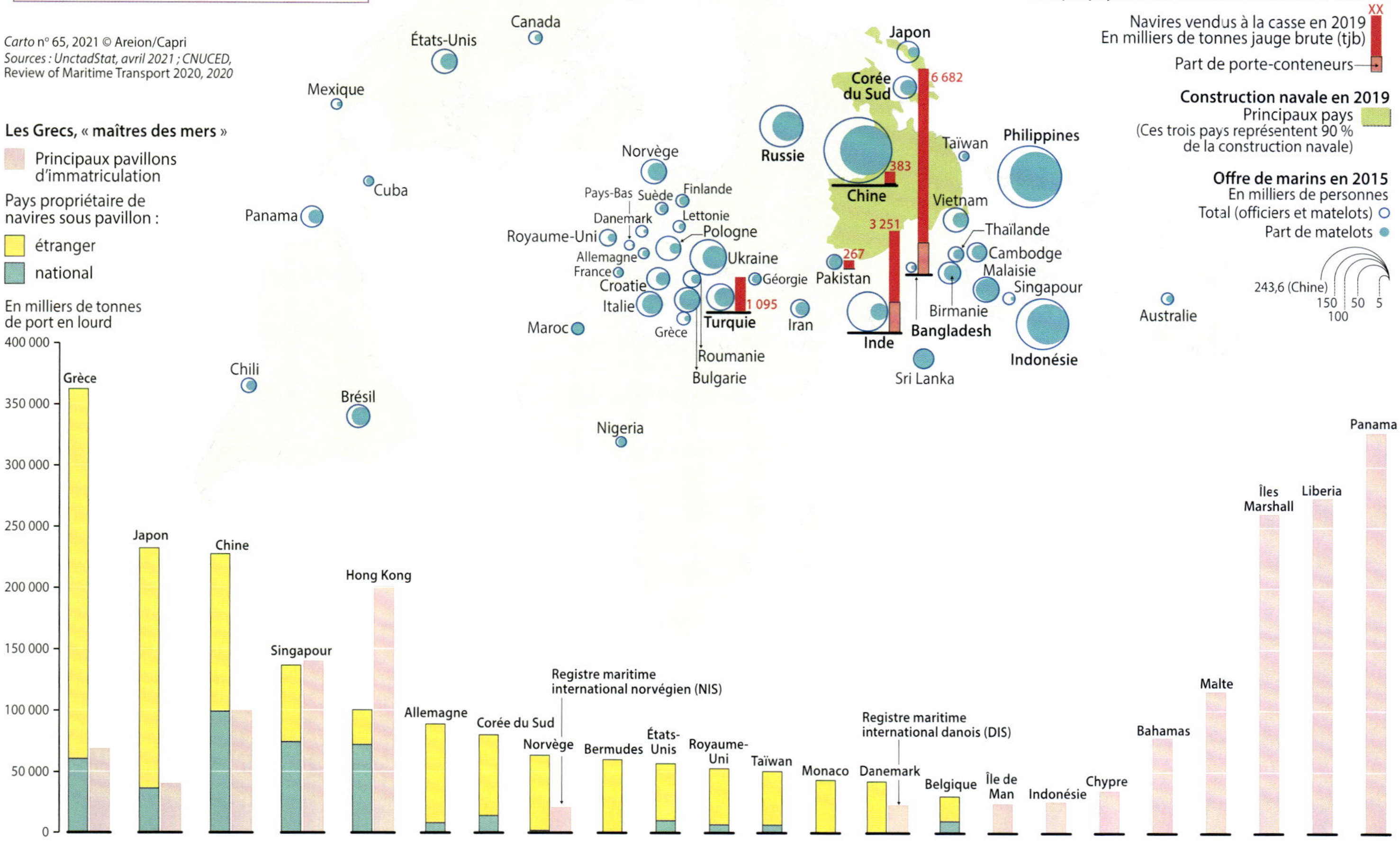

UN SECTEUR EXPOSÉ AUX CRISES

Le succès du transport maritime et l'essor rapide de la circulation reposent en premier lieu sur le faible coût, permis par la conteneurisation, la spécialisation et le gigantisme naval : les plus grands porte-conteneurs transportent environ 20000 boîtes. La baisse des temps et des coûts de transport représente l'un des aspects majeurs et l'un des moteurs de la mondialisation, jouant un rôle déterminant dans la délocalisation de certaines productions vers des pays à faible coût de main-d'œuvre (textile, industrie manufacturière).

Ces flux dépendent également d'un petit nombre de sites stratégiques : le canal de Panama, le détroit de Malacca (par lequel transite la moitié du trafic mondial) ou celui d'Ormuz sont autant de passages obligés, engorgés, sur ces autoroutes de la mer. Le blocage temporaire du canal de Suez en mars 2021 a ainsi provoqué de gigantesques embouteillages en Méditerranée et en mer Rouge sur ce passage très emprunté (51,7 navires par jour en 2019 pour un total annuel de 1,2 milliard de tonnes de marchandises).

Ce trafic intense est exposé aux risques. La crise financière de 2007-2008 avait entraîné une contraction du commerce maritime avant une reprise rapide, témoignant aussi bien de la vulnérabilité que de la résilience du secteur. De même, la pandémie de Covid-19 se traduit par un recul des échanges maritimes. Affectés par la désorganisation des chaînes de production au gré des vagues épidémiques successives d'une part, et par la baisse de la demande d'autre part, ils accusent pour l'année 2020 une diminution de 4,1 %, selon l'UNCTAD, qui envisage toutefois une reprise de 4,8 % en 2021. De plus, la pandémie, en perturbant le jeu de l'offre et de la demande, fait fluctuer les taux de fret, c'est-à-dire le prix du transport. Resté en 2019 en dessous de la barre de 2000 dollars, le coût d'acheminement d'un conteneur de 40 pieds dépasse les 5000 dollars en janvier 2021.

UNE CROISSANCE MENACÉE, DES ENJEUX ENVIRONNEMENTAUX

Si elle est en réalité plus faible, car nombre de contrats ont été passés avant la pandémie et la flambée des prix, cette hausse fait craindre un ralentissement des échanges dans un contexte économique morose, ainsi qu'une augmentation des prix des marchandises importées, de l'ordre de 9 % selon le cabinet Oxford Economics, d'autant que le fret aérien a été lui aussi impacté par la crise sanitaire. Cette augmentation résulte aussi bien de la dépendance logistique à l'égard du transport maritime que de la dépendance productive et commerciale des États-Unis et de l'Europe à l'égard de l'Asie, particulièrement de la Chine, malgré un mouvement modeste de relocalisation de l'industrie dans les pays occidentaux. On le constate par exemple dans le contexte de la recherche accrue de souveraineté à l'heure de la crise sanitaire (production de masques et de vaccins).

Le transport maritime soulève enfin des enjeux environnementaux, cruciaux pour un secteur encore dépendant des énergies fossiles, notamment du fioul lourd, très polluant, et qui représente, d'après l'Organisation maritime internationale (OMI), 2,89 % des émissions mondiales de gaz à effet de serre en 2020. Alors que l'accord de Paris de 2015 ne couvre pas les transports maritime et aérien, l'OMI a défini en 2018 une stratégie de réduction du volume total des émissions d'au moins 50 % en 2050 par rapport à 2008 (environ 900 millions de tonnes). Des alternatives existent pour décarboner le secteur et réduire son impact climatique, comme l'utilisation de gaz dit léger ou la réhabilitation de la propulsion à voile. ●

C. Loïzzo

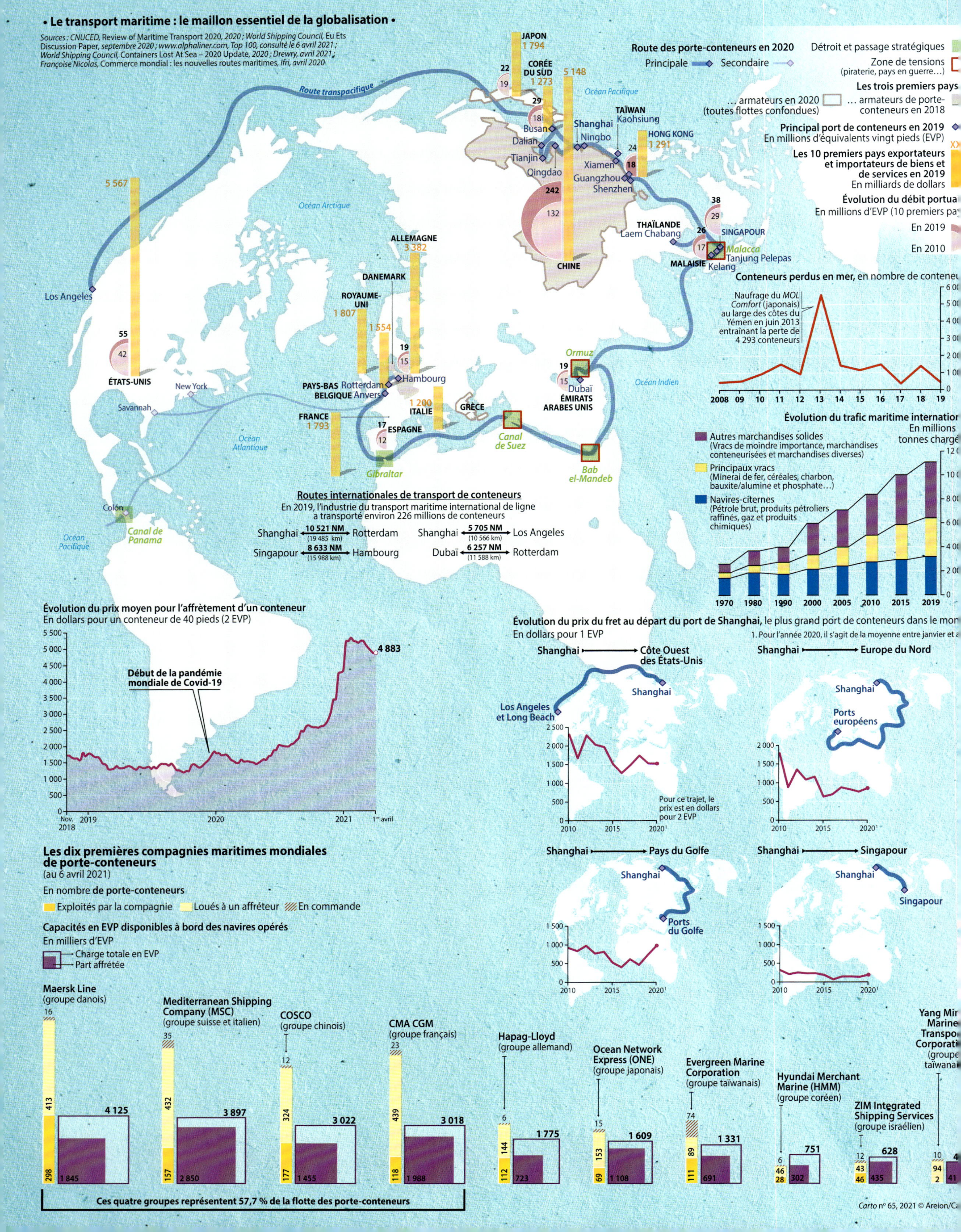
• Le transport maritime : le maillon essentiel de la globalisation •
Sources : CNUCED, Review of Maritime Transport 2020, 2020 ; World Shipping Council, Eu Ets Discussion Paper, septembre 2020 ; www.alphaliner.com, Top 100, consulté le 6 avril 2021 ; World Shipping Council, Containers Lost At Sea – 2020 Update, 2020 ; Drewry, avril 2021 ; Françoise Nicolas, Commerce mondial : les nouvelles routes maritimes, Ifri, avril 2020
Route des porte-conteneurs en 2020
Principale
Secondaire
Détroit et passage stratégiques
Zone de tensions (piraterie, pays en guerre…)
Les trois premiers pays
… armateurs en 2020 (toutes flottes confondues)
… armateurs de porte-conteneurs en 2018
Principal port de conteneurs en 2019
En millions d'équivalents vingt pieds (EVP)
Les 10 premiers pays exportateurs et importateurs de biens et de services en 2019
En milliards de dollars
Évolution du débit portua
En millions d'EVP (10 premiers pa
En 2019
En 2010
Route transpacifique
Océan Pacifique
Océan Arctique
Océan Atlantique
Océan Indien
JAPON 1 794
CORÉE DU SUD 1 273
22
19
29
18
Busan
Dalian
Tianjin
Qingdao
Shanghai
Ningbo
TAÏWAN Kaohsiung
HONG KONG 1 291
24
18
Xiamen
Guangzhou
Shenzhen
5 148
242
132
CHINE
38
29
SINGAPOUR
THAÏLANDE Laem Chabang
26
17
Malacca
Tanjung Pelepas
MALAISIE Kelang
5 567
Los Angeles
55
42
ÉTATS-UNIS
New York
Savannah
Colón
Canal de Panama
Océan Pacifique
ALLEMAGNE 3 382
DANEMARK
ROYAUME-UNI 1 807
1 554
19
15
PAYS-BAS Rotterdam
Hambourg
BELGIQUE Anvers
FRANCE 1 793
ITALIE 1 200
GRÈCE
17
12
ESPAGNE
Gibraltar
Canal de Suez
Bab el-Mandeb
Ormuz
19
15
Dubaï
ÉMIRATS ARABES UNIS
Routes internationales de transport de conteneurs
En 2019, l'industrie du transport maritime international de ligne a transporté environ 226 millions de conteneurs
Shanghai ← 10 521 NM (19 485 km) → Rotterdam
Singapour ← 8 633 NM (15 988 km) → Hambourg
Shanghai ← 5 705 NM (10 566 km) → Los Angeles
Dubaï ← 6 257 NM (11 588 km) → Rotterdam
Conteneurs perdus en mer, en nombre de conteneu
Naufrage du MOL Comfort (japonais) au large des côtes du Yémen en juin 2013 entraînant la perte de 4 293 conteneurs
2008 09 10 11 12 13 14 15 16 17 18 19
Évolution du trafic maritime internatior
En millions tonnes chargé
Autres marchandises solides (Vracs de moindre importance, marchandises conteneurisées et marchandises diverses)
Principaux vracs (Minerai de fer, céréales, charbon, bauxite/alumine et phosphate…)
Navires-citernes (Pétrole brut, produits pétroliers raffinés, gaz et produits chimiques)
1970 1980 1990 2000 2005 2010 2015 2019
Évolution du prix moyen pour l'affrètement d'un conteneur
En dollars pour un conteneur de 40 pieds (2 EVP)
Début de la pandémie mondiale de Covid-19
4 883
Nov. 2018 2019 2020 2021 1er avril
Évolution du prix du fret au départ du port de Shanghai, le plus grand port de conteneurs dans le mon
En dollars pour 1 EVP
1. Pour l'année 2020, il s'agit de la moyenne entre janvier et a
Shanghai → Côte Ouest des États-Unis
Los Angeles et Long Beach
Pour ce trajet, le prix est en dollars pour 2 EVP
Shanghai → Europe du Nord
Ports européens
Shanghai → Pays du Golfe
Ports du Golfe
Shanghai → Singapour
2010 2015 2020¹
Les dix premières compagnies maritimes mondiales de porte-conteneurs
(au 6 avril 2021)
En nombre de porte-conteneurs
Exploités par la compagnie
Loués à un affréteur
En commande
Capacités en EVP disponibles à bord des navires opérés
En milliers d'EVP
Charge totale en EVP
Part affrétée
Maersk Line (groupe danois) 16 413 298 4 125 1 845
Mediterranean Shipping Company (MSC) (groupe suisse et italien) 35 432 157 3 897 2 850
COSCO (groupe chinois) 12 324 177 3 022 1 455
CMA CGM (groupe français) 23 439 118 3 018 1 988
Hapag-Lloyd (groupe allemand) 6 144 112 1 775 723
Ocean Network Express (ONE) (groupe japonais) 15 153 69 1 609 1 108
Evergreen Marine Corporation (groupe taïwanais) 74 89 111 1 331 691
Hyundai Merchant Marine (HMM) (groupe coréen) 6 46 28 751 302
ZIM Integrated Shipping Services (groupe israélien) 12 43 46 628 435
Yang Mir Marine Transpo Corporati (groupe taïwanai) 10 94 2 41
Ces quatre groupes représentent 57,7 % de la flotte des porte-conteneurs
Carto n° 65, 2021 © Areion/C

• Le canal de Suez : passer d'une zone de transit à une zone d'activité économique d'envergure mondiale ? •

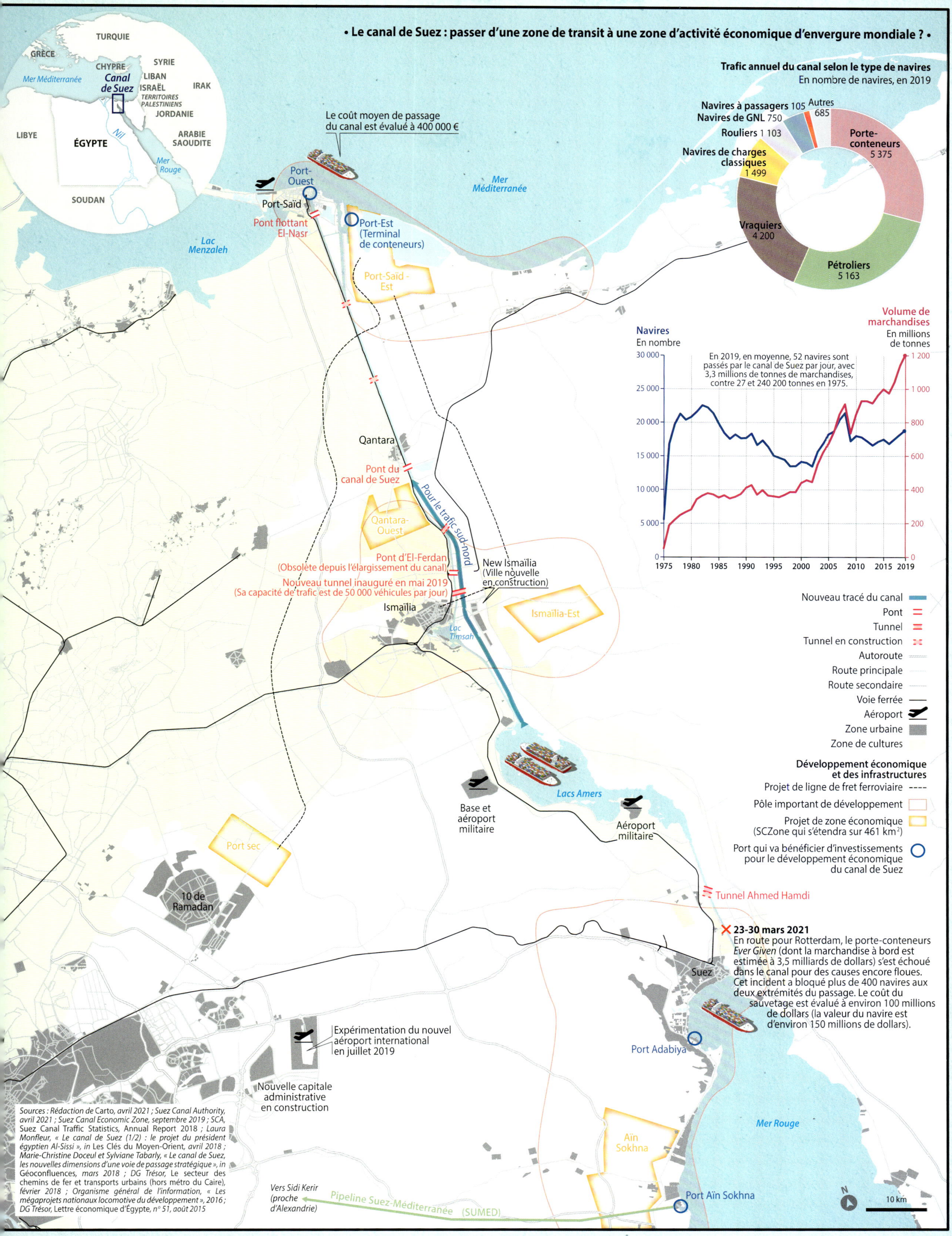

Sources : Rédaction de Carto, *avril 2021 ; Suez Canal Authority, avril 2021 ; Suez Canal Economic Zone, septembre 2019 ; SCA,* Suez Canal Traffic Statistics, Annual Report 2018 *; Laura Monfleur, « Le canal de Suez (1/2) : le projet du président égyptien Al-Sissi », in* Les Clés du Moyen-Orient, *avril 2018 ; Marie-Christine Doceul et Sylviane Tabarly, « Le canal de Suez, les nouvelles dimensions d'une voie de passage stratégique », in* Géoconfluences, *mars 2018 ; DG Trésor,* Le secteur des chemins de fer et transports urbains (hors métro du Caire), *février 2018 ; Organisme général de l'information, « Les mégaprojets nationaux locomotive du développement », 2016 ; DG Trésor,* Lettre économique d'Égypte, *n° 51, août 2015*

L'Arctique, carrefour maritime mondial ?

Le commerce mondial transite à 80 % par les mers, principalement par le détroit de Malacca, le canal de Suez et celui de Panama. Avec la fonte des glaces, de nouvelles routes se dessinent en Arctique. Promettant de raccourcir les distances, elles pourraient s'immiscer dans le trafic maritime global.

Au-delà de sa variabilité saisonnière, la fonte moyenne de la banquise s'accélère d'année en année. Le passage des navires classiques est facilité, et la saison navigable rallonge. Deux routes intercontinentales existent déjà : le passage du Nord-Ouest, qui longe l'Alaska et traverse l'archipel canadien, et la route du Nord-Est, qui suit la côte russe. Pour l'instant, seule la seconde est réellement développée et praticable. Le premier, parsemé de détroits, dispose de peu d'infrastructures et d'aucun port en eaux profondes.

Ces routes polaires promettent des gains de temps par rapport aux voies traditionnelles. Au départ de Shanghai (Chine), la distance est réduite d'environ 4 000 kilomètres jusqu'à Rotterdam (Pays-Bas) par la route du Nord-Est, et de 6 000 kilomètres jusqu'à New York (États-Unis) par le passage du Nord-Ouest. En 2010, un pétrolier russe a emprunté la route du Nord-Est de Mourmansk (Russie) à Shanghai, pour une économie d'un million de dollars de fuel. L'Arctique est moins avantageux pour des trajets entre ports méridionaux, mais plus au nord, la distance peut être divisée par deux, comme de Mourmansk à Kobe (Japon).

UNE NAVIGATION ALÉATOIRE ET DÉPENDANTE DES GLACES

Pour des raisons écologiques, des armateurs comme CMA CGM ou MSC se sont engagés à ne pas emprunter les routes du nord, dont la rentabilité est d'ailleurs loin d'être assurée : les conditions de navigation demeurent extrêmement difficiles et l'assistance de brise-glace est nécessaire, même l'été, sur certains segments. De manière contre-intuitive, le réchauffement accentue les risques, qui génèrent d'importants surcoûts d'assurance. Les tempêtes polaires se font plus fréquentes, et les glaces dérivantes rendent les tracés plus imprévisibles. Cette variabilité s'adapte mal à la logistique de flux tendus caractéristique du transport de marchandises, particulièrement sensible à l'aléa temporel. Le trafic reste ainsi irrégulier malgré le recul glaciaire : sur la route du Nord-Est, 13 passages ont été recensés en 2010, 71 en 2013, puis seulement 27 en 2018, contre 84 456 pour Malacca la même année (1).

L'essor des routes du nord est néanmoins porté par le trafic de destination, principalement énergétique. La Russie, surtout, investit massivement dans ses infrastructures arctiques. Le nouveau port de Sabetta exporte du gaz naturel liquéfié depuis la péninsule de Yamal, et une flotte de méthaniers brise-glace parcourt déjà la route du Nord-Est. Selon le ministère russe des Transports, le transit y est passé de 3,1 millions de tonnes en 2011 à 20,1 millions de tonnes en 2018.

Ces chiffres sont certes marginaux en comparaison du canal de Suez, dont le trafic a dépassé le milliard de tonnes en 2019, mais certains acteurs parient sur l'avenir des voies polaires. L'armateur chinois COSCO a effectué une vingtaine de passages sur la route du Nord-Est depuis 2013 et conclut à sa rentabilité économique, étude universitaire à l'appui. En 2019, c'est le danois Maersk qui a annoncé envisager un service de transport maritime arctique avec la Russie.

Difficiles d'accès, les routes du nord ne supplanteront pas les artères traditionnelles. Mais le commerce arctique n'en est qu'à ses balbutiements, et il est encore tôt pour prédire la place qu'il prendra dans le commerce mondial. ● **M. SOLLER**

NOTE

(1) Pauline Pic, « Naviguer en Arctique », in *Géoconfluences*, 14 février 2020. Voir aussi : Marion Soller, « Les nouvelles routes maritimes de l'Arctique », in *Le Déméter 2020*, IRIS Éditions, 2020, p. 307-308.

La navigation en Arctique : défis et enjeux

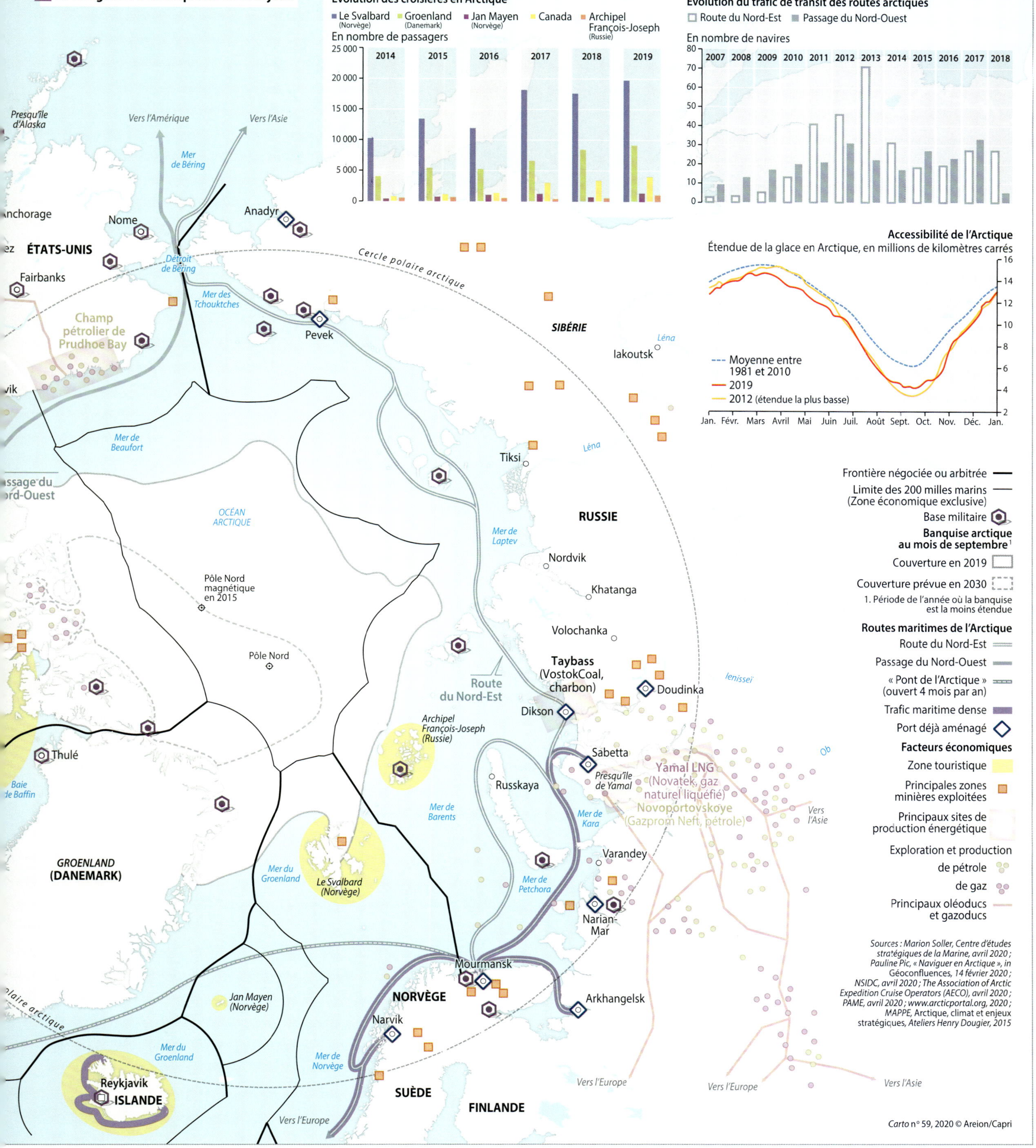

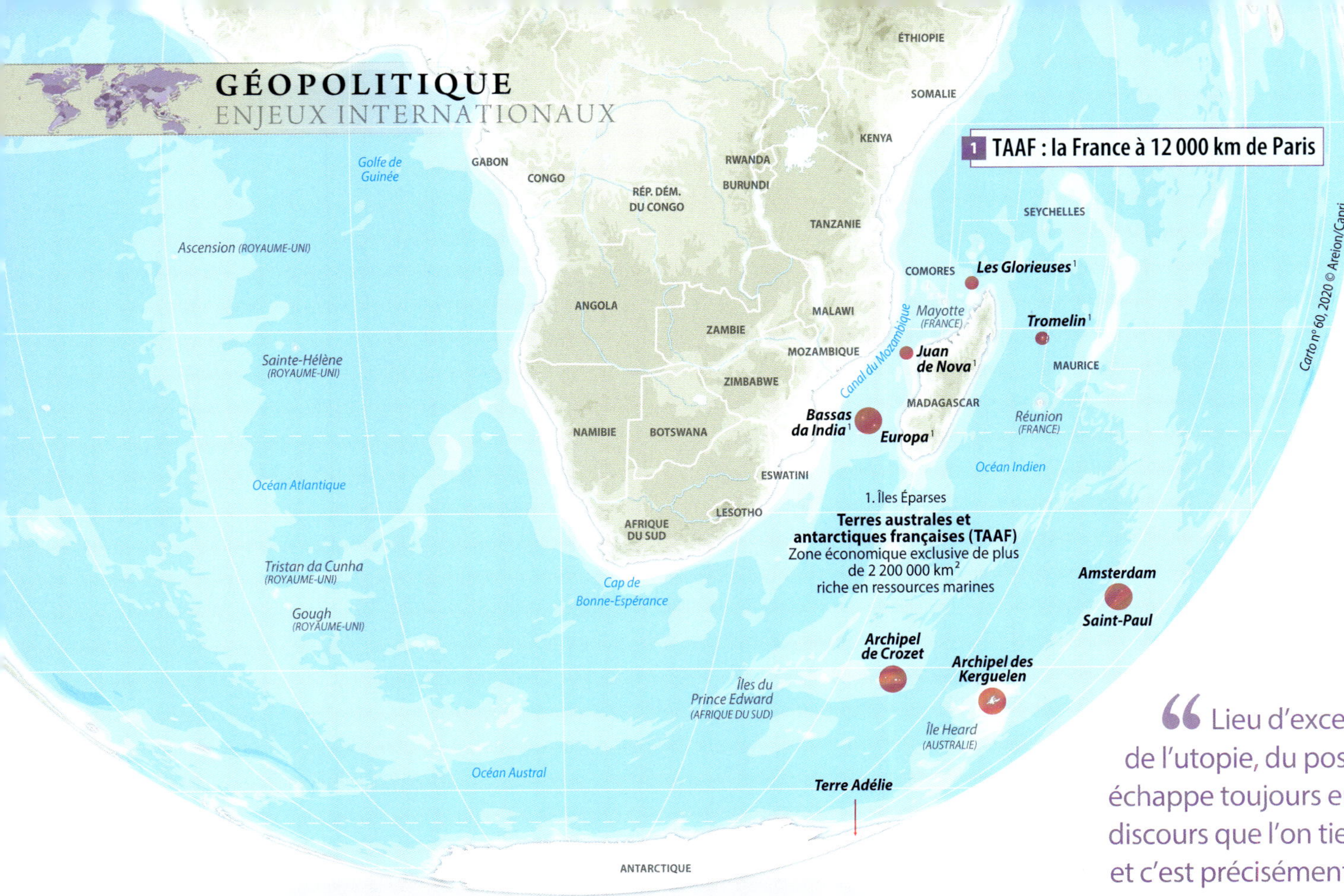

> « Lieu d'exception, de l'utopie, du possible, l'île échappe toujours en partie au discours que l'on tient sur elle, et c'est précisément pour cela qu'elle fascine. »

Les îles : des territoires dans la mondialisation

Les îles sont des terres entourées d'eau. Elles sont aussi des réalités multiples, des espaces impactés par la mondialisation : les transformations induites sont également variées à la fois dans leur forme et leur intensité que les îles elles-mêmes. Les enjeux sont majeurs : maîtrise des territoires avec les zones économiques exclusives (ZEE), développement économique (avec notamment le tourisme), protection d'environnements fragiles…

L'absence de consensus sur le nombre exact d'îles, sur leur définition même, montre bien que l'île échappe toujours en partie au discours que l'on tient sur elle, et c'est précisément pour cela qu'elle fascine (1). Lieu de l'exception, de l'utopie, du possible, l'île est également médiatisée, uniformisée et au cœur de processus globaux. La mondialisation, processus inscrit dans le temps long, rend pertinente une échelle d'analyse, le monde, pour penser les dynamiques spatiales, sociales, culturelles, économiques que l'on perçoit aux niveaux national, régional ou local. Or l'île, par la limite nette du dedans et du dehors qu'elle donne à voir, à lire si aisément, semble représenter le local par excellence. Pourtant, l'ère est aux interférences, interactions, immixtions et effets papillon.

Au-delà de leurs singularités, les îles ouvrent des perspectives inédites sur quelques grands processus contemporains : le fractionnement de la scène internationale, l'expansion et l'intensification des flux, des échanges et des interconnexions, l'oscillation entre homogénéisation culturelle et crispations identitaires. Les espaces insulaires permettent aussi de saisir le rôle que continue de jouer la situation, non pour revenir à un déterminisme géographique systématique, mais plutôt à une détermination par la situation géographique dans un monde globalisé.

QU'EST-CE QU'UNE ÎLE À L'HEURE DE LA COURSE AUX ZEE ?

Depuis 1982, l'existence de la Convention des Nations unies sur le droit de la mer (CNUDM) a induit une course aux territoires maritimes régie à la fois par la législation internationale et des querelles d'îlots. Les conflits de partage des espaces océaniques s'appuient sur les différentes zones de souveraineté affirmées par

2 La mer de Chine méridionale, au cœur de la mondialisation

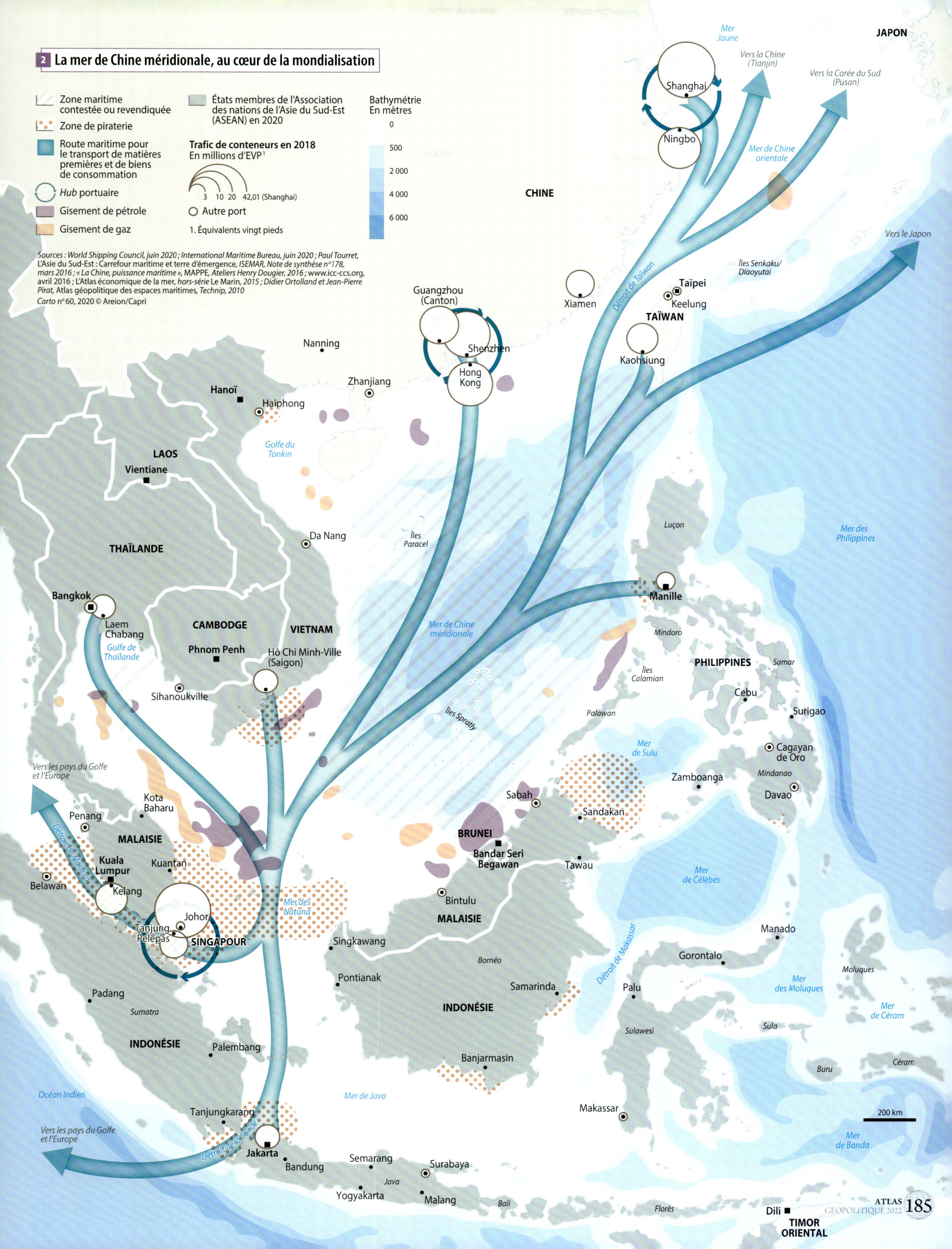

Sources : World Shipping Council, juin 2020 ; International Maritime Bureau, juin 2020 ; Paul Tourret, L'Asie du Sud-Est : Carrefour maritime et terre d'émergence, *ISEMAR, Note de synthèse n° 178, mars 2016 ; « La Chine, puissance maritime »,* MAPPE, *Ateliers Henry Dougier, 2016 ;* www.icc-ccs.org, avril 2016 ; L'Atlas économique de la mer, *hors-série* Le Marin, *2015 ; Didier Ortolland et Jean-Pierre Pirat,* Atlas géopolitique des espaces maritimes, *Technip, 2010*

la CNUDM : à partir d'une ligne de base sont délimitées les eaux intérieures d'un État, sa mer territoriale jusqu'à 12 milles nautiques (environ 22 kilomètres), la zone contiguë, la zone économique exclusive (ZEE) qui allait jusqu'à 200 milles (370 kilomètres) mais peut désormais être étendue à 350 milles (648 kilomètres), selon sa coïncidence avec le plateau continental. Lorsque les États sont trop proches, la règle de l'équidistance s'applique. Le mouvement d'avancée vers la haute mer, qui se réduit peu à peu, semble inéluctable et les îles jouent un rôle majeur dans ce processus puisqu'elles ouvrent des droits sur la possession d'espaces maritimes, c'est-à-dire de ressources potentielles tant halieutiques qu'en hydrocarbures. Plus l'île est isolée, plus il est aisé de tracer une vaste ZEE autour, sans obstacle de souveraineté, comme c'est le cas avec les Terres australes et antarctiques françaises (TAAF). L'île d'Amsterdam, d'une superficie de seulement 58 kilomètres carrés, apporte ainsi une ZEE de plus de 20 000 kilomètres carrés à la France, deuxième pays au monde en superficie de ZEE après les États-Unis (2). La Polynésie, avec ses cinq archipels aux îles parfois distantes de centaines de kilomètres, y contribue pour près de la moitié. La France, par son histoire coloniale, se retrouve donc en tête de classement, mais la puissance maritime s'évalue aussi à l'aune de l'équipement en bâtiments militaires susceptibles de faire respecter cette souveraineté.

Dans le même temps, on assiste à un accroissement du nombre d'États dans le monde pour atteindre 193 reconnus par l'ONU en 2021 ; le Timor oriental fut le premier du XXIe siècle, reconnu en 2002. Avant les années 1950, les États membres de la communauté internationale étaient de grands ensembles insulaires, comme l'Indonésie, le Japon ou de grandes îles dominées par les Européens, comme Madagascar ou Chypre. Après la Seconde Guerre mondiale, à la suite de l'Islande en 1946, un nouveau type d'État indépendant fait son apparition sur la scène internationale : entre 1965 et 1985, une vingtaine d'États insulaires sont entrés à l'ONU. De plus, à partir du moment où ces États ont eu accès à une ZEE de 200 milles nautiques, leur assise, ou leur consistance territoriale, est devenue plus forte, et leur potentielle richesse moins suspectée. Il y a, dans la catégorie des petits États insulaires, des très riches (Singapour, Brunei) et des très pauvres (Madagascar, Comores). Les deux processus concomitants de multiplication des États et d'expansion de la souveraineté vers le large, qui s'affirme

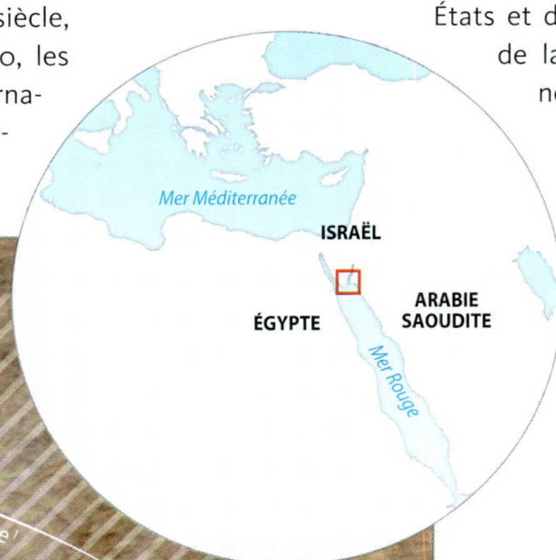

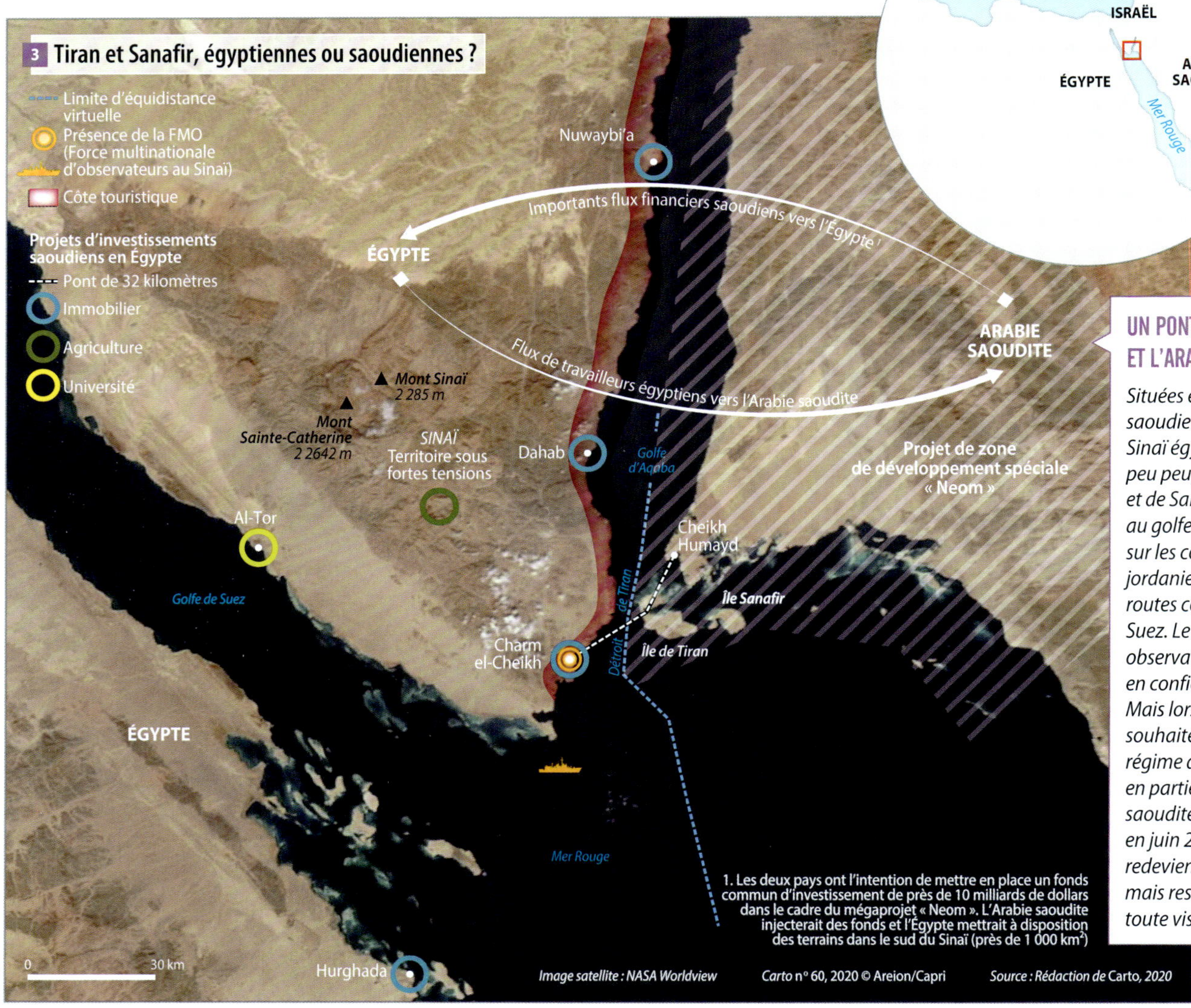

UN PONT ENTRE L'ÉGYPTE ET L'ARABIE SAOUDITE ?

Situées entre la province saoudienne de Tabouk et le Sinaï égyptien, deux régions peu peuplées, les îles de Tiran et de Sanafir servent de porte au golfe d'Aqaba, ouvrant sur les côtes israélienne et jordanienne, non loin des routes commerciales vers Suez. Le lieu est un excellent observatoire. En 1950, Riyad en confie la sécurité au Caire. Mais lorsque le royaume souhaite les récupérer, le régime d'Abdel Fattah al-Sissi, en partie financé par l'Arabie saoudite, ne peut dire non : en juin 2017, Tiran et Sanafir redeviennent saoudiennes, mais restent interdites à toute visite.

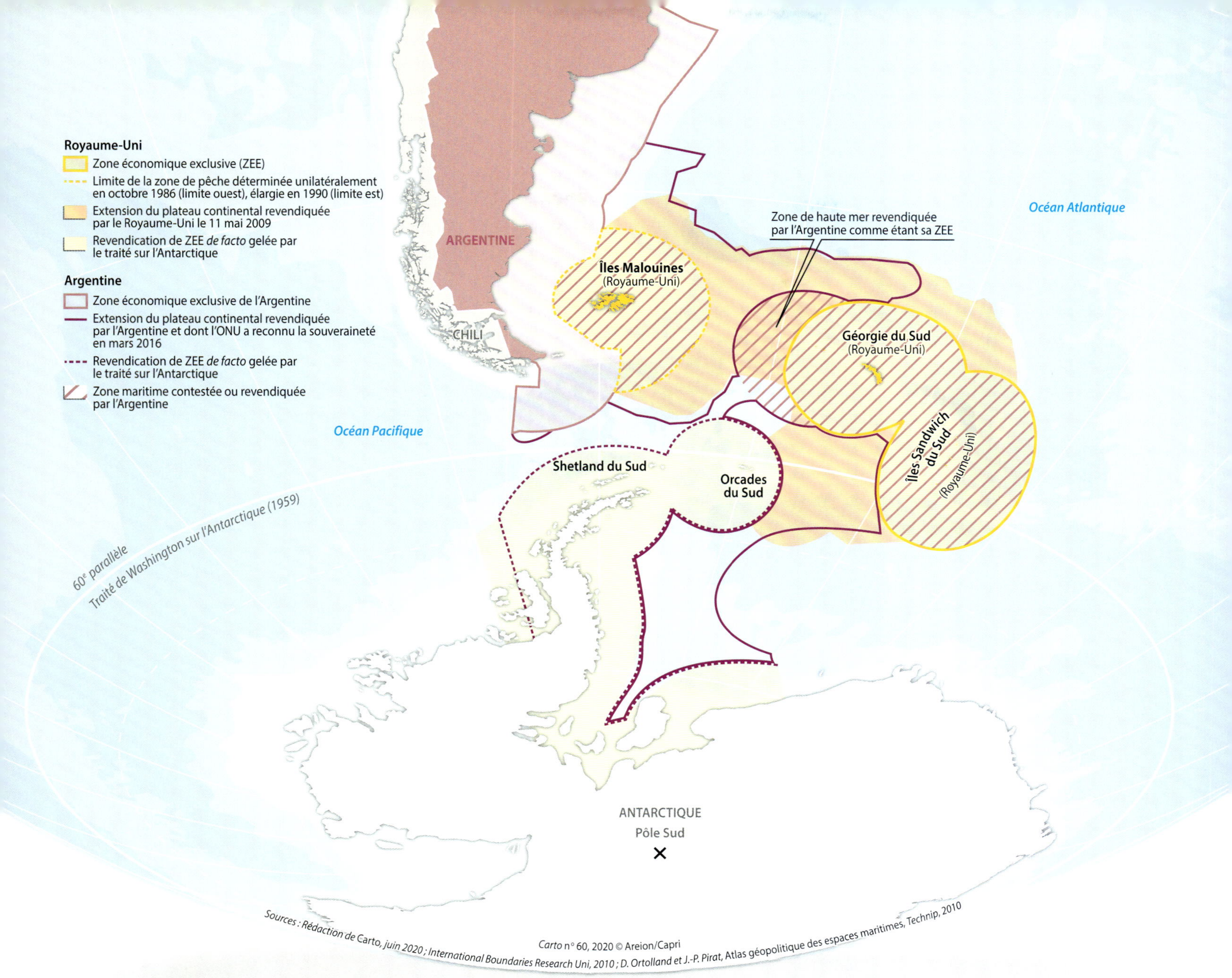

depuis les années 1980, induisent une réduction de la haute mer et des rapports de voisinage complexifiés. Ce contexte est déterminant, avec des allers et retours permanents entre l'extrême tangibilité des lieux, îles, îlots et rochers, et la force des enjeux stratégiques relevant de la géopolitique mondiale. La définition même d'une île, qui semble patente, est devenue un enjeu géopolitique majeur.

La topographie (re)devient centrale. Le site et la situation des îles, éminemment géographiques, se révèlent stratégiques, et les États maritimes s'emploient à assurer leur position. D'abord, il faut compter ses îles et les nommer pour pouvoir les cartographier, les enregistrer, ce qui n'est pas une mince affaire pour un État archipélagique comme les Philippines (7 641 îles) ou l'Indonésie (16 056). Mais qu'est-ce qui fait la différence entre une île, qui donne droit à une ZEE, et un rocher, qui n'ouvre qu'à une mer territoriale ? La Convention sur la mer territoriale et la zone contiguë de 1958 indique qu'« une île est une étendue naturelle de terre entourée d'eau qui reste découverte à marée haute » (article 10). L'île peut être de différentes natures géologiques, mais doit être le fruit d'une élévation spontanée du plateau continental. Le second caractère, « découverte à marée haute », doit être fondé sur des données scientifiques. La réalisation des deux conditions physiques (naturalité et émersion) suffisait donc pour accorder aux îles ainsi caractérisées une mer territoriale, mais, quand il s'agit de l'accès à 200 milles nautiques de droits économiques, les grandes îles, les archipels et les éléments insulaires mineurs, dépeuplés, dépourvus de vie économique et d'habitat permanent se valent-ils ? L'avis rendu par la Cour permanente d'arbitrage de La Haye en juillet 2016 sur le différend opposant la Chine et les Philippines, notamment au sujet du statut des Spratly, est éclairant sur l'appréhension juridique des îles du point de vue de la CNUDM.

Cet archipel, situé en mer de Chine méridionale, est constitué de petites îles et de récifs coralliens qui font l'objet de conflits d'appropriation entre les deux États. Il a d'abord été réaffirmé que l'île doit revêtir un caractère naturel, ce qui exclut en principe toutes les constructions artificielles et met directement en cause l'agrandissement spectaculaire de six îlots artificiels, « rochers » chinois dans les Spratly devenant par là même peut-être des constructions insulaires dotées de bases militaires, mais pas des

Makassar
(Unjung Pandang)

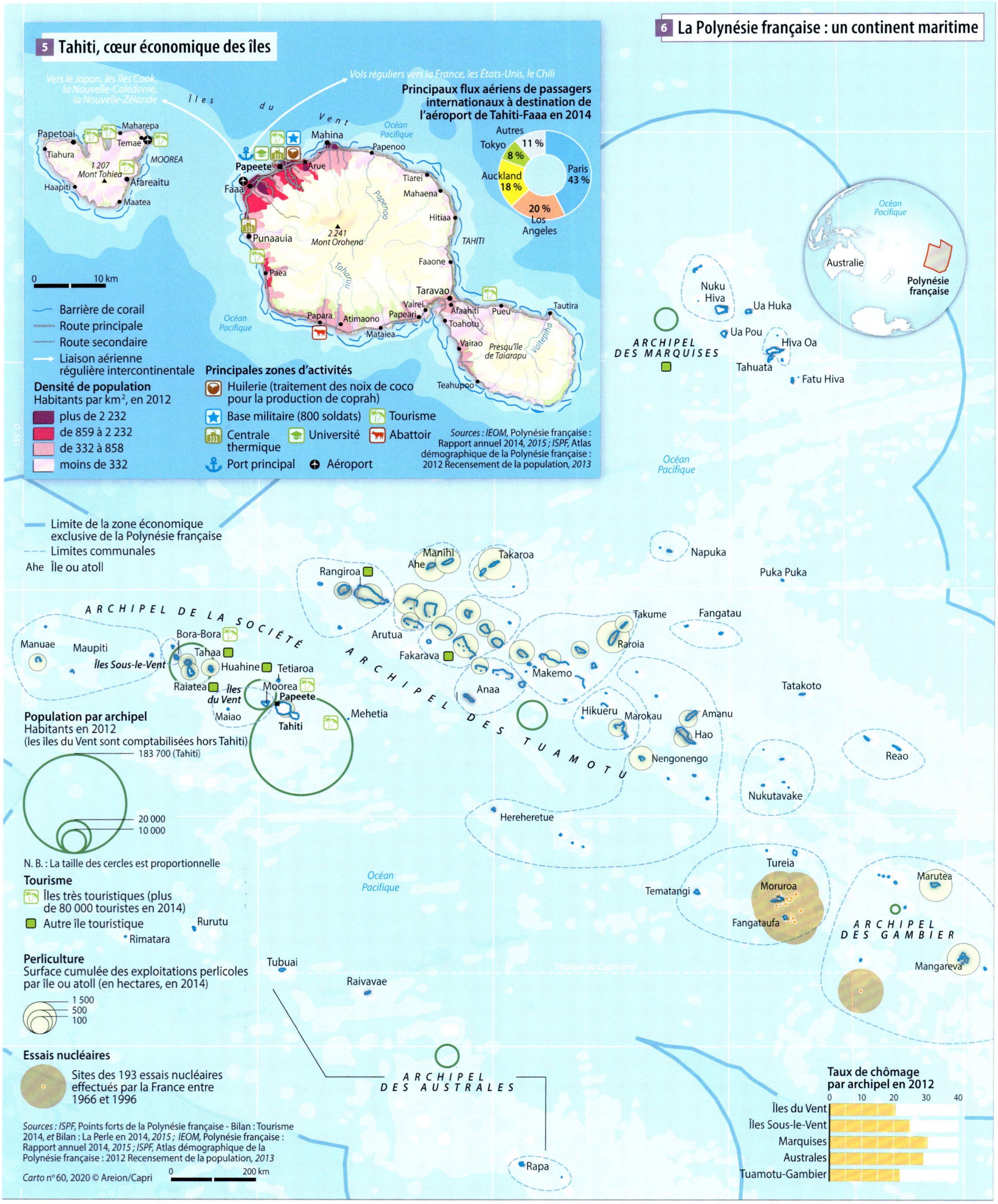

Sumba

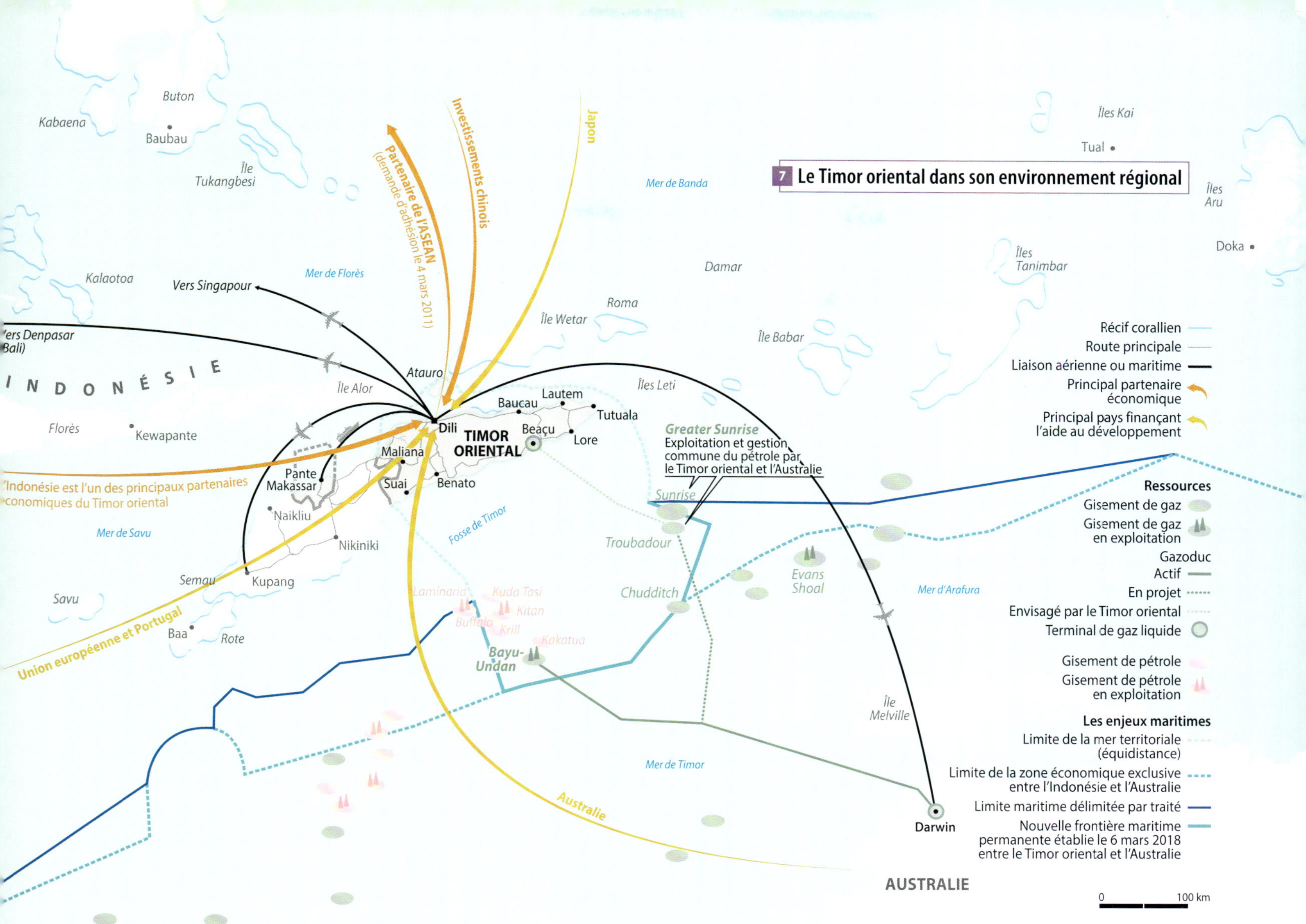

Carto n° 60, 2020 © Areion/Capri

Sources : Christine Cabasset, Timor-Leste. Une démocratie qui s'affirme, une impasse politique qui se prolonge, *L'Asie du Sud-Est 2019, IRASEC ; Maritime Boundary Office,* Timor-leste's Historic Conciliation on Maritime Boundaries in the Timor Sea, *30 août 2018 ; SCMP, « East Timor wants to tap oil and gas near Australia, so why is it courting China? », 3 août 2019 ; www.timorgap.com, 2019 ; www.laohamutuk.org, 2019 ; Didier Ortolland, Jean-Pierre Pirat,* Atlas géopolitique des espaces maritimes, *Technip, 2010*

« îles ». En outre, au-delà de sa nature, un « rocher » est un élément maritime ne disposant pas d'une capacité objective à accueillir une activité économique ou des habitations humaines ; il ne peut donc aspirer à une ZEE et à un plateau continental. Cet arbitrage pourrait remettre en cause bien des prétentions « merritoriales », pour reprendre le néologisme du géographe français Philippe Pelletier (3), à commencer par celles de la France à qui l'inhabité Clipperton (seulement 1,7 kilomètre carré) rapporte 440 000 kilomètres carrés de ZEE.

QUELS ENJEUX SOUS LES ÎLES ?

Indéniablement, l'appropriation des îles, innocentes et sans défense, fait vibrer la corde nationaliste. Les exemples sont pléthoriques, que l'on pense au Japon en conflit avec ses voisins du nord (la Russie pour les Kouriles), de l'ouest (la Corée du Sud pour Takeshima) ou du sud (la Chine pour les Senkaku) ; à la guerre des Malouines (avril-juin 1982), où le Royaume-Uni avait envoyé derechef un porte-avions « libérer » l'archipel envahi par l'armée argentine qui, de son côté, venait « libérer »

Vue aérienne de Dili, capitale du Timor oriental

© Shutterstock/Jack Nugent

des territoires indûment occupés par une vieille puissance coloniale. Bilan : plus de 900 morts et un sentiment d'injustice toujours criant du côté argentin. Mais, derrière les discours et les drapeaux, les enjeux économiques se précisent au fur et à mesure que les techniques d'exploitation des ressources maritimes progressent. Les eaux bordières de l'archipel des Malouines, poissonneuses, contiennent aussi des hydrocarbures : le sentiment de spoliation s'ajoute à l'humiliation.

Des gisements de pétrole et de gaz sont également présents en mer de Chine, tout comme dans les eaux disputées par la Chine et le Japon. Si ce ne sont pas les ressources des ZEE qui sont convoitées, c'est la situation stratégique que représente l'île disputée, notamment dans les détroits ou sur les grandes routes maritimes. Dans le sensible détroit d'Ormuz, Petite et Grande Tomb, iraniennes depuis 1971, sont revendiquées par les Émirats arabes unis. De même, Tiran et Sanafir, situées à la sortie du golfe d'Aqaba et en bordure du détroit de Tiran, seul accès à la mer Rouge d'Israël et unique porte maritime de la Jordanie, avaient été confiées en 1950, provisoirement, par le roi Abdulaziz d'Arabie saoudite (1932-1953) au roi Farouk d'Égypte (1932-1952) pour qu'il les défende contre une éventuelle attaque d'Israël. En juin 2017, le président égyptien Abdel Fattah al-Sissi (depuis 2014) a ratifié un accord rétrocédant à l'Arabie saoudite ces deux îles stratégiques, malgré de vives oppositions internes. Un projet saoudien de pont de plus de 30 kilomètres au-dessus du détroit, prenant appui sur Tiran, viendrait fermer la mer Rouge tout en transformant l'île en presqu'île : la situation stratégique de Tiran dépasse l'intérêt de son site, au demeurant en partie protégé, dans une zone où le tourisme apparaît.

Avec le développement des transports, notamment aériens, l'accessibilité des îles, y compris lointaines, s'est accrue et les trajets se comptent désormais en heures, là où c'était parfois en mois. Il demeure toutefois des îles très difficilement accessibles, *via* un enchaînement long et coûteux de moyens de transport, comme c'est le cas pour certaines îles de Polynésie. La ville de Papeete, sur Tahiti, déjà à plus de 20 heures de vol de Paris, semble hyperconnectée par rapport aux îles de Rapa (environ 500 habitants), dans l'archipel des îles Australes, ou de Fatu Hiva (630 âmes) dans les Marquises, îles parmi les plus isolées au monde. Mais c'est Tristan da Cunha, dans le sud de l'océan Atlantique, qui détient ce statut record. Dans *Les Bienheureux de la désolation* (1970), Hervé Bazin (1911-1996) y relatait l'évacuation des habitants après une éruption volcanique, en 1961, et leur volonté inébranlable de retourner vivre sur leur île, pourtant l'un des lieux les plus âpres de la planète. L'expérience mettait en lumière les failles de la société de consommation britannique des années 1960, et le malaise dans une civilisation non encore mondialisée. L'intensification des échanges internationaux induit des inégalités accrues entre les îles selon qu'elles sont ou non à l'écart des flux, mais cette donnée est relative, la situation d'une île pouvant être plus ou moins favorable selon les cycles économiques

8 Les croisières dans les Caraïbes

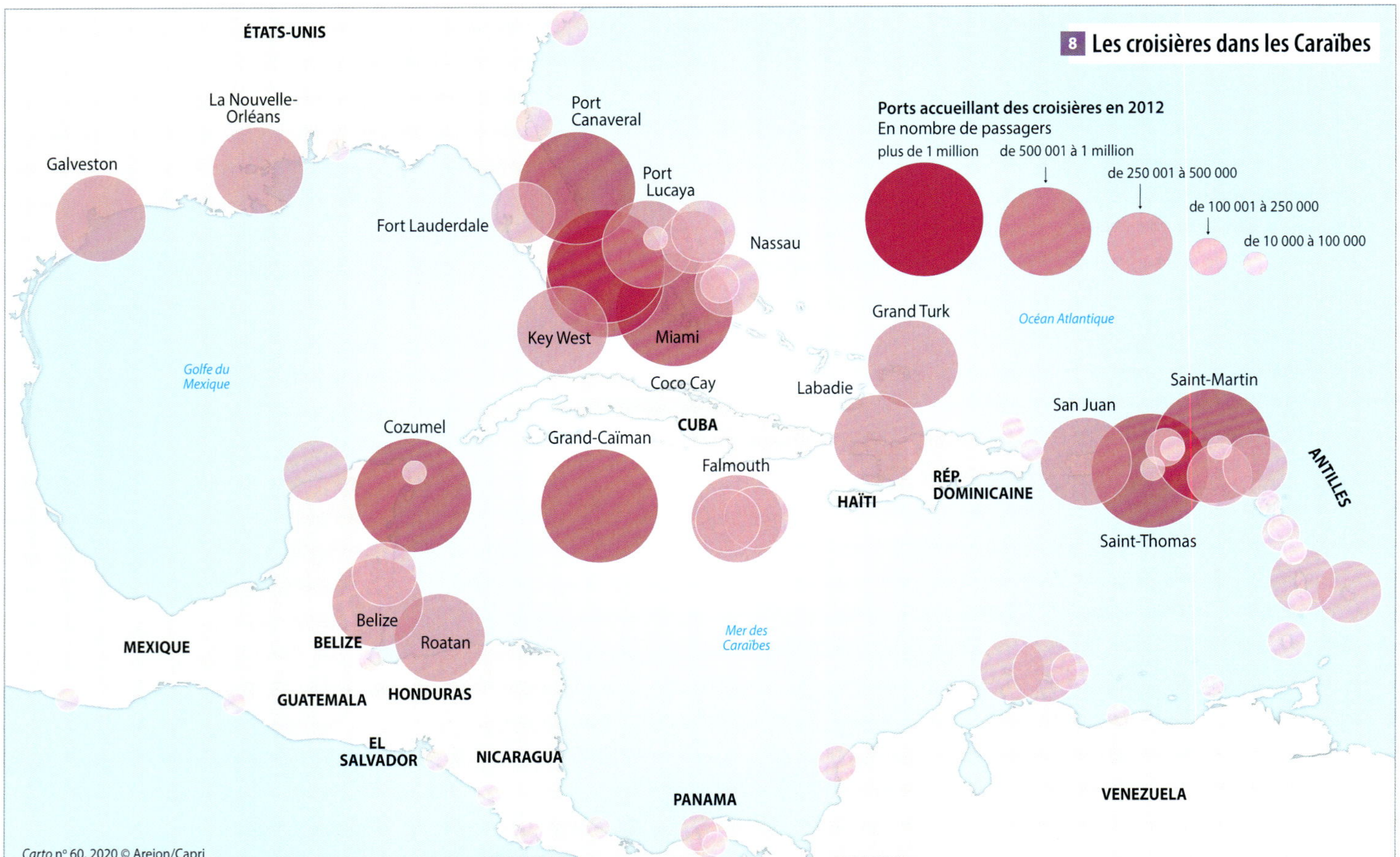

Carto n° 60, 2020 © Areion/Capri
Sources : Cruise Lines International Association, 2016 : State of the Cruise Industry Outlook, *2016 ; Cruise Market Watch, 2016*

9 L'Islande, trop petit pays pour le tourisme ?

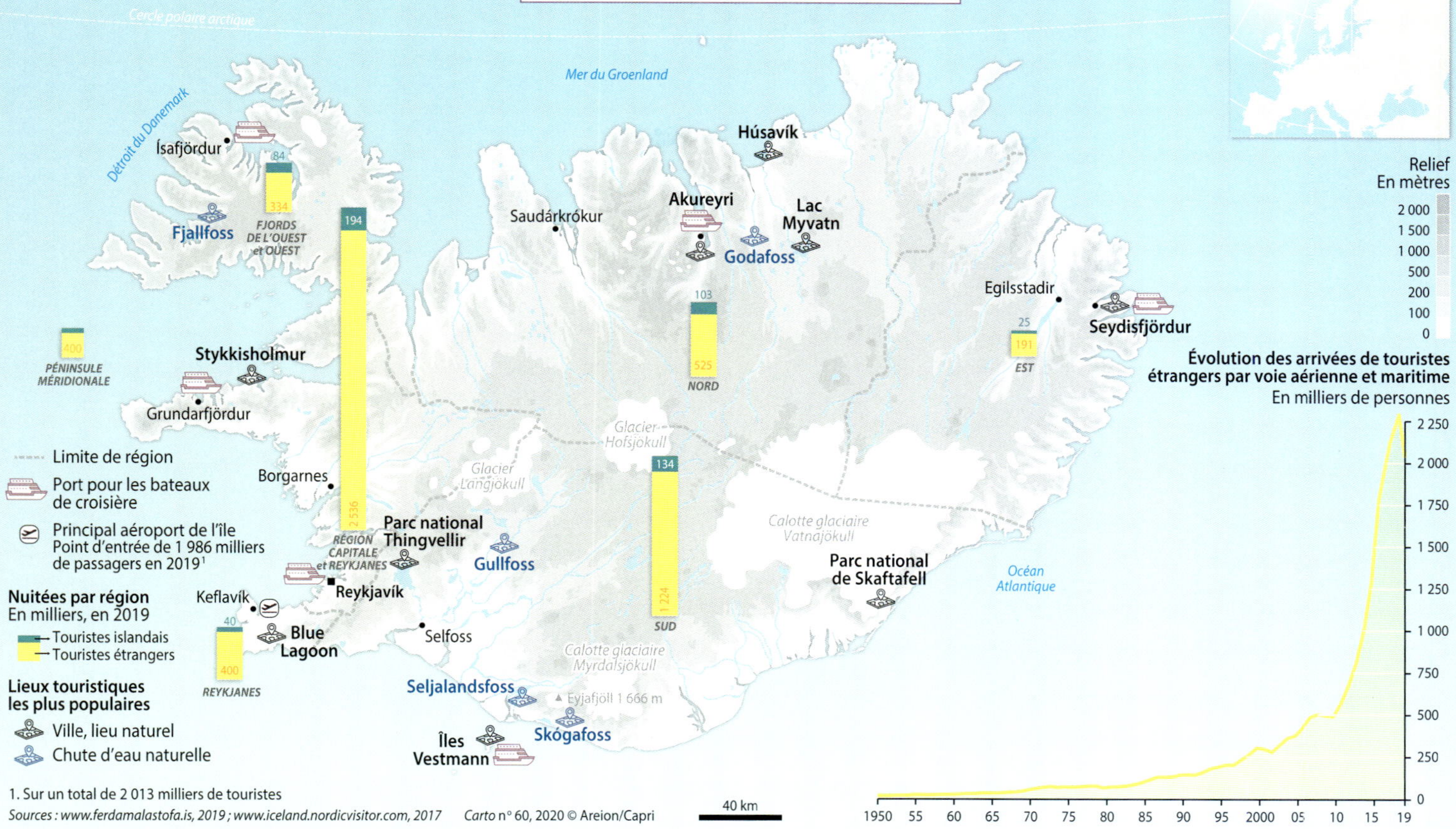

1. Sur un total de 2 013 milliers de touristes

Sources : www.ferdamalastofa.is, 2019 ; www.iceland.nordicvisitor.com, 2017 Carto n° 60, 2020 © Areion/Capri

considérés. Timor, qui était « une île au loin » pour l'écrivain Luís Cardoso de Noronha (né en 1958) comme pour la métropole coloniale portugaise, a vu naître un État insulaire dans sa partie orientale, État candidat à l'Association des nations de l'Asie du Sud-Est (ASEAN) et en étroites relations, même s'il y a conflit à propos du partage des ressources pétrolières, avec l'Australie : les centres de gravité évoluant, la distance et la proximité des îles aussi sont des données relatives.

Photographier des icebergs en Islande

© Shutterstock/Song_about_summer

UN IMAGINAIRE INSULAIRE HOMOGÉNÉISÉ PAR ET POUR LE TOURISME DU « NISSOMARKETING » ?

Parmi les images les plus familières trône celle de l'île tropicale avec palmiers et mer turquoise qui tend à devenir l'île par excellence, en écho à l'affirmation d'un imaginaire occidental, conforté et entretenu par les industries du tourisme et des loisirs. On peut parler d'une forme de « nissomarketing » (néologisme fondé sur le terme grec ancien *nesos* signifiant île) tant l'île devient un produit de consommation, en lien avec le développement du tourisme en général, et de croisière en particulier. À partir des années 1970, les îles des Caraïbes sont en effet devenues des escales dans une « Méditerranée américaine » dont Miami, Fort Lauderdale et Port Canaveral sont les têtes de pont. Une île de taille réduite comme Saint-Martin (90 kilomètres carrés), franco-hollandaise, accueille près de 2 millions de touristes par an, ce qui a provoqué un triplement de la population insulaire en une génération et une urbanisation massive. Parfois, le navire se prolonge à terre, sur une île ou une portion, comme c'est le cas à Labadie, en Haïti, ou sur l'île privée de Castaway (Bahamas), réservée aux clients de la compagnie de croisière Disney Cruise Line.

Parmi les enclaves fondées sur l'imaginaire insulaire, évoquons également les « bulles » touristiques que sont les îles-hôtels fidjiennes, seychelloises ou maldiviennes. Les Maldives, où l'activité touristique a remplacé le secteur traditionnel de la pêche comme moteur du développement, sont spécialisées dans cette forme touristique, les *resorts*, qui représentent près de 90 % de la capacité d'accueil du pays. Les îles inhabitées transformées en hôtels appartiennent à l'État qui les loue aux sociétés hôtelières, l'espace insulaire étant entièrement aménagé à cet effet, jusqu'à la modification spectaculaire de la flore : des espèces allogènes sont implantées grâce à l'apport de terre et d'eau douce sur des îles basses et sèches qui en sont dépourvues. Les Maldives sont de plus en plus évoquées pour l'envers du décor : à la destination attractive s'oppose une réalité plus polymorphe. Malé, la capitale, fait 2 kilomètres de long, un de large et accueille plus de 150 000 habitants, ce qui en fait l'une des villes les plus densément peuplées du monde.

L'insularité emboîtée des *resorts* démultiplie également la figure de l'île en optant pour les bungalows sur pilotis, comme c'est le cas à Bora-Bora, en Polynésie française. Pour satisfaire cette demande insulaire homogénéisée, on voit émerger des espaces à la fois isolés et hyperconnectés, mais aussi des îles qui tentent de jouer sur un autre imaginaire, plus écologique. Offrant aux visiteurs une nature préservée et une expérience insulaire à l'opposé de l'île tropicale, l'Islande semble être victime de son image d'île verte dans un contexte de conscientisation face au changement climatique.

En 1992, les Petits États insulaires en développement (PEID) sont reconnus comme un groupe spécifique au sein de l'ONU, avec une vulnérabilité particulière au changement climatique et porteurs de l'idée que le destin de la quarantaine d'États qui forment ce groupe préfigure celui de la planète. Il existe un autre groupe, l'Alliance des petits États insulaires (AOSIS), qui a pour but de faire entendre la voix de ces PEID face aux menaces environnementales, notamment l'élévation du niveau de la mer. Elle a pour objectif de leur donner du poids dans le débat international, comme un lobby, alors que ces pays représentent moins de 1 % de la population mondiale. Les Maldives (1 200 îles couvrant 298 kilomètres carrés pour 372 739 habitants en 2019), les Kiribati (122 330 âmes sur 811 kilomètres carrés) ou Tuvalu (11 192 sur 26 kilomètres carrés) pointent les trop faibles avancées des pays développés en matière de réduction de leurs émissions des gaz à effet de serre. Ces archipels se posent en porte-parole des pays les plus en danger, mais, sans minimiser les réels risques encourus par ces îles, la montée des eaux menace aussi, et surtout en nombre d'habitants, les côtes basses des continents… Toutefois, le Bangladesh est moins « vendeur » qu'une île tropicale, les enjeux le concernant sont rarement traités dans les médias, rappelant la force évocatrice de l'île dans l'imaginaire occidental.

LES PARIS SPORTIFS, NOUVEAU BUSINESS DE PIRATES

La plupart des États déclarés paradis fiscaux par l'OCDE sont des îles. Si les listes de ces paradis sont toujours contestées et sujettes à remise en question, dans celle des 30 États non coopératifs publiée par la Commission européenne en 2017, 24 étaient des territoires insulaires. En même temps que cette nouvelle activité se superpose aux autres secteurs économiques classiques des paradis fiscaux, le secteur des paris sportifs, activité s'étant mondialisée au point de devenir le prototype, avec

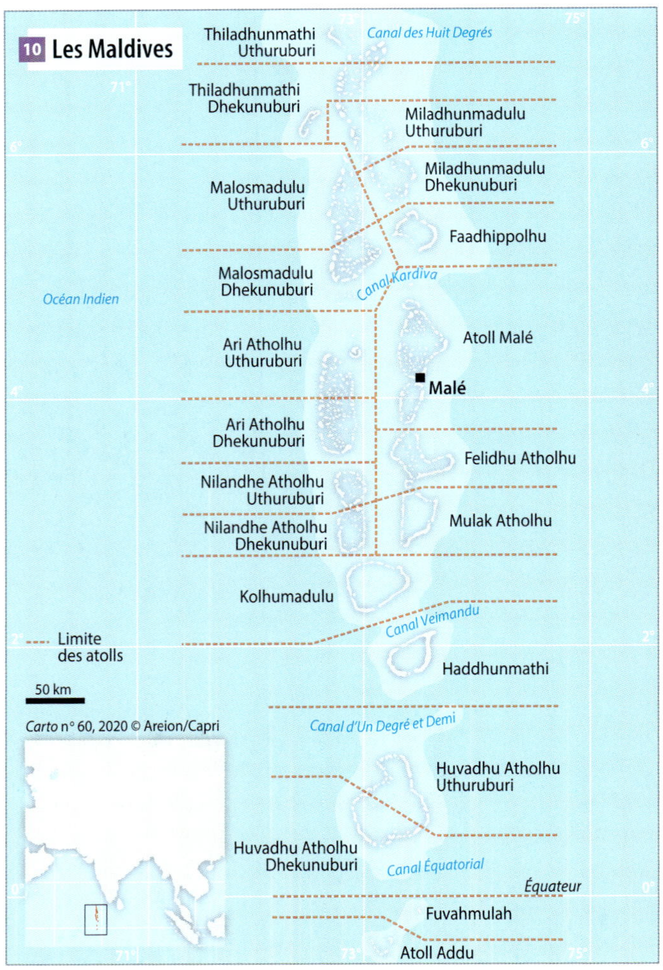

10 Les Maldives

L'urbanisme de Malé, aux Maldives, face à l'océan

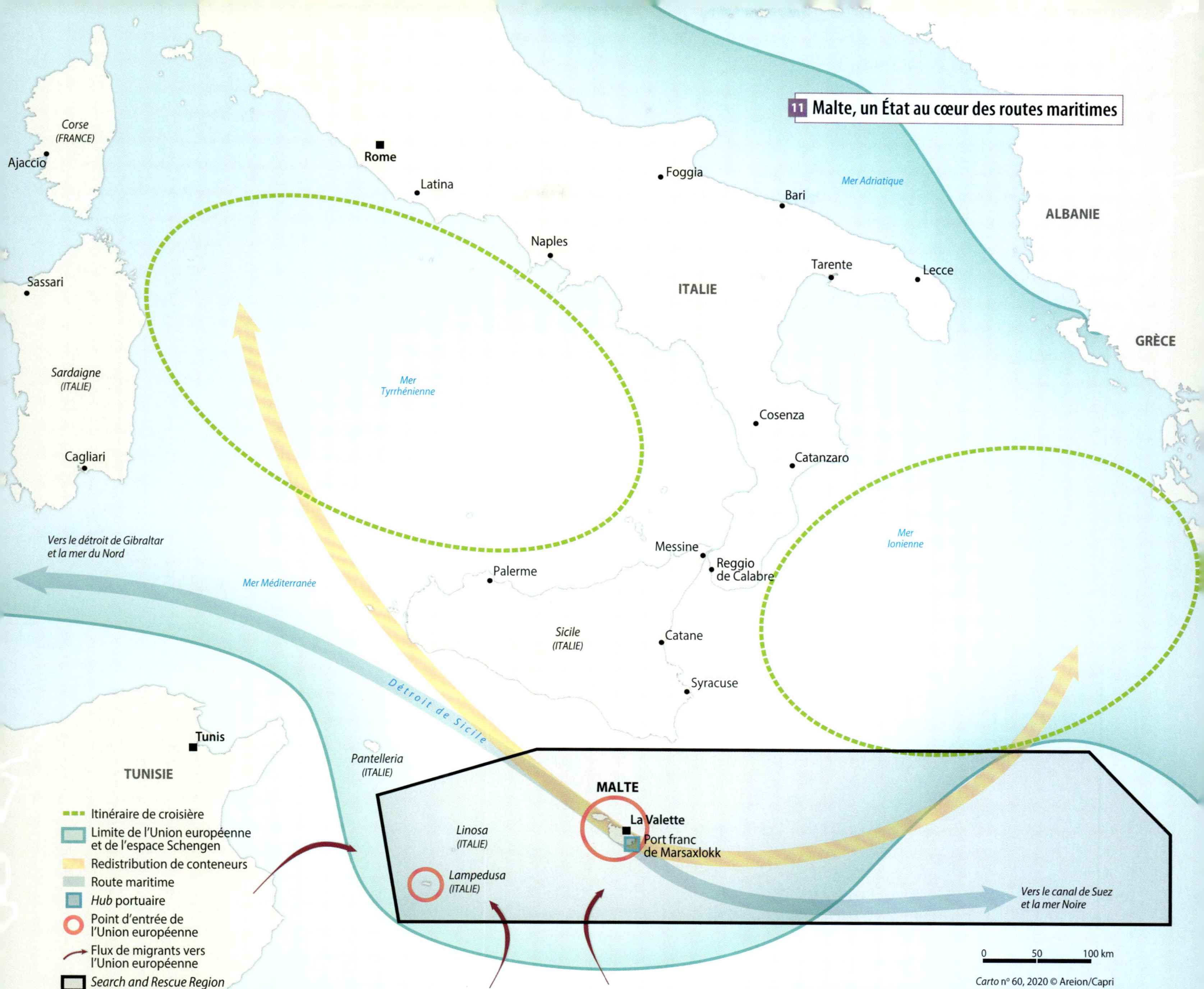

Carto n° 60, 2020 © Areion/Capri

Source : D'après une carte de N. Bernadie-Tahir et F. Boumédienne, L'île et l'illicite : les nouvelles formes du relais maltais dans l'antimonde méditerranéen, M@ppemonde, 2004

le secteur financier, d'un marché totalement globalisé, incarne une traduction spatiale de l'hypermondialisation. L'accueil de services de jeux en ligne est devenu l'enjeu de véritables stratégies économiques nationales ; un processus de concentration, de polarisation, voire de spécialisation est bien à l'œuvre avec l'apparition de cyberdistricts du jeu. Ainsi, environ 80 % des quelque 8 000 opérateurs proposant des paris sportifs dans le monde ont été créés dans l'un des 10 territoires appliquant un faible taux de taxation et pratiquant souvent peu de contrôles (Aurigny, Gibraltar, île de Man, Malte, province de Cagayan aux Philippines, Antigua-et-Barbuda, etc.).

Malte, *hub* historique de la Méditerranée, fait partie de ces nouveaux pôles avec la création d'un district du jeu sur l'île. Ce secteur représenterait 12 % du PIB, 250 opérateurs et plus de 6 000 emplois directs, d'après la Malta Gaming Authority (MGA). Parmi les facteurs expliquant le succès du « modèle maltais », l'existence même d'une réglementation et d'une autorité indépendante régulant les jeux en ligne est déterminante, d'autant que le marché mondial était peu réglementé, ainsi que, sans doute, une certaine aptitude insulaire à s'adapter aux évolutions économiques globales.

Situées à l'interface entre le local, en tant que symbole du lieu tangible, et le mondial, par leur perméabilité aux flux inscrits sur le temps long, les îles offrent une riche palette de territoires qui éclaire la mondialisation dans ses différentes facettes.

Enjeux économiques, stratégiques, juridiques, culturels, politiques, environnementaux ; circulations, rapports de force et impermanence des situations géographiques : autant d'angles renouvelés pour aborder les îles. À la fois matérielle et conceptuelle, réelle et idéelle, infiniment plurielle et singulière, l'insularité est double ; elle renvoie à une sorte de finitude rassurante par sa forme et à l'infini des possibles : même à l'heure des images satellites, d'une Terre qui semble entièrement vue, connue, saisie, du ciel, on ne peut répertorier ses dizaines de milliers d'îles. ●

M. Redon

NOTES

(1) Sur la géographie des îles, on pourra lire Nathalie Bernardie-Tahir, *L'usage de l'île*, Pétra, 2011. Dans un registre plus littéraire : Judith Schalansky, *Atlas des îles abandonnées*, Arthaud, 2017.

(2) Les ZEE des États-Unis et de la France font respectivement 11,35 millions et 10,16 millions de kilomètres carrés.

(3) Philippe Pelletier, « Le Japon et la mer, grandeurs et limites », in *Hérodote* n° 163, 4e trimestre 2016, p. 131-148.

Le bitcoin : d'un outil d'émancipation à un objet géopolitique

L'année 2021 a commencé avec une valeur record du bitcoin : 33 664 euros l'unité le 8 janvier, alors qu'il n'avait pas dépassé les 10 000 entre janvier et octobre 2020, et était resté sous la barre des 1 000 avant 2017. Avec l'épidémie de Covid-19, certaines cryptomonnaies sont apparues comme des valeurs refuges, soulignant leur poids grandissant au sein d'enjeux stratégiques internationaux.

Outre le fait que les possibilités d'utilisation du bitcoin se multiplient, avec notamment sa prise en charge par le service de paiement PayPal depuis octobre 2020, c'est la crise financière engendrée par la pandémie de Covid-19 qui a le plus profité à cette monnaie numérique. Les mesures de soutien des banques centrales à leur économie, surtout celle de la Réserve fédérale américaine (Fed), qui a baissé ses taux d'intérêt de prêts au niveau plancher en 2019 (entre 0 et 0,25 %, contre 2,5 % en 2018) et fragilisé la valeur du dollar, ont entraîné une baisse de confiance de certains acteurs de la finance envers les monnaies fiduciaires.

RAPPORTS DE FORCE ENTRE AUTORITÉS ET INDIVIDUS

Apparu en 2009, au lendemain du scandale des *subprimes*, le projet bitcoin propose un système d'échange de valeur et une monnaie numérique éponyme, non pas géré par un gouvernement ou une banque, mais par un algorithme informatique et ses utilisateurs. La réputation du bitcoin, médiatiquement peu couvert à ses débuts, fut ternie par son utilisation sur des plates-formes numériques du marché noir (Silk Road, 2011-2013), pour le paiement de rançons de logiciels malveillants (CryptoLocker, 2013-2014) ou par le piratage et le vol de millions de dollars en cryptomonnaies sur des plates-formes d'échange (Mt. Gox, 2014). L'extrême volatilité a ajouté une couche de méfiance.

Certains gouvernements voient également en ce système décentralisé une menace pour leur souveraineté monétaire. Le blanchiment d'argent ou le financement du terrorisme sont par exemple évoqués pour exiger un durcissement des lois à l'encontre des cryptomonnaies. Si des pays autorisent ou bannissent l'utilisation du bitcoin,

1 Le cours du bitcoin : une inflation record

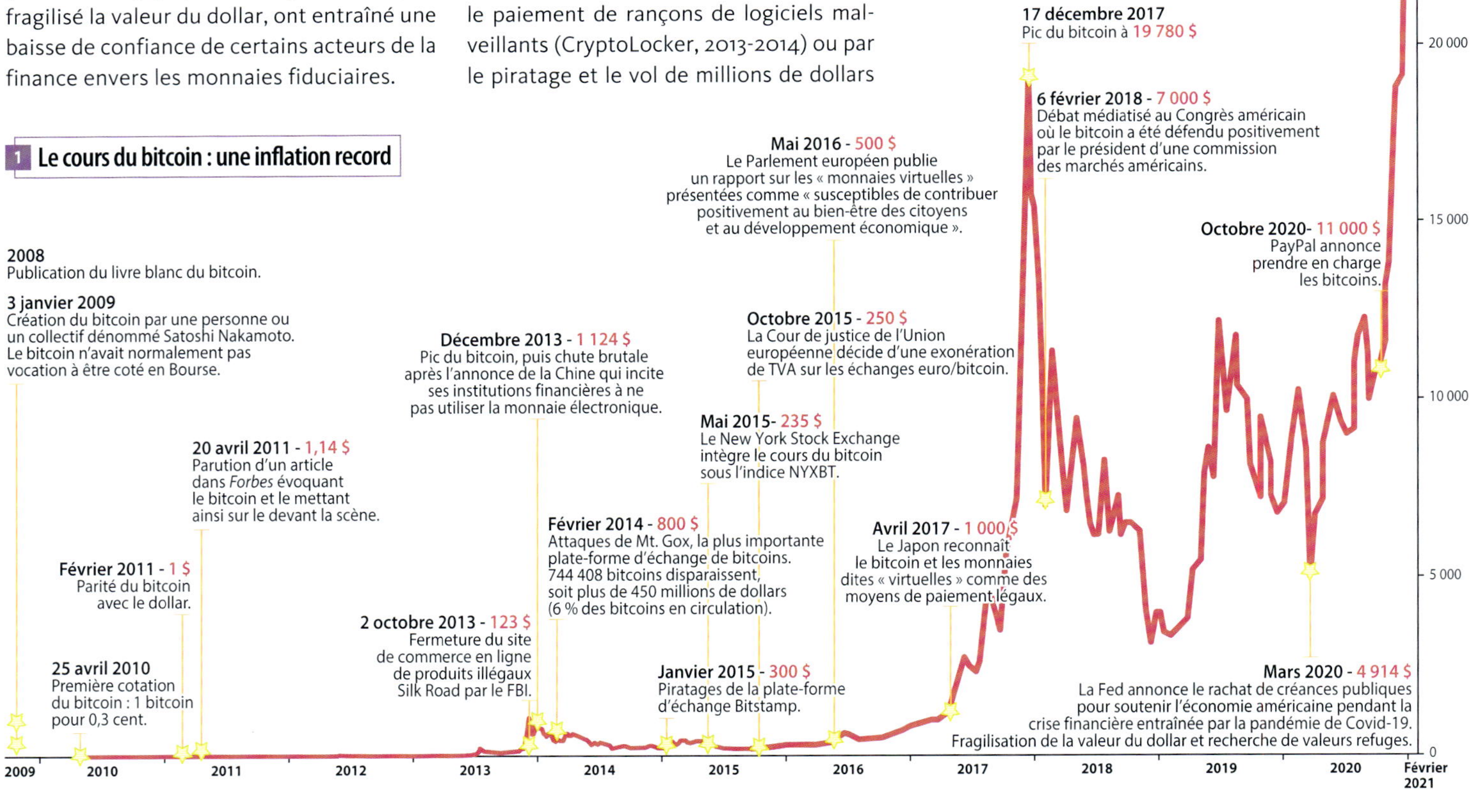

Source : Hugo Estecahandy, février 2021

Carto n° 64, 2021 © Areion/Capri

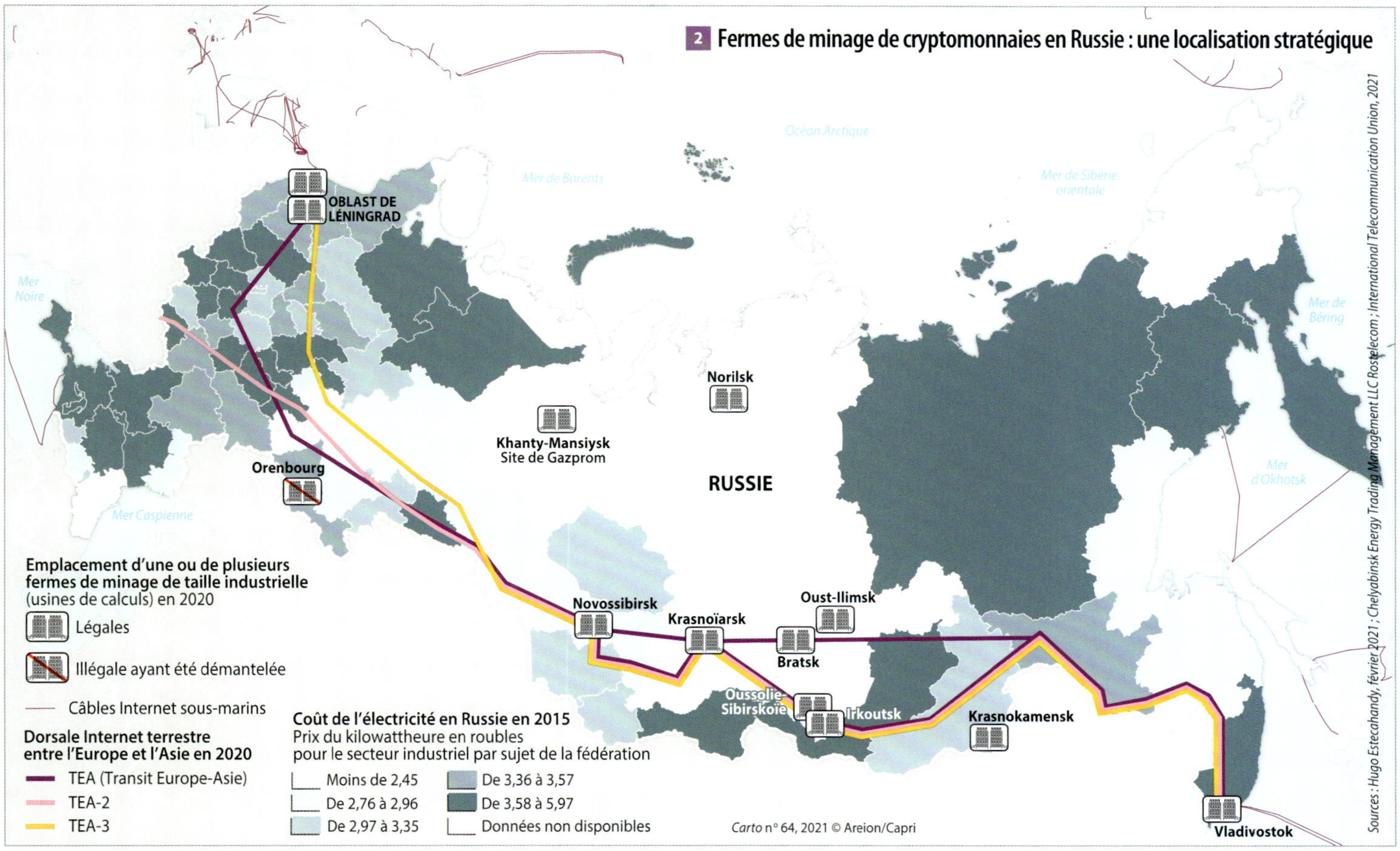

d'autres, comme la Russie, se montrent plus mesurés. Ainsi, depuis le 1er janvier 2021, il est possible d'y détenir des cryptomonnaies et de faire de la spéculation sur ces dernières, mais elles ne peuvent pas être utilisées comme moyen de paiement contre des biens ou des services. En juin 2021, le Salvador passe le cap et fait du bitcoin une devise officielle.

Il a originellement été créé pour redessiner les rapports de force entre autorités et individus. Dès 2011, Wikileaks a commencé à accepter les dons en bitcoins après que les États-Unis ont bloqué la plupart des possibilités de paiements vers le site. En octobre 2020, au Nigeria, les leaders de manifestations pacifiques réprimées ont reçu des aides en bitcoins, alors que leurs comptes en banque étaient gelés par les autorités.

DES FINS D'ÉMANCIPATION DES GRANDES INSTITUTIONS

Si le bitcoin sert de tremplin pour émanciper son propriétaire d'une centralisation de l'autorité sur la monnaie et les moyens de paiement, il permet aussi d'outrepasser l'hégémonie mondiale du dollar, utilisée notamment comme levier par les États-Unis pour appliquer des sanctions. Dès lors, les cryptomonnaies et leur processus de création, le « minage », deviennent des enjeux géopolitiques de premier plan pour certains acteurs et territoires économiquement enclavés. Le « minage » consiste à réaliser des calculs cryptographiques complexes grâce à une importante puissance de calcul informatique ; ces calculs sont utiles pour vérifier l'intégrité du grand livre de comptes numérique qu'est le réseau bitcoin. L'activité, qui rémunère les « mineurs » en bitcoins, a été développée à l'échelle industrielle dans des infrastructures appelées « fermes de minage », renfermant jusqu'à plusieurs milliers de processeurs. Pour augmenter leurs revenus, des « mineurs » mettent en commun leurs capacités de calcul.

Certains territoires ont fait du minage une priorité, à l'image du Venezuela ou de l'Abkhazie, une région séparatiste de Géorgie. D'autres pays qui disposent de ressources nécessaires au « minage » (Chine, Russie) voient apparaître sur leur sol des acteurs non étatiques s'arrogeant le droit régalien de battre monnaie. Les « mineurs » s'installent dans des zones disposant de surplus d'électricité, vendus à des prix avantageux, certaines fermes ayant besoin d'une puissance électrique de plusieurs centaines de mégawatts. La majorité d'entre elles serait en Chine.

En Russie, la région de Sibérie orientale d'Irkoutsk concentre une grande partie de l'activité. Elle dispose de l'électricité la moins chère du pays, à la faveur d'une surproduction électrique de barrages construits pour alimenter une industrie en berne, ainsi que des températures négatives une majeure partie de l'année, avantageuses pour l'entretien du matériel informatique, et d'une excellente connexion Internet grâce à la présence d'une dorsale de fibre optique. Certains acteurs visés par les sanctions économiques américaines sont impliqués dans cette industrie. Par exemple, en décembre 2020, le géant russe Gazprom a annoncé la construction d'une ferme de « minage » sur l'un de ses sites d'extraction de gaz dans le nord-ouest de la Sibérie, alimentée par une électricité produite avec des surplus de combustible.

Si l'évolution de la valeur du bitcoin est incertaine, son utilisation à des fins d'émancipation et de transformation de rapports de force géopolitiques risque de croître au cours des prochaines années. •

H. Estecahandy

Le monde du bitcoin en 2021

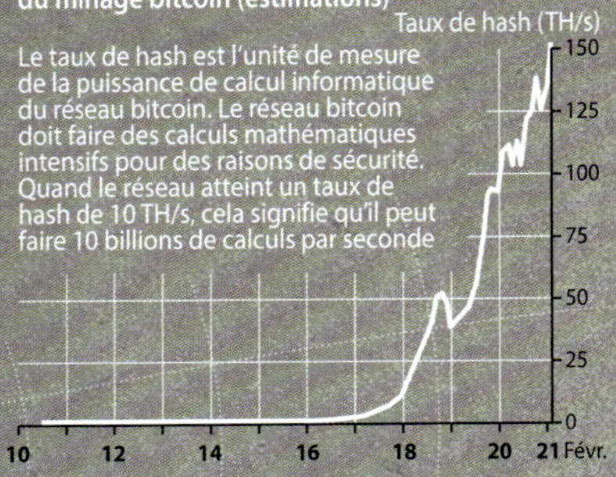

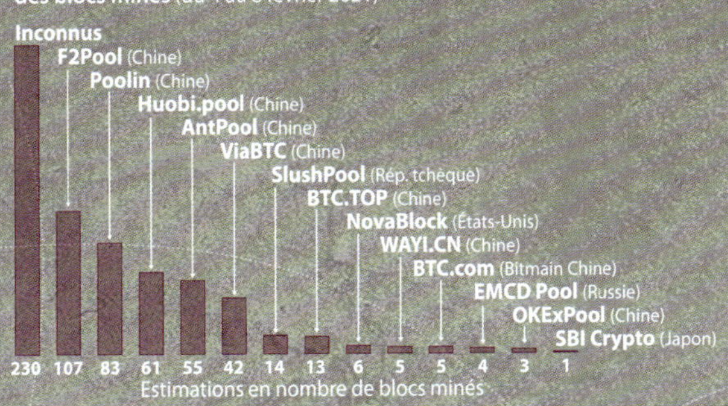

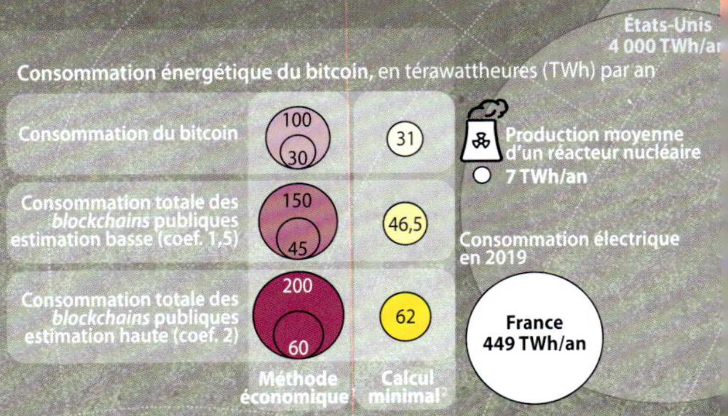

1. Méthode se basant sur le prix du bitcoin, le rapport dépense/gain jugé acceptable par un mineur, le prix de l'électricité, le pourcentage de la dépense consacrée à acheter de l'électricité, le revenu annuel dû aux frais de transactions, le coefficient d'atténuation
2. Méthode se basant sur les performances de la machine la plus efficace du marché et que l'on suppose être utilisée par l'ensemble des mineurs

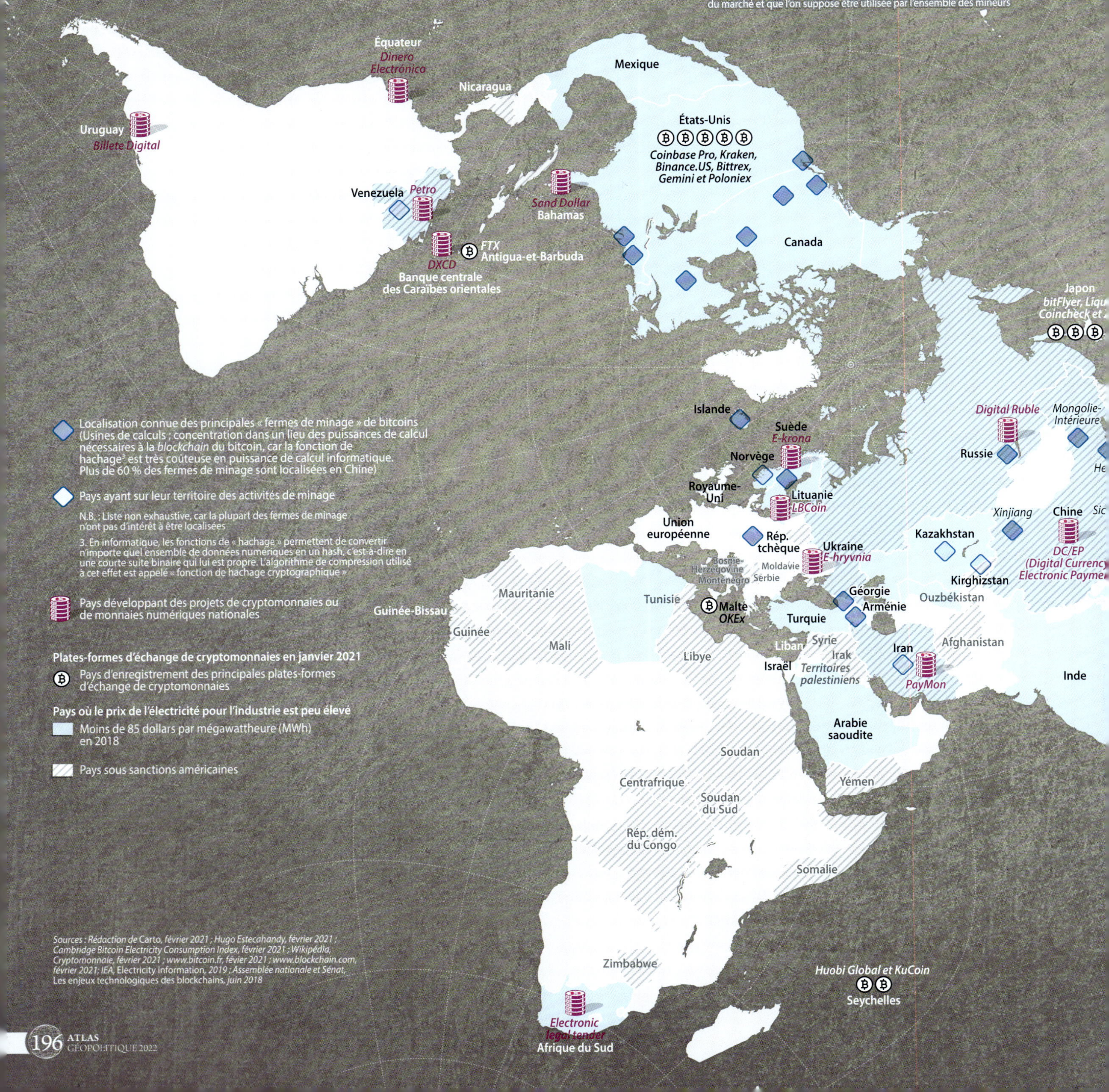

Localisation connue des principales « fermes de minage » de bitcoins (Usines de calculs ; concentration dans un lieu des puissances de calcul nécessaires à la *blockchain* du bitcoin, car la fonction de hachage[3] est très coûteuse en puissance de calcul informatique. Plus de 60 % des fermes de minage sont localisées en Chine)

Pays ayant sur leur territoire des activités de minage

N.B. : Liste non exhaustive, car la plupart des fermes de minage n'ont pas d'intérêt à être localisées

3. En informatique, les fonctions de « hachage » permettent de convertir n'importe quel ensemble de données numériques en un hash, c'est-à-dire en une courte suite binaire qui lui est propre. L'algorithme de compression utilisé a cet effet est appelé « fonction de hachage cryptographique »

Pays développant des projets de cryptomonnaies ou de monnaies numériques nationales

Plates-formes d'échange de cryptomonnaies en janvier 2021

Pays d'enregistrement des principales plates-formes d'échange de cryptomonnaies

Pays où le prix de l'électricité pour l'industrie est peu élevé

Moins de 85 dollars par mégawattheure (MWh) en 2018

Pays sous sanctions américaines

Sources : Rédaction de Carto, février 2021 ; Hugo Estecahandy, février 2021 ; Cambridge Bitcoin Electricity Consumption Index, février 2021 ; Wikipédia, Cryptomonnaie, février 2021 ; www.bitcoin.fr, février 2021 ; www.blockchain.com, février 2021 ; IEA, Electricity information, 2019 ; Assemblée nationale et Sénat, Les enjeux technologiques des blockchains, juin 2018

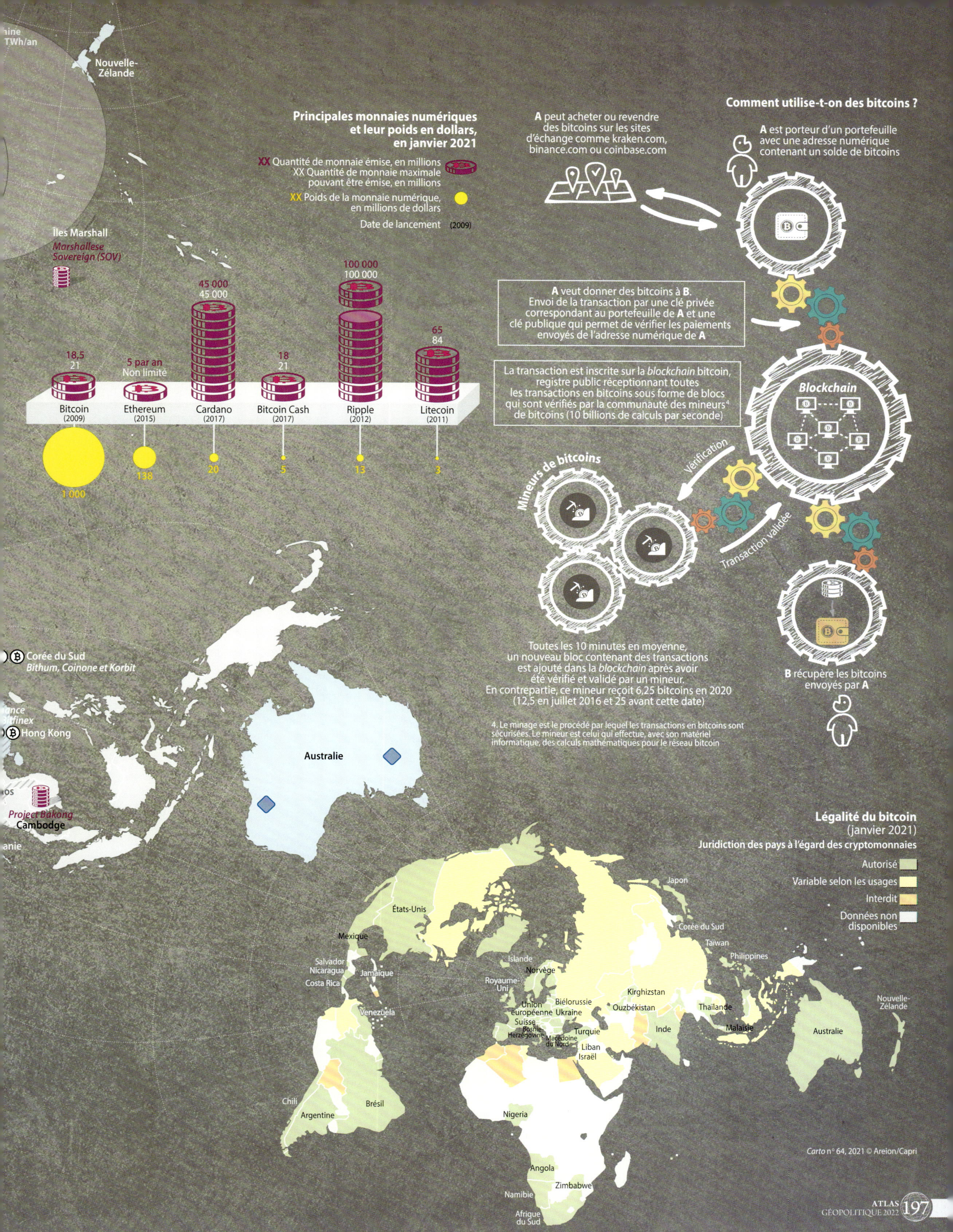
TWh/an
Nouvelle-Zélande
Îles Marshall
Marshallese Sovereign (SOV)
Principales monnaies numériques et leur poids en dollars, en janvier 2021
XX Quantité de monnaie émise, en millions
XX Quantité de monnaie maximale pouvant être émise, en millions
XX Poids de la monnaie numérique, en millions de dollars
Date de lancement (2009)
18,5
21
Bitcoin (2009)
1 000
5 par an
Non limité
Ethereum (2015)
138
45 000
45 000
Cardano (2017)
20
18
21
Bitcoin Cash (2017)
5
100 000
100 000
Ripple (2012)
13
65
84
Litecoin (2011)
3
Comment utilise-t-on des bitcoins ?
A peut acheter ou revendre des bitcoins sur les sites d'échange comme kraken.com, binance.com ou coinbase.com
A est porteur d'un portefeuille avec une adresse numérique contenant un solde de bitcoins
A veut donner des bitcoins à B. Envoi de la transaction par une clé privée correspondant au portefeuille de A et une clé publique qui permet de vérifier les paiements envoyés de l'adresse numérique de A
La transaction est inscrite sur la blockchain bitcoin, registre public réceptionnant toutes les transactions en bitcoins sous forme de blocs qui sont vérifiés par la communauté des mineurs[4] de bitcoins (10 billions de calculs par seconde)
Blockchain
Vérification
Mineurs de bitcoins
Transaction validée
Toutes les 10 minutes en moyenne, un nouveau bloc contenant des transactions est ajouté dans la blockchain après avoir été vérifié et validé par un mineur. En contrepartie, ce mineur reçoit 6,25 bitcoins en 2020 (12,5 en juillet 2016 et 25 avant cette date)
B récupère les bitcoins envoyés par A
4. Le minage est le procédé par lequel les transactions en bitcoins sont sécurisées. Le mineur est celui qui effectue, avec son matériel informatique, des calculs mathématiques pour le réseau bitcoin
Corée du Sud
Bithum, Coinone et Korbit
Hong Kong
Project Bakong
Cambodge
Australie
Légalité du bitcoin (janvier 2021)
Juridiction des pays à l'égard des cryptomonnaies
Autorisé
Variable selon les usages
Interdit
Données non disponibles
États-Unis
Mexique
Salvador
Nicaragua
Costa Rica
Jamaïque
Venezuela
Chili
Argentine
Brésil
Islande
Norvège
Royaume-Uni
Union européenne
Suisse
Bosnie-Herzégovine
Macédoine du Nord
Biélorussie
Ukraine
Turquie
Liban
Israël
Kirghizstan
Ouzbékistan
Inde
Japon
Corée du Sud
Taïwan
Philippines
Thaïlande
Malaisie
Australie
Nouvelle-Zélande
Nigeria
Angola
Zimbabwe
Namibie
Afrique du Sud
Carto n° 64, 2021 © Areion/Capri

L'industrie du vêtement : championne économique, ogre écologique

Depuis les années 2000, l'influence de la mode conjuguée à la chute des prix du textile a entraîné une explosion de la consommation de vêtements, devenus bon marché, à travers le monde. Si cela a eu pour effet de booster l'économie de nombreux pays exportateurs, les conséquences environnementales de cette évolution sont lourdes : en Europe, la mode est le quatrième secteur le plus polluant après le logement, l'alimentation et le transport.

Le secteur de l'habillement est l'un des exemples les plus aboutis de la transformation des géographies économiques locales par la mondialisation. Au XIXe siècle, il s'est développé dans les zones métropolitaines des pays capitalistes industrialisés, avec de nombreuses petites entreprises utilisant une main-d'œuvre immigrée et bon marché. La modernisation de cette industrie dans la première moitié du XXe siècle a entraîné une mutation de la géographie des activités : aux États-Unis notamment, une grande partie de la production a quitté les ateliers de New York pour de nouvelles usines dans des villes plus petites du sud, disposant d'une main-d'œuvre moins chère et moins syndiquée.

Avec la mondialisation, les pays en développement sont devenus des lieux de choix pour la production en masse de vêtements. Le milieu des années 1970 a ainsi vu l'émergence de grandes usines et manufactures textiles en Chine et dans d'autres pays d'Asie et d'Amérique latine. Depuis lors, les chaînes de vente au détail ont abandonné la fabrication de leurs propres vêtements. Elles conçoivent et commercialisent, mais externalisent les usines de production à l'étranger. Alors qu'en 1960, moins de 5 % des habits vendus aux États-Unis étaient importés, ce taux atteignait les 98 % au début des années 2010.

1 Processus de fabrication du textile

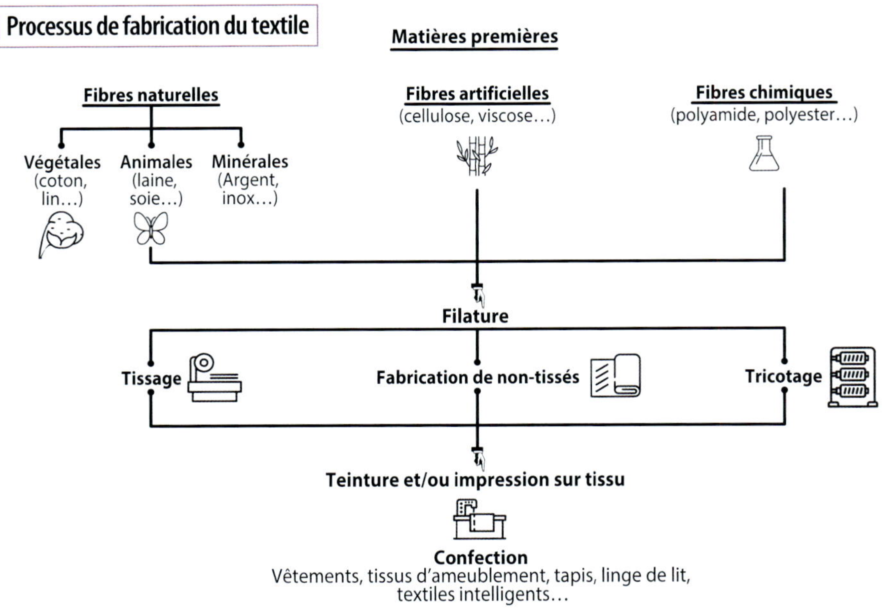

Source : EURATEX, Facts & Key Figures of The European Textile and Clothing Industry, *Édition 2020, juin 2020*

Carto n° 62, 2020 © Areion/Capri

UNE ÉCONOMIE MONDIALISÉE

En 2018, la valeur des exportations mondiales de textiles et celle de vêtements se sont respectivement élevées à 312,6 milliards et à 494 milliards d'euros, selon l'Organisation mondiale du commerce (OMC). La Chine reste le premier exportateur mondial de vêtements avec 158 milliards d'euros, devant l'Union européenne (UE ; 144 milliards) et le Bangladesh (33 milliards). Le secteur textile représente 83 % des ventes à l'étranger de ce pays asiatique. S'il constitue le cœur industriel du pays, toute évolution de la demande peut avoir des répercussions importantes sur l'économie nationale. C'est aussi le cas au Cambodge, où 90 % des exportations reposent sur le textile et la chaussure. Le secteur emploie 650 000 ouvriers, dont 400 000 travaillent indirectement pour les grandes marques internationales (1). Le palmarès des exports de textile est sensiblement identique. La Chine et l'UE occupent les deux premières places des pays exportateurs (118,5 milliards et 74 milliards d'euros en 2018), mais cette fois c'est l'Inde qui se positionne en troisième position (18,1 milliards).

De manière symétrique, les importations mondiales de textiles sont, quant à elles, largement le fait des pays exportateurs de vêtements. En 2019, le Vietnam est devenu pour la première fois l'un des trois premiers acheteurs mondiaux de textiles, principalement en raison de l'expansion de sa production de vêtements et de sa forte dépendance à l'égard des matières premières textiles importées.

2 Le Cambodge et la France sur le marché de la confection

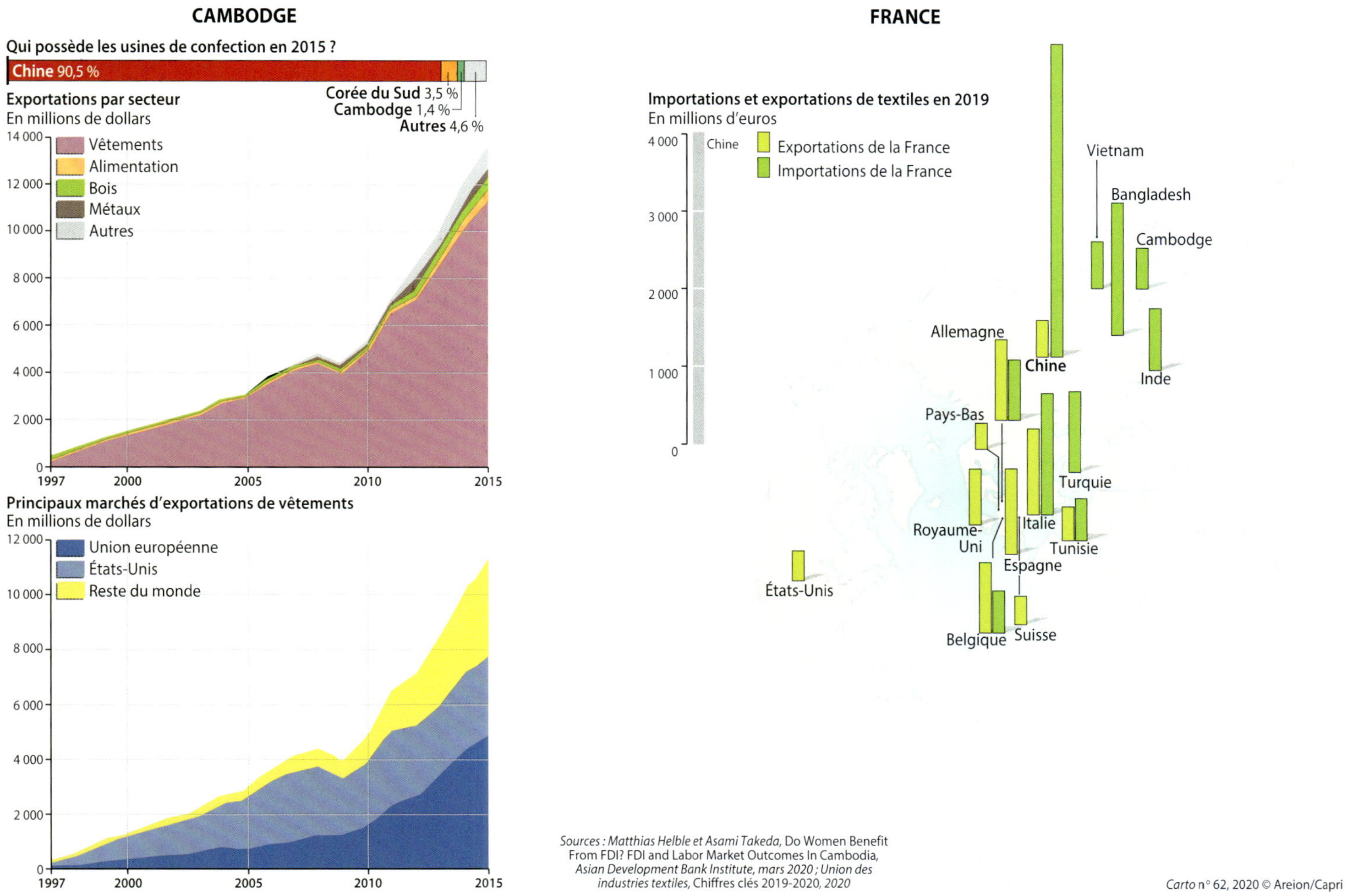

Sources : Matthias Helble et Asami Takeda, Do Women Benefit From FDI? FDI and Labor Market Outcomes In Cambodia, *Asian Development Bank Institute, mars 2020 ; Union des industries textiles,* Chiffres clés 2019-2020, *2020*

En comparaison, bien que les États-Unis et l'UE restent les deux premiers importateurs mondiaux de textiles, ils ont importé davantage de produits finis (tels que l'ameublement et les tapis) ainsi que des textiles techniques hautement spécialisés, plutôt que des fils et tissus conventionnels destinés à la fabrication de vêtements. Quant aux importations de vêtements, elles se diversifient de plus en plus : la demande en provenance des économies émergentes, dont la classe moyenne est en plein essor, est en forte expansion. Ainsi, les importations de vêtements de la Chine se sont élevées à 8,2 milliards d'euros en 2018 ; de 2010 à 2019, les importations de vêtements de la République populaire ont connu une croissance annuelle de près de 15 %, contre seulement 1,9 % pour les trois premiers importateurs (UE, États-Unis, Japon).

UNE INDUSTRIE POLLUANTE

La hausse de la consommation de vêtements connaît un bond depuis les années 2000, notamment du fait de la multiplication des collections présentées en magasins et du succès du commerce en ligne. On assiste depuis lors au phénomène de *fast fashion* dans lequel les marques proposent des textiles moins durables, qui s'usent plus vite, mais à bas coût (baisse des prix de 36 % en quinze ans en Europe). Selon l'Agence de la transition écologique (ADEME), plus de 100 milliards de vêtements sont vendus chaque année dans le monde, et la production de l'industrie de la mode a doublé entre 2000 et 2014. Alors que nous consommons en moyenne 60 % de vêtements de plus qu'il y a quinze ans et que nous les conservons moitié moins longtemps, l'industrie du vêtement (qui regroupe celle du textile et de la mode) est devenue parmi les plus polluantes au monde.

Du champ de coton à la boutique où il sera commercialisé, un jean peut parcourir jusqu'à 65 000 kilomètres du fait des étapes de fabrication dispersées à travers la planète (2). Cela contribue à faire de l'industrie du vêtement le cinquième plus gros émetteur de gaz à effet de serre (1,2 milliard de tonnes de CO_2 par an). Elle est non seulement polluante, mais aussi gourmande en matières premières. Le coton, à la base de 40 % de la production textile mondiale, couvre environ 2,5 % des surfaces cultivées sur la planète, mais utilise 25 % des insecticides et 10 % des herbicides, selon l'Organisation mondiale de la santé (OMS). En outre, 10 000 litres d'eau par kilogramme sont nécessaires pour son irrigation. Cela signifie qu'un t-shirt de 250 grammes requiert environ 2 500 litres d'eau et qu'un jean de 800 grammes en a besoin de 8 000, uniquement pour l'irrigation de la matière première. Il faut ajouter à cela les teintures textiles qui consomment près de 11 milliards de litres d'eau par jour, sans compter le lavage des habits par les particuliers. La Banque mondiale estime que 17 à 20 % de la pollution de l'eau dans le monde provient de l'industrie du vêtement. ●

N. Rouiaï

NOTES

(1) Sur les grandes compagnies de la mode, voir BOF/McKinsey&Compagny, *The State of Fashion 2019*, 2018.

(2) Pour en savoir plus sur le coton, voir Cotlook Limited, *Cotton Outlook Special Feature: World Cotton Day 2020*, octobre 2020.

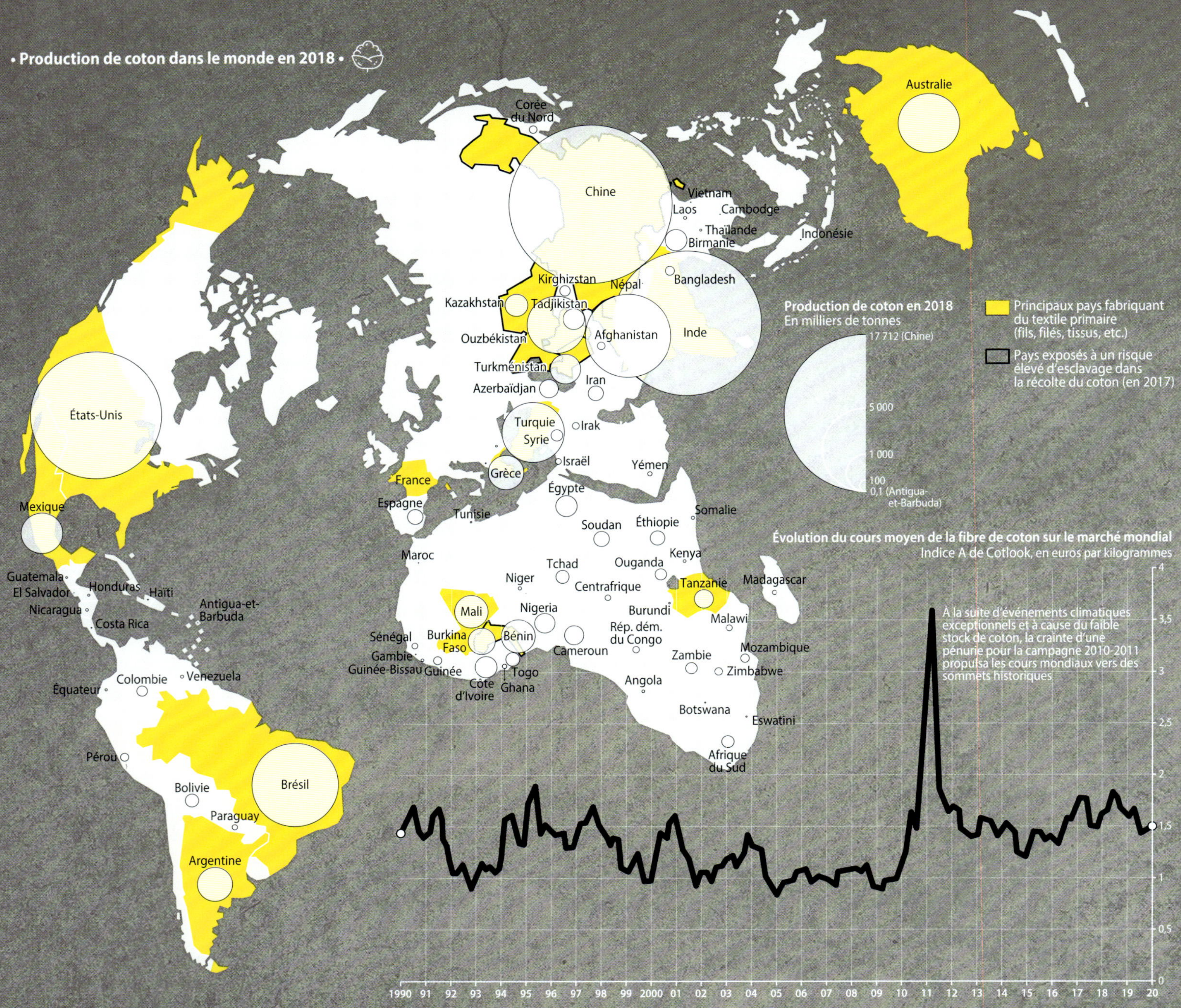

Évolution de la production, des stocks et de la consommation de coton dans le monde depuis 2000
En millions de tonnes

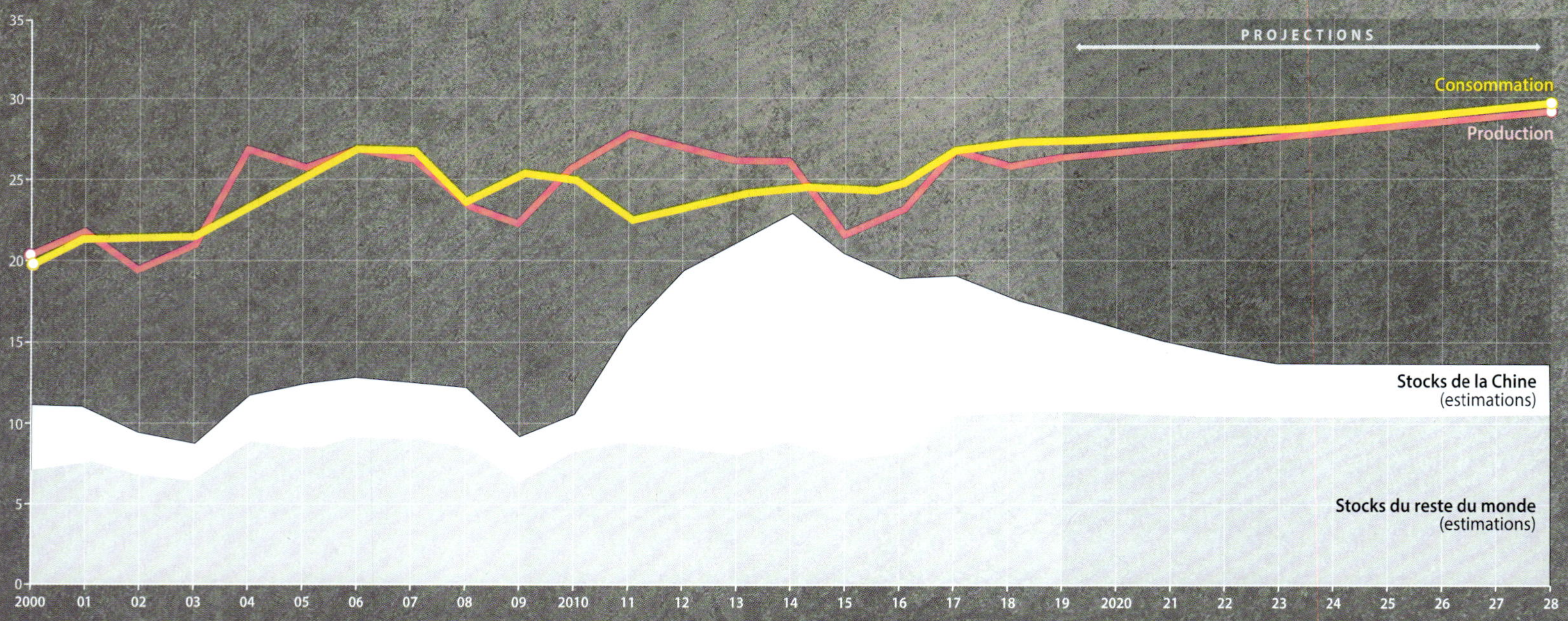

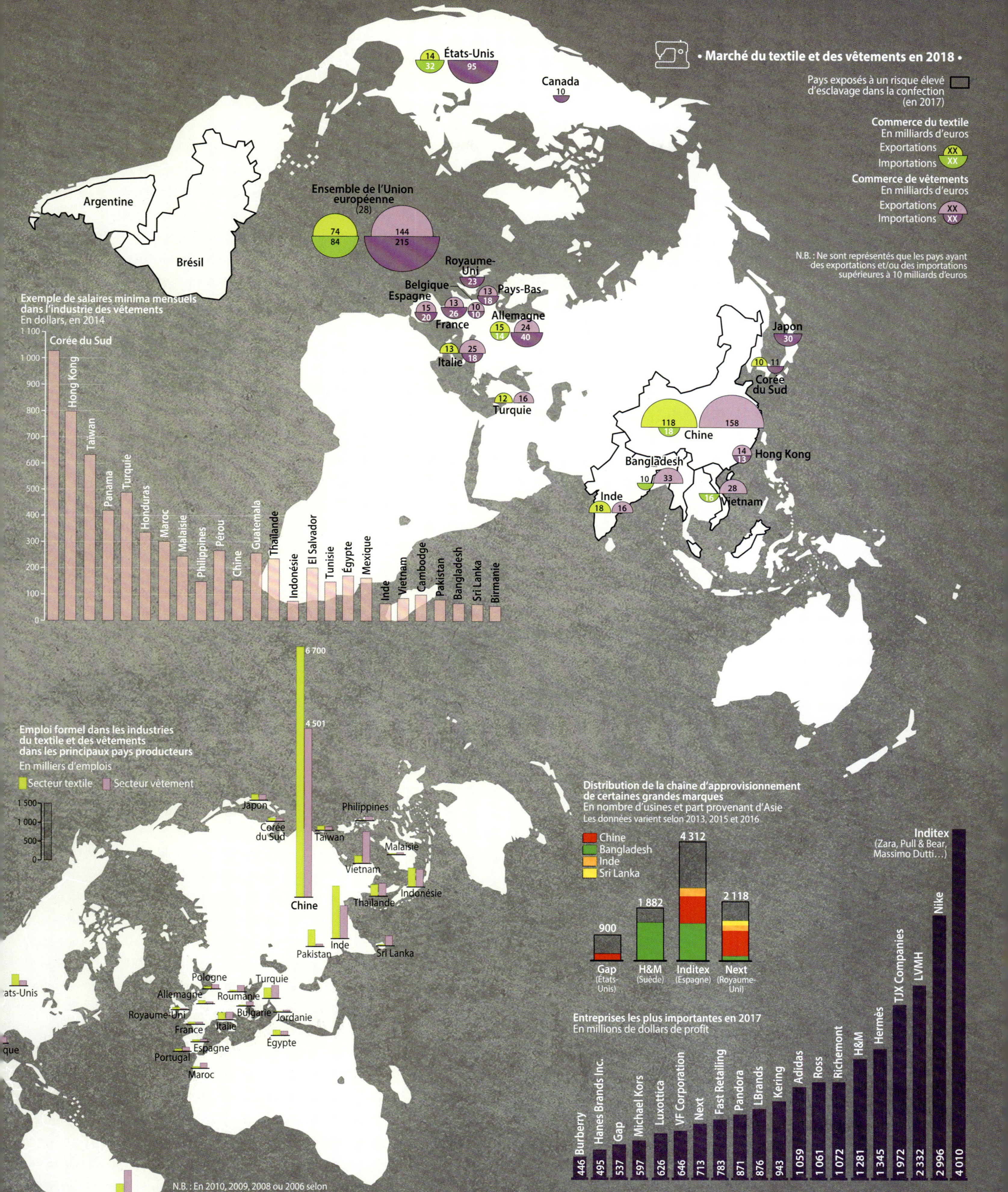

Sources : OMC, octobre 2020 ; FAO/OCDE, Perspectives agricoles 2019-2028*, 2019 ; CIRAD,* Coton*, octobre 2020 ; Cotlook Limited,* Cotton Outlook Special Feature World Cotton Day 2020*, octobre 2020 ; BOF/McKinsey&Company,* The State of Fashion 2019*, 2018 ; Walk Free Foundation,* The Global Slavery Index 2018*, 2018 ; OIT,* Asia's Garment Export Industry*, septembre 2017 ; OIT,* Salaires et temps de travail dans les industries du textile, des vêtements, du cuir et de la chaussure*, septembre 2014*

Carto n° 62, 2020 © Areion/Capri

Vers une nouvelle ère géopolitique spatiale

Le 23 avril 2021, la capsule *Crew Dragon Endeavour*, avec le Français Thomas Pesquet à son bord, a décollé vers la Station spatiale internationale (ISS), rappelant que le monde est entré dans une nouvelle ère. Cette dynamique, engendrée par le développement des technologies et l'arrivée d'acteurs privés, a eu pour effet l'augmentation des tensions entre les grandes puissances.

La concurrence dans l'espace n'est pas nouvelle. Elle a été un élément déterminant de la guerre froide : pendant des décennies, l'Union soviétique et les États-Unis ont rivalisé dans leurs programmes spatiaux et satellitaires, mettant en compétition leurs avancées technologiques respectives. La première étape fut remportée par l'URSS avec le lancement du satellite *Spoutnik 1* en octobre 1957. La réponse américaine s'est incarnée avec « Apollo 11 » en juillet 1969, la première mission avec équipage à se poser sur la Lune.

UNE PRIVATISATION DE L'INDUSTRIE SPATIALE GRÂCE AUX MILLIARDAIRES ?

Plusieurs entreprises privées sont entrées dans cette course à l'espace, parmi lesquelles Microsoft, Virgin ou Tesla (SpaceX), à qui appartient la *Crew Dragon Endeavour*. Après son décollage,

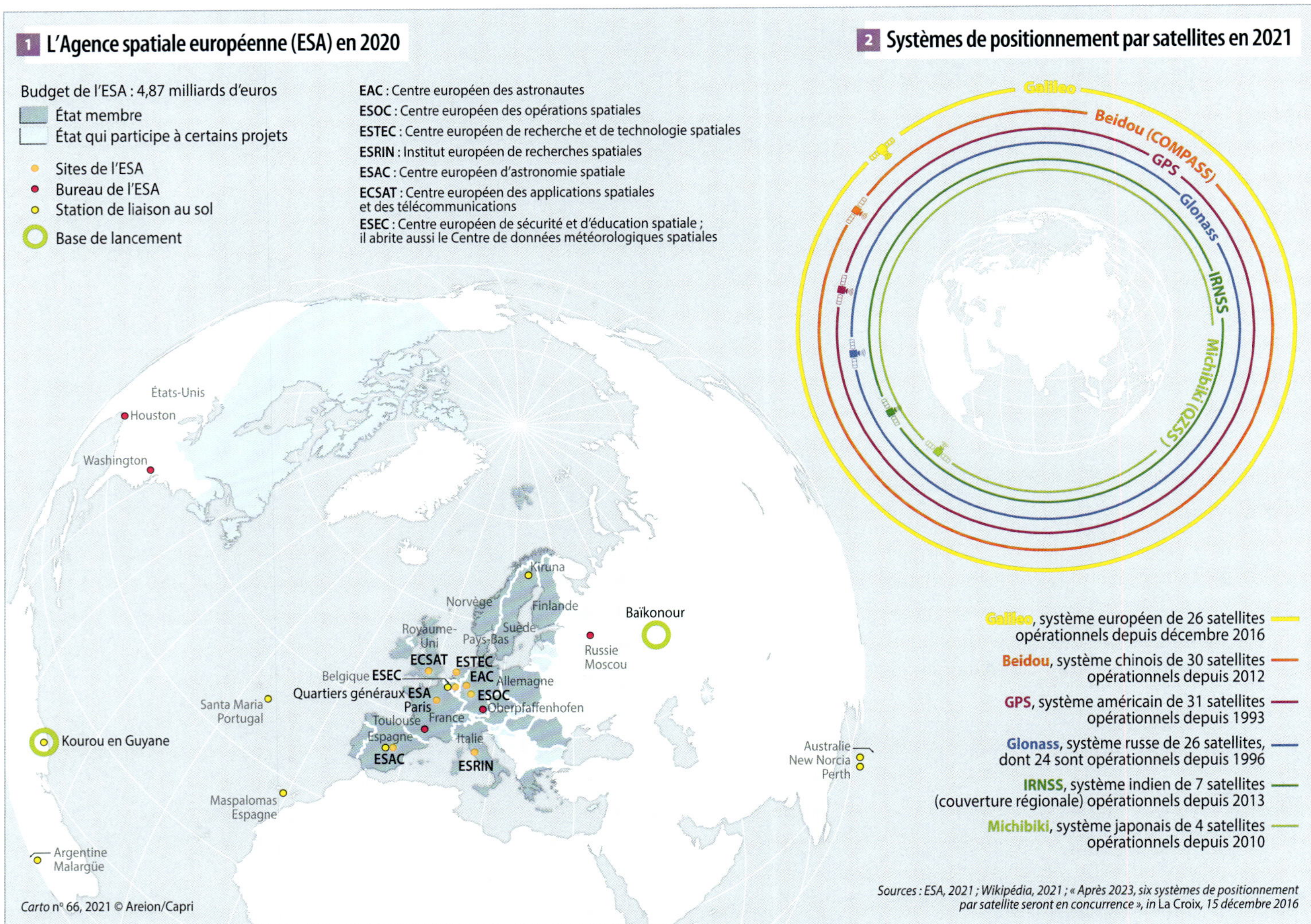

3 Traité de l'espace de 1967, situation en juin 2021

Accord multilatéral engageant les États parties à ne mettre sur orbite autour de la Terre aucun objet porteur d'armes nucléaires ou de destruction massive et à ne pas installer de telles armes sur des corps célestes ou dans l'espace extra-atmosphérique, mais stipulant aussi qu'aucun État ne peut réclamer de propriété dans l'espace

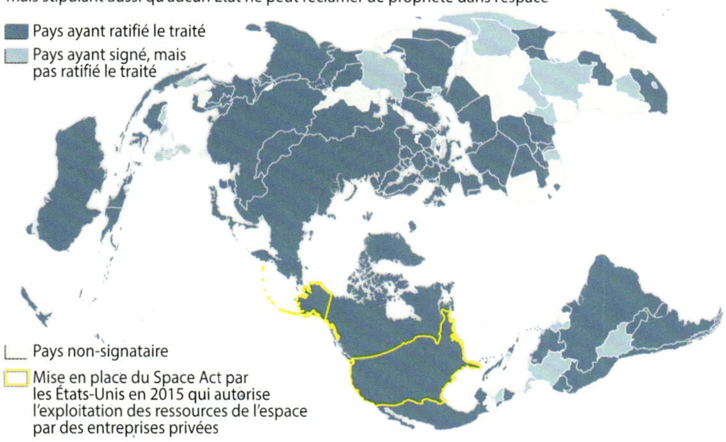

Sources : OCDE, The Space Economy in Figures, 2019 ; UNODA, Treaties Database Home, juin 2021

4 Investissements spatiaux de certains milliardaires en 2017

Milliardaire	Entreprise	Investissement spatial	Activité
Bill Gates	Microsoft	Kymeta	Données
Jeff Bezos	Amazon	Blue Origin	Lanceurs
Mark Zuckerberg	Facebook	SETI	Données
Larry Page	Google	Planetary Resources	Ressources minières
Sergey Brin	Google	SpaceX	Lanceurs/ Données
Li Ka-Shing	CK Hutchinson	Windward	Ressources minières
Ma Huateng	Tencent	Moon Express	Lanceurs
Sheldon Adelson	Las Vegas Sands	SpaceIL	Lanceurs
Paul Allen	Microsoft	Stratolaunch	Lanceurs
Elon Musk	Tesla	SpaceX	Lanceurs/ Données
Eric Schmidt	Google	Planetary Resources	Ressources minières
Ricardo Salinas	Grupo Elektra	OneWeb	Données
Richard Branson	Virgin Group	Virgin Galactic	Lanceurs
Lynn Schusterman	Samson Investment	SpaceIL	Lanceurs
Yuri Milner	DST Global	Planet	Données
Marc Benioff	SalesForce	Taranis	Données

Carto n° 66, 2021 © Areion/Capri

la compagnie d'Elon Musk était choisie par la NASA pour développer le système d'alunissage lors de sa prochaine mission lunaire. Les sociétés américaines ne sont pas les seules à investir : en avril 2019, l'israélienne SpaceIL lançait la première opération lunaire financée par des fonds privés en partenariat avec SpaceX.

Si les acteurs privés et publics se pressent pour présenter leurs programmes, c'est en partie parce que l'espace regorge de précieuses ressources : les astéroïdes sont riches en or, rhodium, fer, nickel, platine, tungstène ou cobalt, et la concentration en métaux rares y est jusqu'à 100 fois supérieure à celle de la croûte terrestre. Le marché pourrait représenter plus de 100 milliards de dollars pour les industriels d'ici à 2050. Asteroid Mining Corporation, Planetary Resources et Deep Space Industries se sont déjà lancées dans des programmes de collecte de matière astéroïdale.

Pourtant, depuis 1967, toute appropriation de l'espace extra-atmosphérique est prohibée. Ce dernier est considéré comme un héritage commun de l'humanité et régi par le Traité de l'espace. Ce texte interdit toute revendication de souveraineté « par voie d'utilisation ou d'appropriation » et rend l'espace ouvert à tous pour l'« exploration et la découverte pacifiques ». Mais, en 2015, le président américain Barack Obama (2009-2017) signait le Space Act, permettant aux entreprises américaines de posséder ou de vendre les ressources extraites de l'espace.

Les États eux-mêmes peinent à cacher leur intérêt : si la Lune redevient un enjeu stratégique, les terres rares qu'elle contient pourraient ne pas y être étrangères. En décembre 2020, la Chine choisissait comme site d'alunissage pour la sonde *Chang'e 5* une zone ayant pour particularité d'abriter une concentration élevée de terres rares. Les échantillons rapportés par la capsule auront permis aux scientifiques chinois d'en préciser le niveau exact. Par ailleurs, d'importantes quantités d'hélium 3 pourraient être présentes dans la poussière de la surface lunaire, ce gaz léger non radioactif étant considéré comme un combustible pour les futures centrales nucléaires à fusion.

Enfin, les technologies spatiales et de haute altitude sont des éléments essentiels de la guerre moderne. En juillet 2020, la Russie a été accusée par les États-Unis et le Royaume-Uni de tester dans l'espace une nouvelle arme qui pourrait être utilisée pour cibler des satellites en orbite. De son côté, le 20 décembre 2019, Washington créait l'US Space Force, une branche des forces armées destinée à la conduite d'opérations militaires dans l'espace.

LA COURSE SINO-AMÉRICAINE

La Chine est un acteur clé. En septembre 2011, Pékin lançait *Tiangong 1*, sa première station spatiale. En janvier 2019, les spationautes chinois (« taïkonautes ») effectuaient le premier alunissage sur la face cachée et la première expérience biologique extraterrestre grâce au module *Chang'e 4*. En avril 2021, la République populaire envoyait le premier module de sa future grande station spatiale. Avec 32 lancements orbitaux en 2019, le plus important nombre de toutes les puissances spatiales, Pékin s'est imposé comme acteur de premier plan dans l'accès à l'espace. Si la Chine n'a officiellement pas de programme spatial militaire en développement, elle tient là sa revanche face aux États-Unis dans la course à l'hégémonie.

Le 9 mars 2021, les responsables des agences spatiales chinoise et russe ont signé un accord de coopération afin de créer l'International Lunar Research Station (ILRS), une base lunaire de recherche scientifique multidisciplinaire. Les deux pays ont développé des liens plus étroits dans de nombreux secteurs stratégiques depuis 2014 et l'annexion de la Crimée par Moscou, ayant eu pour conséquence la montée des tensions avec les puissances occidentales, puis à partir de 2017 avec la présidence Donald Trump (2017-2021) et la guerre commerciale entre Washington et Pékin. De leur côté, les États-Unis s'entourent de leurs partenaires historiques. Le programme « Artemis », dont l'objectif est d'amener un équipage sur le sol lunaire d'ici à 2024, est mené en collaboration avec les Européens, les Canadiens et les Japonais. Face à la politique expansionniste de Pékin, le Japon a renforcé son budget : 4,14 milliards de dollars ont été alloués aux programmes spatiaux pour l'année fiscale 2021, soit une augmentation de 23 % par rapport à 2020. Lors de la 13e Conférence spatiale européenne en janvier 2021, l'Europe a confirmé qu'elle allait poursuivre une stratégie autonome et ambitieuse, avec une enveloppe de 13,2 milliards d'euros, mais cela reste loin derrière les 23,3 milliards de dollars de la NASA. ●

N. Rouiaï

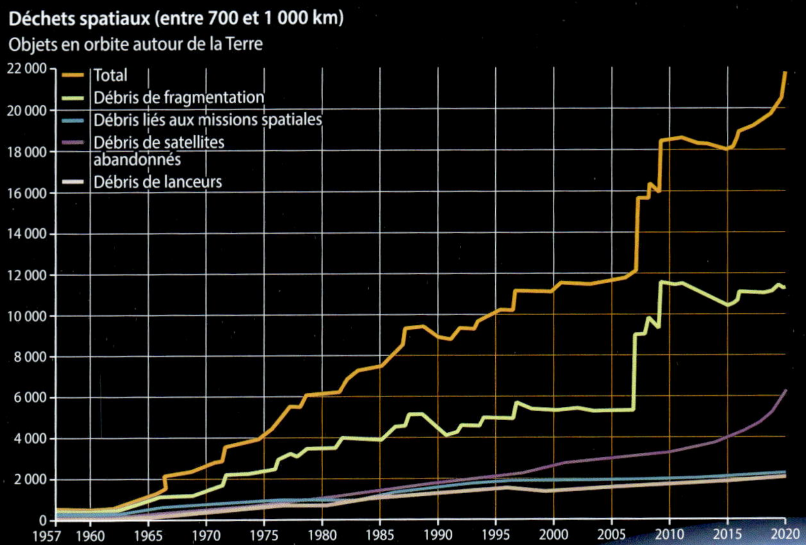

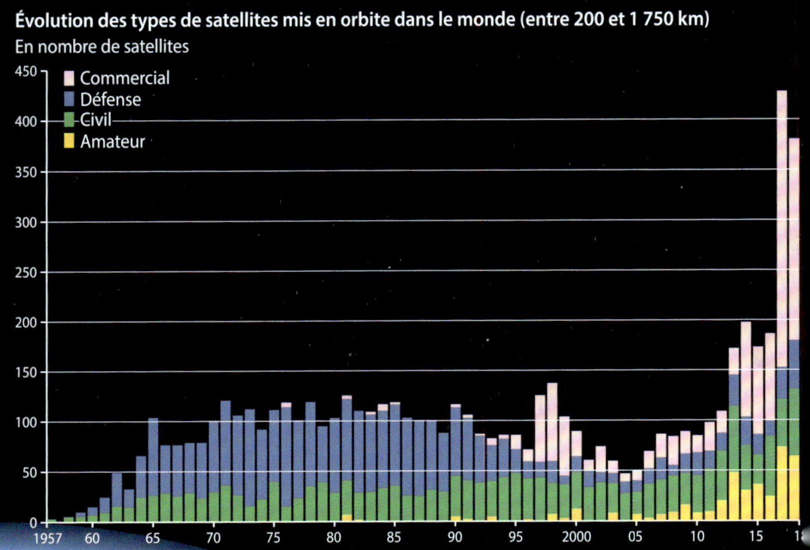

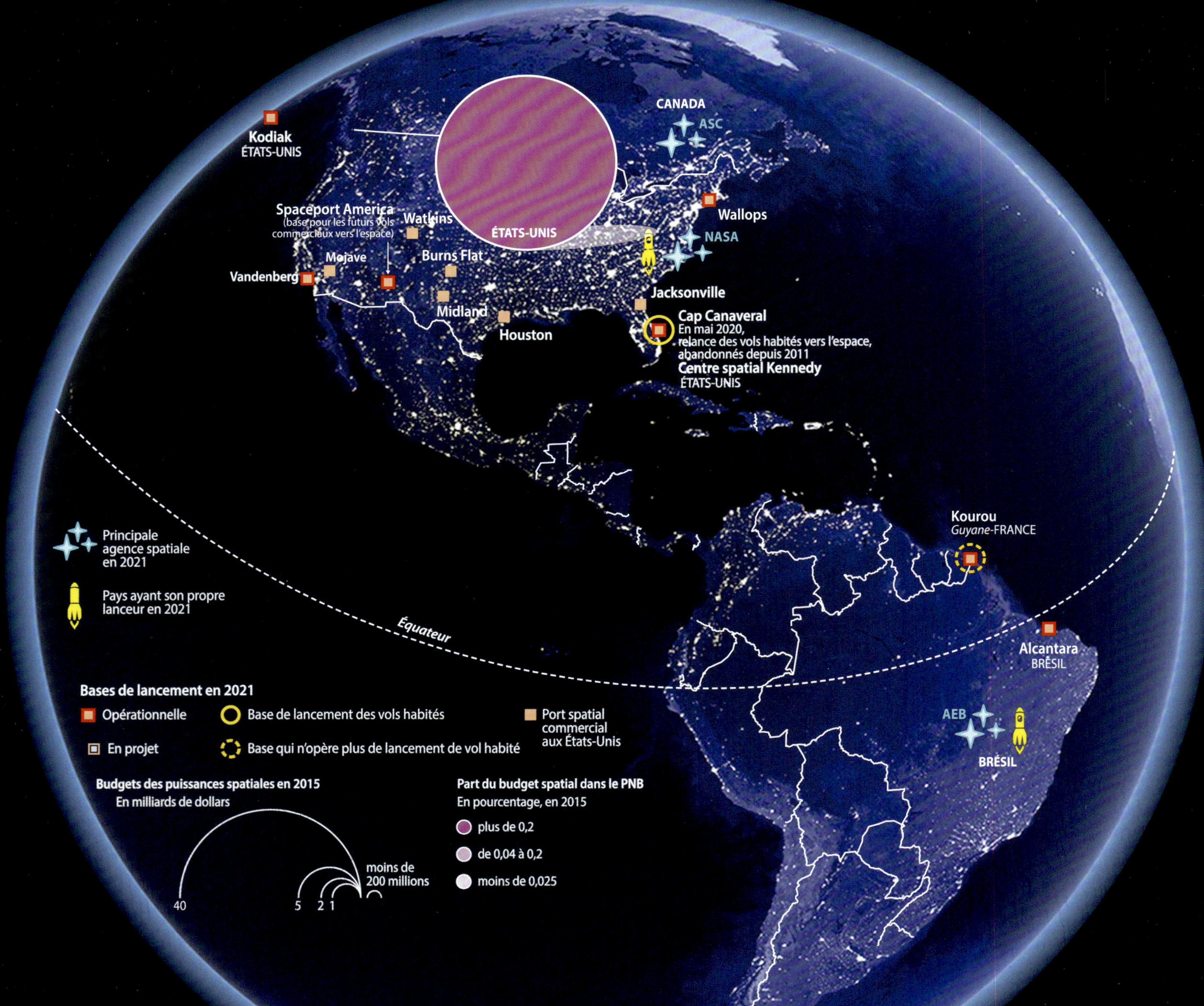

Sources : OCDE, Space Sustainability the Economics of Space Debris in Perspective, *2020, et* The Space Economy in Figures, *2019 ; Nasa,* Orbital Debris Quarterly News, *février 2021 ; Federal Aviation Administration,* The Annual Compendium of Commercial Space Transportation: 2016, *janvier 2016 ; Congressional Research Service,* Commercial Space: Federal Regulation, Oversight, and Utilization, *29 novembre 2018 ; « Géopolitique de l'Espace », in* Diplomatie GD, *août-septembre 2016 ; Isabelle Sourbès-Verger, « Espace et géopolitique »,* L'Information géographique, *2/2010, vol. 74*

Missions régulières dans le système solaire entre 1958 et novembre 2018

En nombre de missions effectuées

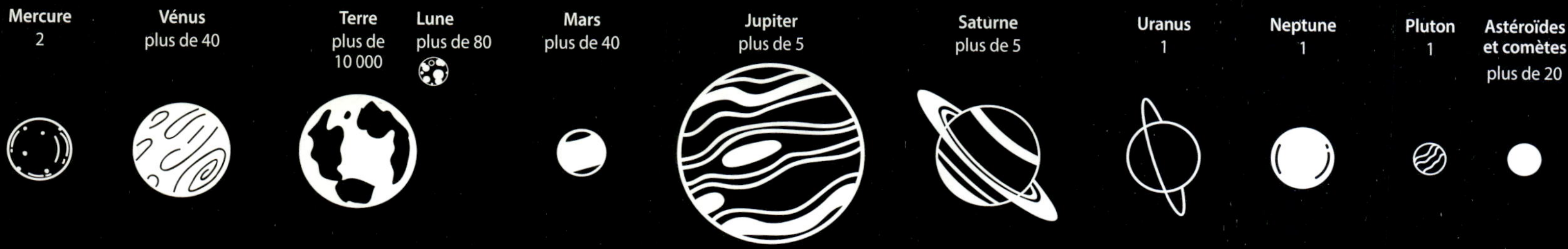

Missions d'observation de la Terre en 2018 (octobre)

En nombre, par pays qui dirige la mission

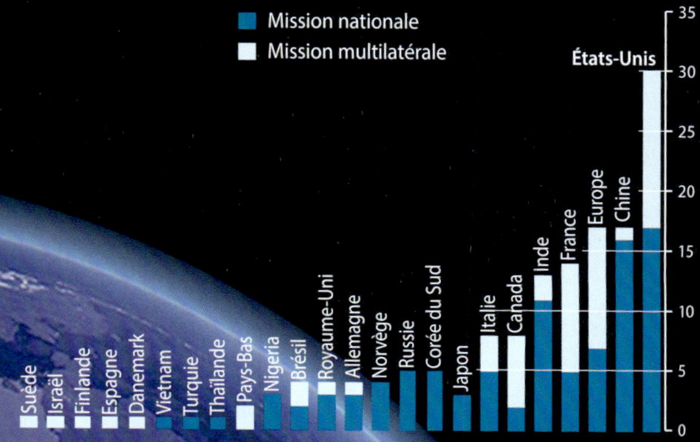

LES AUTEURS

Atlas géopolitique mondial 2022

Myriam Ababsa
Géographe, chercheuse associée à l'Institut français du Proche-Orient (Ifpo). Auteur de l'*Atlas of Jordan: History, Territories and Society* (dir., Presses de l'Ifpo, 2013) et de *Villes, pratiques urbaines et construction nationale en Jordanie* (dir. avec Rami Daher, Presses de l'Ifpo, 2011).

David Amsellem
Docteur en géopolitique, spécialiste des enjeux énergétiques et politiques au Proche-Orient, consultant risque-pays au sein du cabinet de conseil Cassini.

Georgina André
Docteure en géographie, doctorante en aménagement urbain (université de Wuhan), chargée de recherche à Arte Charpentier Architectes.

Fabrice Balanche
Maître de conférences en géographie à l'université Lumière Lyon 2. Auteur notamment de l'*Atlas du Proche-Orient arabe* (PUF, 2012).

Camille Braccini
Diplômée de Sciences Po Paris, journaliste.

Matthieu Brun
Docteur en science politique, responsable des études et des partenariats académiques du Club Déméter, chercheur associé à Sciences Po Bordeaux.

Jean-Paul Burdy
Historien, enseignant-chercheur associé au master « Intégration et mutations en Méditerranée et au Moyen-Orient » de Sciences Po Grenoble. Auteur du blog « Questions d'Orient-Questions d'Occident ».

Julien Camy
Journaliste et cinéaste, chargé d'édition pour la collection Institut Lumière/Actes Sud. Auteur de *Sport & Cinéma* (avec Gérard Camy, Éditions du Bailli de Suffren, 2016).

Théotime Chabre
Doctorant en sciences politiques, diplômé de l'École des affaires internationales de Sciences Po (PSIA) ; ses travaux portent sur les minorités et la gestion des phénomènes migratoires en Turquie et au Proche-Orient (Chypre, Israël, Territoires palestiniens).

Corentin Cnudde
Assistant de direction au Club Déméter, étudiant à Sciences Po Paris.

Thibault Courcelle
Maître de conférences en géographie à l'Institut national universitaire Champollion (campus d'Albi), membre du LISST-CIEU, spécialiste de la géopolitique de l'Europe et des institutions européennes.

Jérémy Denieulle
Doctorant en géopolitique à l'université de Reims Champagne-Ardenne ; ses travaux portent sur les matières premières agricoles.

Hugo Estecahandy
Doctorant à l'Institut français de géopolitique ; ses travaux portent sur les enjeux de minage de cryptomonnaies en Russie.

Arthur Fouchère
Journaliste indépendant.

Guillaume Fourmont
Rédacteur en chef des revues *Carto* et *Moyen-Orient*, enseignant à Sciences Po Grenoble, membre du Conseil d'administration de l'Institut de recherche et d'études Méditerranée Moyen-Orient (iReMMO).

Elsa Galland
Journaliste indépendante.

Sébastien Guez
Diplômé de l'Institut français de géopolitique.

Lauric Henneton
Maître de conférences en civilisation du monde anglophone à l'université de Versailles Saint-Quentin-en-Yvelines. Auteur de *Le rêve américain à l'épreuve de Donald Trump* (dir., Vendémiaire, 2020) et de l'*Atlas historique des États-Unis* (Autrement, 2019).

Dario Ingiusto
Après avoir collaboré avec *Le Monde*, Légendes Cartographie, *Carto* et *Moyen-Orient*, il est cartographe à *L'Express*.

Éric Janin
Agrégé de géographie, professeur de chaire supérieure en classes préparatoires aux grandes écoles au lycée Lakanal de Sceaux. Auteur de *Les 18 régions françaises* (dir., Ellipses, 2017), il dirige des manuels scolaires (lycées) aux éditions Nathan.

David Lagarde
Chercheur indépendant.

Légendes Cartographie
Agence de cartographes diplômés en géographie et en cartographie créée en 1996. Dirigée par Frédéric Miotto, elle travaille notamment pour la revue *L'Histoire* et prépare des manuels scolaires.

Clara Loïzzo
Professeure de chaire supérieure au lycée Masséna de Nice. Auteure de *L'Arctique : À l'épreuve de la mondialisation et du réchauffement climatique* (avec Camille Tiano, Armand Colin, 2019) et de *Croquis et schémas de géographie : Réussir les épreuves aux concours et examens* (avec Camille Tiano, Armand Colin, 2021).

Charlotte Recoquillon
Journaliste, chercheuse associée à l'Institut français de géopolitique, spécialiste des États-Unis.

Marie Redon
Géographe, maître de conférences à l'université Sorbonne Paris Nord. Auteur de *Géopolitique des îles : Des îles rêvées aux îles mondialisées* (Le Cavalier Bleu, 2019) et de *Géopolitique des jeux d'argent : Les enjeux d'une mondialisation silencieuse* (avec Boris Lebeau, Le Cavalier Bleu, 2020).

Nashidil Rouiaï
Docteure en géographie, enseignante chercheuse à l'Institut des sciences de la vigne et du vin (université de Bordeaux).

Rémi Scoccimarro
Docteur en géographie, maître de conférences en langue et civilisation japonaises à l'université Toulouse 2 - Jean Jaurès. Auteur de l'*Atlas du Japon* (Autrement, 2018).

Marion Soller
Élève-officier, analyste au Centre d'études stratégiques de la Marine.

Hervé Théry
Directeur de recherche au CNRS-CREDA (Centre de recherche et de documentation sur les Amériques, université Sorbonne Nouvelle-Paris 3), professeur invité à l'université de São Paulo. Auteur de nombreux ouvrages sur le Brésil.

Dominique Vidal
Journaliste et historien, spécialiste du conflit israélo-palestinien. Coordinateur de l'édition annuelle de l'« État du monde » (avec Bertrand Badie, La Découverte).

Tigrane Yégavian
Journaliste et chercheur, spécialiste du Moyen-Orient. Auteur de *Minorités d'Orient : Les oubliés de l'Histoire* (Éditions du Rocher, 2019).